尖閣問題の起源

沖縄返還とアメリカの中立政策

ロバート・D・エルドリッヂ 著
吉田真吾・中島琢磨 訳

The Origins of U.S.Policy in the East China Sea Islands Dispute

Okinawa's Reversion and the Senkaku Islands

Robert D. Eldridge

名古屋大学出版会

はしがき

筆者は、硫黄島と小笠原諸島を題材とする拙著のまえがきにおいて、「この本は私にとって書く予定のなかった著作である」と述べた[1]。この感覚は、尖閣諸島を題材とする本書にも強く当てはまる。

筆者は当初、常態化しつつある尖閣関連の緊張の高まりは、日本、中華人民共和国、中華民国（台湾）の間の「領土問題（"territorial dispute"）」であり、筆者がこれまで研究してきた日本とアメリカという「同盟国間」の非伝統的「領土問題」——すなわち、講和条約締結後も相手国の領土に対する施政権を保持すること——とは別物だと考えてきた（沖縄、奄美諸島、そして硫黄島と小笠原諸島に関する筆者のこれまでの著作は、この非伝統的「領土問題」を詳細に検討している[2]）。

しかし、尖閣の歴史——とくに、二七年にわたる占領と統治を経て、一九七二年五月十五日に沖縄の施政権がアメリカから日本に返還された前後の時代——を調べてみると、尖閣をめぐる対立にアメリカが深くかかわっていたことに気づかされた。たしかにアメリカは、久場島（別名、黄尾嶼）と大正島（別名、赤尾嶼）を訓練区域としてきたこと（現在は使用されていない）を除き、尖閣諸島に大規模で実質的な基地を置かなかった[3]。またアメリカは、尖閣を全面的に統治する必要があるとも考えていなかった。尖閣は、当時のアメリカの国益にとって、とくに戦略的に重要なものとはみなされていなかったと言える。しかしながら、本書の検討から明らかになるように、アメリカは、この問題の起源においてきわめて重要な役割を果たしていた。

現在のアメリカと尖閣諸島の関係は、一九七二年の返還当時ほどには密接ではない。だが、尖閣に対する軍事的な攻撃が日米安全保障条約第五条を必然的に発動させるであろうことが重要なことに変わりはない。第五条は、「日本国の施政の下にある領域［…中略…］に対する武力攻撃」が発生した際、「共通の危険に対処するように行動する」ことをアメリカに義務付けている[4]。この安保条約上の義務と、尖閣の領有権については「中立政策」をとるというアメリカ政府が沖縄返還時に下した決定の間に生じる諸問題については、序章と結論で論じる。

本書は、沖縄返還期を対象に、尖閣諸島の地位に関する交渉、およびアメリカの「中立政策」の展開を検討する。そこには現在の出来事との類似点が多く存在するが、本書は、尖閣諸島問題——ここには、日本、中国、台湾の間の領有権、安全保障、石油や天然資源の開発、歴史認識、国家威信が関係している——の同時代的側面を扱うわけではない。本書が焦点を当てるのは、北緯二九度以南の南西諸島（琉球諸島はその一部で、尖閣諸島はここに含まれていた）の施政権の返還が決定・実施された一九六九年から一九七二年にかけての時期[5]に、尖閣諸島がどのように扱われたのかという問題である。より具体的には、本書は、①尖閣問題の起源とその後の先鋭化、②日本、沖縄、台湾、中国の政府や非政府主体などの利害関係者がアメリカ政府に加えた圧力、③米中和解を実現するに際してアメリカの政治指導者たちが働かせた計算、を詳細に検討する。この時期、アメリカが中国との関係を重視する方向に傾いた結果、台湾が中国に関するアメリカと日本の意図を懸念するようになり、米台関係と日台関係が悪化した。同時に、中国問題や貿易摩擦、世界における日本の役割といった問題をめぐって、日米関係にも緊張が存在した。

本書の特徴は、沖縄、とくに石垣島、宮古島、与那国島——これらはまとめて八重山諸島と呼ばれる——の状況も検証することにある。このアプローチは、筆者がこれまでの著作の中で取り入れてきたものであり、現地の動きがどのように国家レベル、二国間レベル、国際レベルの出来事に影響を与えるかに着目し、その逆の影響にも関心を払う。その上で、本書は次のことを明らかにする。尖閣諸島を沖縄の領土、すなわち日本の領土として保全する必要性に関しては大筋で合意があったが、沖縄の人々は自らの経済的・政治的利益を本土のそれと同じだと常に考えていたわけではない。彼らは、尖閣周辺地域に埋蔵されている可能性が指摘された石油などの天然資源を、本土の企業が沖縄の利益を無視して開発することを恐れていた。このことは、裏と表に分裂しがちな沖縄と本土の関係の裏側（たとえば、無視されているという感覚や被害をこうむっているという感覚）を際立たせることとなった。

尖閣諸島をめぐる対立にまつわる諸問題は、現在も未解決のままである。それゆえ本書では、歴史的な事象が現在（および将来）の問題に影響を与えていると考えられる際には、近年の議論やその他の関連するポイントを、注や本文中で紹介している。尖閣諸島が日本に返還されて四〇年余りが過ぎた二〇一三年現在、尖閣をめぐる緊張は持続しており、その程度や規模は何かしらの問題が生じるたびに高まっている。読者の関心が何であれ――法的、歴史的、外交的、軍事的、経済的なものであれ――読者の職務的背景が何であれ――学界、メディア、政界、政府、軍事組織であれ――本書が尖閣問題の歴史的文脈を理解するための一助となれば幸いである。

言うまでもなく、本書の見解は筆者個人のものであり、海兵隊や国防総省、アメリカ政府の見解を示すものではない。また、筆者は、現在の職に就く前に本書のプロジェクトを開始しており、歴史研究である本書の執筆にあたって、現在の立場を利用した特定の資料を特別に利用したことはなかったことをお断りしておく。ただし、現在の赴任地である沖縄が、前任地の大阪よりも、尖閣をめぐる対立の渦中に地理的にも心理的にも近いということは、筆者にとって重要だった。

中国の調査船や航空機が日常的に侵犯を行う中、沖縄県にて

二〇一三年九月

ロバート・D・エルドリッヂ

謝　辞

本書の執筆に際し、多くの方々にご支援いただいた。ここで謝意を表したい。

第一に、愛情を持って筆者を励ましてくれた、妻永未子、長女愛未・メアリー、長男貴南・トーマスに、心からの感謝を捧げる。本書の執筆を開始したときには、筆者は大阪大学で教鞭をとっていたが、本書の大部分を執筆したのは、家族で沖縄に移り住んだ後のことである。筆者は現在、沖縄で海兵隊の政治顧問を務めているが、家族は沖縄への移住に賛成してくれた。また、家族は、日中の仕事や学校での授業、そして休日の活動のバランスをとって、筆者に執筆の時間を与えてくれた。

第二に、本書の執筆期間中、筆者を客員研究員として招聘してくれた沖縄国際大学沖縄法政研究所および法政大学沖縄文化研究所の関係者に謝意を表する。両研究所の所蔵資料は一級のものばかりで、スタッフは親切に支援してくれた。

第三に、本書のための調査に際して助力してくれた方々に感謝したい。具体的には、沖縄県公文書館（南風原町）の仲本和彦氏、琉球大学附属図書館（西原町）のスタッフ、尖閣諸島文献資料編纂会（那覇市）の國吉眞古氏と國吉眞菰氏、米国国立公文書館二号館（メリーランド州）や全米各地の大統領図書館のアーキビストとスタッフ、パブリック・サービス・コーディネーター兼リサーチ・アソシエイトのカリー（Mary Curry）博士をはじめとするナショナル・セキュリティー・アーカイブ（ワシントン）のスタッフ、外務省外交史料館の関係者、ベイヤ（Christi A. Bayha）氏をはじめとするキャンプ・フォスター（沖縄県）の図書館のスタッフ、沖縄県議会事務局と石垣市役所および与那国町役場の関係者である。また、リサーチ・アシスタントとして協力してくれた方々にも感謝する。スタンフォード大学のワン（Wang Huajia）氏とジョージタウン大学のホーキー（Allison Hawkey）氏は、近隣の公文書館に文書の複写に行ってくれた。ワン氏は、本書に関係する中国語の史資料の英訳も行ってくれた。彼らのキャリアが前途あるものとなることを願う。ブライアン・ゴールドマン

（Brian Goldman）とアイビー・ゴールドマン（Ivy Goldman）は、アイビーの故郷である台北で史資料を収集するとともに、関連部分を翻訳してくれた。

第四に、先達およびその研究に感謝したい。とくに、国際法を専攻する奥原敏雄国士舘大学名誉教授は、二〇一一年六月に筆者によるインタビューに応じ、その中で、自身の研究について論じるとともに、尖閣問題の発生当初、彼が日本政府に助言をしていたときに知り合った人々についても語ってくれた。本書の参考文献に示されているように、奥原氏は、日本の視点から見た尖閣諸島の歴史に関する多数の著作を記しており、それらをすべて筆者に提供してくれた。また、残念ながらご病気のため面会は叶わなかったが、尖閣諸島そのものやその法的・歴史的力学に対するわれわれの理解を深めさせてくれた、二人の研究者——返還前の尖閣にどの研究者よりも多く渡島した科学者である高良鉄夫博士と、沖縄国際大学の海洋法の専門家である緑間栄博士——の功績にも敬意を表する。沖縄政治を専攻する比嘉幹郎博士は、尖閣問題に対する沖縄の視点を教示してくれた。とくに、沖縄と中国の長い歴史にもとづいて、古今の沖縄の指導者たちが中国に対して抱いてきた穏健な見方については、教わることが多かった。国際法の専門家である王冠雄台湾師範大学教授と尖閣問題や台湾の対日関係について議論できたことは、筆者にとって参考になるものだった。

第五に、著者のインタビューに答えてくれた、あるいは筆者を応援してくれた政府当局者たちに感謝する。井口武夫大使は、筆者を奥原氏に紹介して上記のインタビューを実現してくれた。それだけではなく、一九七〇年代に勤務していた外務省条約局での仕事について語り、条約局が国際法の文脈や日本の外交政策全体の中で、尖閣諸島の地位をどのように見ていたのかを論じてくれた。吉野文六と沼田貞昭の両大使は、当時と現在の日本の外交政策に関する洞察を提示してくれた。当時国務省で沖縄返還協定の法的側面を担当していたシュミッツ（Charles A. Schmitz）氏、当時の国務省日本部の重要人物であるマクエルロイ（Howard M. McElroy）氏、沖縄返還のアメリカ側交渉団を率いたリチャード・スナイダー（Richard L. Sneider）のご子息であるダニエル・スナイダー（Daniel C. Sneider）氏にも感謝する。また、中華民国外交部の高官である王贊禹閣下は、尖閣問題に対する台湾の視点や日米中に対する外交スタイルについて、見解を示してくれた。

第六に、本書〔英語版〕の原稿の執筆を支援してくれたルートレッヂのソーデン（Peter Sowden）氏とハード

(Helen Hurd) 氏に、深甚の謝意を表する。ピーターとは、以前も一緒に仕事をする機会に恵まれたが、本書を公刊するにあたっての彼の熱心さには心を打たれた。この研究プロジェクトを信頼してくれて、ありがとう！

筆者は、さまざまな学術会議で本書の内容を報告する機会に恵まれた。具体的には、二〇〇九年六月にワシントンで開催されたアメリカ外交史学会（SHAFR）、二〇一一年六月に東京で開催された日本アジア協会、二〇一二年六月の陸上自衛隊富士学校での報告である。また、筆者は、第三海兵遠征軍の隊員や文民であふれかえった大会議室において、二度、本書の内容を報告した。一度目は、二〇一〇年九月に中国漁船が海上保安庁の二隻の巡視船に衝突して緊張が高まった後の同年十月で、二度目は、二〇一二年九月に再度緊張が高まった直後だった。これらの報告機会を提供してくれたペリッシュ（Richard B. Pellish）氏とオーウェンス（Christopher S. Owens）少将（第一海兵航空団司令官）に感謝する。以上の会議では、的確でよく練られた質問を受けたが、それらに対する答えが本書の中で提示できていればと願うばかりである。日本の政党からも本書の内容を報告するよう依頼を受けたが、筆者の職務上の立場に鑑み、辞退させてもらった。

本書を、筆者の長年の友人であり、海兵隊や日米関係についての師でもあるニューシャム（Grant F. Newsham）大佐に捧げたい。筆者は一〇年以上にわたり、重要な出来事や節目、難題を彼とともに経験してきた。今後もそうなるであろう。彼ほど、日米同盟について真剣に考え、多くのことを知っている人物はいない。また、彼ほど、尖閣諸島周辺で緊急事態が発生した場合に米軍と自衛隊が直面する問題について分かっている人物もいないだろう。日米両国の政府が、日米関係を前進させ、その基盤を政治的、軍事的、外交的、さらには経済的により強固にしたいと考えているのであれば、彼の助言にもっと耳を傾けるべきである。

目次

凡例

一、本書は、Robert D. Eldridge, *The Origins of U.S. Policy in the East China Sea Islands Dispute : Okinawa's Reversion and the Senkaku Islands* (Routledge, 2014) の訳書である。日本語版の刊行にあたり、著者の確認と承諾を得て、文章表現を改めたり、文などを移動・追加・削除したりした箇所がある。また、著者の要請により、文章を付け加えた箇所もある。なお、事実関係の明らかな誤りについては訂正した。

一、著者による補注は（ ）を用い、資料の直接引用文中の著者による補注は、［ ］を用いて表記した。訳者による補注は、〔 〕を用いて表記した。

一、尖閣諸島（尖閣列島）の表記については、原則として原文に従った。すなわち、"Senkaku Islands"は「尖閣諸島」と表記し、"Tiaoyutai Islands"や"Diaoyu Islands"などの中国語の呼称は、それぞれ「釣魚台列嶼」や「釣魚島」などの形で表記した。ただし、中国語の呼称については、前後の文脈から適宜、「魚釣島」「尖閣諸島」などと改めた箇所がある。また国内の文献では、「尖閣諸島」「尖閣列島」など複数の表現があるが、本書では資料の直接引用の部分を除き、「尖閣諸島」で統一する。

一、中華民国の表記についても、原則として原文に従った。すなわち、"Republic of China"は「中華民国」と、"Government of Republic of China"は「中華民国政府」または「国民党政府（国府）」とし、"Taiwan"は「台湾」と表記した。"People's Republic of China"は、「中華人民共和国」または「中国」とした。

一、原文中の"sovereignty"については、一般的に「主権」と訳されるが、本書では、尖閣諸島問題をめぐり国内で一般的に用いられる「領有権」を訳語としている箇所がある。

序　章　尖閣問題とアメリカの「中立政策」

二〇一〇年初め、日本を訪れたある米軍司令官が、安全保障問題を担当する日本人記者とのオン・ザ・レコードのインタビューに臨んだ。そこでは、尖閣諸島の防衛に関するアメリカのコミットメントについても質問がおよんだ。周知のように尖閣諸島は、日本の施政下にあるが、中国と台湾もその領有権を主張している。しかし、質問を受けた三つ星の将軍の司令官は、言葉に詰まってしまった。国務省から出向していた司令官の政治顧問は、尖閣の話題については議論の準備をしていないようであった。また同席した駐日アメリカ大使館員の司令官への助言も、不正確で、混乱をまねく内容だった。かくしてインタビューの雰囲気は、たちまちのうちに悪くなった。以下は、そのときのやりとりを記したインタビュー記録である。[1]

インタビュアー：［…前略…］今日のインタビューをつうじて私が最後に感じたのは、アメリカは日本を防衛する役割と任務を担っていないのではないかという疑念です。中国が尖閣を侵略した場合、第三海兵遠征軍は何をするのでしょうか。

米軍司令官：分かりません。それは……。

インタビュアー：それはまずいのではないでしょうか。あなたは今、分からないとおっしゃった。冗談ではなく、その発言は新聞の大見出しを飾ることになりますよ。

米軍司令官：それは——尖閣の問題は、政府が行う政策の問題であって……。

インタビュアー：尖閣は日本の領土ですよ。

米軍司令官：どういうことでしょうか？

インタビュアー：尖閣は日本の領土だということです。

米軍司令官：うーん、それは、アメリカ政府にとっては議論の余地のあるところです。そうとは言わないまでも、少なくともそのことは明確にはなっていません。

インタビュアー：アメリカは尖閣を守らないとおっしゃるのですか。

米軍司令官：分かりません。私には分かりません。

インタビュアー：これは、本当に深刻な問題です。もし分からないとおっしゃるのなら、それだけで大見出しを飾ることになりますよ。お答えを再考してくださって結構です。これは本当にまずい。

米軍司令官：私の知る限り、尖閣問題は政府間レベルでは解決されていない問題です。

インタビュアー：分かりました。そうおっしゃるのであれば、そのようにいたします。

アメリカ大使館員：司令官は、領有権について話されているのです。

インタビュアー：しかし、彼は分からないと言っている。

アメリカ大使館員：いえ、彼が言ったのは、尖閣は日本に属しているわけではないということです。われわれの見解からすると、尖閣諸島は〔日本の〕施政下にはある。私がインタビューされているわけではないですが。

インタビュアー：そうですね、司令官のおっしゃったことに従おうと思います。あなたがインタビューされているわけではありませんので。

国務省関係者〔司令官の政治顧問〕：少し話を戻してもよろしいですか。司令官が分からないと言ったのは……。

インタビュアー：インタビューの時間は二〇分しかもらっていない。あなたのお話は後ほど伺います。

アメリカ大使館員：三分延長いたします。司令官がおっしゃっているのは――将軍、どうぞお話しください。

米軍司令官：いや、私が「分からない」と言っているのは、政府間レベルでは曖昧さが残っていて、それは作戦行動の指揮官としての私の役割を超えているということです。尖閣諸島の防衛のためには、国家レベルからの指示が必要です。その指示にもとづいて、私は言われたことを実行します。

インタビュアー：それでは、尖閣を防衛する作戦計画はないということですか。そして、それはよく言われるように、中国が尖閣を占拠するかもしれないからでしょうか。ご存じのとおり、自衛隊は尖閣を防衛するための特殊部隊を保有しています。あなたは、沖縄の海兵隊が日本のためにどう対処するかは分からないとおっしゃっている。

米軍司令官：いや、そうとは言っていません。そうじゃない。私が言ったのは、わが政府が尖閣を守るよう指示すれば、私はできることをすべてやるということです。そして私は……。

インタビュアー：しかし、作戦計画はない。あなたがご存じの作戦計画はないわけですよね。

米軍司令官：いや、いや、そうは言っていません。私が言っているのは、もしそうするように言われれば、私は持てる限りを尽くして尖閣防衛に集中するということなんです。

インタビュアー：分かりました。しかし、いかなる種類の作戦計画があるかについては、正確にはお話しいただけないということですね。

米軍司令官：お話しすることはできません。

インタビュアー：司令官は、自衛隊が尖閣を守るのを、第三海兵遠征軍が支援するかどうかは分からないということでしょうか。

米軍司令官：そのように〔本国政府から〕命令されれば、第三海兵遠征軍は必ずそうします。

この記者を知るアメリカ政府当局者らの強い要請によって、上記のインタビュー部分は公表されなかった。それゆえ、この米軍司令官と国務省関係者の公の場での評価が下がることはなかったし、尖閣防衛を支援するというアメリカの対日コミットメントの評判が損なわれることもなかった[2]。

尖閣問題について知らなかったこと、そして同盟国の緊急事態に対するアメリカの対応について明確に説明できなかったことを理由に、この司令官を責めるのは難しい。実際に日本の政治指導者たちも、これまで尖閣の問題については、首尾一貫しない言動をとってきたからである。

たとえば、次のエピソードが挙げられる。二〇一〇年五月二十七日の全国知事会議において、石原慎太郎東京都知事——石原は二〇一二年四月十二日のヘリテージ財団（ワシントン）でのスピーチで、個人が所有していた尖閣諸島の購入を公言していた[3]——が鳩山由紀夫首相に、日中間で尖閣をめぐって軍事衝突が起きた場合、日米安保条約が適用されるのか尋ねた。これに対して鳩山は、日米安保条約が実際に尖閣諸島に適用されると信じるが、「帰属問題に関しては、日本と中国の当事者同士でしっかり議論して結論を見いだしてもらいたい」と答えている[4]。これに対して翌五月二十八日、岡田克也外相——彼はこの週、米海兵隊普天間基地の移設「決定」に関する共同発表の準備に忙殺されていた——は記者会見の中で、鳩山首相の発言は「不適切」であり、〔尖閣をめぐる〕「領土問題はなく、議論の余地はない」と述べたのであった[5]。

それから数カ月後、中国の漁船と海上保安庁の巡視船が衝突する事件が発生したが（詳細については後述する）、このときにも不可解なことが起こった。すなわち、衝突のビデオが非公開のままにされようとしたのに加え、那覇地方検察庁に対して、中国人船長を釈放して中国へ送還するよう政治的圧力が働いたのである。

またアメリカ議会図書館の議会調査局——アメリカ合衆国議会内にある公的「シンクタンク」——は、尖閣をめぐり緊張が高まった一九九六年と二〇一二年にレポートを提出したが、そこでさえ、尖閣に関する歴史が一部誤って捉えられている。レポートでは、「一九五一年の日本との講和条約の結果、アメリカの尖閣統治が一九五三《ママ》年に始まった」と誤って記述されている上〔アメリカの尖閣統治の開始は一九五二年〕、一九四五年から一九五二年までの期間に起こったことが、ほとんど看過されているのである[6]。

いずれにしても、先に述べた米軍司令官のエピソードは、一般のアメリカ人が尖閣諸島に対するアメリカの関与の歴史、さらには尖閣諸島そのものに無関心であることを象徴するものであったと言える。同時にこのエピソードは、尖閣諸島に関するアメリカの政策が不必要に複雑なものになっていることをあらわしている（この複雑さの問題を、ここでは上記のインタビューのエピソードから説明した。だがこの問題を、以下のようなジョークから示すこともできよう。問題――尖閣に関するアメリカの立場を説明するのに、何人のアメリカ政府当局者が必要でしょうか？答え――三人。しかしその三人も、すぐには分からないので、調べた後で改めて連絡することになるでしょう）。

一言で言えば――それはなかなか難しいことだが――アメリカは、一九七一年六月十七日の沖縄返還協定とそれに関連する「合意された議事録」（巻末の資料1と2を参照）によって、尖閣諸島が日本に施政権を返還する地域の一部であることを認めた。しかし、同時にアメリカは、尖閣の最終的な領有権をめぐる日本、台湾、中国の間の対立については、公式の立場を表明せず、この問題が当事国間で平和裏に解決されるのを望むとだけ言明することを選択した。言いかえれば、尖閣諸島は日本の施政下にあるが、その領有権についてはなおも争いがあるというのが、アメリカのとった政策上の立場だったのである。

本書のテーマは、尖閣諸島に関するアメリカの政策の歴史的起源を分析することにある。本書の叙述からは、沖縄返還に伴って新たに採用された上記の中立政策が、アメリカ政府のそれまでの政策や立場に反していることが明らかになる。さらに、本書の示す歴史的事実によって、アメリカが当時から現在まで「尖閣（the Senkakus）」というこの島嶼の日本語名をほぼ専ら使用していることと、実際のアメリカの政策との間に、矛盾が生じていることも明らかになろう。

▼尖閣問題と日米安保条約

尖閣問題に関して当時のアメリカのとった立場が、不評であったことは言うまでもない。そして、こうしたアメリカの立場は、一九六〇年に［改めて］締結された日米安全保障条約において、アメリカが日本の施政下にある領域の防衛の支援を義務づけられているという事実によって、さらなる問題を生み出している。すなわち、かりに尖閣諸島が第三国から攻撃された場合、日米安保条約を条文どおり読めば、たとえアメリカが尖閣諸島に対する日本の領有権を認めていなくとも、アメリカには「自国の憲法上の規定及び手続に従って共通の危険に対処するように行動する」義務が生じるのである。

ピューリッツァー賞の受賞者で、『ニューヨーク・タイムズ』などで執筆しているジャーナリストのクリストフ（Nicholas D. Kristof）は、こうした筋の通らない状況について、二〇一〇年九月に中国漁船と海上保安庁の巡視船の衝突事件が発生した直後に、「現場にて（"On the Ground"）」と題する自身のブログに以下の意見を掲載した。「われわれは、尖閣諸島が疑いなく日本のものであるとは同意していないにもかかわらず、尖閣諸島をめぐる戦争において日本を支援することを義務づけられているという、ばかげた立場におかれている」[7]。またクリストフはブログで、二〇〇〇年に刊行された共著書『アジアの雷鳴（*Thunder from the East*）』の分析を再度提示しながら、こうも述べている。「現実にはもちろん、アメリカがこれらの取るに足りない岩礁のために、日米安保条約上の義務を履行する可能性はゼロである。われわれは、おそらく中国のものであるこの島嶼のことで、中国との核戦争のリスクを冒すことはない(8)」。

クリストフは、一九八〇年代から尖閣の問題を追っており、彼が初めてこの問題について書いたのは、「これらの島のために戦いますか（"Would You Fight for These Islands?"）」と題した一九九六年十月の『ニューヨーク・タイムズ』の解説記事だったようである(9)。彼には、尖閣の領有権は自国にあるという中国の主張が歴史的事実に裏づけられていると考える傾向がある。実際にクリストフは、自ら「中国の立場に同情的」であることを認めており、台湾人研究者の邵漢儀がまとめた「釣魚島／尖閣諸島の裏にある不都合な真実（"The Inconvenient Truth Behind the Diaoyu/Senkaku Islands"）」と題する分析をブログに掲載している(10)。その中でクリストフ――彼はすでに存在しない国「オーストリア＝ハンガリー」出身の政治学者の息子である(11)――は、邵漢儀の分析を紹介しながら、事実は「一〇〇％明らか」というわけではないが、「私は中国の領有権を示す証拠はかなり有力だと思う」と明言している(12)。クリストフのブログでの主張に対しては、日本人研究者による反応があった。だが、クリストフは数週間後にそれをブログに載せただけで、上記の邵漢儀のときのような支持のコメントを書き込むことはなかった(13)。

本書で検証するように、筆者は、尖閣問題に関するクリストフの説明ないし理解には、ほとんどの部分で賛成することはできない。とりわけ、尖閣諸島に対する日本の主張は「疑わしく」、中国の主張の方が「おそらくより確か」だという彼の考えには、同意することはできない。

しかし、クリストフは、一つの重要な貢献を果たしている。それは、前述したアメリカの中立政策と一九六〇年の日米安保条約との間には矛盾があるということを、見識のあるアメリカ人読者に指摘した点である(14)。実際に、尖閣問題に対するアメリカの中立姿勢には、多くの首尾一貫しない部分があり、このアメリカの中立姿勢が、これまで日本との安全保障関係において複数の問題を生じさせてきた。これらの点については、以下に続く本論部分での歴史的考察と結論の中で明らかにする。

たしかにクリストフをはじめとする論者が指摘するように、日本に対する安保条約上のコミットメントが、いざというときに履行されるか否かについては、明確ではないかもしれない（筆者は履行されると考えているが）。しかし、次のことは明らかであると言えよう。すなわちアメリカ政府は、同盟国が主張している領有権を自国としては認めてすらいない領域の防衛を支援することについて――さらにはそのために死者がでるかもしれないことについて――自国民と彼らの選んだ議会にどう説明するのかという問題を抱えているのである。アメリカ政府は、非常に難しい立場に立たされるであろう。

実際に長い間、尖閣防衛を支援するのかどうかについて、アメリカの公的な場での姿勢は揺れてきた。この長年続くアメリカの姿勢の揺れと一貫性のなさは、「戦略的曖昧性」であるとも言える。だが、これではおそらく日米の信頼感は生まれないし、また当事国の間で誤算にもとづく判断が生じかねない。

▼尖閣諸島をめぐる摩擦とアメリカ——一九九〇年代

当事国間で深刻な誤算が生じる可能性は、台湾海峡および尖閣諸島をめぐる緊張の高まった一九九六年までは、大きな問題にはならなかった。とはいえ実際には、それ以前にも、尖閣周辺では日中間の摩擦が幾度となく発生してきた。たとえば一九七八年四月には、二〇〇隻と言われる中国漁船が尖閣諸島に接近し、日本の右翼勢力がこれに対抗して尖閣の領有権を主張した。そして、日本青年社[15]が魚釣島に上陸して灯台を建設する。さらに一九九〇年秋には、台湾人活動家が魚釣島で聖火リレーを行おうとする事件も発生した。ほかにも尖閣をめぐっては、これまでさまざまな問題が起こっている。また、一九九一年十一月に米軍がフィリピンから撤退し、翌一九九二年二月に中国が中華人民共和国領海及び接続水域法（領海法）——同法は、そこに含まれたすべての列島や島嶼の領有権を主張する内容だった——の制定を発表した後、中国の意図に対する懸念が急速に深まった。こうした懸念の背景には、とりわけ一九八九年に中国当局が天安門広場において学生たちを弾圧したことや、一九九一年のソ連崩壊後、中国が新たな脅威として浮上していたこともあった。

一九九五年になると、中国は尖閣周辺海域の資源を開発しようと、海洋調査船と石油掘削装置を送り込み始めた[16]。さらに一九九六年三月、中国は台湾近海でミサイル試射を実施し、その直後に米第七艦隊が空母を台湾海峡に派遣した。日本が国連海洋法条約を批准した後の七月中旬には、前述した日本青年社が、尖閣諸島の中の北小島に、二つ目の灯台を設置する。その月、日本青年社は、設置した灯台を公式の灯台として認定するよう、日本政府に申し立てた。

翌月の八月十八日には、尖閣諸島防衛協会——長年尖閣問題やその他の国粋主義的な問題にかかわってきた惠忠久を会長として、一九九四年に設立された——が、魚釣島の灯台付近に木製の日本国旗を設置した[17]。そのとき魚釣島に上陸した者のうち六名が、かつてこの島に村が存在したことを示す顕彰碑〔旧古賀村顕彰碑〕と、尖閣列島戦時遭難事件（第二次世界大戦末期に石垣島からの疎開船二隻が遭難した事件であり、その詳細については第1章で取り上げる）の犠牲者を弔う慰霊碑〔魚釣島慰霊碑〕を建立した[18]。

同じ八月、池田行彦外相は訪問中の香港で——当時香港は一五〇年におよぶイギリス統治を経て、翌一九九七年七月に中国に返還されようとしていた——尖閣諸島は日本固有の領土で、日本が実効支配しており、したがって領土問題は存在しないという見解を表明した。この池田の声明によって、香港では「釣魚島運動」が燃え上がり、また中国政府は『人民日報』の社説で、「一二億の中国人民が、その領土を一寸でも手放すことを期待する者は、単に空想をしているにすぎない」と警告を発した[19]。

中国外交部の報道官は、尖閣周辺地域の資源の共同開発を優先して、領有権問題を棚上げにすることを提案した。だがその一方で報道官は、中国は領有権問題でいかなる譲歩もしないと言明し、対立をエスカレートさせかねないような一方的な行動に対する警告を発した[20]。しかしながら、九月九日には、日本青年社のメンバーが、台風で損傷した灯台の修理のため北小島に再上陸した。そして、灯台の公認を日本政府に再申請したのであった。

こうした中、アメリカ国務省には、現時点におけるアメリカの立場に関する問い合わせが寄せられ始めた。アメリカ政府は、尖閣をめぐる争いに、再び公然と巻き込まれるようになったのである。九月十六日のクリストフの記事では、アメリカ政府は「どの国がこの島嶼を保有しているかについては立場を示さず、米軍が日米安保条約によって尖閣をめぐる争いへの介入を強制されることはない」という、モンデール（Walter F. Mondale）駐日大使のコメントが取り上げられている[21]。

クリストフは、「この問題が注目の的となり、政府当局者が口を閉ざすようになる以前」の一九九五年に行ったモンデールへのインタビューについて取り上げながら、次のように述べている。モンデールは、「何が良識なのかを示してくれた。すなわち彼は、尖閣諸島が占拠されたとしても、自動的に日米安保条約が発動するわけではなく、アメリカは軍事介入を強制されるわけではないとの考えを述べたのである。今年行われた別のインタビューでは、［モンデールは］巧妙に質問をはぐらかしていた。ただ、このとき彼は台湾のたとえを持ち出した。そして、台湾に対するアメリカの政策は、アメリカは中国による攻撃に対して反撃する義務を負っていないが、ともかく反撃するだろうというものだ、としていた[22]」。後にモンデールは、自らの発言について後悔の意を示し、「あの発言［…中略…］は引用が中途半端だったが、自分もドジだった。［…中略…］この問題が日本にとってあまでデリケートな問題であることをもっと事前に知っておくべきだった」と告白した[23]。ちなみにモンデールは、自身の回想録の中で駐日大使時代に一章を割いているが、残念ながらこの問題については触れていない[24]。

当時衆議院議員だった石原慎太郎――彼は一九七二年十一月から衆議院議員を務めていた――は、このモンデールの発言に激高し、一九九六年十一月に『産経新聞』のオピニオン欄で、「外交官としては不適切」とモンデールを公に批判した[25]。後年、石原は、「それがきっかけとなって、モンデールは五日後に更迭されてしまった」と書き記した（実際の離任は十二月十六日）[26]。このくだりは、明らかに石原の誤解、ないしはおそらく誇張である（モンデールの離任は、大統領の任期終了に伴うもので、おそらくかなり前から計画されていた）。モンデール時代の駐日公使であるデミング（Rust M. Deming）は、石原の主張を「ナンセンス」だと論じている[27]。

しかし、石原の言葉は、当時の多くの日本人が抱いていた、アメリカの立場に対する怒りと失望を反映したものであった。尖閣に関するアメリカの姿勢は、「アメリカ政府が日本領土の防衛を支援するかどうか」を知るための「誠実さのテスト（"loyalty test"）」として見られていたのである（そして、現在もそう見られている）。

こうした一九九六年の危機の間も、またそれ以前においても、この「テスト」に対するアメリカの答えは明確ではなかった。アメリカ政府は、当事国による平和的解決を求める一方で、領有権の問題に関しては、繰り返し中立の立場を述べてきた。そしてこの立場は、過去二五年以上にわたって、アメリカの政策となってきたのである。

たとえば一九九六年九月十一日、前年より国務省報道官と臨時代理の国務次官補（広報担当）を務めていたバーンズ（R. Nicholas Burns）は、記者からの質問に対し、「アメリカは、釣魚島（*Diaoyu Islands*）の領有権に対するいかなる国の主張も承認したり、支持したりすることはない[28]」と明言し、各当事国が「秩序ある、平和的かつ安定的な方法で」対立を解決するよう求めた。そして、アメリカが〔尖閣をめぐる〕軍事紛争の際に日本に対する支援義務を負っているのか尋ねられたバーンズは、「日米安保が適用されるかどうかは仮定の問題だから答えられない。〔…中略…〕いま手元に安保条約の条文がない。だからお答えできません。なきゃ、引用もできないしね[29]」と答えた。またバーンズは、それゆえアメリカ政府には仲介役を果たす意思はなく、当事国の間での直接交渉を求めると述べている[30]。

ロード（Winston Lord）国務次官補（東アジア・太平洋担当）——ちなみに彼はキッシンジャー（Henry A. Kissinger）大統領補佐官（国家安全保障担当）のスタッフとして、本書第5章〔の注〕でも登場する——も、「仮定の状況については言及しない」として、〔日米安保条約の〕第五条が尖閣のケースに適用されるかどうかという質問には、答えようとしなかった[31]。

それから約二週間後の九月二十三日、前年十月から国務省副報道官と広報担当の次官補代理を兼務していたデーヴィス（Glyn Davies）は、次のように述べている。

> われわれは、尖閣問題の当事国がそれぞれの主張の相違を平和的に解決することを期待する。また、この解決に向けたプロセスを進めるに際し、すべての当事国が自制した行動をとることを強く望む。〔…中略…〕われわれは、これから起こりそうなことを予想することはしない。双方の側が、これらの島をめぐって互いを挑発したり、あるいは緊張を高めたりしたくなる衝動を控えることを求めるだけである。アメリカからすれば、この問題に感情的な部分が多分にあることは理解できるが、これは舌戦を超える段階までエスカレートさせるに値する種類の争点ではない。以上が、尖閣問題に関するわれわれの立場である[32]。

残念ながら数日後、尖閣をめぐる緊張がにわかに、かつ劇的に高まることとなった。全世界華人保釣大連盟の活動家を乗せた貨物船「保釣号」が、尖閣沖一二海里の地点で日本の巡視船に制止され、五名の活動家が海に飛び込んだのである。このうち、陳毓祥が溺死し、これにより一九五五年の身元不明の台湾人あるいは中国人による「第三清徳丸」襲撃事件（この事件については第2章で詳述する）以来、およそ四〇年ぶりに、尖閣関連の争いで死者が出る事態となった。報道は過熱し、すでに「〔中国への返還の〕カウントダウンの不安定な心理状態にあった」香港では、反日感情が高まった[33]。

日本の外務省では、バーンズの上記の発言が、アメリカの日本に対するコミットメントの後退を意味しているのではないかという懸念が生じていた。とくに竹内行夫駐米全権公使は、バーンズの発言を知った際、「平手打ちを喰ったようなショックを覚え」、「かつての米国の言い分とあまりに違っている。これはひどい。一刻も早く、連中の目を覚まさせる必要がある」と考えた[34]。当時の外務省内では、アメリカ政府の見解に真っ向から反対するべきかどうかをめぐり、意見が割れたほどであった。

とはいえ、アメリカ政府内には、竹内の立場を理解し、同情する者もいた。たとえば国務省の日本部は、バーンズ発言後「シマッタと思った」が、クリストファー（Warren M. Christopher）国務長官——一九七九年当時、国務副長官として中国との国交樹立を国府に伝えるという難しい任務についていた——の「受けもよ」かったバーンズに、発言を修正するよう求めることができずにいた（ただ、クリストファーと国務省上層部に公平を期すために言えば、当時、彼らの関心は、ボスニア紛争の終結をもたらすデイトン合意に集中していた[35]）。ある当局者は、次のように語る。

国務省の当初の反応は間違っており、しかも熟考されたものではなかった。これは、〔日米の〕戦略的な同盟〔関係〕を考慮することなく、本来関与すべき人間が早い段階で関与しないままに、法的な観点にもとづいて勝手に発表されたものだ。この失敗がなされた後、より正確な解釈と決定がなされるまで、国務省は数日間という長きにわたってこの立場に固執した。私は、外務省の不満といら立ちに同情することしかできない[36]。

当時『朝日新聞』の編集委員を務め、後に日米安全保障関係に関する必読の古典である『同盟漂流』を著した船橋洋一は、アメリカでは、政権の交代によって「インスティチューショナル・メモリー」が十分ではなかったという寛容な解釈を示している。これは確かであろう。こうした解釈は、〔政府の〕能力不足をかばったり、しばしば皮肉ったりする際の慣例でもある。しかしながら、アメリカ政府は〔本気で〕中立姿勢を維持しようとしていたという、よりシニカルな解釈も可能である。

日本研究者で、後にＮＳＣ（国家安全保障会議）の上級アジア部長となるグリーン（Michael J. Green）によれば、「外交的には、当時の政権が中立を保ったのは正しかった。しかし厳密には、日米安保条約の下でアメリカは尖閣を防衛する義務を負っている[37]」。一九九六年の出来事に関するグリーンの記述は、同盟国である日本に対する当時のアメリカの政策は「ジャパン・パッシング」だったという、一九九〇年代末に彼が行った分析の一部である。いずれにせよ、国務省の一貫せず、説得力のない姿勢への評価においては、グリーン自身が過度に「外交的」〔周囲に配慮した物言い〕になっていると思われる。

最終的には、国防総省が主導する形で――国防総省は、一九九〇年代にアメリカの対日政策の形成における影響力を拡大していった――アメリカ政府は、尖閣諸島は日米安保条約の範囲であると宣言することになる。これはおそらく、アメリカの姿勢に対して日本からの批判が高まったこと、およびアメリカ政府が対日コミットメントの実態を再確認したことの結果であろう。一九九六年十一月末、ペリー（William J. Perry）国防長官は、キャンベル（Kurt M. Campbell）国防次官補代理（アジア・太平洋担当）に対し、「日米安保条約の第五条によって、アメリカは日本に対する非常に強力なコミットメントを有している。われわれはこのコミットメントを遵守するものであり、日本とその領土への支援を規定する第五条の文言はきわめて明確である」と宣言することを許可した[38]。ただし、キャンベルは〔領有権に関する〕日本の立場を支持するような発言を慎重に避け、尖閣諸島は単に「日本の施政下にある」という判断を示していた。

しかし、同盟関係にはすでに多大なダメージが生じており、日本ではアメリカ政府、とくに民主党政権に対する不信が沸き起こっていた。そのため、従来から日本の政策当局者たちがより「日本重視（“pro-Japan”）」だと考えてきた共和党の政権が、尖閣をめぐる危機においていかなる対応をとるのかに注目が集まり始めた。中国が尖閣諸島の領有権を主張し、周辺海域への侵入を繰り返すというのが尖閣問題の性質であることに鑑みれば、新たな危機の勃発は時間の問題であった。実際に、それは二〇〇四年春に起こる。

▼二〇〇〇年代以降

二〇〇三年末、中国民間保釣連合会という「民間団体」が、台湾海峡を臨む福建省厦門市で設立された[39]。数週間後の二〇〇四年一月十五日、同連合会の二隻の船が日本の領海を侵犯し、尖閣周辺海域に約二〇個の石碑を沈めた。二カ月後の三月二十四日には、同連合会の活動家七名が、海上保安庁の制止を振り切って尖閣諸島でもっとも大きい魚釣島に上陸し、出入国管理法違反で沖縄県警察本部に逮捕された。

直後からアメリカ政府の動向に注目が集まった。同日、エレーリ（J. Adam Ereli）国務省副報道官は、明確かつ〔日本を〕安心させるような文言で、日米安全保障条約は尖閣に適用されると、次のように言明した。

> 尖閣諸島は、一九七二年の沖縄返還の一環として返還されて以来、日本の施政下にある。一九六〇年の日米安全保障条約の第五条は、同条約が日本の施政下にある領域に適用されると宣言している。それゆえ、安保条約第五条は尖閣諸島にも適用される。〔ただし、〕尖閣の領有権については対立が存在する。アメリカは、尖閣諸島／釣魚島の最終的な領有権の問

題については、立場を定めない。これが長年にわたるわれわれの見方である。われわれは、当事国が平和的な手段によってこの問題を解決することを期待し、すべての当事国が自制を働かせることを求める。[40]

かくして、アメリカ政府は領有権の問題については中立を維持しつつも、尖閣防衛に前向きな姿勢を打ち出したのであった。二三年間国務省で勤務した後に、二〇〇一年にヘリテージ財団アジア研究センターの研究員（中国政策担当）となったカシク（John J. Tkacik, Jr.）によれば、これは、日本重視の姿勢を全面に出すアーミテージ（Richard L. Armitage）国務副長官の名をとって、日本では親しみを込めて「アーミテージ・ドクトリン（"Armitage Doctrine"）」と呼ばれるようになった。[41] そしてこれは、日本を支援するというアメリカのコミットメントが評価される際の最低基準となる。

二〇〇九年一月にオバマ（Barack H. Obama）率いる民主党政権が誕生して、ヒラリー・クリントン（Hillary Rodham Clinton）――クリントン（William J. Clinton）元大統領の妻――が国務長官に就任した後に尖閣問題が再燃すると、日本では関心と懸念が高まった。民主党とヒラリー・クリントンは中国重視だと考えられていたからである。同様に中国重視と考えられていた鳩山民主党政権が、五〇年以上にわたる自民党支配〔一九九三年から九四年にかけての下野時代を除く〕を終結させる形で発足してから一年が経った二〇一〇年九月初旬、中国漁船が海上保安庁の巡視船に衝突し、漁船の船長が逮捕された[42]〔事件発生時は菅直人政権に代わっていた〕。その直後から、日本の政府当局者や記者たちは、〔日中間の〕軍事衝突が起こった際のアメリカの姿勢がいかなるものかを問いただし始めた。

この頃、オバマ政権は、普天間基地の移設問題で手一杯になっていたが、国務次官補（東アジア・太平洋担当）として政権入りしたキャンベルが国防次官補代理時代に示した立場や、前述の「アーミテージ・ドクトリン」の立場よりも弱腰の立場をとることはできなかった。衝突事件発生から数週間が経った九月二十三日、クリントン国務長官は前原誠司外相との会談で、アメリカ政府は事件に対する日本政府の対応を理解すると説明するとともに、日米安保条約の第五条は尖閣に適用されると強調したのであった。[43]

クリントンがこのように断言したことによって、前回の民主党政権時代に起こった混乱は払しょくされ（完全な信頼には程遠いが）、アメリカの民主党と共和党は尖閣に関するアメリカの立場について考えを共有するにいたったと見ることもできよう。しかし、本書の結論で論じるように、「第五条が尖閣に適用される」ということが実際に何を意味しているかについては、多くの問題が残されている。言うまでもなく、その根底には、尖閣がアメリカの財産や資源（とくに沖縄本島に駐留する若い海兵隊員の命）を用いて戦争をするのに値するかという問題がある。クリストフがこの問題をアメリカ人読者に幾度となく提起してきたのは、前述のとおりである。

過去においては、中国が尖閣を占拠するための攻撃能力も、おそらくそうした意図も持っていなかったため、尖閣防衛に関するアメリカのコミットメントの問題は、机上の問題に過ぎなかった。しかしながら、これまで長年、自国の平和的台頭を唱え、尖閣周辺海域——数百億ないしは数千億ドル分もの天然資源（とくに石油）が眠ると考えられている——の日中共同開発を主張してきた中国は、その軍事的な活動を無視できないほど活発化させている。[44] 中国は、日本（とアメリカ）の意思を精査するとともに、自らの主張を押し通すことを企図しており、その行動は次第にリスクを孕んだ危険なものとなってきている。二〇一二年七月には、匿名の人物によって、来る九月に中国が日本の政治的・外交的混乱と軍事的な準備不足に乗じ、既成事実を作り上げるために〔尖閣を〕急襲するというシナリオが提示された。[45] 実際にその後、緊張は大きく高まり、〔本書英語版の原稿が完成した〕二〇一三年秋まで継続している。

後に中国によって強く非難されることとなるが、[46] 二〇一二年十一月三十日、アメリカ連邦議会上院は、アメリカ政府は「尖閣諸島が日本の施政下にあることを認める」とともに「第五条にもとづく日本政府へのコミットメントを再確認する」と言明した、二〇一三年度国防授権法への修正条項を全会一致で可決した。[47] この条項は、アメリカは「尖閣諸島の最終的な領有権についてはいかなる立場もとらない」とする一方、「第三者による一方的な行為」は、尖閣諸島における日本の施政権に関するアメリカの認識に「影響をおよぼさない」と強調し、「東シナ海はアジアの共有海域（maritime commons of Asia）の死活的一部である」と述べている。この修正条項の可決から二週間も経たない十二月十三日、中国国家海洋局の航空機が、魚釣島周辺の日本領空を侵犯した。これに対して、航空自衛隊の旧式のF-15戦闘機がスクランブル発進するとともに、日本政府はこの侵犯を「極めて遺憾である」と非難した。[48] 本書の執筆時点で、ほぼ毎日、中国の公船やその他の船舶、そして航空機による〔日本の領海・領空への〕侵犯が発生している。

こうした中、軍事紛争の可能性を論じた多くの著作が出版されてきた。もっとも有名なもののひとつに、父ブッシュ（George H. W. Bush）政権で国防副次官を務めたバビン（Jed Babbin）と退役海兵隊パイロットのティンパーレイク（Edward Timperlake）が著した『Showdown（対決）——中国が牙をむく日（*Showdown: Why China Wants War with the United States*）』がある。この著作には尖閣への言及がいくつかあり、そのうちのひとつに、日本の首相が尖閣問題の背景とともに、中国海軍とロシア海軍が尖閣付近で訓練を実施しているという情報を、新たに就任したアメリカの女性大統領に電話で伝えるという架空の設定がある。そこで、首相はその女性大統領に対し、「あの二国が同時に演習をやるなんて、いままでありませんでした。だから心配なんですよ。中国とロシアが外交面と軍事面で合意に達して、いまにも尖閣諸島を占拠するんじゃないかと」と伝えた。電話に対する感謝の意を伝えた後、大統領は「この件については真剣に検討して、後日また連絡するわ。ご心配はよくわかります」と応じた。大統領は電話を切った後、ＣＩＡ（中央情報局）長官と国家情報長官に対し、「アメリカは、中国とはなんのわだかまりもないのよ。中国は責任ある行動をとってくれるでしょう。それまでは、この件については一切報告しないで」と指示する。[49]フィクションではあるが、これはおそらく日本にとって最悪のシナリオであろう。

二〇一〇年、海上保安庁の巡視船に対する中国漁船による衝突、およびその後の中国人船長と乗組員の逮捕をめぐって、日中間の緊張が高まった。その直後、二人の日本人評論家が著した『尖閣戦争』と題する著書が出版された。衝突の映像をユーチューブ（YouTube）に投稿した海上保安官、一色正春主任航海士（ユーザーネーム「sengoku 38」として知られる）も、『何かのために——sengoku 38 の告白』という著書を出版した。[50]二〇一一年十月一日の那覇における彼の講演に筆者も出席したが、大盛況であった。[51]

日本で出版されたその他の尖閣関連の書籍として、陸海空自衛隊ＯＢによる二〇一〇年の『尖閣が危ない』や元海上自衛官による二〇一一年の『尖閣諸島沖海戦——自衛隊は中国軍とこのように戦う』がある。二〇一二年には、『自衛隊 vs. 中国軍』や『尖閣をとりにくる中国海軍の実力』『尖閣武力衝突——日中もし戦わば』、そして、多くの戦争フィクションを著してきた作者による『尖閣喪失』という小説も出版された。これらはすべて、軍事衝突の可能性について暗い見通しを示している。[52]

また、議論を一歩進める（もしくは基本に立ち返る）形で、政治学者の佐道明広は、日本の防衛関連の法律や予算を検討し、日本は尖閣有事に対処する準備ができていないという警鐘を鳴らす。[53]さらに、歴史的に尖閣諸島を管轄区域としてきた沖縄県石垣市の中山義隆市長は、『中国が耳をふさぐ尖閣諸島の不都合な真実』によって、政府の問題、二国間問題、〔東アジア〕地域の問題、そして国際問題である尖閣問題に、地元の見方を提示するという価値ある貢献をした。[54]

アメリカの研究者や軍当局者も、この問題に関心を示し始めている。二人のきわめて優秀な海兵隊員による二つの論文——ひとつは公刊され、もうひとつは公刊されていないがＥメールで配信されている——が代表的である。日本政府の南西諸島防衛に対する関心の高まりを検証したケンドール（James R. Kendall）中佐の「存在による抑止から実効的な対処へ」と題する論文[55]と、ニューシャム（Grant F. Newsham）大佐の「南西諸島防衛——ある海兵隊員の視点」という論文[56]である。

しかしながら、本書は現在起こっている対立の歴史的側面、とりわけ領有権問題に関するアメリカの「中立政策」の起源を分析対象とするため、この二つの洞察に満ちた論文は、軍事衝突を予言する以上の書籍と同様、本書の焦点の外にある。

中国の挑発や侵犯行動の増加に対応するために、日本側は南西諸島の防衛を強化する計画を立てており、これを「南西諸島防壁」と呼んでいる。しかし、その防壁は穴だらけで、日本は脆弱なままである。自衛隊はこの穴をふさぎ、壁を強化するためにアメリカからの支援をこれまで以上に頼みにしている。

アメリカが日本の唯一の正式な同盟国であることに鑑みれば、アメリカの支援に対する日本の熱望と期待は、一種当然のことである（上述した一九九六年のクリストフの論評の中で、ある保守系の活動家は、「日米安保条約は機能するべきである。もし機能しないのであれば、日本は安保条約を破棄すべきだろう」と語っている）[57]。アメリカに対する日本の期待は、アメリカが従来の曖昧な政策から訣別し、抑止を実際に機能させ、中身のある作戦計画の策定を開始するべきだということを物語っている。

前述のとおり、本書は一九六九年から一九七二年の時期に焦点をあて、尖閣に関するアメリカの中立政策がいかにして展開してきたのか——あるいは展開させられてきたのか——を解明する。本書は、日中（台湾を含む）の領土をめぐる対立自体を分析対象とするわけではない。しばしば党派を超えて、多くの論文や書籍がこの問題の詳細について検討してきた。こうした論文や書籍とは異なり、本書は、尖閣問題から距離を保とうとしてきたアメリカの視点と行動を分析対象とする。これまでもこれからも、尖閣問題は、アメリカにとって、日本との同盟を維持して「東アジア」地域に安全保障上の利益を有する限り、一切関与しないということができない問題である。実際問題として、アメリカは、間違いなくこの問題に組み込まれているのである。

▼先行研究の検討

尖閣問題に関する研究は、上記の書籍や論文だけではない。本項では、尖閣問題を扱った先行研究の動向について論じ、尖閣諸島についての書籍が非常に少ないことを指摘する。先行研究の多くは論文であり、尖閣をめぐる問題が最初に沸き起こった一九七〇年代初頭に出版されたものである。

第1章と第2章で論じるように、自然科学の観点から尖閣諸島を論じた研究が一九五〇年代と一九六〇年代（および戦前期）に数多く発表された。その一方で、尖閣の歴史や国際関係に関する学術研究は、一九七〇年代初頭にようやく出版され始めた。

最初の研究は、当時国士舘大学で国際法を担当していた奥原敏雄助教授の手によるものである。奥原は、日本支配下の満洲国大連市に生まれ、一三歳となる一九四六年に家族とともに熊本に引き揚げた。その後、国際問題に関心を持った奥原は、早稲田大学の国際法の専門家、一又正雄の下で学んだ[58]。一九六五年四月に国士舘大学の教員となった奥原は、一九六八年二月の宮古島訪問を機に、沖縄に関心を抱くようになる。その後約一〇年間、尖閣諸島に関連する問題の研究に従事した奥原は、この問題の第一人者となった。奥原は、尖閣をめぐる対立が発生した当初、日本の尖閣統治の歴史と中台の主張の問題点を裏づける歴史資料を提示することで、〔尖閣は中国に属しているという趣旨の〕『朝日新聞』の立場を改めさせたこともあった〔第5章を参照〕[59]。

「尖閣列島——歴史と政治の間」は、尖閣問題に関する奥原の最初の公刊論文であり、同時に、この問題を歴史学の方法にもとづいて検討した初めての研究である[60]。奥原は、文書資料を閲覧するため、そして研究成果を共有するために、日本政府と緊密に協力しながら研究を進めた。奥原は後に、一九七〇年九月に設立された尖閣列島研究会という半官の組織（第2章で詳述する）への参加を要請される。奥原は尖閣に関する書籍は出版しなかったが、二〇から三〇本に及ぶ論文を著すとともに、一九七二年から一九七三年にかけて、尖閣をめぐる対立の歴史を説明する全五四回の連載記事を沖縄の地方紙〔『サンデーおきなわ』〕に寄稿した。もしこれらが脚注を付けた形でひとつの書籍にまとめられていたら、決定版といえるような堅固な学術書になっていたであろう。

尖閣に関する研究のいくつかで、奥原は、尖閣は中国に属するという議論を一九七〇年代初頭に展開したマルクス主義歴史学者、井上清の研究に対する反論を試みている。京都大学教授で天皇制反対論者である井上は、中国関係の出版物において尖閣に関する論文を発表しており、後に中国政府から表彰される。奥原と井上は、歴史資料に関する互いの解釈を批判する形で、いくつかの雑誌上で白熱した議論を交わした。井上は、すでに公刊されていた論文に加筆修正を行い、そこに沖縄差別と反軍国主義についての講演やその他の著作を加え、沖縄返還の直後に書籍として出版した。[61] 井上は一九七三年以降、尖閣について の著作を公刊しなかったが、奥原はその後も、日本の主張を裏づける情報や文献の発掘・精査を継続した。[62] 保守の国際法学者〔奥原〕は、方法論もしっかりした、実証的かつ多言語を用いた研究を行ったが、左派の歴史家〔井上〕の扱いに手を焼いていた。奥原は筆者に対し、「結論が異なっていても気にしません。重要なのはそこにいたる過程です」とした上で、「井上氏のイデオロギーは宗教のようでした」と語った。[63]

尖閣に関する別の代表的な研究者として、歴史的・国際法的観点からこの問題に取り組んだ沖縄の国際法学者、緑間栄が挙げられる。[64] 著名な国際関係・国際法学者である入江啓四郎（第三章に登場する）に学んだ緑間は、一九六〇年代初頭に、沖縄国際大学の前身〔国際大学〕の教員となり、二〇〇一年三月の退任まで同大学に勤めた。緑間は、一九七〇年代末に、尖閣周辺海域の開発と海洋法に焦点をあてた研究を開始し、一九八〇年代には、一般読者向けの書籍、『尖閣列島』を出版した。那覇国際空港の搭乗口近辺の売店では、この書籍が棚のひとつを埋め尽くさんばかりに陳列されている。[65]

尖閣に関する次の学術書が出版されるのは、さらに二〇年近く後の二〇〇〇年のことである。それまでの三〇年以上もの間、上記の井上と緑間の著書や親中派の財界人高橋庄五郎の著書[66]を除き、尖閣に関する著作は、学術論文やジャーナリストの記事がほとんどだった。学術論文の一部が比較の観点から、尖閣をめぐる対立を解消するために国際法を用いることの可否に焦点を当てる一方、その他の研究は、尖閣問題の現状分析や〔当事国〕それぞれの主張の検証を行ってきた。これらの研究では、既知の見方が繰り返されるばかりで、歴史に関する議論への貢献はほとんどなされなかった。

二〇〇〇年に出版された菅沼雲龍の『中日関係における主権

と領土（*Sovereign Rights and Territorial Space in Sino-Japan Relations*）』は、こうした状況を大きく変えた。菅沼は、尖閣に関する日中双方の主張を検証するために歴史に立ち返り、失地回復主義——すなわち、歴史的な「権利（"rights"）」にもとづく領有権の主張——を検証するため、恵まれた語学能力を活かしてこれまで用いられることのなかった多くの一次資料を提示した[67]。菅沼は、一時期中国に滞在し、学士の学位を日本で、修士と博士の学位をアメリカで獲得していた。菅沼が中国と琉球の関係に関心を抱いていたことを反映し、彼の著書では、両者の間に存在した朝貢関係に関する議論や、二つの王朝の間を航海する際の天然の目印としての尖閣に関する議論が展開されている[68]。

他方で、尖閣諸島の地位に関するアメリカの関与の問題については、英語、日本語とも、驚くほど研究が少ない。一〇年以上前に書かれた英語の論文が、戦後の沖縄統治の文脈で、アメリカの関与に焦点を当てているが、返還期における尖閣の地位やアメリカの中立政策の展開については、ほとんど触れていない[69]。他方で、日本人研究者による一般読者を対象とした論文は、日米安保条約の第五条との関連で、尖閣の地位を論じていることが多い[70]。最近に至り、尖閣諸島の地位に関するアメリカの関与の問題がメディアの注目を集めており、機密指定解除された文書資料への関心も高まっている（これらの文書資料はすべて、本書で用いられている）。しかしながら、管見の限り本書の刊行に至るまで、この問題に関する学術研究は、英語でも日本語でも、書籍という形では公刊されていない。

▼本書の意義

上記の先行研究の状況に鑑みれば、本書には複数の意義があると言える。第一に、本書によって、尖閣問題に焦点を当てた本格的な学術書が十数年ぶりに公刊されることになる。本書は、書籍と論文からなる既存研究に加え、機密指定解除された戦後の一次資料や回顧録、オーラル・ヒストリーを活用している。

第二に、本書は、従来あまり注目されてこなかった、尖閣問題に対するアメリカの関与の歴史と中立政策の起源を詳細に検討する最初の研究である。本書で明らかになるように、アメリカの関与は実際には、「中立だが巻き込まれている（"neutral-but-entrapped"）」政策と呼ぶことができる。本書は、尖閣問題に関するアメリカの政策の一貫性のなさを解明し、今後アメリカがいかにしてより積極的で明確な対日コミットメントを与えるべきかを提示する。これは、抑止の有効性を高め、日米二国間関係を維持・発展させることにつながるだろう。

第三に、本書は、沖縄返還の文脈における尖閣問題の位置づけを、従来の研究水準を超えるレベルで詳細に検討する。これにより、返還合意と尖閣の歴史の新たな一面を照射する。

第四に、本書は、日本側の多くのアクターを検証するとともに、日本の尖閣政策の形成について分析する。これにより本書は、日本の対外政策の形成・実施過程に関する事例研究としても貢献できる。

本書の第五の貢献は、〔日米の当局者だけではなく、〕沖縄（返還以前は琉球政府）や台湾、中国の当局者の観点や行動を解明することにある。さらに、本書は、市民社会や政界、財界といった非政府アクターの動向も明らかにする。これにより、対外政策の形成過程における国内的・国際的な要素について、より包括的な理解を促進できる。

第六に、本書は、返還後の尖閣に関する今後の研究の基盤を提供し、現在の尖閣問題の歴史的背景に関する理解を促進できる。歴史に対するより明確な理解にもとづき、適切な政策と対応がなされることが期待される。これに関連し、本書の目的ではないが、史実にもとづく本書の叙述と新発見は、尖閣問題における日本の主張を確固たるものにすることになろう。このことは、他の手段——国際司法裁判所への提訴や周辺海域における天然資源の共同開発、周辺地域を自然保護区にするという四〇年前の提案など[71]——と相まって、緊張の緩和がウィン・ウィンとなる状況を作り出し、その際に日本以外の当事国が面目を保てる方法を提供できるだろう。ただし、これは日本以外の当事国がそうした方法を実際に欲している場合にのみ当てはまることであり、現在の中国の行動は、中国にそのつもりがないことを示している。

本書は、尖閣問題におけるアメリカの「中立政策」の起源と、それに対する日本（および周辺国）の反応について、詳細にかつ包括的に叙述することを目指している。そのために本書は、機密指定解除された文書をはじめとする大量の文書資料や、当時の日米の政策当局者へのインタビューを用いる。筆者のこれまでの外交史研究と同様に、詳細な脚注があることによって、使用されている史料の種類が分かり、今後の研究における追跡調査が容易になるだろう。

▼本書の構成

本書は、外交史・国際関係史であり、それゆえ主として時系列に沿って構成されている。ただし、本書が分析対象とする諸問題はきわめて複雑に結びついているため、各章は相互に関連し合っている。本書では、ある問題がどのように展開したのか、ないしはどのように取り扱われたのかを確認するために、他章を参照するよう指示する個所が度々登場する。相互に関連する出来事が尖閣諸島から遠く離れたさまざまな首都や場所で同時に起こっていることに鑑みれば、これはやむをえないことであろう。

本書は、序章と結論を含めた七つの章からなる。各章は、尖閣問題の歴史——とくに日本の関与と、対立に巻き込まれまいとするアメリカの行動——のさまざまな側面を扱う。

第1章「尖閣諸島の歴史」は、一次資料と二次文献にもとづき、尖閣諸島の歴史を検討する。具体的には、尖閣諸島に対する日本の公式・非公式の関与に焦点を当てる。すなわち、日本政府が尖閣を沖縄県の一部として編入したことや、古賀辰四郎と彼の会社〔古賀商店〕による尖閣の開拓と開発、そして戦前期に行われた尖閣の調査や探索を概観していく。

第2章「アメリカの占領・統治下の沖縄と尖閣諸島」では、琉球政府と共同で行われたアメリカの尖閣統治の概略を提示する。より具体的には、本章は、一次資料と二次文献にもとづき、日本の学者や政府当局者による公式・非公式の尖閣の調査や、台湾の漁民と密猟者による不法入域の問題を検討する。その際、尖閣をめぐる対立に引き込まれないようバランスをとろうとする、一九六〇年代末から一九七〇年代初頭のアメリカ政府の行動にも焦点を当てる。

第3章「国連ECAFEの調査と尖閣問題の起源」は、一次資料と二次文献にもとづき、尖閣周辺に大量の石油や天然資源が埋蔵されていることが明らかになった後に周辺国が尖閣に関心を示し始める様子を叙述する。本章は、沖縄や日本、台湾、そしてアメリカの石油会社による採掘権をめぐる競争を検証する。また本章は、こうした競合する主張や行動の狭間で、アメリカ政府が選択した政策を明らかにする。

第4章「沖縄返還交渉とアメリカの『中立政策』」は、主として一次資料（インタビューを含む）にもとづき、沖縄返還協定に尖閣諸島を含めることに関する日米二国間交渉や、それを阻止しようとする国府の圧力を詳細に検討する。本章は、自らの同盟国同士〔日本と台湾〕、および日本と中国の間の領土をめぐる対立において、中立を維持しようとするアメリカ政府の行動についても考察する。当時、アメリカの地域・世界戦略の中で、中国は、ベトナム戦争の終結と米ソ間のパワー・バランスの変化という二つの文脈において、より重要になっていた。また、本章では、尖閣問題をめぐる日台対話を促進するために、アメリカが仲介を申し出ようとしていたことも明らかにする。さらに本章は、アメリカが沖縄返還交渉の最終段階で、尖閣諸島を日本に返還される地域から除外することを検討していたという論争的な事実も提示する。そこには、日本に対して日台対話に応じるよう圧力をかけるという目的、および台湾に対して、沖縄返還協定を受け入れさせるとともに、米台繊維交渉——当時並行して行われていた——で譲歩させるという目的が存在していた。

第5章「沖縄返還協定と日本国内および関係諸国の反応」は、二次文献を用いつつも、主として一次資料にもとづき、日米両国における沖縄返還協定批准の過程、当時の日本の政党とメディアの立場、日本政府の立場、日台間の緊張とアメリカ政府をそこに引き込もうとする両国の動き、そして尖閣に対する中国の見方などを検討する。本章は、防空識別圏の設定と返還後の射爆訓練区域としての使用など、尖閣諸島の防衛に関する最終調整も分析対象とする。

その後の時代を扱う結論は、返還当時から現在まで続く問題に焦点を当てた短い章である。この結論に続き、本書の理解に役立つであろう合意や声明などの参考資料が掲載されている。

歴史は人間によってつくられるものであるため、筆者は叙述に際し、登場人物を深く理解した上で彼らおよび彼らの決断を紹介することを心がけている。こうした登場人物の多くは、読者がこれまで聞いたこともない人物であろう。だが、彼らはそれぞれ、本書が叙述する歴史の中で重要な役割を果たしている。登場人物はそれぞれの心のうちに、個人的な目的を有していたり、政治的理由を持っていたり、組織の利害を抱えていたり、金銭的な動機に動かされていたり、はたまた国益を考慮していたりした。存命の登場人物もいれば、他界している人物もいる。筆者は可能な限り多くのインタビューを実施し、尖閣の歴史に関与した人物を紹介することに最大限努めた。

「尖閣諸島」の名称については第1章で詳述するが、本書の大部分で、筆者はこの島嶼を日本名で呼称することを選んだ。なぜなら、現在利用可能な文献は、明らかに、そして疑いの余地なく、尖閣が少なくとも過去一一八年（プラス今後）の間、日本のものだったことを示しているからである。それ以外の呼称を用いることは、問題を混乱させ、台湾と中国の「後だし」の主張を根拠なく認めるだけである。この見解に対し、バイアスがあるという批判がなされるのは理解している。だが筆者は、公正な読者は、本書を読み終える頃には、筆者と同じ考えに至ると信じている。

第1章　尖閣諸島の歴史

本章では、尖閣諸島の概要を示した後、尖閣に言及した中国語と日本語の歴史資料を検討し、最後に尖閣の歴史について論じる。中国語の歴史資料では、尖閣諸島に関する多くの言及がなされているが、中国が実体のある形で尖閣を統治していたことが示されているわけではない。それゆえ、本章では、一九世紀末に慎重にかつ用心深く行われた日本の尖閣諸島の編入に焦点を当てるとともに、日本編入後に〔政府から〕尖閣諸島を貸与された日本人実業家による開拓の様子を叙述する。また、本章は、戦前期に実施された日本の政府と民間による尖閣の調査も検討する。

▼尖閣諸島の概要

〔東アジア〕地域における緊張の一因として注目を集めている尖閣諸島は、五つの火山島と三つの岩礁からなる島嶼群であり、沖縄県石垣島の北方約一七〇キロ、那覇市の西方約四二〇キロ、台湾の基隆市の北東約一八六キロの位置にある〔図1-1を参照〕。尖閣諸島は、東シナ海にせり出したアジア大陸からの大陸棚の先端部分にあり、琉球諸島からは沖縄トラフを挟んだ位置にある。この沖縄トラフは、九州西部から台湾に至る長さ約一〇〇〇キロメートル、幅約一〇〇キロメートル、最深部二七一六メートルの背弧海盆である（沖縄の東側に位置し、日本の南部から台湾に至る琉球海溝とは別物である）。地質学者によれば、沖縄トラフは現在も形成過程にある。また、沖縄トラフは、尖閣周辺の天然資源の領有権に関する議論、とりわけ大陸棚関係の国際法の専門家による議論において、重要な背景のひとつにもなっている（この点は、本書の中で後述する）。

この島嶼は、日本語では当初、「尖頭諸嶼」ないしは「尖閣諸嶼」と呼称されていたが、その後、「尖閣列島」ないしは「尖閣諸島」と呼ばれるようになる。また、中国語では「釣魚島（及其付属島嶼）」（中国名）あるいは「釣魚台（列嶼）」（台湾名）と、英語では「ピナクル・アイランズ（Pinnacle Islands）」と呼ばれる。尖閣諸島は、八重山諸島と宮古諸島からなる先島

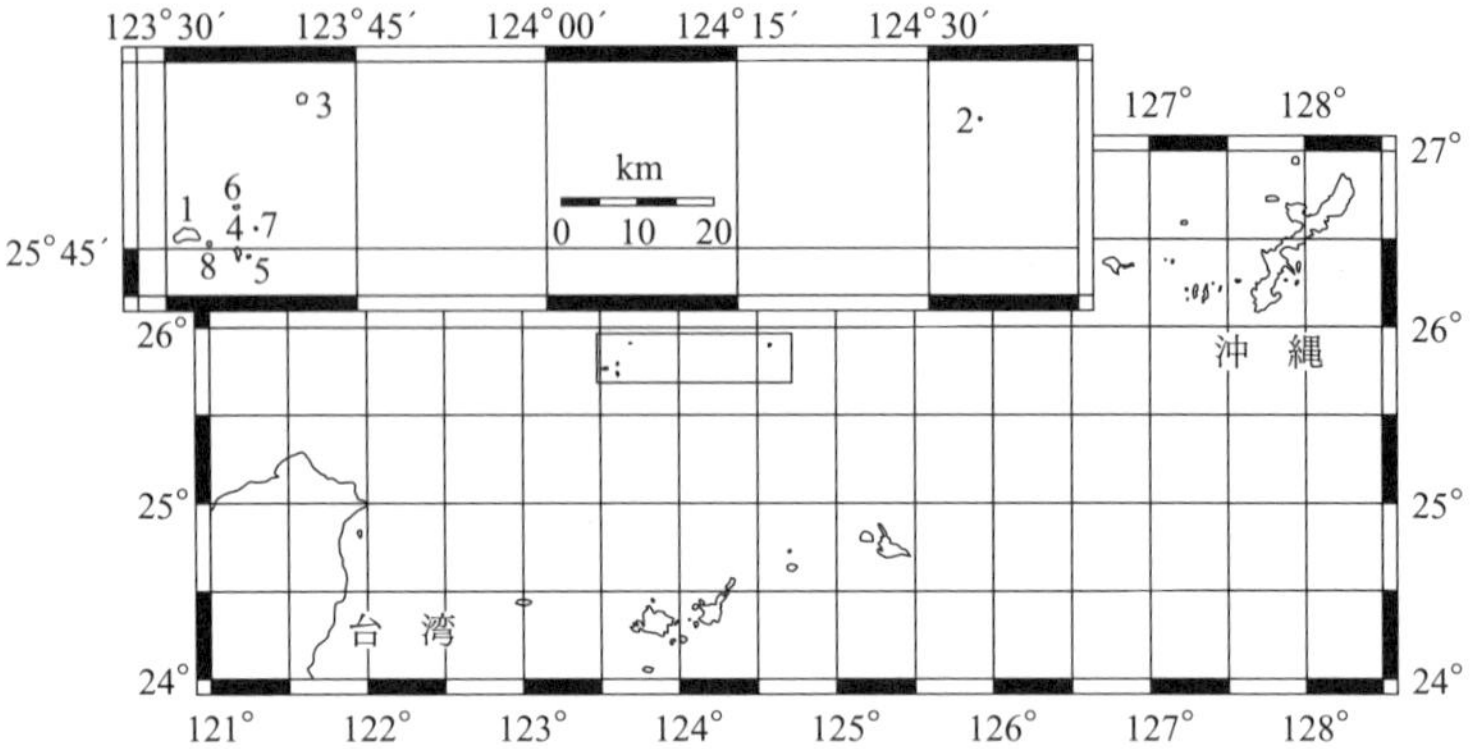

1. 魚釣島
2. 大正島
3. 久場島
4. 北小島
5. 南小島
6. 沖の北岩
7. 沖の南岩
8. 飛　瀬

図 1-1　尖閣諸島の地図

諸島の一部である。五つの島と三つの岩礁の合計面積は約七平方キロメートルで、もっとも大きいのは魚釣島である。現在は無人となっているが、一九世紀末に水産業を開始した二四八人の日本（および沖縄）からの移住者の九九におよぶ住居や建物が確認できる（水産業は一九四〇年代初頭まで続く[1]）。魚釣島には、その最初の所有者で、探検者、開拓者でもある古賀辰四郎の名をとった「古賀村」の名残が存在し、いくつかの出版物には、二〇世紀初頭の「古賀村」の地図も掲載されている[2]。

当初から日本政府が所有してきた大正島（赤尾嶼）を除く四島は、長い間民間所有となっていたが、二〇一二年九月に日本政府がそのうちの三島を購入した（序章注(3)および表1-2を参照）。尖閣諸島は沖縄県石垣市の行政区域にあり、一世紀以上にわたり、それぞれの島には日本の住所がつけられている。後述するように、尖閣諸島は、一八八四年の古賀による探索の後、一八九五年に沖縄県の施政下に入った。魚釣島と久場島は農商務省の管轄下におかれ、南小島と北小島は内務省の管轄となった。久米赤島は面積が小さかったため、当初日本領土に編入されなかったが、一九二一年七月二十五日に編入され、大正島と名称変更される。尖閣諸島のうち、この大正島と久場島（現在も民間所有）は、戦後、米海軍の訓練区域となっていた。ただし、両島とも、一九七九年頃あるいはそれ以前から使用されていない[3]。尖閣諸島の周辺海域は、日中台、とりわけ沖縄の漁師の間で人気のある漁場となっている[4]。

五つの島（魚釣島、久場島、大正島、南小島、北小島）には熱帯植物が自生しているが、その他三つの岩礁（沖の北岩、沖の南岩、飛瀬）は不毛の地である[5]。南小島は絶滅危惧種であるア

表 1-1　各島の名称と位置，面積の一覧

島の名称（日本名／中国名〔／台湾名〕）	位　置	面　積	標　高
魚釣島／釣魚島（Diaoyudao）〔／釣魚台（Diaoyutai）〕	北緯 25 度 44 分 39 秒 東経 123 度 28 分 26 秒	3.82 km^2	362 m
久場島，黄尾嶼／黄尾嶼（Huangweiyu）〔／黄尾嶼〕	北緯 25 度 55 分 23 秒 東経 123 度 40 分 59 秒	0.91 km^2	117 m
大正島，赤尾嶼／赤尾嶼（Chiweiyu）〔／赤尾嶼〕	北緯 25 度 55 分 18 秒 東経 124 度 33 分 34 秒	0.06 km^2	75 m
南小島／南小島（Nanxiaodao）〔／南小島〕	北緯 25 度 43 分 21 秒 東経 123 度 33 分 07 秒	0.40 km^2	139 m
北小島／北小島（Beixiaodao）〔／北小島〕	北緯 25 度 43 分 48 秒 東経 123 度 32 分 33 秒	0.31 km^2	125 m
沖の北岩／北嶼（Beiyu）〔／沖北岩（Chongbeiyan）〕	北緯 25 度 46 分 47 秒 東経 123 度 32 分 32 秒	0.05 km^2	28 m
沖の南岩／南嶼（Nanyu）〔／沖南岩（Chongnanyan）〕	北緯 25 度 45 分 19 秒 東経 123 度 34 分 1 秒	0.01 km^2	10 m
飛瀬／飛嶼（Feiyu）〔／飛瀬（Feilai）〕	北緯 25 度 44 分 8 秒 東経 123 度 30 分 22 秒	0.01 km^2	2 m

ホウドリの繁殖地であり、魚釣島もセンカクモグラや沖縄クロオオアリなど、多くの固有種の生息地となっている。

尖閣諸島の直下や周辺には、大量の石油や天然ガスなどの資源が埋蔵されていると考えられており、これが、一九七〇年に本格化する尖閣の領有権をめぐる日本、中国、台湾の対立の主因となっている。本章では、尖閣諸島の領有権をめぐる各国の主張に随所で触れるが、まずは尖閣諸島の歴史を概観したい。

▼歴史資料の中の尖閣諸島

「釣魚島」に最初に言及した文献として知られているのは、王象之が一二二七年以降に出版した『輿地紀勝』（中国の有名な場所についての歴史書）である。[6] とはいえ、多くの歴史書と同様、ここでの言及には混乱をきたしている点が多い（小笠原諸島に言及した歴史書が典型例である）。[7] 最大の問題は、『輿地紀勝』で論じられている「釣魚島」の位置が、現在、国際的な対立の渦中にある尖閣諸島の位置と異なっているという事実である。さらに、『輿地紀勝』は広く用いられていたわけではなく、一九世紀前半に中国政府（清王朝）がこれに言及したときには、出版からすでに約六〇〇年が経っていた。[8] 加えて、「釣魚島」という名称をつけたのは南宋（一一二七―一二七九年）だと推測されているが、当時の中国政府がこの島嶼を発見して「釣魚島」と名づけた正確な日付を示す文書は存在しない。[9]

いずれにしても、この島嶼は長い間、日本と琉球王朝、そして中国の間を行き交う船舶にとっての目印となってきた。一三七二年、中国は楊載を招諭使として派遣し、現在の浦添市に拠点をおいていた〔琉球国〕中山王察度に対し、〔明〕王朝の影響下に入ることを要求する。[10] これ以後、朝貢関係が築かれた。この関係は、三つの小王国が琉球王国として統一されて第一尚氏王朝が成立した一四二九年の後も続いた。さらに、この朝貢関

表 1-2　各島の住所と所有者の一覧 [1)]

島の名称	石垣市の住所（登録年）	現在の所有者 以前の所有者（居住地）
魚釣島	沖縄県石垣市登野城 2392（1902 年）	日本政府 栗原國起（埼玉県）
南小島	沖縄県石垣市登野城 2390（1902 年）	日本政府 栗原國起（埼玉県）[2)]
北小島	沖縄県石垣市登野城 2391（1902 年）	日本政府 栗原國起（埼玉県）
久場島（黄尾嶼）	沖縄県石垣市登野城 2393（1902 年）	栗原和子（埼玉県） 古賀花子（沖縄県）
大正島（赤尾嶼）	沖縄県石垣市登野城 2394（1921 年）	日本政府

注 1）尖閣諸島の住所と所有権は，那覇地方法務局石垣支局に登記されている（仲間『危機迫る尖閣諸島の現状』9 頁）。1908 年以降，尖閣諸島は八重山郡八重山村の一部となっていたが，1914 年の八重山村の分村に伴い，石垣村の行政区域となった。

2）栗原國起は，1972 年に，最初の開拓者である古賀辰四郎の息子善次から北小島と南小島を譲り受け，1978 年には，善次の妻花子から魚釣島の所有権を譲り受けた。栗原和子は 1985 年に，花子（1988 年 1 月に死去）から久場島を譲り受けた。辰四郎は，1918 年に 62 歳で死去し，辰四郎が借り受けていた尖閣諸島のうち 4 島は，このときに息子善次に相続された。善次は最終的に 1932 年に 4 島を〔政府から〕購入する。善次と花子には子供がいなかったが，栗原國起を実の息子のように見ていた。善次は，尖閣をめぐる緊張が高まる 1 月前の 1978 年 3 月に死去した。緊張が高まった際，花子は魚釣島を栗原に譲渡したいと伝えた。以上については，栗原『尖閣諸島売ります』44–48 頁を参照。

係は、薩摩藩が一六〇九年に琉球王朝に侵攻した後も継続する（薩摩の目的は、外国との貿易や人的つながり、およびそれらにもとづく情報といった沖縄の資源を獲得して、日本国内における地位を高めることなどにあった）。朝貢関係は一八七〇年代の琉球処分によって終焉を迎えるが、それまでのおよそ五〇〇年間、魚釣島の三六二メートルを最高地点とし、那覇と福州（中国南東部）の中間に位置する尖閣諸島は、航海における目印や灯台の役割を果たしてきた。[11]

『中山伝信録』などの中国・琉球間の朝貢関係に関する文献を用いた奥原敏雄によれば、現在の尖閣諸島は、当時は「尖閣諸島」としてではなく、「釣魚台」、「黄尾嶼」、「赤尾嶼」というように、個別の島として認識されていた。これらの名称は、冊封船の中国人航海士がつけたものと考えられている。[12] 琉球では古来から、魚釣島と黄尾嶼はそれぞれ「ユクン」と「クバシマ」と呼ばれていた。[13]「ユクン」は「魚島」を意味しており、魚釣島が好漁場として知られていたことがうかがえる。魚釣島には、「ヨコン」という名称もあった。他方、「クバシマ」の名称は「蒲葵《コバ》島」に由来し、これは、現地で神聖な木と崇拝された枇榔《ビロウ》〔琉球ではこれを蒲葵と呼んでいた〕が群生していたことに依ると考えられている。黄尾嶼は「チャウス島」とも呼ばれていた。なお、久米島に近かったこともあり、赤尾嶼は、一九二一年に「大正島」と公式に名称変更されるまで、「久米赤島」と呼ばれていた。このように、日本でも中国でも、尖閣諸島を目印としてきた人々は、その各島をさまざまな名称で呼称していたのである。

これらの島々が一連の島嶼として「尖閣」と呼ばれるようになるまでには、紆余曲折があった。[14] アヘン戦争後の一八四三年一月、ベルチャー（Edward Belcher）が艦長を務めるイギリス海軍軍艦「サマラン（*Samarang*）」が、フィリピンや東インド諸島を含む南シナ海の調査のため、母国を出航した。一八四五年六月、「サマラン」は「ホアピンサン」（魚釣島の中国語の別称）を偶然発見する。魚釣島の周辺海域を調査して帰国した後、ベルチャーは、〔『「サマラン」航海記、一八四三―一八四六年（*Narrative of the Voyage of H. M. S. Samarang during the Years, 1843–1846*）』の中で〕次のように記している。

翌朝、われわれは上陸地点を確保するため、ホアピンサン（Hoa-pin-san）に十分に接近した。〔…中略…〕日没の少し前、本船は、ピナクル・アイランズ（Pinnacle Islands）〔南小島と北小島など〕の東岸に投錨地を発見し、夜明けまでに島を見失うのを避けることができた。〔…中略…〕〔一八四五年六月〕十六日、われわれはチャウス（Tia-usu）〔黄尾嶼〕での観測を試みた。上陸は成功したが、日が陰っていたため満足のいく調査はできず、また悪天候によって離島を早めざるをえなかった。ホアピンサン、ピナクル・ロックス（Pinnacle rocks）、チャウスを含むこの群島は三角形を形成し、その斜辺であるホアピンサンとチャウスの間は約一四マイル〔約二三キロメートル〕の距離があり、ホアピンサンとサザン・ピナクル（Southern Pinnacle）の間は約二マイル〔約三キロメートル〕である。ここにはいくつかの暗礁があり、ホアピンサンとピナクル・アイランズの間には安全な航路もあるが、もしできるならばここを通るのは回避したほうがよい（波が強く、操舵が難しいからである）。〔…中略…〕ホアピンサンの最高地点は一一八一フィート〔約三六〇メートル〕で、島はこの頂上から垂直に断ち切られている。〔…中略…〕中国もしくは日本のジャンク船の残骸も確認された。この島の南東端は北緯二五度四七分七秒、東経一二三度二六分である。ピナクル・グループ（Pinnacle Group）は、周辺の暗礁や堆でホアピンサンとつながっており、チャンネル・ロック（Channel Rock）との間には水深一二ファゾム〔約二二メートル〕の航路がある。〔…中略…〕ヨーロッパ人ではない漂流者たちがこの島にたどり着いた形跡があり、〔ある洞窟には、〕パルメットヤシやわら、そしてもともとカヌーだった材料などでできた寝床があった。漂流者たちは上部から水が垂れてくることから、この洞窟を選んだと考えられる。彼らは、茂みにいる海鳥の肉や卵で生きながらえていたようである。ピナクル・アイランズで確認した海鳥に加え、われわれはここで、巨大なウミツバメの卵と幼鳥、成鳥を発見した。〔…中略…〕その後われわれは、東に位置するラレー・ロック（Raleigh Rock）〔赤尾嶼〕を探索しようとしたが、不運にも、日照が十分ではなかった。〔…中略…〕日差しが出て、チャウスの方向が見えるようになれば上陸は実行可能だと考え、ラレー・ロック周辺の暗礁近くにとどまったが、強烈なスコールに襲われたため、この忍耐の訓練を終えた。ラレー・ロックは、直径およそ六〇《ママ》フィート〔約一八メートル〕の範囲におよび、暗礁から九〇《ママ》フィート〔約二七メートル〕の最高地点まで急激にかけ

上がっていて、すべての面が垂直に切り立っている。遠くから見ると、帆を張ったジャンク船のようである。(15)

二巻からなる『「サマラン」航海記』の補遺においても、ベルチャー艦長は、この島嶼の地理的位置と名称についても記している。上にあるとおり、魚釣島は「ホアピンサン」と認知されており、北緯二五度四七分七秒、東経一二三度二五分四四秒に位置するとされた。黄尾嶼は「チャウス」と記述され、北緯二五度五七分一三秒、東経一二三度三七分六秒に位置するとされた。また、魚釣島の東にある小島嶼〔南小島と北小島など〕は、「ピナクル・アイランズ」ないしは「ピナクル・グループ」と認識され、北緯二九度五一分四八秒、東経一二九度四八分一二秒に位置するとされた。(16) 赤尾嶼は、「ラレー・ロック」と呼ばれていた。(17)

ベルチャー艦長の『「サマラン」航海記』にもとづき、約四〇年後の一八八四年に出版された『イギリス海軍水路誌（*British Naval Waterway Record*）』は、次のように尖閣諸島を紹介している。「宮古島の北方約九〇マイル〔約一四五キロメートル〕に位置する孤立した島嶼の南西部の島、ホアピンス（*Hoapinsu*）の標高は一一八〇フィート〔約三六〇メートル〕で、その山頂の南側は急斜、東側は緩斜となっている。この島はやせ地の無人島だが、東側の斜面には淡水の池が複数あり、そこには魚も生息している(18)」。

これにさかのぼること一五年、イギリスの支援の下、大日本帝国海軍が一八六九年に創設された。帝国海軍は、航路の研究を推進するために『寰瀛水路誌』を作成するが、その際、イギリス海軍の水路誌を参照し、イギリス海軍が一八八四年の水路誌の中で用いた呼称をそのまま使用した。(19) すなわち、海軍当局は漢字と英語名のルビを用いて、魚釣島、黄尾嶼、赤尾嶼を、それぞれ「和平山島《ホアピンス》」、「低牙吾蘇島《チャウス》」、「爾勒里岩《ラレー》」と記した。(20)「尖閣群島《ピンナツクルグロース》」〔「グロース」は「グループス」の誤記〕への言及もある。(21)

一八九四年に出版された帝国海軍の『日本水路誌』では、漢字と英語名のルビの使用をやめ、その島嶼を英語名のカタカナだけで呼称するようになった。一九〇八年の『日本水路誌』は、漢字と英語名のアルファベットを併記している。(22)

通説的に、この島嶼を「尖閣列島」と命名した人物とされているのは、沖縄師範学校の植物と農業の教師だった黒岩恒である。黒岩は、東京地学協会（一八七九年設立）の『地學雑誌』という学術誌に掲載された一九〇〇年の論文の中で、次のように論じている。「本列島は、釣魚嶼、尖頭諸岐《（ママ）》、及黄尾嶼より成立し、渺たる蒼海の一粟なり。左れど其位置上の関係よりして、古來沖縄縣人に知られ居れり、而して此列島には、未た一括せる名稱なく、地理學上不便少からざるを以て、余は竊かに尖閣列島なる名稱を新設することとなせり(23)」。だが、黒岩は、一八八六年の『寰瀛水路誌』や一八九四年の笹森儀助『南嶋探験(24)』などの、「尖閣群島」に言及した既存の文献を参照している。また、黒岩の記述では、「尖頭」と「尖閣」が混同されているようにも見受けられる。

▼日本の領土編入措置

当初、尖閣諸島に対する日本での認知度と関心は低かった。開拓心あふれる一部の日本人がこの島嶼の探検と利用を開始した頃、日本で作成された地図や地図帳には、日本語の「尖閣諸島」という名称は含まれていなかった[25]。

こうした中、実業家の古賀辰四郎は、地元の漁師から尖閣諸島の存在を伝え聞き、その秘めたる可能性に関心を示していた。門次郎の三男として福岡県八女市山内〔当時、筑後国上妻郡山内村〕に生まれた辰四郎は[26]、「寄留商人」、すなわち一八六七年の明治維新後に沖縄に渡った商人として知られている[27]。辰四郎は一八七九年、二三歳のときに沖縄に渡り[28]、直後に那覇で自らの店、古賀商店を開業した。当初は茶を取り扱っていたが、その後ボタンを作るための貝殻などの海産物の取り扱いを始め、それらを外国企業に卸すために、二人の兄弟が経営する本店、大阪古賀商店に届けるようになった。古賀商店は十分な利益をあげ、一八八二年には、〔石垣島で〕古賀商店八重山支店を開設する[29]。地元では、この支店は「クガドゥン」と呼ばれており、方言で「古賀殿」を意味していた。これは、沖縄の人々が本土人に払っていた敬意のあらわれだった[30]。

一八八四年、古賀はその石垣島で漁師などから、無人島である尖閣諸島について伝え聞き、そこが海鳥の繁殖地であることを知った。同年、古賀は探検隊を派遣し、これにより、尖閣諸島が海鳥の繁殖地であるとともに、海産物の豊富な地であることが明らかになった[31]。翌年、古賀は海産物や鳥毛を求めて労働者を派遣し、その結果、これらの需要と供給の見通しは明るいと判断されたため、商売の一環とすることに決めた[32]。その後の一〇年間、古賀は定期的に労働者と漁師を派遣し続けるが、一八九四年には、沖縄県令西村捨三——一八八三年一二月から一八八六年四月まで県令を務めた——に久場島の開拓許可を申請していた[33]。古賀はほぼ同じ時期に、内務省や農商務省など、中央政府にも同じ内容の申請をしていたようである。しかしながら、古賀の申請は、この島嶼の領有権が不明確であるという理由から却下された[34]。

翌一八九五年、古賀は初めて尖閣諸島に渡航し、久場島に上陸した。彼はこの渡島を、次のように記している。「同島ヲ視察スルニ樹木ハ繁茂シテ原野耕スヘク無数ノ水禽ハ群棲シテ手モテ捕フヘク沿岸亦海産物ニ富ミ前途甚タ有望ナルヲ覚知シタリ」[35]。この渡島の後、直ちに上京した古賀は、一八九五年六月十日に野村靖内務大臣に謁見し、自らが行った調査を報告するとともに、尖閣諸島の貸与を願い出た[36]。後述するように、日本政府はすでにこの年、魚釣島と久場島を沖縄県の一部（つまり日本の一部）とすることを承認しており、古賀が開拓許可を申請した一八九四年とは状況が変わっていた。国際法学者である奥原によれば、法的には古賀の申請を許可することには問題はなかったが、尖閣諸島の「国有地」への指定などの手続きが完了していなかったため、野村は古賀の申請を受理しなかった。

これにさかのぼること約一〇年、山縣有朋内務卿は一八八五年に、沖縄県——この六年前の一八七九年に日本に併合されていた——に対し、久米赤島とその周辺の二島の調査を命じていた。これは、在京の森本長義沖縄県大書記官への内命という形で行われた。この内命にしたがい、沖縄県令の西村は、八重山を管轄する沖縄県五等属の石澤兵吾をつうじて、大城永保（美里間切の役人〔美里間切詰方山筆者〕）からこれらの島について聴取した。[37] その結果、「久米赤島久場島魚釣島之三島取調書」と題する聴取書が一八八五年九月二十一日に完成し、翌二十二日に西村は、これを国標建設の是非を問うた上申書に添付して、〔内務省に〕送付した。[38] この上申書は、歴代沖縄県令・県知事がこの問題について中央政府に提起する四通の上申書のうち最初のものである。

次いで、西村は、陸地開拓の見込みと島内港湾の形状に関する調査を目的として、日本郵船の「出雲丸」で石澤とその他の役人や警官を尖閣諸島に派遣した。この調査の後、二つの報告書が提出される。ひとつは石澤の「魚釣島外二嶋巡視取調概略」で、もうひとつは「出雲丸」船長林鶴松の「魚釣、久場、久米赤嶋回航報告書」である。[39]

上記の九月二十二日付上申書は、中国〔清〕との関係に対する懸念から、尖閣諸島に国標を建設することの是非についての見解を求めるにとどまったが、西村は一行の踏査報告を精査した後には、積極的に国標建設の許可を要請するようになった。そして、十一月五日付の上申書が、二つの報告書の写しとともに提出された。[40]

山縣はこの上申を支持する方向に傾いた。山縣は、尖閣諸島は沖縄が所轄する宮古諸島と八重山諸島にほど近い無人島であり、中国人は尖閣を琉球王国との間の航海における目印として用いてきたが、尖閣が清に属することを示す証跡はないため、尖閣に国標を建設しても問題ないと判断したのである。山縣は以上の趣旨を、太政官会議に提案するための上申書に記した。

同時に山縣は、西村の上申書について、井上薫外務卿と協議していた。協議に先立つ書簡の中で、山縣は井上に、尖閣諸島に国標を建設することの是非を質していた。[41] 山縣と井上の会合は、西村の最初の上申書と二つ目の上申書が届く間の十月九日に開かれた。[42]

井上は、中国の反応を懸念しており、当面は慎重に動くべきだと考えた。協議後の十月二十一日の書簡において、井上は山縣に、要旨次のように回答している。これらの島嶼は清国国境近くにあり、清国はその島名もつけている。また、近年の清国には、日本に対する猜疑を抱き、日本政府が台湾近辺にある清国領の島嶼を占拠したという風説を新聞に掲載して、しきりに清国政府に注意を促す者もいる。こうした状況で、公然と国標を建設するという処置をとれば、清国の疑惑を招くため、国標を建てて開拓に着手するのは、他日に譲るのが得策であろう。[43]

一八八六年初頭に沖縄視察（八重山諸島と宮古諸島を含む）を控えた山縣は、井上の書簡を検討し、[44] 西村への指令案について井上と再協議を申し入れた。[45] 井上と山縣はこの問題を十二月四日にの再協議を申し入れた。

協議し[46]、翌日、両者の署名が入った指令を西村に示した。これは、国標建設に関する西村の上申を（当面の間）許可しない方針を提示し、この問題が新聞で公になることのないよう求めた[47]。西村は一八八六年春（山縣が視察に訪れた約一ヵ月後）に沖縄県令から大阪府知事へと転出したが、彼の後任者〔大迫貞清〕も尖閣諸島の沖縄県への編入と国標建設を要望した。

尖閣諸島の行政上の状態をはっきりさせておくことは、日本政府にとってだけではなく、沖縄の地方政府にとっても緊要であった。すでに人々は尖閣諸島を利用し始めており、漁業や土地などの利権をめぐって、沖縄人同士の間だけではなく、沖縄人と本土人、日本人と台湾人、日本人と中国人の間で摩擦が起きることは容易に予想された（これは、一九五〇年代以降の漁業をめぐる問題〔第2章〕や、石油埋蔵の可能性が明らかになった一九六〇年代末の鉱業権をめぐる問題〔第3章〕として現実化する）。上述したとおり、古賀はすでに尖閣諸島に渡島しており、一八八〇年代半ばからは労働者を派遣していた。一八九一年には、熊本の伊沢弥喜太が沖縄の漁師とともに魚釣島と久場島に降り立ち、天候が崩れて石垣島へ戻るまでの間、海産物や鳥毛の採集に成功した。さらに、一八九三年には、鹿児島の永井喜右衛門と松村仁之助が、沖縄の漁師とともに久場島に上陸したが、食料が尽きて戻らざるを得なかった。この年、伊沢が久場島に再上陸して目的を果たしたが、帰路台風に遭い、九死に一生を得て中国の福州に漂着した。また、熊本の野田正も魚釣島と久場島への上陸を試みたが、風浪のため、たどり着くことはできなかった[48]。

こうした中、八重山島役所は一八九〇年初頭、久米赤島と他二島を八重山の所轄とすることを、沖縄県知事に要請した。その結果、第七代沖縄県令〔県知事となって三代目〕丸岡莞爾は、一八九〇年一月十三日、首相を兼務していた山縣内務大臣に書簡を宛てる[49]。丸岡は、魚釣島とその他二島を八重山の所轄とすることへの許可を求めた。内務省県治局長末松謙澄による返信の中で、丸岡は、一八八六年十二月五日付の山縣による指令の顚末に関する資料の写しを送付するよう求められた[50]。その後なんらかの回答が丸岡になされたのか、および丸岡が提起した問題について山縣が青木周蔵外務大臣と協議したのかは明らかではない。だが、尖閣諸島を研究する奥原によれば、青木は、〔丸岡の上申に〕同意しないという立場をとったようである[51]。青木は、国際的な敏感さ、とくに中国の反応を懸念していたのであろう。

しかしながら、これは、日本政府が〔尖閣諸島に〕関心を有していなかったことを意味しているわけではない。日本政府は、尖閣諸島の調査のため、一八九二年八月に帝国海軍の「海門」——一八八四年に就役し、〔一八九四年に〕日清戦争に参加した——を派遣しているからである[52]。

一八九三年十一月二日、〔沖縄県知事からの〕四通目の上申書が、内務大臣となっていた井上と陸奥宗光外務大臣に提出された。これは、尖閣諸島における漁業の取り締まりと国標の建設に関する沖縄県、とりわけ八重山の権限を要望した一八九〇年の上申と内容を同じくしていた[53]。今回も当初は許可が下りなかったが、最終的に認められることとなる。

この上申を受けて明治政府が行動をとり始めたのは、一八九四年四月十四日のことであった。この日、井上は、沖縄県知事奈良原繁[54]への機密指令において、尖閣に関する次の事項について照会した。すなわち、①「該島港湾ノ形状」、②「物産及土地開拓ノ有無」、③「旧記口碑等ニ就キ我国ニ属セシ証左其他」、④「宮古島八重山島トノ従来ノ関係」である[55]。これらの事項を検討した後、奈良原は、一八八六年の「出雲丸」による踏査以来、実地調査が行われていないため、正確なことは報告できないと述べ、「該島ニ関スル旧記書類及我邦ニ属セシ証左ノ明文又ハ口碑ノ伝説等モ無之古来県下ノ漁夫時々八重山カラ南嶋へ渡航漁猟致シ候関係ノミ有之候」とだけ回答している[56]。

この回答によって、尖閣諸島が日本に属するという証拠はほとんどないことが明らかになった。そしてこのことは疑いなく、少なくとも政府当局者の一部にとっての重要懸案事項となった。数カ月後の一八九四年八月一日、後に日清戦争（一八九四―九五年）と呼ばれることになる日中間の紛争が勃発したからである。一般的に戦争は、国家の名誉が傷つけられたという認識や武力攻撃、主権の侵害、そして領土問題といった、しばしば重複するさまざまな要因によって引き起こされる。そして戦争の結果として、しばしば領土変更が行われる。尖閣諸島は、日清戦争と直接的に関係しているわけではなく、戦争の結果としての領土変更の一部ではない。だが、これらと無関係というわけでもない。

日本側の優勢が明らかとなってきた十二月中旬（旅順は十一月二十一日に、蓋平は十二月十日に陥落していた）、内務省は閣議に提出するための文書を準備した。十二月十五日付の同文書は、閣議に提出する三つの理由を提示している。すなわち、①尖閣諸島の編入問題が最初に持ち上がった一八八五年当時とは事情が大きく異なっていること、②海軍省水路部員の口陳によると、魚釣・久場の二島はこれまでいずれの国の領土とも定まっていないと考えられること、③地形上、尖閣諸島は沖縄群島の一部と認められること、である。

一〇日余りが過ぎた十二月二十七日、野村内務大臣は陸奥外務大臣と会合し、久場島と魚釣島における国標建設を閣議決定とするために、この文書の閣議提出について話し合った。日清戦争での勝利の可能性が高まっていることを背景に、野村は、尖閣諸島をめぐる状況は変わったと述べた。これに対し陸奥は、国標建設に異議なしと返答し、一八九五年一月十一日付の野村宛の親展という形で公式に回答した[57]。翌十二日、野村は伊藤博文首相に閣議開催を要請した[58]。そして十四日、本件は閣議に提出され、久場島と魚釣島が日本に属することを示す標杭を建設するという歴代沖縄県令・県知事の要請が、閣議決定される[59]。

翌週の一月二十一日、内閣総理大臣が署名・押印した奈良原への指令案が野村に送付され、翌二十二日には、協議のために同じものが陸奥にも送られた[60]。二月二日に陸奥は若干の修正を経た案文を返付し、これが翌二月三日もしくはそれ以降に奈良原に送付された。[61] この指令は、内務大臣と外務大臣によって署名され、奈良原に対し、上申中の標杭建設を許可した。[62]

内務・外務両大臣によって署名されていることは、日本政府にとって、尖閣諸島が当初から国内問題であると同時に外交問題だったという点で、示唆的である。実際、尖閣諸島の編入に関する日本の正式決定のタイミングには、疑いなく日清戦争の戦況好転が影響している。言い換えれば、尖閣諸島が日本に属すると主張してきた人々は、その主張を押し通すためにこの状況を利用し、それに成功したのである。しかしながら、このことは日本が尖閣諸島を「かすめとった」ことを意味するわけではない。誰もこの島嶼の領有権を公式に主張しておらず、誰かから「かすめとられる」ような状態になかったからである〔国際法上の無主地〈*terra nullus*〉の概念〕。〔編入から〕三カ月が経とうとしていた四月十七日、日中間で下関講和条約が締結された。ここでは台湾が日本に割譲されたが、[63] 尖閣諸島については何も規定されていない。この点は、およそ七五年後に中華民国と中国が尖閣の領有権を主張し始めた際に、学術的・政治的議論の対象となる。両者は、尖閣は台湾の一部であり、〔日本に割譲される部分として〕「臺灣全島及其ノ附屬諸島嶼」に言及した下関条約第二条第二項は尖閣にも適用されると主張している。しかし日本は、下関条約が締結された時点で、尖閣は台湾の一部ではなく、「臺灣〔…中略…〕ノ附屬諸島嶼」ではないと考えていた。[64]

翌一八九六年三月五日、日本政府は勅令第一三号を公布し、沖縄県の郡編制を行った。ここで沖縄は、島尻（沖縄本島南部）、中頭（同中部）、国頭（同北部）、宮古、八重山の五つの郡に分けられ、各郡の管轄地域が定められた。なお、那覇と首里の二地域は、独立した区に区分されることになっていたため、郡には含まれなかった。

尖閣は八重山郡が管轄する地域にあったが、この勅令第一三号が尖閣にとくに言及していなかったため、学界ではこのことの重要性が議論されてきた。菅沼雲龍は、「一八九六年の勅令第一三号によって〔一八九五年一月十四日の〕明治政府の決定が実施されたと主張する、失地回復を標榜する日本寄りの多くの学者」を批判し、次のように論じる。「この勅令のどこにも、日本語でも、中国語でも、英語でも、釣魚島や尖閣諸島という名称はない。それゆえ、この勅令が〔現在〕紛争対象となっている釣魚島の領有権とは無関係なことは、明らかである」。[65] 菅沼の見方は、勅令の文言を見る限りにおいては正しい。だが、ここに至るまでの日本政府の行動に鑑みると、これは、非論理的で、直観にそぐわず、史実に反する議論と言わざるを得ない。

これに対し、奥原はより実態に即した見解を示している。奥原によれば、尖閣問題が過熱する一九七〇年代初頭までのおよそ七五年間、多くの人々が勅令第一三号を尖閣諸島の日本編入の起点と考えてきた。これによって、沖縄の一部として尖閣諸島に日本の国内法が適用されたからである。また、行政的には、尖閣諸島はすでに勅令第一三号公布の前年〔一八九五年〕に、八重山に編入されていた。

いずれにしても、沖縄県の郡編制に関する勅令第一三号の発効（一八九六年四月一日）の後、奈良原沖縄県知事は尖閣諸島を八重山郡に編入する手続きをとり、一九〇二年十二月には、尖閣は八重山郡大浜間切登野城村の一部となった。その後、尖閣諸島は、一九〇八年の島嶼町村制の施行に伴い八重山郡八重山村の管轄となり、一九一四年には石垣村（八重山村から分村）の、一九二六年には石垣町の、そして一九四七年に石垣市の一部となる（ただし、次章で述べるように、一九四七年にはすでに米軍が南西諸島の占領統治を行っていた）[66]。

▼編入後の尖閣諸島

勅令第一三号公布後の一八九六年八月、「官有地拝借御願」と題する古賀辰四郎の要望が公式に承認された。古賀は、三〇年間無償という形で、魚釣島、黄尾嶼、南小島、北小島の四島の使用許可を受けた。三〇年間の無償期間が終了した後には、一九二五年九月から年額一三六円六一銭での貸与が始まった[67]。一九三二年三月三十一日、古賀の死後（一九一八年八月中旬）に家業を継いでいた息子善次の申請により、日本政府は四島を売却した。魚釣島は一八二五円、久場島は二四七円、南小島は四七円、北小島は三一円五〇銭だった[68]。所有権の移転登記は、魚釣島と久場島については一九三二年五月二十七日に、南小島と北小島については七月二十八日に行われた。民有地となったため、これら四島は地租の対象となった。一九三二年十二月十五日には賃貸価格が九円三〇銭に設定され、地租はその後数年間、これを基準にして算出された[69]。一九三六年六月一日に賃貸価格が改定され、古賀が所有する四島の賃貸価格は六円二〇銭に下がった[70]。

さて、尖閣諸島を貸与された古賀辰四郎は、自らが所有する二隻の遠洋改良漁船を用いて、一八九七年に正式に開拓を開始した。古賀は事業開始準備のために、この年の三月と四月の二度にわたり、食料や日用品、その他の物資とともに、三五名の労働者を送り込んだ。翌一八九八年にはさらに五〇名を派遣し、食料や物資の補給と生産物の搬出のために、大阪商船の「須磨丸」[71]（一六〇〇トン）を定期的に往復させた[72]。このグループは、魚釣島と久場島における住居や作業場、そして船着き場の建造に、とくに大きな役割を果たした。一八九九年にも二九名の男性労働者が「須磨丸」と「安平丸」（一六〇〇トン）[73]に分乗して島に渡り、一九〇〇年にも男性一三名と女性九名が上陸した。

最初の二年間は、労働者の滞在は一時的なものだったが、一八九九年に渡航したグループは、長期間滞在した。古賀とともに尖閣諸島を訪れた宮嶋幹之助という若手研究者（後の慶應義塾大学教授）は、労働者たちの健康状態は良好だったと書き記している[74]。この間、古賀商店八重山支店が開拓のための物資を供給していた。古賀は、海鳥の繁殖地を慎重に保護しつつ、貯水池を造ることで、穀物や野菜、さつまいも、果樹、材木用の木を栽培する一四七エーカー〔約〇・六平方キロメートル〕の耕地を得た。古賀は、アホウドリの鳥毛や貝殻、ナマコ、フカの鰭、亀の甲羅などの採集を行い、一九〇三年以降は、珊瑚の採

図 **1-2**　「古賀村」

図 **1-3**　船着き場

図 1-4　尖閣諸島周辺で収穫された魚

集と海鳥の缶詰や剝製の製造も実施した。古賀は、鰹節製造の事業を拡大するために、一九〇五年に新たに三隻の漁船を、翌一九〇六年にはさらに五隻を購入する。古賀は、珊瑚船も数隻保有していた。移住者は一九〇九年までに、二四八名九九世帯にまで拡大した。この年の一月二十二日、古賀は尖閣諸島の開拓とその他の功績を認められ、藍綬褒章を受章している。

　古賀は、常に新たなチャンスを求める探究心旺盛な人物だったようである。一九〇〇年五月、古賀は、上述の宮嶋と沖縄師範学校の黒岩とともに、チャーターした「永康丸」（四六〇トン）で尖閣諸島に赴いた[75]。一行はまず久場島に上陸した。二人の研究者は、自分たちの学術調査の実施を目的としていたが、

図 1-5　尖閣諸島の海鳥

同時に、尖閣諸島の技術的な事項について助言を行うよう古賀から委託されていた。宮嶋は久場島で調査を実施し、黒岩は魚釣島でも調査を行った。この島嶼を「尖閣」と名づけた（あるいは間違えて名づけた）のはこの黒岩である。

　二人の助言にもとづき、古賀は、次のような尖閣での事業・活動計画を定めた。第一に、食料としての鳥や魚の採取を制限し、代わりに家畜の飼育と穀物の栽培を行う。第二に、移住者の安息を図るために住居やその他の居住施設を建築する。第三に、飲用その他の用途のため、井戸などの貯水施設を建造する。第四に、物資や貨物の積み下ろしをしやすい高さの船着き場を建造する。第五に、道路を建設するとともに、開拓地を可能な

図1-6　古賀辰四郎

限り衛生的にする。(76)

翌一九〇一年五月にも、古賀は、沖縄県の技師熊倉恭三とともに尖閣諸島を訪れ、島の発展に関する助言を求めた。(77) その助言にもとづき、古賀は、資材を島外から持ち込み、多くの施設を建造した（総数三五）。それらには、男女の住居、事務所、入浴施設、倉庫、調理施設などが含まれる。(78) 作業は、二〇世紀に入ってから最初の一〇年間、続けられた。この間、古賀は事業の拡大に伴い、船舶を毎年購入した。そこには、台湾総督府から購入した「三浦丸」（一五〇トン）も含まれており、古賀はこれを「辰島丸」と改称した。(79)

一九〇七年、古賀は、鉱山業への事業拡大を企図し、福岡鉱山監督署に対し、尖閣周辺での採掘の許可申請を行った。これは八月十九日に承認された。古賀は、早速燐鉱石（グアノ）〔洞窟に堆積したコウモリや海鳥などの糞が化石化したもの〕の採掘を開始し、船価が高騰してこの事業の利益が出なくなる一九二五年まで続けた。(80)

〔息子の〕古賀善次も、燃料が配給制となって諸事業の実施が困難となる第二次世界大戦の勃発まで、尖閣諸島の管理を続けた。(81) 古賀商店八重山支店は一九四〇年に閉店し、その後、一九四四年十月十日の那覇での沖縄大空襲によって商店と住居、所有物を失った善次は十月末、〔翌年開始の〕沖縄戦前に疎開する形で、沖縄を離れた。(82) 善次と妻花子——看護の経験があった——は沖縄に残って隣人の支援を行おうとしたが、住む場所がなく、一時的に長野（花子の実家）と東京に移った。その後、古賀夫妻は一九六一年に沖縄に戻る。(83) この間も、石垣市に登記が残っていたため、四島の所有権は古賀にあった。(84)

ところで、一九世紀末から二〇世紀初頭にかけて、古賀とその関係者以外にも、尖閣諸島を訪れる人々はいた。上述したとおり、古賀が事業を開始する以前からそうした人々はおり、古賀の事業開始後も同様だった。

一九〇〇年には、八重山島司の野村道安が管内視察のために、尖閣諸島に上陸している。(85) このとき野村は、古賀と、上記の古賀が助言を依頼した二人の研究者と同乗していた。赤尾嶼に上陸した際、彼らは日本語と英語で書かれた上陸記念の標木を建立した。(86)

翌一九〇一年の五月、沖縄県は、一九〇三年一月に導入予定の新税制との兼ね合いで、尖閣諸島における最初の上陸調査を実施した。この新税制は、人頭税を廃止し、地租へと変更するものだった。(87) 臨時沖縄県土地整理事務局が実地測量を行い、詳

図 1-7　古賀花子

細な縮尺図を作製した。古賀は先だって、この調査に設計などの専門家を含めるよう県に要請しており、実際に沖縄県の技師が調査に同行した(88)。

一九〇四年には、八重山警察署長を含む、沖縄県と八重山の関係者が尖閣諸島に数回渡島し、一九〇七年にも警察関係者や行政関係者が訪問する(89)。

翌一九〇八年には、沖縄県南部にあった沖縄県島尻水産学校の岩井教諭と同校の卒業生が缶詰製造の指導のために上陸するとともに、別の研究者が燐鉱石の現地調査を目的に渡島した(90)。その後もいくつかの調査が続く。一九一五年には日本水路部による調査が、一九一七年と一九一九年には海軍水路部による調査が、一九三一年には沖縄営林署による調査が行われた。さらに一九三九年、農林省(91)が資源調査を行った。一九四三年には、石垣測候所の所員と技師が気象観測所設置の予備調査のために、魚釣島に渡島した(92)。

図 1-8　古賀善次

尖閣諸島では、漁業や調査以外の活動も行われた。一九四〇年、乗員・乗客一三名を乗せて福岡から那覇経由で台湾に向かった大日本航空（日本航空の前身）の航空機が魚釣島に不時着した。一三名は、八重山警察に無事救助された(93)。

これにさかのぼること約二〇年、救助が成功したもうひとつの出来事があった。一九一九年、中国福州の漁民三一名を乗せた船が魚釣島付近で難破し、古賀善次と労働者たちによって救助された。彼らは石垣島で食事の提供と保護を受けるとともに、健康状態のチェックを受けた。古賀は、「私だけでなく、石垣の人たちも彼らを親切にもてなし」たと回想する(94)。最終的に、彼らは修理された船で中国に帰還した。古賀の行動に対し、在長崎の中国領事館は、豊川善佐石垣村長と古賀（他二名）に感謝状を送った。興味深いことに、一九二〇年五月二十日付のこの感謝状は、尖閣諸島が日本帝国沖縄県八重山郡に属すると認めている。

感謝状を受け取った古賀は、これを公開した。この感謝状の中で中国が尖閣諸島は日本に属すると明白に認めていたため、古賀は、五〇年後に中国が領有権を主張した際、奇妙に感じたという。古賀曰く、「個人からの手紙ではありません。政府としての感謝状なんです。ええ、いまでも保存してありますよ」[95]。

すべての難破事件や事故が無事に済んだわけではない。沖縄戦終結が正式に宣言された一九四五年六月二十三日からちょうど一週間後、沖縄に衝撃を与える別の悲劇が起こった。六月末から七月初頭にかけて、石垣島とその周辺の島々から台湾に疎開する人々が犠牲となったのである。戦争自体は続いていたが、沖縄戦がすでに終わっていただけに、この事件は悲劇としか言いようがない。太平洋戦争中、こうした遠隔の島からの退避はしばしば行われてきたが、戦争初期や戦闘開始前に実施されたものは成功しやすかった。たとえば、一九四四年夏の硫黄島や北硫黄島、母島、父島からの退避がそうである[96]。逆に、退避は、戦闘の開始直前に行われた場合、あるいは連合軍がすでに制海・制空権を確立していた地域では、うまくいかないことが多かった。沖縄からの退避は、疎開者が予期せぬまま、そして準備せぬまま、戦闘に巻き込まれてから行われたものだった。なお、類似したより有名な事件には、一九四四年八月の「対馬丸」事件[97]や一九四五年四月の「阿波丸」事件[98]があるが、これらと比べると、石垣からの疎開船の遭難事件は知られていない。

沖縄戦の終結から一週間が経っても、抵抗を続ける孤立地帯が残っていた。実際、石垣とその周辺の島々は未だ米軍の統制下に入っていなかった。一九四五年春、近辺ではすでに米国が制海・制空権を確立していたが、独立混成第四五旅団は、石垣・台湾間の航路の確保を目的として、食料や弾薬、その他物資の輸送を支援する小船団を構成した。これは「第一千早丸」「第三千早丸」「第五千早丸」という三隻の漁船からなり、海軍が指揮した。このうち、「第一千早丸」（別名「友福丸」）と「第五千早丸」（別名「一心丸」）の二隻は、一五〇トンの排水量があった。乗組員は軍のために働くことを命じられた。

五月、この小船団は尖閣付近を通るルートを使って、台湾への往復という任務を無事に済ませた。そして、沖縄戦が終了した翌日の六月二十四日、女性や子供、老人を避難させる告示がなされ、三十日には小船団の出航準備が整った。この出航は小船団にとって二度目の任務であり、関係者たちは、敵の船舶や航空機も攻撃してこないだろうと考え、前回同様、尖閣付近を通るルートを用いた。これは不幸な計算違いだった。

「第三千早丸」はエンジン故障に見舞われたため、この二度目の任務には参加しなかった。そのため、約二〇〇名の島民は「第一千早丸」と「第五千早丸」に分乗した[99]。この時点で軍や政府の当局者たちが戦訓として得ていたように、物資や人をいくつかの船に分乗させることは、攻撃を受けた際にすべてを失うリスクを低下させるものだった。理想的ではないにせよ、二隻は一隻よりは良かったのである。「第一千早丸」と「第五千早丸」の二隻は、一種陽気な雰囲気の中で、九時頃に出航した。多くの人は台湾に行くことに満足していた。台湾は沖縄よりも状況がよいと考えられており、また台湾では彼らの友人や親戚が就学、就労していたからである。二隻には傷病兵を移送する小型船が同行したが、これは琉球諸島最南端の与那国島を経由するために離脱することになっていた。

七月三日午後二時、二隻は米軍機の攻撃を受けた。一隻は炎上、沈没し、航行不能となったもう一隻の生存者は、数日後に魚釣島にたどり着いた。一カ月以上救助がない中で、生存者たちは小舟を造り、八月十二日の朝に数名がそれに乗り込んだ。二日後の十四日午前七時、彼らは石垣島の川平湾に到着する。十九日にようやく救助が行われたが、それまでに多くの人が魚釣島で餓死した。沈没から四八日が経っていた。(100)

生存者が救助された後の数年間、尖閣諸島を訪れる者はなかった。生存者の一部は、慰霊碑建立と除幕式のため、一九六九年五月に再び魚釣島に渡ることとなる。

第2章　アメリカの占領・統治下の沖縄と尖閣諸島

本章は、アメリカによる南西諸島（より具体的には琉球諸島）の占領期間（一九四五―一九五二年）および統治期間（一九五二―一九七二年）における、尖閣諸島の地位と歴史を検討する。アメリカの南西諸島の占領・統治は、〔一九四五年三月の〕沖縄戦の開始から、一九七二年五月十五日の沖縄の施政権返還まで続いた。本章ではまず、この期間における尖閣諸島の地理面での法的地位に焦点を当て、その後、米軍と沖縄漁民による尖閣の利用および日本の研究者や政府当局者による尖閣の調査について論じる。また本章は、尖閣とその周辺海域および周辺の島々で発生した台湾漁民や国籍不明船による違法行為――不法入域や不法操業と密猟、そして沖縄の漁師に対する暴力など――についても検討する。これらの作業をつうじて、尖閣諸島の統治に関連する諸問題へのアメリカの対応も明らかになろう。アメリカの尖閣統治は、当初は単独で行われていたが、その後、琉球政府――一九五二年四月一日に、行政機関、司法機関、立法機関を備える形で、琉球列島米国民政府の下部組織として設立された――と共同で行われるようになる。

▼占領期と講和初期の尖閣諸島

一九四五年三月末に始まった沖縄戦において、尖閣諸島が侵攻されたり、物理的に占拠されることはなかった。その理由のひとつは、尖閣諸島には、米軍の作戦を妨害するための要塞や滑走路、電波塔が存在しなかったことにある。しかしながら、沖縄戦（アイスバーグ作戦）や一九四五年九月に予定されていた九州侵攻計画（オリンピック作戦）を前にして、太平洋戦争の最終年になると、尖閣周辺では、米軍の航空機や艦船、潜水艦が、空爆と〔日本軍の〕艦船や兵力の移動阻止のために、日常的に行動するようになっていた(1)。

労働者などの居住者が一九四〇年に撤収していたため、尖閣諸島が爆撃や掃射を受けたかどうかは明らかではない。しかし、尖閣諸島と沖縄戦を直接的に、かつ悲劇の形で結びつける出来事があった。尖閣列島戦時遭難事件である。第1章で述べたように、ここでは〔疎開船に対する米軍の〕攻撃によって女性や子供、老人が死亡し、その後、魚釣島に漂着した者も餓死した。その数は約八〇名に上る。(2)

尖閣諸島を巻き込んだ戦闘自体はなかったが、尖閣は、米軍が占領した琉球諸島の一部として認識されていた。米軍の沖縄占領は、一九四五年九月二日の日本政府による降伏文書調印の後に行われた、七日の沖縄戦降伏文書の調印を起点とする。この降伏文書の調印が行われたのは、後に嘉手納空軍基地として知られることになる場所だった。米陸軍第一〇軍のレターヘッドに記された無条件降伏文書には、以下のようにある〔尖閣諸島の地図については、図1-1（一二頁）を参照〕。

図 2-1　沖縄の降伏文書調印式（1945 年 9 月 7 日）

下記に署名する日本人司令官は、一九四五年九月二日横浜において、大日本帝国によって執行された全面降伏に従って、ここに正式に下記の境界線内の琉球諸島の島々への無条件降伏を行う。

北緯三〇度東経一二六度より北緯二四度東経一二二度より北緯二四度東経一三三度より北緯二九度東経一三一度より、北緯三〇度東経一三一度三〇分より頭書の地点。(3)

この文書には、先島群島司令官の納見敏郎陸軍中将、奄美群島陸軍司令官の高田利貞陸軍少将、奄美群島海軍司令官の加藤唯男海軍少将が署名し、第一〇軍司令官のスティルウェル（Joseph W. Stillwell）陸軍大将がこれを受諾した。「ヴィネガー・ジョー」（"Vinegar Joe"）〔「ヴィネガー」には「気難しさ」や「不機嫌」という意味がある〕の異名をとったスティルウェルは日記の中で、降伏文書調印式は「ひたすらつまらなくて、大変な仕事だった」と記している。(4) なお、ちょうど一カ月後の十月七日に石垣島を数時間視察したスティルウェルは、住民の八割がマラリアに感染していることを知る。(5) その後数年間、就学や就職のために台湾に渡っていた（台湾は日本の植民地だった）、ないしは戦争中に台湾に疎開していた島民が帰還したことで、失業者が増え、石垣島の状況はさらに悪化した。(6) 一九四七年九月に石垣を襲った地震も、不安を拡大した。

沖縄での降伏文書（および奄美諸島での降伏文書）にもとづき、アメリカは南西諸島の占領統治を開始し、それぞれ十二月八日と二十八日には、宮古諸島と八重山諸島での施政を開始した。当時尖閣諸島には人は住んでおらず、一九四〇年代後半から一九五〇年代初頭にかけての時期に漁師や研究者が渡航を再開したが、きわめて短い期間（数時間、一夜、もしくは数日）滞在するだけであった。それゆえ、琉球列島米国軍政府は、尖閣諸島を正式に統治していたが、そこに常設あるいは常駐のプレゼンスを確立する必要性を見出さなかった。

アメリカの尖閣統治は沖縄戦やその後の軍事占領の一環であったが、一九四六年一月二十九日のSCAPIN（連合軍最高司令部訓令）第六七七号の発布によって、その地位はさらに明確となる。SCAPIN六七七は、いくつかの離島を行政面で日本から切り離すものであった(7)（ちなみに、この前月〔一九四五年十二月〕までにすべての帝国陸海軍の本土復員が行われ、〔一九四五年の〕秋に本土の陸海軍の武装解除が実施されていたという点で、この日付は重要である）。このSCAPIN六七七は、「日本国外の総ての地域に対し、又その地域にある政府役人、雇傭員その他総ての者に対して、政治上又は行政上の権力を行使すること、及、行使しようと企てることは総て停止するよう日本帝国政府に指令する」と述べ、日本の領土を「日本の四主要島嶼（北海道、本州、四国、九州）と、対馬諸島、北緯三〇度以北の琉球（南西）諸島（口之島を除く）を含む約一千の隣接小島嶼」と定義している。かくして、日本政府は、連合国の占領政策の一環として、南西諸島の施政権と八〇万人におよぶ国民を失ったが、それは尖閣諸島を含む形で進んだのである。実際、SCAPIN六七七〔正確には、これにもとづいて外務省が作成した文書〕では、「尖頭諸島」という形で尖閣に言及しており、これを構成する島を具体的に「赤尾嶼、黄尾嶼、北島、南島、魚釣」と記していた(8)。

図 **2-2**　降伏文書

沖縄占領の最初の五年間、米国軍政府の組織構成が何度か変更され、一九五〇年十二月十五日には、米国軍政府は米国民政府へと改組される。この改組直前の九月一日、米国軍政府は、南西諸島に〔四つの〕群島政府を設置する米国軍政府布令第二二号を施行した。その第一条第一項のDは、以下のように、尖閣諸島を含む形で八重山諸島の地理的な境界を定めている。

D．八重山群島——左記の境界内に含まれている島及び小島より成る。

北緯二十七度、東経一二四度二分から北緯二十四度、東経一二二度から北緯二十四度、東経四十分から起点迄と共に当該各島及び小島の低潮点より三海里の近海より成る。(9)

一九五一年九月八日におよそ五〇カ国がサンフランシスコ講和会議で調印した対日講和条約第三条の下、アメリカは、尖閣を含めた南西諸島の施政権を認められた。(10) 言い換えれば、アメリカは、一九四六年のSCAPIN六七七で認められていたのと同程度の権限を、講和条約でも認められたのである。講和条約第三条は尖閣諸島について直接言及したわけではないが、尖閣諸島は、この条文が次のように規定した日本の領土に含まれていた。

日本国は、北緯二九度以南の南西諸島(琉球諸島及び大東諸島を含む。)孀婦岩《そうふがん》の南の南方諸島(小笠原群島、西之島及び火山列島を含む。)並びに沖の鳥島及び南鳥島を合衆国を唯一の施政権者とする信託統治制度の下におくこととする国際連合に対する合衆国のいかなる提案にも同意する。このような提案が行われ且つ可決されるまで、合衆国は、領水を含むこれらの諸島の領域及び住民に対して、行政、立法及び司法上の権力の全部及び一部を行使する権利を有するものとする。(11)

トルーマン(Harry S. Truman)大統領とアチソン(Dean G. Acheson)国務長官の特別顧問であり、講和条約のアメリカ側交渉担当者を務めたダレス(John F. Dulles)は、サンフランシスコ講和会議において、日本は南西諸島と南方諸島における「潜在主権("residual sovereignty")」を有すると言明した。この潜在主権が何を意味するのかは明瞭ではなかったが、その本質は、アメリカがこれらの島嶼に対する「行政、立法及び司法上の権力の全部及び一部を行使する権利」を有する一方、日本は最終的な主権を有するということだった。当時は、これらの島嶼が日本にいつ返還されるのか、そしてそもそも返還されるのか定かではなかったが、その後の二五年間、これらの返還は、〔一九五〇年代の奄美返還、一九六〇年代の小笠原返還、一九七〇年代の沖縄返還という〕三つの段階を経て、ゆっくりと実現することになる。いずれにしても、講和条約交渉において日本は、これらの島嶼に対する施政権(および主権)を取り戻すべく、必死の説得を試みたが、失敗に終わった。しかし、重要なことは、日本が潜在主権を保持できたことである。法的に言えば、次のように議論することも可能であろう。すなわち、日本が尖閣諸島を含む南西諸島の何らかの形の主権を認められたという事実は、日本が尖閣に対する主権を有すると、アメリカ政府が一九五一年九月に認めていたことを示している。

その後も日本は、南西・南方諸島の早期返還を目指し続けた。講和条約が発効する一九五二年四月二十八日までは、これが成功する可能性もあった。しかしながら、JCS(統合参謀本部)が早期返還を支持する国務省と極東軍司令部の勧告を却下し、

第三条は予定どおり実施された[12]。

他方で、講和条約発効に備え、アメリカは南西諸島の統治を改善し始めた。講和条約発効二カ月前の一九五二年二月二十九日、米国民政府は、民政府布令第六八号「琉球政府章典」を布告した（同年四月一日施行）。その第一章第一条は、琉球政府の管轄区域を次のように定めている。

琉球政府の政治的及び地理的管轄区域は、左の境界線内の島及び水域とする。

北緯二九度東経一二五度二二分を起点とし
北緯二四度東経一二二度の点
北緯二四度東経一三三度の点
及び北緯二九度東経一三一度の点を経て起点に至る[13]。

尖閣は、一九五三年十二月二十五日の米国民政府布告第二七号においても、琉球諸島の領土の一部と定義された。この布告は奄美諸島の施政権返還と同日に発布されたが、その理由は、北部琉球（奄美諸島）が〔日本に返還されて〕米国民政府や琉球政府の統治から離れるため、琉球諸島の地理的境界が問題となったからであった。その第一条には次のようにある。

琉球列島米国民政府及び琉球政府の管轄区域を左記地理的境界内の諸島、小島、環礁及び岩礁並びに領海に再指定する。

北緯二八度・東経一二四度四〇分の点を起点とし
北緯二四度・東経一二二度、
北緯二四度・東経一三三度、
北緯二七度・東経一三一度五〇分、
北緯二七度・東経一二八度一八分、
北緯二八度・東経一二八度一八分の各点を経て起点に至る[14]。

五週間後の一九五四年二月十一日、琉球諸島への出入を管理する米国民政府布令第一二五号が発布された。「琉球列島出入管理令」と題するこの布令は、同年二月十五日に施行される。その第二章「定義」には以下の記述があるが、その地理的な境界は、上記の米国民政府布告第二七号と一言一句違わない。

第六条　琉球列島：次の境界内の諸島及び領海から成る。
北緯二八度・東経一二四度四〇分の点を起点とし
北緯二四度・東経一二二度
北緯二四度・東経一三三度
北緯二七度・東経一三一度五〇分
北緯二七度・東経一二八度一八分
北緯二八度・東経一二八度一八分の各点を経て起点に至る[15]。

翌一九五五年三月十六日には、米国民政府は民政府布令第一四四号を発布した[16]。「刑法並びに訴訟手続法典」と題するこの布令は、四月九日に発効した。すでに施行されている他の布令と同様、これも尖閣諸島を琉球の一部と記述している。

二・一・九　本法にいう「全琉球列島領域」とは、次の境界内のすべての土地、岩石、岩礁、砂洲及び海をいう。
北緯二八度・東経一二四度四〇分の点を起点として
北緯二四度・東経一二二度の点
北緯二四度・東経一三三度の点
北緯二七度・東経一三一度五〇分の点
北緯二七度・東経一二八度一八分の点及び
北緯二八度・東経一二八度一八分の点を経て起点に至る。[17]

本章後半で見るように、後年、日常化した尖閣周辺への不法入域を、これらの布令にもとづいて取り締まることは、米国民政府と琉球政府にとって徐々に困難となっていく。一九六〇年代後半になって、ようやく琉球政府と琉球警察はより強制的な措置をとるようになるが、それでも不十分ということが明らかになる。

▼米軍の射爆訓練区域としての尖閣諸島

琉球列島米国軍政府のエンゲン（Millard O. Engen）大尉[18]は、一九四八年四月十六日、黄尾嶼（久場島）とその周辺海域は米空軍第一航空師団の射爆訓練に使用されると発表した。その背景には、一九四〇年代後半の国共内戦の影響で「東アジア」地域の緊張が高まっていたこと、および米軍、とくにパイロットにとって訓練と戦闘準備が必要だったことがあった。[19]こうして、黄尾嶼とその周辺は恒久的な危険区域に指定され、近接海域への立ち入りと操業が禁じられた。

一九四八年五月に詳細が発表され、射爆から生じる危険性に鑑み、漁師およびその他は久場島の周辺五海里に立ち入ってはならないとされた。[20]しかし、これらの発表は漁業関係者に十分に伝わっておらず（もしくは無視され）、射爆訓練区域の近辺で漁民が操業、航行しているという問題が、米空軍から報告された。[21]そのため、米国軍政府八重山民政官府のグローヴァー（Merle M. Glover）少佐は、吉野高善八重山民政府知事（八重山民政府は八重山支庁の解体後、一九四七年三月に設立された）に対し、新聞や公示をつうじて、漁民に対する立ち入り禁止の周知を徹底するよう命じた。[22]

翌一九四九年初頭、米国軍政府は万全を期すため、黄尾嶼の射爆場の存在およびその周辺五海里への立ち入り禁止を漁師に知らしめるべく、その旨を記した警告ビラを投下した。[23]しかし同じ頃、別の地域（鳥島）が立ち入り禁止区域に指定されたことに伴い、混乱が生じていた。地元では、南小島と北小島を合わせて「トリシマ」とも呼んでいたが、米軍がこの頃に訓練場に指定したのは久米島近くの「鳥島」だった（現在も訓練場として使用されている）。結局、立ち入り禁止を明確にするために、米空軍は一九五一年十月十九日、沖縄群島政府経済部をつうじて具体的な日付と緯度・経度を示すことで、いつどこで訓練が行われるかを発表した。[24]その後も同様に、米軍は訓練区域を使用するにあたって、立ち入り禁止が発令されていることを琉球政府に通告し、琉球政府が八重山地方庁をつうじて周辺海域に近づかないよう漁業関係者に警告することとなった[25]。

黄尾嶼は、一九五五年まで空対地射爆訓練のために米空軍に使用され、その後は主として米海軍によって使用される[26]。一九五六年四月中旬、米海軍は赤尾嶼（大正島）の使用も開始した。同年、米軍は、黄尾嶼周辺の訓練区域を半径五海里から一〇〇〇ヤード〔約九一・四メートル〕に縮小した。ここには、漁業への影響を限定するという考慮があったと考えられる。事実、地元関係者や琉球政府当局は、漁師からの要望として、立ち入り禁止区域を縮小するよう米軍に要請していた[27]。黄尾嶼周辺海域は好漁場だったのである。一九五五年十一月、琉球政府は立ち入り禁止区域の縮小を要請し、最終的に米軍側もこれに合意した。ただし、赤尾嶼の立ち入り禁止区域は、本書執筆時も半径五海里のままである。

米軍が一九五〇年代半ばになって赤尾嶼を訓練区域として使用し始めた理由は、明らかではない。おそらく、黄尾嶼の訓練区域縮小の相殺だったのであろう。台湾海峡における緊張の高まりも関係しているかもしれない。さらに、この第一次台湾海峡危機と関係している可能性もある、一九五五年三月の襲撃事件――「第三清徳丸」事件――の結果とも考えられる（台湾海峡危機と「第三清徳丸」事件については後述する）。

一九五〇年代、訓練区域の問題は、この海域で操業する漁船の所属する九州各県でも取り上げられていた。一九五四年三月、訓練に反対する集会が長崎で行われ、一九五九年九月には鹿児島でも同様の集会が開かれた。長崎や鹿児島には、大規模な漁業コミュニティがあったのである。漁場における米軍の訓練の問題は、十月に衆議院農林水産委員会で、十一月には参議院の農林水産委員会で取り上げられた[28]。衆議院では、鹿児島選出の社会党議員である赤路友蔵が質疑に立った。当時、日米安全保障条約の改定が日米両政府間で協議されるとともに、国会で議論されていたため、この国会には衆目が集まっていた（言うまでもなく、社会党は安保条約に批判的だった）。

赤尾嶼は国有地だったが[29]、黄尾嶼は私有地だった。所有者である古賀善次――尖閣の五島のうち四島を開拓、所有した実業家である辰四郎の息子（第1章を参照）――によれば、米軍は、一九五〇年から黄尾嶼の賃借料を払い始めたという[30]。一九五八年七月、理由は明らかではないが、米国民政府は琉球政府を代理人として、古賀との賃貸借契約書に署名した[31]。その「基本賃貸借契約書　琉球政府番号一八三―一」によると、米国民政府は年間五七六三ドル九二セントを古賀に支払っていた。これは一九六三年には一〇五七六ドルに値上げされる[32]。翌一九五九年、古賀は石垣市に四〇〇ドルの税金の支払いを開始し、一九七一年からは四五〇ドルを支払った[33]。一八九三年生まれの古賀は、一九七八年に八七歳で死去する。しかし、黄尾嶼はその他の三島と同様、近年まで私有地となっていた。序章と第1章で説明したとおり、二〇一二年九月、日本政府がこれら四島のうち三島を購入した。

一九七二年五月に沖縄が返還された後も、日本政府は、一九六〇年一月に調印され、六月に発効した新安保条約および地位協定にもとづき、米海軍に〔尖閣の〕訓練区域を提供した。黄尾嶼はW―一七五（施設番号六〇八四）、赤尾嶼はW―一八二（施設番号六〇八五）と識別されていた。しかし、〔尖閣をめぐる〕日本・中国・台湾の間の外交問題が生じたため、一九七九年以降、これらの訓練区域は使用されなくなる(34)。この問題に詳しい関係者によると、この自己規制は、国務省が命じたものだった。国務省の判断には、当時アメリカと正式に国交を正常化した中国への外交的配慮と、尖閣諸島をめぐって前年に高まっていた日中関係の緊張が影響していた。

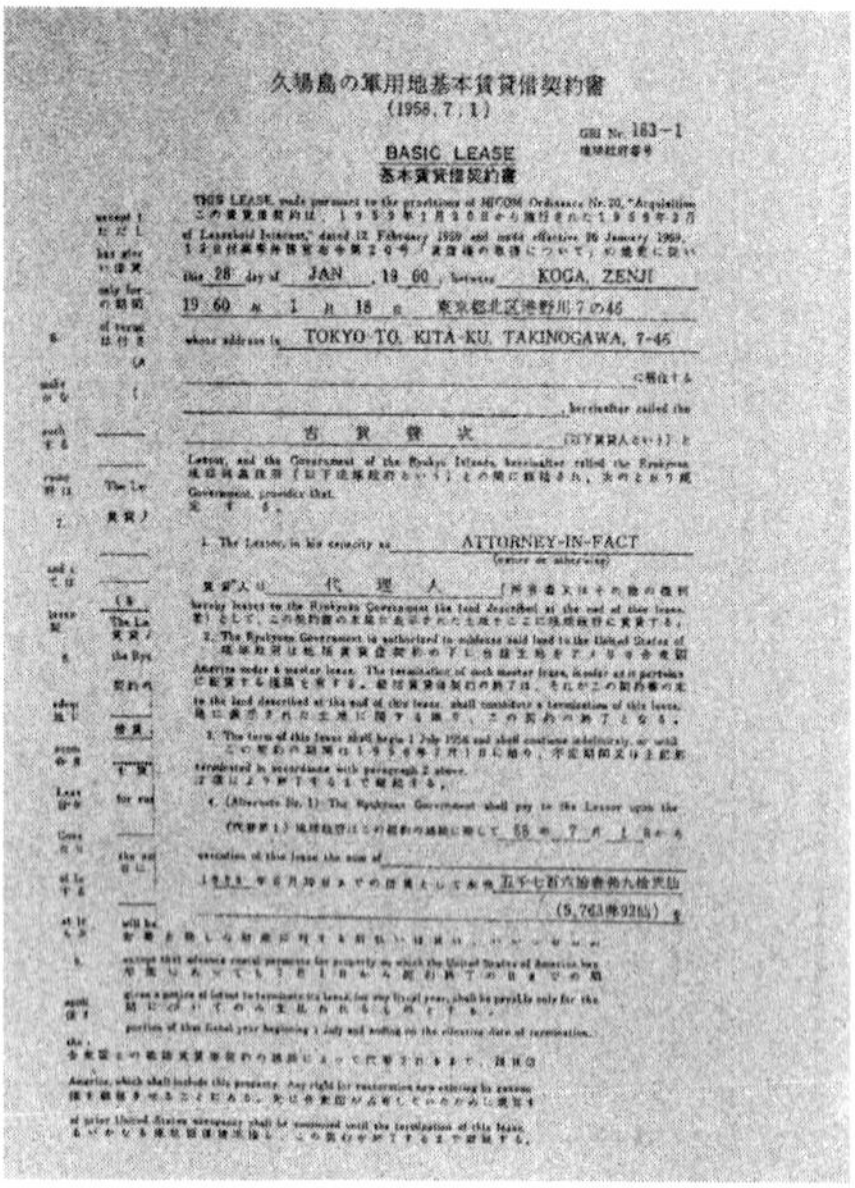
久場島の軍用地基本賃貸借契約書
(1958.7.1)

GRI No. 183−1

BASIC LEASE
基本賃貸借契約書

this 28 day of JAN, 19 60, between KOGA, ZENJI

19 60 年 1 月 18 日 東京都北区滝野川7の46

whose address is TOKYO-TO, KITA-KU, TAKINOGAWA, 7-46

古　賀　善　次

1. The Lessor, in his capacity as ATTORNEY-IN-FACT

貸貸人は 代　理　人

(5,763弗92仙)

図2-3　軍用地の賃貸借契約書

▼第一次台湾海峡危機と「第三清徳丸」事件

中華民国による金門・馬祖での兵力増強、および〔中台間での〕外交声明と警告の応酬に続き、一九五四年九月初頭、中国は金門島（福州の南二〇〇キロメートル、厦門の対岸に位置する）への砲撃を開始した。十一月、中国人民解放軍が大陳（台州）列島への砲撃を開始し、中華民国側は翌年二月に撤退を余儀なくされる。こうした中、アメリカでは、中国本土に対する爆撃と核兵器の使用が考慮され始めていた。一九五四年十二月には、親台派のノーランド（William F. Knowland）上院議員に押される形で、アメリカは台湾との相互防衛条約に調印する。この条約は大陸沿海諸島の防衛をアメリカに義務づけていたわけではなかったが、一九五五年一月二十九日にアメリカ連邦議会下院で可決された「台湾決議（Formosa Resolution）」によって、大統領は、台湾と澎湖諸島、および関連する領域を防衛するために米軍を用いる権限を与えられていた。最終的に、〔アメリカによる〕核兵器使用の脅しの後、中国側は台湾側に交渉を提案し、五月一日に金門・馬祖への砲撃が終了した。こうして、第一次台湾海峡危機が終結した。

ある研究によれば、人民解放軍による攻撃によって一九五五年二月に大陳列島から撤退した台湾側の軍は、尖閣を要塞化し、そこに近づいてくる日本の漁船に砲撃を加えたという(35)。これとの関連は不明瞭ではあるが、一九五五年三月二日午後、沖縄の漁船「第三清徳丸」（一五トン、乗組員八名）が魚釣島近辺で、中華民国国旗を掲げた二隻のジャンク船の襲撃を受けた。この襲撃により、四名の乗組員が行方不明となり、船長を含む二名が射殺された。米国民政府と琉球政府が捜索を行ったが、行方不明者は発見できず、後に死亡とみなされた。

　この事件の一報を受けた琉球政府当局は、翌日、対応を協議する。初動は、この海域から退避するよう漁船やその他船舶に勧告することだった[36]。三月五日には、琉球政府立法院が、米国民政府、日本政府、ならびに国連に事件の調査を要請する決議を採択した[37]。五月に入り、「第三清徳丸」船長の遺族らが、比嘉秀平琉球政府行政主席——一九五二年四月に民政長官によって任命された——に対し、被害者と遺族に対する補償金の支払いと、「漁師の生命と財産の保護」などを陳情した[38]。

　米国民政府は、琉球政府や琉球警察と協働して調査を開始し、国務省をつうじて国府に問い合わせを行った。国府は、〔自国が〕事件を起こしたことおよび当該海域に自国の部隊がいたことを否定するとともに、沖縄漁民を攻撃したのは大陸中国の艦船だという見解を示した。国府の駐日アメリカ大使館宛ての書

図 2-4　「第三清徳丸」

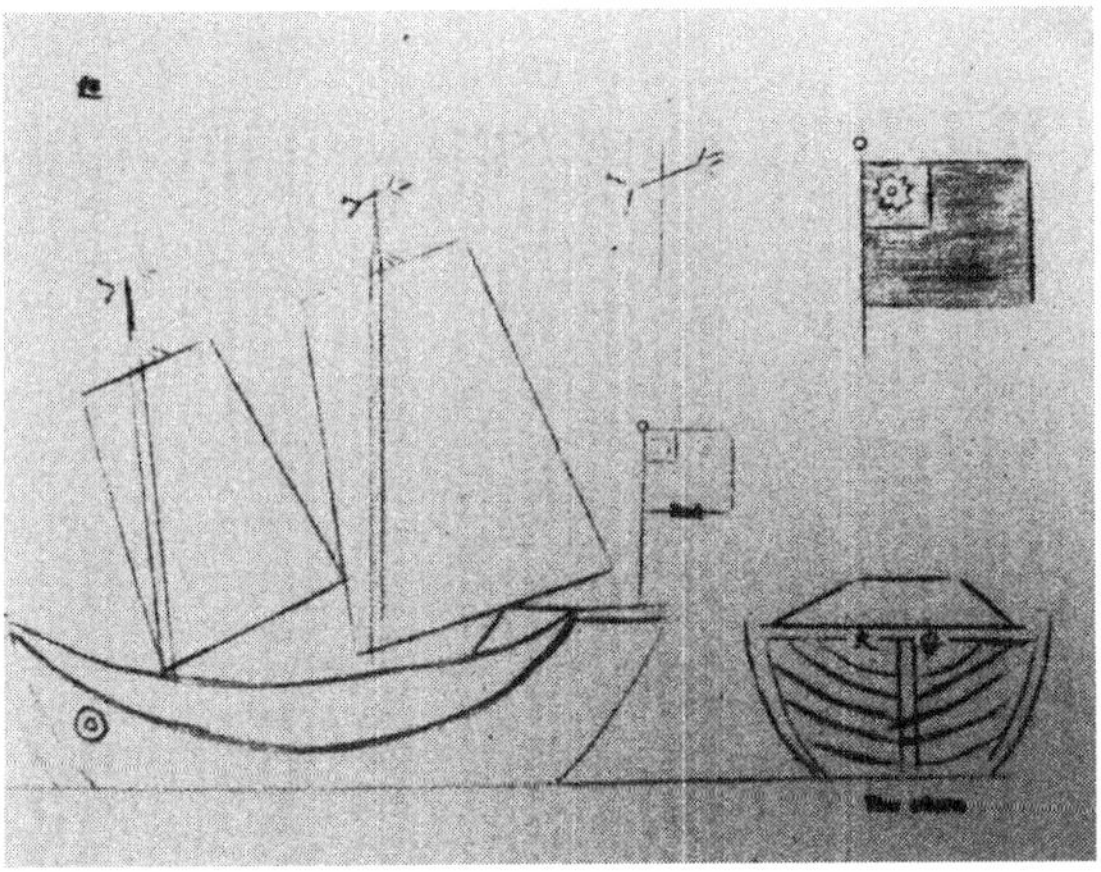

図 2-5　襲撃に用いられた船の描画

簡には、次のようにある。

アメリカ大使館から提供された情報にもとづいてこの事件の徹底調査を行った結果、中華民国政府は、自国の海軍艦船と部隊は当該海域で作戦を展開しておらず、したがって琉球の漁船「第三清徳丸」の乗組員を攻撃することは不可能だったと表明したい。この調査の結果、中華民国海軍は描画にあるような船舶を保有していないことが明らかとなった。しかしながら、福建省もしくは浙江省に駐留する中国共産党の発動機艇が当該海域で作戦を展開する能力を有する事実に鑑みると、共産主義者が、アメリカと琉球の中華民国との友好関係を阻害する目的から、攻撃を行った可能性がある。[39]

この事件は一九六〇年代前半になっても解決しなかった。警察からすると、この事件は政治的な外交・国際問題であり、如何ともしがたい部分があった。米国民政府の行政官ヒッチ(Kenneth S. Hitch)中佐は、大田政作行政主席[40]に宛てた書簡の中で、「利用可能な情報と証拠にもとづいて、事件の法的責任」を立証することができなかったことへの遺憾の意を表明している。[41]同じ頃、琉球政府は遺族に対し、九八七ドル四五セントから四七五〇ドル六五セントの範囲で見舞金を支払うことを提案した。[42]また、琉球政府は、魚釣島周辺海域への立ち入り禁止によって操業断念を余儀なくされた漁民への補償金を支払った。ただし、外国船と沖縄漁民の関係がすべて悪かったというわけではない。いくつかのケースでは、機関トラブルが発生して漂流するなどした沖縄の漁船が台湾船（そのいくつかには沖縄の乗組員がいた）に救助された。しかしながら、尖閣諸島の周辺海域は格好の漁場と考えられていたため、外国と沖縄の漁師たちは、お互いを疑いの目で見ており、そのことから生じた事件もあった。台湾の漁船や密猟者、沈船解体の労働者が増加するにつれ、台湾と沖縄の間の緊張も高まった。アメリカにとっては双方とも友好的な同盟相手であるが、両者の関係は長く、しばしば複雑である。

こうした台湾人による不法入域と現地における摩擦の詳細を検証する前に、日本の科学者や学者による調査活動を見ておくことが必要であろう。尖閣諸島には研究者が定期的に訪れており、彼らが台湾の漁民や密猟者による尖閣とその周辺海域での違法行為を通報していたからである。

▼沖縄と日本の研究者による調査・研究

尖閣諸島では、漁師が操業するだけでなく、沖縄と日本本土の研究者が定期的に科学調査を実施していた。こうした調査は、戦前と同様に戦後にも行われ、アメリカ統治時代だけでなく、日本に返還された後も、いくつかの理由から回数こそ減ったが、実施されることとなる。[43]調査グループの報告書は保管されており、とくに八重山農林高校の元校長で「尖閣調査のパイオニア」と呼ばれた高良鉄夫琉球大学教授による調査については、『尖閣研究　高良学術調査団資料集』の上下巻が出版されると

表2-1　1950-1972年における尖閣諸島の科学調査

日程（上陸していた日数）	リーダー（調査団の総人数）	調査対象
1950年3月27日から4月10日（15日間）	高良鉄夫（1名）	昆虫類
1952年4月10日から20日（10日間）	高良（7名）（琉球政府の資源局の関係者を含む）	生物と資源
1953年8月1日から4日（4日間）	高良（13名）	生　物
1963年5月15日から18日（4日間）	高良（8名）	鳥類，植物，海洋気象
1968年7月7日から9日（3日間）	高岡大輔と高良（合同調査）（14名）	海底資源，水質，海鳥，植物
1969年5月30日から7月18日（52日間）	新野弘	海底地質
1970年5月25日から6月25日（31日間）	新　野	海底地質
1970年9月28日から30日（3日間，悪天候による短縮）	琉球大学	
1970年11月29日から12月12日（14日間）	長崎大学の松本征夫（長崎大学と九州大学の共同調査）（9名）	地質，海洋生物，海鳥
1971年3月31日から4月8日（9日間）	琉球大学の池原貞夫（13名）	植物，海鳥，地質

ともに、調査団の体験に関するオーラル・ヒストリーおよび短い報告書も残されている。[44] 後述するように、多くの調査は自然科学に関する純粋な学術研究だったが、地質や資源に焦点をあてた調査、すなわち経済的・政治的・外交的・戦略的な意味を持った調査もあった。実際、後者の調査のうちのいくつかは、日本の政府と民間による尖閣周辺の開発に備えるものとして実施されていた。表2-1はそれぞれの調査の概要である。

戦後、正式な科学調査が初めて行われたとされているのは、一九五〇年である。同年三月末、高良が、尖閣諸島の生態調査のために出航した。[45] 高良は、冬期に数週間滞在して作業を行うための施設〔鰹節の仮加工場〕を魚釣島に保有する発田重春の船に乗った。この調査の結果、「無人島探訪記」と「尖閣列島訪問記」と題する二つの報告書が作成される。後に高良はこれらをそれぞれ、四月二十五日から五月二十二日の『南琉タイムス』（石垣の地方紙）と、九月十五日と十六日の『うるま新報』（『琉球新報』の前身）に掲載した。[46]

約二年後の一九五二年四月、高良は追跡調査のため、設立されたばかりの琉球大学——一九五〇年に、沖縄の人々の要請で琉球列島米国軍政府が設立した——の同僚と数名の学生とともに、規模を拡大して調査を実施した。重要なことは、琉球政府資源局農業改良課の関係者も参加し、この調査が琉球大学と琉球政府の合同で行われたことである。一〇日間の調査後、三つの報告書が作成された。ひとつは、高良による「尖閣列島あれこれ」という報告書で、五月八日から二十九日にかけて

図 2-6　高良鉄夫博士

『沖縄タイムス』に七回連載された。[47] 二つ目の報告書は、琉球政府林業試験場の多和田真淳技官による「尖閣列島採取記」で、六月二十九日から七月十五日の『琉球新報』に一七回の連載で掲載された。[48] 三つ目は、奄美大島出身の松元昭男という学生参加者による「尖閣列島調査報告」というシンプルな題名の報告書で、六月二日から四日の『琉球新報』に三回連載された。[49]

　三回目の調査は一九五三年の夏に行われ、ここではより大規模な調査団が編成された（総数一三名）。[50] 一行は八月一日から四日まで滞在し、当時設立されたばかりの琉球石油株式会社社長稲嶺一郎（後に参議院議員となり、本書後段の記述にも登場する）が燃料を寄付した。[51] 調査後にいくつかの報告書が作成されたが、高良の「尖閣列島の植物相について」と多和田の「尖閣列島の動物相について」の二つが公刊されている。[52] ここで興味深いのは、多和田が上述の一九五二年の報告書と同様、この報告書の中でも、周辺海域における緊張や海賊などの存在ゆえ、尖閣への渡航は危険で、「防備」が必要であるという警告を行っていることである。[53]

　次に高良が尖閣諸島を訪れるのは、一〇年後のことである。その前に、一九五九年秋、琉球大学と鹿児島大学が共同調査を実施しようとしていた。だが、悪天候と船の確保がうまくいかなかったことにより、調査は中止となる。代わりに、この共同調査団は八重山諸島で調査を実施した。[54] 琉球大学と鹿児島大学の研究者たちにとって渡航の中止は落胆すべきことであったが、高良によれば、琉球大学の学長は調査に協力的だったという。[55]

　一九六三年五月、高良は、琉球政府文化財保護委員会に委託されたアホウドリの調査のため、総計七名の調査団を率いて尖閣諸島に向かった。〔琉球大学助教授の〕新納義馬[56]と琉球気象庁の伊志嶺安進を含む七名の調査団に加え、地元の新聞社と放送局の記者四名が同行した。この調査によって、琉球気象庁の関係者が初めて尖閣に渡ることになる。なお、この調査団は南小島において、海鳥の卵などを乱獲していた台湾の密猟者と遭遇した。

調査終了後、高良は、尖閣諸島のアホウドリの歴史とその生息環境保護の課題に関する論考を、七回の連載で『琉球新報』に寄稿した。[57]この一週間後、調査団に同行した『琉球新報』の二人の記者も、尖閣諸島におけるアホウドリの絶滅危惧に関する記事を書き、台湾人密猟者の侵入が環境に与える影響などの問題を明らかにした。[58]『沖縄タイムス』でも、五月末に「アホウドリを求めて」と題する記事が連載されている。[59]

新聞記事だけではなく、論文も公表された。一九六三年五月の調査に加わった研究者たちが、それぞれの専門誌に論文を掲載したのである。伊志嶺の「尖閣列島海洋調査報告」は、琉球気象台の出版物である『琉気時報』の一九六三年五月三十日号に掲載された。[60]高良は、南方同胞援護会（南援）の季刊誌『南と北』一九六四年三月号に論文を寄稿した。ちなみに、南援は一九五六年に設立された準政府機関であり、日本政府と共同でアメリカとソ連に働きかけることで、沖縄と小笠原、そして北方領土の人々の利益を促進することを目的としていた。[61]また、新納の「尖閣列島の植生」も、『琉球大学文理学部紀要』の一九六四年五月号に掲載されている。[62]

次に調査が行われたのは、五年後のことである。これは一九六八年七月初旬に実施され、第一義的には地質調査だった。その後の数年間は地質調査が行われることになるが、ここには政治的な性格もあった。この頃までに、地質学の研究によって、尖閣周辺地域に石油をはじめとする大量の天然資源が埋蔵されている可能性が明らかになっていたのである。

これらの調査の政治的な性格は、〔佐藤栄作〕首相の諮問機関である沖縄問題等懇談会（沖懇）のメンバーで、元衆議院議員の高岡大輔が、一九六八年七月の科学調査に参加したことにあらわれている。この調査は、国連アジア極東委員会（ＥＣＡＦＥ）の調査が行われる数カ月前に実施された。尖閣列島調査団と呼ばれた十数名からなるこの調査団は、琉球大学と茨城大学の研究者、および琉球政府、八重山郡、石垣市などの関係者から構成され、八重山の武装警官二名と『琉球新報』のカメラマン一名が帯同した。[63]調査の間、一行は台湾人の労働者や漁民と遭遇することになる（この事件については本章で後述する）。

高岡の存在によって政治的な性格が付加された調査ではあったが、学術的な成果も生まれた。まず、翌年春、高良が「尖閣列島の海鳥について」と題する論考を公刊する。[64]その後、琉球大学の兼島清の論文が日本工業用水協会の発行する学術誌に掲載された。[65]三つ目は調査全般に関する高岡の論文で、南援の『季刊沖縄』（このときまでに『南と北』から改称）の尖閣特集号に掲載された。[66]さらに、伊志嶺と八重山気象台の正木譲も、一九六九年六月、「海洋学的に見た尖閣列島」と題する報告書を琉球政府に提出している。[67]

次章で詳述するが、尖閣での調査に先立ち、高岡は、調査の資金集めと政府のより積極的な関与のために奔走しており、石油が発掘されるという見通しから尖閣周辺の地質に注目していた人々に接触した。一九六九年五月にＥＣＡＦＥの報告書が公表された後、総理府は、一カ月（六月十四日から七月十三日）におよび尖閣諸島の調査を主催した。「尖閣列島周辺海域の海底地質に関する学術調査」と名づけられたこの調査は九四三万五〇〇〇円をかけて行われ、東海大学の新野弘教授（以前は東京水産大学で教鞭をとっていた）が調査団長を務めた。新野の報告書は八月二十八日に提出され[68]、直後に『ジャパン・ペトロリアム・ウィークリー（*Japan Petroleum Weekly*）』誌で連載される[69]。報告書の概要である連載の第一回は九月二十八日に公刊され、そこには「今回の調査によって［…中略…］、われわれは、この地域に石油資源が埋蔵されていると期待してもよいものと信じるに至った」とある[70]。この時点で日本が原油の九九％を輸入に依存していたことに鑑みると、この報告書の重要性が浮き彫りになろう。

総理府は、翌一九七〇年八月二十日に二回目の調査を主催した。この調査団の団長は、東海大学の星野通平教授が務めた。星野は、一九六四年に東海大学に移る以前、一九五〇年から海上保安庁水路部に務めており、地殻と海洋地質の著名な研究者として知られていた。また、星野はすでに、『海底の世界』を含む何冊もの書籍を出版しており、二〇編以上の学術論文も発表していた[71]。そして、星野の調査によって、尖閣周辺が石油と天然ガスを埋蔵する世界でも有数の地であることが確認される[72]。

星野の調査が行われた後の一九七〇年後半、九州大学と長崎大学の合同調査が実施された。両大学の調査隊は、隊長の松本征夫を含む四名の教員と長崎大学の学生三名、そして毎日新聞社福岡支局の記者とカメラマン一名ずつの計九名からなっていた。この三〇年間で初めて北小島においてアホウドリの生息が確認されたことをはじめ、この調査隊の発見は、一九七一年三月に『長崎新聞』で報道された。一九七三年十二月に完成した報告書は一五〇頁におよび、三部から構成された。一カ月におよぶこの調査は第一義的には学術的なものだったが、報告書の最終節には、尖閣諸島をめぐる政治的・外交的緊張についての新聞記事が掲載されており、参加者たちがこの状況を認識していたことがうかがえる[73]。

ここで指摘しておくべきは、一九五〇年代と一九六〇年代、アメリカの軍政府や民政府が尖閣諸島における調査研究に協力的で、申請のあったものについてはほとんど許可していたことである。しかし、米国政府が許可しなかったものもある。そのひとつが、沖縄返還を控えた一九七二年三月に行われるはずだった、野呂恭一防衛政務次官の視察だった（これについては第5章で後述する）。一九六八年十二月に高等弁務官の政治顧問に着任し、一九七二年五月の沖縄返還まで同職を務めるノールズ（John F. Knowles）は、すでに国際的に敏感となっている問題にさらに悪影響を与えると考え、野呂の申請を却下するよう、東京の駐日アメリカ大使館に申し入れたのである。ちなみに、野呂は米軍機での尖閣上空の飛行を希望していた。

アメリカ政府が懸念を抱いた別の調査もある。それは、一九七一年六月末から七月初頭にかけて尖閣地域で行われる予定だった、東海大学の研究グループによる調査だった。この調査は一九六九年と一九七〇年に実施された調査と同様のものであり、米国民政府が過去の調査に異議を差し挟んだこともなかった。そのため、米国民政府は六月二日、国府が「大学の主催する」この調査を、『地震調査』という公表された目的から行われるものではなく、沖縄返還に先立って尖閣における日本の行動パターンを確立しようという日本政府のもくろみ」として認識するだろうと考えつつも、申請された調査への異議はないと国務省に伝えた(74)。しかし、国務省は駐日アメリカ大使館に対し、この調査は延期されるべきだと伝えた。そして、駐日大使館は調査の延期を日本政府に提案し、日本政府はこれに従う（その後、駐日大使館は、東海大学が尖閣から十分離れた北側の海域で調査を実施することを決定したとの連絡を受けた。この海域であれば、駐日大使館にとっても米国民政府にとっても、問題はなかった(75)）。

しかしながら、歴史を振り返ると、アメリカの軍政府と民政府は何年にもわたって、琉球政府に対し、尖閣の統治により深く関与することを奨励してきた。たとえば、米軍は一九五〇年代初頭、台風などを検知・追跡するための気象観測所を魚釣島に建設することを提案している（琉球政府と琉球気象台の関係者が、職員の常駐と施設の維持は難しいと考え、この案は潰えた(76)）。その一方で、一九七〇年代初頭になって尖閣諸島が国際的な政治的関心の対象となると、アメリカ政府は返還前の尖閣での建造物の許可をためらうようになる。そして、返還後も気象観測所が建設されることはなかった。

実現自体は数年後のことになるが、一九六八年にも、アメリカ政府は琉球政府に対し、英語、中国語、日本語で書かれた警告板を尖閣諸島に設置することを奨励した（これについては本章で後述する）。また、アメリカ政府は、尖閣諸島の施政を強調・強化するために行われる石垣市の調査や渡島を奨励しており、少なくともそれらを妨げることはなかった。歴史的に尖閣諸島を管轄区域としてきた石垣市は、一九六〇年代に何度か行政調査を実施した。一九六一年四月十一日に行われた戦後最初の行政調査は、地価の査定という財政的な性格を持っていた。これが実施されたことには、土地賃借安定法の成立が影響していた(77)。

一九六九年五月、より政治的な動機にもとづく渡島が、石垣喜興石垣市長の委託で、新垣仙永石垣市議会議員によって実施された(78)。石垣市は、尖閣諸島に〔石垣市の管轄を明示した〕行政標柱と一九四五年七月の尖閣列島戦時遭難事件（前述）の慰霊碑を建立することを計画していたのである。一九六九年五月九日午後、桃林寺（一六一一年に建立されたが、一七七一年の地震と津波で被災した）で記念式典を行った後、一行は二隻の船（「第三協栄丸」と「第三住吉丸」）でそれぞれ午後五時と五時二〇分に出航し、翌早朝に尖閣諸島に到着した。二日間の滞在中、一行は主要五島に行政標柱を建設した(79)。これに加えて、石垣市は、尖閣諸島を構成する八つの島と岩礁を記したコンクリート製の標柱を魚釣島に設置した。

新垣の渡島には、〔尖閣列島戦時遭難事件の〕遺族代表が同行し、五月十日の慰霊碑の建立に参列した。慰霊碑の裏側には、一九四五年夏の出来事が記述されるとともに、犠牲者の魂を鎮

図 2–7　魚釣島の行政標柱

めるという慰霊碑の目的が記されている。

▼**尖閣周辺での違法行為**

上述したように、尖閣諸島における調査の過程では、密猟などの違法行為が行われた形跡が見つかり、時には調査団が不法入域の現場を目撃することもあった。無論、違法行為はこれにとどまらず、摩擦も絶えなかった。本項以下の三項では、そうしたさまざまな違法行為およびそれへの対応を記述する。

一九五〇年代後半、尖閣周辺で操業する台湾の漁船が急増した。一九六〇年代初頭から半ばにかけては、年間三〇〇〇におよぶ漁船が尖閣周辺で操業しており、与那国と石垣の漁協からは、尖閣周辺だけではなく与那国・石垣島周辺でもトラブルが報告されていた(80)。

上述したように、沖縄の漁民や調査の参加者は、尖閣周辺で台湾の漁船をしばしば目撃していた。なかでも、もっともよく知られているのは、沖懇メンバーの高岡が〔琉球大学の高良と〕

図 2–8　尖閣列島戦時遭難事件の慰霊碑

共同で団長を務めた尖閣列島調査団（渡島は一九六八年七月七日から九日）による巡視活動時の接触である。この調査には、武装した八重山警察署の二名の警官が同行していた。一人は幼少期を台湾で過ごした平良繁治で[81]、もう一人は警察学校を卒業したばかりの伊良波幸勇[82]だった。

一行は、一九六八年七月八日に「図南丸」に乗って魚釣島に到着した際、魚釣島の北およそ一五〇メートルに投錨した三隻の台湾漁船を発見した。この海域から退去するよう二人の警官が命ずると、三隻はこれに従った。しかしながら、「図南丸」が魚釣島の東数海里にある北小島に到着した際、一行は、一七隻の台湾漁船がさらに北東にある黄尾嶼に逃げ出すのを目撃する。

翌九日の午後、前日のものと同じと思われる一七隻の台湾漁船（このうち九隻のみが識別できた）が南小島付近に投錨し、数名の漁師が筏に乗って上陸した。二名の警官が漁師を追跡し、彼らが四〇〇個もの海鳥の卵を採取していることを知った。卵をおいて退去するよう平良が命じると、彼らはこれに従った。

南小島に滞在中、約六〇名の台湾人労働者がテントで寝泊りしていること、および彼らが近隣で難破した一万トンの貨物船の解体作業に従事していることが明らかになった。テントの中には、二五キログラムのダイナマイト一〇箱分や大量の食料があった。貨物船「大通号」がちょうどこの日の朝に投錨して食料を運び込んでいたのである。警官は台湾人労働者を逮捕しなかったが、早急に島から退去して正式な入域許可証を取得してくるよう命じた[83]。

七月十三日、石垣に戻った後に平良が提出した報告書が、〔幸地長恵〕琉球警察局長に届き、彼は二十六日に、これを米国民政府のアンダーソン（Ralph C. Anderson）公安局長に転送した[84]。同じころ、米国民政府は、七月十四日付の『八重山毎日新聞』（一九五〇年三月に創刊され、「日本最南端の新聞」として知られる）のコピーを入手していた。これは、台湾人による尖閣諸島上陸および卵の乱獲を批判し、琉球政府が「この問題に対応するための外交権を持っていない」ことを嘆いていた[85]。

八重山民政官府の主任であるスズキ（George E. Suzuki）中佐もこの記事を読み、次のようにつけ加えている。「尖閣やその他の離島において、台湾人は海鳥の卵を乱獲しているだけでなく、不法に上陸しては、食料補給のために漁を行っている。「この状況は今のところ、今回の選挙における野党にとっての『政治的得点（"political grist"）』にはなっていない。だが一部の保守勢力は、これが、琉球政府は良い結果をもたらすことができないという主張、およびアメリカは愚かだという主張に利用されることを懸念している。さらに、保守勢力によれば、アメリカではなく日本政府ならこの問題に対処できるということが示されれば、早期返還の主張が勢いづくことになる[86]」。

台湾人が食料補給のために上陸しているというスズキの指摘は、尖閣だけではなく、石垣島にもあてはまることであった。たとえば一九六八年七月六日、一四・七トンの台湾漁船が石垣島中西部にある吉原の周辺海域に侵入し、その後上陸した船長と船員一名が不法入域とタクシー料金未払いで逮捕された（彼らが吉原に戻る際の運賃を支払わなかったため、石垣の三ツ星タクシーの運転手が警察に通報した）[87]。警察は、残り六名の若い船員も不法入域のかどで拘留した七月十日に事件を受理した検察は、六名の若い船員については不起訴処分とした。その後、年長の二名が石垣で簡易裁判にかけられ、それぞれ八カ月と六カ月の禁錮と自己負担での強制送還を言い渡された。ただし、禁錮は強制送還後二年の執行猶予つきだった。七月三十日朝、船長と船員は、琉球警察の巡視艇〔当時の沖縄では救難艇と呼ばれた〕に護送されながら自分たちの船で石垣を離れ、琉球領海の南端を経て、台湾に向かった。琉球政府検察庁石垣支部長の屋良朝啓は、その日の午前、台湾人船員の処分についての発表の中で、石垣の三海里に近づくすべての船舶への退去警告と不法上陸者（民政府布令第一四四号二・二・二七・一にもとづく、適切な許可のない上陸）の逮捕を、地元の警察に勧告したことを明らかにした。同時に屋良は、八重山の小さな巡視艇一隻だけでは、「すべての島嶼や環礁を定期的に監視することは、実際問題として不可能」とも認めている[88]。

米国民政府では、渉外局が、この事件に関する情報共有を徹底するべく、駐日・駐台アメリカ大使館に連絡をとっていた。とりわけ米国民政府は、国府の当局者が上記の逮捕と判決、強制送還に関する事実を把握していることが重要だと考えていた。駐台アメリカ大使館も、「台湾漁船による不法入域は今後も問題となる」ため、「将来的にこうした入域の予防を試みる」ための適切な行動を、国府とともにとろうとしていた[89]。

この事件の一週間前、波照間島の沖合約五〇〇メートルで操業していた三九歳の男性（比嘉康政）の船に対し、七、八人の船員を乗せた一〇トンの台湾漁船がフックを引っ掛けて横づけするという事件が起きていた。比嘉の船に乗り込んだ数名の台湾人がナイフで彼を脅し、彼が漁網と縄を盗んだとして、船を捜索した。直接的な被害は免れたが、比嘉は精神的ダメージを負った[90]。

いくつかの理由から、スズキはこうした状況に懸念を抱いていた。第一に、地元の漁師や住民が〔台湾漁民などに〕私的制裁を加えることで、外交問題に発展する可能性があった。スズキ曰く、「一連の大胆な不法入域と脅迫事件が契機となり、地元の漁師たちが、アメリカと琉球政府は中華民国との間の問題を解決できていないと考えて、自らことにあたることを選ぶようになるという懸念が生じている。現在はこの懸念を裏づけるような具体的証拠はないが、毎年こうした事件が発生する中で琉球政府とアメリカが何の行動もとらなければ、地元の憤慨は、言葉の上での不満を超えたものになるだろう」[91]。現地における緊張の一例として、スズキは、「台湾漁船　八重山漁師を脅迫」という七月六日付の『八重山毎日新聞』の見出しを挙げている。この記事は、類似した問題が数年来何度も議論されてきたが、解決の目途はまったくたっていないと論じていた。スズキからすると、これは「何らの解決策をもたらさない」アメリカに対する間接的な批判であり、こうしたアメリカに対する批判の強まりこそ、スズキの第二の懸念であった[92]。

『八重山毎日新聞』の批判は見当はずれというわけではなく、おそらくスズキも部分的にはこれを理解していた。だが、アメリカ政府内には、事態の深刻さに関し、大きな見解の相違が存在した。そうした相違は、駐台大使館と駐日大使館の間にも、米国民政府の内部にもあった。さらに、アメリカ政府内には、台湾人の不法入域問題に対処してほしいという日本政府の要望を軽視する傾向があり、不法入域を単なる不注意として扱うこともあった〔後述〕。

同時に、米国民政府は一九六八年の夏ごろまでに、尖閣への不法入域の問題は「ヒートアップしている」と認識するようになっていた[93]。米国民政府は、こうした不法入域はとりわけ日本政府にとっての心配の種だと考えていた。すなわち、「日本政府は、中国人不法占拠者を退去させ、彼らを立ち入らせないための中華民国政府の協力を確保しておくようアメリカ政府に要請しなければ、いつの日かそうした不法占拠者〔への対処〕を引き継ぐことになる。〔…中略…〕琉球政府がこの問題に強い関心を抱き始めている兆候もある[94]」。たとえば、一九六八年五月二十七日から六月三日まで、ある調査に同行して沖縄を訪れた、山野幸吉総理府特別地域連絡局長は、尖閣への不法入域の問題を取り上げていた。また、『朝日新聞』那覇支局の記者も不法入域者に関する記事を書くために尖閣に渡航することを計画していた。こうした中、米国民政府渉外局次長のゲイダック（Ronald A. Gaiduk）——外交官であり、沖縄勤務は二度目だった——は、「台湾人の不法入域に対する最近の報道機関の関心の高さに鑑みると、沖縄と同様日本本土でも、望ましくない形で注目度が相当程度高まることが予想される。これにより、状況が悪化するとともに、日本政府・琉球政府・アメリカ政府の関係が乱れることになるかもしれない」と警告した[95]。

直感に反することだが、米国民政府は、おそらくこの注目度の高まりという理由から、日本政府と琉球政府が——場合によっては米国民政府も合同で——事実調査を行うという日本政府沖縄事務所の要望に逡巡した。米国民政府曰く、「われわれは、日本政府沖縄事務所による合同調査の計画に協力するつもりはない。また、現時点では不適切であるため、日本政府沖縄事務所が単独行動をとるのをやめさせるつもりである[96]」。米国民政府は、この提案は不法入域問題に対して山野が関心を明らかにしたことを受けてのものだと考えていた[97]。だが、もし日本政府に事実調査を許可しないのであれば、米国民政府が単独もしくは琉球政府と共同でそれを行う必要がでてくる[98]。それゆえ、ゲイダックは、尖閣は「琉球政府が治安を維持するには遠すぎる。われわれは琉球政府による調査の準備を計画中である。その目的は、国務省による中華民国政府への申し入れなど、今後の措置のために事実を確認するとともに、日本政府沖縄事務所による単独渡島（われわれがこれを完全に禁ずることはできない）を未然に防ぎ、アメリカ政府が責任を有している琉球の領域が適切に管理されていないと日本の報道機関が報ずるのを予防することにある」と論じていた[99]。

以上のやりとりがきっかけとなり、米国民政府、琉球政府出入管理庁、そして琉球警察が尖閣での調査に向かうこととなる。ただし、高岡が率いた調査団の巡視活動によって不法入域が公になったことで、米国民政府にとっては、状況を適切に管理することが、優先的に取り組むべき政治的課題となっていた。

▼沈船解体と不法入域の問題

一九六八年八月十二日、米国民政府渉外局のゲイダックと公安局のオオタ（Ronald M. Ota）、出入管理庁八重山出張所の城間祥文、琉球警察の渡慶次憲三警部補、二名の警官（前月にも尖閣に渡島した平良と久高耐）を乗せた、巡視艇「ちとせ」（救難と密輸防止のために一九六三年に建造〈一三〇トン〉）が、台湾人がいるという報告を受けた南小島に到着した。台風前の高潮で「きわめて困難」で危険だったが、一行は上陸を実行した。その際、近くに台湾船の姿はなかったが、沈没船の解体に従事する四五名の台湾人労働者がまだ滞在しているのを発見した。[100]

これらの労働者は高雄のサルベージ会社である興南工程所の従業員で、この会社は嵐で難破したパナマ船籍の貨物船の解体権を一万八〇〇〇ドルで買い取っていた。ゲイダックは、米国民政府と琉球政府の当局者も解体権の入札に気が付いていなかったとしつつも、解体権を証明する書類は一見した限りでは合法で、「不法入域のみが問題である」と報告している。[101] 作業責任者によれば、会社の関係者は台湾のアメリカ総領事館員に相談したが、尖閣諸島への渡航やそこでの解体作業には特別な許可は不要だと伝えられたという。結局、出入管理庁の職員が、四五名の労働者すべての情報を記録した上で、琉球領域への入域に際しては前もって許可証を取得するよう訓告するとともに、その手続きを説明し、台湾船に乗って退去するよう命じた。

台風の接近により（この台風七号は巨大で、日本では一一二人の死者を出した）、「ちとせ」は翌十三日に離島を余儀なくされ、その日の午後に石垣島に到着した。米国民政府のゲイダックとオオタは十四日に那覇に戻り、調査結果を報告した。オオタは詳細な記録を作成し、次のようなコメントを記している。「実地調査の後、公安局は、沈船解体に従事している労働者は誠実に行動しており、無人の尖閣列島への入域に関する法や手続きを認識していないだけだと感じている」。[102] そしてオオタは、駐台アメリカ大使館が国府に対して琉球諸島への入域要件を通知することを推奨した。[103]

台風通過後の八月十八日、台湾人労働者が命令に従ったかどうか確認するために、琉球警察の巡視艇「ちとせ」が尖閣に再渡航した。だが、労働者たちはまだ南小島にとどまっており、二隻の台湾船も係留されていた。ちょうどそのうちの一隻がスクラップの積み込みを終えたが、労働者を一人も乗せないまま台湾に向けて出航した。それゆえ、琉球警察は台湾人労働者に対し、もう一隻に乗って退去するよう命じた。しかしながら、労働者たちは、この船には二〇名しか乗れないと話し、先に出航した船がスクラップを降ろした後に八月二十三日までに戻ってくるため、それに乗って台湾に帰ると伝えた。別の台風が近づいており、「ちとせ」は翌朝、石垣に戻ることを余儀なくされた[104]。琉球警察は、台湾人労働者が離島しているかどうかを確認し、「必要であれば国外退去を強制する」ために、天候が許すようであれば八月二十四日に再々渡航することを計画した[105]。

その後の報告の中で、米国民政府は次のように述べている。台湾人労働者は二度（七月と八月十二日）の警告を受けても「退去命令になかなか従わなかった」が、琉球政府の入域手続に協力し、自分たちが琉球領域にいることを認識するとともに、尖閣諸島に対する琉球政府の管轄には疑義を唱えなかった、と[106]。ゲイダックは、台湾人労働者が離島したがらなかった唯一の理由は、沈船解体の作業が途中だったからだと記している。

八月二十七日、〔民政府布告第一二五号「琉球列島出入管理令」にもとづく〕「とてもシンプルな」入域手続きを説明するため、アメリカ政府当局者が中華民国外交部当局者と会談した[107]。臨時参事官（政治問題担当）のモーザー（Leo J. Moser）――ベテラン外交官であり、後に駐ラオス大使となる――が湯武北美司長を訪ね、入域手続きについて説明するとともに、七月と八月に起こった問題を伝え、七月に『琉球新報』の記者が撮影した写真を見せた。湯武は情報提供に謝意を示した後、台湾省政府漁業局はすでに「台湾漁民による尖閣諸島への不法入域をやめさせる」よう命じられており、同省は最近「不法入域で逮捕された者に適用される一連の罰則」を定めたとモーザーに伝えた[108]。

国府はこの問題に同意しているようだったが、日本政府がこの問題に関心を持っているとモーザーが話すと、湯武の口調と態度が一変した。湯武は、琉球の地位に関して日本は「何かをいう権利はない」と断じ、「国民党政府の見方では、アメリカ政府は琉球諸島を日本の名において統治しているのではなく、第二次世界大戦で日本に勝ったすべての連合国の名において統治している。琉球諸島の将来を規定する最終的な多国間条約ができるまで、日本は琉球の統治に関する考えを表明するいかなる権利も持っていない」と論じた[109]。そして湯武は、「日本がそうすること〔不法入域の問題に関与しようとすること〕は『過度に攻撃的』であり、アメリカは日本政府の口上書〔後述〕を拒否すべきだった」とつけ加えて、「大きな懸念」を表明した[110]。

これに対しモーザーは、アメリカ政府は沖縄における「日本の潜在主権」を認めており、「知り得る限りでは、中華民国はこの見方に同意していない唯一の国だ」とくぎを刺した[111]。モーザーは、尖閣問題と日本の世論や国内政治との関係にも言及した。だが、湯武は「日本だけが国内政治問題を抱えているわけではない。すべての国が国内問題を抱えている」と反論している[112]。これはそのとおりであろう。そして湯武はモーザーに対し、次のように吐露した。中華民国立法院には、琉球の地位に関して外交部や「彼〔湯武〕個人」にとって厄介な問題を引き起こす委員がたくさんいる。立法院の委員会で答弁しなければならないことは、「彼らの非難の的」となることを意味している[113]。立法委員たちは、日本政府が発行した沖縄住民のパスポートや、「琉球表示の三角旗付きの日章旗」〔白地に赤で「琉球」（および"RYUKYUS"）と書かれた三角旗と、日章旗〕を掲げる沖縄の船舶を認証する必要があるのか、外交部を問い詰めている。外交部は、琉球の地位に関する「中華民国政府のより強硬な政策」を求める立法委員の「扇動を鎮めるためにできることのすべて」をやっている。[114]その後、湯武は、もし那覇に領事館があれば不法入域に関する報告を調査できると述べ、那覇に国府の領事館を設置するという従来からの要求を繰り返した。これに対しモーザーは、「中華民国政府が沖縄に対する日本の潜在主権を承認しないこと」は「その障害となる」だろうと語った。[115]

上述の高岡の尖閣訪問によって台湾人労働者の存在が明らかとなった後、外務省は、アメリカ政府当局に口上書（note verbale）を提出していた。それは次のように論じている。日本政府は「日本の領土であるところの南西諸島の一部を構成する尖閣諸島地域において、このところ頻繁に発生している台湾漁民の領海侵犯と不法上陸の問題に対し、重大な関心を有している」。その上で外務省は、アメリカ政府が「不法入域者を取り締まるとともに、将来の不法入域の再発を予防するための不可欠かつ効果的な手段」をとるよう要請した。[116]この口上書には三頁の別紙が添付されており、七月八、九日に「図南丸」で渡島した高岡と調査団が目撃したもの、および彼らと台湾人とのやりとりが詳細に記されていた。

駐日アメリカ大使館が外務省に返答したのは九月末だった。駐日大使館は口上書において、「米国民政府が琉球政府と協力して、不法入域者を退去させた」とした上で、「アメリカも、尖閣諸島における不法入域の問題全般を再検討しており、必要な行動をとっている」と伝えた。[117]八月末に行われた国府当局者との会合は、こうした行動のひとつだった。

日本政府はこの対応に不満だったようである。一九六八年の秋になると、日本政府は、日本政府沖縄事務所の手による報告書をアメリカ政府に提出した。この報告書のもととなった情報は琉球政府の水産課からもたらされたものであり、同課は以前から、台湾漁民による不法入域と彼らが起こした問題を認識していた。たとえば、水産課は早くも一九六五年には、尖閣周辺海域に台湾からの「たくさんの漁船」がおり、台湾人乗組員が上陸して海鳥の卵を採取しているという連絡を受けていた。その連絡をしたのは、同海域で定期的に行動していた「図南丸」であり、「図南丸」の乗組員は、一九六六年にも同様の報告を行っている。

一九六七年四月には、与那国町漁業協同組合長の仲嵩博が水産課に赴き、適切な対応をとるよう要請していた。翌月には、仲嵩浩明与那国町長と久賀正三与那国町議会議長が、台湾人による漁場への侵入と、［与那国島への］上陸や民家への立ち入りから生じる「治安」の問題に懸念を示した。[118]違法操業や密猟、薬草の盗採、そして住民の安全に関する懸念は、基本的には与那国島の問題であったが、石垣島が抱えていた問題と類似しており、両者は密接に関連してもいた。日本政府沖縄事務所の報告書は、こうした台湾人による侵入と与那国の関係者による要請をまとめた後、次のように結論づけている。こうした事情により、アメリカ生活は危険にさらされている。「［八重山住民の］

図2-9　密猟者

が統治者として、沖縄の人々の財産と生活を保護するという基本姿勢を確立すること、および、違法行為について台湾の政府に遅滞なく抗議した上で、将来にわたってこうした望ましくない出来事が再発しないよう台湾の政府に保証させるべく積極的に交渉することが要請される」[119]。

しかしながら、一九六八年末頃には、米国民政府は行動の必要性を認識しておらず、尖閣の状況を軽視する傾向にあった。東京やハワイ、ワシントンのアメリカ政府当局に宛てた十二月二十六日の電報の中で、ゲイダックは次のように記している。すなわち、台湾人の侵入は「長年にわたり季節ごとに生じてきた慢性的な問題」であり、その多くは「明らかに琉球の法執行機関の能力と権限の枠内で対処できる小さな問題」だ、と[120]。ゲイダックの見方は、琉球警察にはこの状況に対処する能力があるという、八月の調査で得た個人的評価にもとづいていた。ゲイダックは、「この問題を抑えるために琉球政府がとっている措置は、その権限内で行われており、完全に適切だ」とも記し

図2-10　沈船解体の労働者

ている。[121] その上で、ゲイダックは次のように続けた。「われわれは、これ〔不法入域の問題〕が琉球領土の一体性に対する脅威とはみなしておらず、〔…中略…〕現在実施されている琉球政府のパトロールと強制措置を強化または変更する必要性は感じていない〔…中略…〕。米国民政府は、現地の日常的な警察業務や入管問題に干渉する必要があるとは感じていない[122]」。

このゲイダックの電報は、台湾船の不法入域に関する日本政府の報告書——「ナガト・レポート」と呼ばれた——を転送した駐日大使館の電報への返答として作成されたものだった。ここで示されたゲイダックの見方は、米国民政府内で共有されていた。たとえば、アンダーソン公安局長はゲイダックの返答に同意し、「これは、日本の友人が取るに足らない（*minor*）問題でアメリカを悩ませる事例に見える」と書き記している。[123] その上で、アンダーソンは、「ナガト・レポート」の問題点を次のように説明した。

一．「ナガト・レポート」では、台湾漁船が琉球諸島の地理的境界線（米国民政府布告第二七号、一九五三年十二月二十五日）の内側にいる際、それらは「琉球領海を侵犯している（"intruding into Ryukyuan waters"）」とされている。これは一般的に受け入れられている三海里の領海範囲とは相いれない。若干の国が一二海里もしくはそれ以上の領海範囲を主張しているが、一般的に受け入れられているのは三海里である。

二．歴史的に見ると、四〇〇年の間、台湾の人々と八重山諸島の人々は比較的友好的な関係を有してきた。この友好関係の一例として、一九六八年七月に八名の台湾漁民が逮捕され、石垣の留置所に拘留された際、石垣の住民が拘留期間中、食料を差し入れていたことがある。

三．「ナガト・レポート」で主張されている「侵犯（"intrusions"）」の数はゆがめられている。琉球政府から報告されているように、正確な数字は定かでないが、ある船舶が〔領海を〕離れるまで、その船は〔侵入した船として〕毎日カウントされていることが知られている。そのため、年間五〇〇〇隻が侵犯しているという「ナガト・レポート」にある推定は不正確である。

四．琉球警察の巡視艇は、一九六七年の間に、五三回の個別のパトロールを行った。一九六八年の数字は明らかではないが、一九六七年の合計を上回るだろう。一九七〇財政年度に、ＡＲＩＡ資金を用いて巡視艇をもう一隻購入することが計画されている。[124]

アンダーソンが示した情報は事実にもとづいているが、アンダーソンは「ナガト・レポート」で示された懸念に対処することよりも、この報告書の問題を指摘することに関心を有していたように見受けられる。

いずれにしても、一九六九年初頭、駐日アメリカ大使館は米国民政府当局者と調整して、日本側の報告書で提起された問題への応答を一月四日付の発言要領の中で示した。

台湾人による、琉球諸島の外郭にある島嶼の領海（the territorial limits of the outlying islands of the Ryukyuan chain）の侵犯は、長年にわたり季節ごとに生じてきた慢性的な問題である。しかしながら、われわれの判断では、これはマイナーな問題であり、管理可能な頻度を超えたことはない。われわれは、現在行われている琉球政府のパトロールと強制措置を強化する必要性は感じていない。さらに、この問題を抑えるために琉球政府がとっている措置は、その警察の権限内で完全に適切に行われており、米国民政府は、現地の日常的な警察業務や入管問題に干渉することが必要だとは感じていない。われわれは、こうした侵入を琉球諸島の領土の一体性に対する脅威とはみなしていない。琉球領土の一体性が問題となると考えられる唯一の事例は尖閣群島の問題だが、ここでは米国民政府は琉球警察による対策をじかに観察しており、琉球警察には十分な能力があると判断している。米国民政府の所見では、現在問題となっている事件によって、領土問題が発生する可能性を懸念する根拠はない[125]。

▼警告板の設置

しかしながら、尖閣周辺海域についての詳細な情報を有する琉球政府当局者に促され、不法入域の問題を危惧したアメリカ政府当局者もいた。そうした行動をとった琉球政府当局者の一人として、総務局渉外課長を務めた石垣島出身の新城鐵太郎がいる。高岡とともに七月の調査に参加した新城は、琉球政府と日本政府の見方を米国民政府のカウンターパートに共有させるべく奔走した[126]。おそらくはその甲斐あって、米国民政府当局は、より能動的な役割を担う方向に動くことになる。

一九六八年九月初頭、琉球警察の「ちとせ」によるパトロールの結果、南小島で「違法に」沈船解体に従事していた台湾人労働者が装備品を片づけて同島を離れたという報告が米国民政府に届いた[127]。一九六七年七月から琉球列島高等弁務官[128]の下で民政官を務めるカーペンター（Stanley S. Carpenter）は、九月三日付の松岡政保行政主席宛て書簡の中で、「不定期に現地での確認を行う仕組み」の一環として、尖閣における「軍用機による不定期の哨戒（occasional military overflight）」を提案した。加えて、カーペンターは、「今後の不法入域の防止を支援する」ために琉球警察が「時々」パトロールすることを要請し、パトロールを実施する各組織が実務レベルで情報を共有することも推奨している[129]。

カーペンターがこの書簡を送付する数日前の八月二十九日、ゲイダックはＣＩＮＣＰＡＣ（太平洋軍司令部）のアブリニャーニ（Vincent A. Abrignani）陸軍大佐と会合し、台湾人労働者が南小島から退去したかどうかの「最終的な確認がもっとも早くできる機会」に、軍用機による哨戒を実施することについて協議していた[130]。ここでゲイダックは、「三カ月の間、月に一回の頻度で尖閣群島の哨戒」を実施することも要請した。この哨戒は、〔台湾人の〕「日常的な活動がなければ」、「四半期に一度」に頻度を減らすことになっていた[131]。

こうしたパトロール実施の提案に加えて、カーペンターは琉球政府に対し、〔尖閣の〕各島の「上陸しやすそうな地点の見やすい場所」に、日英中三カ国語表記の「常設の」警告板を設置することを推奨した。その目的は、〔尖閣の〕領土上の地位に関する誤解を招かないようにすることにあった[132]。カーペンターがこれを提案した背景には、次のような判断があった。すなわち、尖閣諸島周辺に行く台湾漁民は、「航法の不正確さが原因で自らの位置を正確に把握できていなかったり、この島嶼の領土上の地位を知らないことがある。言い換えれば、彼らは、尖閣に上陸するためには入域許可が必要であることを本当に知らず、それに気がつかないままに不法入域をしている[133]」。カーペンターは、嵐や機関故障など安全面での問題が生じた場合における緊急の入域は考慮しておくべきだとつけ加えつつ、一九六四年十月から行政主席を務めている松岡[134]に対し、「琉球領域への今後の不法入域を最小限に食い止めるためのこれらの提案」に対する感想を求めた[135]。

松岡は、十月二十一日、この提案は「きわめて有意義で適切」だと思うとして、「原則的に」同意するとカーペンターに書き送った[136]。ただし、松岡は、琉球警察のパトロールと密に調整しながら「軍用機による哨戒が随時実施されることを強く望む」としつつも、残り二つの提案――琉球警察によるパトロールの増加と不法入域に対する警告板の設置――には、米国民政府の財政援助が必要だと述べている[137]。

カーペンターの書簡を受け取ってすぐに、琉球政府の関係部局は、警告板の設置にかかる費用の算定を始めた。一九六九年三月までに、琉球政府出入管理庁は米国民政府公安局にいくつかの文書を提出し、そこでは七つの警告板にかかる費用は七五四九ドルと見積もられた[138]。その後、米国民政府もこの計画に関する見積もりを行い、これよりもやや低い六八一五ドルという数字を示す。奇妙なことに、警告板の設置は米国民政府が提案したものであったが、予算の配分に関する措置はすぐにはとられなかった。これはおそらく、官僚機構と予算管理に特有の動きの遅さゆえのことであろう[139]。

米国民政府は、警告板が「この問題〔不法入域の問題〕をすべて解決するわけではない」ことは分かっていたが、これは「不法と知らずに、アメリカの統治下にある海域や尖閣諸島に入ったり、上陸したりしている者への警告として機能する」と考えていた[140]。しかしながら、一九六九年の夏の間に、米国民政府は、警告板設置の提案は行き過ぎた行動だったかもしれないと危惧するようになる。

周知のように、一九六九年の春から夏にかけて、いくつかの国や石油会社の間で、〔尖閣周辺に〕埋蔵されているとされる石油などの天然資源への関心が高まった〔この詳細は第3章を参照〕。その結果、警告板の設置が最初に提案されてから一年が経った一九六九年初秋までに状況は深刻化し、米国民政府は警告板設置への関与を再考するようになる。九月十五日、米国民政府公安局長のシモンズ（Harriman N. Simmons）は、高等弁務官の政治顧問であるノールズに、次のように書き送った。

　この計画が最初に構想された後、大陸棚の下に大量の石油が存在する可能性ゆえ、尖閣周辺海域への国際的な関心が高まっている。加えて、米国民政府は、中華民国政府が尖閣を含め、琉球諸島の主権を日本に返還することに反対していると感じている。〔その一方で、〕米国民政府は、こうした中華民国政府の立場に対するアメリカ政府の見方を知らされておらず、また、尖閣をめぐる国際問題が他にもあるのかを把握していない。しかしながら、米国民政府は、アメリカの利益に悪影響を与えると考えられる行動をとるのを回避したいと考えている。米国民政府が警告板に資金を提供することは、一方の当事者の主張を事実上認めたものとして認識されるかもしれない。[141]

シモンズはこの覚書の最後で、米国民政府が警告板の計画にこれ以上かかわるべきか否かについて、ノールズの見解と助言を求めている。

　ノールズはすぐには返答しなかったが、九月二十七日には、渉外局長のスナイダー（Richard E. Snyder）[142]——一九六七年から一九六九年まで同職を務めた（沖縄返還協定の交渉のために駐日首席公使として東京に着任するスナイダー〈Richard L. Sneider〉とは別人である）——がシモンズの要請に応じ、詳細かつ慎重に議論された二頁の回答書を作成した。その中で、スナイダーはまず、「尖閣列島に関するアメリカの政策は明確である。つまり、アメリカは一貫して、尖閣列島は、アメリカの統治と琉球政府の管轄の下にある琉球諸島の一部だと断言してきた」と論じている。[143]「この主張に沿った行動」や「それ以外の長年にわたる慣習と慣用」の具体例の一部（スナイダー曰く、包括的かつ網羅的なリストというわけではない）について説明した後、スナイダーは、「常設の領土標識〔警告板〕を尖閣諸島に建設するための費用を負担するという米国民政府の熟慮された行動は、上記の政策的立場と完全に一致する」と述べた。その上で、「北東アジアの大陸棚での石油探査に伴う尖閣諸島への関心の高まりは、以上の見方を変更するものではない。むしろこのことは、こうした警告板を遅滞なく建設することの必要性を高めている」とつけ加えている。[144]スナイダーは、警告板の文言に関する法務局の助言を得ることを推奨しつつも、いかなる場合でも「こうした警告板の建設費の一部またはすべてを負担することは〔…中略…〕、われわれの利益に完全に合致し、日本政府に保障を与えるなどして、この問題の発端をつくった米国民政府の行動にも一致する」という考えを示した。[145]

　以上の助言を受けた公安局は翌週の十月二日、高等弁務官に対し、尖閣諸島の各島に日英中三カ国語の「不法入域禁止」の警告板を建設するため、米国民政府の琉球財産管理課による琉球政府への六八一五ドルの援助を承認するよう求めた。[146]一九六九年一月に高等弁務官に就任したランパート（James B. Lampert）

中将がいつ承認したのかは明らかではないが、十一月二十八日、彼の政治顧問〔ノールズ〕はランパートに、米国民政府の提案する行動指針に同意すると伝えている。

ノールズは、尖閣問題に関する渉外局の「分厚いファイル」を調べていたため、彼に助言を求めた九月半ばの覚書への返答に時間がかかったようである。(147)ノールズは、「尖閣に警告板（われわれは、いかなる場所でもそうしたものを保有していない）を設置することは、尖閣の周辺海域と石油資源をめぐる日本と中華民国政府の主張の対立において、アメリカが日本を支持していることの証左として解釈される」と懸念していた。しかし彼は、渉外局の「分厚いファイル」の中から、「国務省と在台北・在東京のアメリカ大使館が、尖閣に対する日本の領有権を支持することを明らかにし、中華民国政府と共産中国の主張を無効とするためにできることすべてを実施することが、アメリカの利益に適うと考えている」ことを示す文書を発見した。(148)最後に、ノールズは、〔警告板設置に関する〕行動がとられた後には、いかなる場合であっても、高等弁務官が陸軍省と国務省、そして東京と台北のアメリカ大使館に通告することを求めた。

以上の行動指針は実行に移され、陸軍省による少額の予算変更と国務省による若干の文言変更の提案以外には、とくに問題は生じなかった。(149)その後、日本の外務省が多少の文言変更を求めたが、これも合意された。(150)琉球政府法務局とのやりとりをつうじて、米国民政府は、警告板が一九七〇年五月に完成し、六月に設置されることを知った。米国民政府は、警告板設置が完了した際には、その旨を通知するよう〔琉球政府に〕求めた。

琉球政府が警告板の設置要員を派遣するのは、六月が過ぎてからだった。その六月には、尖閣諸島に上陸した六名の台湾漁民が逮捕され、緊張が高まっていた。この事件が要員派遣の遅れの原因かどうかは明らかではないが、その可能性はある。その一方で、この事件は警告板を設置することの緊急性を示してもいた。そして、警告板設置のために派遣されたチームが、久場島で沈船解体に従事していた総計一四名に上る台湾人に出くわしたことで、その必要性はいっそう明らかとなる。これは上述の南小島における沈船解体の状況と類似していた。つまり、台湾人の労働許可証は、従事する場所の経度と緯度を記していたが、国名を特定していなかった。(151)そして、台湾人労働者は早急な退去を命じられる。(152)

出入管理庁の比嘉健次警備課長が長を務めるこの設置チームは、一九七〇年七月八日の夕刻に石垣港を出発した。(153)一行は、翌日に魚釣島の南岸に到着し、作業を開始した。比嘉が驚いたのは、彼らがここにいる間に目撃した台湾人の「領海侵犯」の多さだった。(154)天然の岩風呂で水浴している九人の台湾人を発見した比嘉は、彼らに警告板を見せ、その中国語表記が理解可能かどうか、および尖閣諸島におよんでいる民政府布令への違反を彼らに理解させられるかどうかを確かめた。これが成功したため、比嘉は、「それが他の船員に伝わることで、大きな効果が期待できる」と考えた。(155)六番目の目的地である久場島に上陸した際、一行は、難破船の解体作業に従事する一四名の台湾人労働者と沖合に停泊する貨物船を発見した。作業責任者を取り調べた結果、琉球列島に入域するのに必要な米国民政府の許可証を所持していないことが判明した。上述のように、台湾人の労働許可証は従事する場所の経度と緯度を記す一方で、国名を特定していなかった[156]。それゆえ、台湾人労働者たちは、一九六八年の国府による民政府布告第一二五号〔「琉球列島出入管理令」〕の再確認（上述）に違反しており、比嘉は彼らに速やかに退域するよう命じた。

図 2-11　警告板の設置

七月十三日、一行は、不法入域に対する警告板を、尖閣諸島のすべての島に設置し終えた。日英中の三カ国語で表記されたこの警告板には、次のようにある。「此の島を含む琉球列島のいかなる島またはその領海に琉球列島住民以外の者が無害通行の場合を除き、入域すると告訴される。但し琉球列島米国高等弁務官により許可された場合はその限りでない。琉球列島米国高等弁務官の命による」。警告版を設置した人物の言に従えば、米国民政府が「不法入域禁止」の警告板の費用を負担したことは、アメリカ政府が、単に尖閣諸島を統治していただけではなく、日本の領有権を認めていたことを暗に示している[157]。

▼一時避難施設に関する国府の要請

同じ頃、国府は、自国漁民のための一時避難施設について、〔アメリカ側に〕要望を提示していた。一九七〇年五月十八日、臨時代理として外交部北美司長を務めていた銭復が駐台アメリカ大使館のモーザー参事官（政治問題担当）を訪ね、尖閣周辺海域における台湾漁民のための「一時避難施設」の問題を提起した[158]。銭復によれば、悪天候の際、同海域における緊急避難場所が必要となるが、台湾漁船はそこが米軍の訓練区域や射爆場なのか分からないことがある。そのため、経済部が行政院をつうじて外交部に対し、アメリカ政府に次の二点を申し入れるよう求めているという。つまり、尖閣諸島の一島を「一時避難施設」に指定すること、およびそうした施設の緊急使用の事前許可を台湾漁船に与えることである。モーザーがここでいかなる反応を示したのかは明らかではないが、同日、駐台アメリカ大使館は国務省に助言を求めた。

その後、国務省は高等弁務官に対し、次のように通達した。国際法は「一般的に、天候やその他の不可抗力を原因とする正当な緊急事態では——同時に、こうした状況でのみ——領海もしくは内水における避難場所を求める権利を認めている」ため、アメリカ政府は琉球諸島においてもこの権利を認め、「アメリカの統治期間中はこれを継続する」[159]。現在から振り返ると、不法と考えられる入域が増加した場合には、この権利が乱用されたり、口実にされたりしないよう、バランスをとる必要があったであろう。また、もし国府の要求がそのまま（そして極端な形で）承認されていたならば、台湾は、尖閣諸島の少なくとも一島に半恒久的なプレゼンスを打ち立て、徐々にその支配を確立していただろう。少なくとも一部の国府当局者の意図は、間違いなくそこにあったと考えられる。

国府は少なくとももう一度、「一時避難施設」の議論を利用することを試みている。沖縄返還のおよそ一カ月前にあたる一九七二年四月十一日から十二日にかけて、尖閣周辺海域をパトロールしていた琉球警察が二隻の台湾漁船を発見し、退去を命じた。四月十三日付『チャイナ・ポスト（*China Post*）』（英字新聞）[160]に掲載された共同通信の記事でこの事件について知った銭復は、漁師は避難場所を求めていただけであり、そもそも台湾は長い間、同海域で操業してきたとして、台湾漁民への仕打ちについて、駐台アメリカ大使館に抗議した。その上で銭復は、国府は琉球政府の行動を「挑発的かつ不必要」と考えており、アメリカ政府が「緊張を低下させるために、そうした行動を控えるよう琉球警察を説得する」ことを求めると述べた[161]。これに対し、アメリカ大使館員は、まだ記事を読んでいないとした上で、銭復の要望を国務省に報告し、米国民政府に情報提供を要請すると応じた。この大使館員は銭復に対し、台湾船が過去数年間、退去を命じられてきたことを喚起した。そして、とりわけアメリカの琉球統治の「残り数日間」、国府が事件の発生する可能性を最小限にとどめるべく努力することを望むとも語っている[162]。

▼海上保安庁による巡視艇と操船指導員の派遣

次章で詳述するように、一九七〇年七月から八月にかけて、国府が尖閣周辺における探査採掘権をアメリカの石油会社に認可したことをめぐり、緊張が高まる。その最中、日本政府は、森明三郎と浦井常勝という二名の海上保安庁職員を琉球警察に派遣し、琉球政府と米国民政府を驚かせた。それぞれ船長と機関長を務める両名は、「事前の通達なしに」琉球警察本部に姿をあらわし、秋に竣工予定の「おきなわ」という巡視艇の到着準備のために派遣されたと説明した[163]。しかしながら、米国民政府も琉球政府も、人事交流に関する合意、ないしは海上保安庁職員を琉球政府に派遣するという具体的合意について、一切関知していなかった。加えて、琉球警察の乗組員はまだ選ばれておらず、したがって琉球政府側では訓練を受け入れる準備はまったく整っていなかった。

だが、地元紙はこうした事情に構うことなく、二人の到着を記事にした。八月二十一日の『沖縄タイムス』は、森が「まだ具体的な行動指示は受けていないが、たとえば、尖閣列島周辺の警戒取り締まりでも大がかりな行動計画が組めると思う」と語ったと報じている。

高等弁務官は東京の駐日アメリカ大使館に対し、この問題を精査し、海上保安庁職員の役割に関する日本政府内の「誤解」について明らかにするよう求めた。[164]その電報には、「琉球警察の任務に関する日本政府の役割を規定した米日間の合意がなければ、沖縄の乗組員の訓練以外には、二名の日本政府当局者は新たな巡視艇の操船に関していかなる関与もすべきではないと思われる」と記されている。[165]

ここで指摘しておくべきは、新たな巡視艇の件自体は、アメリカ政府にとって初耳というわけではなかったことである。一九六八年、日本政府は、一九七〇琉球財政年度の援助計画において、三四六トンの巡視艇を琉球警察に提供することを提案していたのである。だが、米国民政府と琉球政府は、二六人乗りの船舶を維持・運用する予算を確保できないという理由から、この提案を断っていた。これに対し、日本政府は翌年、そうした予算のための援助が可能であると伝え、沖縄の乗組員の訓練を始めることを提案した。結局、一九六九年度予算で巡視艇の建造費用五五万五五五五ドルが計上され、一九七一年度予算で乗組員の給与と巡視艇の維持・運用経費のための一八万五〇〇〇ドルが琉球政府への償還費として計上される。[166]

巡視艇が竣工、回航した後、アメリカ政府は、結局はこれを歓迎することになる。しかし、二名の海上保安庁職員の派遣が、正式な承認のないままに実施されようとしていたため、駐日アメリカ大使館は、これを許せば「好ましくない先例を作る」という高等弁務官室の考えに同意する。[167]そして、駐日大使館は、外務省北米第一課の佐藤嘉恭に対し、人事交流に関する日米間の覚書が完成する（その草案は九月二十一日に外務省によって提出された）[168]、もしくはアメリカ政府がその他の承認を正式に出すまでは、二名の海上保安庁職員は新配備の巡視艇「おきなわ」での職務に従事するべきではないと伝えた。[169]その後、在那覇の沖縄・北方対策庁沖縄事務局〔一九七〇年五月一日に日本政府沖縄事務所が改組〕は、早急に米国民政府に連絡して、海上保安庁職員の派遣の承認申請を正式に行うとともに、二名の職員の詳細について明らかにするよう求められた。

三〇九トンの巡視艇「おきなわ」は、一九七〇年十月の竣工後、琉球警察に引き渡され、一九七一年九月には新設された琉球海上保安庁[170]に編入される。沖縄返還を目前にした一九七二年四月、日本政府は「おきなわ」を海上保安庁に編入し、その他の業務とともに、尖閣周辺のパトロールに従事させた。[171]「おきなわ」は、一九八七年に県に移管されて「みささ」と改称されるまで、沖縄県で任務にあたることになる。

▼不法入域対処の新指針

一九七一年三月九日、八重山警察署の石川逢光署長は、尖閣諸島における不法入域の今後の取り締まり方針に関し、琉球警察本部に質問状を宛てた。石川は、現況では、一九五四年二月の民政府布告第一二五号〔「琉球列島出入国管理令」〕にもとづいて行動がとられているとした上で、下記の状況でとるべき行動について、指示を仰いだ。

一．従来、琉球諸島の領海に不法入域した船舶（主として台湾漁船）を発見した際、警察は、違反者を逮捕することなく、口頭で警告を発し、領海からの退去を命じてきた。われわれはこれと同じ方針で任務を遂行し続けるべきだろうか。

二．警察の警告を無視する船舶に対して、われわれはいかなる行動をとるべきか。不法に入域した船舶が二隻以上ある場合は、逮捕を実施することは困難である。

三．外国の海軍艦艇や巡視船が領海内にいた場合、もしくはそうした艦船の人員が尖閣諸島に上陸した場合（調査や建設を実施することが想定される）、とられるべき行動の指針となるものは何か。

琉球警察は、八重山警察署に提示すべき指針について協議したいと米国民政府に申し入れた。米国民政府は、この申し入れを歓迎したようである。米国民政府の内部メモには次のように記されている。

過去二年間、尖閣列島は、不安定かつ重大な国際問題となっている。〔…中略…〕調整されたアメリカの政策が確立されなければ、琉球警察の過剰な行動から生じた事件が、疑いなく起こり得る。そうなれば、中華民国政府、日本政府、韓国政府〔この頃、尖閣周辺海域に鉱区を設定していた〕、そしてアメリカ政府の関係は、広範囲にわたって悪化するだろう。これまでの経験にもとづけば、一九七一年五月一日頃に始まる次の出漁期間中、事前に合意がなされない限り、多くの不法入域と違法操業――その多くは台湾船によるものである――が今年も発生することになる。[172]

琉球警察の申し入れにもとづき、米国民政府は三月二十四日に協議を開催した。その出席者は、琉球警察の新垣徳助本部長――一九六八年八月に本部長に就任し、一九七一年十二月まで同職を務めた――と、米国民政府の公安局および法務局の担当者だった。琉球警察側は、与那国や尖閣の周辺海域を侵犯している台湾漁船を取り締まるための指針を確立するに際し、米国民政府の方針を明確にしておきたいと考えていた。これまでも不法入域が度々発生しており、それに加えて沖縄返還が迫っているという状況だったため、これは喫緊の問題となっていた。さらに、上で示されたように、五月一日に漁が解禁されるため、琉球警察は台湾船が関与する事件が増加すると予測しており、このことも新指針の必要性を高めていた[173]。

協議の冒頭、新垣は、琉球警察はこれまでと同様、琉球領海で違法操業する漁民に警告を発して退去を命ずるとともに、上陸しているものは逮捕する方針であると説明した。問題は、外国漁船が警告を無視して退去を拒否した場合や、領海内で外国の巡視船が発見されるというより難しい状況が発生した際に、いかなる行動をとるべきかということであった。これこそが、琉球警察が米国民政府に協議の開催と方針の提示を求めた理由であった。

米国民政府側は、琉球警察がこれまでのやり方を継続することに同意した。退去を拒否する外国船の問題に関しては、次のことが合意された。まず、琉球警察が当該船舶の外観や特徴、確認された乗組員の数など、「利用可能なすべての情報」を米国民政府に報告する。その後、米国民政府と琉球警察の適切な調整が行われるまで、米国民政府が「外交チャンネルをつうじた［…中略…］初期行動」をとり、「それによって、衝突を回避するとともに、事件が公になるのを防ぐ[174]」。

これを受け、新垣は、以上の方針を反映した行動指針の草案を作成し、米国民政府の承認を得た上で、八重山警察署長に提示したいと述べた。新垣は、この作業を漁の解禁前に完了し、台湾漁民の不法入域に対する取り締まりを強化したいと強く要望した。この協議を要約した陸軍省宛て電報の中で、米国民政府は、今後数カ月間における衝突を回避するため、東京と台北のアメリカ大使館がそれぞれ日本政府と国府に対し、現地でとられる処置について通知するのが有益だろうと記している。

三月二十六日までに作成された新垣の草案は、米国民政府で翻訳され、内部で回覧された。新垣の草案は「米国民政府と琉球政府の協議で説明された方針に適合している」と記しているように、米国民政府当局は、これに満足していたようである[175]。四月九日、石川八重山警察署長が提起した問題に対する回答が提示された。

一．回答：漁船関連の事案では、警告を出して漁船を領海から早急に退去させるという原則を継続するべきである。

二．回答：警察による警告にもかかわらず船舶が領海から退去しないが、そうした船舶の人員が尖閣諸島に上陸していない場合には、船舶の種類や渡航の目的に関する情報およびその他の関連する情報を迅速に報告するべきである。米国民政府がそれぞれの事案において具体的な指示を出す。また、相手側を刺激する可能性のある銃火器の使用を回避するために、特段の注意を払うべきである。

三．回答：外国の海軍艦艇もしくは巡視船が領海を侵犯した際には、もしくはそれらの艦船の人員が尖閣諸島に上陸した際には、状況の詳細な情報が報告されるべきであり、警察は上記の回答二で示された指示に従って行動すべきである。その他船舶（主として漁船）の人員が尖閣諸島に不法に上陸した場合、彼らは民政府布令第一二五号の第一四条と第二九条の違反で逮捕される。

この草案は四月九日にワシントンに送付され、四月二十日に琉球政府に対する最終承認がなされた[176]。そのときまでに、国務省報道官の声明をめぐって、新たな緊張が生じていた。この声明で、アメリカ政府は、尖閣諸島の領有権は係争中だとして、その周辺地域における石油採掘に慎重な姿勢を示すとともに、領土をめぐる対立におけるアメリカ政府の中立的な立場を示していた（これについては第3章と第4章で後述する）。幸運なことに、一九七一年春には漁船による重大な事件は発生しなかった。まるで、衝突の場がすでに尖閣周辺から、日本や台湾、アメリカなどの首都や主要都市に移っていたかのようである。

しかし、夏になると事件が起こった。沖縄返還協定調印からおよそ三週間が経った一九七一年七月五日、石垣島の白保沖において、台湾船が赤旗［これは危険信号を意味する］を揚げ、沖縄の漁師が乗った二隻のカヌーに合図をした。カヌーが近づくと、台湾人乗組員は投げ下ろすかのように銛を構えた。沖縄の漁師はすぐにこの海域を離れ、事件を警察に通報した。この日の午前、石川署長は琉球警察本部に対し、いかなる行動をとるべきか指示を求め、八重山警察署としては、この船舶が領海内にとどまっていたら逮捕したいと伝えた。この連絡を米国民政府に転送した新垣本部長は、次のようにつけ加えている。

尖閣諸島の問題は、近年、多くの台湾漁船が自らの領海で操業しているが如く琉球諸島の領海で操業していることと関係している。今回発生した沖縄の漁民に対する威嚇行為を見過ごすことはできない。沖縄漁民の生命の安全が危険にさらされているので、台湾漁民のこうした行為に対する効果的な取り締まりを行うために、被疑者の逮捕を実施すべきである[177]。

シモンズ公安局長は、琉球領海内の外国船に対しては、「尖閣列島への不法入域事案に対する取り締まり（"Control of Incidents Involving Illegal Entry into Senkaku Retto"）」と名づけられた、上述の琉球警察本部長の八重山警察署長に対する指示に従うべきだと応じた。その上で、［八重山警察が］異常事態や明白な違反には迅速に対処し、琉球警察本部と米国民政府に報告するよう求めた。そしてシモンズは、「合法か違法かを問わず、琉球領海にある外国船の乗組員その他による沖縄の人々に対する犯罪行為や暴力的な脅迫は、見逃されるべきではない」と同意した。ただし、「現在の方針に従い、銃火器の使用を含む身体への実力行使（physical violence）は極力回避するべきである」と指摘している[178]。

事件の翌日、パトロール中の「ちとせ」は、六名の乗組員を乗せた一八トンの台湾漁船が南小島付近に投錨しているのを発見した。漁船への臨検を実施した際、琉球警察は約六〇〇の海鳥の卵を発見し、これらを南小島で採取したという乗組員の証言を得た。警察は、漁船と乗組員の写真を撮影するとともに、許可なく上陸した者は刑事告発の対象となるという警告を発した後、彼らを釈放した[179]。この際、警察は皮肉なことに、日英中三カ国語で記された警告板が「今までどおりのよい状態」にあることを確認した。そして、卵（保存のため、もしくは割れないようにするために茹でられていた）と、最初の段階で侵入者に警告を発していたであろう警告板が映った写真を〔米国民政府に〕送付した。(180)

アメリカはこの状況を注視していたが、可能な限り関与しないようにしていた。そして、緊張は沖縄返還後も続き、現在に至る。

▼気象観測所設置の試み

今日まで続く、尖閣をめぐる国際的な緊張の一部として、尖閣諸島における建造物の設置をめぐる対立がある。そして、そうした建造物のひとつとして、気象観測所がある。前述したように、結局は失敗に終わるものの、米国民政府は一九五〇年代初頭に、気象観測所の設置を琉球政府に推奨していた。しかしながら、アメリカ政府は、沖縄返還が近づくにつれて、この構想に消極的になっていく。

一九七一年一月初旬、日本政府は、琉球政府の気象予報ネットワークの拡大、および尖閣周辺における将来的な石油探査活動の支援を目的として、魚釣島に気象観測所を設置するという計画をアメリカ側に伝えた。(181) 沖縄・北方対策庁沖縄事務局の当局者は、米国民政府の当局者に対し、一九七〇年度対沖縄援助計画の予備費から一〇万五四二二ドルを計上するという日本政府の提案を説明した。曰く、この提案は、米国民政府による承認および琉球政府への通知のために、「慣例的なものとして提出された」。(182) しかしながら、高等弁務官室は、この要求は「尖閣関連の行動に対する敏感さを考慮すると」問題があるとし、東京の駐日アメリカ大使館のコメントを求めた。そして、これを承認するのはアメリカ政府にとって「得策ではない」場合、「不承認とするに際しての内容と方法に関する提案」を示すよう要請した。(183)

翌週、駐日アメリカ大使館は、日本政府が気象観測所を建設しないことが「望ましい」という見解を示した。台湾がこれに気づくだろうし、そうなれば台湾は、日本政府がアメリカの支援の下で、物理的占拠によって尖閣諸島に対する自らの領有権の主張を強化しようとしていると認識する可能性があったからである。(184) しかし、駐日大使館は、この申請を却下することの正当性を日本政府と琉球政府に納得させるのは難しいと考えていた。日本政府が、建設費を援助予算から出すつもりであり、高等弁務官室への承認申請を適切に行っていたからである。さらに駐日大使館は、「少なくとも現在の〔アメリカによる〕尖閣諸島の統治はすでに記録事項（matter of record）となっている」ため、「尖閣の地位の不確実性を理由に計画を不承認とすること」は困難であると指摘していた。(185)

この電報の中で駐日大使館は、外務省は中国も尖閣での気象観測所建設に「不満」を抱くだろうことを理解しているが、日中間に正常な外交関係がないことを理由に、「中国の反応を考慮に入れていない」とも論じていた。(186) このように、建設の申請を却下する理由がなかったため、駐日大使館は、「静かな、形式上の承認（quiet pro forma approval）」を推奨する以外に選択肢はないと結論づけた[187]。

これに対し駐台アメリカ大使館は、日本政府が気象観測所を建設するにしても、それに対する「中国の反応をアメリカが考慮に入れないのは問題である」という見方を示した。その上で、「台北と北京における強烈な否定的反応が、日本だけでなくわれわれにも向けられるのはほぼ確実」なため、「気象観測所の建設は、最低でも沖縄が日本に返還されるまで延期されるのが望ましいだろう」と論じている[188]。そして駐台大使館は、国務省が次のように日本政府に通告するよう強く求めた。すなわち、アメリカ政府は、尖閣をめぐる対立に「これ以上巻き込まれる」のを望んでおらず、現時点で気象観測所の建設を承認することは、まさにその結果をもたらすものと思われる、と[189]。駐台大使館は、「この行動〔日本政府に建設を延期させること〕は、尖閣の領有権に関するわれわれの基本的立場を損なうわけではなく、一般的な政策上の理由や緊急性という観点から正当化できる上、この問題をこじらせる行動を予防するというわれわれの努力と一致する」とつけ加えている[190]。

気象観測所の建設が中華圏〔中国、台湾、香港など〕に衝撃を与える可能性に鑑み、オズボーン（David L. Osborn）香港総領事――前年の一九七〇年に駐日大使館の首席公使から香港総領事に転じていた。なお、彼は中国語を話せる――は、中国の「反応を考慮すべき」だと論じている。そしてオズボーンは、「アメリカは法的観点からではなく政治的観点にもとづき、尖閣における日本の気象観測所の設置を少なくとも沖縄返還の後まで遅らせるために、できることすべてを実施するべきである」という駐台大使館の見方に「完全に同意した[191]」。オズボーンは、次のように続ける。

> 沖縄返還の後であっても、気象観測所の建設は、疑いなく中国人にとって厄介な問題である。だが、これは北京と台北、そして東京が自分たち自身で解決しなければならない問題である。アメリカが施政権を保持しているうちに恒久的な施設が建設されれば、法律上の専門事項とは無関係に、われわれは対立の中心に置かれることになる。また、そうなれば、われわれの台湾との関係が複雑化するだけではなく、共産中国の疑念と敵意を招くことになろう[192]。

ワシントンでは、沖縄統治を管轄する陸軍省が、日本政府の申請、駐日・駐台アメリカ大使館のやりとり、そしてオズボーンのコメントを精査するとともに、国務省東アジア・太平洋局のマクエルロイ（Howard M. McElroy）日本部員とマクドネル（Mary E. McDonnell）中華民国部員が共同で起草した電報を検討していた。陸軍省は、この電報の草案に内容と形式の両面で修正を施し、次のコメントを追加した。アメリカ政府は日本政府の計画を（少なくとも沖縄が返還されるまで）望まないが、もしこれを支持するという決定がなされるのであれば、その前に東京と台北のアメリカ大使館および高等弁務官が今一度検討し、三者が「このアプローチに反対しないという考えにいたる」必要がある。[193]

一九七一年一月二十五日、国務省は、国防総省の同意を得た後、気象観測所の建設は「望ましくない」と駐日大使館に伝える。その上で、以下の六点を外務省に通知するよう指示した。①この計画は望ましくなく、沖縄返還後まで延期されるべきである。②この問題に関するアメリカの立場は、講和条約第三条の下でアメリカ政府が統治している島嶼に対する日本の潜在主権を損なうものではない。③アメリカ政府は、琉球の統治者としての責任を果たすべく、すでに適切な手段をとっている。④アメリカ政府の立場は、緊張をむやみに高めることを回避すべきだという考えにもとづいており、気象観測所の建設は、台北と北京では、〔日本が尖閣をめぐる〕対立において賭けにでたものとして認識されるだろう。⑤気象観測所は現段階では必要ない。⑥アメリカ政府は、日本政府がこの敏感な問題を、外交チャンネルで協議する前に、沖縄・北方対策庁沖縄事務局による相対的にオープンなチャンネルをつうじて提案してきたことを憂慮している。[194]

一月二十六日、アメリカ大使館員が外務省で〔北米一課の〕佐藤嘉恭と会見し、上記の指示に沿った形で、国務省の決定を伝えた。[195] その後、佐藤はこの大使館員に電話し、この不承認が公となれば厄介な問題になるとして、国務省が不承認の決定を再考することを求めた。この週末には、〔駐日公使の〕リチャード・L・スナイダーと大使館員が、吉野文六アメリカ局長——東郷文彦から同職を引き継いだ——と会合した。スナイダーは、大使館員が佐藤に伝えた点を繰り返した後、今は尖閣諸島に気象観測所を建設して台湾との「新たな問題を生じさせるときではない」と語った。そしてスナイダーは、「今はその他の『プロジェクト』の方が緊急性を帯びているという観点から」、気象観測所の建設計画を来年まで「戦術的に」延期するのが望ましい、と提案する。[196]

吉野は、外務省内に「強硬かつ感情的な見方」があることを認めつつ、この提案に直接的には答えようとしなかった。代わりに吉野は、アメリカ政府が「返還協定に尖閣への言及を含める方法を見つけることができ」れば（この問題は第4章で詳述する）、吉野にとって、〔外務省内で〕気象観測所の建設延期を説くのは容易になるだろうと語った。[197] これに対し大使館員は、アメリカが検討するべき追加情報を国務省に伝達するつもりだと応じた。

この協議に関する電報の中で、駐日大使館は次のように報告している。吉野の言からは、魚釣島に気象観測所を建設すると提案した「日本政府の思惑の一端」は、尖閣についてのアメリカ政府の立場に対する〔自らの〕懸念を和らげることにあることが見てとれる、と。[198] そして、駐日大使館は国務省に対し、当時日米協議の最中にあった沖縄返還協定に尖閣への言及を含めることについて提案を求め、この電報を終えている。そこには、〔返還協定で〕尖閣に言及することは、気象観測所の建設計画の延期を日本政府に納得させるに際して、駐日大使館にとっても、吉野にとっても有益だという考えがあった。

四月初旬、国府は、マッコノギー（Walter P. McConaughy）駐台大使――ベテラン外交官で、一九六六年から同職を務めていた――に対し、日本政府の気象観測所の建設計画がどうなっているのかを質した。国府への返答の際にマッコノギーが用いるために作成されたメモによれば、マッコノギーは、上記の状況を国府に知らせるとともに、日本政府は「日本の」気象観測所の建設を考えているのではなく、「琉球政府の」気象観測所を建設するための援助を琉球政府に提案している、と説明することになっていた。[199] また、マッコノギーは、この情報は決して公にされるべきではなく、もしそうなれば日本政府は「気象観測所の建設を公約せよという世論の圧力に間違いなく直面し、おそらくそれに従わざるを得ない」だろう、とつけ加えることになっていた。[200] マッコノギー宛ての私信において、国務省は次のように記している。もし気象観測所の建設計画が公になれば、上述のように日本政府が国内からの圧力に直面するだけではなく、「〔日本側の計画を〕あからさまに拒否した場合に、沖縄および〔沖縄〕返還交渉に悪い結果をもたらすことになるため、その選択肢がなくなり、われわれの影響力[201]」は低下することになろう。国務省は、琉球政府は気象観測所が自らの必要性に合致するという観点から、自らの予算でその建設を実施することで最悪の状況を回避しようとするかもしれない、とも記している。しかしながら、結局、こうした気象観測所の科学的な利益や実際問題としての必要性よりも、政治的な敏感さの問題が優先されることになる。

沖縄返還のカウントダウンが始まると、〔本章で検討した〕大学による調査や軍用機による哨戒といった問題だけではなく、〔尖閣に対する領有権を〕認めてもらえないことに対する恐怖心や、政治的動機を有する日台双方の活動家の上陸といった、さまざまな問題が発生する。これらの問題は、第4章と第5章で論じることにしたい。

第3章　国連ＥＣＡＦＥの調査と尖閣問題の起源

本章は、一九六〇年代から一九七〇年代にかけての東シナ海、とくに尖閣周辺地域における、地質学上および経済上の関心の高まりについて検討する。具体的には、まず、国連アジア極東経済委員会（ＥＣＡＦＥ）[1]によって一九六九年に発表された国際的な研究と、その報告の結果生じた、採掘権および石油利権をめぐる競争について説明する。続けて本章では、沖縄と中華民国、および日本と中華民国との間で高まった緊張について論じる。また、地方〔沖縄〕の繁栄か、それとも国家〔日本〕にとっての必要性かという問題をめぐって生じた、沖縄と日本本土との利権と国益をめぐる摩擦についても検討する。

▼ＥＣＡＦＥの調査

一説によれば、尖閣諸島をめぐる問題の起源は、台湾と中国が公式にこれらの領有権を主張した一九七一年ではなく、その一〇年前にある。高橋庄五郎がその著書、『尖閣列島ノート』で明言するには、「一九六一年、東海大学〔ママ〕〔東京水産大学〕の新野弘教授[2]（地質学）の『東中国海〔ママ〕および南中国海〔ママ〕浅海部の沈積層』という論文が発表されたことに、この問題は始まる」[3]。新野の論文は、ウッズホール海洋研究所――一九三〇年に法人化されたアメリカの民間研究機関で、マサチューセッツ州に拠点を置く――のエメリー（Kenneth O. Emery）[4]との共著である。この論文が〔東シナ海の〕大陸棚や海底に豊富な石油と天然ガスが埋蔵されている可能性を指摘したので、〔尖閣も〕「世界の地質学者と国際石油資本（International Majors）の注目するところとなった」[5]のである。

現時点では、上記の研究の準備を誰が主導したのかは明らかではない。エメリーは、第二次世界大戦終結直後に日本を訪問しており、その時に新野と会ったのかもしれない。一九九八年にエメリーが死去した際に書かれたエッセイによれば、「Ｋ・Ｏ〔エメリーの愛称〕は、若い研究者と交流して、自分のアイデアを披露したり、彼らの考えを刺激したりするのを好んだ。彼は、戦争直後に日本を訪問した時も、このような議論を積極的に行い、占領下の日本の地質学者に大きな利益をもたらした。彼は後の日本の海洋地質学の発展に影響をおよぼした。彼は、どこに行っても教師となり、影響を残した」[6]。海底に関するエメリーの知識は、彼が一九四三年から一九四五年にかけて、カリフォルニア大学サンディエゴ校の戦争研究部で、米海軍の対潜水艦作戦のために海底の研究に従事したことにさかのぼる。一方、一九〇五年生まれの新野は、エメリーの九歳年上で、エメリーと共同研究を行うまでに、海洋地質学や海洋資源などに関する書籍をすでに出版していた[7]。新野は、エメリーとの論文を共同執筆する際に、戦時中の日本の海底調査ならびに戦後の日本の海洋調査を用いた[8]。新野とエメリーは、その一〇年後にも共同研究を行うが、彼らの研究は、石油企業と対立することになる。石油企業は、彼らの分析が、自分たちの商業上の取引や、採掘権を認める国々との法律上の交渉を複雑にすると感じたのである。

科学の分野で、新野とエメリーの業績に挑戦したのが、中国の指導的な海洋学者、秦蘊珊である。彼は堆積鉱床の蓄積について、一九六三年に発表した論文で、異なる解釈を強調した[9]。彼は、海底油田の大きな鉱脈があるという意見には異議を唱えなかったが、大陸棚内辺部と大陸棚外辺部とでは堆積の段階が異なると主張し、それを「集中的堆積」と呼んだ。この論文は、秦蘊珊が行っている一連の研究の一部だった。新野とエメリーが研究を開始する数年前から、秦蘊珊は、東シナ海およびその他の中国周辺海域に関する最初の海洋地質学上の調査結果を発表しており、独自のやり方で、その海底には石油があるという予測を提示していた[10]。技術の遅れた中国にとっての課題は、それをいかにして獲得するかであり、今から振り返ると皮肉なことだが、中国が頼りにしていたのは日本の技術であった[11]。

新野とエメリーの研究が公刊されてから五年後の一九六六年、東シナ海の大陸棚や海底の鉱物調査など、探査に関する情報共有を支援するため、アジア沿海地域鉱物資源共同探査調整委員会（CCOP）が設立された。CCOPは元々、中国大陸出身で一九四〇年代後半に台湾へ渡った地質学者であるリー（C. Y. Li）の発案によるものだった。彼は、その設立当初からECAFEで勤務しており、一九六五年にCCOPを発案したときには産業天然資源部次長を務めていた[12]。リーはより大きな地域機構が必要だという見通しをもった有能で野心的な官僚であり、単にこの海域の石油埋蔵の可能性を信じていただけではなかった。

まず、相対的に後進的な小国である中華民国と韓国が、即座に地域機構の重要性を認識した。その後、より先進的な日本もそのような機構の価値を理解するようになった。こうして、設立当初からのCCOP参加国は、日本、韓国、中華民国、フィリピンとなった。アメリカ、イギリス、フランス、西ドイツは、後にアドバイザーや協力国として参加したが、アメリカとイギリスは当初、そのようなことは民間企業に任せればよいと考えていたため、地域機構のアイデアに冷淡であった[13]。加えて、タイ、南ベトナム、カンボジア、マレーシア、インドネシアが直後に参加することになった[14]。

翌年の一九六七年七月、エメリーと新野は、続編となる研究成果を発表した。それは、追加の海底のサンプルと、中ソ対立以前に中国北部周辺の海洋地域を調査していたソ連の海洋地質学者が発表した知見を考慮に入れたものだった[15]。二人は、東シナ海について、世界の中で「潜在的に最も有望であるが、ほとんど調査の行われていない地域のひとつ」だと述べ、「その他の大陸棚と比較すると、よく管理された海洋物理学的・地質学的な調査プログラムが東シナ海で実施されれば、成功の可能性が高いと予測される」と記した[16]。彼らはまた、「将来の海底石油・ガス田のもっとも有望な領域は、（琉球諸島の西にある）大陸棚外辺部沿いの幅広い地帯である」とも記したが、「これまでに海底から採掘された少量の岩石」だけの予測に依拠することには「リスクもある」と指摘した[17]。

彼らの研究はまだ決定的と言えるものではなかったので、エメリーは、米海軍海洋局と日本、韓国、中華民国の各政府から派遣された地質学者たちの協力により、一九六八年秋、「より野心的な」調査をCCOPの職員たちと計画した[18]。CCOPのチームは、米海軍の艦艇「R・V・ハント（*R. V. Hunt*）」（アメリカ第七艦隊の司令下にあり、第二次世界大戦の終結以来、アメリカが重要な海軍基地としている横須賀を母港としていた）に乗って作業した。科学者たちは、十月二十日から十一月二十九日までの五週間を「R・V・ハント」で過ごした[19]。約七四五〇マイル〔約一万二〇〇〇キロメートル〕にわたる地震探査と地磁気の統計調査を行った後、研究チームの報告書が、一九六九年五月にバンコクで発表された。この報告書は、「台湾と日本の間の大陸棚は、世界でもっとも豊富な石油とガスの宝庫のひとつである高い可能性」があると結論づけ、大きな関心を引くことになった[20]。同時に報告書は、「軍事上・政治上の要因のために掘削が試みられないまま残った数少ない大規模大陸棚のひとつでもある」と記し、やがて来る緊張の前兆を示していた[21]。

この報告書が科学的なものであり、またその結論で資源埋蔵の潜在的可能性が示されたことから、「多くの石油人は［…中略…］東アジアの海洋地域が有望である」という点で一致した。とはいえ、上に記したように、石油企業はすでに一九六七年に内々に予備調査を始めており、報告書によって生じた関心の高まりの結果、海底採掘権をめぐる関係国との交渉が複雑になったと感じた[22]。エメリーはその後、これらの企業の圧力や、米国地質調査所——ヴァージニア州に本部を置く、一八七九年に設立されたアメリカの政府機関——の内部対立などの影響で、CCOP会合でのアメリカ代表の地位を退いた[23]。エメリーは、この後の三〇年の生涯で、尖閣に関する研究を行わなかった（少なくとも公刊しなかった）。新野は、病弱で一九七三年に早世することになるが、九州石油開発株式会社の助言者となり、この問題にかかわり続けた。

いま振り返ると、ガルフ・オイルやアメリカ石油会社（通称アモコ）などの石油企業が報告書のことを愉快に思っていなかった理由が、もうひとつ存在した。アジア専門家で『ワシントン・ポスト』の北東アジア総局長だったハリソン（Selig S. Harrison）は、一九七〇年代半ば、カーネギー国際平和財団で、『中国、石油、アジア――紛争の前触れ？（*China, Oil, and Asia : Conflict Ahead?*）』〔抄訳は『中国の石油戦略――大陸棚資源開発をめぐって』〕と題する研究を行った。そこでの彼の指摘によれば、報告書に対する石油企業の反応は、「公共的な石油調査事業を行う政府間の地域機構というアイデアそのものに対する冷淡さを一部反映したもの」であった[24]。

▼採掘権をめぐる競争――日本と沖縄

ＥＣＡＦＥの報告書が発表された一九六九年、日本の年間石油消費量は一・五億トンに達し、一九七一年初頭に書かれたある記事によれば、一九八〇年までに四億トンまで増加することが予想された。その記事には、「四億トンの石油を運ぶには、ペルシャ湾から日本まで十万トンタンカーが、五キロの間隔で運航されなければならない」とある[25]。日本は燃料の必要性に対応するため、すでに年間一〇億ドルを出費していた。需要の三倍近い増加は、石油価格の上昇や全体的なコストの増大を引き起こすだけでなく、さらなる成長に向けて企業間や国家間での競争をも引き起こすと考えられた。

そのため、〔東シナ海の〕巨大な石油埋蔵の発見――おそらく世界の十大油田のひとつで、世界最大と信じている者もいる――は、一九六〇年代当時、年平均一〇％もの急速な成長の時期にあった日本にとって、「恵み」と見なされたのである[26]。一九六九年の『ニューヨーク・タイムズ』の記事は、尖閣周辺地域の潜在的な石油埋蔵量は一兆ドル分以上にも上ると言及した。また別の記事は、一兆ドルは、「沖縄の年間予算二億ドルの五〇〇〇年分にあたる」と指摘した[27]。

上記の調査と、石油やその他の資源の埋蔵の可能性があるという見通しから、民間人や日本本土の石油企業が、尖閣諸島近くの地域の採掘権を矢継ぎ早に申請し始めた[28]。本章で後述するが、この時期に書かれたある記述が指摘するように、「〔日本人のことを〕『エコノミックアニマル』というが、沖縄の人はまさに『ポリテック《〔ママ〕》アニマル』だ」った[29]。

採掘権を申請した最初の人物として知られているのが、沖縄出身者の大見謝恒寿である[30]。一九六九年二月五日に提出された彼の申請は、五五二七もの海底地区の鉱業権についてのものであり、三月十日に琉球政府通商産業局によって公式に受理された（大見謝は、それ以前の一九六三年と一九六六年にも申請書を提出していたので、実際にはこれは三度目の申請だった[31]）。

大見謝は、一九二八年に大阪で生まれ、日本本土で沖縄人として差別された経験があり、戦後の一九四六年、大規模な「引き揚げ」事業の一環として、家族の故郷である沖縄北部の国頭村に移住した[32]。彼は、沖縄の荒廃を見て、国際問題に関心を抱き、なぜ戦争が起きたのか、沖縄はいかにして戦争に巻き込まれたのかを考え始めた。「最も悲惨な形で沖縄をまきこんだそもそもが石油問題だった」と考えた彼は、どうすれば石油を見つけることができるかという問題に取り組み始めた[33]。古文書を参照したり、石炭やその他の岩石の組成に関する独学の知識を利用したりする中で、間もなく彼は、八重山付近に石油があるかもしれないと考えるようになった。彼はその後一九年間にわたって、八重山と尖閣諸島で約二〇〇回もの調査を行い、サンプルを収集した。これらの島に行くたびに、石油やその他の価値のある鉱物が存在するという彼の自信は高まっていった。

その一方で大見謝は、米軍基地内で装備技師の仕事を見つけ、一九六〇年頃まで基地労働者として働いた。彼はその後、那覇で衣服店を開き、さらに国際通りで土産物店や宝石店を経営した。彼の貯蓄や商売による儲けはすべて、地質調査に向けられた。琉球王国第二尚氏王朝の五代目の王、尚元の子孫として、大見謝は沖縄を救うことを自らの使命だと感じていた。しかし、人々は彼のことを気が狂っているとみなし、周囲の人間も、彼が一九五六年に結婚した時に、石油を探すことなど忘れてしまうことを期待していた。しかし、大見謝が石油のことを忘れることはなかった。

一九六三年、大見謝は、採掘権の申請方法に関する計画を練った。彼は、集中的に調査を行う区域を五つに分けた。その上で、まずは沖縄から三海里以内にあるA、Bと名付けた区域の採掘申請を行い、その後十分な資金ができ次第、沖合の大陸棚にあるC、D、Eの区域へと広げていこうとしていた（各区域の申請費用は、当初は一四ドルだったが、その後二一ドルへと上昇した）。一九六六年、彼は三〇八カ所の鉱業権について、琉球政府——一九六〇年の米国民政府の布告により、採掘権を認可する権限を条件付で与えられていた——に申請を行った。彼は一九六九年にも申請を行った。尖閣諸島とその周辺地域を含むB区域は、一九六六年の申請に含まれており、一九六九年に彼が申請したC区域は、そのすぐ北にあった。

大見謝はよほど自信があったようで、三つの報告書を書き上げると、それらを公開した。最初の報告書は、一九六六年三月付で「八重山竹富島を中心とする石油・天然ガス鉱床調査報告書」と題され、その他の二つは、一九六九年三月付の「先島（尖閣列島を含む）石油調査報告書」と一九六九年十二月付の「尖閣列島周辺海域大陸棚における石油鉱床説明書」である。大見謝は、一九七〇年には、これらにもとづいて自分が行った採掘権確保の取り組みを記した文書を、もう二本書き上げている。[34]

しかし、大見謝によれば、ECAFEの報告書の発表によって「石油戦争」が始まり、採掘権獲得に関する彼の入念な計画はかなり混乱した。[35] 一九六九年二月初頭に大見謝が琉球政府へ申請を提出した直後、通産省の主導で一九六七年に設立された日本石油開発公団が、彼に接触してきた。[36] 彼は後に、「いろいろとうまい話も出ました。しかし狂人といわれた一九年の苦労をそう簡単に人手に渡せるものではありません。私は断りました」と語っている。[37] 彼は、この地域を採掘するために将来設立される企業やコンソーシアムの監督権の申し出も受けた。[38]

当初、大見謝は、こうした申し出を寄せ付けず、いかなるかかわり合いも避けようとした。石油開発公団の職員が彼を訪問した時には、大見謝は、尖閣周辺地域に関するこれまでの研究

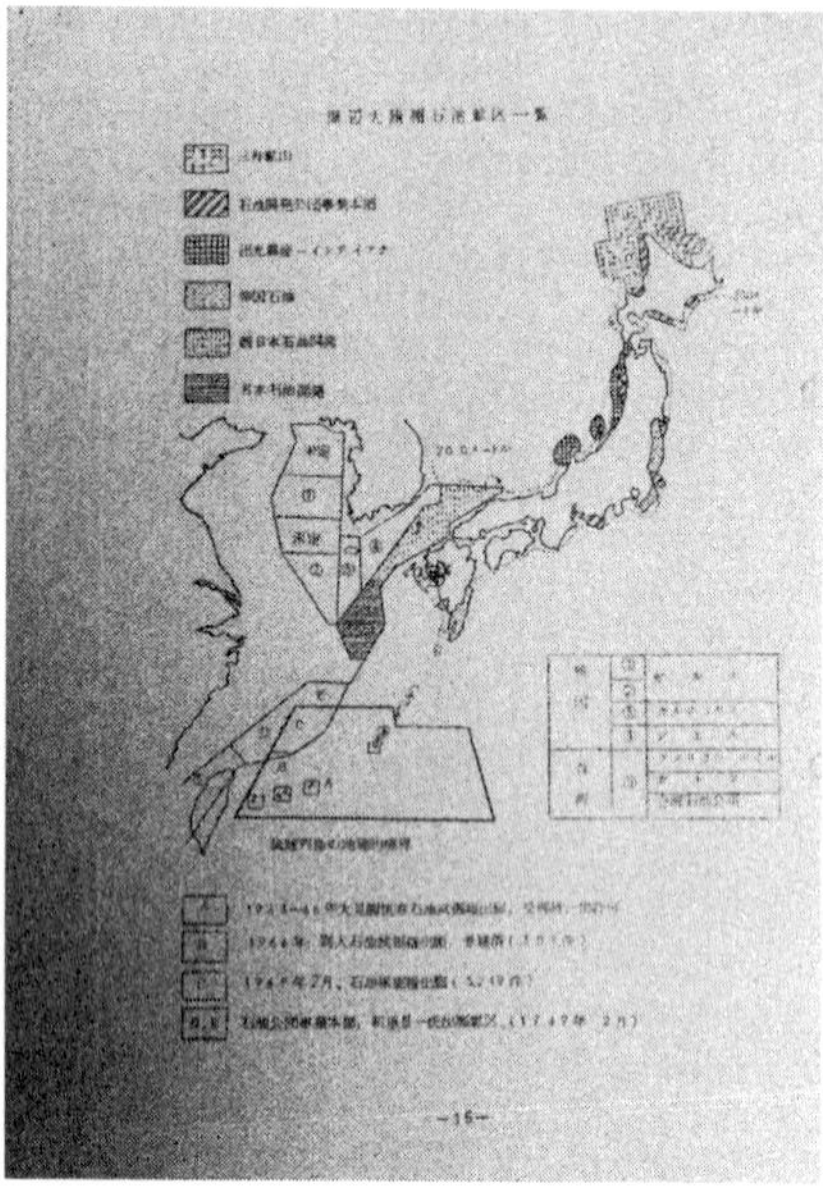

図 3–1　大見謝恒寿が作成した図

の公開すらやめようとした。しかし、二月十七日、石油開発公団は、沖縄出身の職員の一人である古堅総光（厳密には、彼は石油開発公団に直接勤務していたのではなく、沖縄開発公団に所属していた）の名前を使って、七六一一カ所の採掘権の申請を行った。一九〇五年の〔沖縄の〕鉱業法によって、申請者は沖縄出身であることが定められていたからである[39]。大見謝は、こうした石油開発公団の横暴さに悩まされた。公団の資金は民間からではなく、すべて政府からきていた上、上記の公団の行動は、沖縄周辺の資源開発はもっぱら沖縄の繁栄と沖縄の人々の福祉のためだとした、この法律の精神を破っていると考えられていたからである。また大見謝は、返還後、沖縄出身者以外が沖縄周辺地域を利用する道を開くべく、法律の改正が提案されたときには、強い懸念を抱いた。

　大見謝は、十分な資金があるときに申請しようと計画していたCからDの区域に、石油開発公団が申請を行ったことにも悩まされた。これらの区域に申請するためには、それぞれ二〇ドル近い費用がかかったが、当時、労働者の平均的な月給は六〇ドルだった[40]。大見謝の申請費用は、添付された地図の作成を含めて、二〇〇万ドルにも達した。一人の人間にとっては膨大な金額である[41]。

　大見謝によれば、彼が石油開発公団に協力しなかったため、外国企業が支援しているとか、右翼グループや犯罪組織と結びついているといった、悪いうわさの対象にされた。彼は「売国奴」とも呼ばれた[42]。彼は続けて次のように述べている。「私は外資は断っているんです。外資のヒモつきは本土側ですよ。本当に腹が立ちました」[43]。本土の石油会社を含め、大見謝のビジネスパートナーの中には、これ以上大見謝とビジネスをしないよう圧力を受けたところもあり、彼の資金集めは困難になった[44]。

　こうした中、第三の人物である新里景一が、一九六九年四月に一万一七二六地点の申請を行った。新里は、アメリカの金融機関から支援を受けていると報じられていた[45]。費用のことを考えると、新里は沖縄の経済界ではあまり知られておらず、おそらく自分自身では十分な資金を持っていなかったため、彼が他者の資金援助を受けていたことは明らかだった。大見謝によれば、新里は、屋良朝苗主席の右腕として一九六八年以来副主席を務める知念朝功に近く[46]、かつてアメリカ企業の代理人として、共同で仕事をしようと大見謝に接触してきたという[47]。大見謝が拒否すると新里は立ち去ったが、その後、大見謝の申請書類の不備を利用する形で、彼の計画と同一の申請を行った。豊富な資源が見込めることや、琉球政府で要求を審査したり検討したりするのに多くの関係者がかかわることに鑑みればありそうなことだが、大見謝の作成した図表が漏洩してしまったようだった[48]。新里は、上記の古堅と同様、大見謝の地図の中でDとEの区域とされた鉱区の採掘権を申請したのである。

一九七〇年、新里は報告書を発表し、その一四頁のガリ版刷りの文書の中で、琉球政府に自らの申請とともに、大見謝と古堅の申請を審査するよう求め、自分の申請が大見謝の申請よりもふさわしいと主張した[49]。そして三カ月後の一九七〇年十二月二十日、新里は、琉球鉱業開発株式会社を設立した[50]。

大見謝は、二〇年間にわたって積み上げてきた自らの経済的な投資のことを心配するとともに、沖縄の資源と利潤を狙う外国企業や日本企業に対して懸念を抱いていた（彼は長年受けた差別から、日本政府にもよい感情を持っていなかったようである）。一九七〇年七月、大見謝は、沖縄の資源を守ることへの沖縄住民の支援を求めて冊子を出版し、その中で、沖縄を救いたいという願いを次のように説明した。「私はこの一九年間にわたり、沖縄の地下資源の開発をとおして廃藩以来の宿命的に困窮した貧乏県、即ち精神的萎縮と物質的貧困から脱出し、沖縄の繁栄と住民福祉に寄与したいと云う信念と使命感をもって、沖縄―先島―尖閣諸島に跨る石油・天然ガス資源の開発に独力で取り組んでまいりました[51]」。彼はさらに、「気違い」と呼ばれるほどまで、多大な時間を費やしてこの問題に取り組んできた人間として、尖閣諸島周辺の石油資源開発について、「真に沖縄の自立経済を確立し、将来の繁栄を実現するには、これしかない」と感じていると付け加えた[52]。同年、沖縄教職員会を中心とする沖縄の約五〇の組織が、「沖縄県尖閣列島石油資源等開発促進協議会」を設立し、那覇市長の平良良松が議長に就任した。同協議会は、大見謝の活動を支援したようである[53]。

しかし、〔沖縄が返還された〕一九七二年までに、大見謝の主張が進展を見ることはなかった。後に大見謝は、「この人〔新里〕の申請した権利は、昨年〔一九七一年〕十月アメリカ側に渡ったということです」と語っている[54]。すでにペルシャ資源開発株式会社を設立していた大見謝は、一九七三年一〇月に東洋石油開発株式会社と提携を結んだ。それは、第一次石油危機を引き起こした第四次中東戦争が起こるのと同時期だった。彼らが設立した会社は、うるま資源開発株式会社と名付けられた[55]。一九七五年三月の『現代』の記事の中では、大見謝は依然楽観的であり、長年にわたる自分の努力を説明した。そして、沖縄の資源は沖縄住民のためにあるべきであり、石油開発による利益は、沖縄のために使うつもりであるという考えを示した[56]。

他の二人の申請者〔古堅と新里〕が、それぞれ日本本土と外国の利益を代表していたことを踏まえると、大見謝は、本当の意味で唯一の沖縄からの申請者だったといえる。そしてそれゆえ彼は、沖縄の人々からの支持を獲得しようとしていた。しかし、資金不足や試掘の一時停止などのため、結局、彼は成功しなかった。大見謝は夢を実現することなく一九八六年に亡くなり、その主張は彼の息子へと引き継がれる。

他方で一九六〇年代末には、既述のように、日本企業と外国企業の両方から申請者が殺到し始めた。日本本土では、石油資源開発株式会社、ガルフと提携する帝国石油、テキサコと提携する日本石油、シェルと提携する西日本石油という四つの企業がすべて、一九六九年の間に、南西諸島に沿った九州の西から南にかけての地域における鉱業権を申請した。[57]日本が採掘権地域J—1としていた尖閣列島周辺の地域には、日本石油開発公団が申請した。

日本国内では、わずかな期間のうちに、石油企業だけでなく、政府や政治団体の間でも〔尖閣に対する〕関心が高まっていった。高岡大輔元衆議院議員は、一九六八年七月の沖縄訪問〔および尖閣での調査〕の際に、おそらくこの地域の石油の可能性についての情報を得るため、あるいは単に尖閣諸島をめぐる政治的問題について知るため、大見謝と面会している。東京に戻った高岡は八月末に、この実地調査に関する報告を行っている。もともと高岡は、一九五五年四月に衆議院議員による東南アジア訪問団を率いてバンドン会議に参加したこともあるインド専門家で、一九五七年五月後半には、岸信介首相の東南アジアへの公式訪問に随行したこともあった。同時に高岡は、長年沖縄問題に関心を持っており、首相の諮問委員会〔沖縄問題等懇談会〕にもかかわっていた。

高岡は、尖閣諸島周辺地域への不法入域の問題に対する注意を喚起し、それへの対抗策を講ずるため、尖閣問題に関心のある人々に会議の開催を呼びかけた。その会議は、一九六八年四月三十日の午後一時から行われ、当局関係者や、沖縄問題等懇談会と緊密に連携する南方同胞援護会（南援）のメンバーなど、一〇数名が出席した。高岡は、先の尖閣での調査に参加していた高良鉄夫教授らに、報告書を送るよう依頼し、それらの報告書や、自らのノート、そして尖閣諸島から持ち帰った数種類のサンプルを会議に持参した。石垣市出身で、沖縄の日本への返還を促進するために陰に陽に動いていた大浜信泉南援会長が、会議の司会を務めた。[58]高岡の発言に続いて、新野教授がコメントを求められ、フロアからも質問が出た。会議は午後四時半に終わった。

この会議での結論のひとつは、日本政府が翌一九六九年に尖閣諸島の公式調査を行うべきだというものであった。しかし、そのために予算がつく様子はなかった。その後一九六八年十一月三十日、内閣改造によって、鹿児島県選出で、長年沖縄関連の問題の後ろ盾となってきた床次徳二が新たに総理府総務長官に就任し、彼がその資金を確保するのに尽力することになる。

同じ頃、ECAFEによる調査が予定通り進んでいた。一九六八年九月、アメリカ、日本、韓国、台湾が山口県にある水産大学校の船舶「海鷹丸」を使って、共同調査を行った。ウッズホール海洋研究所のチームと、日本石油開発公団の技術者が調査を主導した。ちなみに日本石油開発公団は、一九八五年までに日本が自主開発によって石油消費量の三〇%を確保することを目標としていた[59]。前項で言及した彼らの報告書は、一九六九年五月に発表される。

一九六八年秋、かつて外務省や総理府の官僚として日本の領土問題の解決に取り組み、当時は南援の事務局長であった吉田嗣延が、高岡および新野と会談した。二人はＥＣＡＦＥの調査のことを心配しており、それが尖閣諸島周辺の資源をめぐる地域内の競争にいかなる影響をおよぼすかを懸念していた。とくに新野は、「私が研究調査した尖閣列島近海は、まれに見る海底資源の宝庫で膨大な石油鉱脈があるものと推定される」と強調した[60]。

十二月四日、吉田は高岡、新野、大浜とともに、この週に総務長官に就任していた床次と会談し、尖閣諸島に関する科学調査団への支援を要請した[61]。床次は即座に支援を表明するとともに、総理府が大蔵省に予算要求などを行うことを約束した。

大浜はすぐに南援の事務局会議を招集し、そこで予算要求案を作成するべく、新野と吉田に対して、総理府の櫻井溥と一緒に出席するよう要請した[62]。この後の十二月十七日、総理府の地下の会議室で、高岡と新野は、関係省庁の当局者と会談し、この予算要求の重要性を力説した[63]。この時点までに、政府予算はすでに作成されており、予算要求に関する省庁間での調整は終わっていた。これは実質的に、今後いかなる要求も受け入れられないことを意味する。しかし、状況の重大さや、ＥＣＡＦＥの調査結果が翌年春に公表される可能性があることから、日本が自ら調査を準備し、尖閣の資源問題に備えておくことは重要であった。

このような認識ゆえに、内閣はこの要求を支持し、一九六九年一月八日、高岡は総理府特別地域連絡局から、九四三万五〇〇〇円の予算を承認するという言質を得た[64]。高岡はすぐに床次を訪問し、謝意を表明している。床次は高岡に、この予算は明らかに十分ではないが、翌年の調査のため、そしてその後のさらなる調査のためにより多くの資金を得られるよう、尽力すると伝えた[65]。

海洋学部を有する唯一の学校が東海大学であったため、総理府は、東海大学に調査を委託した[66]。新野は、この時入院していたが、このプロジェクトをまとめるよう依頼された（新野はこの時までに東海大学に移籍していた[67]）。一月三十一日、高岡は、南援事務局内の会長室で、東海大学の星野通平および岩下光男と会い、協力を要請した。第2章で述べたように、ＥＣＡＦＥの報告書が出された直後の六月十四日から七月十三日、総理府は、これとは別の尖閣諸島の調査を主催していたのだった。

▼採掘権をめぐる競争——台湾

ＥＣＡＦＥの報告書が公表された（そして石垣市の行政標柱が尖閣諸島を構成するすべての島々に建てられた）数カ月後、国府の行政院が、一九六九年七月十七日に、中華民国は「海岸に隣接している領海外の海床および低土のあらゆる天然資源に対し、すべて主権上の権利を行使することができる」との声明を発表した。[68] この包括的な声明は、問題となる尖閣諸島周辺海域を含んでおり、将来における採掘権やその他の鉱業権の認可に備えてなされたと考えられる。東京のアメリカ大使館の要請を受けて、台北のアメリカ大使館は次のように簡潔に分析した。

国府の七月十七日の声明は、尖閣諸島での探査に参加するという希望を維持するために、日本の調査報告への対応として出された可能性が高い。七月十七日の声明は、国府が一定の琉球領域を中国の大陸棚に属するものと見なす可能性を提起することで、尖閣周辺の石油採掘権の割り当てを進めるのを日本政府に再考させるよう計算されたものかもしれない。[69]

どういうわけか、メディアが国府の声明を取り上げるのは非常に遅かったが、八月後半には、『ニューヨーク・タイムズ』が「日本の石油発見、権利問題引き起こす」と題して一面記事で報道し、『日本経済新聞』や『ジャパン・タイムズ』もそれを報じた。[70] この問題に大きな注目が集まり始め、さらなる情報を求める声も起こったが、この時点では、〔尖閣問題は〕ニュースの中心になるほどではなかった。

メディアの関心は比較的低かったが、この問題をめぐって、明らかに国府内では大きな緊張が生じていた。遅くとも一九六九年春までに、国府は、尖閣諸島の「潜在的な経済的重要性」に気付いていた。経済部では、この問題を検討するために特別委員会が設置され、そのメンバーを含め国府内には、大陸棚の一部である尖閣諸島の領有権は明らかに自国にあると強く主張する勢力もいた。[71] 対照的に、外交部は、国府はそのような主張を行うのにもっと慎重であるべきだと考えていた。

国府は、一九五八年の大陸棚条約の下でその権利を行使することに関心を抱いていたが、条約に調印したものの、批准はしていなかった。一九六九年九月初頭、外交部の翟因壽国際機構司長は、アメリカ大使館に対し、条約は立法院に送られ、次の審議で批准が行われると伝えた。九月四日、翟因壽はアームストロング（Vance Armstrong）代理大使との会談の中で、外交部は「日本政府との交渉に向けた法的基礎を準備する」ため、同年十月中の批准を望んでいると述べている。[72] 実際にはこれは、台湾がその主張の正当性を国際的に、そして法的に認めさせるための、いくつかの措置のひとつに過ぎなかった。[73]

その一方で国府は、国営の中国石油公司を通して、アモコと暫定協定を結び、アモコが台湾の西海岸の北半分に沿って掘削を開始することを認めた。アモコは当時、インディアナ・スタンダードの一部門だったが、台湾に対して「本格的な関心」を持った最初の外国企業であり、早くも一九六七年中頃には台湾に対し、交渉の前に調査を行うことについて「念書」を提示していた。[74] ハリソンによれば、アモコと台湾の双方には、この時期に共同作業を行うさまざまな動機があった。[75] アモコにとって、そのひとつは台湾の政治的安定性だった。アモコの副顧問だったカフェイ（Thomas Caffey）は一九七五年に、「当時、台湾の将来は、現在のように疑問視されてはいなかった〔…中略…〕。誰も、アメリカが方針転換して一九七二年にやったようなこと〔ニクソン訪中による米中和解〕をやるとは考えもしなかった」と振り返っている。[76] 他方で台湾は、アメリカ企業を、ひいてはアメリカ政府を、将来における台湾の経済的繁栄と政治的安定のためにつなぎとめておきたかったのである。駐台アメリカ大使館の報告によると、すでに始まっていた試掘によって手応えを感じれば、最終的にアモコは国府に対して、正式な石油利権契約の締結を求める可能性があった。

アメリカの石油企業〔ガルフ・オイル〕の子会社で、東京近郊に拠点を置くパシフィック・ガルフと国府との間でも、話し合いが進んでいた。同社の採掘地域は、沖縄領域に近接していたが、暫定合意には至っていなかった。[77] だが実際には、ガルフの予備交渉は一九六八年に始まっており、一九六八年秋には、ＥＣＡＦＥ調査を実施していた上述の「Ｒ・Ｖ・ハント」が〔現場を〕去った後に、調査船「ガルフレックス（*Gulfrex*）」が台湾海峡に入っていた。結局、パシフィック・ガルフは、一九六九年に朝鮮半島に近い領域（これは、尖閣周辺海域にも近い）について、韓国から採掘権を獲得した。

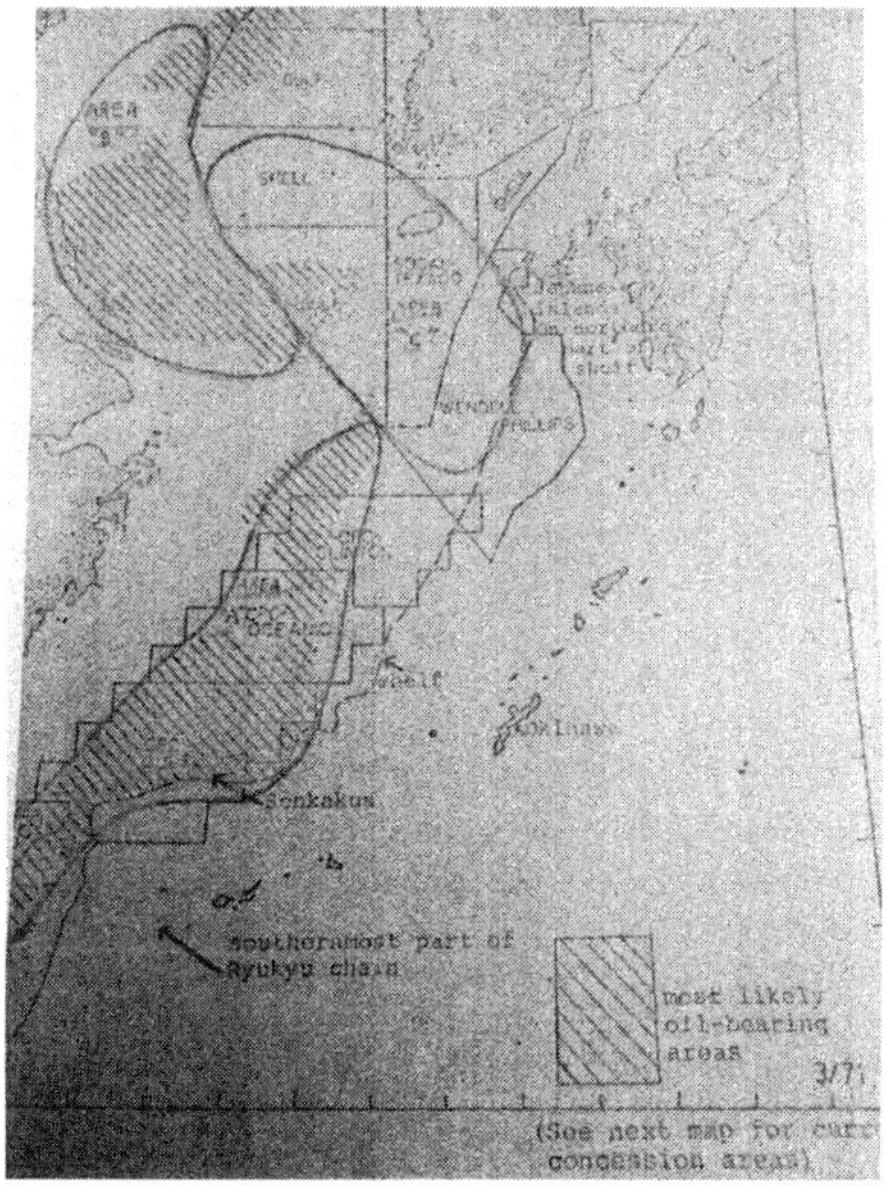

図 3-2　石油採掘の地図

上記の商業交渉に加えて、駐台アメリカ大使館は、一九六八年に国立台湾大学理学院に新設された海洋研究所が、「台湾盆地」での石油の埋蔵を調査するため、間もなく調査船を派遣しようとしていることを把握した。「台湾盆地」は、一九六九年九月の中華民国の国家科学委員会が出した出版物の中で、「東シナ海の大陸棚に位置し、台湾北岸から北北東の方向に北緯三一度まで広がる」ものとして定義された。[78]

翌一九七〇年の夏までに、国府と上記のアメリカ企業は、交渉を妥結する準備を整えた。日本は、このときまでにそのことについて通知を受けており、国府が台湾海岸に隣接する領海外の海床と底土における天然資源の領有権を発表してから一年が経過した七月二十日、次のような覚書を〔国府に〕送付した。その内容は、尖閣諸島や大陸棚に関するいかなる一方的主張も国際法上は無効であり、そのような主張は、大陸棚への日本の領有権に影響をおよぼさないとするものだった。[79]

それにもかかわらず国府は、翌週、外国企業と大陸棚を共同で探査および採掘するための契約を中国石油公司に締結させた。最初のものは、七月二十七日のアモコとのものである（ブロック1）。これに続いて、七月二十八日にはパシフィック・ガルフ（ブロック2）と、八月十三日にはオーシャンティック・エクスプロレーション・カンパニー（ブロック3）と、そして九月二十二日にはクリントン・インターナショナル（ブロック4）との契約が行われた(80)。

尖閣諸島は、ガルフ・オイルが採掘権を持つブロック2に位置した。このアメリカ企業（皮肉なことに、そのアジア本社〔すなわちパシフィック・ガルフ〕は東京にあった）が、尖閣諸島と大陸棚の周辺の資源を探査・採掘する権利を与えられたのである(81)。この地域の探査および採掘のための契約は、パシフィック・ガルフと中国石油公司との間で結ばれた。二日後の七月三十日、台湾行政院は、海底石油探査のため、中国領海とそれに近接する大陸棚の石油・ガスの探査と採掘に関する法案を承認した。その海域は、六万九〇〇〇平方マイル〔約一七万八七〇〇平方キロメートル〕におよんだ(82)。

蔣介石総統は、尖閣諸島と日本について、一九七〇年八月中旬あたりから日記に記し始めている。興味深いことに、蔣介石は、この島嶼は日本領ではないと考えていたにもかかわらず、中国語名ではなく日本語名の「尖閣」を使用していた。尖閣諸島について蔣介石は、台湾とアメリカ企業が石油と鉱物の探査協定の調印をしたのだから、「日本が再びこの問題を提起しようとすることはないだろう」と考えていたようである(83)。しかしこの予測ははずれ、台湾の行動は、日本の政府、国会、メディアを刺激し、この問題に対する注目度をさらに高め、問題を悪化させることになる。

蔣介石は、一週間にわたってほぼ毎日、尖閣諸島のことを日記に記しており、八月十八日の朝には、日本側に提示するため準備された声明に、自ら手を入れている。日記の八月十六日の項に、彼のこの問題に関する考えが見てとれる。

尖閣諸島の領有権問題に関して、わが国はその領有権を放棄していないだけでなく、これまでの歴史と政治において、いかなる〔中国の〕政府も琉球諸島の領有権が日本にあるとは認めていない。そして、第二次世界大戦〔の終結〕時において、日本は外郭の島嶼をすべて放棄したことがすでに確認された。わが国の政府が、平和と協調の原則にもとづいて、領有権問題を提起しなかったがゆえに、このちっぽけな島をめぐる対立によって友好的な雰囲気が損なわれることはなかったのだ。しかし、ここ四〇〇年間の歴史を踏まえ、中国政府は、これらの諸島が日本の主権下にあると見ることはない。また、これに関するいかなる文書化された合意も認めない(84)。

八月二十日、国府の行政院が、日本の主張に異議を唱え、かつ尖閣諸島における自らの領有権を確認する声明を、原則的に承認したことが報じられた。報道によれば、国府外交部によって作成されたこの声明は、歴史的、地理的に尖閣諸島は台湾に属するという内容になっており、特別委員会によって検討された後に発表されることになっていた[85]。蔣介石が自ら手を入れていたのは、この声明のようである。翌八月二十一日、台湾は条件付きで、上記の大陸棚条約を批准した。

この批准には、次の保留条項が含まれていた。「条約第六条の第一項と第二項で示された、大陸棚の限界画定に関して、中華民国は次のように考える。①海岸隣接および二つ以上の国家が相向かっている大陸棚限界線の画定は、領土の自然延長原則に合致するように決定される。②中華民国の大陸棚画定について、海面に突出した礁嶼や小嶼は考慮に入れない[86]」。ここでは尖閣諸島のことはとくに言及されていないものの、その後、沈劍虹外交部次長は、九月二十五日に立法院で、上記の文章の「海面に突出した礁嶼や小嶼」とは事実上尖閣を意味していると述べた[87]。

立法院外交委員会の委員のコメントによれば、この保留条項は、「領土の自然延長原則」にもとづいていた。この原則は、一九六九年二月の北海大陸棚事件での国際司法裁判所の判決によって確立された。この原則によれば、海面に突出した礁嶼や小嶼は大陸棚の一部であり、それゆえ礁嶼や小嶼に個別の権利を主張することはできないというのだった。国務省は、国府の立場について次のようにまとめている。すなわち、国府は、自国を〔中国大陸の〕正統な政府と宣言した上で、大陸棚を大陸の延長だと主張している。その一方で、中国の大陸棚の北端や南端の限界、あるいは大陸棚への領有権の限界のいずれも明確化していない[88]。

不幸なことに、台湾による尖閣諸島周辺地域への採掘権の付与は、上記の沖縄人と本土人との採掘権をめぐる対立とも重なっており、尖閣問題はこの時点で「国際的」なものになってしまった。そして、この問題は、その後数週間、数カ月間、数年間にわたって、ますます複雑になっていくのである。日中貿易に携わった実業家で、尖閣諸島に関する著作のある高橋庄五郎の言葉によれば、国府によるこの採掘権の付与は、日本と台湾の間の対立が公式に始まったことを意味していた[89]。

皮肉なことに、台湾が関連する契約に署名したわずか一週間前、台湾の代表が日華協力委員会の第一五回総会に出席し、一九七〇年七月七日には、その政治小委員会で、大陸棚の開発をめぐる協力を議論するために、「日・韓・台」の連絡委員会を設立することが合意された[90]。これは民間機構であったが、三カ国すべてにおいて、政府との直接的な関係があった。日本の場合は、元首相で、当時の佐藤栄作首相の実兄岸信介が、日本側〔委員〕を率いていた。韓国やアメリカといった国々への影響はさておき、尖閣問題は、沖縄、日本、台湾（そしてすぐに中国も）の間で領有権の主張が対立する中、急速に政治化しようとしていた。日華協力委員会が緊張を和らげるために背後で動いていた可能性もあるが、おそらくこの理由ゆえ、同委員会が主要な役割を果たすことはなかった。

八月二十二日、魏道明外交部長は行政院に対し、一九七〇年七月に日本政府が出した覚書への回答の一部として、国際法の原則と大陸棚条約に従い、台湾北部の大陸棚の探査および開発を進める権利が中華民国にあることを日本側に伝えたと報告した[91]。台湾船からその船員とメディア関係者が尖閣諸島に上陸し、〔中華民国〕国旗を立てた（国府は知らなかった）翌日となる九月三日、蔣介石は、海底の石油資源の探査および採掘に関する新しい法令を公布した。新しい法令は、これが条件付きで承認された七月以来、効力を持っていることとされた。

▼日本の対応と台湾の反応

パシフィック・ガルフが中国石油公司と公式に契約する一週間前の一九七〇年七月二十日、日本政府は国府に対し、九州と台湾の間の大陸棚に関する説明を正式に行い、国府が尖閣諸島周辺地域の石油開発権を主張していることに懸念を表明した。大河原良雄外務省アメリカ局参事官によれば、日本政府は、石油開発地に指定された地域に対する国府のいかなる一方的主張も、「国際法にもとづき有効」ではなく、そのような主張は「日本政府の大陸棚に対する権利には影響しない」と伝えた[92]。スナイダー（Richard L. Sneider）駐日公使は、会談を要約した国務省宛て電報の中で、日本政府と国府の双方が「大陸棚問題を遅かれ早かれ解決しなければならない」と考えているため、近い将来、ワシントンの日本大使館が国務省に接触してくるかもしれないと伝えた[93]。

一九七〇年夏の台湾によるパシフィック・ガルフへの石油探査権付与の決定は、その夏、参議院の沖縄および北方領土問題に関する特別委員会でも取り上げられた。八月十日、愛知揆一外相——佐藤派に属し、一九六八年一一月に外相に就任していた——は、国府の動きを批判し、国府の一方的行動は国際法上無効だと非難するとともに、台湾に対し抗議したことを明らかにした[94]。

参議院での愛知の発言に対し、国府外交部の報道官は同日、国府は日本政府に対して自国の立場をすでに伝えており、「中華民国政府は、国際法上の原則および一九五八年の大陸棚条約に従って、台湾北部に伸びる大陸棚で天然資源を探査および採掘する権利を有している」というコメントを発表した[95]。八月中旬、日本の抗議に対し、国府が閣議で声明を出すことを計画していることが、新聞で報道された。結局それは、八月十九日の日本政府に対する覚書の送付という形で実行され、国府は、尖閣諸島に対する日本の主張と「中国の大陸棚」に対する日本の権利を拒絶した[96]。この覚書は、武藤武駐台代理大使によって駐台アメリカ大使館員にも伝えられたが、興味深いことにそれは、尖閣諸島に対する「中国側の主張の存在を明確に否定した」[97]ものであった。

二日後の八月二十一日、国府は、上述したように、尖閣諸島に適用する保留条項を付けて、条件付きで大陸棚条約を批准した。琉球政府立法院は、こうした一連の出来事に神経質になっており、その月の終わりに決議を採択した（このことについては後述する）。また、この時期の中心的な出来事となったのが、メディア関係者と台湾水産試験所の船の船員が尖閣諸島に上陸し、魚釣島に中華民国国旗を掲げた事件である。この事件は、尖閣問題に関する日本と台湾の直接対話を促すきっかけにもなったが、双方とも譲歩する気はなかった。

そのことは、それぞれの立法府におけるエピソードに明らかである。日本では、愛知外相が、衆議院外務委員会で尖閣諸島の領有権問題について質問された際、この問題はいかなる国とも議論されることはなく、尖閣諸島は明らかに日本の領土であると答えた[98]。愛知は、二日後の九月十二日にも、衆議院沖縄および北方領土に関する特別委員会で同じ考えを示した[99]。

台湾では、尖閣諸島に関する一連の議論の後、一九七〇年九月三十日、台湾省議会が決議を採択した。駐台アメリカ大使館に着任したばかりのアンダーソン（L. Desaix Anderson）参事官（政治問題担当）の言葉を借りれば、「ニュースメディアも、立法委員も、そして一般大衆も、釣魚台（尖閣）諸島に対する中国の正当な権利を守るため、中央政府への訴えに参加した[100]」。

さてここで、採掘権についてのアメリカの立場や台湾の動きに対する沖縄の反応を見る前に、国旗掲揚問題とその問題処理について、見ておくことにしたい。

▼台湾国旗掲揚事件

一九七〇年九月二日、中華民国の国粋主義者たちが、台湾水産試験所の船に乗って魚釣島に上陸し、中華民国国旗、いわゆる青天白日満地紅旗を立てた。さらに彼らは、旗ポールの土台の岩石に、「万歳蔣介石」など国府を支持する文言を記した。独立紙である『中国時報』の九月四日の紙面に掲載された写真の説明によれば、このグループは、同新聞の記者とこの船の船員からなるものだった[101]。五日の朝までに、ほとんどの日本の新聞が、この上陸に関する通信社の記事を配信した[102]。

台北の日本大使館は、国府外交部にこの件について問い合わせたが、国府の代表は、もし国旗が掲げられているのだとしたら、それは「〔政府の〕指示によってなされたのではない」と述べた[103]。武藤代理大使は、この回答を東京に報告し、さらなる指示を待った。東京では、九月五日に、外務省の佐藤嘉恭が、「〔上層部からの〕指示にもとづく発言」として、米国民政府が状況を調査して必要な行動をとるよう要請した[104]。

この問題は、〔日台関係をめぐる状況を〕急速にかつ非常に深刻化させる可能性を有していた。ＣＩＡの情報局長は、毎日発行される『中央情報報告書（*Central Intelligence Bulletin*）』に、日本と国府との間で「石油の権利をめぐる対立」が「高まっている」ことに関する長文の報告を掲載した。一九七〇年九月四日の『報告書』は、この問題は「外交チャンネルを通じて解決される」かもしれないと言及した。しかし同時に、「この論争における北京の立場は明らかになっていないが、この対立は、共産中国〔の参入〕によって複雑になる可能性がある」と正確に指摘している[105]。

九月四日、米国民政府は、「行動すべき適切な機関」として、琉球警察に中華民国国旗の問題を調査するよう指示した[106]。しかし、琉球警察は当初行動を起こさず、代わって琉球政府通商産業局長の砂川恵勝がその責任を担うことになった。米国民政府公安局の見解によれば、琉球政府は「〔この問題で〕行動すべき機関は米国民政府であると考えており、〔そこに〕かかわりたくないと思っていた[107]」。また、砂川を局長とする通産局は、鉱業権を管轄し、それゆえ尖閣問題も扱っていた。したがって通産局は、国旗問題を、不法侵入の文脈だけでなく尖閣問題全体の文脈から慎重に見ており、そのためこの問題の進め方について、慎重かつ不明確な姿勢をとったと見ることもできよう。

対立のさなか、高等弁務官室は、在沖縄の日本政府の復帰準備委員会のスタッフ一名が、日本政府職員二人と琉球政府職員三人とともに、九月七日から二日間の日程で与那国島への訪問を計画していることを、アメリカの復帰準備委員会を通じて把握した。表向きは、この訪問の目的は、①移民規制、②密輸、③尖閣諸島と与那国島との関係、④農業開発、⑤国防と公共秩序に関する潜在的問題、を調査することだった。日本側は、この調査を日本政府・琉球政府・米国政府の〔共同〕事業とするため、アメリカ側から誰か行くことが可能か尋ねたが、アメリカの当局者は「多忙であると弁解して」辞退した[108]。しかし、日本政府はこの訪問を、「尖閣諸島に対する主張を補強するためのデータ収集」に役立てることはもちろん、「与那国島に国旗を掲げ」、「尖閣問題における日本への支持を獲得する」ためのものとして見ていた[109]。その後米国民政府は、琉球立法院議員が、尖閣諸島に関する決議について説明するために東京へ行き、アメリカ大使館を訪れようとしていることを知り、そのことを国務省にも伝えた[110]。

九月十一日まで、琉球警察は、魚釣島に〔中華民国〕国旗があることを確認していなかった。「悪天候と予算の制約」を理由に、那覇から巡視艇「ちとせ」を派遣していなかったのである。しかし、高等弁務官室は、調査の遅れの理由は別にあると見ていた。つまり、琉球政府と日本政府の両者とも、アメリカ政府がこの問題を調査し、国旗が発見された場合、それを処分するとともに、国府に抗議し、それによって〔アメリカが〕先頭に立って国府の尖閣諸島に対する領有権の主張に反対することを望んでいると考えていた[111]。結局、新垣徳助琉球警察本部長は、尖閣諸島を管轄する玉村弥吉八重山警察署長に、状況を捜査するよう指示した。そしてその日（十一日）のうちに、現地での捜査を一緒に行うため、那覇から警察官が石垣に派遣された。

アメリカ政府が、この国旗を撤去するために人員や装備を提供するつもりがないことが明らかになると、琉球警察は、米国民政府と協議をした後、これを実行することに同意した。九月十三日の夕方、「ちとせ」が出港し、尖閣諸島への航海に二人の取材記者が乗船を許され、途中、石垣島に一時停泊した。

十五日の午前六時に魚釣島に到着した琉球警察は、七メートルのポールについていた、長さ一・二メートル、幅七〇センチの中華民国国旗を発見した。ポールは、岩石で補強された土台とともに、地中に一メートル埋め込まれていた。一行はまた、いくつかの名字とともに「万歳蔣介石」「中国時報」「水産試験所」

などの文字が書かれているのを見つけた[112]。この時、四隻の台湾船が、島から三マイル〔約四・八キロメートル〕以内にいたが、琉球警察は、これらの台湾船にこの海域から退去するよう警告を発し、写真を撮影した[113]。そして琉球警察は、以上の状況を午前一〇時半に米国民政府に報告した。

琉球警察は、沖縄・北方対策庁沖縄事務局が以前、国旗を撤去するよう勧告していたこともあり、同事務局からも指示を求めたと述べた。しかし、琉球警察は、同事務局からも米国民政府からも指示を受けていなかったという。琉球警察は、米国民政府に、尖閣諸島周辺の潮の状況に鑑み、一一時頃にはこの海域から離れなければならないと伝えた（実際には、一行は午後までこの海域にとどまった）。米国民政府は、東京のアメリカ大使館と電話で話し合って合意した後、一一時四五分に琉球警察に対し（屋良行政主席や知念副主席は不在だった）、「慎重に、そして外国旗にも敬意を持って」国旗を撤去し、岩石に書かれた漢字についても、「慎重に、きちんと」上塗りするよう指示した[114]。米国民政府は琉球警察に対し、国家の象徴に対する冒瀆だと非難されることを避けるため、「品位」を持って行動するよう、強調した[115]。

一二時半までに、国旗は船の上に運び込まれ、岩石の「万歳」のメッセージも上塗りされた。「ちとせ」は、一二時四〇分に石垣に向けて出発した。琉球警察は、翌日に再度渡島し、岩石への上塗りを終わらせるつもりだった。午後一時一五分、彼らは米国民政府に、魚釣島を出発したと報告した[116]。

「ちとせ」は午後九時半に石垣島に到着し、その夜、翌日に魚釣島に戻るよう指示を受けた。琉球警察は、残っている漢字を上塗りするため、八重山民政官府の主任であるフクハラ（Harry K. Fukuhara）中佐から一五ガロン〔約五六・八リットル〕のペンキを提供された。同日の九月十六日、国旗は、石垣島から那覇へ移送され、屋良主席の要請で彼のもとに届けられた[117]。

一方石垣島では、渡島した警官たちが玉村八重山警察署長に報告書を提出していた。この報告にもとづいて、玉村はフクハラ中佐に対し、魚釣島周辺にいた台湾漁民は、「ちとせ」が彼らに近づいて琉球諸島の領海を去るよう警告した際、「非常に好戦的」だったと知らせた[118]。高等弁務官室が起草した電報によれば、「台湾船の乗組員たちは最初、当時まだ魚釣島に掲げられていた中華民国の国旗を指さし、ここは中華民国の領海だと答えた[119]」。琉球警察が、これらの島は中華民国のものではなく、島から三マイル〔約四・八三キロメートル〕以上離れて行動しなければならないと反論すると、台湾漁民たちは、「十分な量の魚」を獲るまではここを離れないと返答した[120]。警察は、「漁民たちの姿勢は、命令されれば、ほんのわずかな不平をいうだけでこの海域から退去していたかつての対応とは対照的だった」と記している[121]。さらにいくつかのやりとりをした後、漁民たちは、風向きが変われば自分たちは移動すると述べたが、「ちとせ」が正午過ぎに魚釣島を離れるときはまだそこにいた。玉村はフクハラに対し、自分は「国際的な事件を回避する」ことを望んでいると述べ、もし「ちとせ」が引き返せば、「何かが起ころかもしれない。[…中略…]『ちとせ』に乗船する警察官は、自衛のために武装している」と伝えた。

琉球警察は、自分たちが去っても台湾漁民はそこにいるだろうと予想していたので、翌日、彼らが見あたらないことに驚いたであろう。十七日の午前六時に到着した琉球警察は、岩石の上塗りを終わらせるために上陸した（午前七時四〇分にこの作業を完了した）。しかし、「ちとせ」が午前一〇時に離島する準備をしていたとき、琉球警察は、魚釣島から一キロメートル以内に九隻の台湾船を発見した。漁船は、退去するよう警告されると、何も起こさずに、この海域を離れた(122)。

事件が起きることはなかったものの、アメリカ政府は、いくつかの理由から懸念を抱いていた。第一に、アメリカ政府は、「[政治的に]敏感な尖閣地域での衝突の可能性を最小化する」ことを望んでいた。そこで国務省は、駐台アメリカ大使館に対し、電話で国府に状況を説明することとともに、台湾船の即時退去を確実に行うため、国府に緊急に介入するよう要請することを指示した(123)。アメリカ政府はまた、琉球警察に対し、漁船に対する武器の使用を控えるよう勧告している。

もうひとつの懸念は、国旗を処理しなければならないことだった。国旗を撤去したことで、米国民政府と琉球政府のどちらが国旗を保管するべきかという問題が生じ、アメリカ政府は事実上「難しい立場」に置かれることになった(124)。九月十七日に新垣琉球警察本部長が米国民政府に国旗を持参した際、米国民政府は、「適当な保管施設」がなく（軍事組織としては、説得力のないおかしな言い訳であろう）、国旗は琉球政府が保管すべきだと伝えた（この見解は同日、屋良にも示された(125)）。新垣は、琉球政府と米国民政府の面目が保たれるような解決策をすでに心に決めていたのかもしれない。那覇に国旗が到着した後、彼はアメリカ側に対し、「国籍不明の単独または複数の人間が、琉球諸島に不法入域し、所有権を主張しようとしたのだから、国旗は、『証拠』として警察によって保持されるべきだと考える」と伝えていた(126)。国旗の最終的な処分については、警察がさらなる検討を行うことになったが、ともかくそれ以降、国旗は那覇の琉球警察本部で保管されることになったのである。

一方、国務省は駐台アメリカ大使館に電報を送り、国府外交部に事情を説明した上で、国府が尖閣諸島周辺海域から台湾船を即時退去させるとともに、アメリカ施政下にある領海への「不法入域」を防止するために適切な行動をとるよう要請することを指示した(127)。また国務省は、大使館に以下の点を伝えた。すなわち、アメリカ政府は尖閣諸島の領有権をめぐるいかなる論争も関係国によって解決されるべきだと考えていること、そしてアメリカ政府はこれら諸島に対する施政権を有し、それに応じて行動するということ、である。この電報は、台湾船がすぐに退去しない場合には、より強制的な措置をとることを主張していた。

その後、国府から国旗の返還について、少なくとも二度の要請があった(128)。アメリカ政府は、台湾人による国旗の掲揚と琉球警察によるその押収という問題によって、「困難な立場」に置かれていた。そして高等弁務官室は、二つの解決策を提案した。ひとつは、国旗を琉球警察本部に置いたままにし、国府には「国章は適切に保護されており、常時丁重かつ適切に扱われている」ことを保証するというものだった。二つ目は、国府に国旗を返却するため、琉球政府に対し国旗を米国民政府へ引き渡すよう要請し、「それによって琉球領土内で国旗を不法に設置するという、計画的な事件を終結させる」というものだった[129]。最終的に、四月に台湾でアメリカに対する大衆の不満が高まり、また台湾と日本との間の緊張が高まったことから、駐台アメリカ大使館は四月二十二日、国務省に対し、次のことを高等弁務官に指示するよう要請した。すなわち、国旗を国府に返却するため、アメリカ側に国旗を引き渡すよう高等弁務官が琉球政府に要請するというものだった[130]。その上で大使館は、国府への国旗返却にあたり、「さらなる難題を生み出す」ことのない形でそれを保持したり引き渡したりするよう、国府外交部に求めるべきだと論じている[131]。

同日、陸軍省が以上の指示を米国民政府に伝えた。これにもとづき、米国民政府の公安局長が、「国府が国旗の返還を求めており、アメリカ政府はその要請に応じたい」とだけ述べ、個人的に新垣から国旗を受け取った[132]。四月二十五日、米国民政府の関係者が、国旗を駐台アメリカ大使館に届けるため、那覇を出発した。台北に到着後、国旗は、アメリカ大使館のトーマス(William W. Thomas)参事官(政治問題担当)によって外交部へ運ばれた。トーマスは、四月二十七日に国旗を雷愛玲北美司副司長に渡した。トーマスは、雷愛玲に対し、琉球政府は「目立たない形で」国旗を引き渡したと伝え、さらに、「去年の九月のような報道合戦は、中華民国にとってもアメリカにとっても利益にならない」ので、この問題を「公にならない」形で処理することを望むと述べた[133]。雷愛玲は、「現在の役職に就いたからには、いかなる問題についてもアメリカ側に実質的なコメントをしなければならない」としつつ、トーマスに対し、「中華民国は国旗の返還に感謝する」と伝え、この件を公にしないというアメリカ側の要請を上司に報告すると述べた[134]。数日後の四月二十八日、別の議題での会合の間、錢復北美司長は、マッコノギー(Walter P. McConaughy)駐台大使に、琉球政府から中華民国国旗を取り戻したアメリカの努力に対する感謝を表明し、国府外交部は、その国旗を保管するつもりであり、この件を公にしないようにすると伝えた[135]。

その後の四〇年間、尖閣諸島に中華民国国旗を掲げようとする試みがいくつかあり、中華人民共和国国旗を掲げようとするものも二回あった。直近の試みは、二〇一二年四月に起きている。

▼採掘権についてのアメリカの立場

通説的に言われるように、尖閣諸島をめぐる日本、台湾、中国の間の対立は、その周辺に大量の石油が埋蔵されている可能性への関心から生じている。探査などの鉱業権は、アメリカ政府が注視し続けていた問題であった。アメリカ政府は、この問題に関する沖縄の動きだけではなく、〔台湾などの〕周辺諸国の動きにも注目していた。その理由は、領土にかかわる問題があったことに加え、アメリカ企業が、技術的・経済的に大きな利益を見出していたため、この問題に直接的あるいは間接的に関与していたからであった。

たとえば、早くも一九六九年六月には、ガルフ・オイル・ピッツバーグ本社から、主任地質調査員のカーター（Joseph Carter）や代理人のリース（Robert Rees）をはじめ何人かの役員が国務省を訪れ、台湾と琉球諸島の境界について尋ねたり、海底油田の問題について議論したりした。ガルフは、国府、より具体的には国営の中国石油公司と、台湾北部および北西部の海底探査について協議していた。しかし、日本が琉球諸島の潜在主権を有しているものの、国府と琉球諸島の領海の境界は未解決であると伝えられていた。カーターは、日本企業が琉球政府から尖閣諸島周辺の採掘権を獲得しており、それは「ガルフが採掘権を有すると考えられている区域の中にある」とも聞いていると説明した(136)。

これに対して上海生まれの中国専門家で、一九六四年一月から東アジア担当の国務次官補代理を務めていたバーネット（Robert W. Barnett）は、〔日本企業が〕琉球政府からいかなる採掘権を与えられたかは聞いていないと答え、「国際法ははっきりしない。アメリカは大陸棚条約に忠実だが、中華民国と日本を含めたそれ以外の国は、そうではない」と指摘した(137)。バーネットは、「琉球と台湾の境界の問題を解決するには、アメリカが国府との交渉で日本の代理となることが必要である。なぜなら、アメリカは琉球諸島を統治しているが、潜在主権は日本にあるからである。しかしアメリカは、琉球諸島の返還に関する日本側との協議が進行しているこの時期に、この問題で日本と深くかかわることは避けたい」とも説明した(138)。

七〇年近く石油ビジネスに従事してきたカーターは、ガルフが採掘権について琉球政府に申請することができるかどうか尋ねた。バーネットの答えは次のようなものだった。アメリカ政府としては、それは「日本政府の問題」であると考えている。「日本の潜在主権は、誰もが認めているところだが、その行使にはまだ検討が必要である。そして、『琉球の年』〔沖縄の施政権を日本に返還するという決定〔が行われる年〕〕に、われわれは、この問題を基本的な案件に含めるつもりはない」。

ガルフのワシントン・オフィスの代表であるネルソン（Stuart Nelson）は、「先島」諸島の地位が争点になっているか尋ねた。後に沖縄返還協定のこの問題に関する部分を起草することとなるシュミッツ（Charles A. Schmitz）は、先島諸島は米国民政府が主張する境界線の中にあるので、琉球諸島に含まれると回答した。彼は、アメリカ政府と国府は双方とも、それを前提に「行動している」と付け加えている(139)。ネルソンがそれを裏付けるような国府の行動の具体例について質問すると、東アジア・太平洋局中華民国部のオルソン（Lynn H. Olson）は、日本が抗議したことで国府が「不法占拠者を追い出すために行動した」、台湾漁民や沈船解体労働者の事例〔第2章を参照〕を挙げた(140)。

その後、議論の焦点は中華民国と中国へ移り、そこでバーネットは、台湾海峡は「絶えず戦闘が行われている地域ではない［…中略…］。〔しかし〕［二つの中国の間では］戦術レベルで嫌がらせが相互に行われており、確実に安全だという感覚は存在しないだろう」と述べている。(141)その上で、バーネットは、台湾と琉球諸島の間の土地管轄に関するガルフ側の質問について、次の文書を読み上げた。

提案された採掘地域には、①琉球諸島の領域、具体的には尖閣（あるいは先島）諸島、および②琉球大陸棚地域、が含まれている。採掘地の正確な範囲は、中華民国との交渉によって決定されるが、われわれは、中華民国と琉球諸島の間の分割線について交渉する権限をもたず、現時点で日本政府にこの問題を提起することも躊躇している。われわれは、もし中華民国が、南東部分を含んだ広範囲におよぶ採掘権をガルフに与える法的権利があると主張したとしても、法的・政治的に中華民国の立場は弱いと感じている。法的状況は明確ではなく、アメリカは、沿岸国が海底の天然資源の管轄権を行使できる程度についての立場、あるいは、アメリカが国際法上支持しないと決定した管轄権を他国の政府が主張したときにとるべき立場を、まだ決定していない。またわれわれは、共産中国がそのような〔中華民国が認めた〕採掘権の有効性を受け入れることはないと確信している。共産中国から五〇マイル〔八〇・四五キロメートル〕以内の大陸棚に施設が存在することが公になった場合に、共産中国がそうした施設に対して軍事行動をとるかどうかを、前もって判断することはできない。われわれは、そのような採掘権を守ることについて、ガルフにいかなる約束もすることはできない。(142)

バーネットは、ガルフの代表者たちに対し、アメリカ政府はこの問題に関心を持っており、もし疑問があれば個人的に再び会談するつもりであると伝え、会談を終えた。(143)

その後、八月には、ユニオン・カーバイドのワシントン・オフィス代表と弁護士が国務省を訪れ、尖閣諸島の海底地域における石油探査権の申請に関心を持っていることを説明するとともに、いくつかの疑問点を明らかにしようとした。同社は、一九一七年に設立されたアメリカの石油化学企業である。

国務省のキャリアのほとんどで日本関係の業務に携わり、この一九六九年の一月から日本部長を務めていたフィン（Richard B. Finn）(144)は、次のように説明した。アメリカは、尖閣諸島は琉球諸島の一部だと考えている。これは日本政府の理解でもある。国府はこの立場に異議を唱えてこなかった。しかし国府は、尖閣諸島が「中国」の一部だという主張を強めるかもしれない。ユニオン・カーバイドの弁護士であるゴーギャン（Joseph E. Goeghan）が、尖閣諸島付近の大陸棚に対する国府の主張について質問したのに対し、フィンは（シュミッツがバーネットのために準備したメモと同じような語句を使って）(145)、次のように答えた。「この問題について国際法ははっきりしない。大陸棚は琉球まで伸びているが、その明確な範囲は当事国間の交渉によって決定される必要がある。アメリカ政府は、日本の合意がないままに、自国がこの地域の採掘権を与える、あるいは大陸棚の限界に影響を与えるような決定を行う権利を持っているとは考えていない」[146]。

フィンの同僚で、国際法や海洋法の専門家であり、国務省で法務官として勤務していたオクスマン（Berard H. Oxman）も、問題となっている大陸棚一帯の領有権を大陸中国が主張し始めるかもしれず、これによって法的問題だけでなく政治的問題が生じる可能性があると指摘した。このような点に加え、ゴーギャンは、日本が中国と交渉し、それによってユニオン・カーバイドがアメリカの（中国との貿易や交流を認めない）法律や政策と異なる立場に置かれ、板挟みになることを自分は懸念していると述べた。ゴーギャンはさらに続けて、ユニオン・カーバイドは、琉球政府に探査権の申請を提出する上で、困難に直面していると説明した。彼が述べるには、第一に、自社と提携している日本企業が、通産省から「申請を進めないよう」勧告を受けているというのだった[147]。第二に、彼は東京で、琉球政府は「極めて反米的であり、アメリカ企業の代理となるような琉球人の申請を受け入れないだろう」と言われたという[148]。これに対し、フィンは、自分は琉球政府が反米的とは考えないが、「このような情勢の中で、琉球政府は通産省から非公式な指導を受けているかもしれない」ので、ユニオン・カーバイドは「通産省と琉球政府の双方と緊密に協議する」べきだと述べた。〔沖縄の〕施政権返還が「確実に数年以内に行われるため、通産省の理解を得ることは不可欠だろう」というのだった[149]。そしてオクスマンは、次のように会談を締めくくった。「大陸棚の資源の管理を維持したいという〔沖縄の〕願望を、反米的だと自動的に解釈するのは間違いだ。また、アメリカを含む多くの国々が、〔日本が行っているのと〕同じような政策をとっており、こうした政策のせいで、アメリカは、海外における自国の民間企業の利益のために採掘権関連の案件を推し進めるに際して、困難に直面している」[150]。

この頃、沖縄では、米国民政府の当局者も鉱業権の問題を注視しており、「さまざまな国際法上の判例は、明確ではない」という「まったく同じ結論」に達していた[151]。また、一九六九年十一月中旬に米国民政府が陸軍省のために用意した一枚のメモは、次のように指摘した。「琉球政府も〔国際法が不明確であるため紛争が生じかねないという〕同様の含意を気にしているようであり、公式的な立場を定めるのにきわめて慎重に動いている」[152]。

こうした状況ではあったが、米国民政府は、採掘権の問題についての琉球政府に対する政策の基礎を形成しつつあった。そして、米国民政府は、九月十二日に、アラスカ・カナダ・ミネラルズ（ニューヨークを拠点とする鉱業会社）が追加で石油探査および採掘の申請をした後から、その政策を適用するようになる。〔後述するように〕地元紙には誤解される（あるいはゆがめて報道される）が、その決定の本質は、沖合の領域は琉球財産管理課（戦後占領地の私有財産を処理するために作られた機関）の管轄下にあると考えられるため、そこで琉球政府が認可やライセンスを与える際には、民政官の許可が必要となるということにあった。

この政策の背後にある考えは、以下のようなものだった。通常であれば、鉱業権や試掘権の付与は、一九六〇年六月二十四日の高等弁務官布告第三三号の条項にもとづいて、琉球政府の独占事項となるはずだった。この布告が、石油資源の開発を含めて、鉱業権や試掘権の付与に関する権限や責任を琉球政府に委譲していたからである[153]。米国民政府の法律家によれば、この布告は、陸や海での実施にかかわらず、石油探査に適用された。しかし、その後の一九六八年十一月の決定によって、領海が三海里〔約四・八三キロメートル〕に限定され、同時に琉球財産管理課が「そのような財産に対する最高位の権利およびすべての所有権と支配権を有する」ものとされた[154]。また、米国民政府のメモは次のように述べる。「われわれの意見では、沖合の領域での石油の試掘および採掘には、民政官の事前認可が必要である。これは、琉球政府が申請を受理・審査することを制限するものではない。〔しかし、〕米国民政府にとってもっとも重要な点は、実際の試掘および採掘が始まる前に、それぞれの案件において、民政官が承認または不承認を発する必要があるということである[155]」。

米国民政府が決定しなければならなかった次の問題は、同政府が、三海里の領海の外側における地域の海底での探査および採掘を承認する権利を有しているのかどうかということだった。この時までに提出された申請の中には、探査の範囲が三海里の領海を越えるものもあった。第2章で説明したように、地理的境界を設定した一九五二年二月二十八日の民政府布告第六八号は、非常に限定されたものであり、そこで明記された経度や緯度の内側に存在する島嶼、小島、環礁、岩石、および「領海」を超えた範囲に対しては、アメリカや琉球政府の領土上の主張を規定していなかった。それゆえ、米国民政府は、「沖合の海域への米国の利益の拡大は、米国民政府や琉球政府の法律に依拠するのではなく、国際法の判例に依拠するべきである」と結論づけた[156]。

ところで、上述のアラスカ・カナダ・ミネラルズからの申請に関連して、沖縄の地元メディアが、米国民政府の立場を取り上げていた。その影響で、沖縄の人々は、アメリカが「自ら使用するために石油資源を独り占め」しようとし、琉球政府が申請を審査するのを妨害しようと介入してきていると考えるようになった[157]。しかし実際には、これは事実ではなかった。米国民政府は単に「海底探査の国際的含意」と「国際分野における自らの責任」に配慮していただけだった[158]。米国民政府の当局者たちは、彼らがワシントンに報告したように、琉球政府による申請の検討を「監視」しようとしていたものの、それに「介入」するつもりはなかったのである[159]。

実際問題として、米国民政府は、琉球政府が「現在、自らの手元で保留にしている申請を優先的に審査しようと考えている」とは感じていなかった[160]。琉球政府の中には、申請〔の裁定方針〕について琉球政府が民政官に勧告できるまでに数年かかると語る者もいた。これらの理由は、翌一九七〇年九月十八日に開催された〔米国民政府と琉球政府の〕会議で説明された。この会議は、尖閣地域における鉱業権の申請についての審査に関して、琉球政府に「非公式の最新情報」を提供させるために、米国民政府が呼びかけたものだった。[161] 会議の冒頭、琉球政府の職員は、尖閣地域における探査および採掘に関する利権を申請しているのは三人だと説明した。鉱業法にある特定の規定に従うと、申請数は、総計二万四八四一件ということになった。この膨大な量の申請は、琉球政府の鉱山係の限られた人員に重い負担を課すことになった。臨時職員を雇ったにもかかわらず、申請の審査の第一段階から、かなりの遅れが生じていた。

琉球政府は、鉱業法では、申請は先着順に処理されることになっており、その後鉱業権〔の裁定方針〕が勧告される際も、それは提出順に行われると説明した。もちろん鉱業法は、適切な個人や法人からの申請や、現地の法律に従っている申請を対象としていた。琉球政府通商産業局工業課の仲村将市鉱山係長は、時間を短縮するべく、あらゆる努力をしているが、一九七一年半ばまでは勧告を提出できそうにないとコメントした。

法務局長のマクニーリー（Richard K. McNealy）中佐は、仲村に対し、琉球政府の鉱業法によれば、米国政府の統治または施政の下にある地域内でのすべての試掘および探査には民政官の承認が必要であり、これは尖閣地域沖合にもあてはまると伝えた。その後、米国民政府と琉球政府の職員は、認可の手続きを促進するためにも、尖閣における採掘の状況に関して緊密に連絡を取り続けることが有益だということで一致した。

通産局の喜納章商工部長は、続けて、琉球政府は尖閣諸島の施政を維持することに関心を持っており、琉球政府の利益を守る上で米国民政府の支援を要請すると述べた。マクニーリーは、そのような懸念を理解していると答えたが、それ以上は関与しようとしなかった。

米国民政府は、情勢を注視し続けていたが、いくつかの事案では、問題に巻き込まれることになった。同じ九月、高等弁務官は、「沖縄の尖閣諸島を守る会合の意見」と題された嘆願書を受け取った。この嘆願書を送ったのは、琉球立法院、また尖閣諸島の資源を守るために八月から九月の間に発足した現地の団体だと思われる。米国民政府の一部には、これに共感する者もいたが、苛立つ者もいた。

マクニーリーは、この嘆願書への対応方法について勧告した内部メモの中で、渉外局に対し、「尖閣の石油を掘り当てることによる利益を沖縄住民にも共有させたいというきわめて正当な願望には共感するが、アメリカの大企業のたくらみに言及していることをはじめ、〔この嘆願書が〕外国に対する反感をにじませているのには、うんざりする」と伝えた。[162] 彼は続けて次のように記している。経済局が「正確に指摘しているように、琉球政府は現在まで、その使い勝手の良くない鉱業法を官僚的に執行することによって、鉱業権の付与を続けている。いくらかの努力によって審査は加速しているが、琉球政府が探査権や採掘権を認可するべく、民政官に承認を求めるのは、もっとも早くて一九七〇年末だと考えられている」[163]。

官僚的な手続きは、この遅れを説明する理由のひとつだった。ホップ（Edgar E. Hoppe）経済局長のメモによれば、琉球政府は、尖閣諸島の周辺海域の石油探査に関する「申請の審査をゆっくりやるよう、〔長い間通産省から〕要求されている」のだった[164]。また、日本でも同様の認可制度が使用されていたが、熟練の職員でも、年間約八〇件の申請を審査するのが精いっぱいだった。そのため、琉球政府通産局の職員が述べるには、一九六六年から一九七〇年十月の間に一五〇〇件しか審査できていないことに鑑みると、返還までに二万五〇〇〇件の申請を審査する作業の見通しは明るくないというのだった。これは、上述の九月十八日の会議で語られたこととは、矛盾している。

しかし翌週、『琉球新報』は、通産省が審査を促進するために〔要員の〕派遣を計画していると報じた。この十月七日の記事は、米国民政府の広報局が英訳して日刊『オキナワ・ニュース・ハイライツ』に掲載したことで、米国民政府内で大きく注目され、副民政官はさらなる情報を求めた[165]。ホップは翌日、台湾の中国石油公司が一九七〇年七月二十八日に、この地域における共同探査の契約をガルフやアモコなどのアメリカ企業と調印した後、通産省の政策は「一八〇度転換」したと報告した[166]。通産省が促して、琉球政府は、十月一日、鉱業権の申請を審査する職員の数を五人から七人に増やし、さらに四人の臨時職員を雇った。逆に琉球政府は、通産省に対して、申請に関する作業に従事する七人の追加要員の派遣を要請し、〔米国民政府の〕経済局には、おそらく七人中、五人か六人が派遣されると考えていると伝えた[167]。新聞記事によれば、人員が派遣される日は明確にされていなかった。しかしその一方で、通産省は、琉球政府の鉱業申請を処理する能力を調査するために、沖縄・北方領土対策庁から数人の職員が派遣されると発表した[168]。

約半年後の一九七一年二月十二日、米国民政府の要望で、海底油田に関する申請の審査の現状についての協議が、米国民政府経済局および法務局のスタッフと、琉球政府通産局の鉱業および試掘の担当者との間で開催された。琉球政府の代表者たちは、自分たちは、琉球諸島に近い海域の一万四〇〇〇―一万五〇〇〇の申請を優先しているが、まだ申請の「受付の可否」を検討しているところであると報告した[169]。三月に予備的な審査が完了し、どの申請者が最初に申請したのかを決定する第二段階が四月に始まることになっていた。琉球政府の職員は、この作業は「依然として複雑」で、返還の前に裁定したいと考えていると述べた[170]。また、日本政府からの支援は作業を早める上で有益であり、支援を再度要請したいと語った。米国民政府の職員たちは、この協議の中で、そのような権利を裁定する前には民政官の承認が必要であることを改めて確認した。琉球政府の担当者は了解し、米国民政府と緊密に作業したいと述べた。

この会談の最後に、当時琉球政府が考えていた、三人の申請者に対し、互いに競い合うのではなく、ひとつの企業の設立に参加するよう要請するという計画について議論が交わされた。

琉球政府の担当者たちは、このアイデアを強く支持しているようだった。曰く、これは、三人の申請者にとっては税金などの費用が安く済む方法で、また、石油産業の発展による全体的な利益をすべての琉球住民に行き渡らせる最善の機会を提供するものでもある。大見謝は、彼が選んだ場所柄、もっとも大きなチャンスを有していると多くの人々によって考えられたが、琉球政府の担当者の説明によれば、彼自身はこの合弁企業構想に抵抗していた。

マクニーリーは、フライマス（Edward O. Freimuth）に、鉱業権や石油採掘権の問題についての最新情報を伝えるため、書簡を送っている。フライマスは、かつての米国民政府の渉外担当責任者であり、陸軍次官補代理（国際問題担当）の特別補佐官としてワシントンに移るまで、一九四六年から一九六六年の間、沖縄に勤務していた。書簡の中で、マクニーリーは、一九七一年秋までに琉球政府が裁定の段階に入ると見積もり、「高等弁務官が直接関与するまではまだ数カ月あるが、その日は近づいている」と論じた[171]。マクニーリーはフライマスに対し、鉱業権の申請に関するいかなる最終決定も、民政官の事前承認なしには行うことはできないと琉球政府に指摘したことを伝えた上で、「いつものことだが、琉球政府が重要な時期にどのような言動をとるのかを予測するのは困難だ」と認めた。そして、「たとえ琉球政府がわれわれの指示に従い、米国民政府に裁定方針を提示したとしても、われわれは、琉球政府の勧告を承認することで台湾の反感を買ったり、あるいは琉球政府が指定した申請者を拒否して県民の怒りを買ったりするといったことを避けられるような立場にいる」べきだと警鐘を鳴らした[172]。またマクニーリーは、日本との問題に関して次のように指摘している。

日本政府がどのような立場をとっているかを推測するのは興味深いが、私は、アメリカ政府は日本やその他の外国筋からそれほど大きな支援や理解を期待することはできないと考えている。われわれは、何をしてもののしられるだろうし、何もしなくてもののしられるだろう。われわれは自分たちの決定を止めておこうとすることもできるが、琉球政府は、返還後にすべての問題が日本政府の管理下へと移行するという事態を避けるために、即刻答えを出すことを「要望」するだろう。沖縄のことを熟知した人物として、あなたは、この問題についての典型的な「ジレンマ」の側面を理解することができるはずである。沖縄におけるアメリカの選択は、しばしばこの手のジレンマに特徴づけられている[173]。

マクニーリーはフライマスへの書簡の最後に、上記の琉球政府の当局者たちとの二つの会談についてのメモと要約のコピーを添えて、国務省が「アメリカの〔政策的〕立場を検討する必要があるだろう」と記した。しかし、彼は、陸軍省がこれらの問題に関心を持つであろうことから、この点を加味しておくようフライマスに要望した[174]。

この書簡を受け取ったフライマスは、彼の補佐官で、この問題を注意深く追いかけ、記録を残していたオフラハーティ（Edward O'Flaherty）と話し合い、陸軍省の政策を確認するとともに、指針を準備するよう彼に依頼した[175]。その後、五月初めには、陸軍次官代理（国際問題担当）に提出するための指針に関する勧告が完成した。

陸軍省国際民政局長のボールドウィン（Clarke T. Baldwin）准将は、次の三つの行動指針案を提示し、それぞれについて賛否両論を並べた。

一．一つのやり方は、琉球政府から、海底探査および採掘の認可を与える権限を取り上げることである。しかし、このような行動は、琉球住民から自治の後退だと強く批判されるだろう。米国民政府は、琉球住民に利益をもたらす一方で、米台関係に損失をもたらす可能性のある認可申請をすべて承認する用意がある場合に限って、そのような措置から生じる現地での政治的批判を回避できるだろう。それゆえこの行動指針は、埋め合わせとなるような利益を実現することなく、この問題に内在する難しいジレンマをさらに難しくすることになるだろう。

二．しかし、もし前段落で勧告されたように、認可の権限を琉球政府に残しておくのならば、琉球政府が、すべての裁定方針を米国民政府に照会してその承認を得ることを怠ることがないよう、すぐに行動をとるべきだと思われる。これを行うひとつの方法は、米国民政府が、琉球政府と了解覚書を作成し、申請を処理するために必要な承認手続きを明確化することであろう。いうまでもなく、その手続きでは、琉球政府は各申請への対応方針を米国民政府に照会して、承認を得なければならないという手順が付されることになる。これは、〔国際的な〕問題が発生している状況で、琉球政府が、単独で認可を与えてしまわないようにすることを確実にするであろう。

三．琉球政府が米国民政府に、承認の裁定方針を提出した場合、米国民政府がとりうるひとつの理論上の方策は、返還前には最終的な決定を行わないようにし、返還後に日本政府にこれを処理させるよう、これらの申請を放置しておくというものである。しかし、琉球政府は明らかに、この秋に米国民政府に裁定方針を提出することを計画しているので、米国民政府は、それほど長い間決定を引き延ばすことはできないだろう。それゆえ、これは、見込みのある行動指針とはいえない[176]。

その上でボールドウィンは、「最善の指針」は、米国民政府が琉球政府の裁定方針のすべてを「慎重に検討する」ことだと勧告した。これにより、「それらの裁定方針が通常の法的要件やその他の要件に合致していること、それらが深刻で複雑な国際問題を生じさせないこと、そしてアメリカの利益に対する悪影響が除去されたり最小化されること」を確実にできるからである。ボールドウィンは、「深刻な問題（現地法上の問題や国境問題など）が存在する場合には、米国民政府は、琉球政府に対し、裁定方針は承認できないと告知できる立場にある」と付け加えた。[177]

しかし、これらの争点のもっとも重要な点は、現地と国家――琉球政府と日本政府――の法の精神を尊重するという課題と、台湾との地域的な対立という問題が絡み合ったことだった。上記の覚書や勧告は、米国民政府の当局者に実質的な指針を提示してはおらず、時間稼ぎの手段しか提示できなかったように思われる。しかし、沖縄が返還される一九七二年まで、時間はなかった。しかも、日本、沖縄、台湾、中国の一方的行動によって、尖閣周辺海域で緊張が高まると、時間はさらに差し迫ったものとなっていく。

▼沖縄の反応

台湾、日本、アメリカが、沖縄の利益や将来に影響をおよぼす採掘権について、公式・非公式の見解を示したりさまざまな決定をしたりする中、一九七〇年八月、石垣市長に当選して間もない桃原用永は、沖縄の海底に眠る石油資源を守り、琉球政府がこれを採掘することで「蘇鉄地獄の沖縄を石油天国の沖縄」に転換するときだと訴え、協議会の創設を提唱した。[178] そして八月八日、「尖閣諸島周辺の石油資源開発促進協議会」の創設会議が、沖縄銀行八重山支店ホールで開催された。六〇人近い人々が出席し、その中には、さまざまな地元の組織や、石垣市議会の議員、その他の地元の有力者たちが含まれていた。桃原による同協議会の目的についての説明と、会則に関する審議に続いて、参加者による投票の結果、桃原が同協議会の議長に選出された。さらに、三人の副議長と二九人の幹事が役員として選ばれた。

この協議会は、八月十九日に再び会議を開き、尖閣諸島の石油資源を守る必要性を県民に喚起することを含め、予算と事業計画を決定した。これは、沖縄全体で組織を創設したり、アメリカ政府や琉球政府・琉球立法院に対し、尖閣諸島の石油資源を守り、「県民による県民のための開発」を行うよう呼びかけたりする取り組みへとつながっていった。[179] 協議会はまた、沖縄市長会を構成する九人の市長（桃原もその一人）に、以下の署名入りの嘆願書を送ることで一致した。[180]

「沖縄市長会への要請文　尖閣諸島周辺の石油資源開発について」

沖縄県民の貴重な財産である尖閣諸島周辺の石油資源の開発が脚光を浴びて、今や、その鉱業権が国際的の問題になっています。

このことは、県民の財産を県民の手で開発するか、それとも手をこまねいて本土もしくは他国の業者にみすみすゆだねるか、まさに県民の利益と自治の面目にかけて重大かつ緊急な県民課題であります。

殊に、祖国復帰を前に控えて、われわれは、慎重にこの問題の意義を明確にして、本県産業の発展に寄与し、悔いを残さないよう決意と行動が必要なときだと考えます。

　上記の理由で、一九七〇年（昭四五）八月八日に八重山地区では、尖閣諸島周辺の石油資源を守り、地方自治の主体性に立って、その民主的開発を積極的に推進し、沖縄県民の利益と発展に貢献することを目的に沖縄県尖閣諸島《マ》周辺石油資源開《マ》発促進協議会を結成しました。

　そして、石油資源に対する県民の利益を守り、自立と自治と繁栄の沖縄の新しい時代をつくる強大な県民運動をまき起こすために、宮古、沖縄の各市町村や諸団体にも呼びかけることを決定しました。

　貴会におかれましても、ぜひ、その運動の趣旨に賛同され、左記の事項に対して特別なるご配慮をしていただくよう要請します。

記

一．県下の各市町村、地域に組織をつくり強大な中央組織にまで発展させる。

二．琉球政府やその他関係機関に要請してもらいたい。

以上

　沖縄市長会は、翌週の八月二十四日、この嘆願書について議論するために会合を開いた。桃原はこの会合に出席するため、石垣から那覇に赴き、嘆願書の内容と尖閣諸島における日本の施政の歴史について、自ら説明した。さらに桃原は、石垣で設立された協議会が、沖縄全体の組織に成長することへの希望を表明した。いくつかの質問の後、沖縄市長会は、協議会による活動への支援要請に応じることを全会一致で決議した[181]。

　一週間後の八月三十一日、琉球立法院が、アメリカ大統領、国務長官、高等弁務官に宛てた尖閣諸島に関する決議を採択した[182]。「尖閣列島の領土権防衛に関する要請決議」と題するこの決議には、次のように記されている。


「尖閣列島の領土権防衛に関する要請決議」

　尖閣列島の石油資源が最近とみに世界の注目をあび、県民がその開発に大きな期待をよせているやさき、中華民国政府がアメリカ合衆国のガルフ社に対し、鉱業権を与え、さらに、尖閣列島の領有権までも主張しているとの報道に県民はおどろいている。元来、尖閣列島は、八重山石垣市字登野城の行政区域に属しており、戦前、同市在住の古賀商店が伐木事業及び漁業を経営していた島であって、同島の領土権について疑問の余地はない。よって、琉球政府立法院は、中華民国の誤った主張に抗議し、その主張を止めさせる措置を早急にとってもらうよう院議をもって要請する。

　右決議する。一九七〇年八月三一日、琉球政府立法院

　高等弁務官の政治顧問で、後に返還後最初の沖縄総領事となるノールズ（John F. Knowles）によれば[183]、決議は突然行われ、部分的にせよ沖縄や日本国内の政治的配慮の影響を受けていた。

すなわち、法案審議の最終日に決議を通すことで「革新勢力を出し抜く」という、沖縄自民党が率いる沖縄の保守勢力による「衝動的な行動」の結果だった。[184][185] 沖縄自民党は、明らかに、目前に控えた九月の立法院選挙や、初めて沖縄の代表が選出される十一月十五日の国政選挙において、「重要な争点になりつつある」この問題に関する立場を強化することを目指していた。八重山では、革新勢力がこの年の三月の市長選に勝利し、外部の侵害行為から尖閣諸島の石油や天然資源を守るため、上記の協議会の結成を主導していた。[186] 米国民政府の陸軍省への報告によれば、突然の決議の提出という行動の背後にある政治的事情にもかかわらず、それは「議論もなければ反対もなく」採択された。その理由は、この決議が、「沖縄の主要な利益のために尖閣諸島は確保されるべきだと信じる、沖縄住民一般の感情を反映していた」からだった。[187]

二つのことが、決議の通過を後押しした。すなわち、一九六八年十一月十日の第八回立法院議員選挙で、保守勢力が三二議席中一八議席を獲得して過半数を占めていたこと、[188] さらに星克立法院議長が沖縄自民党のメンバーだったということである。星自身は、尖閣問題を熟知していた。彼は石垣で生まれ育ち、白保尋常高等小学校で教鞭をとり、戦後は大浜町（現在は石垣市の一部）の助役、そして町長を務め、続いて八重山群島会議の議員となり、一九五四年三月に琉球立法院の議員となったのである。

現地では、尖閣諸島周辺の石油資源開発促進協議会が九月八日に緊急会議を開催し、尖閣諸島が日本に属していることを台湾に対して明確に示すよう琉球政府、日本政府、米国民政府に要望するとともに、台湾漁民による琉球領海の侵犯と尖閣諸島への上陸に強く抗議した。[189] 加えて、同協議会は、沖縄市長会、沖縄町村長会、沖縄市会議長会、沖縄町村会議長会に対しても、これらの問題について琉球政府、日本政府、米国民政府に厳重な抗議をするよう要請することを求めた。[190]

二日後の九月十日、桃原は協議会と石垣市を代表して、前述の嘆願書を屋良主席、日本政府、米国民政府に送った（嘆願書は数頁におよび、ここで引用するには長すぎるが、それ以前の議論のいくつかを繰り返したものであった）。桃原は、屋良と同様、師範学校へ進学し（屋良は二年年長だった）、その後、教育問題に従事した（桃原は八重山教職委員会の会長で、屋良は沖縄教職委員会の会長だった）。そして、二人とも政治的には中道左派に位置していた。このように二人の関係は近かったのである。屋良は、桃原の最初の本である『八重山の民主化のために』にも序文を書いている。[191]

同じ九月十日、琉球政府内で局長会議が開催され、そこで局長たちは、尖閣諸島が琉球諸島の不可欠の一部であるという点で一致した。[192] 会議には、屋良主席と知念副主席も出席し、[193] 琉球政府庁舎の三階の屋良の執務室には、十数名が集まった。尖閣諸島問題——その領有権と資源開発の双方——は、三時間にわたる会議の中で、最後の四番目に議論された。

尖閣諸島については、通商産業局長の砂川——砂川は、一九七一年夏まで同局長を務め、この職をもっとも長く務める一人となる——が議論を主導した。さらにこの議論には、同局の仲村鉱山係長が加わった。砂川は、はじめに通産局の結論を述べた。それは、尖閣諸島は沖縄に属し、それゆえ沖縄は大陸棚付近の資源を開発する権利を有しているというものであった。彼は、通産局がそう考えた四つの理由を説明した。その後、他の局長たちは、局長代理の四人を含めて、通産局の勧告を支持し、屋良と知念も同意した。このように、局長会議は、尖閣諸島が沖縄の一部であると全会一致で結論づけた。この局長会議で承認され、「尖閣列島領有権及び大陸ダ《ママ》ナ資源の開発主権に関する主張」と題された琉球政府の声明は、同じ日に公表され、次のような文言になっていた。

「尖閣列島の領有権及び大陸ダナ資源の開発主権に関する主張」

北緯二五度四〇分から二六度、東経一二三度二〇分から四五分の間に散在する尖閣列島は

①明治四十七（一八八四年）に古賀辰四郎（福岡県出身）によって発見され同年以降大正中期まで同氏により羽毛、べっ甲、貝類及び鳥ふんの採取、かつお節製造工場の建設等はなされ、その周辺海域は沖縄漁民の活躍の場であったこと。

②明治二十八年一月十四日の閣議決定をへて翌二十九年四月一日勅令第一三号に基づき日本領土と定められ、沖縄県八重山郡石垣村に属せしめられたこと。

③沖縄県が対日平和の発効により、日本より分離された後は、同条約及び奄美諸島に関する日米協定に基づく米国民政府布告二七号「琉球列島の地理的境界」第一条の規定による区域内に同列島が位置していること。

等によって知られる通り同列島が琉球に属し、一九七二年の日本返還に際しては返還区域内に含まれていることは、なんら疑う余地のない程明白なことである。

したがってわれわれは同列島と中国との間にまたがる大陸ダナについては既に国際慣習法化している大陸棚条約の理念に基づきわが沿岸大陸棚鉱物資源の探索及び開発の主権的権利を行使することができる。即ち、同条約によると、相対する沿岸を有する二以上の国の領域に同一の大陸棚が隣接している場合にはこれらの国に属するその大陸棚の境界は、それらの国の合意によって決定され、合意のない場合には特別の事情により他の境界線が正当と認められない限り境界は中間とすることが定められている。

このようにわれわれの主張は国際法を尊重し、かつ国際協力という人類の理想を指向していることにより、十分にその根拠を有するものである。(194)

これはまさに、屋良の考え方でもあった。この前月の八月十八日の記者会見で、屋良は、尖閣諸島は石垣市に属する日本の領土であるという自らの考えとともに、さらなる研究の後、できるだけ早く琉球政府の公式見解を表明したいと述べていた。(195)

九月に行われた会議は、彼にその機会を与えたのである。

局長会議の結論は、国士舘大学助教授で国際法学者の奥原敏雄による、『沖縄タイムス』での九回にわたる連載記事に後押しされたものであった[196]。奥原は早くも一九七一年春、尖閣諸島の歴史と法的地位に関する二本の論文を発表していた[197]。彼はまた、南方同胞援護会（南援）と連携しており、『季刊沖縄』の一九七〇年三月号に論考をひとつ発表している。なお南援は、沖縄に関連する問題のために活動することを目的として、一九五六年に設立された準政府機関である〔第2章も参照〕。

一九七〇年四月初頭、南援は、尖閣諸島に関する行政文書や歴史資料の収集を開始し、九月十四日、尖閣列島研究会を設立した[198]。この研究会は、大浜信泉南援会長が率いることになった。石垣島に生まれ育ち、その後早稲田大学総長を務めた大浜は、沖縄問題についての佐藤首相の助言者でもあった。研究会には、何度も尖閣諸島に渡島した経験を持つ高岡元衆議院議員や、早稲田大学客員教授として国際関係論や国際法の専門家として活躍した入江啓四郎（上海で育ち、戦前は記者をしていた）、東海大学の地理学の教授である星野道平、国士舘大学の国際法の助教授である奥原、さらに外務省、通産省、琉球政府東京事務所から何人かの職員が参加していた。この研究会は、尖閣関連の資料を収集するとともに、とくに尖閣の実効支配に関して、国際法や歴史の観点から分析を行った[199]。彼らは公正中立だったわけではない。彼らは、尖閣諸島が日本に属していることを示すことが自分たちの使命だと考えていたのである。

結局、この研究会は、一九七一年三月、南援が発行する『季刊沖縄』で、「特集 尖閣列島」と題する二巻本のうちの一巻目を発表した[200]。第一巻は、日本語で発行され、二六〇頁にもおよび、「国民政府や中国の尖閣列島領有宣言にも十二分に応えうるガッチリした内容をもつ唯一の資料」であった[201]。各章は次のようなものだった。大浜による序章「尖閣列島に関する特別号の発行について」、研究会の名前で書かれた「尖閣列島とそれらに対する日本の領有権」、入江による「尖閣列島海域開発の法的基盤」、尖閣周辺地域の石油資源開発に関する当局者や学者による座談会、高岡による一九六八年の尖閣諸島での調査についてのルポ、また石垣市の助役だったこともあり、著名な郷土史家でもある牧野清による尖閣諸島の歴史についての短い記事、奥原による論文「尖閣列島の領有権問題」、などである。南援の幹部で、尖閣が国際問題となる二〇年も前に、尖閣諸島やその他の島嶼が国際紛争の導火線となり火を噴くのではないかと予想していた吉田嗣延は、この特集号について「ほのかな誇りを持った」と記している[202]。

尖閣問題が解決しなかったので、同研究会は、調査と文書収集を継続した。沖縄返還後の一九七二年末、研究会は、南援の最後の研究プロジェクトとなるであろう、「特集 尖閣列島第二集」と題する第二巻を発行した[203]。著者の多くは、第一巻と同じであったが、尖閣列島研究会の名前で書かれた前号所収の論文が英語で発表されたのを含め、各章はわずかに異なっていた（彼らが、日本の主張に国際的な注目が集まるよう意図したことは明らかである。このアプローチは、沖縄返還問題でアメリカの世論や政策当局者に影響をおよぼすために、かつて南援がアメリカに対してとった方法であった)。入江は、一八九五年の日清戦争末期における下関条約と尖閣諸島の地位について論文を書いた。日本史を専門とする琉球大学教授の喜舎場一隆は、琉球王国と中国との間の朝貢・冊封関係の記録の中での尖閣諸島の位置づけについて論じている。牧野は、中国の主張を支持する井上清京都大学教授の議論に対する詳細な反論を書いた。そして星野は、東シナ海の大陸棚に関する短い論文を発表した。各章は変わったが、論文集の主張は同じであった。尖閣諸島は、日本の領土だということである。

尖閣列島研究会が公式に設立される前、高岡は、東海大学の調査団の顧問として尖閣に行くため、一九七〇年六月に再び沖縄を訪れていた。滞在期間中、彼は、琉球立法院議員で沖縄自民党のメンバーである桑江朝幸と会った。桑江は、琉球立法院の復帰対策特別委員会の委員長を務めており、高岡は、桑江が軍用地地主連合会の会長を務めていた頃に彼と知り合っていた。高岡は桑江に対し、日本政府は尖閣諸島の開発に強い関心を持っているとして、次のように述べた。

尖閣列島の石油開発資源には総理府も通産省鉱山局、石油公団も本腰を入れて取り組んでいる。施政権がアメリカにあるため隔靴掻痒の感は免れない。琉球政府が一日も早く特殊法人を組織して資源開発に着手してもらいたい。政府や石油公団は万全の態勢を整えて支援することを約束している。屋良朝苗主席、知念朝功副主席、砂川恵勝通産局長にも説明し強く要請してある。立法院議会の協力と行政府に対する督励方を頼む。[204]

桑江は、尖閣諸島の石油資源開発の問題を整理した上で、立法院で強力に問題提起することを約束した。その後彼は、石油資源開発株式会社による尖閣での産油予想記録や、石油資源開発株式会社設立についての資料を入手し、琉球政府の砂川と緊密に協力した。

六月二十九日、各党の代表者による質疑の時間に、桑江は、尖閣諸島に関する政策をめぐって、次のように屋良に質問した。

尖閣列島の石油資源開発は沖縄の永遠の利益を守る立場にたって、県民の自主開発を目指して進んでいかなければならないが、最近の新聞は「鉱業権取得作業も遅滞」「弱腰の琉球政府」「沖縄を素通りして本土に吸収か」と報道されている。主席の考え方を聞きたい。また沖縄の恒久的な利益確保のため、尖閣列島石油資源開発について主席の基本方針と抱負、その決意を伺いたい。[205]

屋良は立ち上がり、これに答えた。「メッセージにもある通り尖閣列島周辺の調査を継続し、開発のメドづけと天然ガスの企業化を促進する、沖縄の経済開発に大きなプラスになる一つの民族資源として把握し、検討を進めさせる[206]」。

桑江は、屋良主席から約束をとりつけたことに満足し、立法院の予算委員会でさらに深く掘り下げて行政府の施策をただすことにした。桑江は自身の研究も継続し、尖閣諸島の開発の可能性に思いをめぐらせた。「『捕らぬ狸の皮算用』とも思われる」と、彼は回顧録の中で認めている[207]。

一方、高岡は一九七〇年八月、石油資源開発株式会社の池辺穣取締役を伴って再び沖縄を訪れ、知念副主席に対し、上記の株式会社を設立するため琉球政府の支援を要請した[208]。

一九七〇年八月から九月にかけてさまざまな決議や公式声明が出されたり、集会など種々の政治的動きが起こっていた中で、九月二十六日、砂川通産局長は、尖閣油田開発株式会社を設立する意図があると発表した。この会社は、鉱業権を所有する三人と、行政府、一般民間人の三者からなっており、鉱業権者は鉱業権を現物出資し、行政府と民間人が必要な資金を出資することになっていた[209]。加えて、砂川は、この会社は採掘権や試掘権を扱うことができるものとするが、開発段階では、日本本土からの参加も含めると発表した。さらに彼は、本土から五、六人の専門家が、採掘権の申請の審査を支援しにくると述べた。

この発表とともに、池辺は十月に再び沖縄に赴き、報道によると、知念の要請で彼と会談したようである。彼らは、尖閣油田開発株式会社設立について議論し、池辺は、琉球政府の構想のために「全面的に協力いたしましょうと約束」した[210]。翌十一月に、上記『季刊沖縄』の尖閣諸島の特集の一回目に掲載するために行われた、尖閣問題に関係する政府当局者やその他の人々との座談会で、池辺は尖閣油田開発株式会社の概要について説明を行っている。

池辺の説明によれば、琉球政府が主体になった会社をつくって、そこが開発をすることになっていた。しかし、この開発に必要な資金は膨大なので、琉球政府だけではそれをすべて賄うことはできなかった。そこで、この仕事に協力する日本本土の企業に対し、尖閣周辺地域の鉱業権を一定程度与えることが提唱された。このような日本本土の企業には、その仕事に対する金銭は支払われず、資源が見つかったときに生産物で支払うという形をとるのだった。言い換えれば、費用は、何かが発見されたり開発されたりしたときにのみ、企業に戻ってくるのであった[211]。

公開座談会の司会であった吉田嗣延が、天然資源の発見や生産の前に、誰が開発費用を出すのかを尋ねると、池辺は次のように答えた。

それは日本グループが外国へ行って仕事をするのと同じような形で、沖縄県でつくった会社と提携して、そこから権利を五〇パーセントなら五〇パーセント譲受けることを条件に何十億円という仕事を引受けるとすれば、その金の半分は公団からまたもらえるという形で仕事が進んでいくのじゃないか。それがいま考えられている一番いい方法じゃなかろうかと思います[212]。

吉田は、もしそうだとすれば、沖縄もこのアイデアをきっと支持するだろうと述べ、次のように付け加えた。

> そういう場合の県益とか国益が一本になるような形でね。県益なくして国益はないし、国益なくして県益もない。その辺の調和点をしっかりつくって、最終的には国が協力する形で企業を激励してやっていくということが、いまの日本の経済機構じゃないですか。沖縄側がそういう形で積極的に参加してくれないと困りますね。[213]

この議論は、十一月二十一日に東京で行われた。その一週間前の十一月十五日、戦後初めて、沖縄で衆議院議員と参議院議員を選ぶ選挙が行われた。参議院選挙では、屋良の緊密な協力者である喜屋武真栄が革新陣営から選出されるとともに、琉球石油のオーナーで尖閣諸島開発を強く提唱する稲嶺一郎が保守勢力から当選した。衆議院では、西銘順治と国場幸昌が自民党から当選したが、三人の革新派が、三つの左翼政党からそれぞれ選出された。

尖閣について琉球政府が見解を表明した直後の九月十八日、上述した「沖縄県尖閣列島石油天然資源等開発促進協議会」が設立され、沖縄社会大衆党の平良良松那覇市長が会長に選ばれた。[214] この協議会の全体としての目的は、尖閣諸島に対する日本政府や本土の石油企業の関心の高まりに対応することであった。[215] より具体的に、協議会は、二つの目標を設定した。①尖閣諸島周辺の石油資源をはじめ沖縄県全域の資源を守るとともに、地方自治の本旨にもとづき、主体的、民主的に資源開発を推進し、県民の利益と発展に寄与する、②資源および開発に必要な資料収集と調査研究を行い、県民に対する広報活動を展開、県民の総意を結集する。[216] しかし、この協議会はそれほど活動的でなかったようであり、平良は自分の回顧録の中で、協議会について言及さえしていない。[217] 協議会についての文書がこれ以上ない状況では、皮肉な観察者であれば、これは単に、国会選挙を前にした、革新勢力による政治的企てだったと結論づけるかもしれない。しかし、大見謝はおそらく、自分を支援するものとして、この協議会に大きな期待を寄せていた。

同じ頃、砂川率いる通産局は、尖閣開発のための地元の協力という考えにもとづき作業を継続していた。一九七一年二月初頭までに、琉球政府は、「県益第一主義」の方向で尖閣諸島の海底油田を開発するため沖縄石油資源開発株式会社法案を三月一日に立法院に勧告する準備をしていた。[218] 琉球政府によれば、この法案は、琉球諸島の領域内にある、尖閣諸島とその周辺海域の開発申請に対処するものだった。また、この法案の範囲外にある地域に関する申請も受け入れられるであろうが、最終的な決定は、大陸棚条約の原則にもとづき、将来の当事国との議論の対象となるとされた。砂川は、それぞれ申請者は大筋で合意しているが、その詳細については、立法院の審議と並行して、調整される必要があるとも語っていた。

三月十日までに、琉球政府は、前述の三人（大見謝、古堅、新里）による、計二万四八六四件の鉱業権に関する申請を受け付けた。通産局によれば、申請を検討して承認を与えるための審査には四〇の段階があるが、一九七一年十月までには作業を終え、申請者に承認を与えることができると予想されていた。[219]

しかし、この作業は、この一九七一年の春における上述の尖閣油田開発株式会社設立と同様、計画通りには進まなかった。この年の初めには、屋良の周辺で一連のスキャンダルが明るみになり、野党である保守勢力だけでなく、革新陣営内にも問題を引き起こした。さらに、まず沖縄返還に集中し、その後に基地問題に対応するという、屋良のより現実的な返還へのアプローチが、革新陣営内の急進派を怒らせた。このように革新陣営内の緊張が深まる中、屋良は辞任を申し出たが、これは拒否された。[220]

沖縄返還協定が調印された四日後の一九七一年六月二十一日、立法院での屋良への質疑で、桑江は、再び尖閣油田開発株式会社と申請の問題を取り上げた。桑江は、油田の可能性について自分が持っている新たな情報や、琉球政府に対する日本政府の要請を説明した。その後、二年以上前に大見謝やその他の人々によって行われた申請はどのような状態になっているのか、そして尖閣油田開発株式会社を設立するに際して、琉球政府はどうするつもりなのか、質問した。琉球政府側の代表者は、「政府局長会議で立法勧告することに決定してある。鉱業権についても年内に処理する」と答弁した。[221]

一九七一年七月初旬までに、琉球政府が法案を提出できないことが明らかになった。この問題に関する日本政府との見解の相違に加えて、琉球政府は、沖縄の三人の鉱業権申請者との合意に達することができずにいた。[222]八月初頭までに状況は悪化し、琉球政府は法案提出を諦めた。[223]八月六日に大見謝が株式会社に参加しないと発表した時、このプロジェクトはすでに破綻していたのかもしれない。[224]

桑江の記述によれば、琉球政府の上層部の交替によって、情勢はさらに悪化した。革新陣営内での対立は、屋良の辞任の申し出によっても、ほとんど鎮静化しなかった。結局、琉球政府幹部の何人かが、一九七一年夏に辞職願を提出した。その中には知念と砂川も含まれていた。二人とも、「尖閣列島の石油開発問題の最初から一生懸命に努力した」と桑江は記している。[225]彼らの後任の宮里松正と喜久川宏は、桑江によれば、「尖閣列島の重要性に対する認識に欠けている」[226]人物であった。その一例として、一九七二年四月二十一日の琉球立法院で、桑江が鉱業権の申請や尖閣の石油資源開発に関する全体的な計画の状況について質問した際、金城作一通産局次長は、「出願申請のすべてを復帰時点で本土政府に引き継ぐため特別措置法にのせるべく作業を進めている」と答弁したのだった。[227]

桑江は、立法院の各委員会や本会議で、琉球政府が鉱業権申請を処理中であると答弁を重ねてきたことを思い返しながら、激怒した。彼は、回顧録の中で、それは「残念至極」だったと述べており、最終的に三八万二三六一ドルが申請料として費やされたが、書類を受理しただけに終わったと記している。[228]桑江は、屋良がこの問題の扱いを誤ったと責めた。「あなたが沖縄県の将来を誤った証拠として、子々孫々に伝えたいと思います。繰り返し申し上げますが、この石油資源の開発によって沖縄県民は日本一の金持ちになるだけの宝がそこに埋まっているのです。それをみすみす県の利益を素通りさせた、これは沖縄の運命を誤らしめた(229)」。われわれは今日に至るまで、沖縄県が、粗末でかつ時宜を逸した決断のために、何度もチャンスを逃す事例を目撃し続けることになる。

第4章　沖縄返還交渉とアメリカの「中立政策」

本章では、沖縄返還協定をめぐる交渉過程を中心に検討する。沖縄返還協定交渉は、正式には一九七〇年に始まり、一九七一年六月に合意に至る。本章では、まず沖縄返還の決定について検討し、その後で、沖縄返還協定交渉について詳しく考察していく。

尖閣諸島の問題が争点化したのは、沖縄返還協定交渉においてであった。アメリカの同盟国である日本と中華民国は、尖閣諸島の地位についてそれぞれ主張を展開し、さまざまな形でアメリカに圧力をかけた。一方のニクソン（Richard M. Nixon）政権は、中華人民共和国との関係正常化を企図していた（このことはなおも秘密にされていた）。こうした中アメリカは、尖閣に関連する日本と中華民国の動きをどのように見ており、またいかにしてそれらに対処したのか。本章では、このことについて焦点を当てる。

本章では、日本と中華民国との間で行われた、尖閣諸島に関する協議の内容にも着目する。またアメリカ政府は、結局成功はしなかったが、解決策を見出すことを期待して、日本と台湾の対話促進に取り組んだ。本章では、このアメリカの取り組みにも注目する。

▼沖縄返還の決定の背景

一九四五年春、アメリカは沖縄本島に上陸し、その後、全島を占領するに至った。アメリカは一九四五年秋に九州南部に上陸し、一九四六年春には関東平野に上陸する計画を立てていた。沖縄上陸〔沖縄戦〕は、日本本土侵攻というより大きな戦時戦略の一環であった。日本との戦争状態は予想よりも早く終結したが、沖縄とその他の南西諸島（または琉球諸島）に対するアメリカの占領統治は、その後二七年にわたり続くことになる。

沖縄の復帰ないし返還に対する日本側からの圧力は、実際には一九五一年の対日講和条約調印のかなり前から存在し、アメリカの政策形成過程に影響をおよぼしてきた。のちに駐日アメリカ大使（一九五三—五六年）となるアリソン（John M. Allison）

は、対日講和交渉中、アメリカ側責任者のダレス（John F. Dulles）特使を補佐していたが、彼は当時のことを次のように説明している。

「〔講和交渉中に〕日本が琉球・小笠原諸島の復帰を強く求めたことは、私たちの中に深く焼き付いていた。そのときは日本側の希望に応じることはできなかったけれども、後にダレスはサンフランシスコ講和会議において、日本は琉球・小笠原諸島に対する潜在主権を保有しているが、それらの諸島はアメリカの施政権下に置かれると発表した。私は、ダレスがこの〔潜在主権という〕アイデアを思いついたのは、講和交渉のときだったと思っている」(1)。

拙著『沖縄問題の起源——戦後日米関係における沖縄　一九四五—一九五二』で詳細を検討したように、講和条約締結時に、日米両国が「実行性のある取り決め」を結び、その中でアメリカによる沖縄の基地存続と、日本による沖縄の主権・施政権とをともに認めていれば、日本が沖縄を保有することは可能であったかもしれない。実際には、南西・南方諸島を無制限に支配することを求めていたＪＣＳ（統合参謀本部）の強い反対により、この案が実現することはなかった(2)。だが、一九五三年十二月には沖縄の北方にある奄美群島が日本に返還され、それから一五年後の一九六八年六月には、硫黄島と小笠原諸島を含む南方諸島が、大きな困難にぶつかることなく返還されている(3)。かつて一九四一年八月、ルーズベルト（Franklin D. Roosevelt）米大統領とチャーチル（Winston Churchill）英首相は、大西洋憲章をつうじて、英米の戦争目的を発表した。アメリカは奄美と小笠原の返還によって、自国が大西洋憲章に反するような領土的野心を抱いていないことを、日本と国際社会に証明したのであった。また奄美群島と南方諸島の返還は、将来の沖縄返還に向けた前段階ないしはモデルとなったのである。

アメリカが小笠原諸島を返還し、沖縄返還問題に正式に関与することを発表したのは、一九六七年になってからのことである。同年十一月十四日から十五日にかけてのジョンソン（Lyndon B. Johnson）大統領と佐藤栄作首相の首脳会談で、佐藤首相は、「沖縄の施政権の日本への返還に対する日本政府および日本国民の強い要望を強調し、日米両国政府および両国民の相互理解と信頼の上に立って妥当な解決を早急に求めるべきであると信ずる」旨を述べた。また佐藤は、「さらに、両国政府がここ両三年内に双方の満足しうる返還の時期につき合意すべきであることを強調した」(4)。これに対しジョンソン大統領は、「これら諸島の本土復帰に対する日本国民の要望は、十分理解しているところである」と述べた。そして佐藤とジョンソンは、「日米両国政府が、沖縄の施政権を日本に返還するとの方針の下に」、「沖縄の地位について共同かつ継続的な検討を行なうことに合意した」のである(5)。

このように一九六七年の日米首脳会談では、沖縄返還の実現のための二段階方式が了解された。すなわち、まずはアメリカ政府は、二、三年以内〔「ここ両三年内」〕に沖縄返還の明確な時期について決めることに同意したのである。返還の時期に関する決定は、相当な準備作業を経た上で、一九六九年十一月二十一日にワシントンで開催された佐藤との会談の後、ニクソン――ジョンソンの後継として同年一月二十日に大統領に就任していた――によって公表された。すなわち、このときの日米共同声明では、「両者〔ニクソンと佐藤〕は、日米両国共通の安全保障上の利益は、沖縄の施政権を日本に返還するための取決めにおいて満たしうることに意見が一致した。よって両者は、日本を含む極東の安全をそこなうことなく沖縄の日本への早期復帰を達成するための具体的な取決めに関し、両国政府が直ちに協議に入ることに合意した。さらに、両者は、立法府の必要な支持をえて前記の具体的取決めが締結されることを条件に一九七二年中に沖縄の復帰を達成するよう、この協議を促進すべきことに合意した」と発表されたのであった[6]。

▼交渉チームと交渉のための枠組み

翌一九七〇年、沖縄返還に向けた正式な交渉が始まる。日米交渉の責任者は、マイヤー（Armin H. Meyer）駐日大使と愛知揆一外務大臣であった。一九六九年六月下旬に東京に赴任していたマイヤーは、すでに外交官として堂々たる経歴を持っていたが、日本での経験はなかった[7]。一方の愛知外相は、佐藤派のベテラン政治家で、かつ同派の重鎮であった[8]。二人は、月に一、二度のペースで会って、日米の交渉チームがまとめあげた成果を承認していった[9]。

アメリカの交渉チームを率いたのは、駐日首席公使のスナイダー（Richard L. Sneider）である。交渉チームは、マイヤーズ（Howard Meyers）、シュミッツ（Charles A. Schmitz）、ダットン（Larry Dutton）、キリオン（Dalton V. Killion）と、カーティス（Walter L. Curtis, Jr.）海軍中将の率いた数名の軍事代表団から構成された[10]。

日本側からは、外務省の東郷文彦アメリカ局長、大河原良雄アメリカ局参事官、千葉一夫アメリカ局北米第一課長らが交渉に参加した[11]。同じく、条約局の中島敏次郎条約課長や栗山尚一法規課長も交渉に加わった[12]。後に、東郷の後任として、吉野文六アメリカ局長が交渉に参加している。吉野のことを以前から知っていた愛知が、当時在米日本大使館の公使だった彼を、本省へ呼び戻したのであった（ただし、牛場信彦駐米大使は、吉野が本省に戻るのを渋っていた）[13]。栗山によれば、交渉を主導したアメリカ局と条約局の幹部は、一九六〇年の安保改定交渉に携わった経験を有していた。栗山は後年行われたインタビューで、「アメリカ局も条約局も、ベスト・メンバーを集めてやろうとしたということでした」と当時のことを振り返っている[14]。

スナイダーは、アメリカの交渉チームのメンバーたちから「A型〔短気で競争意識が強いことを意味する〕で〔…中略…〕気が強く強引な性格」だと評されていた。彼は国務省の日本部長を務めた後、キッシンジャー（Henry A. Kissinger）大統領補佐官の下のＮＳＣ（国家安全保障会議）に移った[15]。しかし、キッシンジャーとの関係が悪化した彼は、その後、対日交渉を主導すべく、日本へ渡ったのであった。スナイダーとともに来日したシュミッツは、「彼〔スナイダー〕は、自分の思い通りにことを運ぶのがうまかったが、その過程で、しばしば目に見えて周囲の人たちを傷つけることもあった」と回想する。[16]

スナイダーは、豊富な経験をもつ日本問題の専門家であった。彼は日本語が堪能で、太平洋戦争中は陸軍に所属し、沖縄戦の際は日本人捕虜の尋問に協力した。また、アメリカが入手した日本側文書の翻訳にもあたった。[17] 戦後のスナイダーは、日米安保条約に対する反対運動の激しかった一九五四年から一九五八年にかけて、日本で勤務し、その後、国務省〔極東局北東アジア部〕の日本課長となった。彼は、外務省のカウンター・パートである東郷文彦らとの間で、安保改定交渉に一心に取り組んだ。「アメリカ合衆国と日本国との間の相互協力及び安全保障条約」として知られる改定条約は、一九六〇年一月に調印され、今日なお有効である。一九六五年以降、スナイダーはバンディ（William P. Bundy）国務次官補（東アジア・太平洋担当）の指示で、沖縄を最終的に日本に返還する方法を検討・準備するため、省庁間のワーキング・グループを取りまとめていた。アメリカ政府内で、スナイダー以上に沖縄返還問題と米日安全保障関係につうじた人物はほとんどいなかった。

さて、前述のとおり、一九六九年にアメリカ側のメンバーが来日して交渉チームが集結すると、間もなくスナイダーが首席公使に任命され、シュミッツが交渉チームの事実上の長となった。スナイダーは、対日交渉を見守りながら、かつ交渉内容についてアメリカ側の省庁間の同意をとりつけ、さらには沖縄返還協定の連邦議会での承認に向けた最初の働きかけを行うという、重責を担うことになる。他方、シュミッツは、沖縄返還にかかわる諸問題の解決策を見出すべく、実務面での業務を担当した。[18] とりわけシュミッツは、沖縄返還協定に関する法的・政治的側面を主導した。先に述べると日米両国は、沖縄返還協定第一条に関連する「合意された議事録」を作成して、その中で、双方が合意した沖縄返還の領域を定めた（この点については後述部分を参照）。シュミッツは、その作成の主たる責任を負うことになる。[19]

日米交渉は、一九七一年六月十七日の沖縄返還協定の調印をもって終わった。それからちょうど一カ月後の一九七二年五月十五日、講和条約第三条にもとづきなおもアメリカの施政権下にあった沖縄の島々は、尖閣諸島を含めて、実際に日本へ返還された。これらの島々の返還は、一九六八年の硫黄島の返還とともに、アメリカが戦争中に占領を開始した領土が平和裏に返還された最初の一例となった。

沖縄返還のプロセスは、奄美諸島や小笠原諸島の返還プロセスのように、二国間の行政協定によって処理されたわけではない。沖縄の返還は、正式な条約によってなされた。とはいえ、スナイダーとシュミッツの間には、もともと条約で沖縄を返還することをめぐり、大きな意見の不一致があった（シュミッツは、イェール大学と同大学ロー・スクールを卒業した後、一九六四年七月に国務省に入省し、法律顧問室で勤務していた）。

スナイダーは、沖縄返還は行政協定をつうじて実施されるべきだと考えていた。条約にすると、アメリカ連邦議会と向き合わなければならず、彼はそれを嫌がったのである。しかし、シュミッツは、「沖縄は質的に見てまったく別の問題であり」、沖縄返還は「国家として取り組むべき政策の問題である」と結論づけた。それゆえシュミッツは、国務省は〔沖縄返還に〕硫黄島〔を含む小笠原返還〕の前例が適用されるという法律論をとるべきではなく、上院に承認を求めるべきだと論じた。[20] 結局、シュミッツの主張が正しいということになり、条約を結ぶという道が選ばれたのであった。

いま振り返ると、これは国務省にとって、正しい決定であった。シュミッツは沖縄返還協定調印から二〇年後に行われたオーラル・ヒストリーの中で、スナイダーでさえ自分が誤っていたことを認めたと、次のように述べている。「スナイダーがそうした〔条約という形を選んだ〕のは、そうすれば私たちが〔日米〕交渉を有利に進められたからです。私たちは交渉の中で、これらのデリケートな争点のほとんどにおいて、アメリカ側の立場に立って非常に力強い議論を展開していました。つまりこういう言い方です。あなたは、私たちを説得することはできるかもしれない。けれども私たちは、一体どうアメリカ上院を説得したらよいのですか」。そしてシュミッツは、「非合理的なアクター」〔議会のこと〕の典型例がそこにあると、次のように付言している。「そういうわけで、〔議会を理由に使うことで、〕結果はスナイダーにとって有利な利益となり、アメリカ大使館にとっての利益となり、そして国務省にとっての利益となったのです。なぜなら、これは非常に大事な交渉だったからです」。[21] シュミッツによれば、「沖縄返還交渉の中で、政府間で解決しなければならない問題は一〇〇〇ほどありました。[22] 沖縄の施政権を日本へ返還するという大きな政策決定になると、事実上、問題は技術的なものとなります。しかし、返還にともなう問題の多くは、尖閣諸島の問題のように、今度は大きな政治的意味合いを持っていったのです」。

国務省は、この尖閣問題のもつ政治的・政策的意味について、省内で細かく吟味した。そしてアメリカ政府内では、国務省、〔琉球列島〕高等弁務官室、ホワイトハウス、国防総省およびその他の関係省庁の間で、尖閣問題に関する細かな検討がなされることになる。

一九六九年一月以降、当初国務省で日本と沖縄の問題に取り組んでいたのは、フィン（Richard B. Finn）日本部長であった。[23] 彼は日本問題の専門家で、すでに長い経験を持っていた。そして一九七〇年九月、エリクソン（Richard A. Ericson, Jr.）がフィンの後任として日本部長に就いている。エリクソンは、北東アジア問題で長い経験を持つ外交官であった。彼は東京の駐日アメリカ大使館で、最初にジョンソン（U. Alexis Johnson）駐日大使の下で参事官（政治問題担当）を務め、その後、ワシントンに戻ったばかりであった。エリクソンはそこで、尖閣問題に関する難しい交渉と調整に大部分の時間を費やした。

『ワシントン・ポスト』紙の東京・北東アジア特派員だったオーバードファー（Don Oberdorfer）は、エリクソンについて、

「上品でストライプのズボンをはくような、典型的な外交官タイプというわけではなかった」と振り返っている。(24) エリクソンはオーラル・ヒストリーの中で、いかにも彼らしく、当時の政策や人物に関する感想・評価を率直に語っている。たとえばエリクソンは、ジョンソンの後任で中東専門家だったマイヤーについて、「日本では気持ちの休まるときがなく、日本専門家ともまったく馴染めていませんでした」と述べている。(25)

エリクソンによれば、マイヤーのこうした不満は、二つの理由から説明できた。ひとつは彼の過剰な自負心であり、いまひとつは、スナイダーを含めマイヤーのスタッフの多くが目上の階級のユダヤ人だったということである。アラブ人の外交専門家であるマイヤーが、このことで気をもんでいたのは明らかであった。エリクソンによれば、スナイダーは「非常に押しの強い男で［…中略…］マイヤーとスナイダーは仕事中、お互いに引くことがありませんでした［…中略…］なので、私たちは［マイヤー］大使とはそりが合わず、彼をもて余していました」。(26)

ニクソン大統領とキッシンジャー大統領補佐官についても、おそらく同じことが言える。二人は、少なくとも当初は日本のことにあまり関心がなかった。エリクソンは、キッシンジャーについて以下のように回想している。

とくにキッシンジャーは、日本については配慮していませんでした。ニクソンとキッシンジャーが、日本のことで注意を払ったり、何かやりたいと思ったりしたときには、大使館を使いませんでした。［…中略…］［彼らは］専門家とともに取り組むことに、常に不安を感じていました。いつも彼らは、こうした専門家たち、とりわけ国務省は何か目論んでいるのではないかと、探っているようでした［…中略…］キッシンジャーが日本で何か実行に移したいときには、密使を通じて動いたり、ＣＩＡ（中央情報局）の情報ルートを使ったりしていました。そうした人々が東京に来ているときであっても、駐日アメリカ大使館は、彼らの間のやりとりを見ることはなく、一体彼らが何をやっているのか、私たちが相談を受けることもありませんでした［…中略…］キッシンジャーとニクソンは、ともに次のような確信を抱いていました。すなわち、その国で権力を持っている一人の政治家に影響をおよぼすことで、ほとんどの国に対してもさせたいことができる。そして、そのような人物はいるのである。その人物を見つけ、「てこ」とすればよい。そのようにやれば、危険を冒すことなく官僚たちを無視することができる、というわけです。ところが、アメリカでは官僚たちに構わずにうまくすませることができるかもしれませんが、日本ではそれができません。しかし、ニクソンやキッシンジャーは、それができると確信していました。はたして彼らがうまくやったのか、実のところは分かりません。ただ、大使館が［ニクソンとキッシンジャーの行動に］いらだっていたか？ それは「イエス」です！(27)

このように、当時の感想を率直に述べるエリクソンだが、一方で、褒めるべきときにはその人のことをきちんと褒めている。たとえば彼は、次のように述べている。「沖縄を返すという決定は［…中略…］アレックス［ジョンソン］の大きな功績だと言ってよいと思いますし、［…中略…］沖縄返還は、どの時代のどの地域に対するアメリカの外交を見ても、おそらくもっともうまく達成できたことの一つです。敗戦した敵国に領土を返す交渉が、平和裏にかつ友好的に行われ、返還が非常に円滑に実現したわけですからね(28)」。

エリクソンの上司にあたるのが、ブラウン（Winthrop G. Brown）であった。彼はバーネット（Robert W. Barnett）の後任として、一九六八年から東アジア・太平洋担当の国務次官補代理を務めていた。あるアメリカ側関係者によれば、「沖縄の問題を処理していた」のはブラウンであった。彼は日本、中国、台湾での勤務経験はなかったが、アジア太平洋の広範囲にわたるポストを歴任していた。たとえば彼は、ニューデリー派遣団の副団長やラオス大使を務め、その後は韓国大使となっていた。

ブラウンの直接の上司は、グリーン（Marshall Green）国務次官補である。グリーンは戦前、日本でグルー（Joseph C. Grew）駐日大使の補佐を務めており、一九五〇年代にはダレス国務長官の下で東アジア地域の政策立案に携わった経験を持つ、ベテラン外交官であった。そして、そのグリーンの上にいたのが、政治問題担当の国務次官だったジョンソンである。エリクソンは、戦後まもない頃の彼の横浜勤務時代、またジョンソンが横浜総領事だった時代、そしてより最近ではジョンソンが駐日大使だった時代（一九六七―六九年）をつうじ、すでにジョンソンとの面識があった。

あるアメリカ側関係者によれば、グリーンは「ベトナム問題を抱えていたため」、エリクソンたちはグリーンの手を煩わさないよう、代わりにブラウンと沖縄返還問題に取り組んでいた。しかし、グリーンが関与した例もあった。とくに沖縄返還協定調印前、緊張感が非常に高まった最後の数週間には、グリーンが直接沖縄返還問題に関与している(29)。

当時、国務省を率いていたのはロジャーズ（William P. Rogers）国務長官であった。彼は弁護士で、ニクソンとは親しい友人関係にあった。ただし、外交問題ではキッシンジャーがより重要だったように見える。沖縄返還についても、一九七二年の「核抜き・本土並み」返還という原則に合意することを含め、沖縄返還全体の問題を処理したのは、キッシンジャーとニクソンであった。返還合意の後、沖縄返還協定の詳細部分を詰めていく作業が、フォギー・ボトム――国務省の異名で、ワシントンのフォギー・ボトムにあったためこう呼ばれた――とりわけ東京のアメリカ大使館の交渉チームに託されたのである。ワシントンの日本部が、軍部、陸軍省および琉球列島米国民政府や高等弁務官室にいた陸軍省や国務省当局者の意見を踏まえながら、東京の交渉チームを支えた。

日本部は、当時国務省でもっとも大きな部の一つで、七名の事務官と三人の秘書がいた。その中で、エリクソンを補佐して沖縄返還交渉に取り組んだのは、マクエルロイ（Howard M. McElroy）である。マクエルロイの仕事ぶりは実に見事なものだった[30]。そして、日本部長だったエリクソンは、日本部について次のように振り返っている。「マーシャル・グリーンが［…中略…］日本の情報を含めて東アジア・太平洋局に来る情報をすべて私たちに流してくれました。その意味で［日本部は］非常にうまくいっていた。私たちは、グリーンとの緊密なやりとりの中で、また彼をとおして仕事に取り組んでいました[31]」。

また、エリクソンは次のようにも回想している。

日本側との交渉自体は、東京で、主にディック・スナイダーと彼のチームを通じて行われました。私たち［日本部］の役割は、スナイダーと彼のチームに対する訓令の起案、スナイダーたちが行った日本側との会談の記録の受領、国防省との協議、国務省内での協議、NSCやホワイトハウスが必要とする事の照会でした。その上で、決裁を得た訓令をスナイダーと彼のチームへ戻し、この点について合意するかどうか、またはこの点について理解したか、あるいはあの点についてはどうかといったことを打ち合わせていました。それは、大変忙しい日々でしたね[32]。

エリクソンとシュミッツは、日本側の沖縄返還協定交渉チームのことを高く評価していた。エリクソンは一九九五年のオーラル・ヒストリーの中で、「当時外務省では、非常に優秀な人たちが沖縄返還協定の問題に携わっていました」と述べているが[33]、以下は、そのときのエリクソンの回想である。

愛知揆一外務大臣と牛場信彦外務次官は、本当に素晴らしい人物でした。また東郷文彦アメリカ局長は、後に駐米大使になりましたが、おそらく日本にいるアメリカのベスト・フレンドです。［…中略…］東郷局長は、［外国語ではっきりと話すタイプ、または活発なタイプの］どちらでもありませんでした。東郷局長は、自分のオフィスで沖縄の協議を行うときでさえ、ゆっくりと慎重に話しながら会議を始め、最初の論点説明を行っていました。論点説明が終わった後は、大河原良雄参事官――彼も後に駐米大使になりましたが――か、北米第一課長の千葉一夫さんが話を引き継いで、議論を進めていました。東郷局長は、大河原参事官や千葉課長には全部英語で話させていました。そして最後に、東郷さんが議論全体のまとめを行っていました。しかし、日本の司令塔が誰なのか、疑問の余地はなかった。ただ彼は、英語での明確な説明ができなかっただけです。日本側の人たちは、彼が怒ったり不機嫌になったりするとやっかいなことになると言っていましたが、それは日本語でやり取りをするときも同じで、難しかった。しかし、彼の年下の部下たちは非常に優秀で、東郷局長のことをとても尊敬していました[34]。

日本側関係者では、栗山尚一が、アメリカ側を高く評価していた。彼は次のように回想している。「沖縄返還協定は、［…中略…］基本的に日本が達成しようとしたことが達成されたわけですから、非常に成功した例なのです。アメリカ側も非常にリーズナブルに対応したし、日本側も一応主張すべきことは主張して、『核抜き・本土並み』返還ということになったわけですから(35)」。

吉野文六も、栗山と同様、アメリカ側関係者を高く評価していた。前述のとおり、ワシントンの日本大使館にいた吉野は、東京に戻った後アメリカ局長に就き、アメリカ側当局と協力しながら問題にあたっていた。たとえば吉野は、スナイダーは、アメリカ人の同僚に対してはそうではなかったが、吉野の話すことは「注意深く聞き」、日本側のカウンター・パートたちをいらだたせることもまったくなかった、と回想する(36)。

日米両政府は、沖縄返還の最終的な実現を、「エポック・メイキング」なことだと評価した。しかし、とくに当時、日本各地では、沖縄返還のあり方に対する批判があがっていた（このことについては次章で論じる）。その中でもっとも議論を招いた争点の一つが、尖閣の国際的な地位の不明確さであった。

本章で論じるようにアメリカは、尖閣が日本に返還される琉球諸島の一部として、沖縄返還協定の対象範囲に含まれると発表した。その一方でアメリカは、日本と台湾の間に（最終的には中国との間に）尖閣諸島をめぐる対立があることも把握していた。しかしながら、アメリカは、尖閣諸島に関する日台のそれぞれの主張について、自国の立場を示すことはなかったのである。

今日、日本は尖閣諸島をその施政下においている。だが他方で一九七一年当時、日本側は、日本が尖閣諸島に対する完全かつ明白な領有権を保有していることを、アメリカが公式に（かつ沖縄返還協定に記載する形で）承認することを望んでいた。そして、実際には日本は、やや不満足な結果を受け入れなければならなかった。

一方、その間に中華民国は自国の主張を展開して、日本との争いに対する他国の注目をうまく喚起することができた。そしてアメリカに、尖閣諸島に対する日本の領有権を自動的に承認することを思いとどまらせたのである。さらに中華民国は、成果は限られたものであったが、尖閣問題に関する対話を行うよう（日台協議の場やアメリカを介して）日本側に圧力をかけた（本書を執筆した二〇一三年は、沖縄返還から四一年目にあたる。なおも日本は、台湾と中国との間に領土をめぐる係争があることを否定しているが、大陸棚の共同開発に関する協議には前向きな姿勢を示している）。ただ中華民国は、尖閣諸島に対する中華民国の領有権をアメリカに認めさせることに失敗し、尖閣の行政権もまったく獲得できなかった。さらに、日本がアメリカに求めていた、尖閣諸島の日本への返還を防ぐことにも失敗した。

ちなみに、この地域においてはまさに中国の存在が重要となるわけだが、それまで、アメリカや日本、そしてもちろん中華民国は、中国のことについては考慮していなかった。しかし中国は、尖閣に関する声明を発表することで、間接的に尖閣をめぐる対立のプレイヤーとなっていき、台湾に対し、「中国」の国益を守る役割から退くよう、あるいは少なくともその役割を「共同のもの」とするよう圧力を強めていく。

さて沖縄返還協定における尖閣の地位をめぐる交渉を考察する前に、一九七〇年夏から初秋にかけての尖閣をめぐる緊張の高まりが、沖縄返還交渉にいかなる影響をおよぼしたのかについて見ておく必要がある。以下では、このことについて取り上げる。

▼尖閣問題の争点化——一九七〇年夏・秋

前章で述べたとおり、一九六九年五月にＥＣＡＦＥ（アジア極東経済委員会）の調査結果が発表されると、琉球政府、そして日本と台湾をはじめとする地域諸国は、尖閣諸島の資源開発の可能性に強い関心を示すようになった。沖縄や台湾では、多くの採掘許可申請が行われ始め、日本は、尖閣諸島に定期調査団を派遣している。一九七〇年七月には、国府がアメリカの石油会社パシフィック・ガルフに、尖閣周辺の探査・採掘権を認めている。翌月、国府は、石油と天然ガスの調査と採掘作業の立法化の準備を進めた。そしてさらにまたその翌月には、尖閣諸島に対する日本の領有権の主張を拒否したのである。こうして、ともにアメリカの同盟国である日本と台湾は、尖閣をめぐり「舌戦」を開始した。そして、日台間だけでなく、それぞれの国内の有権者やアメリカに対する〔日本と台湾の〕外交的、政治的駆け引きもエスカレートしていく。

アメリカが日台の緊張の高まりに無関心だったわけではない。しかしながら後述するとおり、日本と台湾からの再三にわたる強い圧力があったにもかかわらず、アメリカが中立政策を続ける意向だったのは明らかである。その意向が初めて明確に述べられたのは、一九七〇年二月二十七日のマクエルロイからシュミッツ宛の書簡においてであった。ちなみにマクエルロイは、以前海兵隊にいたことがあり、日本での勤務経験もあった。その彼の書簡の中には、沖縄返還協定の草案に対する日本部の見解が示された箇所があり、次のように述べられている。「第一条：対日講和条約第三条で使用された記述に従うことが好ましい。ただし、尖閣問題への言及はさけることとする」[37]。

この意向は、尖閣をめぐる争いが生じていたさなかの一九七〇年八月十一日に、国務省が駐台アメリカ大使館に送った電報の中でも示されている。電報では、在米日本大使館は『南西諸島』の言葉の定義に関しては〔なおも〕尋ねてきてはいない」が、沖縄返還協定交渉がこれから始まるため、もし日本側からの問い合わせがあった場合、アメリカ政府としては以下の立場をとることとされた。

対日講和条約第三条で使用されている言葉には、尖閣諸島（尖閣群島）を含むことが意図されている。また同条約にある南西諸島とは、第二次世界大戦終了時に日本の施政権下にあった北緯二九度以南のすべての島を指しており、条約上それ以外では使用されていない。

講和条約にもとづき、アメリカ政府は琉球諸島の一部として尖閣諸島に対し施政権を行使しているが、琉球に対する潜在主権は日本にあると解されている。琉球の施政権は、一九七二年に日本に返還される予定である。

アメリカ政府は、尖閣および尖閣に隣接する大陸棚区域をめぐるすべての主張の対立は、当事者により解決されるべき問題であると考えている。[38]

国務省は、八月十九日付の駐台アメリカ大使館宛て電報の中でも、この立場を明確にした。十九日付の電報では、前述した十一日の電報の第三パラグラフを取り上げ、次のように説明している。「［アメリカ政府は］尖閣諸島に対する日本の領有権に疑義を呈するつもりはないが、専ら以下のことを指摘することとする。尖閣諸島の領有権をめぐる係争が生じた場合、対日講和条約や沖縄返還協定は、いずれも当事国の権利要求に決着をつける判断根拠にはならない。当事国の権利の問題は、当事国間で解決されるか、または当事国が選択した際は、国際司法裁判所など第三者の判決をとおして解決されるべきである」。[39]

八月二十日頃、外務省アメリカ局の千葉北米第一課長が、スナイダーおよび彼のスタッフと会い、尖閣諸島に関する日本国内の議論と、日本と中華民国との協議に関する概況説明を行った。ちなみに二十日の衆議院商工委員会では、外務省の金沢正雄アジア局参事官が、野党議員の質問に答える形で、中華民国による一方的な声明（とくにこの文脈では、中華民国と韓国による大陸棚に対する鉱区の設定を指す）は有効ではないとする政府見解を述べている。金沢は、この問題は当事国の間で国際法にもとづいて解決されるべきで、中華民国政府もこの日本政府の立場を把握していることを付言した。さらに金沢は、日本政府はこの問題に関する協議の開催を国府に申し入れたが、国府が受け入れていないと説明した。[40]

千葉とスナイダーの協議に話を戻したい。千葉は続けて、国民党政府が「尖閣の地位に関する重大な疑義」を抱いていることについて、日本政府としては承諾していないと説明した。そして彼は、駐日アメリカ大使館や国務省が伝えてきた懸念である、二つの争点、すなわち尖閣諸島の地位と尖閣周辺の大陸棚の問題の区別が、とくに台湾のメディアによって曖昧にされてしまっていると指摘した。[41]これに対して駐日大使館当局者は、「この両者の重要な違いが曖昧とならないようにすることが、すべての関係国にとって利益となるであろう」と述べた。[42]

千葉はかつて旧帝国海軍の学徒動員兵として、沖縄上陸戦の準備に参加した米軍艦の交信を傍受する任務についていた。[43]千葉は、現在のところ日本政府は、アメリカ政府が尖閣諸島の施政権者として何らかの行動を起こすことが必要であるとは考えていないが、ただ日本政府内では、アメリカが「関与してくれること」が「望ましい」と感じている人もいると述べた。[44]千葉はまた、もし尖閣の領有権問題が浮上した場合には、日本政府は、一九五三年十二月に米国民政府が布告第二七号で琉球諸島の境界を発表したことに対し、中華民国政府が何も異議を唱えなかったことを、中華民国政府による黙認の証拠として持ち出す準備があると言及した。

この日の協議では取り上げられていないが、上記の点以外にも、台湾当局者や中国当局者が、何年にもわたり尖閣諸島は日本の一部であると説明してきた例や、同様の説明が公的出版物でなされている例がある。アメリカ政府もこれらを明確に把握していた。このことについては、第5章でより詳しく論じる。

千葉や他の外務省当局者が、こうした台湾や中国の過去の説明に関する問題について、この日の協議でアメリカ大使館側と話し合ったようには見えない。しかし、スナイダーは、日本がアメリカを尖閣問題に関与させようとしていることに対し、懸念を抱いていた。この日スナイダーは、アメリカが尖閣の問題で国府と日本政府の間に巻き込まれることは、まったく望んでいないと話している。また同席していたスナイダーの部下は、「中華民国が、中国漁船がしばしば〔尖閣付近を〕訪れていることを根拠に、尖閣の領有権を主張するのを防ぐため」、沖縄の高等弁務官が三カ国語の警告板を設置することを指示したと付言した[45]〔第2章を参照〕。千葉は、警告板がまだ尖閣に置かれているのか尋ねたが、アメリカ側は答えられず、「沖縄から尖閣に接近することは容易ではないため、アメリカ政府は最近の情報を把握していない」と述べただけであった[46]。駐日アメリカ大使館は、この日の千葉・スナイダー協議に関する国務省への報告電報を、沖縄の高等弁務官室にも通知したが、その中で、「尖閣諸島になおも警告板があることを、われわれが折に触れて〔日本側に伝えて〕安心させることができると助かる」と提案している[47]。

しかしながらこの日、もっとも本質を突いたやりとりがなされたのは、千葉が、尖閣の問題をめぐって日本政府内で意見の対立が生じていることに論及した場面であった。千葉は、この問題をめぐる「タカ派」の中心人物は、山中貞則総務長官（中曽根康弘派[48]）と山野幸吉沖縄・北方対策庁長官であると述べた[49]。ちなみに沖縄・北方対策庁は、沖縄の返還準備のため、一九七〇年五月一日に総理府の外局として発足した庁である。一方で千葉は、おもな「ハト派」は、外務省条約局の法律につうじた官僚たちだと述べた。ただ彼らの法律論には、一部曖昧なところもあった。最終的には、条約局の官僚たちは、政府としての統一性の問題、国内の政治的圧力、そしてそれ以上にこの事案にかかわるいくつかの法的な事実といった理由から、日本政府の主張を強く支持したのであった。

スナイダーは、少なくとも国府の立場がよりはっきりするまで、日本政府は「自制」するよう促した[50]。スナイダーは、尖閣には複雑で難しい法的・政治的問題があると指摘した上で、「北京が、自らの行動が必要だと決断するかもしれない」という予見を示して、注意を促した[51]。これはその後、実際に起こったことであり、国府を刺激した面があった。国府は、北京が中国の国益の保護者として台北にとって代わろうとするのを恐れていたのである。

千葉とスナイダーの協議から約一〇日後となる八月三十一日、

今度は愛知外相が、マイヤー大使との協議の中で尖閣問題を取り上げた。このとき愛知は、日本政府は、アメリカ政府が過去の声明で尖閣は琉球の一部であると述べたことに言及するけれども、そのことに異議を唱えないでほしいと述べた。そして愛知は、日本政府としては、「琉球諸島の範囲の確定に関する話を率直に取り上げて、尖閣がその範囲の中にあることを具体的に示す」かもしれないと付言した[52]。

マイヤーは、アメリカ政府は実際に尖閣を「琉球の一部として」統治しており、アメリカの複数の布令もそれを示していると述べた。しかし（国務省の訓令にもとづきながら）マイヤーは、アメリカ政府は日本と台湾の「争いに巻き込まれないか」懸念を抱いていると説明した[53]。加えてマイヤーは、わが国としては「尖閣に関する論争は、領有権を主張する当事国間で行われるべきで、アメリカ政府を巻き込むべきではない」と考えていると述べたのであった[54]。

同日、外務省は駐台日本大使館に訓令を出して、尖閣諸島の領有権についてはいかなる疑問も存在せず、大陸棚に関して国府がいかなる行動をとろうとも、尖閣諸島地域の大陸棚に関する日本政府の立場は「影響を受けない」とする日本政府の立場を国府に伝えるよう指示した[55]。

駐日アメリカ大使館は、日本政府が尖閣問題の件で国府と接触しようとしていることを新聞報道で知り、外務省に記事内容について照会した。これに対して外務省アメリカ局北米第一課の佐藤嘉恭——後に一九九五年から一九九八年の間、中国大使となった——事務官は九月四日、アメリカ大使館員に対し、たしかに報道されている内容の訓令が出ているが、外務省はまだ国府との接触が行われたという連絡も、国府からの反応があったという連絡も確認していないと、内々に伝えている。

さてこの間の九月二日には、国府の水産試験所所属の公船に、『中国時報』の記者が同乗し、魚釣島に台湾国旗〔青天白日旗〕を立てるという事件が起こっている。この事実は四日に知られることとなり、緊張が高まった。第3章で述べたように、この国旗掲揚事件は、アメリカ政府にとって直接かかわらなければならない問題だった。アメリカ政府はこの問題に、統治者として琉球警察と協力しながら現地で対応するとともに、台北と東京のアメリカ大使館をつうじて〔日本政府および国府と〕二国間でも対応していたのである[56]。

そして台湾国旗の掲揚問題は、沖縄返還協定における尖閣諸島の地位の問題と結びつくことになった。週明け早々ワシントンでは、在米日本大使館の木内昭胤書記官がエリクソン日本部長のもとを訪れ、台湾国旗掲揚事件と尖閣に関する国府の態度について、日本国内で次第に懸念が強まっていると伝えた[57]。ここで木内は、アメリカ政府が公的声明を出して、尖閣に対する日本の潜在主権について言及してくれれば、今週の国会答弁で示す日本政府の立場が「楽なものとなる」だろうと述べている[58]。これに対してエリクソンは、アメリカ政府の意見として、日本政府がそのような立場〔日本が尖閣に対する潜在主権を有すること〕に言及することには反対しないが、アメリカ政府がそれを公的声明をつうじて発表することはないだろうと答えた。

時期を合わせたように、同じ日に台北では武藤武参事官がアメリカ大使館員と会い、国府が八月十九日付で日本側に渡していた覚書のコピーを見せている。この覚書で国府は、尖閣の領有権と「中国の大陸棚」での権利に対する日本側の主張を拒否していた。[59] この覚書に対して、後に日本政府は、尖閣の一部は「琉球の不可欠な部分」であると国府に返答したようである。[60]

東京では、九月八日に東郷アメリカ局長がスナイダーに対し、日本政府の考えとして、アメリカ政府が「公式」の声明を出して、尖閣諸島が琉球の一部であり、返還時の琉球の範囲に含まれると表明するよう、アメリカに求めることを検討中だと伝えた。[61] しかしスナイダーも、マイヤーの一週間前の見解——台湾国旗の掲揚問題が起こる前のことになるが——を繰り返した。スナイダーは、なおもアメリカ政府としては、「公式な声明を出したり、尖閣をめぐる争いに巻き込まれたりすることは望んでいない」と念を押したのであった。

しかし、一方でスナイダーは、もし尖閣の問題が通常記者会見の場で取り上げられた場合は、国務省報道官が応答する準備を整えておくと申し出た。[62] 駐日アメリカ大使館は、この日の東郷・スナイダー協議に関する国務省への報告の中で、今後いずれかの記者会見の場で、尖閣の問題が取り上げられることになるだろうとの見方を伝えている。

▼アメリカによる中立の立場の表明

この東郷・スナイダー間のやり取りは、九月十日午後の国務省の記者会見でなされたマックロスキー（Robert McCloskey）の発言の基礎となった。マックロスキーは、ジョンソン、ニクソン両政権で国務省報道官を務めた人物である。この日の記者会見で、ある日本人記者が尖閣諸島の将来的な措置に関するアメリカの立場を尋ねたのに対し、マックロスキーは次のように答えている。

アメリカは、対日講和条約第三条にもとづき「南西諸島」に対する施政権を有している。「南西諸島」と講和条約で表現されている言葉は、第二次世界大戦終了時に日本の施政権下にあった北緯二九度以南のすべての島を指しており、条約上それ以外では使用されていない。講和条約に使われている「南西諸島」の中には尖閣諸島が含まれるとされている。講和条約にもとづき、アメリカ政府は琉球諸島の一部として尖閣諸島に対し施政権を行使しているが、琉球の潜在主権は日本にあると解されている。一九六九年十一月のニクソン大統領と佐藤総理による合意の結果として、琉球の施政権は、一九七二年に日本へ返還される予定である。[63]

続けてマックロスキーは、尖閣の領有権をめぐり紛争が発生した際の、アメリカの立場について質問を受けた。質問に対してマックロスキーは、「対立する主張がどのようなものであれ、われわれは、この問題は当事国間で解決されるべき問題だと考えている」と答えた[64]。言い換えればそれは、アメリカはなおも中立を保持するということであった[65]。

ここでの「対立」が、政治的、法律的、あるいは軍事的なものを意味するのかは、はっきりとしない。記者会見でアメリカ政府は、「対立」の中身について、それが法的な対立、または領有権をめぐる主張の対立のことを指しているように答えていた。だがアメリカが直面するかもしれない事態には、政治的意味、とりわけ軍事的意味もあった。はたして、同盟国同士で領土をめぐる争いが生じた際に、アメリカが中立でいることは可能だったのだろうか。当時のアメリカが、これらの問題に対してどれだけしっかりした考えを持っていたのかは、明らかでない。結局アメリカの中立的立場は、時間が経つにつれ、日本政府内の強硬論者の怒りを買うことになる。

一方で、駐日アメリカ大使館の報告によれば、アメリカ局北米第一課の佐藤嘉恭は、上記の記者会見でのマックロスキーの反応に対して、「国務省が示した見解は、全体として、日本国内で温かく受け止められていた[66]」と満足の意を示している。いま振り返ると、この駐日大使館の認識は、希望的観測だったように思われる。マスメディアや政治指導者たちが、尖閣問題に対して一段と強硬な立場をとるようになったからである。

たとえば九月十日のアメリカの声明を、日本の夕刊各紙（時差の関係で日本では九月十一日付となる）は大きく報じた。駐日アメリカ大使館は本国への電報で、「尖閣問題に対する日本側の懸念は増大し続けており、新聞報道もますます過熱している」と伝えた[67]。この種の過熱した報道が、今度は次第に国内世論をあおり、新たな政治的圧力を生み出して、日本国内のナショナリストの「思うつぼ」となっていったのである。同じことは、沖縄と台湾でも起こる。

日本政府が受けていた圧力の一例として、国会からのものがあげられる。この時期、衆議院外務委員会では、ベテラン政治家の愛知外相が尖閣問題で質問を受けていた。九月十日、社会党の戸叶里子——党内で対外政策に通じた政治家であった——が質問に立った。彼女の質問に対する答弁の中で、愛知は日本政府の意見として、尖閣の領有権問題はどこの国とも交渉すべき筋合いのものではなく、尖閣が琉球の一部であることは「一点の疑う余地もない」と言明した[68]。また愛知は、複数の米国布令においても、尖閣諸島が明確に施政権の範囲内にあるとする日本の立場が裏づけられると説明した。さらに愛知は、同月に台湾の新聞記者が尖閣諸島に侵入したことが広く伝えられた点について、国府に「至急善処するように申し入れ」をしたことをあげ、尖閣に対する日本の主張を擁護するため、アメリカ側に対してもしかるべき措置をとるように要望したと述べたのであった[69]。愛知の答弁は、翌九月十一日の朝刊で大きく取り上げられている。

こうした中〔上述の会談の中で〕外務省〔佐藤〕は、次のことをアメリカ大使館に確認した。その内容は、尖閣に関する日本の権利を守るため、実際にアメリカ政府が「強硬な措置」を講じて日本国民を安心させるよう、日本政府は「強い圧力」にさらされているが、はたしてアメリカはこのことを認識しているのか、というものであった[70]。それゆえ外務省は、台湾を尖閣諸島に近づけさせないため、アメリカが尖閣地域を定期的に巡視し、台湾国旗を撤去させ、そして尖閣諸島の岩に書かれたメッセージを除去させるといった対策を講じるよう、在米日本大使館に訓令を出してアメリカ政府に公式に要求することにした。佐藤は、「そうでなければ、日本国民は、アメリカ政府が尖閣諸島に対する日本の権利を保護するために実行可能なあらゆる行動をとっているとは考えないだろう」と付け加えた[71]。このとき、当日の協議に参加していたアメリカ側当局者の一人が、「尖閣に関するアメリカ政府と日本の目的はまったく同じだと思う」と答え、日本の権利が損なわれることはないし、アメリカ政府は尖閣に関する日本の権利を守るため、「適切なあらゆる行動をとる」と述べた[72]。だがそのアメリカ側当局者は一方で、「アメリカ政府や琉球政府が尖閣の定期的なパトロールといった大げさな行動をとって、［台湾の］新聞社の支援を受けた［台湾人］冒険者と遭遇するという大々的な事件が起こることが、はたして適切なのかどうか、必ずしも明らかではない」ことが問題だとも述べている[73]。佐藤は、やや困った様子で、アメリカ政府が精力的に行動しないということは、アメリカ政府が台湾による尖閣の支配権の強奪をはっきり黙認することを意味し、［台湾を］助長させることになるだろうと述べた。その上で彼は、実際には、台湾国旗の掲揚事件が「尖閣をめぐる主張の対立状況に法律上の影響」をおよぼすことはないが、「公の場」で、尖閣がますます重要問題になってしまうと指摘した[74]。

対照的に、国府は抑制的な反応を示していた。だが、国務省が声明を出したことに対して、国府がとにかく不満だったのは明らかである。外交部次長で、当時部長代理を務めていた沈劍虹——彼は一九七九年に、アメリカが中国を承認する前の最後の在米中華民国大使となる[75]——は、九月十五日にマッコノギー（Walter P. McConaughy）大使を訪ね、協議を行っている。沈は、［九月十日に］アメリカ政府が記者会見で示した立場に「抗議」することはしないし、実際に「なぜアメリカ政府がそうした立場をとらなければならなかったのかも理解できるが、中華民国政府はアメリカのこの解釈には同意しないし、アメリカ政府がこの問題でさらに声明を出さないよう望む」と表明した[76]。マッコノギーは、沈の見解を国務省に伝えることを約束した。そして尖閣に関する国務省の声明の話に言及し、尖閣をめぐる争いは、「アメリカ政府が積極的に関与することなく」、二国間で解決されるべきという点について、中華民国政府としては同意するか尋ねた。会談中、尖閣諸島のことを中国語で「釣魚台」と呼んでいた沈であったが、これには同意した。

このときマッコノギーは、確認のため国府の立場に対する自分の理解が正確かを沈に尋ねている。その内容は、国府は尖閣の領有権に対する日本政府の主張を否定し、またその根拠もあると考えているが、公式に反対する主張を行うことはしない、というものであった。沈は、それが現在の国府の立場であると同意した。続けてマッコノギーは、この夏に国府が大陸棚条約を批准した際に、日本が尖閣の領有権を持つとしても、そのことは大陸棚の原則から生じる国府の権利には影響をおよぼさないという点を留保したか尋ねた。沈は、言明したわけではないが、そのように理解していると認めた。

沈剣虹は、国府は尖閣の領有権に関する日本側の主張を受け入れないと日本政府に伝えはしたが、日本政府が主張の根拠とする議論への反論を公式に行ったわけではないと述べた。その上で沈は、将来口頭で発表するつもりだとして、声明のテキストをマッコノギーに手交した。しかしながら、このことについて沈は、日台間にある争いについては、アメリカ政府に公式に伝える必要があると考えていた。

沈が手交した口頭発表用の声明は、三頁からなり、大きく以下の三つに分けられる。すなわち、①第二次世界大戦後、今日まで国府が琉球諸島に関する取り決めに疑義を呈さなかった理由に関する説明、②日本側の主張に対する反論、③アメリカ政府が「この問題に対する中国政府の見解と立場に十分な関心を持ち」、新たな展開についても把握しておくと約束することへの期待の表明、であった。[77]

実はこの沈とマッコノギーの協議の数日前、駐台アメリカ大使館は、「中華民国政府や日本政府の動きを理解する際の助け」とするために、国務省に照会を行っていた。照会したのは、尖閣に対する日本の潜在主権の範囲に関する国務省の意見や、それが国府の主張する尖閣周辺の大陸棚の石油の権利にどのような影響をおよぼすか、といった点であった。[78] アメリカ大使館がこうした点について確認を行ったのは、アメリカが前述の中華民国外交部と駐台日本大使館との協議に注目していたからであったと思われる。

国務省は、九月十四日に回答を起案し、駐台アメリカ大使館に送った。この中で、関係する第一項と第三項の内容は以下のとおりである。

一、アメリカは、尖閣を含む南西諸島に対する日本の潜在主権を認めている。ここでいう南西諸島とは、対日講和条約第三条にもとづきアメリカが施政権を行使している地域を指す。しかしながら、必ずしも対日講和条約のみが領有権問題の最終的な決定要素ではないというのが、アメリカの立場である。尖閣または尖閣周辺の大陸棚の領有権に関して生じるすべての争いは、当事国間か、または国際司法裁判所（ＩＣＪ）などの第三者機関をつうじて解決すべきであるというのが、アメリカの見解である。

二、〔省略〕

三、尖閣周辺の大陸棚の範囲を決める方法は二つあると考えられる。いずれの方法も、琉球の中で尖閣だけが大陸棚の上に位置し、他の琉球の島々と海溝で隔てられているという事実に由来している。

ａ．尖閣の領有権は、領海並びに領海の海底及びその下にもおよぶものとし、〔尖閣〕諸島から三マイル〔約四・八

キロメートル」を越えないものとする。または、
b．尖閣の領有権は、大陸棚の隣接部分の領有権を主張する根拠にもなり得る。
しかしながら、われわれは、どちらが尖閣の事例に適用されるかについて、立場を定めるつもりはない。
四、［省略］
五、［省略］[79]

その後、米台両政府当局者は、数週間以上にわたって尖閣問題に関する協議を重ねた。そしてついに九月十六日、周書楷駐米大使がグリーン国務次官補と他の用件で会った際に、尖閣に関する国府の見解について説明を行っている。

周は、尖閣が、琉球諸島の他の大部分の島々の中でもっとも台湾に近い、「戦略的」な位置にあると述べた。そして、台湾の魏道明外交部長が、国内で立法院や報道機関から「厳しい質問」にさらされている事実に言及した[80]。また周は、国府はアメリカとの友好関係に配慮して、沖縄返還協定に対する「留保」を公には避けているが、尖閣問題は「最後の引き金」であると指摘した。そのことを理由にあげて周は、アメリカ政府がはたして国府の見解に対して「真剣な考慮」を行っているのか、また尖閣問題について「最大限の配慮をもって」扱っているのかと質した[81]。

周は、尖閣に関する日本政府の主張を支持しない旨の声明を、アメリカ政府が公式に出すことを望んでいると述べた。これに対してグリーンは、アメリカの立場を周に伝えた上で、アメリカ政府としても国府の抱く懸念に注目していると明確に述べた。その後、周は、国務省で中華民国部長のシュースミス（Thomas P. Shoesmith）と協議を行った。協議の中では、グリーンとの協議の内容が引き継がれる形となったが、シュースミスは、尖閣問題はアメリカ政府にとって「取り扱うのが難しい」と述べている[82]。

九月中旬、中華民国政府の彭孟緝駐日大使が森治樹事務次官のもとを訪れ、尖閣問題に関する協議を行った。九月二十一日、千葉北米第一課長が駐日大使館のスナイダー公使に対し、この日の協議の内容を伝えている。この中で千葉は、彭孟緝が尖閣問題を急いで解決したがっているように見え、日台の報道を「冷静に」させ、確実に「日台両政府間の接触を秘密にしておく」ことが重要と考えているようだとの見方を伝えた[83]。

彭孟緝——彼はかつてその弾圧的なやり方で批判を受けた台湾守備隊司令部の元司令官だったが——は、国府の方は台湾の報道関係者に「蓋をする」ので、日本政府側も日本の報道関係者に対して同様の措置を取るよう要請した[84]。実は東京では、一〇〇隻もの台湾ないし中国の船が尖閣に侵入しているという報道がなされており、一方の台北でも、自衛隊の二隻の「軍艦」が尖閣にいると報道されていた[85]。千葉によれば、森は彭孟緝に対し、日本政府は尖閣諸島の「領土問題で譲ることはできないが、大陸棚の協議に入ることについてはまったく異議はない」と述べていた[86]。

その後、九月二十三日、台湾の銭復外交部北美司長は駐台アメリカ大使館のモーザー（Leo J. Moser）参事官（政治問題担当）を呼び、臨時外交部長の訓令にもとづき、尖閣諸島に関する国府の基本的立場を口頭で説明した。説明のもっとも重要なところは、「中華民国政府は、琉球政府が中国漁船の尖閣諸島への通常寄港を妨害し、アメリカ政府もそれに同意したことを受け入れないし、同意しない」という点であった[87]。銭復はモーザーに対して、「尖閣周辺の水域で漁を行っていた」台湾船が、琉球警察の臨検を受け、マストから国旗を「引きずりおろされ」、退去させられたが、この事件について自分もアメリカ側関係者も事前には知らされていなかったと述べた[88]。

モーザーは、このことについては本国に報告すると述べた。しかし、彼は加えて、琉球政府が台湾漁船による領土・領海への侵入を防ぐため、頻繁に動いている点を強調した。銭復は、この点国府は、米国民政府が琉球政府を支持したことについて、「専ら注視する」だけにとどめてはいるが、それは「黙認を意味する」わけではない、なぜなら尖閣の問題は、中国人にとっての「ライス・ボウル〔生活にかかわること〕」だからである、と述べた[89]。銭復は、「アメリカが支持した今回の琉球警察の行為は、〔…中略…〕挑発的だと捉えられ、国府に対して不快な影響をおよぼしている」と注意を喚起した[90]。銭復は、「将来の、ある日のこと」として、「尖閣諸島に対する現在のアメリカの統治に異議を申し立てる」ことを考えているが、「現時点でそれを実行に移す準備をしているわけではない」と説明した[91]。

モーザーはワシントンへの報告電報で、銭復の最後の発言を取り上げ、銭復が「より攻撃的な路線をとる」準備をしているかもしれないと述べた。また、おそらく「中華民国政府は、尖閣諸島に対するアメリカの統治権を、たとえ暗黙にでも容認することは決してないだろう、事実としてはそうではないが」と述べている[92]。その上でモーザーは、国府が尖閣に対するアメリカの施政権に異議を唱えた場合、一九五四年の米華相互防衛条約の交渉記録に、国府側がアメリカの施政権を認めた言及があるか調査することを進言した[93]。

その後、東京の駐日アメリカ大使館は、上記のモーザーの見解に同意した上で、国府がアメリカの尖閣に対する施政を容認しないと表明しようとしていると指摘した。また駐日大使館は、台湾船舶の〔尖閣周辺への〕渡航が通常の活動であるとする立場は、前回一九六八年に米台間で台湾船舶の侵入について協議が行われた際に国府が示した内容とは異なると指摘した。

換言すれば、国府は、これまでのアメリカとのいくつかのやり取りの中で、アメリカ政府の「〔尖閣統治の〕正統性と〔尖閣の〕代表権」を受け入れていた。たとえばそれには次の内容が含まれる。すなわち、①一九六八年八月初旬に、台湾の防衛司令官が、この問題について引き続き議論を行いたい考えをアメリカ側当局者に示したこと、②同月中旬、国府側が、状況を鎮静化させたいと明確に述べたこと、また琉球に侵入した漁船の乗組員と所有者が琉球への侵入を認め、高雄漁業組合から処罰を受けたこと、および国府側が侵入者に対するより効果的な管理と追跡を求めてきたこと、そして③同年八月後半、台湾省政府の漁業局が「尖閣への」侵入の中止を指示し、侵入者に対する罰則を制定したことを、国府がアメリカ側当局者に通知してきたこと、である。[94]

一九七〇年九月末まで、東京の駐日アメリカ大使館は、未解決の尖閣問題がエスカレートすることを非常に懸念していた。[95]駐日大使館は、現在の状況下ではさらなる事件が発生し、西太平洋のアメリカの国益にとって非常に好ましくない事態が、高い確率で発生すると思われると注意を促した。[96]また大使館は、中国が、日本政府と国府が尖閣諸島をめぐって争うことに満足を見出していると警告した。日台が争えば、アメリカが二つの同盟国の間で難しい立場に置かれることになるからである。[97]そのため駐日大使館は、「日本政府と国府に対して」双方の「行動と立場を和らげる必要がある」と説明すべきであり、とりわけ「中華民国政府がこの問題におけるアメリカの立場や決意について疑念を残すことがないようにすべきだ」と進言した。[98]また駐日大使館は、「この事案では、消極的になるよりも、むしろ積極的に動くほうが、公平性に寄与することになろう」と結論づけている。[99]

具体的に、マイヤー大使と彼の部下たちは、電報で次のように警告していた。すなわち、国府は尖閣に関して「極端な立場」をとっているとともに、自国の漁民や密猟者が尖閣に侵入するのを「抑える意図」を明らかに欠いている。その結果、この問題で日本政府が「アメリカ政府に対して」「より断固とした措置」をとるべきだと圧力をかけてきて、「われわれの望みとは逆に」、アメリカ政府は「複雑な大陸棚問題」や「領土問題の渦中に巻き込まれてしまう」かもしれない。[100]それゆえマイヤーによれば、アメリカ政府には、日本政府に対して、アメリカが尖閣に対する「実効的な統治」を続けていることを示す以外に選択肢がなかった。ちなみにこのことには、不法入域に関する琉球政府の法律の厳格な適用が含まれている。[101]続けて電報では、もしアメリカ政府が、かつて一九六八年に示した断固とした態度から後退したように見えることをやってしまうと、日本政府と国府が、アメリカが日台間の問題に対する新しい見解をとったと解釈し、その結果、意見を変えてくるかもしれないと報告した。[102]そしてマイヤーは簡潔に、「現在の問題の悪化を避けるには、アメリカ政府が中国人の不法入域に断乎として取り組むことを明示するのを期待する以外にはない」と論じている。[103]

その上で駐日大使館は、今後アメリカ政府が出す説明の中に、国府と日本政府に対する次の声明を入れることを提案した。その内容とは、アメリカ政府には、「もちろん、尖閣やその付近の大陸棚をめぐり対立する当事国間の主張の最終的な結果について、返還後のことに対する関心はない。またアメリカ政府は、交渉された合意の結果生まれる、領有権や他の権利に関するいかなる決定も受け入れる。日台の良き友人としてのわれわれの関心は、まずはアメリカの希望がかない、二つの信頼ある同盟国が、この問題を平和的に解決してくれることにある」。[104]皮肉なことに、以上のマイヤーの進言は、日本政府と国府が欲したことではなかったと思われる。つまり、日本と台湾は、〔アメリカが〕肩を持ってくれる、すなわち自国側についてくれることを好んでいただろうからである。

国務省は、東京の駐日アメリカ大使館に同意し、尖閣問題がエスカレートすることへの懸念と、日本と中華民国の衝突を防ぐことの必要性を伝えた。そうしなければ、「われわれが日台の対立に巻き込まれかねないからである」[105]。アーウィン（John N. Irwin, II）国務次官——かつてアイゼンハワー（Dwight D. Eisenhower）政権期には、国防次官補代理（国際安全保障問題担当）を務めていた——は、東京と台北のそれぞれのアメリカ大使館に、日台両政府への説明を行う権限を与えた。それにより各大使館は、「アメリカと親密な二つの同盟国の間で激しい紛争が起こるのを避ける重要性」を強調することとされた[106]。アーウィンの訓令では、台北のアメリカ政府当局者が、国府の意図と態度に関する評価を行うことも要請されていた。

台北のアメリカ大使館と国府の代表者との間、および国府と日本政府代表者との間での一連のやりとりの後、駐台アメリカ大使館のマッコノギー大使は、上記の訓令への返答として、尖閣問題、およびアメリカがそれに巻き込まれていることに関する長文の分析を提示した。その中では、アメリカ大使館がこの問題に巻き込まれている理由は三つあると論じられている。第一に、日本と台湾はアメリカの同盟国であり、アメリカは日本と台湾に友好的な関係を維持して欲しいということであった[107]。しかし、より直接的だったのは、相互に関連するその他の二つである。第二の理由は、尖閣の潜在主権は日本にあるというのがアメリカの立場であるという事実であった。第三の理由は、アメリカ政府が〔尖閣の〕現在の統治者だという事実である。そしてアメリカ大使館は、「領有権問題で公平さを取り戻すための、より良い立場」を確保し、そして「大陸棚問題」での公平さを維持するために、アメリカ政府としては、最後の点〔理由〕から生じる「問題を避ける」よう促した[108]。

さらに駐台アメリカ大使館は、国務省が国府と日本の外相に対し、次のような説明を行うことを進言した。それは、まずアメリカ政府は国府に対し、尖閣に関するアメリカの施政権に「異議を唱えるのはもっとも嘆かわしいことで、〔中華民国政府の〕利益にならない」と伝えた上で、国府が尖閣における不法な操業や入域を防ぐために尽力してそれを継続するよう要望するべきである、という点であった[109]。また、アメリカ政府は国府に対し、アメリカは自国が統治者である期間でも日台両政府が合意した漁業協定を受け入れる用意があること、およびアメリカが日本政府に対して「尖閣問題〔の〕すべての側面」について国府と協議すべきだと求めていることを、知らせるべきである。そして日本政府に対しては、アメリカ政府は、自国が国府に話していることを伝えるとともに、国府と「可能な限り早く協議して」、「友好的な解決法」を見出すよう促すべきである、という点であった[110]。以上に加えてアメリカ大使館は、「日本政府が協議の前提条件として、尖閣の領有権に関する中華民国政府の譲歩を求めれば、友好的な解決の見込みは乏しくなる」ため、アメリカ政府は、「尖閣に対する領有権の問題は協議しないという日本政府の明確な立場」を一切支持するべきではないという見解を示していた[111]。

▼漁業と大陸棚をめぐる協議

台湾省議会は九月三十日、〔台湾の〕中央政府が尖閣諸島に対する「中国の正統な権利」を守ることを求め、台湾漁船に対する日本の妨害を非難する決議を採択した。この台湾省議会の決議によって、尖閣問題はその後も報道され続けることとなり、おそらく、アメリカの懸念も和らぐことはなかった[112]。

十月五日、台北において、アメリカ大使館と日本大使館の首席公使が尖閣に関する協議を行う機会があった。協議では、板垣修大使が尖閣に関する本省の訓令をもたずに台湾に戻ってきたことも問題に取り上げられた[113]〔この点については後述する〕。協議の中で伊藤博教は、台湾漁船による尖閣周辺での不法入域の問題は、「かなり容易に」解決することができるとの個人的な考えを述べた。伊藤の理解では、その台湾人たちは、「二五年」もの間、尖閣周辺で漁業を行っており、沖縄の人々は「その海域では漁を行ってはいなかった[114]」。アームストロング（Vance I. Armstrong）首席公使によれば、伊藤が出した「いささか驚かされる」提案とは、「もし中華民国政府が、この〔漁業の〕問題を尖閣の領有権をめぐる問題から切り離すことに前向きであるならば、台湾の船がその海域で漁を行っていることは、日本政府やおそらく琉球政府にとって大きな問題ではない」ということのようであった[115]。

この台北での協議に関する報告を受けて、駐日アメリカ大使館は、翌十月六日のスナイダー公使と東郷アメリカ局長との定期協議の中で、この提案を取り上げている。ここでスナイダーは、〔漁業に関する〕暫定取り決めの問題を取り上げた。スナイダーは、この取り決めによって「領有権の問題に影響を与えることなく」、「慣習」にもとづいて、日本が尖閣周辺の〔琉球〕領海における台湾人の操業を承諾することを考えていた。これに対して東郷は、そうした取り決めは「〔日台間の〕交渉を経た上で、日本の領有権を明示的に追認した漁業協定（agreement）」にもとづくものでなければならないと応じた[116]。ただし、栗山法規課長は、条約局は東郷の指摘した問題に配慮しつつも、伊藤が台北で提示した考えに沿って、不法操業の問題を鎮静化させるような取り決めの可能性を検討している、と付け加えている。これに対して駐日大使館は、〔日台間の〕いかなる調整であっても、琉球政府、そしてアメリカ政府が関与することになると念押ししている。

十月第一週の週末にかけて、マッコノギーは、台湾政府が態度をやや軟化させたようだと打電している。彼は「最近の中華民国政府は、尖閣に関して多少冷静になっただけでなく、より熱狂的になっている国民を抑えるための処置をとっているように思われる」と書いている[117]。マッコノギーは、メディアと議会は尖閣問題に対してなおもセンセーショナルな反応を示しているが、台湾による不法入域は、近い将来減少するものと考えられると述べている。またマッコノギーは、尖閣周辺海域への挑発的な侵入に関して国府に勧告を行うという、東京のアメリカ大使館の提案に同意する一方で、アメリカ政府のおもな努力は、日本政府と国府に「この問題のあらゆる面について対話を始めさせること」に向けられるべきだと考えていた[118]。

マッコノギーは、尖閣問題は三つの問題に分けられ、それらが絡み合うようになったと見ていた。その三つとは、①尖閣やその周辺海域への〔台湾人による〕不法入域、②尖閣の領有権という、より基本的問題、③大陸棚に関する諸権利、である[119]。彼は、国府が二つの方法をとっていると見ていた。すなわち国府は、日本に対して「より強硬な路線」をとっている報道機関の前では、アメリカ政府に対して「かなり強硬な路線」をとり、一方ではさらなる事件が起こるのを止めるために、「水面下の努力」を行っていると見られた[120]。具体的に、事態のエスカレートを止めるために国府がとった措置として、マッコノギーは次の点を報告している。すなわち、①台湾の外交部が、「許可を得ていない」国旗掲揚に関与したかどで『中国時報』を「厳しくしかりつけた」こと、②九月二十三日の週に錢復北美司長が北米局から人を派遣して上記の漁業組合と会わせ、生計が壊されることに対する彼らの不満を聞き入れながらも、尖閣付近での活動を止めるよう伝えたこと、③国民党幹部が、十月二日に台湾国立大学での集会を計画していた主催者たちに、尖閣問題のデモの実施を「思いとどまらせた」ことである[121]。さらに蔡維屏外交部次長も、台湾立法院の委員会の場で、尖閣はアメリカの統治下にあるため、この問題についてはアメリカ政府と協議すべきだが、日本政府との「非公式対話」をもつことも拒否しないと説明した。蔡維屏はその理由として、日台の友好関係をあげていた[122]。

さて改めて述べると、マッコノギーは、アメリカ政府がこの問題に巻き込まれている理由として、次の三点をあげていた。すなわち、①日本と台湾はアメリカの同盟国であり、アメリカは日本と台湾に友好的な関係を維持して欲しい、②尖閣の潜在主権は日本にあるというのがアメリカの立場であること、③統治者としてのアメリカの責任〔アメリカ政府が〈尖閣の〉現在の統治者だという事実〕、である[123]。また再度確認すると、マッコノギーは続けて、「もしわれわれが、三つ目の点から生じる問題を避けることができれば、われわれは領有権問題で公平さを取り戻すための、より良い立場にいることができる〔…中略…〕、そして大陸棚問題での公平さを維持することにもなる」と指摘していた[124]。

この点、マッコノギーは、最近の国府の行動に勇気づけられていた。彼は、国府が尖閣への侵入をめぐってアメリカ政府と対立することは避けたがっていると考えており、また、もし国府と日本政府がこの地域での漁業のための取り決めを作ることができれば、アメリカ政府を巻き込む当面の問題の大部分は解決するだろうと考えていた。

さらに彼は、次のように論じている。国府は、尖閣に対する領有権を主張しないことで「最終的に領有権を日本政府に譲るという選択肢を残しており」、「中華民国政府の主要な関心」は海底に関する権利にあるため、領有権の問題をそうした権利のための取引材料にするかもしれない。[125]

しかしながら、マッコノギーは、国府側には日本政府との対話の準備がある一方、日本政府の方はそうではないという点に不安を抱いていた。それゆえ彼は、〔上記の電報と同様に〕アメリカ政府が国府と日本政府の双方の外相に対して説明を行うことを提言した。その内容は次のようなものである。国府に対しては、アメリカ政府は、①「尖閣に対するアメリカの施政権に異議を唱えるのはもっとも嘆かわしく、かつ中華民国政府の利益にならない」、②「われわれは、中華民国政府が尖閣における不法な操業や入域を防ぐために尽力していることを歓迎するとともに、その努力を継続するよう要望する」、③「われわれは、自国が統治者である期間でも、日本政府と中華民国政府が合意した漁業協定を受け入れる」、④「われわれは、日本政府に対して尖閣問題のすべての側面について中華民国政府と協議するよう促している」という点を伝えるべきである。[126]

またマッコノギーが提案するには、アメリカ政府は日本政府に対して、自国が国府に話していることを伝えるとともに、〔日本が〕国府と「可能な限り早い時期に協議して、〔尖閣〕問題の三つの側面〔領有権、漁業、大陸棚〕すべてにおける友好的な解決法を見出すよう促す」べきだとされた。また彼は、「われわれは、尖閣の領有権の問題を協議することに乗り気ではないという日本政府の明確な立場に対しては、いかなる支援も行わないことを前提とする。当然ながら、日本政府が対話の前提として尖閣の領有権に関する中華民国の譲歩を求めるのであれば、友好的な解決の見込みは乏しいものとなる」と指摘した。[127]

さて東京の駐日アメリカ大使館が議論に加わる以前の話になるが、エリクソン日本部長は〔駐台大使館の電報と同様に〕、不法侵入の管理に対する台湾の努力に「満足している」が、日台が難局の解決に向けて実際に動いている様子はないという懸念を示していた。また、台北と東京の各アメリカ大使館が、国府と日本のそれぞれのカウンター・パートに対し、アメリカ政府が日本政府と国府との間の「尖閣問題の友好的な解決を重視していること」を強調するよう進言していた。

エリクソンは台湾に関して、上記の内容に加え、駐台アメリカ大使館が国府に対して、次の点を伝えるべきだと述べている。すなわち、①アメリカは不法な操業や入域を防ぐための最近の〔国府の〕取り組みを歓迎し、こうした努力が続けられることを期待している、②琉球諸島の統治に関するアメリカの責任に異議を唱えるのは、「嘆かわしく、かつ中華民国政府の利益にならない」、③アメリカ政府は琉球統治の責任を果たす意思を有する、④そうした責任の一部として、沖縄の現地当局は近々パトロール能力を向上させる、⑤アメリカ政府は日本政府に対して、尖閣問題のあらゆる側面について国府と協議するよう促している、といった点である。[128]

そして日本のことについてエリクソンは、駐日大使館に対し、国府への伝達内容を日本政府に知らせ、「尖閣問題のあらゆる面において友好的な解決」に達するために、日本政府に国府と協議をするよう促すことを求めた[129]。またエリクソンは、「もし適切と判断されれば」としながらも、駐日大使館が日本政府に対し、国府との協議の開始の妨げとなっている「前提」——すなわち尖閣の領有権に関する協議の拒否——を取り下げるよう求めるべきだと述べた[130]。

その上でエリクソンは、次のような国務省の考えを提示した。すなわちその内容は、台湾に尖閣の漁場へのアクセスを供与する何らかの形の合意によって、摩擦の原因のひとつを取り除き、将来的には、たとえば漁期が到来する春の間、〔国府と〕日本政府およびアメリカ側当局双方との対立が起こるのを防ぐ、というものである。エリクソンは、そのような合意であれば、政府間でもなしうるし、台湾と沖縄の漁業組合の間でも可能だろうとしている。そしてエリクソンは、「いずれの場合でも、その成功は、大部分は沖縄が〔提案を〕受け入れるかどうかにかかっているだろう」と指摘した[131]。ただし、エリクソンは、この問題で議論を進める前に、沖縄がこうした提案を受け入れるかどうかの見込みについて、高等弁務官の見解を尋ねている。

エリクソンが高等弁務官に尋ねたもう一つの問題として、沖合での探査・採掘の申請に対する琉球政府の許可を遅らせることの可否があった。前章で論じたように、これらの申請は、すでに国府が認可していた採掘権と重複するもので、尖閣周辺海域を含むものだった。エリクソンは、琉球政府がこれらの採掘を認可することが、アメリカ政府に「黙認、拒否、ないし延期の中からの選択を強いることになる可能性がある」と注意を喚起し、アメリカ政府からすると、このうち黙認が「もっとも望ましくないだろう」と論じた。しかしエリクソンは、「アメリカ政府による延期ないし拒否は、日本政府にとっての問題を生じさせるだろう」とも書き記している[132]。エリクソンは、もし申請に対する琉球政府の対応を〔沖縄の〕返還まで、あるいは日本政府と国府が問題を解決するまで引き延ばすことができれば、日米両政府にとっての問題は小さくなりそうだと感じていた[133]。

このエリクソンの提案に対しては、沖縄で勤務する外交官で、渉外局長を務めていたクラーク（William Clark, Jr.）が、高等弁務官に代わって回答を行っている。クラークは、沖縄の対外関係の責任はアメリカ政府にあるというのがアメリカの立場なので、政府間で漁業協定を作成するのは難しいと説明した[134]。琉球政府は、日本政府の協力を得て、オーストラリアとの間で漁業に関する取り決めを結んでいたが、琉球政府自身は直接の外交交渉には関与しておらず、交渉のための担当官を配置していたわけでもなかった。実際に論じていたわけではないが、クラークは、〔このオーストラリアとの事案と異なり〕日本は台湾との対立の当事国であるため、沖縄の琉球政府に代わって取り決めを仲介することはできないと示唆していたのかもしれない。

同様に、漁業組合間でこうした協定を結ぶことも難しかった。クラークは、さまざまな地域からきた多くの沖縄の漁師が尖閣周辺海域で操業しており、同海域のための漁業組合は存在しないと指摘した。すなわち、「尖閣周辺海域は、琉球諸島のより大きな島々の周辺海域の多くとは異なり、特定の漁業組合に漁業権が認められているわけではない。したがって、同海域に責任をもつ沖縄の漁業組合はない」のであった[135]。続けてクラークは、沖縄の人たちの尖閣周辺での漁は「散発的」であり、「一年の間で、沖縄の船よりも台湾の船の方が多く尖閣地域へ行くことができる」と説明した[136]。カリフォルニア生まれのクラークは、尖閣地域での漁には、網を岸まで引っ張る「網漁」を含め、三つのタイプがあると記している。そして地元漁師から得た情報では、「最高の漁場」は、領海の範囲内にあるとのことであった[137]。このように、漁場を領海や領土と切り離すことは難しかった。クラークは、「われわれは、日本政府と同様、尖閣に対する主権の行使に関して、琉球政府を励まし、支持してきた」と述べ、漁業協定がうまくいくようにするためには、国府は尖閣に対する琉球政府の主張を認める必要があると記している。しかし彼は、「中華民国政府が漁業権と引き換えに琉球政府の主権を認めるかどうかは疑問である」[138]と述べている。いうまでもなく、琉球政府の主権を認めることは、日本政府の主権を認めることを意味していた。

沖合での探査採掘権の問題に関し、クラークは、「沖縄固有の懸念」を指摘している。すなわち、沖縄には、国府の採掘認可区域で探査が活発になっていることへの懸念が存在し、これは日本政府にも共有されていた。それだけではなく、前章で詳細を論じたとおり、琉球政府当局者は、採掘許可の決定が沖縄返還後まで延期されると、石油の発見から得られる沖縄の利益が失われてしまう、と懸念していた。三名の申請者〔大見謝・古堅・新里〕がみな沖縄の人物であった（ただし、うち二名は本土の関係者の支援を受けていた）ことも、こうした沖縄の損失に対する懸念を強めていた[139]。また、クラークは、琉球政府が申請を審査する人員を増やしており、一九七一年春までには申請は認可されると聞いていた。それゆえ、「この問題に対する沖縄の人々の偏狭ともいえる懸念を考慮すると、沖合の採掘権の認可を延期させようとするアメリカのはたらきかけを琉球政府が受け入れることは、たとえ日本政府がアメリカの立場を支持したとしても、ありそうにない」と指摘している[140]。

さて国務省が前述の電報で提案した内容からも分かるとおり、アメリカは日本政府と国府との対話がないことを強く懸念していた。決定的に重要な時期となる一九七〇年九月、板垣駐中華民国大使が協議のために東京に戻っている。このことについて国府の沈劍虹臨時外交部長は、板垣が本省の訓令を受けて台北に戻ってくることを期待している旨を、駐台アメリカ大使館関係者に話していた。しかしながら、板垣は本省の訓令を受けずに台湾に戻ってきた。板垣の説明は、そもそも日本政府は尖閣に関する日本の領有権は交渉し得ない問題だと捉えており、また日本政府は大陸棚の問題に関する国府との協議には前向きだが、大陸棚の問題に対する自国の立場をまだ明確にしていないというものだった。沈劍虹の説明によると、日本政府は、「尖閣の他の琉球諸島との地理的・法的関係に関する国内での見解の相違を解決しようと試みている」ようだった。[141]

日本と国府との間で議論が遅れていることについて、国務省は、上記で示された以上の意味があるのか、もしないとすればどの問題についていつ頃に対話の準備ができそうなのか、これらについて適切な日本政府当局者に聞いて確定するよう、駐日大使館に電報で求めた。また国務省は、日本政府と国府に対する「説明の主旨」を決める際の助けとするため、日本の意図と考えに関する情報を求めていた。[142]

これを受けて駐日大使館は、尖閣問題に携わっていた複数の日本政府当局者と会い、十月十五日に国務省に電報で報告した。この中で大使館は、実際に板垣大使が訓令を持たずに台湾へ戻ったことを、栗山尚一法規課長から確認したと報告している。その理由はやはり、①領土に関する問題は交渉の余地がないというのが日本政府の立場であり、このことはすでに国府に伝達されている、②日本政府は大陸棚の問題をなおも検討中であるため、というものだった。

栗山のいた条約局は、日本を他国の得点から守る「ゴール・キーパー」のような存在だとされていた。[143] 栗山によれば、大陸棚問題の「第一の問題」は、大きな影響力をおよぼすことになる無人の島嶼群［尖閣諸島］に関して、適切な法的立場を決定することであった。[144] 彼は続けて、日本と韓国の間の国境に関する議論でも無人島の問題が関わってくることに鑑みると、この点をどう考えるかは複雑な問題であると述べた。ちなみに、前述のとおり国府側はアメリカ側に対し、尖閣と他の琉球諸島との間の地理的・法的関係について、日本国内に見解の相違があると伝えていた。だが、栗山がそうした問題の存在を示すことはなかった。事実、日本政府は、国府の領土問題に対する立場を、「専ら大陸棚という交渉目的のためのもの」として見ているようだった。[145]

本国への報告をまとめるにあたり、駐日アメリカ大使館は、同じ週に外務省当局者と何度か協議を行っている。十月十三日には、駐日大使館参事官（政治問題担当）が井川克一条約局長と協議を行った。井川は、中国が日台間の論争に介入し、自然延長論にもとづいて大陸棚全体を要求する可能性があるため、日本政府は国府と正式な協定を結ぶことはできないと述べた。井川は、中国が尖閣問題に関与してくるのは不可避であることを認めていたようだった。ただし、中国の取る立場の中身は、中国が尖閣問題への関与を決心するタイミングによって決まるだろうと考えていた。他方で、いま述べたこととは対照的に、井川は、国府との間では非公式の協定（an informal agreement）を結び、大陸棚に埋蔵されている石油の権利について定めることが好ましいと指摘したのだった。ただその場合、どのような形式を取りうるのか、彼には確たる案はなかった。そして井川は、外務省が、日本の石油会社や「沖縄のナショナリスト」たちから、尖閣問題で「早く断固たる姿勢を取る」よう圧力を受けるようになっていると述べた。[146]

同日、駐日アメリカ大使館の書記官が、通商産業省の花岡宗助鉱山石炭局石油開発課長と昼食をともにしている。ここで花岡は、尖閣諸島およびその他の琉球諸島の問題として、日中間に大陸棚の「境界線を引くことを充分に重視して然るべき」との見解を述べた。その上で花岡は、日中の境界線が、尖閣と台湾との間、および琉球諸島と中国との間に、「中国の海岸線」に沿って「等距離に引かれるべき」とする考えを表明した。[147] 一方で駐日アメリカ大使館は、水産庁関係者とは話し合う機会がなかった。しかしながら、駐日大使館は、〔日本側としては〕一九七二年以降も日中漁業協定の延長を予定していることから、水産庁も尖閣問題のおよぼす影響に関心と懸念を抱いている面があると考えていた。[148]

駐日アメリカ大使館は、日本政府は領土問題に関する国府の説明を非公式に聞きたがっているかもしれないが、日本が実際に回答を準備しているのは専ら大陸棚の問題だけであり、日本が大陸棚に関する自国の立場を固めるのも少なくとも数週間後だろうという印象を抱いていた。そして駐日大使館は、日本政府は尖閣問題に関する国府との交渉の立場を案出すべく、「可能な限り早急に検討を進めている」と結論付けている。[149]

十月二十三日の午後、外務省アジア局中国課の渡辺幸次首席事務官が、台北のアメリカ大使館を訪れ、検討中の大陸棚に関する日本政府の立場の概要を説明した。その内容は、日本政府は中国との間で大陸棚の正式な境界線を画定するには条約が必要だと考えているが、国府と条約を結ぶことはやりたくないというものだった。国府との間で条約を結ぶと、中国が反発する可能性があるというのが、理由であった。渡辺によれば、それゆえ日本政府としては、国府との間で非公式に「暫定協定（“modus vivendi”）」を結び、当面の間、尖閣問題に関する公式な決定をペンディングにしたいと考えていた。[150] 渡辺は、日本政府は尖閣の領有権について協議を行うことはしたくないと述べた。しかし、代わりに日本政府としては、国府との論争に終止符を打つため、「慣習（custom）および礼譲（comity）にもとづき」、台湾漁民への尖閣周辺海域での漁の許可については合意するだろうと述べた。[151]

大陸棚に関して日本政府が説明した立場は、東側にある九州、琉球、および尖閣と、西側にある中国本土と台湾との間に中間線を引くというものであった。この場合、日本政府にとっては、中間線の西側の地域では利益がないことになる。その代わり日本政府は、中間線の東側での調査と開発には、必ず相互の合意を条件とすることを求めた。渡辺は、「暫定協定」をつくる際には、基線を琉球から算定するが、そのことが、大陸棚に関する正式な境界線を引く際にも琉球から基線を算定することを意味しているわけでは必ずしもないと述べた。

渡辺は苛立ちの表情を見せながら、このように日本政府の立場を複雑なものにしたのは、国府が十月十五日に出した大陸棚の境界に関する新声明であると述べた。渡辺は、この国府の行動によって、「内部で慎重に議論された〔中間線に関する〕日本政府の決裁が台無しになるとともに、この問題を再検討せざるを得なくなり、その結果、東京から台北の日本大使館により厳しい訓令を出すことになった」と説明した。[152] そして渡辺は、中国が尖閣と大陸棚の問題に対して完全に沈黙していることに関心を持っていると付言した。渡辺は、日本政府は大陸棚の問題について、「表面上は」台北と交渉しているが、上記の中間線に関する提案は「中国の反応を念頭に置いた、『一つの中国』の考えにもとづくもの」であることを、率直に認めている[153]。

渡辺は、日台間の立場は「早期に歩み寄るにはあまりにかけ離れている」と感じていた。そのことは、板垣大使が東京から台北に戻って説明を行った際の国府の反応が「冷ややかな」ものであったことに示されていた[154]。このとき板垣は、大陸棚の問題を二国間の協議で穏当に解決するよう求めるため、蔡維屏外交部次長と協議していた。そこで板垣は、前週に国府が発表していた、九州にまで至る「広範囲にわたる国府の探査区域」の設定は「受け入れられない」として、「探査区域を設定するにあたり、妥協を可能とするような柔軟性」を求めた[155]。また板垣は、蔡維屏——戦前にイリノイ大学に留学しており、彼に北米事務協調委員会（一九七九年二月にアメリカが台湾との国交を断絶した後できた組織で、大使館とも、領事館とも、リエゾン・オフィスとも異なる性格のものであった）を率いた[156]——に対し、尖閣諸島は対日講和条約第二条の範囲には含まれておらず、日本政府からすると「〔領土〕問題は存在しない」ため、日本政府には尖閣の領有権に関する国府の主張について協議する「用意はない」と伝えた[157]。

これに対して蔡維屏は、尖閣は日本が日清戦争の結果として獲得したもので、実際には対日講和条約第二条の範囲に含まれると主張した。しかし、蔡は大陸棚に関する日本政府の主張については、自分はそれ〔日本側の主張〕を完全に否定できる立場になく、また外交部長の確認を得る必要があるがとしながらも、大陸棚は中国本土の延長上にあると述べた。さらに彼は、大陸棚と琉球諸島の間には海溝があることから、大陸棚のいかなる部分についても日本政府に権利がないのは明確だと主張した[158]。一方、このとき板垣は、大陸棚を分割するための特別な方式を提案することまでは、本省から指示されていなかった。

東京の栗山法規課長は、スナイダー公使との協議の結果から、今後について楽観視してはいなかった。彼は、国府は「非常に厳しい態度」になっており、「尖閣で対立する可能性を小さくしようとする兆候はみられない」と考えていた[159]。台湾に滞在中の渡辺も、同様に、尖閣をめぐる状況がすでに「袋小路」に入っていると見ていた[160]。

台湾に駐在する日本人外交官の間では、尖閣問題が浮上する以前から、他の外交問題のほとんどにおいてこのような悲観的な見方をする傾向があった。たとえば一九六九年春、シルヴェスター（Charles T. Sylvester）が駐台日本大使館の黒岩周六一等書記官と会食したときのことである。ちなみに黒岩は、板垣がオタワから台湾の大使に赴任するまでの夏の間、臨時代理大使になる予定であった。会食中に黒岩は、自分の臨時代理大使の任期中、ジーモ——黒岩は蔣介石総統のことをこのようにニックネームで呼んでいた——が亡くなるかどうかは誰も分からず、この点で自分は「幸運」であり、また「神経質」にもなってもいると、心境を説明している。[161]

しかしながら、黒岩や彼の同僚たちにとって、台湾での勤務が幸運なことだとは、とても言えなかった。黒岩は、以下のようにシルヴェスターに述べている。

日本の外交官にとって、ここ〔台湾の日本大使館〕は難しいポストで〔…中略…〕、台北に来たがる人はほとんどいません。外交官の仕事として見ても、台北は厄介なところです。台湾の人たちの中で、日本の外交官が懇意にすべき人物たちは、非常に冷淡な態度でわれわれに接してきます。ですがその一方で、われわれが親しくする必要のない人たちは、誰もが親切すぎるくらいの態度で接してきます。さらに言えば、多くの日本の外務省関係者は、ここでの在任中に日本の対中政策が大きく変わることを恐れています。もしそうなれば、台北での仕事が一段と難しくなってしまうからです。長い目で見れば、台湾で勤務することは、仮の話ですが、それ以上に非常に面白い中国本土での勤務にとっては、障害となりかねないのです。台湾では、国民党政府の指導的人物と接触するのが難しいだけでなく、国府当局者との日常の仕事上の関係をつくるのも大変です。……非常に簡単な問題に関する交渉でも、すぐにはまとまらず、だらだらと長引きます。さらに交渉は大変な疑心をともないます。〔国府側が〕子細なことにこだわり、時間を浪費するのです。[162]

一九七〇年十一月中旬までには、日台が尖閣で合意するのは不可能だということが一段と明白になった。十一月十三日、駐日アメリカ大使館当局者は、栗山と渡辺との協議中に再び「暫定協定」のアイデアを持ち出した。アメリカ大使館は、日台が尖閣という大きな問題で合意することは不可能である点を考慮し、「暫定協定」をつくることで、さらなる事件の発生と日台の世論の圧力の高まりを防げるだろうと考えたのであった。[163]

栗山と渡辺は、そうした「暫定協定」の考えに同意した。二人は、日台の緊張を限定化し、日台のより広範囲な交渉を促進するために、「暫定協定」が重要であると考えたのだった。しかし、栗山らはいくつか問題点を指摘した。第一に、日本政府が漁業従事者に関する「暫定協定」案を受け入れやすくするためには、この取り決めを漁業だけでなく尖閣に上陸して海鳥の卵を採集する者にも適用する必要があるという点であった。日本側は、こうした海鳥の生息地が危機にさらされていることが、日本がこの問題に介入する要因の一つだからであると説明した。さらに栗山らが指摘したのは、「暫定協定」が実効性を持つには、台湾側の採掘権所有者が、彼らが権利を主張する、琉球諸島近くの水域から離れる必要があるという点であった。このように問題を指摘はしたものの、栗山と渡辺は、政府内で「暫定協定」案の「感触を慎重に探ってみる」ことには同意した。二人は、「暫定協定」の受け入れ可能性を調べることにしたのだった。[164]

おそらくアメリカ側は、尖閣問題を解決する自国の能力について、次第に不安を抱くようになっていた。数週間前、まだ日本政府と国府との協議の行き詰まりが明らかになる前のことになるが、台湾を訪れていたシュースミス中華民国部長は、銭復北美司長と尖閣問題について八〇分にわたり協議を行っている。銭復は二〇〇五年に刊行した回想録で、この日の協議のことに触れている。この中で銭復は、シュースミスに対し、国府が釣魚台列嶼の領有権を持っていることは「非常にはっきり」しており、これに関係する問題には強い意見を持っていること、またアメリカ政府が日本側に肩入れせずに問題を解決することを望んでいると話したと述べている。[165] さらに銭復は、国府は米台関係だけでなくこの地域の安全保障状況を高く評価しており、それゆえ米国民政府が釣魚台列嶼に対する責任を果たすための行動に異議はないと述べた。続けて銭復は、「しかしながら、異議がないということが、われわれがアメリカのそうした行動に同意したことを意味するわけではない。沖縄における米国民政府の任務が終了したときには、アメリカはこれらの島々を中華民国に返還すべきだ」と主張したのであった。[166] この銭復の主張は、アメリカ政府にとって、おそらく耳にしたくなかったことであろう。

▼沖縄返還協定の日本側対案の提示

日本政府は国民党政府との間で、漁業権と、大陸棚に関する意見の不一致をめぐってやりとりを続ける一方、アメリカ政府との間では、沖縄返還協定で検討中の尖閣に関する項と、その他の項での尖閣に関する記述の内容について協議を行っていた。すでに一九七〇年八月三十一日、アメリカ側は日本側に対して、沖縄返還協定の前文、第一条、および第二条の草案を伝えていた。[167] これに対して外務省は、十月八日に日本側の対案を手交した。外務省が提案した沖縄返還協定案の第一条は、琉球諸島の領域の範囲に関して述べたものであり、以下に傍点で記した一文が追加された以外、基本的にはアメリカ側案と同じであった。第一条の2は、以下の通りである。

> この条約の適用上、「琉球諸島及び大東諸島」とは、行政、立法及び司法上のすべての権力を行使する権利が日本国との平和条約第三条の規定に基づいてアメリカ合衆国に与えられたすべての領土及び領水のうち、そのような権利が一九五三年十二月二十四日及び一九六八年四月五日に日本国とアメリカ合衆国との間に署名された奄美群島に関する協定並びに南方諸島及びその他の諸島に関する協定に従ってすでに日本国に返還された部分を除いた部分をいう。この条に定義する領土は、付属文書で示される。[168]

上記に述べられている、付属の添付文書は、次のような内容であった。

> 同条2に定義する領土は、次の座標の各点を順次に結ぶ直線によって囲まれる区域内にあるすべての島、小島、環礁及び

岩礁である。

北緯二十八度東経百二十四度四十分
北緯二十四度東経百二十二度
北緯二十四度東経百三十三度
北緯二十七度東経百三十一度五十分
北緯二十七度東経百二十八度十八分
北緯二十八度東経百二十八度十八分
北緯二十八度東経百二十四度四十分

この日本側の草案、とりわけ領土に関連する記述の部分は、アメリカ側を驚かせた。翌週の十月十二日、アメリカ側の交渉担当者が外務省の中島条約局条約課長と会い、この日本側対案に関する協議を行っている。まず中島は、アメリカ側の沖縄返還協定案が、沖縄返還が講和条約第三条にもとづく諸権利を終わらせるという政治的事実を強調している点は、目を引く内容だと言及した。その上で中島は、日本政府の考えとして、日本側案の記述はその点をアメリカ側案より強調したものであると説明した。また彼は、日本側案の領土に関する記述の部分で「境界線」のことに言及した目的として、「より正確さを出すため」だと述べた。[169] 中島が口にしなかった部分の思惑に気づいた、駐日アメリカ大使館当局者は、少し探りを入れている。これに対して中島は、日本側案に「境界線」に関する記述を入れる際に、実際には尖閣問題を考慮に入れたことを認めた。つまり日本側は、日本に返還される島々の中に尖閣が含まれることを、アメリカ政府にはっきりさせて欲しかったのである。

しかし、アメリカ大使館当局者は、尖閣問題に関してアメリカは、条文上は「中間の立場にとどまる」方がよいと指摘した。沖縄返還協定は、たとえ間接的にであっても、尖閣問題に言及する「適切な場面」ではないというのが、その理由であった。[170] アメリカ大使館は、対日講和条約第三条にもそのような「境界線」に関する記述はなく、日本側が提案するような付属文書は「基本的に不要である」と説明した。[171] 大使館は、「厳粛な国際文書に関する原則の問題として、余計なものは避けるべきである。なぜなら、異なる二つの方法〔協定と付属文書〕で同じ内容の合意に言及すると、後々誤解が生じかねないからである」と力説した。[172] これに対して中島課長——彼は後に中国大使、オーストラリア大使、および最高裁判事を務めた——は、アメリカ側の各論点に関する説明に理解を示したものの、尖閣問題が、「一九七二年には日本政府にとって極めて重要になるだろう」と述べたのであった。[173]

中島は二〇一一年末まで存命だったため、返還後の数十年にわたり、尖閣諸島の不安定な地位が日本にとって問題になるのを目の当たりにしていた。一九九二年、東京で沖縄返還二〇周年記念のシンポジウムが開催されたが、このとき来日した、沖縄返還交渉に参加した当時のアメリカ側関係者の一人によれば、中島は返還から二〇年が過ぎても、アメリカが尖閣を処理した方法に不満を抱いていた。[174] 幸いにも中島は、沖縄返還二〇周年の頃に書いたエッセイに加えて、亡くなる直前、日本の外交史家とともにオーラル・ヒストリーを残している。彼の没後に出版されたオーラル・ヒストリーでは、尖閣の問題について次のように述べられている。

尖閣の日本帰属をそのうちの最も重要な問題の一つとして話し合いました。〔…中略…〕本来、そんなことは詰めなくても、平和条約第三条で日本がアメリカに施政権を認め、アメリカの占領が続いていた区域の中に尖閣が入っているのは自明だったのです。それでも、台湾や中国から問題が提起されたので、当然ながら尖閣は返還される区域に入っていて、施政権返還の対象になっていると明確化するのが、もっぱらこの点の交渉目的だったわけです。アメリカ側も、その実態について何らの疑いを持っていませんでした。シュミッツ〔法務官〕の反応はそういうことでした。

台湾と中国は、石油権益に触発されて言い出したとみられるわけで、その問題を疑いもないほど明確にして片づけねばならないというのが交渉目的でした。米側の反応も、全くそれは争いもないということでした。ただ、台湾などがぐずぐず言い出したこともあったので、できることなら表現をあまりギラギラしない形で明確化しておきたいというのが、アメリカ側の反応でした。

そういう意味で、アメリカ側の反応も頭に入れて、アメリカ側の希望も取り入れつつ、日本側として疑いもないように書き込むのにどう表現するかということを考えていました。当初は、そのことをストレートに書いてあるような条文を出して交渉したと思います。アメリカ側は、実態について何ら異議はないのだけれども、そういう国際的な反響に鑑みて、あまりギラギラしない形で処理をしたいという反応でした。

アメリカ側の希望も勘案しながら、協定上どう処理するかというやりとりがありました。合意議事録〔「合意された議事録」〕に書き込むことについては、アメリカ側も全く異議がなかったわけですが、その書き方の問題で多少時間をかけてシュミッツと話し合ったわけです。(175)

さて、駐日アメリカ大使館は、前述の十月八日の日本側対案を本国に報告していたが、国務省は十月二十三日、日本側対案に関する見解を付した電報を大使館に送った。その中で国務省は、中島課長の主張に対して示された駐日大使館の見解に同意し、「返還に関する説明は、可能な限り厳密に、講和条約第三条の文言に近いものとすべきだ」としている。(176) 十月三十日、駐日大使館はこの国務省の見解を外務省側に伝えた。(177)

外務省は、引き続き沖縄返還協定に関する検討作業を続けていたが、その一方で、尖閣や大陸棚をめぐり台湾との間で（そして今度は中国との間で——すなわち、台湾側についた中国は、十二月四日に公式に新華通信社で記事を発表して一段と声を上げるようになり、尖閣問題で中国の領土権を侵害したとして、日本のことを非難していた）(178) 生じていた、沖縄返還に関連する問題への対応を迫られていた。[179] 十二月十六日までには駐日大使館は、日米間にいくつか残る意見の対立点について、日本政府が「アメリカ側の方針に近づいている」と報告することができた。しかし、駐日大使館は、「とくに注目すべき争点」は、尖閣問題にどう取り組むかであると述べている。[180]

その前の週となる十二月十一日、駐日アメリカ大使館当局者は中島条約課長と会い、沖縄返還協定とりわけ尖閣問題への対処について協議していた。このとき中島は、日本側が提示した、「境界線」を定めた付属文書は、外務省の「最高レベル」で再検討されたものであると伝えていた。すでに十月中旬の段階で、アメリカ大使館は、付属文書案に対する反対の意思を日本政府に伝えていたが、この日、中島課長は、外務省としてはなおも付属文書の提案にこだわっていると表明した。中島は、尖閣問題に関する日本政府の懸念が広がっている専らの理由は、十二月四日に中国政府が、国府の尖閣領有権に対する主張を支持する姿勢を示したことにあると説明したのだった。[181] 続けて中島は、付属文書の基本的な目的は、アメリカが返還する領域に尖閣が含まれることを明確化することであると述べている。[182] しかし、中島は、日本政府として、「このことを明確に定める他の手段」について考慮することはやぶさかでないと容認した。[183]

これに対して駐日アメリカ大使館当局者は、以前の日本側との協議において、アメリカ政府が尖閣の領土問題から距離を保つことを希望した点に言及し、沖縄返還協定は「尖閣問題に言及する適切な場所ではない」との見解を述べた。しかし大使館側は、アメリカ政府は尖閣が「琉球諸島として規定される地域内に明確にある」と考えている点、およびアメリカ政府の「意図」は、沖縄返還によって尖閣の施政権を日本政府に返還することであると再確認した。[184]

このことについて中島は、領土に関する付属文書をつくらない場合、アメリカ政府は、沖縄返還の中に尖閣が含まれるという理解を文書で明確に定める他の手段を考慮しているか尋ねている。中島がこの質問を訓令にもとづいて行ったのかどうかは明確でなかった。だが、これに対して駐日アメリカ大使館当局者は、米日両政府が、尖閣について「第一条の脚注か、ないしは第一条に関する合意議事録」をつくり、その中で尖閣について取り上げ、返還される領域に関する公式な地図を発表することや、将来の共同声明、報道発表、返還に関する正式の報告書（White Paper）などで明確な言及を行うことを考慮すると提案したのであった。[185] 中島は、このような、尖閣に言及する他の形式について日本政府が考慮することに合意し、アメリカ側も同様に検討を行うのか尋ねている。

この日の協議に関する報告の中で駐日アメリカ大使館は、国務省に対し、尖閣に関する他の言及方法について国務省が考慮を加えるよう求めた。またそれに加えて、以下の見解を付している。「尖閣が琉球と一緒に日本に返還されることになっている点を何らかの様式で明確化するため、［沖縄返還協定の］第一条の問題に関して、大使館の方で、尖閣問題の対処について日本政府が受け入れ可能な提案を検討することとしたい[186]」。

ところで、日米が沖縄返還協定で領域の範囲に関する草案を最終的な形にする前に、この問題をめぐる協議に影響をおよぼすと見られた他の問題が発生していた。それは、第2章でも述べた、尖閣諸島での気象観測所の建設問題であった。この日本側提案がなされたタイミングには、付属文書ないし沖縄返還協定そのもので尖閣に実際に言及するよう、〔アメリカ政府に〕譲歩を迫るという意味があったと考えることもできる。アメリカ政府は最終的に、〔付属文書の中で尖閣に言及する一方で〕気象観測所の建設を容認しないことを決定するからである。

▼「合意された議事録」に関するアメリカ側の主張

さて、前述のとおり駐日大使館は国務省に対して、尖閣について他の方式で言及する案を示していた。そして、この提案は実を結ぶことになる。以下ではこのことについて見ていきたい。

一九七一年一月二十六日の協議の後、日米は二月一日夕方、沖縄返還交渉全体の状況に関する検討を行った。協議はホテルニューオータニで行われ、日本側からは愛知外相、吉野アメリカ局長、大河原良雄参事官と彼の後任の橘正忠、および千葉北米第一課長が参加した。またアメリカ側からはマイヤー駐日大使とスナイダー公使が出席した。

尖閣は、地域の問題としても、また沖縄返還協定の文脈においても、なお重要な争点であった。それゆえこの日の協議では、沖縄返還協定の時期に関する問題が取り上げられた後、尖閣問題が最初にあがった。このとき、愛知外相は、沖縄返還協定の中に、尖閣諸島が沖縄の一部として返還されることを「明確な表現」で盛り込むよう求めている。続けて、「無人の気象観測所の話は別として、台湾との関係や、将来的には共産中国との関係の問題があり、日本政府としては沖縄返還協定に尖閣に関する明確な言葉を入れておきたい」と述べた[187]。

これに対して、マイヤーはスナイダーに発言を求めた。スナイダーは、日本側が沖縄返還協定の草案における領土と尖閣に関する規定の扱われ方に不満を持っていることは承知していると述べた[188]。その上でスナイダーは、アメリカ側はワシントンでの検討に付すために、日本側に対し、〔沖縄返還協定の条文に〕脚注をつくって言及する案や付属地図など草案を提示するよう求めてきたと続けた。そして、アメリカ側としては、アメリカ政府は講和条約第三条で定められた領土を返還するという趣旨の文言を検討しており、尖閣に関する規定はとくに必要ないと感じている、と述べた。スナイダーは、ともかく、アメリカとしては日本の提案を検討することにやぶさかでないと強調した。

愛知外相は、満足した様子ではなかった。愛知は、「講和条約第三条に言及するというアメリカ側案では、尖閣の地位について不明確なままである。小笠原や奄美の返還協定のように、たとえば緯度と経度を記載するなど、尖閣のことを明確にする多くの方法がある。とにかく、そうした明確な表現なしでは、尖閣の地位は不明確なままである」と応じた[189]。

三月初旬、駐日アメリカ大使館と沖縄の高等弁務官室の当局者が、沖縄調整委員会（Okinawa Coordinating Committee）において、沖縄返還交渉に関する「主要な問題の一覧表」を作成した[190]。この中で尖閣をめぐる地位は、なおも主要な問題の一つにあげられていた。

アメリカ政府は、残された時間がないことを考慮して、最終的には日本の主張を受け入れた。アメリカは、沖縄返還協定の中に尖閣諸島の名前をとくに盛り込むことはしなかった。だが、沖縄返還協定に対する「合意された議事録」の中に、以下の文言を挿入することに対する前向きな意思を、三月初旬に表明した。その文言は、以下の通りである。

琉球諸島及び大東諸島に関するアメリカ合衆国と日本国との間の協定第一条2に定義する領土は、次の地理座標の各点を順次に結ぶ直線によって囲まれる区域内にあるすべての島、小島、環礁及び岩礁、並びにそれらの領海を意味するものとする。

北緯二十八度東経百二十四度四十分
北緯二十四度東経百二十二度
北緯二十四度東経百三十三度
北緯二十七度東経百三十一度五十分
北緯二十七度東経百二十八度十八分
北緯二十八度東経百二十八度十八分[191]

この文書を起案したのはマクエルロイで、その文書を承認したのはエリクソン日本部長である。二人によれば、「この方式は、①日本政府の基本的な関心を満たしている、②アメリカが現在統治し、施政権を手放すことに合意した地域を明確に、かつ正確に表している、③講和条約第三条の文言により近いものとするという合意を受け入れたものとなっている、④最終的な領有権の問題にアメリカ政府が関与することはない」というものであった[192]。日本側にとって幸いなことに、数週間後、国務省は駐日アメリカ大使館に対し、「交渉の適切な段階」で、沖縄返還協定本体に関する「合意された議事録」(前年に日本側が提示した付属文書案に代わるものとして出された)を提案する権限を与えた[193]。その内容は以下のとおりである。

琉球諸島及び大東諸島に関するアメリカ合衆国と日本国との間の協定第一条2に定義する領土は、日本国との平和条約第三条の規定に基づいてアメリカ合衆国が現在施政下に置くすべての領土を含むものとする。これらの領土は、一九五三年十二月二十五日付けの民政府布告第二七号に指定されているとおり、次の地理的境界線内にあるすべての島、小島、環礁及び岩礁である。

北緯二十八度東経百二十四度四十分
北緯二十四度東経百二十二度
北緯二十四度東経百三十三度
北緯二十七度東経百三十一度五十分

北緯二十七度東経百二十八度十八分
北緯二十八度東経百二十八度十八分
北緯二十八度東経百二十四度四十分

アメリカ側案は、基本的には日本政府によって受け入れられた。日本側は四月二十八日、言葉をより簡素に整えた別の草案をアメリカ側に戻した。この修正草案は、中島条約課長の上司である井川条約局長から手交された[194]。駐日アメリカ大使館は、この日本側の修正草案に満足し、「日本側案をとくに拒否する理由はない」と考えた。というのは、とくに日本側案の変更点は、余分な箇所を減らすためのものであったし、また現在の草案は、講和条約第三条と米国民政府布告第二七号に言及し、〔領有権にふれずに〕「境界線」で表現するという苦心の作を、政府当局が述べたものとして、駐日アメリカ大使館にとっても有益であったからである。翌日、駐日大使館は国務省に打電し、日本側案を受け入れることを進言した[195]。

これに対してアーウィン国務次官は、次のように述べている。「〔領土の〕境界線を、アメリカが現在統治している地域に関する記述の文脈にとどめることが緊要である。日本側案は……南西諸島または琉球の正確な境界線について米日が合意したものであると誤解されかねず、〔尖閣の〕領有権の問題にアメリカ政府が巻き込まれてしまう。したがってわれわれとしては、元々のアメリカ側案の方が好ましい[196]」。

新しいアメリカ側の対案は、五月十日に外務省に伝えられた。翌十一日、マイヤー大使は、愛知外相と日米双方の提案する「合意された議事録」案について協議を行っている。

ところで、この協議に先立つ五月六日、スナイダー公使が吉野と井川と会い、沖縄返還協定に関する話し合いの場をもっていた。ちょうどスナイダーは台湾訪問から戻った直後で、初めにそのことから話し出している。彼は、台湾では尖閣が「エモーショナルな」問題になっており、中国がこの争いを「巧みに利用している」と説明した[197]。その上でスナイダーは吉野に対して、自分は尖閣の問題について国府の当局者との議論には入っていないと述べ、尖閣は「日本の問題」として扱われるべき問題であるから、〔日本が〕台湾との対話を始めるよう勧めた[198]。これがどれほど難しいかを理解していた吉野と井川が、このスナイダーの提案に、そもそも何らかの反応をしていたのかどうかは明らかではない。

さて五月十一日の愛知・マイヤー会談において、愛知は、日本側案の方がアメリカ側案よりも「より簡潔でかつ直截的」と説明し、アメリカ側の再検討を求めた。一方のマイヤーは、アメリカ政府は日本政府にとって「ヘルプフル」と思われる文言を提案しており、また〔アメリカ政府としては〕「アメリカが統治している地域を日本に返還するということだけを明確にしたいと望んでおり、尖閣に関する個別の権利要求に判断を下すことは念頭に置いていない」と説明した[199]。

日本側の会談記録によれば、愛知は、アメリカ側案は「過去の文言の繰り返し」であり、双方の案では日本側が提案した文言の方がベターだと感じていた。しかし愛知は、日本側案についても再検討することに同意した(200)。そして愛知は、どちらの案を取るにせよ、日本政府としては「アメリカ政府の立場を十分に理解している。両政府間で基本部分での不一致はない。日本政府は、〔沖縄返還協定での〕領土に関する説明をより直截にしたいだけである」と述べた(201)。愛知とマイヤーは、仕上げの作業については、事務レベルに任せることにした。

翌五月十二日、外務省は、双方が歩み寄った「合意された議事録」の妥協案を手交した。その内容は以下のとおりである。

> 同条2に定義する領土、すなわち日本国との平和条約第三条の規定に基づくアメリカ合衆国の施政の下にある領土は、一九五三年十二月二十五日付けの民政府布告第二七号に指定されているとおり、次の地理的境界線内にあるすべての島、小島、環礁及び岩礁である。
>
> 北緯二十八度東経百二十四度四十分
> 北緯二十四度東経百二十二度
> 北緯二十四度東経百三十三度
> 北緯二十七度東経百三十一度五十分
> 北緯二十七度東経百二十八度十八分
> 北緯二十八度東経百二十八度十八分
> 北緯二十八度東経百二十四度四十分(202)

これに対して駐日アメリカ大使館は、一部文言上の問題はあるものの、日本が提案した「合意された議事録」案と、現在の沖縄返還協定第一条案ならば、〔当事国に〕誤解され、アメリカ政府を尖閣の領有権問題に巻き込むことはないだろうと考えた。そして駐日大使館は、協定第一条に関する日本側の「合意された議事録」案を受け入れる訓令を出すよう、国務省に進言した。

しかしながら、かつて小笠原返還協定交渉に携わった経験をもつジョンソン国務次官は、日本側の「合意された議事録」案に不満であった。翌五月十七日、ジョンソンは駐日大使館宛ての電報で、日本側の提案は受け入れられないと次のように言い返している。「依然として最も重要な語句は、『領土は（territories are）』である。それ〔日本側案〕が、『この協定の適用上（For the purpose of this agreement）』で始まる第一条2に言及している事実は、必ずしも『合意された議事録』の意味を制限することにはならない。また『合意された議事録』で記述された表現（『すなわち〈namely〉』や『指定されているとおり〈as designated〉』といった語がそうである）についても同様で、それらが必ずしも重要な文言の意味を制限することにはならないのである(203)」。

そしてジョンソンは、当初のアメリカ側案の方が直接的な表現であり、かつ領域の「境界線」を盛り込むという日本政府の基本要求を満たしていると思うと書いている。ジョンソンの見解では、初期のアメリカ側案でも、〔領域の〕「境界線」に関する文言は、アメリカが施政権を行使している領域に関する記述の文脈の中に入っており、アメリカ側の基本的な要求を満たしていた。電報の最後でジョンソンは、「日本側案に多少修正を加えれば、受け入れが可能である」として、以下の案をあげた。その内容は、「同条2に定義する領土は、日本国との平和条約第三条の規定に基づくアメリカ合衆国の施政の下にある領土であり、一九五三年十二月二十五日付けの民政府布告第二七号に指定されているとおり、〔中略〕すべての島〔以下略〕」というものだった。(204)

駐日アメリカ大使館は、これらの事項について、外務省に伝えた。五月十八日、駐日大使館は日本政府が新たに出した修正案をワシントンに報告している。ちなみに井川条約局長はこの日本側修正案について、「日本政府が完全に降伏したもの」だと暗い顔で表現している。(205)ここでの日本政府の提案内容は、いくつか細かい変更はあったものの、アメリカ側草案と同じものであった。駐日大使館は、日本側案は「満足のいくもの」に思われるとして、それを受け入れるよう進言した。(206)六月十七日に調印された沖縄返還協定の一部となる、「合意された議事録」の最終版は、巻末の資料2になる。

そして六月後半、アメリカ側は、尖閣を日本に返還される地域に含めるとの決定を、正式に国府に通知する。アメリカ政府のこの決定の伝達について取り上げる前に、国府が尖閣の問題でアメリカ政府にかけていた圧力や、台湾人学生と中国人学生の反応および抗議行動について、見ておく必要がある。

▼アメリカ政府に対する中華民国政府の圧力

一九七一年初頭から春にかけて中華民国政府は、日本との争いにアメリカをさらに引き込むため、問題をより深刻化させるような大胆な行動に出た。(207)国府によるこうした取り組みは、沖縄返還協定の調印式の前日まで続いている。そしてその後も国府は、一九七二年五月十五日に沖縄が日本に返還されるまで、主張を続けた。

第3章で説明したとおり、それまで国府は、専ら日本側の主張を拒否するだけであった。しかし、尖閣をめぐり日台の緊張が高まる中、国府は一九七一年二月二十三日、従来の段階を越えて初めて公式に尖閣に対する領有権を主張した。それ以前は、国府は、尖閣に対する日本側の主張を否定するだけで、台湾が尖閣を保有していると公に述べることはなかった。しかしながら、今回の国府の声明は、こうした従来のパラダイムを基本から変える内容であった。たとえて言うならば、台湾はルビコン川を渡ったのである。

台湾が、長い間にわたり不満を募らせていたことは明らかであった。一九七一年二月初頭にアメリカのUPI通信社が報じたところでは、日本政府による尖閣での気象観測所の建設計画に関する報道が、台湾が対抗措置を検討した原因となっていた。このとき国府の関係筋は、UPI通信社の記者に対し、もし日本政府が建設計画を進めれば、台湾企業に日本との「商取引を控える」よう促すことになり、（中国と取引を行っている日本企業が国府にブラックリスト化されているのと同様に）台湾と取引で

きなくなる〔日本〕企業の数が増えるだろうと述べている。(208)

魏道明外交部長が、中華民国は尖閣の領有権を有していると初めて公の場で主張したのは、二月二十三日の第四七会期立法院での、冒頭の質問に対する回答の中においてであった。その内容は次のとおりである。

釣魚台列嶼の領有権について、われわれは、釣魚台列嶼が日本の南西群島の一部であるとする日本政府の主張には同意しない。われわれの反対は、歴史的、地理的、および慣習的に見て、これらの島々は台湾に属するという理由にもとづいている。われわれは、この問題に対する見解と立場を繰り返し日本政府に伝えてきた。釣魚台列嶼は領有権にかかわる問題であり、われわれは一寸の土地も、一片の岩も放棄することはない。この問題に関する政府の決定が揺らぐことはない。この海域の大陸棚の探査・採掘に関して言えば、中華民国政府の大陸棚の自然な国境線は、大陸棚に関する現在の国際法と慣習の諸原則にもとづき、沖縄トラフとすべきである。この地域にあるいかなる島や岩礁も、探査権を定める際の基線として使用することはできない。以上からわれわれは、この地域の大陸棚の探査・採掘に関する完全かつ無制限の権利を有しているのである。(209)

国剛外交部条約法律司副司長は駐台アメリカ大使館に対し、国府の尖閣に対する主張は「〔実際には〕長期にわたり続いてきた立場」であるが、〔今回の〕魏道明外交部長の声明は、国府がこの主張を公に述べた初めての機会であると伝えた。(210) 珍しいことだが、銭復北美司長は、国府のこの新しい立場については「知らされておらず」、不意打ちの形になった。(211)

それから二日後の二月二十五日、駐台日本大使館の武藤参事官と吉田重信二等書記官がアメリカ大使館当局者と会い、二十五日に中華民国外交部が〔日本側〕に手交した覚書のコピーを共有している。この覚書は、前述の一九七〇年十月に渡辺首席事務官が台湾を訪問した際に、彼が中華民国側に手交した日本側の覚書に対する回答としてつくられたものである。その内容は以下のとおりである。

中華民国は、大陸棚の問題によって、現在の日華の友好関係が危険にさらされてはならないとする、日本政府の見解を共有する。中華民国は、釣魚台列嶼は日本に所属するとの日本政府の主張には同意しない。歴史的、地理的、慣習的に見て、釣魚島は台湾の付属島嶼であり、台湾に属している。さらに大陸棚の境界線の画定に際しては、海面上に露出しているいかなる岩礁と島々も考慮に入れるべきではない。したがって中華民国は、日中の領域の間に、等距離に中間線を引くことを原則として適用する。残念ながら、日本政府が提案した、釣魚台列嶼を日本の境界として扱った暫定協定は、受け入れることはできない。(212)

一九七〇年十月以来、国府は非公式の協議の場で、日本政府の主張に異議を唱えてはいた。しかし、今回国府が文書で通知してきた内容は、実際に尖閣諸島の領有権を主張している点で、以前の見解を超えていた。このことを確認した武藤と吉田は、アメリカ側に対して、魏道明の公的声明に驚かされたことを認めた。だが彼らは、板垣駐台大使が、国府の政策の変化は、①中国が尖閣に対する主張を行ったこと、②立法院で尖閣に関する質問があがったこと、③アメリカでの学生のデモ、の結果だと解釈していると説明した（ちなみにマッコノギー大使はワシントンへの報告の中で、この板垣の評価に同意したうえで、報道機関が尖閣に関心を寄せていることも、国府の政策の変化の要因だと付言した）[213]。武藤はアメリカ側当局者に対して、駐台日本大使館がこの新しい状況にどう対処するのか、まだ東京からの訓令を受けていないが、尖閣の領有権については「交渉できるものではない（"non-negotiable"）」というのが日本の立場であろうと述べた[214]。また上記の国府の立場は、三月五日にワシントンに伝達されたと見られる。

続く動きとして、三月十七日、在米中華民国大使の周書楷がグリーン国務次官補に対し、尖閣に対する国府の領有権を主張した口上書を手交した。そのうえで周書楷は、尖閣諸島を他の琉球諸島から除外するよう求めた。二人の協議は友好的な雰囲気の中で行われたが、周書楷のこの提案からも分かるとおり、取り上げられた議題は、お互いにとって愉快な内容ではなかった。この説明に加えて周は、最近、アメリカ政府が中国本土への旅行の制限を撤廃したことに抗議した。中華民国がこの制限撤廃を、最終的に台湾を犠牲にして中国との関係拡大を図ろうとするアメリカの動きのワン・ステップとして見ていたことは間違いない[215]。

周書楷が手交した口上書は、尖閣の領有権に関する中華民国の主張の歴史的、地理的、地質学的、法的根拠をまとめたもので、それまでにも他のやり取りの中で示されてきた内容であった。また口上書では、国府が「米軍の琉球占領地域に尖閣が含まれている点に、異議を唱えられなかったこと」をもって、国府が釣魚台列嶼の一部を琉球諸島の一部だと見なすことに同意したと解釈すべきではないと記されていた[216]。口上書では、尖閣は「台湾に付属または属するものとして扱われるべき」とされ、これらの島嶼に対する中華民国の領有権を尊重し、「アメリカの琉球諸島の占領が終了するときに」国府に返還することも要求されていた[217]。周書楷は、上記の口上書の内容を提起しながら、アメリカ国内や香港で発生した、尖閣問題に対する学生デモのこと（この点については後述する）にも言及した。また、周書楷は、対米関係や対日関係を損ねずにこの問題に対処したいという国府の考えを示しており、これに関連して、国府は学生運動を抑制して、運動が反米や反日の姿勢を取らないよう努力しているとも付言している[218]。さらに、周は尖閣問題に関する「批判的な宣伝活動を最小化する」努力を行っており、たとえば［尖閣に］気象観測所を建設するという日本側の計画は公表していないと語った。彼は、国府は口上書の手交を公表するつもりもないと述べている。[219] しかしながら周は、後日、これらのことを公表せざるを得なくなるかもしれないとも論じていた。

これに対してグリーン国務次官補は、この口上書の内容を、国務省内で尖閣問題にかかわっている人たちに伝えると答えた。その上で彼は、尖閣が琉球の一部として日本政府に返還されることは、「必ずしも領有権の問題を決定づける要素というわけではな」く、当事国間で、または第三者の仲裁機関を通じて解決されるべきとのアメリカ政府の考えを述べている。[220] グリーンは、国府が学生デモや中国の主張によって国内的に難しい立場に立たされていることを承知したとして、台湾が「アメリカ・中華民国政府・日本政府の結束」が崩れないよう努力していることに、感謝の意を伝えた。[221]

そしてグリーンは、国府にとっての最善策として、国府が次のような立場を〔国内向けに〕示すことを提案した。その立場とは、尖閣問題は外交プロセスを通じて解決されるべき法的問題であるため、政府はこの問題について関係当事国との議論を継続している、というものだった。グリーン曰く、「この方法をとることで、中華民国政府は自国が関係国政府に対して自らの主張の正当性を示しているということを〔自国民に対して〕明確にでき、同時に、問題を静かに扱うことで、〔国際的な〕刺激を最小化できる」[222] というわけである。

これに対して周書楷は、国府にとっての問題は、「日本での反発を招かないようにしながら、わが政府が国益に対する適切な関心にもとづき行動していることを、国民にはっきりと伝えること」であるという点に、同意を示した。[223] そして協議の最後にグリーンは、アメリカ政府は沖縄の早期返還の圧力にさらされており、もし日本政府との返還の合意〔沖縄返還協定交渉の妥結と調印〕が遅れれば、「中華民国政府のために米軍基地を継続的に使用したり、基地にアクセスしたりすることについて、合意が得られないかもしれない」と述べたのだった。周書楷は、この点については了解している。[224]

同じ週の後半、周書楷とグリーンの会談を補足する形で、沈剣虹外交部次長がマッコノギー駐台大使に電話した。彼はこの中で、尖閣に対する国府の権利を強く求め、また日本の主張を強く否定した。[225] 沈は、アメリカの大学キャンパスで中国人学生のデモが起こる懸念が、国府内で次第に強まっており、アメリカ国内の著名な中国系学者の一部も、デモの動きに関与していると報告した。すでに国府は、四月九日と十日にかなりの規模のデモが計画されていることを摑んでいた（実際にデモは実施されている）。こうした中、その前の週に、張群総統府秘書長がアメリカの大学の中国人コミュニティを鎮めるため、「中華民国政府の尖閣に対する断固たる主張」を述べた手紙を書いている。[226]

電話の中で沈剣虹はマッコノギーに対し、日本の尖閣に対する「非妥協的な態度」を、ときに皮肉っぽく、またときに激しい言い方で、長い時間にわたって話した。また彼は、「中華民国政府は、日本が尖閣について『交渉の余地はない』と頑なな態度を示していることに、頭を悩ませている」と述べた。[227] 沈剣虹は、「日本が、尖閣を長年領有してきたことを示そうとしていること」を、「かなり辛辣に」取り上げたりしながら、国府の立場として、中華民国の領有権が認められるべきであり、「アメリカの占領が終わるときに」尖閣は国府に返還されるべきだと申し立てた。また国府は、アメリカが尖閣を日本の施政下に移す必要性は見出していないと付言した。[228] そして、「尖閣は琉球の一部ではないので、返還時に琉球と同じ方法で処理されてはならない」と強調した。[229]

上記の沈剣虹の説明は、独白に近いものであったが、肝心な部分である、尖閣諸島に対する国府の主張の根拠についての説明はなかった。沈は、尖閣に関する国府の立場がここ数週間でより「積極的」になったこと、および国府が「単に領有権に対する日本の主張を否定する段階を超えて、中華民国政府の領有権を積極的に主張するようになったこと」を認めた。また彼は、この国府の決定が、中国が公に「論争」に入ってきたことや、中国人学生による騒動の影響を受けたものであるとほのめかした。[230] そして彼は、①アメリカ政府が施政権を行使している間は、日本による気象観測所の建設を認めないこと、②沖縄返還の際、尖閣の施政権を日本に移さないこと、そして③「沖縄の占領」が終わるときに、尖閣の施政権を国府に戻し、尖閣の領有権に対する国府の権利を尊重すること、を求めて自らの話を締め括っている。[231]

これに対して、同じ電話の中でマッコノギーは、アメリカ政府は尖閣の領有権に関していかなる立場もとっておらず、それは返還のときも同じだと答えた。そして彼は、この未解決の大事な問題に関して、日本政府の協力と好意が必要な際には、国民党政府が「この問題で摩擦を起こすことがないよう、できる限りの」行動をとるよう説得した。[232] 沈剣虹は、後者の点については同意し、すでに日本政府に対し、日台両政府が尖閣問題に関する「宣伝を控えること」を提案していると述べた。また彼は、国府はこの方針に「慎重に」従っていて、日本政府もそう努めていると思うが、一部の日本の報道が「この問題をあおり立てている」と説明した。[233]

自国の見解をアメリカ政府に押し通そうとする、上記の国民党政府の試みが、日台二つの同盟国に対するアメリカの立場を非常に難しくしたのは明らかであった。日台関係が領土問題で難しい状況になりながらも、このときの事態がそれ以上緊迫化しなかったのは、なおもアメリカが尖閣諸島を施政下に置いていたからである。

四月前半、このアメリカの難しい立場は、非常にはっきりとしたものになった。四月十二日、周書楷駐米大使が、ニクソン大統領とキッシンジャー大統領補佐官（国家安全保障担当）に離任の挨拶を行った際に、直接尖閣問題を取り上げたのである。この日の大統領執務室での会談に先立つ四月九日にも、周は——彼は台湾に戻り、外交部長に就くことになっていた——グリーン国務次官補を訪ね、尖閣の問題を取り上げていた。その後グリーンは、キッシンジャーとニクソンに宛てた詳細な覚書を準備し、二人に送っていた。

上記の経緯の後で、周書楷は四月十二日にニクソンとキッシンジャーのもとを訪れていた。すでにキッシンジャーはグリーンからの事前の詳細な覚書で、周が離任の挨拶時に尖閣問題を取り上げる意向だと注意喚起を受けていた[234]。周は、ニクソンとキッシンジャーに促され、国府の立場を改めて説明した。だが、その後に作成された会談要旨によれば、キッシンジャーはコメントせずに聞いていただけであった[235]。

同日の午後、周大使は再びキッシンジャーおよびホルドリッジ（John H. Holdridge）NSCスタッフと会談し、尖閣問題に関してさらに話し合いを行った。周書楷によれば、〔アメリカなどで活動している〕有力な中国系の学者たちは、尖閣問題の成り行きを、「中華民国政府が中華民族の立場のために毅然たる態度を示す意思と能力を持っているかどうかを見るテスト」として位置付けていた。この点でも、アメリカは尖閣問題に巻き込まれていたのである[236]。

▼ブレイ声明と学生デモの発生

これらの協議は、世界各地で台湾と中国の学生がデモを実施しているさなかに行われており、協議のすぐ前となる四月九日午後に、国務省の報道機関向けブリーフィングが実施されていたのである。国府は、この記者会見が火に油を注ぐ形になったと見ていた。

このときの記者会見の質疑応答において、ブレイ（Charles W. Bray, III）報道官――彼は一九七一年初めにマックロスキーの後任として報道官に就いていた――は、「〔対日講和〕条約で使用されている言葉は、尖閣諸島を含むと解釈される」と言明した。

ブレイの話した内容の一部は、一九七〇年九月の説明を繰り返したものであった[237]。この意味で、ブレイの発言は必ずしも目新しいものではなく、アメリカの石油会社の行動が〔尖閣付近の〕石油をめぐる対立の原因となるのを防ぎ、緊張の高まりを防止することを意図していたに過ぎなかった。しかしその一方で、ブレイ声明は、台湾の主張は〔アメリカに〕聞き入れられておらず、受け入れられることはないということを、台湾に示唆することになったのである。

この記者会見の翌日、ワシントンでの中国人学生などによる大規模な「尖閣デモ」が行われた。これは、世界各地での尖閣問題の喚起を求めた運動の一部であった。デモは、香港と台湾は言うまでもなく、ニューヨーク、ロサンゼルス、サンフランシスコ、ホノルル、そしてモントリオールでも暫時続いている。記者会見とそこでのブレイの応答が、火に油を注いだのであった。

実際にはその前にも、学生のデモは発生していた。少し前の話になるが、一九七一年一月後半、ニューヨークでは約一〇〇〇人の中国人学生が国連本部や日本政府代表部近くに集まり、尖閣に対する日本の主張に抗議を行っていた。プリンストン大学、ハーバード大学、イェール大学、コロンビア大学、および他の東海岸の大学から集まった学生たちは、「米日の共謀を粉砕せよ（"Smash U.S.-Japanese Conspiracy"）」「パール・ハーバー〔日本の真珠湾攻撃〕を忘れるな（"Remember Pearl Harbor"）」といったメッセージを掲げてデモを行っている[238]。その他、シカゴ、サンフランシスコ、ロサンゼルス、ホノルルでも、一〇〇〇人の学生が集まり、抗議活動を行ったと報じられている。

一九七一年二月二十日には、約一〇〇名の学生が、在香港日本総領事館文化センターの前で、尖閣諸島に関する日本政府の立場に反対する抗議を行い、「日本軍国主義」、「アメリカ帝国主義」、および「米日の尖閣での共謀」を非難した[239]。中国問題に詳しいディーン（David Dean）——彼は、国際関係分野の政府職員として情勢報告をまとめる仕事に従事し、専門家としての仕事の大部分を中国問題に費やし、一〇年前には香港で勤務していた——によれば、これらのデモが、「アメリカ国内で行われた他の同様のデモに反応した、各地域の学生たちにより組織されたのは明らか」であった[240]。このデモは、学生雑誌『セブンティーズ・バイウィークリー（*70's Bi-Weekly*）』によって組織されており、その刊行に携わった「反植民地主義」の活動家の一人である莫昭如によれば、この雑誌は「一万人以上」に購読されていた[241]（しかしながら香港のアメリカ総領事館は、この雑誌について、「左翼寄りの刊行物で、派手な文体で論争的な内容のときもあるが、あまり影響はない」と説明している。最新号では、尖閣問題にまるまる二頁を使って、尖閣に対する中国の権利を守るよう求めている。ただし、それが台北か北京かについては言及していなかった[242]）。当初の現地報告では、デモの参加者は日本領事館前で日本国旗と佐藤首相の人形を燃やす計画を立てていたが、デモは平和的に行われ、現地香港のアメリカ総領事館からの情報では、「共産党が関与していたことを示す情報はなかった[243]」。

いくつかの新聞が、このデモのことを報じている。共産党系の新聞『大公報』——香港の中国語新聞の中でもっとも古く、一九四九年から中国の資金提供を受けていた——は、二月二十一日付で、二〇〇名の大衆がデモに参加したと報道した。他方、国民党寄りの新聞『星島日報』は、二月二十三日付の社説で、香港とアメリカでの抗議行動に支持を表明した。また同紙は、アメリカが国府の同意を得ずに沖縄の日本への返還に合意したことが、尖閣に対する日本の野心を助長させた側面があるとして、アメリカ政府を非難した。

同じ時期になるが、二月二十日、魏道明外交部長はマッコノギー駐台大使と会い、協議の中でアメリカで行われたデモのことに触れた。慎重に調査した結果として魏道明は、国府は、デモは「台米関係または台日関係をむしばもうとする共産党の小規模の細胞組織」によって引き起こされたと確信するに至ったと述べた[244]。また魏によれば、デモの参加者の大部分は、共産主義者ではない学生たちで、「純粋に愛国主義にもとづき行動に参加していた。だが彼らは、少人数の共産主義のオルガナイザーたちの完全な手先となっていた[245]」。加えて魏道明は、国府はデモを承認しておらず、参加した学生たちが「〔共産主義者から〕明らかに影響を受けていること」を懸念していると述べた[246]。台湾でもこの春の間、学生デモが続いた。最終的に国府は、デモ参加者のところまで出向き、会談することにした。国府は、「保釣（Defense the Diaoyutai）」運動や、日米の政策に対する批判、そして国府は十分なことをしていないという感情が〔国内で〕拡大、高揚しているという認識から、上記の決定をせざるを得ないところがあったのである。国府は共産主義者たちによる抗議行動を非難していたが、〔デモ参加者への〕説明だけでは不十分なことも明らかになっていた。

一九七一年三月中旬、アメリカの大学・研究所の教授、学者、および学生たち五〇〇名が、蔣介石総統に書簡を送っている。書簡は、尖閣は中国の領土であり、政府が「日本による新しい攻撃の試みを断固として防ぐ」よう強く述べたものであった[247]。『中国時報』紙は、三月十八日付の社説でこの書簡を支持した。民間が発行していた同紙は、当時約二二万の部数で、国民党と近い関係にあった。ちなみに六カ月前、魚釣島に台湾国旗を掲げたのは、この新聞社の記者であった。同紙は社説の中で、「歴史的に見ても、また日本の行政上の記録にも、尖閣が台湾に属していないという主張を支える証拠は一片もない」と述べていた。そして、「領有権の問題は、海底油田の調査の問題とは切り離されるべき」だと指摘した上で、国府に対して、「地域協力が領有権保護の障害となることのないようにし、国府の立場を明確に説明すること」を求めたのであった[248]。

書簡に名前を連ねた人物の中には、有名大学の年輩の学者や、科学者たちもいた。そうした人たちの中国社会での高い評価や、メディアの関心の高まりからすれば、蔣介石は何らかの答えを出さねばならなかった。そしてその答えを出したのは、蔣介石の古くからの友人である、張群総統府秘書長であった。張群は、国府は「断固とした態度をとり、大陸棚の諸権利を保護し」、対立する尖閣の問題では、「たとえ一寸の土地でも、または一片の岩でも守るために可能な限りを尽くすだろう」と述べたのだった[249]。

駐台アメリカ大使館は、「この問題が総統府〔レベル〕にまで上がっていることは、国府がこの問題を深刻に捉えている証拠である」と本国への電報の中で述べている。大使館は、「国府は、国連で中国の代表権問題が取り上げられるこの難しい年に、この問題で事態を緩和したいという希望と、日本に対する強硬路線への国民と新聞の強い支持との間で、板挟みになっている。おそらくのところ、中華民国政府が北京よりも柔軟な路線をとることはできないと思われる」と分析していた[250]。

実際に蔣介石は、尖閣をめぐる対立に対する中国の影響力について、いくつかの点で懸念を抱いていた。たとえば蔣の日記の一九七〇年十二月七日の項では、尖閣問題で台湾、日本、アメリカを分断しようとする「共産党の無法者たち」の能力について書かれている[251]。また中国は、自らを中華の利益を庇護する存在として位置づけ、台湾だけでなくアメリカなど海外でも学生の煽動に成功していると記されていた。一九七一年一月三十一日の項では、蔣介石は、「共産党の無法者たちは、尖閣諸島の名の下に集会や抗議行動を始めようと、『正しき平和の拳(Righteous Harmonious Fist)』や『赤い警察官（Red Guard）』を組織している。これらのグループは、尖閣問題を利用して、専ら中華民国政府、日本、およびアメリカの関係を壊すことを目指している。残念なことに、アメリカはこうした動きに対して、何の措置もとっていない。この問題が、将来どれだけ大きな災いになるかということに対して、少しも危機感がない！」[252]

四月の初め、楊西崑臨時外交部長は尖閣について話し合うためマッコノギー駐台大使を呼び、中国共産党がアメリカやその他の国で尖閣問題のデモをうまく煽動していることに対し、懸念を表明した。とくに国府が懸念していたのが、四月十日に予定されていた抗議行動であった。抗議行動は「かなり入念に準備されたもの」で、ワシントンを含むいくつかの都市での実施が予定されていた。[253] 楊西崑は、「デモを組織化する背景で、中国共産党が手引していること」がいっそう明らかになっており、「大部分の参加者は何も知らずにデモに参加しているが、おそらく中核にいる少数のメンバーは、反体制的な活動家であり、中国共産党のために意識して行動している」と述べた。[254] 彼はまた、国府の立場について次のように説明している。すなわち、台湾では、立法院議員、国民党幹部、蔣総統の顧問たちは皆、このことに悩まされており、「中国共産党のプロパガンダに直面している中で、中華民国政府が日本の主張や策略に対抗するために、積極的に取り組んできたという記録を残しておく必要がある」と感じている。というのは、「中国共産党が領土問題を含む中華の民族的問題で先手を取ろうとしているときに、中華民国政府は無関心だと見られてはならない」からだ、というわけである。[255]

楊西崑はマッコノギー駐台大使に対し、来週、学生デモが予定されており、このこともあって周書楷駐米大使はワシントン出発を遅らせて、デモを主導する代表グループとの会談を考えていると述べた。協議の最後に楊西崑は、アメリカ政府には、①「中華民族の立場を守る国家としての中華民国政府の地位を低下させるような行動を控えて欲しい」、②「尖閣問題を共産中国の沖合の石油や領土の要求と不当に結びつけた、十二月三日と二十九日の中国共産党による非常にやっかいなプロパガンダ攻勢」に対処するための支援を強化して欲しい、と要請した。また、アメリカが施政権を行使する残りの期間、尖閣での気象観測所の建設を日本に許可しないことも求めている。[256] 彼は、気象観測所の建設に反対するアメリカの立場を秘密なものではないと見なし、周駐米大使がデモの指導者と会談する際に、そのことを使わせてもらうかもしれないとの要望を述べた。

この点についてマッコノギー大使は、尖閣に対する施政上の責任はアメリカにあり、尖閣での気象観測所の「建設にアメリカがはっきりと反対していることを、日本側は認識していると考えている」と答えた。また、「アメリカが尖閣の施政上の責任を負う残された期間においては、この問題が深刻な形で生じることはないと確信する」と述べた。[257] しかしながらマッコノギーは、「現時点では」この情報は秘密にすべきだと付言した。またこの問題が全体として慎重を要するものであることから、国府が意図している形でこの情報を用い得ると、国務省が考えるかどうかは疑問だと伝えた[258]。マッコノギーは国務省にこの点を確認することを約束し、その後、実際に国務省に確認をとっている。そして彼は、前述のように、楊西崑への応答内容について指示を受けたのであった[259]。

同じころ、カナダでは四月三日、カナダ中国人学生連盟が「釣魚台列嶼事件に関する特別委員会」を結成し、学生デモを行っている。デモを主導した学生は、在モントリオール日本総領事館の当局者と事前に接触し、佐藤首相への抗議書簡を渡すために会談を求めていた。その抗議書簡には、尖閣諸島に対する「中国の領有権を守り」、「日本軍国主義の復活に反対し」、そして「釣魚台列嶼の中国の領土主権に対するいかなる共謀にも抗議する」といった点が書かれていた[260]。

マギル大学に集まった二〇〇名のデモ参加者は、続けてドルチェスター通りを日本総領事館に進み、最後にマックグレゴール通りにあるアメリカ総領事館まで行進した。新聞報道によれば、デモ行進は「活発だが非常に整然とした」ものであった[261]。だがしかし、学生たちが掲げていたプラカードには、「日米の共謀を打ち砕け」「釣魚台のために闘おう」と書かれたものもあった[262]。

こうした雰囲気の中で、四月九日昼の国務省の記者会見が行われ、台湾当局やデモ参加者を刺激することになったのである。この会見が行われた日は、ワシントンや他のアメリカの各都市、および香港での一連の抗議行動の前日にあたる。前述したとおりこの日のブレイ報道官の説明は、アメリカの石油会社に対して、尖閣付近を含む係争地域での調査に関する懸念を伝え、調査の一時停止を求めることを主眼としたものであった[263]。この通達では、次のように述べられていた（全文は巻末の資料3を参照）。「アメリカ政府は、アメリカ企業が、二カ国以上が領有権を主張している黄海、東シナ海、台湾海峡の海域におけるすべての探査・採掘活動を、当事国がこれらの海域における境界線あるいは権利に関する合意に至るまで、一時停止することを強く推奨する」[264]。この文章（第六項）の前の第二項では、通達の理由として、「アメリカ政府は、東アジアの大陸棚における国境線を決定する権限を持たない」ことが述べられている。そして第三項では、アメリカは「中華人民共和国、中華民国、日本国、大韓民国、および朝鮮民主主義〔人民〕共和国の領有権の主張をめぐる争い、あるいは主張の実体的事項をめぐる当事国との論争に巻き込まれないようにする」とされた[265]。

▼学生デモをめぐる米台関係

さて四月九日のブレイ報道官の説明に関するワシントン発の記事は、世界各地を駆けめぐった。これに対して国府は、四月十日土曜日の夜にコメントを発表している。国府の外交部報道官は、次のように述べている。

釣魚台列嶼は、中華民国の領土の一部である。中華民国政府は、アメリカ政府がこれらの島に対する中国の領有権を尊重し、その占領が終わるときに中華民国に返還するよう、外交チャンネルを通じて抗議を繰り返してきた。中国政府〔中華民国政府〕は、なぜアメリカが、中国政府によるこの抗議に回答する前に、このような声明を発表したのか、理解に苦しむところである。外交部は、声明発表後すぐにアメリカ政府に対して強く抗議した。[266]

一方で同日の夜、外交部による声明発表の前に、楊西崑外交部次長は駐台アメリカ大使館首席公使に電話をかけ、〔四月九日のブレイによる〕記者会見での声明に対する「強い懸念」を伝えていた。[267] 楊は続けて、「なぜこの声明がこの時点で出されたのか、理解することができない」と述べ、それがアメリカでの（そして香港や台湾など他の地域での）デモに端を発する抗議活動の問題に「火に油を注ぐ」ことになるだろうと憂慮を示した。[268] また楊は、国府は、北京政府が「これらのデモを操作し、宣伝していること」を懸念するとして、この点を含め、この問題に関する最近の彼の議論に言及した。そして、国務省の記者会見に関するさらなる情報を求めたのであった。[269]

その後、国務省は〔駐台アメリカ大使館への〕回答の中で、報道機関に対する声明は、「ここしばらくの間、アメリカ政府の立場となってきたものである」として、駐台大使館に対して次のように指摘した。

アメリカは、尖閣が中華民国政府におよぼす問題に一部配慮して、尖閣に関するアメリカの立場については、公式な説明を避けようとしてきた。しかしながら現在、われわれはアメリカ政府の立場の説明について、〔それを示すよう〕圧力を受けている。こうした事情はあっても、われわれとしては、すでに残っている公的記録以下のことを話すことはできないし、また日本との沖縄返還協定から後退したと思われてしまうようなことも述べることはできない。われわれは、沖縄返還協定の円滑な実行がもたらす相互安全保障上の利益の重要性に、国府が賛同してくれることを確信している。[270]

この国務省の電報には、アメリカと国府との間の、尖閣の地位の問題に関する対話の要約も記載されている。この電報をつうじて国務省は、国府による外交上の発言の論拠は弱く、その不満を向ける矛先も間違っているということを、沈劍虹臨時外交部長に「想起させる」よう、駐台大使館に次のように指示している。

一九七〇年九月十日の国務省報道官の発言と、その後の質疑応答は、報道機関が国務省の立場として引用できることを念頭に置いて実施されたものである。この点についてわれわれは、同年九月十五日のマッコノギー駐台大使との会談で、沈劍虹臨時外交部長がアメリカの立場——尖閣を琉球の一部と見なし、尖閣の潜在主権は日本にあるとする立場——に抗議しなかった点に言及することとする。また沈は、国府はアメリカ政府の見解に同意しないと述べはしたが、なぜアメリカ政府がそのような立場をとらねばならないかについては理解しているはずである。これに関連するのが、同年九月十四日に周書楷大使がグリーン国務次官補に述べた見解と、それに対するグリーンの回答である。このときのグリーンの回答は、国務省が〔駐台アメリカ大使館に〕出した電報一五〇五六七号の第一パラグラフの内容に沿った形で行われている。最後に、一九七一年三月十七日に周大使が行った、国府の口上書に関する説明である。このとき、グリーンは再度、アメリカ政府は尖閣を南西諸島の一部と考えており、したがって尖閣諸島は沖縄返還合意にもとづき日本の施政に戻されることになると指摘した。しかしながらグリーンは、アメリカ政府は、尖閣を琉球の一部として日本の施政に戻すことは、必ずしも領有権の問題を決定づけるものではないとの考えを指摘し、その問題は当事国間または第三者の裁決をつうじて解決されるべきだと考えると述べた。[271]

アメリカは上記のような反応を示し、また米台間のやりとりの経緯を日本の外務省に伝達した。だが、それらがよい結果をもたらしたのかどうかは分からない。四月九日のブレイ報道官の記者会見での発言は注目を浴び、実際には、計画中の抗議活動を一段とあおる形となってしまった。さらに記者会見の内容に触発されて、新しい抗義活動も発生したと見られるのである。『ワシントン・ポスト』紙によれば、ワシントンで四月十日に行われたデモには、約一〇〇〇名の人々が参加した。参加者は、国務省、日本大使館、および中華民国大使館まで行進した。[272]デモに参加した台湾からの学生や中国系の学生は、オーバーン（アラバマ）、ロサンゼルス、サンフランシスコ、シアトル、シカゴ、ヒューストン、およびホノルルの各地の大学を含め、全米各地から集まった。[273]「保衛釣魚島行動委員会」のメンバー（Frank Chu）が率いていた、三人の代表者たちは、外で抗議演説が行われている中、国務省の中華民国部でシュースミスと会談し、日本の主張に対する抗議文を読み上げた。抗議の書簡は日本大使館にも送付されており、また別途、中華民国大使館に対しても、尖閣諸島の日本への返還に反対するよう要求がなされている。加えて『ニューヨーク・タイムズ』の報道によれば、約二〇〇〇名の中国人たちが、各地をまわって抗議活動を行っている。これは、当時のアメリカ国内における中国人コミュニティの規模を考えると、比率的には一〇〇万人のアメリカ人が抗議活動に参加したのと同じ計算になる。[274]

アメリカ国内で、台湾や香港の留学生や中国系の学生の抗議活動が行われただけではなかった。香港でも抗議活動が続いており、なおも軍政下にあった台湾ですら、学生たちの行動が一段と活発化していた。たとえば四月十六日には、台北の国立政治大学で数百人の学生が集まり、国民党本部まで行進することを決定した。国民党の張寶樹秘書長は学生たちに対し、台北市政府で話し合うと伝え、実際に学生たちと会っている。張は、学生たちの考えに同情の意を示しながらも、これ以上デモ活動を行わないよう説得を試みた。そして、国民党政府と交渉ができるようにすることを伝えた。

しかし、張秘書長たちの要請が、学生のデモ活動の沈静化につながらなかったのは明らかであった（学生たちは、これまでのデモ活動の写真を報道機関が使用することを、国民党が許可しなかったことに怒っていた面もあった）。かえって張たちの要請が、その後の学生たちのアメリカ大使館までのデモ行進と、マッコノギー駐台大使への抗議〔この点については後述する〕を招いてしまった感すらある。当日の昼、約二〇〇名の学生たちがアメリカ大使館の門の前にあらわれた。学生たちは、従来のデモと同様のスローガンを叫び、横断幕を掲げた。

マッコノギーは大使館を不在にしており、参事官（政治問題担当）が学生側の代表者と会っている。ただし、抗議メッセージをマッコノギー以外の人物に伝えることには応じなかった。結局、学生たちは警官によって退去を求められ、マッコノギーが大使館に戻ったときに、二人の学生代表と会っている。うち一人の学生は、「興奮し、非礼な態度をとり」、以下にあげる強い表現の抗議文を、国立政治大学の学生連盟に代わり声を出して読み上げたのであった[275]。

大使、あなたの政府は、国際条約を破り、国際道徳を無視して、四月九日に釣魚台列嶼の将来に関する声明を発表した。これは私たちの領土主権に対する侵害である。本学の学生たちは、みなこの声明に対して怒っており、またこの危機において、政府が抑制した態度をとり、この声明を取り下げることを求める。もし取り下げなければ、政府は、この問題から生じる重大な結果に対する責任を負わなければならない[276]。

学生の代表者は、アメリカ大使館を出る際に、上記の要求に対する回答を受け取るまで抗議活動は続けると述べている。

同日の夜、マッコノギー駐台大使は蔣経国行政院副院長——彼はＣＣＫ〔Chiang Ching-Kuo〕とも呼ばれていた——と会い、大使館当局としては、尖閣問題については平和的に申し入れを行ってほしいと考えており、大使館の通常業務に差しさわりが出ない状況づくりに取り組んでほしいと要請した。しかし、おそらくのところマッコノギーは、希望的観測を抱いてはいなかった。そのことは、彼が国務省への報告電報を、次のような注意喚起で締めくくっている点からも分かる。「いま、学生たちは活気に満ちているように思われ、したがって今後、またデモが発生するだろう[277]」。

たしかに、同日の朝早く、別の学生代表——その中には台湾学生連盟の代表と、国立台湾大学の「新聞局」の代表もいた——がマッコノギーのもとを訪れ、尖閣諸島に関する抗議文を渡していた。抗議文には、二〇〇〇人の学生の署名が書かれていた。一〇名からなる代表団は、礼儀正しく、また整った服装であった。マッコノギーは学生代表たちに対して、抗議文をアメリカ政府に送ることを伝え、アメリカ政府としては「尖閣に関しては〔特定の〕立場をとっておらず、それは言い換えれば、アメリカは日本または他の国の領有権を認めてはいない。

アメリカはこの問題には関与しておらず、当事国同士で解決が可能になることを望んでいる」と学生たちに伝えた[278]。

そしてマッコノギーは、四月十九日に国立清華大学の教員と学生ら一〇名の代表者と会談した際にも、同様のメッセージを繰り返した。ちなみに国立清華大学は、一九五五年に、中国本土の清華大学から移ってきた科学者・研究者たちによって創設された大学である。会談では、同大学の一人の教授と二名の学生が、尖閣問題に関する抗議文を渡している[279]（そのほか、輔仁大学から一一名の代表者が、国立台湾師範大学から三〇名の学生が、国立政治大学から教員たちのグループが、当日の午後にアメリカ大使館に来る予定であったが、姿を見せなかった）。

現状を検討したアメリカ大使館は、続く電報で、国務省報道官による四月九日の記者会見での声明を受けて、多数の大学の学生たちが、四月十日に会合を持ち始めたことを報告した[280]。大使館は、メディアがアメリカで行われたデモに高い関心を寄せたことが、学生たちの活発な動きを助長したと見ていた。また、「政府は、若者たちのほとばしる愛国的な感情に反対することに乗り気ではなく、学生たちの動きを黙認している。主導権を取っているのは、政府よりも学生たちのようである」と捉えていた。さらに大使館は、アメリカの対中政策や、石油探査の一時停止に対する〔国府の〕不満が、政府が学生たちの行動を黙認している他の要因としてあげられると指摘した[281]。アメリカ大使館は同じ電報の中で、政府当局がデモ活動を「厳しい管理」の下に置こうとしており、学生たちの計画と行動内容について大使館に通知してきている点にも言及した。それにより現場では、「〔国府による〕目立たないが、強い力によって、また効果的な影響力の行使によって」、アメリカ大使館や日本大使館の前でのデモが手に負えなくなる事態が防止されていた[282]。だが、それにもかかわらず、学生たちの行動は活発であった。学生たちは、国府が問題全体に強く対処できないことを知っており、それゆえ政府は学生たちの行動を黙認していると感じていたのである。

他方で国府は、アメリカ国内での学生デモを背後で支援してはいないことを、わざわざ説明していた。たとえばワシントンの中華民国大使館員は、国務省のカウンター・パートの人物に対して、国府はデモには関与しておらず、デモを「主導している人物」は「外の人間、つまり中国共産党分子である」と述べている[283]。この点について国務省は、駐台アメリカ大使館宛ての電報の中で、アメリカ政府としては「誰がデモの背後にいるのか特定することはできない」が、香港からの亡命者や、中国本土出身の学生たちが「かなり活発である」と言及している[284]。また国務省は、同じ電報の中で次のような見方を駐台アメリカ大使館に知らせている。「現時点では、学生たちの行動は、アメリカ国内の若い中国人のナショナリズムによる不満から自発的に起こったものだと考えられる。中国人の学生たちは、アメリカの大学のキャンパスや少数者集団の間で非常に発達している、組織運営の技術を活用している。そしておそらく、ニューヨークでの『義和団（Boxers）』やサンフランシスコでの華興（Hua

Hsing）の活動が拡大したときと同じ精神が、ここでも反映されている面がある」。[285]

国府の下には、民衆からの複数の請願書が届けられていた。だが一九七一年四月下旬、駐台アメリカ大使館は、国府が台北での大衆デモ、少なくともアメリカ大使館近くでのデモを停止させるために動き出した「兆し」があると報告した。[286]一例として駐台大使館があげたのが、新しい教育部長に就任した羅雲平の声明である。声明の中で羅雲平は、学生たちの「愛国的な感情」に感謝の意をあらわしながらも、「問題は複雑で、解決には時間を要するだろう」と述べた上で、政府の姿勢は「揺るがない」と明言したのであった。[287]また羅は、もし学生たちが申し立てや提案したいことがあれば、政府当局のしかるべき部局に対して文書で行うことができると付け加えた。

マッコノギー駐台大使は、おそらくこの場面を念頭においた上で、尖閣問題に関する中央通信社の李萬來記者とのインタビューに応じている。中央通信社は、一九二四年に中国南部〔広州〕で設立された、政府の支援を受けていた報道機関である。インタビューは、一九七一年四月二十一日付の台湾の新聞で報じられた。この中でマッコノギーは、アメリカ政府は日本または台湾の尖閣諸島に対する主張をいずれも支持しておらず、尖閣諸島の「領有権に関する決定」は、「アメリカの責任」ではないと述べている。[288]そして、「はたして、いつ学生たちはアメリカ政府が日本の味方についたと考えたのでしょうか、彼らは間違っている〔…中略…〕アメリカはこの問題にはコミットしていないのです」と続けた。[289]その上でマッコノギーは、学生たちの意見は虚心坦懐に聞くと再度強調し、「人と人とのふれ合いが、相互理解につながる」のであり、自分としてはすでにアメリカ本国の立場は知っているけれども、今日までに受け取った七つの抗議文は検討のため、アメリカ政府に送っていると付言したのだった。[290]

メディアはこのマッコノギーの意見に反応したようで、デモに関する報道は「控えめ」であった。[291]新聞報道の論説記事は穏やかであり、次のような記事もあった。「学生たちが、年長者〔マッコノギーらアメリカ大使館当局者〕の説明をきちんと聞いて、キャンパスでの勉強に戻ったことに、安堵している——なぜならばこうしたデモは、誤解を招いたり、疑わしき価値基準が広がる前例となってしまったりするからである」。[292]

こうした報道の結果、アメリカ大使館の本国への報告電報は、自信に満ちた書きぶりとなっている。すなわち電報では、「ここ数日間の学生の行動」から見て、国府は「学生たちをうまく抑えており、今後は、国府がデモ活動の規模を小さくし、学生代表者によるアメリカ大使への抗議が平和的になるよう、取り組むことができるであろう」と、まとめられている。[293]たしかに国府も、大規模なデモが起こって手に負えなくなる事態になることは、望んではいなかった。

しかし、しばらくの間、状況は不安定であった。たとえば一九七一年四月二十一日、はじめアメリカ大使館は上機嫌な様子で次のように本国に報告している。「本日、大使館の前でのデモは発生せず、学生代表者も来なかった。それ以外の場所でもデモの発生の連絡は受けていない[294]」。しかし翌二十二日には、大使館は次のように指摘した。「こちらでは、尖閣が重要な政治問題となっている。すでに数千人の学生たちが、自分たちの学校や他の場所で、尖閣問題の抗議デモを行っている。少なくともいくつかの集会では、〔中華民国〕国旗〔四月の時点では、なおも沖縄に置かれていた〔第3章を参照〕〕を取り戻せとの要求があがっている[295]」。

デモ活動の大部分は、統制のとれたものであったが、一部、収拾のつかないときもあった。UPI通信社の記事によれば、四月二十日朝、台中のアメリカ国務省情報局の事務所では、尖閣諸島問題に対するアメリカの立場に抗議した人たちによって、ガラスが二枚割られている[296]。一般的に言えば、こうした事件は発生の経緯から見ても重要ではなく、これまで見過ごされてきたことかもしれない。だが、一四年前の一九五七年五月にも、台北では「黒い金曜日」と呼ばれた事件が発生しており、このときの暴動で、アメリカ大使館とアメリカ国務省情報局の事務所の本部が深刻な被害を受けていた。暴動は、裁判での不当な判決の後に起こったもので、その後、長い間、米台関係において重い問題として尾を引くことになった[297]。

また、この頃の学生デモに対する新聞報道の内容も、二つに分かれている。たとえば『自立晩報』――四万部を発行していた独立性の強い新聞で、政府に対する批判記事も頻繁に掲載していた（それゆえに常に監視され、検閲対象になることもあった）――は、一九七一四月十九日の論説で、学生たちの「愛国的で、団結した運動」を支持し、アメリカ政府と日本政府を批判した[298]。同紙の論説記事は、尖閣問題と、米台関係における他の問題との関係について、以下のように述べている。

アメリカ人の中には、「二つの中国」論を推し進めながら、〔国民党政府を正統な中国の政府とする立場から〕離反する動きに加担して、中国共産党に近づいている者がいる。一連の不愉快な事件が、中国のアメリカに対する信頼喪失の原因となっているのである。釣魚台列嶼に対する日本の道理に合わない要求に加えて、アメリカは釣魚台列嶼を琉球と一緒に日本に返還する計画を発表した。四月八日には、アメリカで中国人学生によるデモが発生したが、その前日にも国務省は同様の発言を続けており、また、釣魚島に対する日本の領有権を支援すると繰り返し主張した。台湾の大学生たちは、こうしたアメリカの分別のない決定に憤慨して、キャンパスでの抗議を実施し、アメリカ大使館に対して抗議の意思を伝えたのだ。〔…中略…〕すべての中国人を団結させて、釣魚台列嶼、国連の代表権、そして中国の文化を守るための愛国運動を拡大させよう。われわれは愛国運動を心から支援する[299]。

『中国時報』もまた、学生たちのデモに賛同し、学生たちの愛国心を称賛した。一方で同紙は、領有権の問題を解決するもっとも適切な手段は通常の外交チャンネルであるとして、次のように言及している。「学生が自分たちの行動から示したのは、自分たちは中国人の声を表明したいと思っているだけだということである。決して学生が、領有権を守ろうとする政府の努力に異議を唱えているわけではないのだ[300]」。はっきりと国民党寄りの立場を取る『中国時報』が、〔国府に対して〕確実な実行を求めたのは、国民党が、こうした抗議活動に対する世論の認識をきちんとコントロールし、日本やアメリカとの交渉に対する批判にもしっかりと反論するという点であった。

また四月二十三日付の中国の新華通信社の記事ですら、四月十日にアメリカ各地で行われた集会とデモのことを、「中国の領土である釣魚島およびその付属島嶼」を盗み、中国の海底資源を略奪しようとする、「蔣介石一味と共謀した」アメリカと日本の企てに反対するための動きとして報じた[301]。そして新華通信社の同日の記事は、尖閣は沖縄返還の一部として日本に返還されるとした国務省の立場を、「傲慢」であると非難した。一方で新華通信社は、アメリカ政府が尖閣諸島の領有権をめぐる中日の争いについて立場を示していない点については、報じていない[302]。

四月二十三日の新華通信社の報道は、尖閣問題に関する最近のデモに対して中国のメディアが注意を払った、はじめての例であった。興味深いことに、一方でこのときの報道は、台湾に関する抗議活動については何も言及していなかった。中国の報道や、中国からの人の移動、および現地の情勢分析を所管する香港のアメリカ総領事館は、次のように分析している。「これまでのところ、この問題における中国の対応は、台湾の主張を注意深く観察することに主眼があり、中国は大規模なプロパガンダ攻勢には出ていない。少なくとも、当面の間北京は、尖閣の問題が日本政府、中華民国政府、およびアメリカ政府の間の争いとして悪化していくことに、満足を見出しているものと見られる[303]」。

その後、一九七一年五月一日付の『人民日報』のメーデー号の中で、中国は、釣魚島は中国の領土であると日本政府に警告した[304]。翌日の「北京放送（現在の中国国際放送）」は、放送の中で、この中国の主張の解説文を読み上げている。放送を聞いたアメリカ側当局者は、「比較すると、台湾の方が穏やかに聞こえるような言い方だった〔中国の主張の方が強かった〕」と書き残している[305]。

台湾でのデモ活動は、上記の背景の中で続いていた。こうした中、ワシントンから戻り外交部長に就いていた周書楷と、銭復北美司長は、国立台湾大学で約二〇〇〇名の学生たちとの対話にのぞみ、建物のフロアで質問に答えている。ちなみに国立台湾大学は、日本の植民地時代の一九二八年に設立された、台湾でもっとも有名な大学である[306]。この対話の日まで、デモ活動は続けられていたのだった。一〇分間にわたり話した周は、「自分の見解は、学生たちと同じであ」り、また学生たちは「限りない愛国心を抱いている」と述べながらも、「尖閣を取り戻す最善の道」は、政府の外交努力を支援することであると述べた[307]。銭復も、尖閣問題に関する歴史的、法的、および地理的見解を示した後で、周書楷のこの最後のコメントに同意した。銭復は学生たちに対して、交渉中の国府を支援し、政府の立場にとって害となるような行動は行わないように促した[308]。外交部によれば、学生たちは全体として「受け身の姿勢」であったが、銭復が、デモ活動を止めて勉学に戻ることがもっとも政府を助ける方法であると提案すると、不満の声があがった[309]。二人は、学生たちから全部で五四もの質問を書面で受け、うち四九の質問に答えている。残り五つは、デモ活動に関する話で、「当てつけ」の質問であった[310]。

銭復――彼自身は、日本人に対する憎しみの感情が、日本側に伝わることを嫌がっていたが――によれば、周書楷が、彼の個人的背景を学生に対するアピール材料に用いていることは明らかだが、「周以上に日本人のことを憎むべき人間は、学生たちの中にはいないであろう」と述べていた。周書楷は次のように語ったという。「周の父親は貧農の息子で、息子に読み方を教えるため沢山のお金をためた。彼の父親は階級の低い陸軍兵士にしかなれなかったが、周を大学へと送った［…中略…］父親には衣服を買うお金が十分になかったため、周は大学時代をつうじて、着古しの安物の服を着ていた。［…中略…］そして周の父親は、日本人によって餓死させられたのである」[311]。

上記の説明は、銭復が、周書楷のことについて駐台アメリカ大使館のトーマス（William W. Thomas）参事官（政治問題担当）に話した際の内容である。トーマスは、この銭復との対話の機会を利用して、日本政府と尖閣問題について協議するために、国府がどのような方法をとっているのか尋ねている。これに対して銭復は、沈劍虹外交部次長が一カ月以上前に日本政府の暫定協定案に対する返答を行って以来、国府に新しい政策はないと説明した。トーマスは、国府が尖閣問題を取り上げたくないのは、「尖閣を取り上げるという事実それ自体が、日本政府による尖閣の領有権の主張に論拠があると認めてしまうことになる」点と関係しているのか尋ねた。その上でトーマスは、二国間で尖閣問題に関する協議の場を持つことを望んでいると表明した[312]。

銭復は、アメリカの支援を求める一方で、この問題に関しては不満があるとして、三点をあげている。それらは、①一九五一年のサンフランシスコ講和会議の参加国から中華民国が除外されたこと、②（一九六九年の）佐藤・ニクソン共同声明の発表の際に、中華民国に対しては事前の協議がなかったこと、③四月九日のブレイ報道官の記者会見説明にあたっても、事前の協議がなかったこと、であった。これに対する回答としてトーマスは、国府が一九七一年までは尖閣について要求してこなかった点や、一九七〇年九月の国務省の声明に対しても、国府側から何の反応もなかった点をあげた。これらについて、銭復は返答しなかったようである。おそらく、トーマスの指摘した上記の二点が、尖閣問題に対する学生の煽動行為が発生した理由――すなわち、国府のこの学生運動の問題への対応が遅れたこと――を、一部、説明していると言えよう。

▼抗議活動の継続と尖閣の飛行調査問題

学生の抗議活動が、台湾にとどまらなかったことは、注目すべき点である。香港では四月十日午後、学生たちが日本政府の主張に反対して、在香港日本総領事館文化センターの前でデモ行動を行った。デモ行動は、臨時に集まった学生グループ、「香港保衛釣魚台行動委員会」の青年たち、および『セブンティーズ・バイウィークリー』のスタッフたちによって組織されている。しかしながらこのデモ行動は、警察の許可を受けてはおらず、その点については事前に学生たちにも知らされている[313]。学生たちが警察による解散の指示を拒否した後につかみ合いとなり、その際、二一名の学生が逮捕され、警察署の近くに連行されている。集会はここで終わった。抗議デモに参加した人々は、アメリカ総領事館まで行進し、そこで総領事に申立書を渡す計画を立てていたが、諦めている。

デモの組織化を指揮したわけではなかったが、二つの学生連盟が、同日夜、「警察の蛮行」を訴えて今後の抗議行動の計画を話し合うため、集会を呼びかけている。彼らが計画した行動には、日本製品とアメリカ製品のボイコットも含まれていた[314]。学生の指導者は、その日の夕方と翌日の報道記者によるインタビューで、デモ活動は香港政府に向けたものではなく、また尖閣問題に関するデモには「政治的な意味合いはなく」、それは「愛国的な考えのみ」から来たものだと強調した[315]。

香港政府の政治顧問は、学生デモのことは「それほど心配するには及ばない」と述べ、「若い学生らは、いつも大衆の関心を引くことを探しており、尖閣は格好の材料である」点に同意している[316]。その政治顧問は、「政治的立場にかかわらず、中国人は日本人に抵抗する」と述べた上で、「若い学生たちのデモでまず危険なこと」は、「学生たちが、より悪意のある、かつ知識と技術を備えた人々に取って代わられることだが、これまでのところ、そのようなことが起こった事実はない」との見方を示している[317]。この政治顧問が感じたところでは、日本の香港総領事は、普段から「反日感情にもとづく計画に非常に敏感」になっており、デモが発生しそうなときには常に警察の警護を要求していたため、デモに対する警官の対応が極めて強硬になった[318]。またオズボーン（David L. Osborn）は、デモ全体について分析し、「デモの背後で影響をおよぼしているのは、世間の関心を呼ぶことに飢えた学生たちのようであり」、そこには「政治的な支援はほとんどな」いし、「共産主義者たちの関与を示す兆候もない」との見解を示していた[319]。オズボーンは、次の週末にさらなる抗議行動が予定されている点に触れ、「状況が一段と混乱する可能性はなおもあるが［…中略…］深刻な事態になるとまでは予想されていない」と述べている[320]。

オズボーンの分析は、正確であった。その週の週末の四月十七日、香港では、香港学生連盟によって組織された約一五〇〇人の青年と学生たちが、居留地内のさまざまな学校で集まり、日本の「尖閣の領有権に対する野望」を批判した横断幕を掲げて抗議行動を行った[321]。また一部の学生は、「アメリカと日本の黙認」を批判し、香港全域での日本製品とアメリカ製品のボイコットを要求した。そのほか、街の中心部まで行進して抗議活動を行うことを求めた者もいた。翌四月十八日、小規模な学生たちのグループが集まり、一人の教授が、集まった群衆たちに日本製品のボイコットを呼びかけた。また一人の学生が、群衆の歓声を得るために、日本製の時計を取りだして投げつけている。集まった群衆たちも、日本製品の不買を誓ったようであった。アメリカ総領事館の報告によれば、現地の報道機関の論説記事は、尖閣での中国の権利保護に対する学生たちの関心に対して、概して支持的であった。しかし、無秩序になったり、法を破ったりすることがないよう促していた。

香港での学生の抗議活動は、その後、数週間続いた。たとえば、五月四日の午後の夕方近く、五〇名から七五名ほどの学生がアメリカ総領事館前でデモを行っている。デモは平和的に行われ、学生たちは「尖閣諸島を守れ」と書かれた腕章をつけ、さまざまなスローガンを叫びながら、「尖閣は中国の神聖な土地だ」「尖閣での米日の共謀に反対する」「アメリカに尖閣のことを処理する権利はない」といった垂れ幕を掲げた[322]。アメリカ総領事館前にデモ隊があらわれる前には、約二〇〇名のデモ隊が、クイーンズピア（皇后埠頭）の広場に集まり、日本の尖閣に関する主張に対して抗議を行っていた。この集会は許可を得ておらず、参加した『セブンティーズ・バイウィークリー』の編集者を含む一二名が、警察によって逮捕された。オズボーンは、一部の学生に至っては、自分たちの主義主張の宣伝のため、自ら逮捕を求めていたと報告している。警察は、その場に残っていた集会参加者に解散するよう警告した。その参加者たちが、その後、アメリカ総領事館に向かったのであった。

それから二週間後の五月十六日、新たなデモがアメリカ総領事館前で行われた。デモの参加者は六四名で、その大部分は素直で、行動にも規律を備えた一〇代の中国人たちであった。そしてその周りには、デモ参加者を超える人数の報道関係者、香港警察、および見物人たちがいた[323]。デモ参加者の一人が、「釣魚台と香港は中国の領土だ」と叫び、また参加者たちは「アメリカ帝国主義」と「日本軍国主義」を非難するスローガンを掲げ、声高に叫んだ。デモ参加者たちは、総領事館に日本国旗を燃やす許可を求めたが、拒否されたため、自作の小さな日の丸の旗を踏みつけて、破っている。

一九七一年五月二十三日には、「ニクソン大統領と連邦議会議員に対する公開書簡」が、一万ドルの費用をかけて『ニューヨーク・タイムズ』紙上で発表された。沖縄返還協定の一部として「釣魚台を日本に引き渡す」ことに反対した、七〇〇名を超える教授、研究者、専門家、学生が、この公開書簡に署名し、資金を出し合っていた[324]。書簡では、アメリカ政府が釣魚台の日本への返還を許したことは、国務省が一九七〇年九月十日の声明で定めた、「中立の原則と矛盾している」と指摘されている。その上で、大統領と議会に対し、釣魚台の返還についてのアメリカの立場の「再考」を求めている[325]。書簡の最後は、「国際政治の都合によって中国人の正統な権利が犠牲にならないよう、大統領と議会がイニシアチブと道義的権威を発揮することが求められる。この〔釣魚台〕問題での大統領と議会の行動が、まさに太平洋地域の平和への展望を開くことになるのである」という文で括られている[326]。

とはいえ、米台間で繰り広げられたこうしたやりとりは、単に、この数カ月中華民国とアメリカとの間で高まっていた緊張や、尖閣問題に対する台湾の世論の不安の程度〔の大きさ〕を浮かび上がらせただけであった。駐台アメリカ大使館が四月初めに送った電報では、「台湾や海外の中国人たちの間で、〔尖閣〕問題に対する中国の民族主義的な感情が急激に高まっている。四月九日のブレイ報道官の声明に対する激しい反応が、その証左である。台北では、こうした激しい民族主義的な感情の高まりが、この問題に対する中華民国政府の対応を批判する世論の動きにつながっている。また中華民国の二つの強力な友好国に対する強い反感を生み出している」と言及している。ここでの「二つの強力な友好国」とは、すなわちアメリカと日本のことである[327]。そしてアメリカ大使館は、日本との二国間協議を求めるよう中華民国に促す（そしてアメリカが日台対話を支持する）か、一九五二年の日華平和条約が尖閣問題を処理する「手続き」を定めているとアメリカが声明で発表するか、いずれかを認めるよう進言した[328]。その上でアメリカ大使館では、マッコノギー大使がさらに次のように強調している。「現地では、四月に反米感情が発生したことが新しい展開としてあげられ、われわれはそれへの対応に奔走している。この問題を検討し、元来われわれを巻き込む話ではないこの紛争から、われわれが免れる方法を考慮することが、急務である。もしわれわれが日本政府を、国府の待つ会議のテーブルにつかせることができなければ、より大きな困難が発生することになると見られる」[329]。

この頃、台湾では、「沖縄の軍隊（troops）」が尖閣を占領し、宜蘭県から来た中華民国の漁船を砲撃しているという噂が流れていた。銭復北美司長は、この噂についてトーマス参事官（政治問題担当）に伝えている[330]。これに対してトーマスは、そのような部隊があることは知らないし、尖閣を「占領する」者たちがいることも知らないが、噂の内容については確認の上、沖縄の高等弁務官室に照会しておくと答えた。

翌日、高等弁務官室は上記の照会に対し、次のように回答している。当地で調べたところ、尖閣になおも「人は住んでおらず」、「占領もされていない」ことを確かめた。また尖閣諸島での最近の活動は、琉球大学の調査団が三月下旬から四月初旬にかけて行った調査と、四月五日から六日にかけて、琉球警察の巡視艇が国府の船から遭難の連絡を受けて赤尾礁《せきびしょう》付近で行った捜索であった[331]。このように高等弁務官室は、「噂には根拠がないと思われる」と答えている[332]。

ちなみに一九七一年六月後半、沖縄返還協定の調印後、銭復は、琉球政府の代理で民間企業のライアン・アソシエイツが〔尖閣で〕行う写真撮影について〔アメリカ大使館から〕知らされている。この契約は、琉球政府とライアン・アソシエイツとの間で一年半前に結ばれたものであった。このとき、駐台アメリカ大使館のトーマスは銭復に対し、「このこと〔琉球政府とライアン・アソシエイツとの契約」は、尖閣に関する中華民国政府の立場に影響をおよぼすものではないと思われる」と確認している。[333]銭復は、知らせてくれたことに感謝した後、たとえばアメリカ政府が尖閣を琉球諸島の一部と扱っているような地図などが、出版されることがないようにしてほしいと表明した。これに対してトーマスは、上記のアメリカの立場を繰り返し主張した。

当初、駐台アメリカ大使館は、この初めてとなる尖閣の写真撮影計画を、前に進めることを容認したくはなかった。大使館は電報で、「われわれの見方では、このタイミングは明らかに都合が良くない」として、この「さして重要でない計画」を、「中華民国政府または日本がアメリカに言及せずにこの問題を処理できるようになる」ときまで遅らせてはどうかと主張した。[334]アメリカ大使館が懸念したのは、もし国府がとりわけ報道をつうじてこの〔尖閣の写真撮影の〕調査を知った場合、「当惑し、不快」に思うのではないかという点であった。[335]それは十分にあり得ることであった。なぜなら、尖閣の周辺海域には中華民国の漁船がいるであろうし、そこで低空飛行中のライアン・アソシエイツのパイパー社アズテック機を目撃するかもしれないからである。

他方、ランパート（James B. Lampert）高等弁務官は、尖閣をめぐる争いについても把握しており、実際に尖閣の空域が台湾の防空識別圏（ＡＤＩＺ）に接していることも知っていた。だが一方で彼は、ライアン・アソシエイツと琉球政府との長期にわたる契約関係からして、計画された尖閣地域の飛行調査は実施されるべきであるし、沖縄や日本では一部難しい問題も発生するだろうと考えていた。[336]実際に、一九七〇年四月に、尖閣での飛行調査が始まっていた。使用された航空機は宮古島にあったもので、当時、南方諸島を撮影していた機であった。琉球政府との契約は、一九七一年六月末に期限を迎えることになっていた。

おそらく上記のランパートの進言を受けてのことだと思われるが、国務省は、駐台アメリカ大使館が電報で述べた懸念について是としながらも、アメリカ政府はこの時点で飛行調査を差し止めるべきではないと考えていた。介入することで生じる負担や、「沖縄での反応の可能性」を考慮したのである。[337]国務省は、この飛行調査が大きな注目を浴びるとは思わないが、駐台アメリカ大使館が国府にこの点を伝達することについてはやぶさかではないと提案した。

しかしながら、一つ、国務省が認めたくない調査があった。それは、一九七一年六月下旬または七月初頭に東海大学が計画していた、石油関係の調査であった。高等弁務官室はこの調査に異議は唱えなかったものの、国務省は、この時期に実施することは「適切でない」と考えていた。「沖縄返還協定のタイミング」と、尖閣問題が国府にとって「政治的に敏感である」点を鑑みた上でのことであった。また国務省は駐台アメリカ大使館への電報の中で、この東海大の調査訪問は、台湾、アメリカおよび他国における中国人の学界関係者の間に「確実に強い

〔反発の〕感情を生み出すだろう」と述べている。(338)

▼返還延期をめぐる米台協議

後に明らかになるように、尖閣諸島を日本に返還する沖縄の中に包摂させること——言い換えればそれは、尖閣諸島の施政権を返還することでもあった——は、アメリカ政府内では、「必ずしも領有権の問題の決定的要素ではなく、領有権の問題は、当事国間または第三者機関の裁決によって解決されるべきだ」と考えられていた。(339)

実際にはブレイ報道官の声明は、しばらくの間、アメリカの立場として受け止められていた。しかし、国務省が駐台アメリカ大使館に送った電報によれば、アメリカは国府にもたらす影響の問題も考慮して、尖閣の問題に関する公的な声明を避けてきた。(340) 一方で国務省は、記者団へのブリーフィングの中で、政府としての立場を説明するよう問い詰められていた。この点について国務省は、「われわれは、すでに残っている公的な記録や、日本との沖縄返還合意から後退するようなことは言えないのだ」と駐台アメリカ大使館に述べている。(341)

おそらくこのブレイ声明は、返還される諸島の領土上の定義に関する日本側の懸念を和らげるため、駐日アメリカ大使館の申し出によって出された公的声明であった。だがしかし、これは日本側にとって十分なものではなかったと見られる。日本側は、記者会見での口頭説明よりは、むしろもっと恒久的な形での記録を求めていたからである。

他方で、このような日本が求めた恒久的な形での記録は、国府からすれば行き過ぎのものであった。前述したように一九七一年五月二十六日、国務省は国府に対して、アメリカが尖閣を日本に返還することを公式に伝えていた。(342) そしてその翌週の五月三十一日には、周書楷外交部長(343)が蔣介石総統と息子の蔣経国行政院副院長の指示で、マッコノギー駐台大使と会って尖閣などの問題について協議を行い、「尖閣諸島の問題はもっとも急を要する重大な問題である」と伝えていた。(344)

このとき、周書楷は、沖縄返還協定が早くも六月十五日に調印されるかもしれないとの新聞報道を見たことや、中曽根康弘防衛庁長官が、自衛隊が尖閣諸島を防衛し、そのために自衛隊を尖閣に駐留させる旨を述べたことに言及した。そして周書楷はマッコノギーに対し、国府が一部の中国語メディアから攻撃を受けていることに触れ、もし沖縄返還協定が予定通りに調印されたり、日本の報道機関がこれを誇張して報道したりする——「そうなるであろうが」——と、国府は「非常に困惑し、厳しい圧力にさらされることになる」と述べた。周書楷によれば、たとえ尖閣諸島が「本質的には重要ではない、大洋の中のわずかな岩にすぎない話だとしても、中国にとっては非常に象徴的な意味を持っており、アメリカ国内の中国系知識人たちによって、現実の重要問題とされてしまう」のであった。(345)

前述の通り周書楷は、ニクソン大統領への大使離任の挨拶の際に、尖閣を沖縄返還協定から除外することを考慮するようアメリカ政府に求めていた。この点について周書楷はマッコノギーに対して、アメリカ政府がこの係争地域〔尖閣諸島〕を沖縄返還協定から除外し、〔尖閣の〕領有権をめぐる国府と日本政府との交渉の結果が出るまで、〔尖閣を〕アメリカの支配下に置くことを公式に要求するよう、現在訓令を受けていると述べたのであった。さらに周書楷は、「〔尖閣の〕支配権を日本人に譲り渡すことは、建設的な交渉の可能性を害することになる」と論じた[346]。これに対してマッコノギー大使は、国務省に対する要求を伝達することについて約束したが、すでに沖縄返還協定の中で決定されており、「〔日本に〕返還される地域については、この『瀬戸際』の段階で返還地域を変えるのは非常に難しいだろう」と説明した。そして、施政権の移行は、「領有権とはまったく関係がな」く、この事実が、デモを多少落ち着かせる効果をもたらしてくれることを期待していると強調した[347]。

そして周書楷はマッコノギーに対し、政府当局者に対する暴力の恐れがあり、現在の状況は手に負えないものとなっていると述べ、事実として、沈劍虹駐米大使が売国奴と呼ばれ、身の危険にさらされている点をあげた。実際、ロサンゼルスで行われた世界華商貿易会議（the World Chinese Traders Convention）が、「保衛釣魚島行動委員会」によって妨害されており、孫運璿経済部長と高信僑務委員会委員長は、大勢の攻撃的な抗議者たちと遭遇していた。周書楷は、左翼は国府とアメリカに反対する手段として、中国人の愛国主義の見解を利用しており、それで台湾とアメリカでの騒動が拡大したのであれば、問題であると述べた。続けて周は、もしこの「小さな傷」の手当てがなされなければ、学者やメディア、および立法院が「沖縄返還の妥当性というより大きな問題を提起してくるかもしれない」し、この問題を軽視すれば、アメリカや諸外国で暮らす中国人たちの間で、日本製品のボイコットを含め、「反米感情と反日感情が高まるであろう」と論じた[348]。

数日後の六月三日、マッコノギーは、上記の周書楷のメッセージをワシントンへ電報で伝えた。このときマッコノギーは、日本と台湾の主張の「実体的事項」を取り上げてはおらず、また台湾の五月三十一日の対応の「遅れ」にも触れなかった。それにもかかわらずマッコノギーは、台湾の国内的状況や、それがアメリカに対してもたらす問題のことを考えると、〔日本への沖縄の〕施政権の移行を延期するというアイデアが、「現実的立場から見て、検討に値する」と考えたのであった[349]。

この点について駐台アメリカ大使館は電報で、「中華民国政府は、厳しい失敗をこうむり、多数の地域住民から失望され、かなり苦しい立場にあることを理解している」と書き出し、続けて次のように述べている[350]。

> ここ最近〔国府が〕こうむった打撃を軽減させるためには、多少でもよいので、とにかく心理的な後押しが必要である。現在、尖閣問題でさらに後退してしまったことで、政府の威信が海外の台湾人の間で一段と弱まっている。同時に〔国府の〕尖閣問題での後退は、北京政府が、中国の国益を守る影響力を備えた唯一の中国政府として、もっともらしい態度を

とることを可能とした。国府の外交部長が説明したような、アメリカ国内や台湾の各地域でデモや騒動が起こる可能性については、誇張がある。しかし、一部で騒動が発生するという予測が根拠になっており、それが政府をより守りに入らせているのであろう。[351]

マッコノギーは、対立している日台の交渉がまとまる前に、〔尖閣の〕支配権を〔日本に〕移行することは望ましくないとして、施政権返還の延期の必要性を説明した。また彼は、地理的、歴史的に見て、日本と尖閣との関係が、沖縄返還協定の草案が対象とする他の島々とは異なっているという明白な事実も、施政権返還の延期の必要性を後押ししていると指摘した。マッコノギーは、沖縄返還協定に変更を加えることは、日米関係上問題になることを把握していた。ゆえに彼は、「専らの望みは、日本を説得して、この問題で国府と交渉することに同意させることであ」り、日本側も「この難局において、国府にとっての道義とその威信を支える姿勢をとることが、急務であることはよく知っている」[352]と主張した。

六月五日、アーウィン国務次官は、上記の電報の全文を東京のアメリカ大使館、沖縄の高等弁務官、および太平洋軍総司令官（CINCPAC）に送り、意見を求めている。[353]また前日の六月四日には、中華民国の沈劍虹駐米大使が、グリーン国務次官補に対して同様の要求を行っていた。[354]

沈劍虹がグリーンを訪ねたのは、アメリカ政府に対して、再度明確に尖閣問題を取り上げるためであった。すでに沈は五月二十六日に、尖閣の地位に関するアメリカの立場が示された外交文書を受け取っていた。文書では、尖閣諸島の施政権を日本に返還するアメリカ側の意思が述べられていた。この点について沈は、アメリカと日本が、沖縄返還協定の文言に関して基本的了解に至っていることは承知しており、アメリカ政府がその承認のため、まもなく協定を上院に提出することも把握していると説明した。その上で沈は、周書楷外交部長の訓令にもとづき、尖閣の返還は中華民国政府に「深刻な状況」をもたらすことになると述べた。[355]すなわち沈劍虹はグリーンに対して、国府が考慮していることとして、学生たちが新しい抗議活動を開始するため、沖縄返還協定の調印を待ち構えていると述べた。また台湾や、アメリカなどの外国の学界関係者の間で、尖閣問題に関する反感が強まっており、この問題を、国府が中国人の権利と利益を守れるかどうかのテストとして見ていると伝えた。そして沈は、「仮に政府が失敗すれば、学者たちは北京側に寝返ってしまうであろう」と強調した。[356]

沈は、アメリカ政府が紛争の「第三者」として、「法的理由ではなく、政治的理由」から呼びかけてくれれば、「当面の間、沖縄返還の中に尖閣が含まれるのを回避する」ことができ、日本との間で「何かしらの解決に至る時間」を、国府に与えることになると求めた。そして、もし尖閣が沖縄とともに日本に返還されることになれば、国府は「〔返還という〕既成事実に直面」し、国内的にも対外的にも問題の処理が難しくなる、と指摘した[357]。その上で沈は、第二次世界大戦後、アメリカが連合国に代わりこれらの島々の支配を引き継いだ点に鑑みれば、アメリカ政府は、「国府の見解を考慮するという強い道義的義務がある」と強調したのであった[358]。

これに対してグリーンは、沈劍虹がいま述べたことや、周書楷がマッコノギー大使に話したことについても考慮はするけれども、アメリカ政府としてはこれまで言ってきたことと別のことを行うことはできないと指摘した。つまり、アメリカ政府が「もしいま、〔すでに沖縄返還協定に〕包含することが合意されている尖閣を、そこから除外することになれば、返還協定を危険にさらすことになる」し、「これまでの〔対日〕交渉の誠実さが疑われることになる」[359]というわけである。グリーンは、前述した周駐米大使の離任挨拶のときと同様、国府はアメリカ政府に再考を求めるより、むしろ日本を「説得する」べきだと助言したのであった。しかし、沈劍虹は、日本政府はこの問題には「交渉の余地がない」と述べてきており、いったんこれらの島が実際に日本に返還されれば、日本政府がその立場を「一段と硬化させることは確実」であろうと答えた[360]。その上で沈劍虹は、アメリカ政府が日本政府に対し、「国府との関係において、アメリカ政府が難しい立場にある」点に触れた上で、沖縄返還交渉は「基本的部分では終了した」が、尖閣については「国府と協議を行うよう、日本政府に求められないか」と尋ねている[361]。グリーンは、この提案を考慮すること自体には同意したが、アメリカ政府の基本的立場は変わらないと指摘した。しかし、グリーンは、「自民党内では、国府に対する同情的見方が支配的」であり、したがって「国府が行うべき問題は、日本に対して、何がしか対話できることがあると表明することだ」と付言した[362]。沈劍虹が把握していたかどうかは分からないが、実際にはグリーンは、この日の説明を受けて、〔尖閣問題に関する〕アメリカの態度の再検討を進めている。

尖閣を当分の間、保留にすべきとする駐台アメリカ大使館の提案に対して、駐日大使館のスナイダー公使は、六月七日付で回答を行っている。スナイダーたちが、国府の立場に同情的でなかったのは明らかである。電報の中でスナイダーは、「〔前述のグリーンのコメントは〕尖閣の返還に関するアメリカの立場を変更するかどうかという複雑な問題を、簡潔にまとめてしまっている」としながらも、「残念ながら沈大使は、最近日本を訪問した際、外務省高官に対してこの問題を取り上げることに失敗している。ゆえに、尖閣についての台湾の意見に対する良い印象を日本側に与える機会は、現実には失われている」と述べた。スナイダーは、外務省は、「沈が来日中に尖閣問題を取り上げれば、話し合う準備をしていた」と伝えている[363]。

駐台アメリカ大使館は、このスナイダーの回答に満足せず、国務省に対する長文の電報を準備した。その中で大使館は、日本と台湾を交渉のテーブルにつかせるため、アメリカがこの争いに早く介入するよう主張した。駐台アメリカ大使館の意見では、この尖閣をめぐる論争を抑え、「アメリカがこの紛争を免れる」ために「認められている手段」は、一九五一年の連合国ない）と、一九五二年の日華平和条約第一一条であった。[364] そして日本との間の講和条約第二二条（国府は同条約には署名してい
てマッコノギー駐台大使は、国府に対して「尖閣で結果を出す」ことを求める国内的圧力が強く、周書楷外交部長が「その矢面に立っている」と指摘した。[365] またマッコノギーは、前述のとおり、アメリカの見解とその米台関係の将来への影響について、以下の懸念を表明していた。「現地では、四月に反米感情が発生したことが新しい展開としてあげられ、われわれはそれへの対応に奔走している。この問題を検討し、元来われわれを巻き込む話ではないこの紛争から、われわれが免れる方法を考慮することが、急務である。もしわれわれが日本政府を、国府の待つ会議のテーブルにつかせることができなければ、より大きな困難が発生することになると見られる」。[366] マッコノギーの見方によれば、日本が国府との尖閣の領有権の協議を「拒否していること」こそが、紛争の解決ができない最大の原因であった。またマッコノギー大使は、日本政府は、来年尖閣を返還するというアメリカから得た保証を、「柔軟さを見せない」理由として使っていると感じていた。[367] 他方、マッコノギーの意見では、どうも国府は、専らアメリカ政府と協議する方がよいと考えていたようであった。彼によるとそれは一つには、国府が日本と話すと、かえって日本の立場を強めてしまうため、国府が日本との直接対話を望んでいないという点があった。

上記のようなことから、マッコノギーは、国務省が駐台アメリカ大使館に権限を認めて、アメリカ大使館が周書楷外交部長に対して内々に以下の提案を行うことを求めた。その内容とは、国府が日本政府に対して、紛争の解決に向けて、日華平和条約の規定の文脈に沿った形で二国間協議を求めるというものであった。仮に国府がそうした場合、続けてアメリカ政府が日台協議を公的に支持することが有効だろうと、マッコノギーは電報に記している。さらにマッコノギーは、次のような提案も行っている。それは、国府に、日華平和条約にもとづく主張ができない十分な理由がある場合には、国務省が対日講和条約第二二条にもとづく問題提起を日本政府に対して行うことを、アメリカが施政権を持っている間に考慮するという案であった。また、少なくとも対日講和条約が紛争を処理するメカニズムを定めているということを、〔アメリカが〕声明で出す案が示された。[368]

駐台アメリカ大使館からの上記の進言を受け、東アジア・太平洋局のスター（Robert I. Starr）法務官は、五頁にわたる覚書を作成した。その中でスターは、国府が日本政府に尖閣問題を持ち出すために、いかなる法的根拠があるのか、検討を行っている。スターは、一九四五年の国連憲章の関連条項、対日講和条約、および日華平和条約を細かく分析した結果、一九五二年の日華平和条約にもとづけば、またより一般的には国連憲章における紛争の平和的解決の原則にもとづけば、国府は、「日本政府に対して、尖閣をめぐる争いを交渉によって解決すること、または第三者機関を含む他の平和的手段によって解決することを求めることは、法的議論なしではやるべきでない」と結論したのであった。[369] そして、アメリカ政府が対日講和条約第二二条

に依拠して日本に問題を持ち出すべきだとした前述の〔駐台大使館の〕進言について、スターは、この条項は、「専ら条約の当事国間の紛争を解決するための規定を意図している」ことを確認した。その上で、次のような見解を示している。「国府は対日講和条約の当事国ではないため、日本に対して同条約第二二条を直接に引用することはできない。これらの理由から、サンフランシスコ講和条約がこの〔尖閣をめぐる〕紛争を処理するメカニズムを定めているという立場を、アメリカ政府が取るための法的根拠はないと思われる」(370)。

こうした法的議論に加え、スターは同じ覚書の中で、政治外交上の助言も行っている。まずスターは、この紛争におけるその他二つの当事国——日本と中国——の見方が重要であり、そのことを考慮する必要があるとの考えを示した。そして彼は、日本との関係が重要であることを指摘し、ニクソン大統領が「われわれが互いに求める世界にとって、〔日本との関係が〕きわめて重要である」と述べたことや、ロジャーズ国務長官が「アメリカの対外政策、一九六九—七〇年」と題したレポートで、「〔日本との関係が〕アメリカの東アジア政策の成功に関係するもっとも重要な要素になる」と述べたことをあげながら、この話題を結んでいる(371)。

またスターは、日本が、間近に迫った尖閣を含む沖縄の返還を「非常に重視していることは明らか」であるとした上で、次のように分析している。すなわち、日本政府にとって、尖閣問題について国府と「単に話し合う」のに応じることは問題が少ないであろう。だが、国府が要求しているような、尖閣の地位に関する交渉に同意することは、日本政府にとって「政治的に重要な影響を伴う」だろう、というわけである(372)。続けてスターは、この地域のことを考慮する際に、中国のことを含める重要性を示唆した。ニクソン大統領が近い将来に訪中するとの声明を出す、一カ月前のことである。当時のアメリカの外交官たちによれば、この頃、米中の和解という基調と指針は明確になりつつあった。だが、ニクソン訪中についてはなおも秘密にされ、少数にしか知られていなかった。そうした中で、スターは次のように述べている(373)。

したがって、中国の立場のことも考慮する必要がある。中国は、釣魚島または尖閣の権利を重ねて強く主張してきたし、また日本に対しては、この島嶼に関する中国の権利を妨げないよう通告してきた。もしわれわれが日本政府に中華民国と交渉するよう圧力をかければ、米日両国と北京との関係をめぐる状況を不必要に悪化させるリスクを冒すことになる。われわれと中華民国との関係において、そのようなリスクを正当化できるような、何か考え得る利益や、現時点では予測できない十分な意義を想像することは、難しい(374)。

以上のように、実際にこの期間、アメリカ政府は、日本政府に対して新たに圧力をかけて、国府との間で尖閣問題に関する協議を行わせようとしていた。これには、国府から圧力を受けた面もあるし、また紛争の解決のためには、これが一つの方法でありおそらく最善の方法であるという確信によるところもあった。そして、当時のアメリカの交渉担当者が抱いた、他の動機によるところもあった。それは、以下で述べるように、表面上は尖閣とは関係のない問題だったのである。

▼尖閣問題と繊維問題

沖縄返還協定調印前の最後の数週間、対外経済開発担当のケネディ（David M. Kennedy）無任所大使が、尖閣の日本への返還に異を唱えている。ケネディは台湾の要請に応じ、繊維問題での台湾の協力――一九七二年に再選を控えたニクソン大統領にとって、繊維は未だ解決できていない重要問題であった――と引き換えに、尖閣の日本への引き渡しを拒否しようとしたのであった。このため、〔尖閣〕問題はもつれてしまうことになる。ある意味で尖閣が、繊維をめぐる大きな問題の中の争点になってしまったのである。より正確に言えば、ケネディが求めた尖閣と繊維の取り引きは、ニクソンがやろうとしていた、沖縄と繊維の交換というより大きな取り引きの中に存在していたのであった。

このケネディのやっかいな提案は、それまでアメリカ政府が維持しようとしてきた尖閣問題をめぐる微妙なバランス――これは、アメリカ政府がこの問題から離脱することを可能とするものであった――をさらに崩してしまう恐れがあった。ケネディの提案は、尖閣を台湾に引き渡してほしいという台湾の要請を利用して、繊維問題で取り引きを行うという、より大きな枠組みを作り出すものであった。この点、彼の提案は、ニクソンを助けることにはなったかもしれない。だが、ケネディの計画はまた、日本国内で無用な問題を引き起こし、日米間の深刻な激しい摩擦の原因にもなっていただろう。ケネディの計画は、従来のアメリカの政策や主張に反するものでもあった。さらにケネディの計画は、アメリカの東シナ海における戦略的立場の根本を崩すものであった。というのは、仮にアメリカによる基地の維持が許されることを前提とすれば、沖縄の米軍基地に近い島〔尖閣諸島〕を第三国が支配下に置くことは、それだけ沖縄の基地が脆弱になることを意味したからである。

この尖閣と台湾の繊維を取り引きする考えは、三つの要素が重なり合って出てきたものであった。それは、①先例として、沖縄返還の合意と並行して、日本が繊維の対米輸出を規制する取り引きがあったこと（この繊維取り決めは実行段階には至っておらず、すでに日米間の激しい摩擦を引き起こしていた）、②韓国や香港など他の国々を動かして繊維での取り引きを実現するためには、まず台湾の同意が必要であること、③アメリカは尖閣を沖縄返還の範囲に含めることを決定していたが、蔣介石総統と息子の蔣経国が、その決定の再考と、尖閣の日本への引き渡しの延期ないし拒否を要請していたこと、である。

ケネディは、このうち後者の二つの要素を結びつけたのであった。ケネディとホワイトハウスの経済チームは、そうすることで、繊維や他の問題での頑迷な日本の態度を崩そうとしたのである。ケネディたちは、「重商主義的」な日本などの国々に対する「新経済政策」を形成しているところであった。

ケネディは、一九六九年一月から一九七一年一月まで財務長官を務めた後、ニクソンの要請で閣内のメンバーにとどまるため、二月十一日に無任所の大使に任命されていた。一方、ニクソンは自由貿易を支持していたが、大統領選挙前の一九六八年五月後半に、元サウス・カロライナ州知事のサーモンド(Strom Thurmond)上院議員と約束をしていたことから、繊維産業を支援しなければならなかった。ニクソンは回想録の中で、「[この]問題は、地方の偏狭な問題だった」と、次のように嘆いている。[375]

「サーモンドは、サウス・カロライナの繊維産業の立場を守るため、繊維の輸入に対して関税をかけるよう要求してきた。私は、〔選挙で支持を得なければならないという〕現実の政治的問題から、しぶしぶ彼に同調した。しかし、私は彼に、関税という手段をとる前に、まずは日本や他の国に対米輸出の自主的な削減に合意してもらうよう試みるべきだと話した。[…中略…]私は、サーモンドから支援の約束を取り付けて、会談を終えて〔部屋から〕出て来たのだった」。[376]

当初は、スタンズ(Maurice H. Stans)商務長官が、この繊維の問題を解決するために過重な労力を費やしていた。しかし、彼もまた他の人物たちと同様、繊維問題を解決することはできなかった。[377] ホワイトハウスの取り組みが失敗したことを受けて、ミルズ(Wilbur D. Mills)下院歳入委員長は、日本の繊維業者との間で、繊維の対米輸出を規制する取り決めをまとめようとした。このとき、日本の繊維業界は対米輸出規制に同意したが、ニクソンにとってその内容は、「アメリカにとって決定的な条件に達していない」とみなすレベルに過ぎないものであった。[378] かくして、一九七一年春にミルズが主導した取り組みは、アメリカの繊維業界とニクソンによって反対されたのであった。

ケネディが無任所大使として繊維問題に関与するようになった背景には、上記の経緯があった。彼の評伝の著者によれば、実質的にはケネディは、日本との二国間問題をうまく処理しなければならないだけでなく、香港、韓国、および台湾を含むこの地域の他の国々とも、同様に合意を達成しなければならなかった。彼は、アメリカの期待を満たすだけでなく、これらの国々の国内的・経済的利益にも注意を向けなければならなかったのである。これらのことすべてを調整するには、「忍耐と粘り強さ」が必要であり、それが過去と同じ誤ちを避ける「交渉戦略」であった。[379]

しかし、ニクソン政権は、こうした「忍耐」を持ち合わせてはいなかった。ケネディが一九七一年春に最初にアジアを往訪する少し前、ピーターソン(Peter G. Peterson)大統領補佐官〔国際経済問題担当〕は、次のように書いた覚書をケネディに送っている。「デイヴィッド、〔アメリカ国内で〕保護主義的な措置の話が、異常な速さで持ち上がってきている。われわれはいま、六月半ばまでにこの問題をまとめなければ、本当に深刻な事態になるのではないかと懸念している」。[380]

ピーターソンは、とくに日本との交渉ではケネディを支持するよう、［ホワイトハウスから］次のように言われていた。「大統領は、繊維であなたにタフ・ゲームをやってもらい、日本のダンピングを厳しく非難してほしいと思っている。マイヤー［駐日大使］の［協調的な］路線に合わせる必要はない。ニクソンは、あなたがワシントンを出発した日から、可能な機会を全部使って日本を叩いてほしいと思っている[381]」。

さてケネディがとった「正統でない」方法は、「バック・チャンネル」を用いた外交であった。「バック・チャンネル」はキッシンジャーがよく好んで用いた手法で、彼はホワイトハウスと直接調整を行うため、官僚組織を避けてCIAの通信設備を用いた[382]。そのために、ケネディは、銀行時代からの古い友人であるピーターソンと直接やりとりを行い[383]、そして、結果として国務省を怒らせたのであった。しかし、この「バック・チャンネル」という方法ですら、完璧ではなかった。というのは、［ケネディから］台湾との間で繊維と尖閣の取り引きの話が上がってきても、キッシンジャーが常に［政府内での］議論の輪に入っていたわけではなかったからである。そしてキッシンジャーは、そこから生じた情報の欠落を埋めるため、ジョンソン国務次官に連絡する必要性に迫られていたが、そのジョンソンは、繊維問題を解決して「大統領に尽くした人物（"President's man"）」になろうとするケネディの行動に対して、相当の懸念を抱いていたのだった。

ケネディは大使に任命された後、初めに各国を訪問して関係者との議論を行い、その中で、報道機関や通常の外交チャンネルから離れた形で交渉を続ける考えを表明した。そしてケネディは、各国の指導的人物たちに、自分とともに仕事ができる、高い地位の人物を紹介するよう求めている。たとえばケネディが四月に台湾を訪問した際、蔣介石総統は、敏感な問題が絡むことを理解したようであった。蔣介石は、ケネディと一緒に問題に取り組む人物として、アメリカで教育を受けたことのある孫運璿経済部長を指名した[384]。各国訪問からワシントンに戻ったケネディと彼の少数のチームは、検討と計画を続けた後、再び五月三十一日に極東へ向けて出発している。

この出発に先立つ一週間前の五月二十六日、ケネディの補佐官のジューリック（Anthony Jurich）が、ピーターソンと会っている。二人は、ジョンソン国務次官と電話で沖縄問題について意見交換を行い、ジョンソンはそこで、後日さらなる情報を彼らに提供することに同意した[385]。ケネディのチームはこのとき、尖閣に関する状況説明を受けている。

ケネディが最初に訪れたのは、台湾であった。彼は台湾に一週間以上滞在している。滞在中、孫運璿経済部長が「一定の項目に関する原則的な合意」が成立したと発表している。ケネディも現地時間の六月九日に空港で記者会見を開いて、集まった記者団に対し、米台が「繊維の問題を含め、数々の経済問題の解決に向けた、非常に大きな進展が実現した」と述べた[386]。台湾滞在中、ケネディとホワイトハウスとの間でも、またケネディと台湾のカウンターパートとりわけ蔣経国との間でも、尖閣に関する多くの議論がなされていた。このこともありケネディは、〔この記者会見で〕慎重に言葉を選んで話していたと思われる。

前述したとおり、すでにそれまでに、台湾とアメリカの関係はかなり悪化していた。このことについて『ニューヨーク・タイムズ』は、四月末までは「存在していた温かさの代わりに、うわべだけの端正さが、両国の関係に入り込んでいた」と報じている。[387]かつて蔣介石総統がニクソンまたはキッシンジャーに寄せていた好意的感情や信頼感は、なくなっていた。実際に蔣介石の評伝では、「蔣は、スティルウェル（Joseph W. Stilwell, Jr.）のこと以上に〔ニクソンを〕嫌っていた」と書かれている。スティルウェルは、第二次世界大戦中に蔣介石の補佐官だったアメリカの将軍で、蔣とよく対立した人物であった。蔣介石がニクソンのことを嫌っていた理由は、彼が「共産主義者たちのことを知らず、信義にも欠け、誠意がなく、ずるい人間だったから」と言われる。[388]

さて、〔台湾側のカウンターパートとの〕繊維問題に関する「誠意ある協議」の後、ケネディ大使が蔣介石の前に姿をあらわした際、蔣介石は、台湾の最終的な地位は最後の決定を待っている段階にあるとの国務省報道官の声明に言及した。そして蔣介石は、これは〔台湾に対する〕「平手打ち」だと述べ、見るからに激高していった。[389]この頃、関係の正常化に向けたアメリカと中国の動きは、次第にはっきりとしたものになっていた。アメリカは中国の国連総会への出席を検討しており（ただし、安全保障理事会の椅子は国府が維持することを許した）、中国もアメリカの卓球チームを中国に招待していた。ケネディとの協議の中で蔣介石は、最近の蒸し暑さや健康の悪化のせいで苛ついていたこともあって、自制心を失ってしまったと謝罪している。[390]これに対してケネディは、中国と比べた際の台湾の立場が低下していることや、石油採掘の停止などの問題もある中で、台湾がアメリカに不満を抱いていることは理解できると述べた。ケネディは、本当に台湾に同情していた。ちなみに後に彼は、孫運璿と緊密に協力しながら、一九七六年に米台経済会議を設立している。

逆にケネディは、ニクソン政権の大部分の関係者と同様、日本に対して不満を抱いていた。たとえばケネディは、六月初旬に台湾に到着した後、ワシントンに対して、アメリカ政府は「繊維交渉が終わるまで、日本との沖縄返還協定に調印しない」よう提案している。[391]しかしながら、予定された沖縄返還協定の調印日である六月十五日までは、わずか二週間しかなかった（のちに六月十七日に延期されている）。ＮＳＣのジョンストン（Ernest Johnston）とホルドリッジによれば、ケネディがいつ思い至ったのかははっきりしないが、彼は次のことを要求していた。すなわちその内容は、①大統領が、国務省の同意を求めずに、駐日アメリカ大使館に対して、アメリカは「沖縄に関する日本との協議をすべて中止する」と日本政府に伝えるよう指示すること、②その後で、ケネディが佐藤首相の兄である岸信介元首相と会談し、「繊維問題での解決を実現するという彼の確約を得た」後に、「沖縄に関する〔協議の〕停止を解除する」こと、であった。[392]

ＮＳＣですら、このケネディの案は「極端すぎる」と考え、代わりに、「中間をとるリンケージ〔諸要因を包括的に結び付けて中間的な案に導く交渉戦略〕」を提案した。このリンケージ案〔中間的な案〕は、ちょうどこの六月初旬にワシントンを訪問していて、その夜にキッシンジャーと会う予定だった山中貞則総務長官に口頭で伝えられるものとして想定されていた。[393]その内容は、〔アメリカ側が〕一方的な宣言を行うのではなく、〔日本側に対して〕沖縄返還協定の調印の延期を要請するというものであった。このメッセージが、実際に山中に対して伝えられたのかどうかははっきりしないが、山中は東京に戻った後で、佐藤首相にワシントンでのキッシンジャーとの協議について直接報告を行っている。このことについて、佐藤の日記には、「キッシンジャーに適当に扱はれた様子」とある。[394]

周書楷外交部長がマッコノギー駐台大使を呼び出したのは、山中がキッシンジャーやジョンストンと会った数日後のことであった。またこの日は沈劍虹駐米大使も、尖閣のことでグリーン国務次官補のもとを訪れていた。これらをつうじて国府は、返還される島の中に尖閣諸島を含めている現在の計画を再検討するため、沖縄返還協定交渉の停止を提案している。

▼ニクソン・キッシンジャーと尖閣

六月七日は、とくに慌ただしい一日だった。その原因は次の点にあった。①同月中旬までに返還協定に署名しなければならないという、沖縄返還交渉における緊迫感、②関係者たちの間の物理的距離（たとえばケネディが台湾にいたこと）、③ケネディがピーターソンを除く誰とも情報を共有しようとしないこと、④同様にホワイトハウスが国務省と情報を共有しようとしないこと、⑤メディアへのリーク、そして⑥その週末に迫っていたニクソンの娘（トリーシャ）の結婚、である。

この日の朝早く、ジョンソン国務次官はキッシンジャーに電話をかけ、ケネディがピーターソンに何本か電報を送ったそうだが、と話した。またジョンソンは、尖閣に言及しながら、ケネディが台湾と合意に至ったと『ワシントン・ポスト』が報じていることにも触れている。これに対してキッシンジャーは電話口で、その何本かの電報をジョンソンに送ることを約束し、ケネディがジョンソンに情報を十分に伝えておらず、やってはいけないことをやっていたことが分かったと述べた。そしてキッシンジャーは、「ピーターソンのところに行く文書のコピーは全部〔ジョンソンに〕送るよう強く言っておく」つもりだと述べている。[395]

数時間後、キッシンジャーはジョンソンに電話を入れると、突然「あのくそったれな島（those God damn islands）のことだが、われわれの立場はどうなっているんだ？」[396]と尋ねた。ジョンソンはキッシンジャーに、アメリカの政策は「具体的なところまで固まっている」と話した。[397]キッシンジャーは、アメリカの政策が決まったのはいつ頃だったのかと尋ねている。これに対してジョンソンは、政策が決まってから「数カ月が経つ。これまでの経緯を振り返っておくと、国府との対話は、六、七カ月間続いてきた。そのことを〔キッシンジャーに〕詳しく話しておきたい」と答えた。[398] キッシンジャーは詳しい説明を求め、ジョンソンは次のように説明している。「アメリカの政策は、日本との〔沖縄返還〕協定の文言において〔すでに〕固まっている。その原則的考えは、われわれは尖閣諸島を日本から受けとり、〔当事国の〕権利を害することなく、日本に返還する、というものである。権利をそのままにして、単に尖閣を日本に返すということだ。権利に変更はない。尖閣は、〔終戦の年である〕一九四五年の中の島〔一九四五年に日本が施政下に置いていた島〕に含まれる」[399]。キッシンジャーは、アメリカの立場についてはすでに知っていると述べた上で、その立場が実際に決まったのはいつなのか、つまり「私〔キッシンジャー〕が周書楷と話す前だったのか、それとも後だったのか」と尋ねた。[400] このことについてジョンソンは、確認してみるけれども、この問題についてはアメリカと国府の間でずっと対話が続いてきたので、正確な日付を言うことは難しいと説明した。そしてジョンソンは、これまでの日本側との話し合いについては問題はなかったと付言し、〔重要事項を〕時系列にまとめたものを渡すと約束した。キッシンジャーはジョンソンの申し出に感謝を述べ、日本との協議内容については「大統領との話の中で出る」と話している。[401]

結局ジョンソンは、「尖閣諸島の地位に関する関連年表」と題した、五頁にわたる文書をキッシンジャーに渡している。文書は、一九四三年のカイロ宣言から一九七一年六月初旬までに発表された声明や重要発言、そしてアメリカ、日本、および台湾の間の協議の内容やそれぞれの動きを収めたものであった。[402]

その日の午後三時前後、ジョンソンはため息をつき、キッシンジャーに電話を入れている。キッシンジャーは「この島〔尖閣諸島〕のことで正気を失っている」と述べた。そして「ここであなたに話すべきことではないかもしれないけれども」とした上で、尖閣は、「繊維〔問題〕を前進させられる唯一のものとして〔…中略…〕いま大統領のところにあがっている。〔ケネディは〕繊維業界の支持を受けている」と、ジョンソンにこぼしている。[403]

続けてキッシンジャーは、尖閣に関するアメリカの法的立場について尋ねた。ジョンソンは、「一九五一年の対日講和条約では、アメリカが保有することになった領土（沖縄）に、これらの島〔尖閣諸島〕が含まれると定義されている」と説明した。[404] これに対してキッシンジャーは、それ以前の時代に、尖閣諸島が中国の一部として統治されていたと正確に言うことはできるか尋ねた。ジョンソンは、完全に正確に答えたわけではなかったが、「そうは言えない。台湾が日本統治下にあったときに戻って考える必要がある」と述べている[405]〔実際には、尖閣の編入は、台湾併合より前に行われていた〕。

ジョンソンは、一九五一年に対日講和条約が調印される際、中国がどのような立場を取っていたのかについて、自分のスタッフに調べさせていると説明し、「中国が講和条約のとき、つまり当時、講和条約に調印する際に、〔尖閣諸島のことで〕再考を求めていたのかどうかをはっきりさせたい」と述べている[406]。ただ、ここでジョンソンは言い間違えている。単に忘れていたのか、それとも完全に間違っていたのか、中華民国政府は、連合国による対日講和条約には署名していなかった。中華民国政府と中華人民共和国政府は、いずれも調印式には招待されていなかった。キッシンジャーは、この点については訂正せず、ジョンソンに対して、「はっきり分かったら、なるべく早く［…中略…］私のオフィスに情報を伝えてほしい。私が会議中の時は、スタッフが私に情報を伝えてくれるから」と述べている[407]。

そしてキッシンジャーはジョンソンに、台湾を懐柔するために、もし尖閣の地位を変更したら、「全部が吹っ飛んでしまう」だろうか、つまり日本との沖縄返還協定交渉は頓挫してしまうだろうかと尋ねた[408]。ジョンソンは、実際にそうなるだろうとして、「尖閣の地位の変更が、日本との沖縄の交渉を吹き飛ばしてしまうことは、まったく疑念の余地がない」と述べた[409]。その上でジョンソンは、「一つ私たちにできることは、日本に中国（中華民国）との対話のためのイニシアチブを取らせ（なぜなら、中国［ここでは台湾の意］は日本との対話のイニシアチブを取ることを拒否しているため）、そして、私たちの問題についても説明させることだ」と述べた[410]。

キッシンジャーは、アメリカが〔尖閣諸島問題を〕国際司法裁判所に持っていくことを勧めてはどうかと尋ねている。ジョンソンはこれに答えて、問題は「〔それは〕われわれが言うことではないという点だ。尖閣はわれわれの領土じゃない。われわれは、領有権を持っているわけではないんだ。これは、現在のアメリカの沖縄統治の下での、領土をめぐる争いである。われわれは、ただ尖閣を統治しているだけだ。つまり、これは日本と中国〔台湾〕の問題なのである」[411]。

そのあとすぐ、ジョンソンは再びホワイトハウスに電話した。そのとき、キッシンジャーは台湾と尖閣の問題に関するニクソンとの会議の最中だった。ジョンソンは、前述のキッシンジャーからの質問の一部を、キッシンジャーの補佐官のヘイグ（Alexander M. Haig, Jr.）米陸軍准将に報告した。ヘイグは、占領後期の日本でマッカーサー（Douglas MacArthur）の下で勤務したことがあり、今度はキッシンジャーに仕えていた。

当時の機密扱いの覚書によると、ジョンソンはキッシンジャーへの報告として、四点をヘイグに伝えている。すなわち、①「国民党中国」は、一九五一年の対日講和条約の調印国ではないこと、②沖縄の米国民政府が一九五三年に発表した布告には尖閣が含まれており、当時、中華民国政府はこの説明に異議を唱えておらず、以来その事実を認めてきたこと、③国務省が、尖閣諸島が編入される以前の歴史、すなわち日本が台湾《ママ》を編入する以前の歴史を調べていること、そして、④国府がアメリカと協議する以前に、日本を介してこの問題に取り組もうとしない以上、日本がこの問題を台湾と取り上げるよう働きかけるべきとのジョンソンの見解が伝えられた[412]。

キッシンジャーがジョンソンと話したすぐあとのことになるが、キッシンジャーがニクソンやピーターソン——先にも触れたが、彼はキッシンジャーの同僚で、国際経済問題担当の大統領補佐官であった——との会議に入る前の時間帯に、ニクソンがキッシンジャーに電話を入れていた。二人はピーターソンをはさまずに、尖閣の問題をどう処理するかについて話し合った。はじめニクソンは、キッシンジャーに次のように尋ねている。「われわれがかかわっている立場はどのようなものか〔…中略…〕それは大きなことに関係してくるのか」[413]。この質問に対してキッシンジャーが答えている内容からすると、ここでニクソンの言った「大きなこと」とは、中国との関係正常化を指していると思われる。それゆえに二人の会話は、ピーターソンの前ではなく、電話で行われたのであった。

このことについて、キッシンジャーは簡潔に応えている。「〔ケネディの案を受け入れると〕日本との沖縄返還交渉が頓挫してしまいます。中国〔北京政府〕も〔尖閣は〕台湾の一部である方が好ましいと思っている。彼らは、台湾を獲得した場合、尖閣も獲得できると考えているんだ」[414]。これに対してニクソンは、「いまは繊維のことで何かやらないといけない非常に大事なときだ」と述べた。キッシンジャーは、「これ〔尖閣を返還協定に含めないこと〕は対日関係を非常に悪化させます。〔沖縄返還〕協定はあと一週間後に調印されようとしている」と述べている[415]。キッシンジャーはニクソンに対し、ケネディは、台湾との間の尖閣・繊維問題の交換の問題を、アメリカ政府が日本との間で取り上げるべきだと考えている、と伝えたのだった。

キッシンジャーもジョンソンも、それぞれ理由は異なるが、繊維の輸出規制に対する台湾の協力と尖閣問題とを取り引きしようとするケネディの土壇場での行動に、頭を抱えていた。ケネディはジョンソンに対して、沖縄に関する「率直な疑義」を書き送っている。ジョンソンは返事を返したが、六月五日まで、〔ケネディからの〕反応は返ってこなかった。キッシンジャーのところにも反応はなかった[416]。キッシンジャーは、電話でジョンソンと話しながら、次のように述べている。「〔ケネディが〕決して虎のように攻撃的な男だとは思わない。実際は、財務省の言いなりになっているんだ」[417]。ジョンソンは、「ケネディの行動は、すべて日本側から知らされる。ケネディから聞ければよかったのに」と不満をあらわした[418]。キッシンジャーは、「私はいつも君の部下を泣かしているけれども、これがケネディだったらもっと大変だよ」とジョークを言った。そして最後に、何か分かったら電話をするからとジョンソンをなだめて、会話を終えている[419]。

尖閣と繊維の問題に関するケネディの考えは、彼が台北から〔ワシントンに〕送った電報から知らされている。当時彼は、台湾が繊維の対米輸出を五年間自主規制する協定をつくるため、台湾側と交渉中であった。この時は第七回の交渉で、蔣経国行政院副院長の要請にもとづき行われていた。キッシンジャーの目には、ピーターソンはすでに〔ケネディの〕仲間となっており、単純に「ケネディの代理人として動いてくれている」人物として映っていた[420]。そのピーターソンは、ケネディからの電報を取りまとめ、現在生じている難局を打開するためにケネディが三つの選択肢を考えていると指摘した。このうち第三の選択肢が、台湾に対する譲歩を申し出ることを内容としていた。ピーターソンがまとめた文書によれば、この選択肢のメリットは、〔ケネディ曰く〕次の点にあった。「ケネディ大使は、われわれの国の産業界や、台湾政府に甚大な影響をおよぼすことなくこの難局を打開できると感じている。〔台湾側は〕特定の軍事製品（たとえばF－4戦闘機）の〔提供の〕重要性を強調するが、ケネディ大使は、この問題を解決する『唯一の』方法は、沖縄返還協定にもとづき尖閣諸島を日本の施政権下に移すことを取りやめることだと確信している」(421)。その上でピーターソンは、尖閣に関するケネディの見解を、以下のようにまとめている。

尖閣は、台湾において、国内的にも国際的にも重要な問題である。台湾は、この問題について強く主張をし続けてきたので、もしアメリカが尖閣の施政権を維持することになれば、国府は世論の大きな後押しを受けるであろう。さらにこのことは、われわれが継続して国府に関心をもち、また支援していることを、まさに直接あらわすことになる。それは、日本の犠牲をともなうことにはなるが、アメリカが香港や韓国との繊維交渉をうまく進展させ、続く日本との交渉を進めることを可能とするために、不可欠なものである。

このような決定を発表すれば、国府は国内的にも（蔣経国行政院副院長は難局を脱することができる）、対外的にも面子を保つことができる。台湾は、香港と韓国から圧力を受けてはいるが、現在の繊維の〔輸出規制案の〕パッケージを受け入れることができる。さらに私見では、そうした行動によって、日本人に対する必要不可欠なショック効果をもたらすことができる。このことは、日本側が求めてきた、すべての問題におけるアメリカの同意がもはや見込めないことを示すことになろう。この提案に対して、アメリカ政府の中で一定の反発が生じるであろうことは十分に認識している。しかし、この提案は実行可能であるし、またそうすべきだと思う。アメリカは第二次世界大戦後、これらの島々〔尖閣諸島〕を保護管理することを受け入れた。歴史的にも、地理的にも、それらは、沖縄を含む琉球諸島の一部ではない。もしわれわれが日本が尖閣の施政権を得ることを認めれば、結果として中華民国政府は面目を喪失し、非常に苦しむことになる。尖閣諸島の所有をめぐっては、なおも争いがある。したがって、この係争が解決されるまでの間、アメリカが施政権を保持することには、十分な理由があるのである。台湾は、一度日本が施政権を持ってしまえば、それを放棄する可能性はないと強く思っている。むしろ私が強く進言しているのは、日本に施政権を引き渡して台湾に面子を失わせるのではなく、現状を維持すべきだということである。アメリカの繊維問題を解決し、他の国際貿易の問題の解決の道を開くための、重要かつ効果的な行動は、ほかには思い当たらない。これが非常に大きな賭けであることは、十分理解している。そして、大統領だけがこの決定を下せることも理解している。それゆえ私は、この提案がもたらす利益と結果の可能性の大きさを、言葉の限り強く進言したいのである[422]。

ピーターソンは、キッシンジャーが尖閣問題の背景を調査中であり、この午後の会議でニクソンに「今回、尖閣諸島を日本に引き渡さなかった場合の影響について」報告する予定だということをニクソンに伝え、覚書を締めくくっている[423]。要約すると、これまでの台湾当局とアメリカ当局との協議にもとづき、台湾との繊維交渉の代償として、台湾をなだめるために尖閣諸島の日本への返還を時期を定めず延期するというのが、ピーターソンの提案だったのである。

ピーターソンが、上記の点を進言したこの覚書をいつ準備したのかははっきりしないが、この覚書は、ウッズ（Rose Mary Woods）によって、ニクソンの昼食後の午後一時少し前に届けられている。ちなみにウッズは、ニクソンが連邦議会議員になった一九五一年以来、私設秘書を務めていた人物である[424]。ニクソンは、この覚書を、キッシンジャーとピーターソンとの会議のために見直している。その会議は、午後三時二六分に始まっている[425]。

会議の開催を申し出たのはキッシンジャーであったが、そのきっかけを作ったのは、ケネディと彼の覚書であった。この点についてキッシンジャーは、会議の実施を要請したニクソン宛ての覚書の中で、次のように書いている。「ケネディ大使は、台湾で蔣介石と蔣経国行政院副院長から、尖閣諸島の問題のことで話を持ちかけられている。現在の沖縄返還協定にもとづけば、尖閣は日本に返還されることになる。ただ、これは中華民国政府にとってはもっとも重要で慎重に扱うべき問題である。尖閣の現在の状況について話し合うため、今日の午後に〔…中略…〕どうしても会う必要がある[426]」。

その後、彼らは予定通り会議を行った。この中でニクソン大統領は、日本に〔尖閣を含めた沖縄の〕施政権を返還するための準備を続けることを決定した。ただし、ニクソンがそれ以上のことで日本側に立ったようには思えない。いずれにせよ、尖閣の日本への返還を延期するか、または完全に否定するという蔣介石と蔣経国の要請は、ホワイトハウスによって拒否されたのであった。

翌日ピーターソンは、台湾を出発する直前のケネディに、前日行われた会議の内容を知らせた。「長時間の協議の後、〔繊維と尖閣の〕取り引きは度が過ぎており、〔尖閣の返還で〕後戻りするにはすでに多くのコミットメントがなされている〔ということになった〕。私〔ピーターソン〕はあなた〔ケネディ〕の電報を〔ニクソンに〕見せ、この取り引きの重要性を論じた部分を読み返すこともした。〔しかし〕大統領は、この問題で〔ケネディおよび台湾の〕手助けをできないことを深く悔やみつつも、〔沖縄返還協定の延期を〕決定することは不可能だと考えた。大統領は、八月に〔台湾に〕高級軍事代表団を派遣して、重要な防衛能力について、中華民国政府とともに『好意的かつ率直な方法で』検討するということを、私からあなたに伝えるよう指示した。私は、この方針は現在の最終交渉を非常に難しくすると説明したが、議会が開かれていない八月に実施する必要があることから、〔軍事代表団の〕訪問を八月に行うという決定がなされた」[427]。

六月九日の朝、ケネディ大使は蔣経国行政院副院長と会談した[428]。そして蔣介石総統は、翌十日までに、ニクソン大統領の上記の決定を把握している。蔣介石はうんざりし、日記にその気持ちを書き込んでいる。「釣魚台も含め、アメリカは日本に（領土を）返還するとのこと。まったくもって不誠実である」[429]。

翌六月十一日、中華民国外交部は、沖縄返還や尖閣諸島問題に関する長文の声明を発表した（巻末の資料4を参照）。その内容は、中華民国の見解を再度強調したもので、〔日米〕両国が中華民国の主張を理解することを要求し、「間近に迫った〔沖縄の日本への〕引き渡しに対する強い反対」を表明したものであった[430]。この声明は、発表当日の朝、蔣介石総統が検討し、承認したものだった[431]。翌六月十二日、台湾のある〔報道の〕社説は、声明は「正しくかつ厳粛なもの」だと説明し、「中華民国の全軍人と市民は、本声明を完全に支持し、かつ中華民国政府のために、政府とアメリカおよび日本との交渉に対する支援を誓う」と述べている[432]。

▼日台対話のためのアメリカの最後の努力

さて、その頃ロジャーズ国務長官は、地球の反対側のパリにいた。彼は同地で行われた第一〇回ＯＥＣＤ閣僚理事会に参加していた。六月八日、臨時国務長官を務めていたジョンソンが、ワシントンから二通の電報をロジャーズへ送り、尖閣問題などの状況を伝えている。一つ目の電報でジョンソンは、前日七日のワシントンでの協議について、次のように述べている。「ヘンリー・キッシンジャーが、私の提供した資料を使って、難局の解決のために動いてくれた。そして昨晩、尖閣に関する立場の変更〔台湾に賛成して尖閣の返還を延期すること〕は行わないことで、大統領の決定を得た。しかしながらこの決定により、国府のアメリカに対する感情は際立つ〔悪化する〕ことになり、代わりに、国府が長らく軽視してきた、尖閣問題に対する感情も強まることになる」[433]。

そしてジョンソンは二つ目の電報で、尖閣問題の背景とワシントンから見た状況に関する詳細を説明し、次のように述べている。「尖閣は国府にとっての主要な争点となっており、日本の支援が必要である。したがって、このことについて、〔ロジャーズ〕長官が愛知と協議を行うことを提案する」[434]。ジョンソンはさらに、この電報で次のように説明している。

われわれは国府の関心を重く捉えてきた。沖縄返還協定を発表する際に、この問題〔尖閣の問題〕が、台湾や海外の中国人コミュニティの反米的、反日的な姿勢を本気で招くことになるのではないかと懸念している。国府が多くの難問に直面している現在、その状況を国府が回避できるように支援することが、米日の相互の利益になると思う。たとえば沖縄返還協定を発表する前に、日本政府が主導して、この問題〔尖閣の問題〕を国府と協議する場を持つ可能性を探ってくれると助かる。またそうでなくとも、日本政府が、尖閣をめぐる係争が存在している点や、この問題が通常の外交チャンネルを通じて処理されるべきだという点をはっきり認めることを検討してくれるのもありがたい。何かアイデアがないか、あなた〔ロジャーズ〕の方から愛知に尋ねてみてはどうか。その際に、少なくとも沖縄返還協定によって、国府の権利要求の可能性が完全に閉ざされるわけではないことを、国府が自国の国民に示せるようにする点に意義があると、〔愛知に〕強調するとよいと思う。いずれにせよアメリカと国府は、この案件に関して、日本政府の大きな支援を必要としている。[435]

上記の二通の電報は、パリにいたロジャーズに届けられた。その上でロジャーズは、同じくパリに滞在中の愛知外相と会談し、ＯＥＣＤの問題に加えて、沖縄返還協定に関する最終的な協議と取りまとめを行った。また愛知外相との会談でロジャーズを補佐するため、エリクソン日本部長もパリに移動していた。〔アメリカ側では〕尖閣問題などに関し、沖縄返還協定への最終的な変更と追加の話が上がっていた。エリクソンは、そのことについての説明と同意の要請を行うため、日本代表団が滞在する「ホテル・クリヨンの豪華な空間」――「日本の外務大臣とその随伴者たちはいつもファーストクラスで外遊する」――に赴いた。[436] 同席していた外務省当局者は反対したが、愛知は変更点に同意した。すでに愛知は、出発前日の六月三日に佐藤首相と保利茂官房長官と会い、最後の調整を行っていた。〔財政取り決めの問題などで〕愛知は、自信をもって、「そのことに関しては私が責任をとる」とロジャーズの前で述べている。[437]

結局、協定の文言が変更されたのは、尖閣の部分ではなかった。しかし、会談でロジャーズは、愛知にいまひとつ追加の要請を行っている。すなわちロジャーズは、「日本が公平にかつすみやかに」、国府との間で尖閣に関する「話し合いを始めてくれると、非常に助かる」と言及したのであった。[438] これに対して愛知は、一部、詳細に回答を行った。その内容は次のとおりである。

〔愛知は、〕国府と彼〔愛知〕は近い関係にあるため、この問題については私の方で抑えておくことができ、アメリカを困らせることはしないと断言した。愛知は、沖縄返還協定では、尖閣の具体名に関する言及が慎重に避けられており、協定第一条の「合意された議事録」の方で、返還される領域の定義を緯度と経度だけで言及していると指摘した。しかし愛知は、もし必要と思われれば、日本政府としては、〔一九六九年の〕ニクソン・佐藤共同声明の発表直後に国府と尖閣問題で協議を行ったように、再び国府と協議の場を持つことができると述べたのだった。愛知は、国府との協議は、米日間で行われたことの意味を国府に伝える形になるだろうと述べた。これに対してロジャーズ国務長官は、この点〔国府との協議の実施〕を沖縄返還協定の合意の条件として考えているわけではないが、何としてでも、返還協定が領域の管轄権の問題に波及しないようにしたいと指摘したのであった。(439)

ロジャーズ・愛知会談終了後、国務省はすぐに東京の駐日大使館に電報を打ち〔六月十日〕、早急に追加対応をとって、ロジャーズから愛知への「個人メッセージ」を〔日本側に〕伝えるよう求めた。ロジャーズの「個人メッセージ」の内容は、次のとおりであった。

尖閣問題に関する私たちの最近の議論を思い出していただければと思います。アメリカ側に問題が生じない形で尖閣問題を処理し、また必要に応じて国民党政府に協議を申し出ることに理解を示してくださり、感謝しています。私の方でもこの問題について検討を重ねてきましたが、結論として、日本政府による上記のアプローチが実際に必要であり、また急を要すると存じます。大統領は、中華民国で沖縄返還協定に対する世論の強い批判が起こったり、政府が攻撃されたりすることをもっとも懸念しています。それは米日相互の利益を害することです。それゆえ、沖縄返還協定の署名の前に、この問題について国府と話し合うことを最大限考慮していただけるよう、強く思う次第です。また米日間で話し合われたことの真意を国府に伝達する際に、アメリカの見解として、尖閣を「合意された議事録」の第一項で定義した領域に含めることは、日台双方の権利要求を害するわけではないという点を、日本政府の理解として言及していただけないでしょうか。もちろん、こうした発言は、この問題に関する日本の法的立場に影響をおよぼすものではありません。

ウィリアム・P・ロジャーズ(440)

国務省はこの電報で、駐日大使館に対し、上記の要請に対する愛知の見解をすみやかに報告するよう求めていた。

同日（六月十日）付のキッシンジャー補佐官への覚書の中で、ジョンソン国務次官は今後に関する提案を行っている。その内容は、日本が尖閣の問題で実際に台湾と話し合ったことが確認でき次第、「われわれは、ケネディをつうじて大統領に送られた蔣経国のメッセージに言及しつつ、マッコノギーを通して蔣経国に情報を提供し、日本側に対処させたことを〔アメリカの〕手柄にする」というものであった。(441) またジョンソンは、国務省報道官が、「必ず来る質問〔尖閣問題〕」についての回答として、次の声明を出すことを、マッコノギーをつうじて（日本側に対してと同様に）蔣経国に知らせてはどうかと提案した。

アメリカ政府は、中華民国政府と日本との間には、尖閣諸島の領有権をめぐって係争が存在していると認識している。アメリカはこの諸島の施政権を日本から受けており、この諸島の施政権を日本に返還するが、そのことが、中華民国の基本的な主張を害するということは決してないと考えている。アメリカは、尖閣諸島の施政権がアメリカに引き渡される以前に、日本が保有していた法的権利に対して、何かを加えることはできない。またアメリカに引き渡された権利を〔日本に〕戻すことで、中華民国の諸権利を損ねることもできない。[442]

この間に国務省は、愛知がロジャーズとの約束を実行し、「国府とともに最善を尽くす」だろうとの報告を受けていた。[443] ジョンソンは六月十四日、愛知の取り組み〔の重要性〕について再び言及した文書をスナイダー駐日公使に送り、「何があってもなるべくすみやかに、六月十七日よりも前に」愛知が国府との協議を行うことを勧めて後押しした。[444] ジョンソンはスナイダーに対して、六月十七日の昼のブリーフィングにおいて、国務省報道官が「質問に答えて」前述の声明を出すこと、およびそのことについては事前に国府と日本政府に知らせるつもりであることを伝えた。[445] その上でジョンソンは、駐日アメリカ大使館と、駐台アメリカ大使館に対し、そのタイミングに関する見解を求めた。ただしどちらの大使館に対しても、訓令が出されるまでは、いかなる場合も行動しないよう述べている。

六月十五日、吉野アメリカ局長はスナイダーに対し、愛知が十三日にヨーロッパから日本へ戻り、「ロジャーズとの約束を実行に移し、尖閣問題について話し合うため」、十四日午後に彭孟緝駐日中華民国大使と会ったと報告した。スナイダーは、ただちにこのことを国務省へ報告している。[446] スナイダーの報告電報によれば、十四日の彭孟緝大使との会談で愛知は、とくにロジャーズとの協議について話している。そして、「ロジャーズの〔愛知に対する個人〕メッセージの最後のパラグラフに示されている、尖閣問題に対してアメリカが抱いている懸念、および尖閣に関するアメリカの見解」に言及した。[447] 協議の中で愛知は、自分の話した内容が日本政府の尖閣問題に関する法的立場に影響をおよぼすわけではないが、「日本と中華民国との友好関係の観点から、日本政府は、尖閣問題を最大限配慮しながら対処するつもりだ。軽く扱ったりはしない」と繰り返した。そして「愛知は、日台両国の関係強化のための行動と同じように、〔尖閣についても〕行動することを国府に求めた」のだった。[448] また愛知は、六月十一日に国府が出した〔尖閣諸島の領有権に関する〕声明に対する「遺憾の意」を正式に表明した。彭孟緝は、本国とのやり取りについて、追って報告すると愛知に伝えた。

このとき韓国にいたケネディ大使は、六月十五日、愛知と彭孟緝の尖閣問題に関する協議について通知を受け、この愛知の申し出について、自分自身で蔣経国に伝えたいか、それとも首席公使に伝えさせたいかを尋ねられている。

同じ六月十五日、ロジャーズ国務長官は、六月十七日の記者会見で発表予定の、アメリカの声明の内容に関する訓令を駐日アメリカ大使館と駐台アメリカ大使館に出した。東京の大使館に対しては、十六日に日本政府に伝達することとされ、台北の大使に対しては、ケネディ大使が「自身の交渉の助けとするため、この情報を国府に対して個人的に使わなければ、十六日の一四時に外交部に伝える」こととされた[449]。

六月十五日の朝早く、日本政府は閣議を開催し、沖縄返還協定に関する協議を行った。愛知が協定の中身を説明し、他の閣僚メンバーの同意を求めている。日本の内閣では、閣議決定にあたり、全閣僚の同意が必要であった。死後に出版された佐藤首相の日記によれば、閣内の二人のメンバー——中曽根防衛庁長官と山中総務長官——が、返還協定に懸念を示した[450]。とくに、尖閣の扱いを含め、返還協定のいくつかの点に対してもっとも反発していたのは、翌年に初代沖縄開発庁長官に就任することになる、山中であった。山中は回想録の中で、次のように述べている。

尖閣諸島を含まない返還条約には、担当大臣として署名するわけにはいかない、と突っぱねた。署名しなければ条約は効力を発揮しない。それまで日米間でどんな話になっていたのか知らないが、［この強硬な立場に、］聞いていた佐藤総理も困惑した面もちで、「山中大臣は沖縄熱に浮かされており、こうなったら梃子《てこ》でも動かない。このままでは返還の日取りもおぼつかなくなる」と助け舟を出してくれた[451]。

スナイダーは、翌六月十六日に愛知と別件で会っているが、そのタイミングを利用して、国務省報道官が質問された際に発表する声明文のコピーを愛知に手交した。スナイダーは愛知に声明文を見せる際に、内容に関しては十七日の発表まで秘密にしておく必要があると述べた。声明文を読んだ愛知は、「好意的な反応を見せたが、具体的なところについてはコメントを控えた[452]」。続けてスナイダーは、尖閣問題に「さらに火をつける」ことになるため、日本政府がアメリカ側の声明文に対する見解を述べないよう促した。その際に彼は、日米両国から見て重要なのは、国府にとってさらなる問題が発生するのを避けることであると強調した[453]。これに対して愛知は、「そのことについては一二分に」理解しており[454]、また佐藤および近く外相に任命される福田赳夫蔵相ら自民党の保守政治家と、蔣介石の国民党とは緊密な関係にあるが、それにもかかわらず日台関係はなおも緊張していると述べた。

たしかに、たとえばこの会談前の六月十五日、板垣大使が周書楷外交部長のもとを訪れ、六月十一日の国府の声明に抗議した上で、この問題での抑制を求めていた[455]。しかし、板垣の要請に効果はなかったようである。六月十七日、台湾の立法院議員が、アメリカと日本を非難する声明を出したからである[456]。実際には、日台間の緊張は、一九七一年の夏から翌年まで、高まり続けることになる。

第5章　沖縄返還協定と日本国内および関係諸国の反応

一九七一年六月十七日、沖縄返還協定が調印された。調印式は、衛星をつないでの日米同時開催という、初めてのやり方で行われた。日米両政府にとっての次のステップは、沖縄返還のための個々の手続きを進めるとともに、日本の国会とアメリカの議会での批准を求めることであった。しかし、尖閣問題の処理の仕方に対する批判が、四方からわき起こり、翌年に沖縄返還が実現するまで続くことになる。本章では、沖縄返還協定の批准に至る過程と、協定の中に尖閣諸島を含めるという決定に対する日本国内および関係諸国の反応を検討する。日本国内での批判は、台湾（中華民国）や中国（中華人民共和国）が尖閣諸島の領有権を主張していることに対してだけでなく、アメリカがこの象徴的な領有権の問題に対し、中立的で一貫しない、自らに都合のよいアプローチをとっていることにも向けられた。〔東アジア〕地域では、台湾と中国の双方が、尖閣諸島の領有権をこれまで以上に頻繁かつ強硬に主張していた。その目的は日本の主張に異議を唱えることにあったが、同時にそこには、どちらが中国の人々を正統に代表しているかをめぐる中台間の争いも影響していた。

▼調印式とブレイ声明

ロジャーズ（William P. Rogers）国務長官は、日米の技術の先進性を示すべく、沖縄返還協定を衛星をつうじて調印するよう提案していた。それゆえ調印式は、東京では六月十七日の午後九時から、ワシントンでは同日の午前八時から、同時に開催された。アメリカは終戦後、沖縄を七年にわたって占領し、その後二〇年にわたって統治したが、この調印によって、それが一年以内に終了することになったのである。

第4章で説明した尖閣諸島に関するブレイ声明は、同日正午（ワシントン時間）の記者会見でなされた。その意味を明確にするためにいくつかの質問がなされたが、その中には中国に関する質問も含まれていた。具体的には二つの質問があった。ひとつは、中国の尖閣諸島に対する領有権の主張に関するものであり、もうひとつは、その中国の主張がブレイ声明の記者向け説明の中で言及されなかったことに関するものだった。これらの質問に対して、国務省のブレイ（Charles W. Bray, III）報道官は、中国が過去に尖閣に対する領有権を主張してきたこと、および国務省の声明は台湾と日本以外には言及していないことを認めた。また、アメリカ政府は中国が尖閣への法的権利を持っていると認めるのかどうかという問いかけに対し、ブレイは、「現時点では私はこの問題に踏み込むつもりはない。申し訳ない」と述べて、この質問をかわした。(1)

日本の外務省は、ブレイ声明についてコメントすることは予定していなかった。だが報道によれば、沖縄返還協定が調印された十八日の夕方、愛知揆一外相は外国人特派員のための記者会見で、「尖閣はもはや日米間の争点ではない」と述べた。(2) 愛知は、日本は「国府の尖閣への領有権についての主張が、国府、日本、アメリカの間の友好関係を刺激しないよう、必要な処置をとる」とも付け加えた。(3) 愛知はこれに続くコメントの中で、おそらくブレイ声明に関して、「尖閣諸島への日本の領有権にいかなる変更もない」と述べた。これは日本と国府、そして後には中国との問題が依然として残っていることを意味していた。

日本国内での反応は、批判的なものではなかった。新聞各紙は夕刊の一面で、尖閣の施政権の日本への返還は国府の領有権の主張を損なわないという部分に焦点を当てて、ブレイ声明を報道した。しかし、十九日朝刊の社説での反応はなかった。(4) 対照的に、台北の新聞では、十八日夕刊と十九日朝刊で一面に記事が掲載され、さらに最大規模の発行数を誇る日刊紙には、社説も掲載された。社説のほとんどは、日本への尖閣の返還に反対する学生デモを賞賛していた。(5) この点については後述する。

▼台湾と香港における関心の高まり

返還協定調印のわずか二週間後に、ある問題——あるいはやがて起こる事件の前兆——が起きた。中華民国の駆逐艦と哨戒フリゲートが、六月二十九日の午後、数時間にわたり尖閣諸島付近でのパトロールを行ったのである。(6) 二隻は、練習航海のため、計八〇〇人の乗組員と訓練生を乗せて、韓国の鎮海から台湾へと向かっていた。これらの艦艇は、尖閣諸島付近で二隻の日本の漁船を発見したが、衝突や相互のやり取りはなかった。駐台アメリカ大使館は、この「パトロール」は「おそらく国際社会および国内外の学生たちに向けたジェスチャー」で、通常用いられる航路から「外れた」というだけのものではないと説明した。(7) 地元紙の記事は、尖閣諸島は台湾のものであり、このパトロールは、アメリカが尖閣諸島を日本に返還すると決定して以来、国府の軍艦が行った最初の航海だと強調した。しかし大使館は、この問題についてそれ以上記述がないことに驚いていた。その後、宋長志提督——一九七〇年から一九七六年まで中華民国海軍総司令官を務めた——は、アメリカ大使館員に対して、練習艦隊の司令官が尖閣諸島付近を通過したいと要請したので、航路の変更を許可したが、尖閣諸島の六海里以内には近づいてはならないと指示したと話している。(8)

五月中旬にこの事件が起きる六週間ほど前、ＣＩＡ（中央情報局）は、国家評価局（Office of National Estimates）によって作成された覚書の中で、「台北が、負けた試合〔尖閣諸島が日本に返還されることになったこと〕を挽回しようとして、尖閣が一九七二年中旬に日本に返還された後、尖閣に軍事プレゼンスを配備する可能性を排除することはできない」と警告した。実際に国府は、中国以上にこうした方向に動いているように思われた。(9) 幸いにも、この覚書——二〇〇七年に公開された——で示された可能性は結局起こらなかったが、〔アメリカの〕政策当局者たちは、一九七一年六月後半の中華民国海軍の動きに注意を払っていたのである。なお、後年、漁船や調査船、潜水艦、水上艦による領海への接近や侵犯を増加させ、尖閣に軍を上陸させる意図あるいは尖閣を占領したり包囲したりする意図があるのではないかと、政策当局者たち（とくに日本政府当局者）に疑念を抱かせることになるのは、中国である。

さて、〔沖縄返還協定の〕調印式の前日、日米双方の当局者たちは、協定を混乱させうるすべてのことに対して神経質になっていた。すでに台湾では、返還協定をめぐって以前から怒りに火がついており、いかなるコメントも、情勢を悪化させる状況にあった。六月十七日には大規模なデモが計画されており、抗議のデモ行進が台北のアメリカ大使館と日本大使館へ向かう予定になっていた。(10)

デモの可能性について駐台アメリカ大使館が最初に受け取った情報の中には、中華民国僑務委員会の在外中国人学生部長からのものがあった。彼は、六月十五日に、大使館の現地職員に対し、国立台湾大学と国立台湾師範大学の学生が、尖閣に関して「扇動している」と伝えた。(11) 彼は、学生たちの計画についてより詳細な調査を行うために、両大学を訪問するつもりだと述べた。このような情報に加えて、ある台湾人の学者が、国立台湾師範大学のアジア研究の客員教授で、反共主義者として知られたウォーカー（Richard L. Walker）に、六月十七日に学生が問題を起こすかもしれないと話した。ウォーカーは、この情報を大使館に知らせたようである。

十六日までにアメリカ大使館は、いくつかの報告にもとづいて、東京とワシントンで返還協定が同時に調印される十七日に、学生によるデモが行われると確信した。とはいえ、その情報源はさまざまであり、デモの参加者、人数、計画についての見方も多様であった。そうした中で大使館員たちは、実際の雰囲気を知るために、国立台湾大学や国立台湾師範大学のキャンパスを訪れた。そこで彼らは、「保釣運動」が作成したポスターを目にする。その後、銭復外交部北美司長が大使館に電話をかけ、国府は三〇〇人から四〇〇人の学生が参加すると予想しており、数人の学生の代表者が抗議書を渡すために首席公使との会談を要請するだろうと伝えた。これに対し、モレル（William N. Morell, Jr.）代理公使が電話をかけ直し、蔡維屏外交部次長とデモについて協議した。そこでモレルは、大使館やその他のアメリカ政府の施設を保護するために国府があらゆる努力を払うよう外交部が保証するよう要求した。蔡維屏は、調整は行われており、外交部も大学に連絡して学生たちに「静かにしている」よう説得することを要請したと伝えた[12]。

その後、外交部の働きかけがうまくいかなかったことが、明らかとなった。報道によれば、六月十七日に台北では一〇〇〇人もの学生が沖縄返還協定に反対する抗議運動を行った。彼らは、返還協定を「アジア帝国主義によるもうひとつのミュンヘン〔協定〕」だと呼んで、アメリカ大使館の前まで行進したのである[13]。上述したように、新聞の社説も学生の行動を支持する傾向にあった。

同日に行われた香港での抗議デモは、台湾ほど大規模ではなかった。尖閣を返還するというアメリカの決定に反対の意思を示すため、約三〇人の抗議者がアメリカ総領事館構内に現れた。報道によれば、彼らはその前には日本総領事館を訪れ、抗議書を渡していた[14]。台風による大雨のため、抗議者たちは一時間後、何事もなく立ち去った。

しかし、その後のデモは過激化した。七月四日と六日に行われた一連の小さなデモが、七日の夜には、ヴィクトリア公園付近において約三〇〇〇人もの大規模デモとなったのである（そのすべてが抗議者というわけではなかったが）。いくつかの自動車が石を投げられたり焼かれたりするなど、このデモは暴力的なものとなった。六人の抗議者が負傷し、二一人が逮捕された。その日は、しばしば日中戦争の発端とされる一九三七年の盧溝橋事件が発生した日だった。ヴィクトリア公園を抗議集会の開催地として選んだのは香港警察本部長であり、当局は一カ月前からこの旨を通知していた。その目的は、繁華街のある地域やアメリカおよび日本の総領事館から抗議者たちを遠ざけることにあった。その後結局、当局がデモの許可を出さなかったにもかかわらず、主催者はこれを決行した。香港学生連合会、『セブンティーズ・バイウィークリー（*70's Bi-Weekly*）』誌、およびもうひとつの新グループを含む、三つの大きな組織がデモの開催にかかわっていたが、騒動は、「凶悪な若者たち」が〔デモに伴う〕公共秩序の混乱に乗じたことによって生じたようであった[15]。興味深いことに、このデモの中には、「保釣」や「反帝国主義」という伝統的なメッセージに加えて、台湾独立や「二つの中国」に反対するというメッセージもみられた。

香港での抗議は、夏の間続いた。主催者によれば一〇〇〇人が参加した、ヴィクトリア公園での八月十三日の「保釣」デモでは、警察が抗議者たちに警告したにもかかわらず、日本の国旗が引き裂かれた[16]。アメリカ総領事館の報告では、デモ参加者の数は五〇〇〇人、あるいはそれ以上だとされていた[17]。警察と抗議者との間で別の衝突が起こりそうになったが、警察は土壇場で申請を受け入れた。このデモは穏健なものだったが、少数の過激派が、日本の軍艦旗〔自衛艦旗〕を燃やした。八月二十三日には、香港大学で五〇〇人が参加して別の行進が行われ、そこでは「旭日旗」が引き裂かれた[18]。

▼沖縄返還協定の批准

こうした状況の中、沖縄返還プロセスの次のステップである批准のために、日本の国会とアメリカの上院がこの協定について審議しようとしていた。アメリカでは、台湾の支持者が強力にロビー活動を行っていた。ただし、この一九七一年の夏は、アメリカの外交政策と経済政策の大きな見直しと変更が行われていた。七月十五日、ニクソン（Richard M. Nixon）大統領が近い将来に中国を訪問すると発表し、その一カ月後の八月十五日には、輸入品に一〇%の課徴金を課すとともに、アメリカドルと金の兌換を停止するという、いわゆる「新経済政策」——これによって一九四九年以来、一ドル三六〇円だった為替レートは大きく変動することになった——を発表した。この二つの「ニクソン・ショック」は、日本に多大な影響を与えた。その理由は、これらの変化が、その時点で必要でなかったからでも、予想されていなかったからでもなく、あまりにも急に事前の協議もなしに行われたからである。沖縄返還協定に関するアメリカの上院と日本の国会の審議は、二つの「ニクソン・ショック」の後に行われた。

国務省当局者は、その秋、沖縄返還協定に関する上院の審議で、尖閣問題が取り上げられることを十分承知していた。夏の間、国務省東アジア・太平洋局のマクエルロイ（Howard M. McElroy）は、質問される可能性がある問題について分厚い説明資料を準備した。尖閣については五つの項目があり、次のものが含まれていた。「尖閣諸島の地位はどのようになっているのか？」「サンフランシスコ講和条約第三条に尖閣諸島が含まれている根拠は何か？」[19]。想定問答のリストは夏の間に完成し、〔返還協定の〕第一条に関する想定問答は全部で八つとなったため、尖閣に直接関係するものがその半分以上を占めることになった[20]。九月には、ジョンソン（U. Alexis Johnson）国務次官（政治問題担当）が、議会で返還協定を支持する証言を行う政府高官の役割分担を決定した。ジョンソン自身も、講和条約第三条に関連する条項や琉球諸島の施政権返還に関する条項について証言することとなった[21]。戦後四半世紀以上にわたりこれらの問題に密接に関わってきたジョンソンは、その適任者だった[22]。

十月二十七日の外交委員会の公聴会では、ロジャーズ国務長官が尖閣について証言を行った。そして、フルブライト（J. William Fulbright）委員長による質問に答えて、ロジャーズは、アメリカ政府は尖閣の施政権を日本に返還するが、その行為は、当事国の領有権の主張には影響を与えないと説明した[23]。

十月二十九日午前、民間人の証人が協定の公聴会に召喚された。証言のいくつかでは、尖閣について強硬な見解が示され、基本的に全員が、沖縄返還協定に尖閣諸島を含むことに反対した。中国系アメリカ人でノーベル賞を受賞したニューヨーク州立大学の物理学者、楊振寧は、とくに批判的だった。彼は、返還協定のもとでアメリカ海軍の射爆訓練区域が維持されることは、「尖閣問題での中立というアメリカの公式の立場と矛盾し［…中略…］、日本と中国の領土紛争にアメリカ政府を引き込む可能性がある」と論じた[24]。日中戦争（一九三七—一九四五年）の時期、昆明で大学生・大学院生として過ごした楊振寧は、上院が「何らかの方法で、この問題におけるアメリカ政府の中立性を明確にし、尖閣に対する日本の領有権を事実上認めるような『アメリカ海軍《マ》と日本の同盟《マ》』を禁止するべきだ」と主張したのである。[25] 弁護士のモリス（Robert Morris）は、尖閣を西太后から「与えられた」と主張しているスー（Grace Hsu）の代理人として証言した。[26] また、ハーバード大学東アジア研究所の研究員で、元外交官のフィンチャー（John H. Fincher）は、尖閣は「すべての中国人が賛同しうる」問題であり、「台北、東京、あるいはとくにワシントンの誰かが一九五〇年代にこの問題に取り組んでいれば、釣魚台問題（Tiao Yu Tai controversy）のようなことは起こらなかったのではないかと強く思っている」と証言している（ただしフィンチャーは、台湾も中国も、一九七〇年代初めまで尖閣諸島に対する領有権を主張していなかったことを看過している）。[27]

このような意見にもかかわらず、外交委員会は一九七一年十一月二日、上院に対し、沖縄返還協定を批准するという同委員会の合意と助言に賛成するよう、全会一致で勧告した。上院院内総務のマンスフィールド（Michael J. Mansfield）——後に一九七七年から一九八九年までアメリカ駐日大使を務める——は、十一月四日に投票することを直ちに決定した。[28] しかし上院軍事委員会は、十一月三日に公聴会の開催を要求して介入し、その後、国務省と国防総省の説明を受け、十一月八日まで審議を中断し、JCS（統合参謀本部）高官が証言のために出席することを求めた。[29] 十一月五日、JCSと陸軍省の担当官が、琉球列島米国民政府高等弁務官のランパート（James B. Lampert）陸軍中将や〔駐日大使館首席軍事代表として返還協定の対日交渉にあたった〕カーティス（Walter L. Curtis, Jr.）海軍中将も出席する八日の公聴会への準備のため、陸軍参謀総長のウェストモーランド（William C. Westmoreland）大将に事前説明を行った。そして十一月十日、上院は点呼投票により、八四対六の賛成多数で協定を批准した。[30]

日本国内では、沖縄返還協定と補正予算を検討するために、一九七一年十月十六日、国会で特別審議が開かれた。そしてその後、返還協定について審議するために、沖縄返還協定特別委員会が十月二十九日に設置された。[31] その一方で、自民党は、野党への「大幅な譲歩」を行い、その中で返還協定の内容を四つに分割して、衆議院の別々の委員会で審議することに同意した。それは、「（返還協定の立法措置を妨害する機会を増やすことによって）間違いなく野党を利する合意」だった。[32] 官房長官だった保利茂は、批准の過程で大きなエネルギーを費やしたと回想している。[33]

尖閣問題は、与那国島出身の西銘順治衆議院議員（自民党）によって提起された。沖縄返還協定特別委員会で、西銘は次のように発言した。「外国の一部におきましては、尖閣列島の帰属につきまして異論を唱える向きがあるのであります。尖閣列島は国際法上も、歴史的に見ましても、わが国固有の領土であることに疑いはないと信じております。したがって政府は、きぜんとしてと申しますか、この尖閣列島問題については、紛糾の原因となることのないように対処すべきと思うのでありますが、政府の見解をお伺いしたいのであります」[34]。

福田赳夫外相は、一部の国が日本と異なった見解を述べているが、尖閣は沖縄返還協定で日本に返還される地域に入っていると答弁した。福田は、七月五日の内閣改造で愛知と交替しており、日本国内やアメリカ当局者から「タカ派」だと見られていた。尖閣についての福田の考えは、その後数カ月でより強硬になり、彼はそうした考えを公言することが多くなっていく。

田中角栄のライバルである福田は、強力な首相候補だと見られており、一九五二年に政治家になる前は大蔵省の官僚だったこともあって、経済財政問題については豊富な経験があった。だが外交についてはさらに学ぶ必要があるということから、外務大臣に選ばれた[35]。彼は、親台派として知られていたが、後に首相として一九七八年八月十二日の日中平和友好条約調印を承認することになる（それは、その年の四月に多数の中国漁船による〔尖閣周辺での〕領海侵犯をめぐって対立が生じた数カ月後のことだった）。

さて衆議院は、数週間後の一九七一年十一月二十四日、二八五対七三の賛成多数で返還協定の批准を可決した。返還協定は直ちに参議院へ送られ、三〇日間の審議の後に批准された[36]。尖閣諸島の地位は、当然のことながら、「沖縄国会」における唯一の審議事項ではなかった。実際に、政党の中には、この問題についての公式見解を策定していないところもあった。次項では、返還前の一九七二年二月から三月の間に発表された、尖閣問題に関する政党の立場および新聞の社説について検討する。

▼日本における政党の立場と新聞の社説

政府関係者が尖閣問題にコメントしたり、さまざまな個人がこの問題への関心を高めようとしたりする一方で、この問題に対する政党の動きは、比較的ゆっくりしていた。これは、各政党の執行部や議員たちが、日本の国際法上の立場に自信を持っており、この問題がそれほど大きくなるとは予想していなかったからかもしれない。

左派も含め、すべての政党は、尖閣は日本の一部だと主張していた。すべての政党がこの問題を解決するための〔国家間〕対話を呼びかけたが、とくに中道左派の政党〔公明党や民社党など〕は、国際法を基礎として隣国と大陸棚の問題を議論する必要があると論じていた。

衆議院で三〇〇以上、参議院で一三一の議席を有していた与党自民党は、三月二十八日、政党の中で最初に立場を表明した。中曽根康弘——防衛庁長官の任を離れたばかりだった——を長とする総務会はその日、尖閣諸島についての党の見解を確立することを決定した。この決定にもとづいて、前外相の愛知を会長とする外交調査会は同日、「尖閣諸島の領有権について」と題する五つの段落からなる声明を発表した[37]。この声明はまず、「尖閣諸島の領有権について、わが党は歴史的にも国際法的にもその領有権がわが国にあることは極めて明瞭であることを確認する」と述べている。その後、尖閣諸島に対する日本の施政についての歴史を紹介して台湾や中国の主張に反論し、最後に次のように締めくくられている。「わが党は中国との親善友好関係を推進することを、もとよりその外交上の基本姿勢としているが、本問題については、とくに中国の理解と認識を求めるものである」[38]。

三月三十日、日本共産党――二四議席（衆議院で一四議席、参議院で一〇議席）を有していた――が、これに続いた。「尖閣諸島に関する日本共産党の見解」と題する共産党の声明は、中央委員会幹部会のメンバーで、一時期、共産党の機関紙『赤旗』の国際部長を務めた西沢富夫によって発表された。この声明は、尖閣諸島を日本の一部と見なすと同時に、赤尾嶼と黄尾嶼の米軍訓練区域の撤去を求めていた。その全文は、翌日の一九七二年三月三十一日の『赤旗』に掲載された[39]。

その後、二週間がたたないうちに、一五六議席（衆議院で九〇議席、参議院で六六議席）を有する当時の最大野党、日本社会党がその立場を発表し、国際法の精神にもとづいてこの問題に対処するよう訴えた。中国と緊密な関係にある社会党は、党の立場をまとめるのに苦労しており、四月十三日までそれを公表しなかった[40]。この見解は、尖閣諸島は日本に属していると主張する一方で、周辺の海底資源については、日中台三カ国の間で、平和的な解決策を模索すべきだと論じた。そして、そのような平和的解決は、日中間の外交関係の確立をとおして見出されるべきだと主張したのだった。

民社党と公明党は、公式見解を発表するのが遅かったが、党の代表者たちはすでに、尖閣諸島は日本領だという見解を示していた。

公明党は、一九六四年に正式に発足し、新興宗教団体である創価学会と緊密に連携しており、計六九人の国会議員を擁していた（衆議院で四七人、参議院で二二人）。一九六七年から委員長を務める竹入義勝は、中国との関係回復を支援していたが、それにもかかわらず、尖閣諸島が日本領であることは「当然」だと主張していた[41]。

民社党は、一九六〇年に社会党から分裂し、衆議院で三一議席、参議院で一三議席を有していた。同党委員長である春日一幸は、ちょうど訪中団を率いて中国で意見交換をしていた。なお、民社党は、社会党と自民党の間の中道的な有権者層を代表しており、最終的に一九九〇年代前半に、自民党や他の政党から離脱した勢力と合流した。

尖閣問題において、政府の側についたのは、政党だけでなかった。主要なメディアも同様だったのである。

新聞各紙は沖縄返還に先立つ一九七一年冬から翌年春にかけて、社説でそれぞれの立場を公表した。外務省情報文化局国内広報課は、外交問題における日本の行動に関する主要な記事や社説のコピーを保管していた。同課が一九七二年四月二日に作成したファイルの中には、主要新聞六紙の尖閣に関する立場を示す社説が含まれている。細部や強調点については違いがあったが、各紙の基本的な主張は同じだった。その共通の主張を要約すれば、以下のようになる。①尖閣が日本に属することは疑いない、②領土問題を解決するためには、他国を説得し、平和的解決を追求するために静かに努力することが必要である、

③大陸棚の問題は、尖閣の領有権とは別個のもので、多くの複雑な問題にかかわっているため、中国側との話し合いによって解決する以外に方法はない[42]。

『東京新聞』（一八八四年創刊）は、一九七二年二月二十日に長文の社説を掲載し、各国の主張を分析して、次のような主張で締めくくった。「政府はこの際、〝第二の竹島〟にしないため断固たる態度を内外に示す必要がある[43]」。

尖閣について社説を出した次の新聞は、『日本経済新聞』だった。同紙は尖閣に関して、主権や海底資源を含めさまざまな問題について議論するため、社説欄すべてを使った。三月五日の社説「尖閣諸島の日本領有権主張は当然」は、七段落もの長さで尖閣問題を論じるとともに、外交関係を回復する上で日本（とおそらく中国）が直面するジレンマについて、以下のように記している。

わが国の尖閣諸島に対する正当な領土権に疑問はないとしても、この問題が提起された政治的背景、つまりわが国外交の最大の懸案である日中復交問題の緊急性、あるいは米中首脳会談の新局面に照らして、十分な配慮が必要なことはいうまでもない。日中両国が領土問題をめぐって復交前から対立、紛糾に陥るようなことは、お互いに不幸なことである。中国側にも言い分はあるであろう。しかし、日中両国民の早期復交の願望が領土問題で冷却するようなことになっては困る。あくまで、客観的事実に基づいて、冷静に対処すべきである[44]。

尖閣問題を取り上げた次の新聞は、主要紙の中でもっとも保守的とされる『産経新聞』（一九三〇年創刊）だった。『産経新聞』と、同社が発行する月刊誌『正論』（一九七三年創刊）は、尖閣問題における日本の立場を喧伝する急先鋒であり、中国の行動に極めて批判的な姿勢をとっていた。ちなみに、一九六七年から佐藤栄作首相の秘書官を務めていた楠田實は、かつて『産経新聞』の政治記者だった[45]。三月七日、『産経新聞』は、「尖閣列島　わが国の領有権は明白」と題する社説を発表した。これは、「政府の態度、つまり『尖閣列島がわが国の領土であることは明確である』という主張を支持する」七段落からなる[46]。『産経新聞』は、返還についての中国の説明を「詐欺」だと批判する一方で、尖閣問題については極端あるいは非妥協的な姿勢をとっていたわけではなかった。同紙は、領有権の問題と周辺地域における天然資源の開発は別物だと論じ、次のように、対話も求めていたのである。

中国側からみれば、そうした動きに神経をとがらせるのも、これまた当然である。緊張から平和へと流れている国際情勢のなかで、これに逆行する〝火種〟をあおってはならぬ。尖閣列島の領有権の主張と、海底資源の開発とは厳しく区別し、前者に対しては毅然たる態度をとり、後者に対しては中国の主張に耳を傾け、共同開発の道をとるべきである[47]。

尖閣諸島について社説を公表した次の主要紙は、中道左派的な『毎日新聞』（一八七二年創刊）だった。七段落からなる三月九日の社説は、中国と中華民国が尖閣は中国領だと主張する限り、交渉が成功するかどうかは疑問だという見解を示した。「極めて複雑な」国際情勢を指摘した上で、この社説は、政府に次のことを求めた。

政府としては、慎重にねばり強く問題解決にあたることが必要である。かつて島根県の日本海沖に浮かぶ竹島の領有権をめぐって韓国との間で紛糾した。それぞれ自国に固有の領土だと主張して譲らず、日韓条約でも懸案のまま残されたが、事実上韓国側に占領されたままになっている。尖閣列島についても、下手をすると、竹島の二の舞にならないともいえない。そうした誤りを繰り返さないために、政府は国際世論に訴えるなど適切な措置を早急にとることが必要である。(48)

翌日、保守的な『読売新聞』（一八七四年創刊）が尖閣問題についての社説を掲載した。『読売』も、尖閣諸島に対する日本の領有権は「明確」だと考えていた。そして、「この五月十五日、沖縄返還実現時点で、尖閣列島が〝沖縄〟の一部としてわが国の主権下に復帰すべきものであることは法的にも事実上もなんら疑問の余地のないものであるとしてきたが、改めてその正当性を主張する客観的根拠が示された機会にこれを全面的に支持することを明らかにしておきたい(49)」と論じている。この「わが国の〝尖閣〟領有権は明確」と題された八段落の社説は、尖閣問題と海底資源開発問題の変遷、および中国との関係正常化の問題について触れるとともに、中国と台湾の主張に言及した。その上で、「中国がそれを主張するならば、「尖閣諸島に関する主張が競合しているという」問題を避けて通るわけにはゆくまい」と警告した。(50)その一方で、領有権問題と大陸棚問題の相違を強調し、「近年脚光を浴びてきた同列島周辺の海底油田の開発については、中国側と話し合いによって解決すべきである」とも論じている。(51)

それから十日とたたないうちに、『朝日新聞』（一八七九年創刊）の立場が明らかになった。国際法学者の奥原敏雄によれば、一貫性と実行可能性を欠いた曖昧な社説を掲載する傾向がある『朝日新聞』は、尖閣諸島に関する日本の主張は弱く、尖閣は中国に属しているという趣旨の社説を公表した。彼はすぐに同紙に投書し、『朝日』の主張が誤りであることを示す歴史資料を提示して、その立場を改めさせたという。(52)

『朝日新聞』は三月二十日の社説において、他紙と同様に領有権問題と海底開発とを区別し、中国に「大陸ダナ条約の原則にしたがって、理性的に話合う」よう求める一方で、「尖閣列島は歴史的にも地理的にも、中国を含めてどこかの国に帰属していたとはいえない」と論じた。(53)おそらく奥原が提供した歴史資料を使った歴史的分析を含む一二段落からなるこの社説は、「尖閣列島の領有権問題は、最大の外交課題である日中国交正常化への道をはばむ障壁となってはならない」と論じた。(54)

ちなみに、新聞各紙が社説で尖閣問題を取り上げたのは、これが初めてだったわけではない。たとえば、『毎日新聞』は、一九七一年四月中旬と十二月初めに、尖閣を取り上げていた[55]。『読売新聞』も、一九七〇年九月初めに、とくに開発問題を中心として尖閣について論じていた[56]。

いずれにしても、戦後日本では、外交問題で国内的合意が成り立つことは滅多にないことだった。この時期〔の政治状況〕について分析したある論者は、「政府の見解、琉球政府（復帰前）の見解、各政党の見解、主要新聞の論調は、尖閣諸島の日本帰属について意見が一致している。ここには外交問題としては、まことに珍しいコンセンサスが見られる」と記している[57]。実際、日本政府内には、メディアや政党が尖閣諸島についての政府の立場を支持するのを歓迎していた者も少なくなかった。たとえば外務省の和田力情報文化局長は、尖閣問題は「メディアが政府の立場を強く支持した初めての問題」だと、「私的にスナイダー（Richard L. Sneider）駐日公使に語った。また、ある外務省当局者は、尖閣問題は「内部分裂していた自民党に、一時的にせよ、党が結束しているという外観をもたらした」と指摘している[58]。ただし、前項の内容を鑑みれば、同じことは、台湾と中国でも起こっていたと考えられる。

だが、すべての日本国民が政府の立場に同調していた訳ではなかった。少数派ではあるが、公になっている限りで、尖閣の返還に反対する二つのグループが存在した。歴史を記録するためにも、彼らの考えと動機を紹介しておきたい。

▼日本政府の主張に対する国内の反対

各政党による超党派的な支持と、メディアの政府寄りの立場にもかかわらず、日本国内には、日本政府が尖閣の領有権を主張することに反対するグループが存在した。そのひとつは、一九五四年九月に設立された日本国際貿易促進協会である。同協会は、今日、親中的な貿易団体として知られており、当時は元首相の石橋湛山が代表を務めていた。石橋は、親中派かつハト派として知られていたが、首相就任からわずか二カ月後の一九五七年二月に病気のため辞職せざるを得なくなったため、中国との国交正常化を実現することができなかった。それにもかかわらず、石橋は一九五九年八月に民間人として中国を訪問し、最終的には周恩来と会談した。そこでの対話はかなり実質的なものだった。石橋の努力の甲斐もあり、翌年には中国との貿易が開始されることになった。石橋は、一九六三年十一月に行われた第三〇回衆議院選挙で落選し、その直後に政界から引退した。その後も彼は、教育政策やその他の国策への関与を続けた。さて、一九七二年三月七日、日本国際貿易促進協会は、年次総会を開催し、もし領土をめぐる対立が悪化すれば、日本と中国の関係正常化に悪影響をおよぼすとして、「尖閣列島を中国から窃取する策動に反対する」という方針と計画を採択した[59]。

沖縄返還協定に尖閣を含めることに反対したもうひとつのグループは、九五人の「文化人」だった。彼らは、次のような声明に署名した。「尖閣列島は日清戦争で日本が強奪したものであり、歴史的にみれば明らかに中国固有の領土である。われわれは、日本帝国主義の侵略を是認し、その侵略史を肯定してしまうことはできない」[60]。一九六一年に除名されるまで共産党員だった石田郁夫に率いられたこのグループは、その名称を「日帝の尖閣列島略奪防止の会」とした[61]。このグループのメンバーの一人が、京都大学の井上清であった。井上は、天皇制批判で有名なマルクス主義歴史学者であり、日本共産党の元党員で毛沢東主義者だった。彼はこの時点ですでに、尖閣に対する中国の領有権の主張を支持する論文を書いていたが、彼の考えや、歴史資料の不明確な使用法は、国際法学者の奥原から強く批判された[62]。井上の論文は、『ペキン・レビュー（*Peking Review*）』をはじめ、中国の雑誌や新聞に再掲載された。井上は、一九九七年に中国社会科学院から名誉博士号を授与されている[63]。

重要なことは、これら二つのグループが、尖閣そのものではなく、日中関係全体により大きな関心を有していたことである。彼らは、領有権の主張で譲歩して尖閣をめぐる対立を回避することが、日中関係を改善する手段になると考えていたのである[64]。

▼緊張の継続とアメリカの関与

この時期に、尖閣に対する日本の政党、メディア、政府の関心を高める重要なきっかけとなったのは、沖縄返還をめぐる国会審議だけではなかった。一九七二年二月中旬に、台湾が情勢を悪化させるような一連の事件を引き起こしたのである。こうした中で、アメリカは、再び尖閣の問題に引き込まれることになった。本項では、沖縄返還協定が調印された後の動きを取り上げるとともに、アメリカ政府をこの問題にさらに引き込もうとする日本や台湾などの行動を見ていく。

返還協定が調印された後の六月十九日、周書楷外交部長は、板垣修駐台大使を呼び出し、尖閣の地位について交渉することを提案した。板垣が、国府が具体的に何を求めているのかを尋ねると、周書楷は、「交渉」でも「協議」でもどちらでも受け入れられると答えた[65]。一週間後の六月二十五日、板垣は外務省からの指示を受けた上で、周書楷と再度会談した。板垣は、周書楷に以下の内容の声明を手交した。

尖閣の地位は、サンフランシスコ講和条約第三条にもとづいて決定された。

もし中華民国政府が、尖閣に対する日本の領有権を認めるつもりがあれば、日本政府は、友好関係を維持するのに努力するべく、関連する問題を議論する用意がある。しかし、日本政府は、この立場が中華民国政府にとって受け入れられるものではないことを承知している。

日本政府は次のことを懸念している。

もし両国の国民が激昂してお互いに非難しあうようになれば、両国にとって大きな損失が生じるであろうこと。

北京が、自国の目的のために、日本政府と中華民国政府の友好関係を妨げるべく、この問題を利用しようとすること。

日本は、両国がお互いの立場を非難することを控え、尖閣をめぐる対立から予期しない事件が起こることを防ぐための対策をとるべきだと考える。いかなる事件が起きた場合でも、両国はそれにいかに対処するかを協議するべきであろう。[66]

アメリカ大使館にこの会談の内容を伝えた吉田健三外務省アジア局長によれば、周書楷はこの声明を読んだ後、「穏やかに」に返答した。周書楷は、日本政府の声明を「協議の可能性を完全に排除していない」ものとして解釈すると述べた。[67] 吉田は、尖閣についてこのような立場をとるに際し、日本政府は、領有権の問題が中国のどちらの「政府（"authority"）」と交渉するかという問題、およびどちらが「正統な（"real"）」中国政府かという問題を生じさせることを考える必要があると述べた。[68] 吉田は、国府にとっての次のステップは、日本に圧力をかけるようアメリカ政府にアプローチすることだろうと考えていた。

その間、周書楷と板垣は、六月二十二日、マッコノギー（Walter P. McConaughy）駐台大使と個別に会談し、次のように伝えた。すなわち、蔣介石の古い友人で、総統府秘書長を務めた張群が、七月に日本を訪問する。その際、張群は〔日本側との会談において〕尖閣についても話し合うつもりであり、海底油田の問題も取り上げるかもしれない、と。周書楷は、これらの会談は、彼が七月中旬にマニラで行いたいと考えている愛知外相との協議[69]の地ならしをするための「偵察」になると考えていた。そして周書楷は、相互に批判し合うのは日華双方にとって有益でないので、尖閣をめぐる日本との対立が目立たなくなることを望んでいると語った。[70] 国府は、尖閣が日本に返還されることに対して「明らかに不満を抱き続けている」一方で、〔六月前半に行われていた〕日本政府にこの問題について国府と協議させようとするロジャーズ国務長官の努力〔第4章を参照〕には満足しているようだった。

この後、蔣経国行政院副院長がマッコノギーと会談し、尖閣問題について国府と協議するよう、アメリカが日本政府に要請したことに謝意を表明した。しかし同時に、国府は「日本側がこの領有権問題について協議するつもりがなかったことに衝撃を受けた」とも述べた。[71] 彼は、アメリカ政府が日本側に対し、「はぐらかすような態度をやめる」よう説得することを望んでいると表明した。[72]

国務省のスター（Robert I. Starr）法務官は、国務省はこの問題にこれ以上かかわることに「極めて慎重」であるべきだと主張した。彼によれば、アメリカ政府はすでに、国府と日本政府の双方に対し、尖閣諸島をめぐって両者の間に対立が存在するという立場を明確にしてきた。それゆえ、アメリカ政府は国府に対し、アメリカの立場は極めて明確であり、アメリカはこの立場を維持すると伝えるべきだと、彼は論じたのである。[73]

国務省はこれを実行に移す。七月二十一日の電報で、国務省は駐台アメリカ大使館に対し、次のように指示した。ロジャーズが尖閣について国府と協議するよう愛知に促したことにとどまらず、アメリカ政府がさらに日本政府に提案を行うことが「有益」だとは考えにくい。もしマッコノギーが、国府への回答が必要だと感じているのであれば、適当な折に蔣経国に以上の旨を伝えるべきである。[74]

数カ月後の一九七一年十二月、周書楷がキッシンジャー（Henry A. Kissinger）大統領補佐官（国家安全保障担当）やロジャーズと会談した際、彼が再び尖閣問題を取り上げたことに鑑みると、この間、大きな動きはほとんどなかったようである。この会談で周書楷は、たとえば「一定期間、射爆訓練のための区域を保持する」ことによって、アメリカが尖閣の「統治を継続する」よう求めた。[75] 彼は翌年二月七日にも、マッコノギーに対して改めてこのことを要請し、アメリカ政府が尖閣諸島を「少なくとも［…中略…］、完全には返還しない方法を見出す」よう要望した。[76] 周書楷は、もし尖閣諸島が事実上日本に返還されれば、次のようなことが起こるだろうと論じた。すなわち、在外中国人による抗議が高まり、それらが台湾の学生にも影響をもたらし、学生はアメリカや日本の大使館に怒りをぶちまける。これらは、「とくに立法院の審議や選挙、内閣改造が行われる期間に、もっとも厄介なものになるだろう[77]」。マッコノギーは、周書楷はアメリカ政府が尖閣についての決定を変更する見込みはほとんどないことをわかっていると、国務省に報告した。彼によれば、周書楷が、国府が繰り返し自らの立場を述べ、アメリカに決定を変更するよう要請したという記録を残そうと、「より高いレベルからの指示に従って行動していることは、疑いない」のだった。

マッコノギーは、台湾でこの問題に関する不満が高まっており、国府は大衆の反応を管理するという「かなり難しい局面」にあると認識していた。その上で彼は周書楷に対し、この件について本国に伝えるが、尖閣諸島は返還予定の区域に含まれており、領有権問題は国府と日本との問題なので、アメリカ政府がその決定を変更するかどうかは疑わしいと強調した。[78] 周書楷はマッコノギーの見解に疑問を呈し、次のように指摘した。まず、アメリカ政府は、尖閣諸島の「信託《マ》統治《マ》から生じる責任を保有し続けている」。また、アメリカ政府は軍事使用のためにその他の区域を保持している。そして、この問題に関する国府と日本との直接交渉は、「尖閣諸島が日本の施政下へ返還された後には、成功の見通しがまったくなくなる[79]」。これに対して同席していたアームストロング（Oscar Vance Armstrong）首席公使は、次のように返答した。沖縄返還協定がアメリカ議会と日本の国会の双方で批准された後に、返還協定を変更しようとする試みがなされれば、日米関係にとって「極めて悪い展開」となる。そしてそのような試みは、台湾に対しても、日本の「台湾に対する」世論が悪化するという形で、「確実に跳ね返ってくる[80]」。しかしながら、このとき自分は「嵐に備えている」と述べた周書楷が、以上の返答に満足したとは考えにくい。[81]

周書楷が言及した「嵐」は、その一週間後にやってきたかのようであった。二月十一日、国民党の発行する『中央日報』国際版は、行政院が、尖閣が台湾北西部の宜蘭県の行政区域に属することを「正式に決定し」、県の担当者が尖閣へ調査団を送ることを計画していると報じた。『中央日報』の国際版は、台湾では配布されていなかったが、沖縄や日本などでは入手可能だった。[82] さらに、これより前の『中国時報』の記事は、国府教育部が、尖閣を宜蘭県に含めるために教科書を改訂していると報じた。

以上の報道は、二月十五日の『琉球新報』で紹介された。これを受けて屋良朝苗行政主席は、記者の質問に答えて、日本政府とアメリカ政府に「適切な対抗措置」をとるよう要請すると述べた。[83] 他方、ランパート高等弁務官は、この報道に困惑していた。彼は駐台アメリカ大使館に対し、「もしこの話が本当であれば」とことわった上で、「大使館は、国府がそのような賢明でない行動をとるのをやめさせるよう努力されたい」と伝えている。[84] こうした台湾の行動は、数週間後の三月初めに行われた、琉球立法院による決議の引き金となる〔この点については後述する〕。

外務省は、独自の調査をとおして、国府が実際に尖閣を宜蘭県に編入すると決定したことを知った。二月十七日の夕方、吉田健三外務省アジア局長は、国府の鈕乃聖駐日公使を呼び出し、行政院が宜蘭県の関係者を尖閣に上陸させようと計画していることに対し、抗議を行った。吉田は、尖閣に関する日本政府の立場を繰り返した上で、この話が正確かどうかを確認するよう要請し、もしこれが本当ならば、「複雑な問題が生じるだろう」と述べたのだった。[85]

翌二月十八日、福田外相は、朝の定例閣議の後、佐藤首相に外務省の調査結果を知らせるとともに、外務省のとってきた行動について報告した。[86] 同日、那覇に駐在する日本政府の復帰準備委員会の当局者は、米国民政府のクラーク（William Clark Jr.）渉外局長——一九六九年にスナイダー（Richard E. Snyder）から同職を引き継いでいた——を呼び出した。そして、日本政府が国府に抗議を行ったことを伝えるとともに、台湾人が尖閣に上陸しようとした場合の米国民政府の支援を要請した。クラークはこれらを受け入れたが、「尖閣は返還まではアメリカの責任下にあり、アメリカはその責任に合致する行動をとるであろう」と指摘した。[87] このやりとりをもとに、吉野文六アメリカ局長は、国会の沖縄及び北方領土特別委員会と自民党外交調査会において、日本政府は、尖閣に派遣された国府の調査団を「排除する」よう高等弁務官に要請したと述べた。[88]

日本政府が国府の行動に抗議し、国府に圧力をかけるよう高等弁務官に要請した直後、駐台大使館のアームストロングとトーマス（William W. Thomas）参事官（政治問題担当）は、銭復北美司長と会談した。そこで銭復は、次のように説明した（銭復は駐台日本公使に対しても同じ説明を行っていた）。①問題の記事は、宜蘭現地の報道である、②国府は尖閣の領有権を主張している、③国府は、日本も尖閣の領有権を主張しており、その日本への返還が予定されていることを認識している、④領有権をめぐって対立が存在している一方で、両政府は友好関係を享受しているのであるから、この問題を解決する最善の方法は、友好的な外交交渉である、⑤日本との友好関係上、国府は、〔日華〕双方がこの事件について大きく取り上げないことを望む。[89]

アメリカの外交官たちは、この説明に満足しなかったようである。彼らは、国府が尖閣を調査したり管理事務所を設立したり、あるいは「そのような動きについて話すことでさえも」、「不幸な結果」をもたらすだけだと強調した。[90] これに対し銭復は「オフレコで」、尖閣は非常に敏感な問題なので、国府内の誰もこの記事を否定しようとしないと応じた。しかし彼は、このような姿勢が挑発的なものであると認め、今後こうした行動が続くことはないと「はっきり示唆した」のだった。[91]

この会談を報告する中で、駐台アメリカ大使館は、国府が尖閣へ調査団を派遣したり、そこに管理事務所を設立したりするつもりがないことは、「間違いなく確実」だと述べた。しかし、駐台大使館は、これまで国府外交部に対し、国際的な出版物の中でこうしたことについて語るだけでも挑発的だということを「極めて明確にしてきたが」、このことを国府が「十分に理解している」のかどうか確証がなかった。[92] この電報を締めくくるにあたり、大使館は次のような見方を示した。「国府は、尖閣問題に関する真のジレンマに直面している。一方では政府当局者は、現実をよく認識しており、この対立を最小化したいと思っている。他方でこの問題は非常に民族主義的なので、政府当局の誰も緩衝材の役割を担おうとしない」。[93]

その間、東京の駐日アメリカ大使館は、外務省の吉田アジア局長が、事前にアメリカと協議せずにこの問題について鈕乃聖駐日台湾公使と直接話したことに、不満を表明した。その理由は、尖閣の施政権は「返還まではアメリカ政府の主要な責任」の下にあるからであった。[94] 駐日大使館員は続けて、アメリカ政府はすでに、「必要な公式の行動をとるための根拠とするため」、上述の報道の正確さを確認するための「検討作業」をすでに開始していると指摘した。そして彼は、外務省が、返還まではアメリカ政府が尖閣の「第一義的な責任」を担っていることを踏まえておくこと、そして「尖閣についてさらなる行動をとる前に」アメリカ政府と協議することを要請した。[95]

その後、吉野はスナイダー駐日公使を呼んで、日本政府の「拙速な行動」を詫びつつも、尖閣をめぐる状況は日本政府にとって「極めて機微」だと説明した。なぜなら、日本国内の「強力な親中勢力」は、「現在日本政府が維持しようとしている、中華民国との関係と中国との関係の微妙なバランスを崩す」ために、「尖閣をめぐって台湾が煽って作り出した問題」を利用することも躊躇しないからである。[96] 吉野が打ち明けたところによると、彼はすでにこの問題で、「自民党の委員会に呼びつけられて叱られた」のだった。[97]

アメリカ政府は、対立を回避するよう、日本と台湾を説得するのに懸命だった。そして、同盟国間の緊張が高まってほしくないという理由とともに、その対立に巻き込まれたくないという理由もあって、予防策を講じ続けた。こうした姿勢がとくに鮮明にあらわれたのが、野呂恭一防衛政務次官が、情勢をより詳細に把握するために、返還前に米軍のヘリコプターで尖閣上空を飛行したいと要望した際のことであった。野呂は、前年の一九七一年七月、第三次佐藤改造内閣で政務次官に任命された。

彼は尖閣について、今後も訓練区域が米海軍に提供され続けることは、尖閣諸島が日本の領土である証拠であり、返還後は「〝何人といえども許可なくして立ち入りを禁ず〟という表示板でも立てようではないか」と提案していた。[98] 彼は防衛庁の安田寛沖縄担当審議官に対し、次に沖縄を訪問する際に尖閣へ行く計画を進めるよう指示した。[99]

野呂の要請は、一九六八年から日米琉諮問委員会日本政府代表を務めていた高瀬侍郎をつうじて行われた。高瀬は、一九七二年三月十一日にランパートと会談し、野呂が高瀬に対し、尖閣上空の飛行を切望していることを「厳重な極秘扱いで」アメリカ側に伝えるよう「個人的に依頼してきた」と説明した。[100] 高瀬によれば、尖閣諸島への「個人的な調査」を行うよう野呂に依頼したのは日本政府であり、野呂は現在の政治的・国際的状況を理解しているので、この上空飛行を秘密にしておくつもりだった。[101] 野呂は宮古島訪問の際に〔尖閣の〕上空飛行を行おうとしており、（そのときに具体的に要請をした訳ではなかったが）米軍機で実施したいと考えていると高瀬は述べた。さらに高瀬は、上空飛行は、尖閣の射爆訓練区域の共同使用に関する防衛庁の研究に関連して行われる予定であり、野呂は「活発な防衛庁というイメージを演出」したいと考えている、と付け加えた。[102]

ランパートは高瀬に、野呂の要請は厳重に極秘にしておくが、回答が如何なるものになるにせよ、ワシントンにこの件を照会する必要があると述べた。高等弁務官政治顧問のノールズ(John F. Knowles) は、この要請について、直ちに駐日アメリカ大使館に知らせた。そして、自分は飛行計画などの詳細を知らないが、台湾の防空識別圏内に入ることになるので、台湾の防空管制センターにも連絡しなければならず、したがって上空飛行は国府の耳にも入ると指摘した。ノールズは、アメリカ政府は米軍機で野呂に上空飛行をさせることはできないと高瀬に伝える許可を、アメリカ大使館に求めた。そしてノールズは、もし〔日本側から〕強く要請された場合、高瀬に次のように伝えることを提案した。すなわち、現在から返還までの間に上空飛行を行ったことが公になった場合のことを無視はできず、そのような中でアメリカが上空飛行を支援すれば、高瀬自身も言及した、「国際政治的に機微」な尖閣問題をさらに複雑にしてしまう可能性がある、と。[103]

その後、アメリカの立場について知らされた野呂は、激しく怒った。野呂は回想録の中で、次のように記している。「ヘリ一機を貸すことは問題ではないが、行先が尖閣では、今日の米国にとって大変なことである。『ワシントン』の話が出るのは、体のいい拒否反応なのである。米国としては、当然対中関係を考慮したためであろう。私の尖閣列島視察は、ついに不成功に終わったのである」。[104]

自民党や日本政府内で、尖閣に対するアメリカの立場に不満を抱いたのは、野呂だけではなかった。前章で見たように、山中貞則もこの問題に激怒しており、福田外相や佐藤首相も、尖閣について愚痴を漏らしていた。アメリカは、日本——東アジア地域における、おそらく「唯一の」主要な同盟国——の側につかなかったと見られ、琉球諸島に対する政策も一貫していないと認識されたのである。

一方、台湾の政府当局者や政治家は、アメリカ政府に対してだけではなく、日本側に対しても怒りをあらわにした。三月二十四日、周書楷外交部長はマッコノギー駐台大使に対し、最近、日本国内で尖閣問題をめぐって議論が行われていることから、国民大会でも同問題について「激しい議論がなされている」と述べた。報道によれば、二十五日の閉会の前に声明を発表することが予定されていた[105]。周書楷は、佐藤や福田によるこうした「扇動的な声明」（これについては後述する）に対して遺憾の意を表明し、自分は台湾国内の「穏健化に努め、〔尖閣関連の運動の〕拡大を抑制する」つもりだが、これが成功するかどうかは「日本側が同様の行動を実践する程度」にかかっていると述べた。しかし彼は、「自民党内で佐藤の後継をめぐって競争する政治家たちが、この問題に関して強硬な発言を行っている」ので、その見通しが「明るい」とは考えていなかった[106]。周書楷は、「日本政府にこの問題を鎮静化するよう助言し〔…中略…〕、強硬ではあるが友好的な説明を行うために」、宇山厚駐台大使と会談する予定だと述べた（ちなみに、宇山は島根県出身である。島根県の竹島は、アメリカの文書では、一九五〇年代に韓国に「盗まれた」とされている）。その上で彼は、アメリカ政府がこうした〔台湾側の日本への〕助言を「補足する」ことを要請したのである[107]。また、周書楷は、台湾国内の抗議運動の可能性について、「この問題は爆発的なものになる可能性がある」と述べた。彼によれば、「中華民国政府は、学生たちを興奮させるような挑発的な出来事がない、静かな期間を強く必要としている」のだった[108]。当時、日本が台湾の主要な貿易相手国だったことに鑑みると、これはそのとおりであった[109]。

周書楷はアメリカ政府に対し、日本政府に穏健な姿勢をとるよう促すことを求めるとともに、別の要請も行っていた。彼は、射爆訓練のために使用されている二島〔久場島（黄尾嶼）と大正島（赤尾嶼）〕の〔アメリカによる〕統治を延長するよう要請したのである。それとともに、彼は、「日本政府が、琉球の返還に成功したことを全体として強調しながらも、尖閣についてはそこから除外して宣伝しないようにする」ことを望んでいると語った。なぜなら、〔日華〕両政府は、「対処しなければならないより重要な問題を抱えた困難な時期にあり、海から突き出たいくつかの岩礁の所有権という相対的に小さな問題に気をとられて、関係を緊張させるべきではない」からだった[110]。

確かにアメリカ政府は、この問題をめぐって緊張が高まらないようにすることに関心を持っていたが、その努力によって、新たな事件が完全に阻止されたわけではなかった。四月中旬、琉球警察の巡視艇〔沖縄では救難艇と呼ばれた〕「ちとせ」が尖閣付近の海域で定期パトロールを行っていた際、十一日の午後遅くに、北小島近くで台湾漁船を発見した。警察は漁民に対し、琉球領域に不法侵入していると通告し、立ち去るよう求めた。台湾漁船はこれに従い、事件は何も起こらなかった。そこで夜を過ごした警察が翌朝に魚釣島へ向かうと、沖合五〇〇メートルから一〇〇〇メートルの間に、五隻の台湾船がいるのを発見した。警察は前日と同様、これらの船に対して不法侵入していると伝え、台湾漁船も立ち去ったため、事件は起こらなかった。「ちとせ」は、最終的に石垣港に戻った[111]。

琉球警察が台湾漁船を発見したというニュースは、共同通信社によって、四月十三日の新聞で報道された[112]。沖縄の高等弁務官から報告を受け取ると、駐台アメリカ大使館は、周書楷外交部長にこの情報を伝えた。周書楷は、大使館員に感謝するとともに、この件について何も聞いていないと説明し、事件は日本の新聞社によって誇張されているのではないかと語った[113]。大使館員は、これ以上事件が起こらないよう望むと述べた。

五月十五日の沖縄返還が近づくにつれて、その前後に抗議運動や事件が起きる可能性をめぐり緊張が高まった。これらを回避しようとする努力については、後述する。

▼返還協定への中国の反応

中国政府は、沖縄返還協定調印時やその後の国会審議において、日本政府が尖閣の領有権を主張する声明を出していたのを静観していたわけではなかった。むしろ、中国政府はそれらに対する反論を強めていくとともに、日本による周辺海域のパトロールの計画に警告を発するようになっていった。

〔尖閣に関する〕中国の主張は、日本に対する批判と同様、長期間にわたって強まっていった。返還協定の調印前にも、新華通信社は、「詐欺的な沖縄返還」をとおして、日本政府は「アメリカ帝国主義の支援の下、中国の領土である釣魚島などの島嶼を占領」しようとしていると批判していた[114]。新華通信社はさらに、「もし日本軍国主義が無謀な行動をすれば、日本はその代償をはらうことになろう」と述べている[115]。

調印式から一カ月後の一九七一年七月十六日にも、新華通信社は、黄永勝人民解放軍総参謀長が「中国領への侵入」だと批判した演説を報道し、日本への非難を続けた[116]。この記事はとくに尖閣を名指ししていたわけではなかったが、アメリカと日本による東アジアへの「侵略」について長々と説明していた。

数カ月後の同年十月末、中国は、中華民国に代わって国際連合への加盟を認められた。そのおよそ一週間後、新華通信社は、「詐欺的な沖縄返還」に対する学生デモを称賛する記事を発表し、「中国の神聖な領土を併合しようと企む」日本政府とアメリカの「結託」を批判した[117]。これらのコメントは、佐藤首相と福田外相が参議院予算委員会で、尖閣は疑いなく日本に帰属すると発言したことへの反応だったようである[118]。

尖閣の領有権の主張に関連した中国の別の行動として、十一月末に、横浜市長の飛鳥田一雄――一九七七年に日本社会党委員長になる――を団長とする日中国交回復国民会議訪中団に対し圧力をかけたことがあげられる。日本社会党や総評と提携するこの親中グループは、尖閣諸島は中国領だという中国の見解を受け入れるよう強い圧力を受けたが、抵抗した[119]。結局、飛鳥田は、帰国時に東京国際空港で開かれた記者会見で、「将来、日中の政府間が交渉に入る場合に、私は、この問題を回避することはできないと考える。しかし、中国側は、国民レベルでの関係回復は、この問題によって妨げられてはならないという考えを示した」[120]と述べている。飛鳥田の訪中団の動向について、逐一アメリカに伝えていた香港の日本総領事館は、「ごく少数の毛沢東崇拝者を別として、この問題について、北京の立場に同意できる日本の政治勢力は存在しない」と指摘した。それゆえ中国が、「日本国民を分断するために、この問題を日本国内で利用することができるとは思えない」というのだった。[121]

その後の十二月三十日、中国外交部は、尖閣諸島は中国領であるとする長文の声明を発表し、「中国人民はかならず釣魚島など台湾に付属する島嶼をも回復する」と宣言した。[122]この声明は、巻末の資料5として所収されている。

中国が一九七二年二月にニクソン大統領を迎えるまでの数カ月間は、それほど大きな扇動は行われなかった。中国が次にこの問題を持ち出したのは、三月三日に国連代表の安致遠が、国連海底平和利用委員会で日本と西側に批判的な非常に長い演説の中で、尖閣は中国の不可欠の一部だと述べたときだった。ここで彼は、中国は「大国の覇権」に反対し、「国家主権を守る側」を支援すると発言した。[123]これとの関連で、安致遠は、次のように述べてアメリカと日本の双方を批判したのである。

中国人民は、長い間、帝国主義者による侵略と抑圧に苦しめられてきた。アメリカは、現在に至るまで、中国の領土である台湾省を強制的に占領している。そして最近は、アメリカは日本の反動主義者たちと結託し、「沖縄返還」という詐欺的行為を利用して、中国の台湾省に属する釣魚島およびその付属島嶼を日本領土に編入しようとしている。さらにアメリカは、過去数年間、日本と協力し、蔣介石分子と共謀して、中国沿海の海底資源をさらに略奪しようと企て、中国沿海の「海底調査」を頻繁に、かつ大規模に行ってきた。これらの中国沿海の海底資源の侵略と略奪という目に余る行為は、中国人民の最大限の怒りを引き起こさざるを得ない。中華人民共和国政府を代表して、私はここに繰り返す。中国の台湾省とそれに属する釣魚島、黄尾嶼、赤尾嶼、南小島、北小島などのすべての島嶼は、中国の神聖な領土の一部である。これら島嶼周辺の海域と中国のその他の部分に近い浅海域の海底資源は、完全に中国に属しており、いかなる外国の侵略者もそれらに指を突っ込むことは絶対に許されない。中国の領土を切り分けて、中国に属する海洋資源を略奪する口実を作ることは、誰にも許されないし、何人たりともそのようなことをするのに成功しないだろう。[124]

日本の小木曽本雄国連大使は、中国代表の発言に反論するためにただちに発言し、尖閣諸島に対する日本の領有権を繰り返し主張して、安致遠の発言は日本国民の怒りを招くだろうと指摘した。[125]

アメリカの外交官たちは中国の発言がアメリカに対する攻撃だと感じていたが、日本では、別の見方をする者もいた。彼らはこれらの発言が行われたのがニクソンの訪中直後でもあることから、尖閣をめぐって米中が結託する可能性を見出し、また少なくともそれを、中国がニクソン政権に自国の主張を承認するよう圧力をかけたものだと懸念したのである。この懸念は、前述したいわゆる「ニクソン・ショック」が、日本人の心理や〔自国は〕脆弱だという意識に与えた影響の象徴であった。

こうした懸念は、的外れなものではなかった。ニクソンはこの頃、日本のアメリカへの繊維輸出の制限をめぐって佐藤政権が手間取っていることに対して、非常に苛立っていた。そもそもニクソンは二〇年以上にわたって日本と関係があった。アイゼンハワー（Dwight D. Eisenhower）政権（一九五三―六〇年）の副大統領として、ニクソンは一九五三年末に初めて日本を訪問し、再軍備によって共産主義に対する西側同盟の積極的なプレーヤーになるよう日本に要求した。彼は民間人および顧問弁護士として一九六四年と一九六七年にも訪日した。そこで彼は交流を広げるとともに、経済復興後の高度経済成長期にあった日本についてより多くを学び、そしておそらく、再軍備して西側同盟に貢献するよう、嫌がる日本に再び圧力をかけた[126]。

大統領補佐官のキッシンジャーは、日本のことが好きでなく、日本を理解しようとする素振りさえしなかった。回想録の中で彼は、主要なアメリカの同盟国で、世界で二番目の経済大国である日本について、「中国沿岸の沖合に浮かぶ列島」で、「私にしても、同僚たちにしても、日本人の文化と心理を十分につかんでいなかった」と認めている[127]。ドイツ生まれで、ヨーロッパの大国間政治についての歴史家であるキッシンジャーは、国益およびそれを追求する行動様式が明瞭な大国とやり取りすることを好んだ。そして彼は、指導者や、その背後で権力を持っている人物をいつも探しているようであった。それゆえ、彼にとっては、日本よりも中国とやり取りする方がはるかに容易であった。「われわれにとって、もっともつかみにくかったことは、日本の意思決定に当たっては、指導者が自ら表に立たずに結論を出させる、という特異な方式がとられ、しかも指導者はこの方式を自負しているということだった。なるほど、代々、すぐれた首相が在職した。しかし、彼らはいつも控えめに行動し、そういう態度を通じて、自分の政策がたんなる一個人の特異な考えではなく、社会の総意を反映するように導いていった[128]」。

もし尖閣問題についてのニクソンとキッシンジャーの考えを知っていれば、日本は強烈な懸念を抱いたことであろう。彼らの考えは、沖縄返還時には明らかではなかったが、一九七四年初頭、国務長官となっていたキッシンジャーが国務省内の会合で、ハメル（Arthur W. Hummel）国務次官補代理（東アジア・太平洋問題担当）から西沙諸島と南沙諸島の問題における中国の行動についてのブリーフィングを受けた際に、垣間見られた。キッシンジャーは突然、アメリカは「彼ら〔の関心〕を〔西沙・南沙諸島から〕尖閣諸島に向かわせることはできるだろうか」と質問したのである[129]。ハメルは、キッシンジャーが何を言っているのか理解できず、「彼ら」とは誰なのか尋ねた。キッシンジャーは「中国だ」と答えた。ハメルは、国務長官が本当に「そうしようとしている」と考えているのかどうか質問した。キッシンジャーは、「それが、日本人に宗教〔国際政治の本質〕を教えることになるだろう」と論じた。ハメルは、「日本に宗教を教える必要がある」ことについては同意したが、「その価値がある」かどうか疑問を呈した。この点についてキッシンジャーは、「ない、ない」と答えただけだった。[130]

ウォーターゲート事件でワシントンが麻痺していたこの時期、キッシンジャーは、中国がニクソン政権をどのように見ているのか、非常に懸念していた。そうした中でキッシンジャーが、本気だったのか、それとも自分の部下を試しただけだったのかは明らかではない。[131]日本は、アメリカが事前の協議なしに中国に突然接近することを長い間恐れていた。この懸念は、一九五七年から六三年にかけて駐米大使を務めた朝海浩一郎以来、「朝海の悪夢」として知られている。日本は、尖閣問題をめぐるアメリカとの関係に関しても、同じような悪夢を見続けてきたように思われる。日本は、アメリカがこの問題で本当に日本の側に立つと自信をもつことができなかったのである。当時の日本政府当局者は、このときのキッシンジャーのコメントを知るよしもなかっただろうが、何らかの形でそうした雰囲気を感じていたのだろう。[132]

話を戻すと、海底平和利用委員会で日本を非難した同じ一九七二年三月三日、中国は佐藤首相を攻撃した。「佐藤のたぐいの日本の反動頭目は長年ずっと台湾問題でデタラメな主張をさかんにいってきた。彼らは、いまだ『二つの中国』を作る陰謀をやめたことがないし、中国領である台湾省に対する侵略の野心を放棄したことがない」と非難した。[133]中国共産党の機関紙である『人民日報』に掲載されたこの記事は、政府と共産党の高官によって書かれたものだと考えられた。

外務省からの指示で、小木曽国連大使は三月八日、国務省法律顧問で海底平和利用委員会のアメリカ代表であるスティーブンソン（John R. Stevenson）と、ハーツ（Martin F. Herz）国務次官補代理（国際機関問題担当）のもとを訪れた。[134]小木曽は、スティーブンソンが上述の中国の「干渉（“intervention”）」に回答するつもりがあるのかどうか、知りたがっていた。そして仮にその場合には、アメリカの回答案を事前に日本に知らせてほしいと依頼した。[135]小木曽は、もしアメリカが沖縄返還についての中国側の発言に回答しないなら、アメリカ政府が中国の発言に暗黙の裡に同意していると解釈されるかもしれないと論じた。

アメリカは、三月三日に中国への回答として短い声明を発表しており、その中で、中国の非難を拒絶すると同時にアメリカの行動は国際法と合致していると論じていた。この段階では、アメリカは、それ以上のことは計画していなかった。それゆえ、スティーブンソンは小木曽に対して、海底平和利用委員会で「本来の業務と無関係な領土をめぐる論争」が行われることを避けるため、さらなる応答は必要ではないと思うと小木曽に述べた。[136]もし中国がこの問題を再び取り上げれば、アメリカ政府はより詳細に回答するだろうと付け加えた。その一方で、彼は小木曽に三月三日の声明のコピーを渡し、それを外務省へ送るよう示唆した。小木曽はそれに同意し、実際問題として、アメリカ政府がこの時期に中国にさらに応答する必要はないという個人的な見解を述べたのだった。

しかし、中国は再度海底平和利用委員会で、日本とアメリカを非難した。これを受け、国際法に精通していた国連日本政府代表部の井口武夫は、アメリカが応答するつもりがあるのかどうか、そしてあるのであればどのように応答するのかを探るために、国連アメリカ代表部を訪れた。そこで井口は意気消沈した。アメリカ政府次席代表のフィリップス（Christopher H. Phillips）が、「尖閣に関し、われわれは、中華民国、日本、中華人民共和国の主張にいかなる見解も示さないし、当事国間での交渉や第三国の裁定以外の解決方法について、いかなる勧告も行う立場にない」とする、〔ワシントンの〕承認済の声明を用いる予定であることを知ったからである[137]。井口は、この文書は、尖閣諸島は日本領であり、この問題は交渉の対象にならないという「日本の立場と完全に矛盾している」ので、これを使用しないよう求めた[138]。井口は、この文言を外務省に転送すると伝えた。そして、井口とフィリップスはひとまず、「尖閣について詳細に踏みこむ必要性はない」ため、委員会の会合に「そのような問題を持ち込むことを非難する」という一般的な声明を、アメリカ側が発表することで合意した[139]。

数カ月後、日本は文書で回答を行った。五月の終わりに、外務省は、国連全権大使の中川融に対し、次のように指示した。それは、国連事務総長のヴァルトハイム（Kurt Waldheim）とアメリカの国連大使で国連安全保障理事会の議長だったブッシュ（George H. W. Bush）に、「尖閣諸島は日本領土であり、中国のものだとする中国の主張は認めがたい」という書簡を送るというものだった[140]。

この間、三月三十日に、新華通信社は、三月八日の声明に盛られた日本の主張（この声明については次項で後述する）を非難し、日本による尖閣諸島の「編入」は清朝が弱体化していた一八九五年に行われ、アメリカによる沖縄統治も「一方的に宣言」されたのであり、日本への施政権の移行は「不法」で、返還そのものが「詐欺」だと述べた[141]。日本政府による尖閣周辺海域のパトロールや、尖閣に日本国旗を掲揚するなどの行為はすべて、中国、「および日本」の人民によって反対されるであろうとも付け加えられた[142]。ただし、この論評には、中国が直接的な対抗行動をとるとは記されていなかった。

中国が次に尖閣問題に公然と介入するのは、五月中旬の沖縄返還後のことだった。

▼一九七二年三月八日の日本政府声明

この時期、国府と中国は、尖閣に対する自らの主張を推し進めるべく、さかんに動いていた。上述のように、国府は二月に尖閣を台湾省の宜蘭県に含める布告を発し、中国は三月初頭に国連海底平和利用委員会で上記のような発言を行っていた。こうした動きを踏まえ、日本政府は、尖閣は日本の一部だという立場を公に発表することを決定し、これを実行に移した。具体的には、国会の委員会で「この問題が提起されるよう調整を行い、それによって、国会の議事録に政府の立場を記し、公的に〔声明を〕発表する機会を作り出した」のである。[143] 後に外務省北米第一課の佐藤嘉恭がアメリカ大使館員に告白したように、この委員会でなされた質問は、「政府のための質問（"sympathetic question"）」だった。[144]

三月八日の午前、福田外相が衆議院沖縄及び北方領土問題に関する特別委員会に出席した。そこで、衆議院議員で福田派に属し、一九七〇年十一月に西銘らとともに沖縄から選出された国場幸昌が、[145] 尖閣諸島の地位について外相に質問した。福田は、尖閣は「一点の疑いもないわが国の領土である」と回答した。[146] この発言の根拠として、福田は次のことを指摘した。すなわち①一八九五年一月の閣議決定によって、尖閣は日本に編入された、②一八九五年五月の下関条約の一部として中国から台湾を割譲されたとき、尖閣は台湾の一部として編入されたのではない、[147] ③尖閣は、サンフランシスコ講和条約第二条のもとで放棄された領土には含まれていない、④サンフランシスコ講和条約のもとでの尖閣の処理に中国は抗議しなかった、⑤中華民国と中国が尖閣の領有権を主張し始めたのは、東シナ海に石油資源が発見された後からだった、といった点である。その上で福田は、中華民国と中華人民共和国の声明について、「不明瞭」で「信じがたい」と述べた（後述する声明では、これらの見解は削除された）。

同じ三月八日、和田力外務省情報文化局長が、福田の示した主張を盛り込んだ外務省の公式声明を発表し、中国の主張には正当な根拠がないことを付け加えた（巻末の資料6を参照。なお英語版は、三月二十三日に発表されている）。[148] 和田はまた、中華民国や中国の主張の妥当性が疑わしいことを示すさまざまな文書をメディアに公開した。それらの文書には、尖閣を日本の領土に含んだ中国や国府の地図もあった。そこには、①中華民国国防研究院と中国地学研究所が『世界地図集第一冊東亜諸国』と題して一九六五年に出版した地図、②一九七〇年一月に出版された中華民国国定の国民中学地理科教科書の第四巻の地図、③一九五八年十一月に中国政府系の地図出版社（北京）によって発行された地図が含まれていた。

とくに一九六九年以前、台湾は長い間、尖閣諸島が日本の管轄区域内にあることを示したり、これら諸島について日本語の名称を使用したりしてきた。このことから、台湾が、尖閣諸島を事実上、日本の一部だと理解していたことは明らかである。たとえば、一九五九年九月三日、中華郵政は、自国の地図の中に尖閣諸島を含まない切手を発行した。一九六五年十月には、上記の国防研究院と中国地学研究所が共同で地図帳を出版し、その中で、尖閣諸島という日本語の名称を使用し、横にはアルファベットで日本語の発音が記されていた。[149] 一九六五年十一月には、台湾省政府が『台湾省地方自治誌要』を出版し、そこでは、台湾の極北は、尖閣諸島よりも台湾に一五〇キロメートル近い彭佳嶼にあるとされた。同様に一九六八年十月、『中華民国年鑑』は、台湾の極北は彭佳嶼で極東は綿花嶼であるとした。

中華民国59年1月初版国民中学地理教科書（1970年）

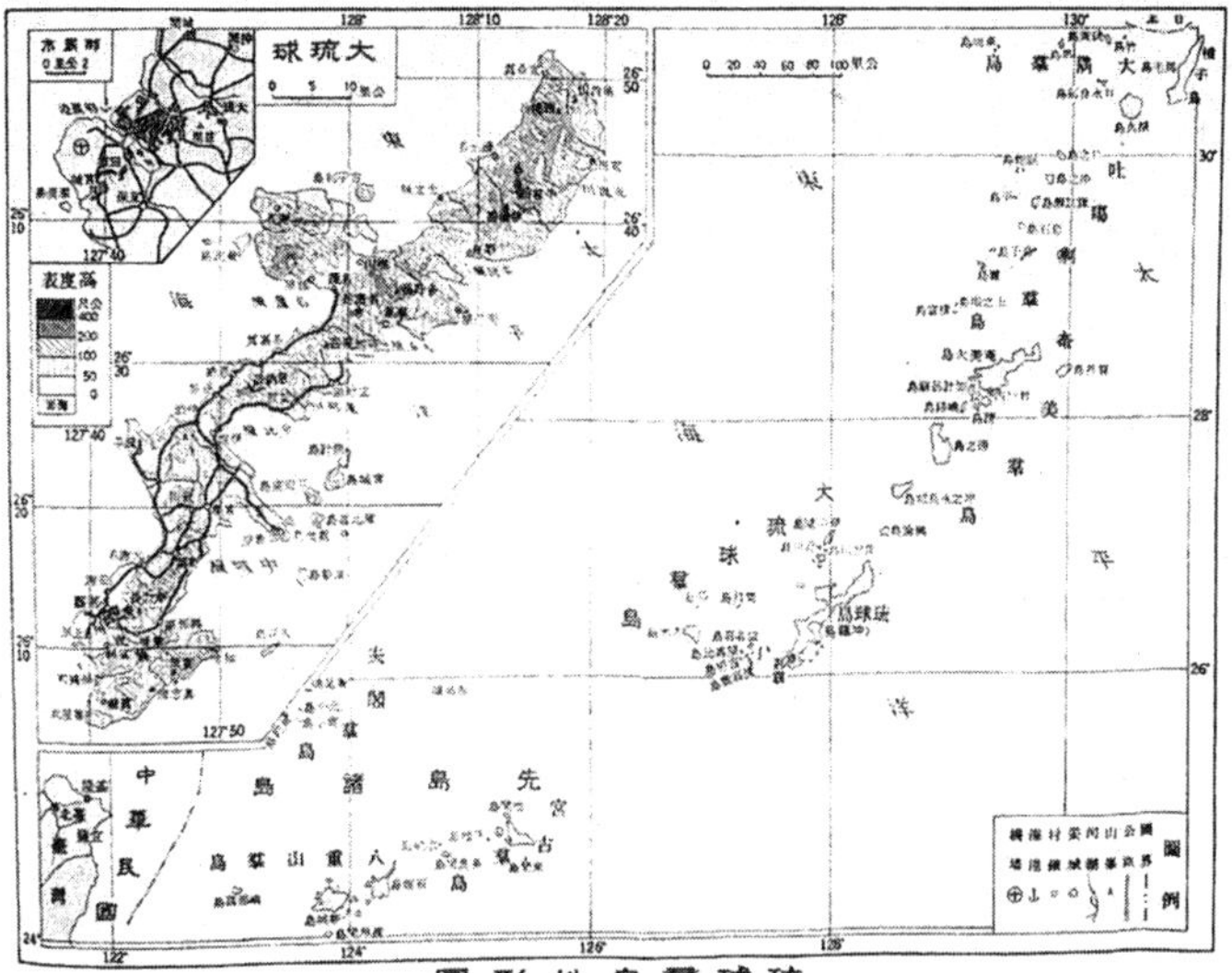

圖形地島羣球琉

図5-1　中華民国で使用された教科書の地図

加えて一九七〇年には、国民中学地理教科書が、尖閣諸島を琉球諸島の一部とし、これを「尖閣群島」と、日本語の名称で表記したのである[150]（図5-1）。国府は、一九七〇年にこれらの回収を開始したが、遅きに失した。

国府は、自らの主張を裏づける資料をアメリカの議会図書館で調査させるため、国立台湾師範大学の教授を四月後半にアメリカに派遣した。国府は、日本側が提示した強力な反証に対抗する必要に迫られたのであろう[151]。

その他にも、尖閣に関する台湾や中国の主張に疑いを投げかけるような資料や文書、そして〔台湾や中国の過去の〕行動があった。たとえば、一九五三年一月八日、中国共産党中央委員会の機関紙『人民日報』は、琉球諸島を定義する際に日本語の名称を使用して「包含尖閣諸島」と記述した[152]。記事の見出しは、「アメリカ占領に対する琉球諸島の人民闘争」と付けられ、琉球諸島に含まれる島嶼リストには、「尖閣諸島」と明記されていた。加えて、先に言及した、一九五八年十一月の中国政府系の地図出版社が発行した地図では、尖閣諸島は日本の領土の一部として示されていた[153]。さらに、一九五〇年五月十五日に作成された、一〇頁にわたる中国政府の外交文書は、尖閣を中国の領土と主張せず、琉球の一部と認識していることを記していた（この文書は北京の外交档案館で発見され、二〇一二年十二月に時事通信社がこの件を報じた）[154]。

一九七〇年代初期に執筆活動を行っていた国際法学者の奥原敏雄は、これらの事実からすれば、中国と台湾のそれぞれの立場は一貫しておらず、それだけでなく、中台の主張は国際法における「禁反言」の原則にも違反していると主張した(155)。禁反言の原則によれば、国家は、自らの行為、調印文書、あるいは意思表示によって事実と確定したことに反するような主張をすることを禁止されている。上記の地図などが公式の刊行物として出版されていたことは、それらが中国政府と国府の承認を受けていたことを意味しており、したがってその内容は、両政府の立場を反映していた。国府と中国は、その立場を撤回することはできないにもかかわらず、一九七〇年以降、尖閣諸島への日本の領有権の主張に挑戦しようとしたということになる。

中華人民共和国と中華民国の双方が、尖閣が日本の一部だと認識していたことは、第1章でも紹介した次の事例に明らかである。すなわち、一九二〇年、長崎に駐在する中国総領事は、その一年前に尖閣に漂着した三一名の漁民を救助した古賀善次とその他二名に対し、五月二十日付で感謝状を送った。この感謝状は尖閣諸島を「大日本帝国沖縄県八重山郡」の一部と明記していた。この感謝状は、古賀たちに送られた当時は注目されていなかったが、一九七一年、尖閣列島研究会が行った二つの研究プロジェクトのうち、ひとつめの成果物〔『季刊沖縄』第五六号(一九七一年三月)〕で紹介されたことで、公に知られることになった。しかし、台湾と中国の双方とも、この文書に言及することを避けた。

一九七二年春、外務省は、『尖閣諸島について』と題する三六頁の日本語のカラー冊子を作成した。それは、尖閣諸島の歴史や日本の立場を、さまざまな文書や歴史資料を交えながら論じたものであった(156)。しかし、この冊子は日本語版だけで、英語版はなかった。もし英語版があれば、日本の広報外交にとって有益だったであろう(157)。

▼アメリカの中立姿勢と日本政府の対応

もっとも、日本政府は、尖閣諸島が日本領土だという見解を広めようとしたり、この問題でアメリカの支持を取りつけようとしたりすることをやめたわけではなかった。一九七二年三月十五日、首相公邸で、福田外相とマイヤー(Armin H. Meyer)大使が出席し、その他、佐藤、愛知、山中、渡海元三郎が参加する中、批准文書の交換が行われた(158)。そしてこの後の三月二十一日以降、日本政府は、尖閣問題をめぐって新たに攻勢をかけた。すなわちこの日の定例閣議後、福田は記者会見で、沖縄返還の際に、〔アメリカが〕「日本の主張」を理解していることを「証言」するという形で、尖閣に関する日本の主張を支持するよう、アメリカ政府に要請すると述べたのであった(159)。

その直前の三月十七日、ワシントンで駐米公使を務めていた大河原良雄が国務省へ行き、そこで国務省がマスコミとの質疑応答に使おうとしていた三月十三日付のプレス・ガイダンス〔記者会見時の想定問答集〕のコピーを入手した。それは、もともと一九七一年四月九日に使用され、その後「更新されたり小さな修正がなされたりしたもの」だと説明された(160)。このガイダンスが東京の外務省に提出されていた可能性は高いが、外務省はその内容について、よくは思っていなかった。そこで、一九七〇年夏から駐米大使を務める牛場信彦が、再度、国務省に接触した。

三月十七日と三月二十三日の二度にわたり、牛場は、アメリカ政府が公けの場でとった中立という立場について、日本政府は不満だと公式に伝えた。そして、少なくとも日本人の観点からは、このアメリカの立場は一貫していないように見えると指摘したのである。[161]

その間、三月二十一日に、駐日アメリカ大使を三年間務めたマイヤーが、離任して東京を去るにあたり、佐藤首相を表敬訪問した。[162]この会談についてのマイヤーの要約によれば、佐藤は尖閣問題を提起し、尖閣諸島は日本の領土であるとアメリカ政府が明言することを希望した。佐藤は、日本以外に尖閣諸島の領有権を主張する国が台湾だけであれば、この問題は、「直接交渉を通して処理することが可能であったかもしれない」が、中国の声高な主張が、「複雑さをかなり増大させた」と指摘した。[163]マイヤーが表敬訪問の際にこの問題が提起されると予想していたかは明らかではないが、彼は回答の用意はしていた。〔国務省への電報によれば〕その回答は、次のようなものであった。「私は、佐藤に、アメリカ政府の明確な立場を説明した。すなわち、アメリカは、沖縄返還協定で地理的に定められた区域にある土地を返還するに際し、われわれが引き継いだときにそれら〔の区域〕を統治していた機関に、それらを返還するだけであり、これは他国による領有権の主張を損なうことなく行われる、という立場である。率直に言って、アメリカ政府は、この対立の渦中に巻き込まれることを望まない」。[164]佐藤は、アメリカ政府の立場は「論理的」で「明確」だと返したが、マイヤーは、佐藤は別の回答を望んでいたと感じていた。[165]

なぜ佐藤がこのタイミングで尖閣問題のことを取り上げたのかは明らかでない。マイヤーが帰国するにあたって、佐藤は、日本のメッセージをワシントンに届けようとしたのかもしれない。あるいは自民党内外で、アメリカ政府の中立政策とともに、この問題への対処の仕方に関する日本政府への批判が高まっていたため、佐藤はこれに対応しようとしたのだと見ることもできる。この頃の佐藤の影響力は急速に低下しており、自民党内では彼の後継をめぐって〔権力〕闘争が生じていた。佐藤は福田支持へと傾いていたが、田中角栄が急速に影響力を確保しつつあった（そして最終的に田中が七月初頭に党総裁となり、その直後に首相に就任する）。

佐藤の意図が何であれ、以上のような彼のアメリカ政府当局者に対する圧力は、外務省と総理府との間での調整を経た上で実施されていたものと考えられる。

三月二十二日午前、参議院沖縄及び北方領土問題特別委員会の審議で、社会党の川村清一が福田外相に対し、尖閣に関するアメリカの立場について質問を行った。福田は、アメリカの曖昧な姿勢に対して苛立ちを表明し、「このような逃げ腰の態度は不満だ」と答弁した。[166]福田は、もしアメリカ政府が中立的な立場を続けるなら、「強い異議」を唱えるとさえ述べた。[167]

その夕方、〔国務省への電報の中で〕マイヤーは、尖閣問題に関するアメリカの立場を述べながら、この問題で福田のことを「批判」した。[168] この件に関する国務省への報告の中で、大使館は、なぜ福田がこのような言動をとったのかについて独自の分析を加えている。

福田が尖閣問題について予測不可能な答弁をするのは、首相の座を継承できるかどうか彼が不安を感じている中で、尖閣に関してアメリカ政府に挑戦することを恐れず、日本の立場をしっかりと主張する政治家としての地位を確立しようと決意しているからだろう。福田は、この問題に関する日本政府の立場を積極的に打ち出すことで、日本国内全体からの支持を獲得できると確信しているふしがある。福田はすでに先週、外務省をつうじて尖閣の法的地位を公表することで政界の反応を探ったが、その公表によって彼は日本国内で広範な称賛を受けた。[169]

福田のことを注視していたのは、マイヤーだけではなかった。この頃、キッシンジャー補佐官は、二国間関係について意見交換するための日米経済協議会の非公開会合に出席するという名目で、日本を訪問することを計画していた。しかし、その本当の理由は、佐藤の後継と考えられている何人かの人物に会って感触をつかむことだった。[170] 福田は次期首相候補の一人で、もっとも有力視されていた。

コロンビア大学教授で、後にカーター（James E. Carter）大統領の補佐官（国家安全保障担当）となるブレジンスキー（Zbigniew Brzenzski）は、キッシンジャーが日本に出発する（後に六月に延期された）前に助言を行うため、書簡を送った。ブレジンスキーは日本専門家ではなかったが、当時、日本での六カ月間の調査から戻ったばかりで、その成果は『ひよわな花・日本（*The Fragile Blossom : Crisis and Change in Japan*）』として一九七二年に出版された。[171] 彼は〔キッシンジャーに対し〕、日本の政治や社会に関する助言を行った上で、尖閣について次のように論じた。「日本人は、尖閣諸島に関して、あなたに懸命に主張してくるだろう。日本が正当な主張をしていることを何らかの形でわれわれが示さない限り、日本で感情的な反米的反応が起こるという可能性を、過小評価するべきではない。五月十五日〔沖縄返還の日〕の後、もし中国（どちらにせよ）がそこに兵力を送って国旗を立てようとしたらどうなるだろう？」。[172]

キッシンジャーは、それ以外にもいくつかの助言を受けた。アマコスト（Michael Armacst）は、「日本はアジアの多極時代に適応する」と題する一二頁の文書を、キッシンジャーとNSCスタッフのために準備した。彼は、ポモナ大学教授を務めた後、一九六九年から政府で働き、当時は国務省政策企画調整部に勤務していた（後に駐日大使になる〈一九八九―一九九三年〉）。この文書は、キッシンジャー訪日のために国務省が準備した説明用資料の中に、「日本外交を広範にかつ簡潔に評価した、包括的な内容のペーパー」がないことに気が付いたアマコストが作成したものである。[173]

その中でアマコストは、尖閣についての福田外相の発言とその背後にある動機について取り上げた。アマコストによれば、福田の発言の理由のひとつは、佐藤政権との関係改善を遅らせている中国に対して、日本の立場を強化することにあった。「福田氏は、公に尖閣諸島についての主張を提起することで、領土問題をめぐる中国に対する〔日本の〕国粋主義的感情を刺激しようとしている可能性がある。これにより、中国問題における日本国内の和解的な感情を抑制し、大衆の支持を背景に、より長期的に、中国に対して強い立場で交渉に臨むことを狙っているのかもしれない」と、アマコストは記している。[174]

第二の理由として挙げられたのは、福田個人の政治的動機である。アマコストは次のような警告を発している。

われわれは、福田氏が信頼の置けるアメリカの友人であるという評価が、確実なものではないということに気付くかもしれない。もし首相の座を引き継いだ場合、彼はおそらく自分への支持が脆弱であることに気付き、自らの立場を強めるには、国粋主義的感情——とりわけアメリカに対するもの——を動員するしかないと頻繁に感じることになるだろう。尖閣問題に関する福田氏の最近の発言は、中国とアメリカに対する国粋主義的反応を同時に大衆から引き出すために、彼が公式発表を利用することもまったく厭わないことを示している。[175]

アマコストは、自分のペーパーにあるコメントの多くが「あまりにもネガティブ」かもしれないと認め、そうした側面を強調することで、「日米間の多くの共通利益や協調関係が看過されるべきではない」と論じた。[176]だが同時に彼は、自分のペーパーは、「〔日米関係には〕安心材料はなく、われわれが極めて慎重にならなければ、日米関係はおそらく予想外の速さでほころびてしまうかもしれないという点を強調している」と論じた。[177]アマコストの見解が彼個人のものなのか、国務省内で広く共有されたものだったのかは不明だが、駐日アメリカ大使館は、日本政府当局者に鎮静化を促すと同時に、彼らの意見を注視し続けていた。

たとえば、駐日公使のスナイダーは、三月二十二日の福田とマイヤーの会談の翌日、吉野アメリカ局長と会談した。[178]しかし、駐日大使館と福田や吉野とのやりとりは、外務省当局者を抑制する上でほとんど何ももたらさなかったようである。外務省報道官による毎週のブリーフィングに出席していた（そしてその内容についてアメリカ大使館に伝えていた）アメリカの報道関係者によれば、和田は、オフレコの部分で、尖閣についてのアメリカの立場を「強く批判」した。[179]

同日（三月二十三日）、外務省は、二週間前に記者クラブで発表した声明の英語版を公表した。アメリカ大使館は、すぐにその声明を国務省に送付した。[180]同時に大使館は日本政府の行動について、その外務省の声明は「尖閣問題が日中国交正常化の障害となるように仕向け、中国への接近を遅らせるための受けのいい口実を自民党に与えるために作成された」ものかもしれないとコメントした。[181]

同日の正午過ぎ、佐藤は記者団に対し、尖閣についてのアメリカの立場に失望したと述べた。報道によれば、佐藤は、アメリカの態度が明確でないことに対し、「あれはよくない」と述べた。しかし彼は、尖閣についてニクソン大統領に何らかのメッセージを伝えるよう、マイヤー大使に要請したかどうかについては、答えようとしなかった。[182] 佐藤がこうした発言をしたのは、日中国交正常化を遅らせるという上述の動機を有していたからだったのか、それとも、首相としての在任日数が残りわずかになる中で、尖閣問題についての自分の考えをより積極的に示そうとしたからだったのか、明らかではない。

同日、ワシントンでは、牛場がグリーン（Marshall Green）国務次官補を訪問し、尖閣諸島に関する日本政府の立場について説明するとともに、国務省の新しいプレス・ガイダンスの文言に変更を求めた。グリーンは、新しいガイダンスはまだ使用されていないと説明した。そして意見交換の結果、グリーンは、今後、尖閣に対するアメリカの立場について記者から質問された場合、国務省は基本的に、一九七一年四月九日のガイダンスの方針に従って回答するという牛場の要請に同意した。[183] 牛場は続けて、アメリカ政府に日本の主張を支持してほしいと表明した。さらに牛場は、日本政府はアメリカの立場を理解するとしつつも、アメリカの報道官が日本の立場を損なうような発言をするのを控えるよう要請した。牛場はとくに、「アメリカが」尖閣をめぐる「紛争や領有権をめぐる対立の存在」に言及することに反対した。なぜなら日本政府の公式の立場は、「日本以外の国による尖閣に対する領有権の主張の法的根拠はない」ため、そもそも「領有権をめぐる」対立は存在しないというものだったからである（この立場は今日も維持されている）。[184]

グリーンは、新しいガイダンスはまだ使われていないし、国務省は、「ガイダンスで言及されている」海軍の射爆訓練区域についてはまだ報道陣から質問されていないと繰り返した。牛場はガイダンスを見ながら、アメリカ政府が、射撃訓練区域を保持することは日本政府の立場を支持することを意味しないと述べるときには、日本政府は、アメリカ政府が「一貫性を欠く」と考えるし、日本国民も「まったく自然に」そのように解釈するだろう、と述べた。[185] そして、（福田派に近い）牛場は、次のように続けた。「それゆえ、アメリカ政府が、この問題についていかなる立場もとらないと述べていることに対し、日本国民は困惑している。この問題や最近の日米関係の展開から、日本国内では、『アメリカが突然日本に対して非常に冷淡になった』という印象が広がっている」。[186] これに対し、グリーンは、尖閣についてのすべての発言を日本と調整することが重要だという考えを伝えた。しかし、アメリカが射爆訓練区域を維持していることは、アメリカが日本政府の立場を支持することを示していると外務省当局者が述べたという新聞報道は、「明らかに危険」だと懸念を表明した。[187] 牛場は、自分はアメリカの立場を理解しているし、「尖閣問題に関する報道が少なければ少ないほど、日米双方にとって望ましい」という点に同意すると語った[188]。牛場は国務省を訪れた後、すぐに報道陣に〔グリーンとの〕会談内容を話し、グリーンが、アメリカ政府は〔尖閣諸島の〕領有権の問題については中立的な立場を維持すると繰り返した、と述べた（グリーンが会談の中で、こうした記者会見〔の存在〕について前もって聞いていたかどうかはわからない）[189]。

翌日、記者たちは、尖閣についてのアメリカの立場に関する福田外相のコメントについて、国務省のブレイ報道官に質問した。そのやりとりは、国務省から東京の駐日大使館への電報によれば、「プレス・ガイダンスから少し逸れた形で」次のように行われた。

質問：火曜日に、日本の外相が尖閣に関するアメリカの立場について懸念を表明しました。二つ質問があります。アメリカの立場はどうなっているのか、そして尖閣諸島の領有権についてアメリカ政府と日本との間で協議は行われてきたのか、お話しいただけませんか？

回答：ええ、この問題は、昨年四月から〔沖縄返還協定に関する〕一連の問題の一部として、相当詳しく協議されてきたと思われます。あなたは、〔詳細についての〕記憶を新たにするため、その議事録を見たいと思うかもしれません。〔いずれにせよ〕この問題におけるわれわれの立場のもっとも重要な点は、領有権をめぐって対立状況が生じた場合には、当事国は、アメリカの琉球統治が始まる前の時点にさかのぼってそれぞれの主張を検証し、自分たちで問題を解決するべきだというものです。

質問：それでは、あなた方は、尖閣の領有権は国際的に検討される問題であるという立場——かつて台湾に関してとられていた立場——をとっているのですか？

回答：思い出すので、少し待ってください。講和条約のもとでわれわれが尖閣の施政権を獲得したことから出発しましょう。そしてわれわれは沖縄返還の一部として、日本政府に施政権を返還するのです。

質問：私は領有権について話しているのですが。

回答：それは、この主題について私が表明しようとすることを超えています。

質問：それでは、われわれは領有権についてはいかなる立場もとらないと、こういうことでしょうか？

回答：私は、領有権の主張の対立に関するわれわれの立場は、当事国によって解決されるべきだと述べているのです。

——これがわれわれの立場だと思います[190]。

この後、上のようなやり取りを避けるため、駐日大使館はプレス・ガイダンスを「厳守する」よう指示を受けている[191]。

東京では、外務省が報道陣に対するブレイの回答に「強く反発」していた。外務省当局者は、日本の立場を「害するような」発言を「厳に慎むべきだ」とアメリカ政府に「厳重に申し入れている」ことを、メディアに明らかにしたのである[192]。彼らはまた、講和条約第三条の下で二〇年間にわたり尖閣の施政権を行使してきたことや、返還後も二つの島を射爆訓練区域として使用し続けるという事実に照らして、アメリカ政府が中立的立場をとることは「非論理的」だという見解を表明した。(193)

野党も、アメリカの政策を批判し始めていた。かつて片山哲首相の秘書官を務めたことのある、日本社会党の森元治郎参議院議員は、〔三月二十三日の〕参議院外交委員会における福田への質問で、「アメリカがよけいなことを言う必要はない」と述べた。そして彼は、福田に対し、訪米してアメリカ政府に「くだらぬことをいうな」と伝えることを提案したのである。(194)

日本と隣国〔国府と中国〕との間の舌戦が急速に激しくなるとともに、アメリカの中立政策に対する日本の批判が強まるのを目の当たりにして、駐日アメリカ大使館は一九七二年三月末、外務省に対し、「あらゆるレベルで、〔…中略…〕状況を落ちつかせるべきときが来た」と伝えた。(195) 同時に大使館は、木内昭胤アジア局地域政策課長に、尖閣問題にかかわっている外務省のすべての部局の「様子を探る」よう要請した。木内は、吉田健三アジア局長、橋本恕中国課長、影井梅夫国際連合局長、橘正忠アメリカ局長心得、そして熊谷直博法規課員と協議した。(196) 木内は、一連の「先週のオフレコ発言は、抑制を欠いたものだった」と遺憾の意を示し、外務省内の考えに関する彼の「率直かつ個人的な評価」を大使館に伝えた。(197) 木内は、外務省内のコンセンサスについて次のように説明している。

沖縄返還交渉の中で始まった、この問題に関するアメリカ政府との長い協議の後、外務省は、双方が合意できないことに合意しなければならないということを認識した。外務省は、アメリカ政府がその立場を変えることは難しいと理解している。最近の国務省による説明は、日本政府の観点から見て、これまでよりは幾分か有益だった。なぜなら、領有権がすでに問題になっていることを示唆する語句が、「そのような〔領有権をめぐる対立〕状況が生じた場合には」という言い回しに変更されたからである。当然ながら、日本政府はもっと大きな変更を望んでいた。それはともかく、外務省は、アメリカ政府との相違が拡大することを望んではいない。国会や国連で制御不能な出来事が発生し、公式声明の追加発表が必要になるかもしれないが、外務省と日本政府は、この問題を鎮静化させていくつもりである。(198)

木内は、アメリカ大使館員に対し、日本政府は尖閣問題が日中関係に大きな影響を与えると考えていないと述べて、この会談を終えた（結局、尖閣問題は一九七二年の日中国交正常化の障害にならず、一九七八年には日中平和友好条約が締結された）。駐日大使館は、木内の言を額面どおり受けとったわけではないと思われる。〔電報の中で〕大使館が、日本政府は中国の立場について調査中で、中国の主張に反論する証拠を集めているという記事が『東京新聞』に掲載されていたことに言及していたからである。いずれにせよ、大使館は、「領土問題は日本の世論が反応しやすい問題であり、今後問題が発生すれば、また激しい反応が起こるだろう」と指摘しつつも、外務省は「本気でこの問題を新聞の一面から取り除こうとしている」と考えていた。[199] 別の電報では、大使館は、次のように国務省に報告している。「状況を落ちつかせるべきときが来た」という上述のメッセージを大使館が伝えた際、外務省側の「反応はよかった」ので、翌週の早いうちに「なんらかの進展」を報告することができるだろう、と。[200] しかし、間もなく中国が尖閣をめぐって日本を再び批判したことで、大使館は——おそらく外務省も（少なくとも木内は）——失望しただろう。

その間、国務省は三月の終わりに、駐台アメリカ大使館に対して緊急の電報を送り、次のように伝えた。その内容は、国府へのさらなる説明が望ましいと大使館が感じた場合、アメリカ政府が尖閣という敏感な問題を鎮静化させる必要性があると日本政府に「理解させた」ことを、国府に知らせることを認める、というものだった。[201] また国務省は、尖閣諸島のすべての島は沖縄返還協定にもとづき日本に返還され、尖閣に関するアメリカの立場に変更はないことを国府に知らせるべきだと伝えた。

沖縄返還協定の仕上げの局面として、尖閣に関連する未解決の問題がいくつか存在した。以下では、それらを見ていく。

▼尖閣の防空識別圏と訓練区域

一九七二年春の尖閣と沖縄の返還に関連して、決定が必要とされていた問題のひとつに、日米の防衛上の責任分担の問題、より具体的には日本がどのような責任を担うのかという問題があった。一九七一年六月二十九日に調印された「日本国による沖縄局地防衛責務の引受けに関する取極」——いわゆる久保・カーティス取極——が、この問題を進める際の基礎となった。[202]

日米が決定した防衛責任の分担のひとつが、沖縄を含む新しい防空識別圏（ＡＤＩＺ）の設定であった。防空識別圏は、国籍不明の航空機が領空を侵犯するのを防ぐために設定される空域である。これは、領空とは別のものであり、防空識別圏への無断進入が起こった場合、通常、設定国はスクランブルなどの措置をとる。当時の日本の場合だと、航空自衛隊が、もとはアメリカから調達した要撃戦闘機であるＦ１０４Ｊを緊急発進させることになっていた。[203]

防空識別圏の問題に関する協議は、一九七一年春の初めに始まり、同年六月までに公に知られることとなった。[204] 暫定的な運用計画——計画では、日本と台湾の防空識別圏の境界線が琉球諸島最南端の与那国島の上空になっていたため、日本からすると不完全だった——が作成されるまで、一年を要した。[205]

一九七一年三月十一日、沖縄防衛についての協議の過程で、日本の統合幕僚会議の当局者たちがアメリカ側に対し、与那国島を「二つに分ける防空識別圏の境界線（東経一二〇度と一致する）は望ましくない」と提起した。彼らは、「この島の唯一の飛行場が、台湾の防空識別圏の内側にあることが問題だ」と指摘したのである。[206] そして統幕の当局者たちは、琉球諸島の施政権が日本に返還される前に、アメリカ側が防空識別圏を西へ移動させる措置をとるよう要請した。アメリカ側は、「現在の運用計画は十分満足できるものだ」と述べて、日本側の懸念を和らげようとした。しかし、日本政府は明らかに、〔防空識別圏を沖縄返還前に移動させることで〕尖閣問題をめぐって「中華民国政府との衝突を回避することを望んでいた」[207]。

この三月十一日の日本側の要請を電報で受けとったＣＩＮＣＰＡＣ（太平洋軍司令部）は、翌週初めには、日本の要請を機械的に受け入れることにはためらいがあると回答した。ＣＩＮＣＰＡＣは、日本が返還前に防空識別圏を西へ移動させることを望んでいることは「理解できる」と認め、境界線を物理的に調整すること自体は「比較的簡単」だと指摘した。その一方で、「沖縄返還の結果生じる政治的な敏感さや尖閣をめぐる領有権の問題を踏まえると」、その提案を慎重に評価するべきだと促している[208]。そしてＣＩＮＣＰＡＣは、駐台アメリカ大使館とＣＯＭＵＳＴＤＣ（アメリカ台湾防衛司令部）が調整の上で回答することを求めた。

三月二十一日、その回答が示された。駐台アメリカ大使館は、防空識別圏を西へ動かすことに対して、おそらく国府から「強い反発」が生じるだろうと論じ、「この問題が、日本政府と中華民国政府との間で解決されることが可能になる」沖縄返還の後まで、現在の境界線を維持するよう勧めた[209]。

しかし、ＣＩＮＣＰＡＣは、これが国府にとって敏感な問題であることを認識しつつも、上記の回答に満足しなかった。ＣＩＮＣＰＡＣは、「もし防空識別圏の問題が未解決のままになれば、沖縄返還の結果生じる日本政府と中華民国政府の間の摩擦の種がさらに増えることになり、地域協力も後退することになろう」と記している。そして、沖縄返還の前に、日本政府と国府の双方が同意できる条件で、状況が改善するよう努力することが、アメリカの国益に適うと論じたのだった[210]。その上でＣＩＮＣＰＡＣは、「普段から防空識別圏の手続きを調整している防衛機関」をとおして、国府に変更案を提示することを提案した。

この変更案は与那国島の西方に弧を設定するものだが、防空識別圏の調整は与那国周辺に限定される。ここで設定される弧は、返還後に日本政府の領空となる部分を覆うのに必要な範囲を超えるものではない。防空識別圏の調整は、国府が領有権の法的根拠を有していない地域に限定して行われる。これにより、自国の領空が部分的にせよ国府によって管理されていることに対する日本政府の不満は取り除かれるであろう[211]。

ＣＩＮＣＰＡＣは、この問題が〔政治的にも〕敏感なものである点を踏まえると、以上のアイデアを国府に提起する前に、ワシントンの承認を得る必要があると指摘した。しかし、次の行動がとられる前に、日本側がこの問題の「敏感さ」を理由に要求を取り下げた[212]。皮肉というべきか、先取りしていたというべきか、結局この四〇年後、防衛庁から昇格した防衛省が、防空識別圏の境界線を移動することになる[213]。

さて、一九七二年春、防衛庁は、防空識別圏の運用計画を完成させた。八三万四〇〇〇平方キロメートルの空域をカバーするこの新しい防空識別圏は、アメリカ軍から引き継いだものだったが、いくつかの変更が加えられた。そのひとつとして、中国を挑発しないようにするという配慮から、アメリカ第五空軍が管理していた防空識別圏の北西部分の二万三〇〇〇平方キロメートルの区域（これは、中国大陸に近い地域だった）が除外された。[214] 加えて、江崎真澄防衛庁長官が、おそらく台湾や中国に配慮して、尖閣諸島への防衛出動は差し控えると発表した。[215]

それにもかかわらず、防衛庁は、尖閣が日本領だという日本政府の見解に沿って、新しい防空識別圏に尖閣を含めることを決定した。当時の新聞記事によれば、防衛庁は、「[防空識別圏から]尖閣諸島を除外すれば、尖閣に対する日本の領有権の主張について誤解を生じさせる」ことを恐れたのである。[216] この新しい政策は、四月十二日の衆議院内閣委員会で、自民党の加藤陽三の質問に答えた久保卓也防衛庁防衛局長によって公表された。[217]

この防空識別圏は、沖縄が日本に返還された五月十五日に発効した。そして、「久保・カーティス取極」によって一九七三年一月一日から、航空自衛隊が、国籍不明の航空機に対する要撃の任務を、横田空軍基地に司令部を置くアメリカ第五空軍から引き継いで担うことになった。

しかし、アメリカ側が［日米の］共同作戦計画の中に尖閣を含めることを渋っていたことは、指摘されねばならない。このことは、一九七一年九月初めに明らかになった。米軍と自衛隊は、いわゆる共同統合作戦計画（ＣＪＯＥＰ）について協議する必要があったが、ＣＩＮＣＰＡＣは、「アメリカがＣＪＯＥＰの中で尖閣のことに言及するのは不適切だと思われる」と考えていた。なぜなら、「ＣＪＯＥＰの中に尖閣防衛を含むことを認めると、アメリカが日本の領有権の主張を暗黙のうちに認め、支持することになる」からである。[218] ＣＩＮＣＰＡＣは、日本の統合幕僚会議が尖閣防衛のための日本単独の計画を作成することを、アメリカが禁止することはできないと指摘しつつも、「そのような計画が［…中略…］日米の共同／統合防衛計画の一部になる」ことを望まなかったのである。[219] 後にアメリカ政府は、日米安保条約は実際問題として尖閣諸島にも適用されると認めることになるが、当時は、尖閣防衛に関する計画を作成することに極めて慎重だったのである。

新しい防空識別圏の設定は、日本国内で大きく注目された。たとえば社会党は、中国への配慮が示されたにもかかわらず、中国を挑発する可能性があるとして、新しい防空識別圏を批判した。鹿児島県選出の川崎寛治社会党国際局長は、記者会見で、防衛庁の決定は、この地域の石油資源開発が国際問題になっており、「尖閣諸島の領有権をめぐって日本、台湾、中国が対立している現時点では賢明ではない」と述べた。[220]

社会党が以前、尖閣は日本の一部だと考えると発表していた事実を踏まえると、この立場はいささか奇妙である。だが社会党は、中国とのより緊密な関係を望んでいただけでなく、尖閣を含む日本の領土の防衛責任を持つ自衛隊の存在を違憲だとしていた。

アメリカ政府は、もうひとつ、別の問題に関心を持っていた。それは、沖縄返還後も赤尾嶼と黄尾嶼の射爆訓練区域の使用を継続するとした米軍の計画について、日本政府と日本のメディアがどのような見方を示すかという点であった。早くも一九七一年五月、記者たちは、アメリカが二島の使用を継続しようとしていることを知った。五月十一日、匿名の外務省当局者が、米海軍は返還後もこの射爆場を使用する意向であることをリークしたのである。(221) そして、おそらく外務省当局の協力を得て、日本のメディアは、以下のことを指摘するのに「懸命になっていた」。すなわち、アメリカは尖閣の領有権問題にかかわらないという立場をとっているものの、射爆訓練区域を維持したいという要請は、「アメリカが尖閣に対する日本の領有権の主張を支持していることを示唆している」のであり、「日本の立場を支援することになる」というのだった。(222) こうした報道のひとつの例として、保守系の『産経新聞』の次のような記事があげられる。「米側は、尖閣列島問題については、米中関係への配慮からつとめて局外者的態度をとっているが、返還後は射爆場の使用について主権者日本の了解を得なければならなくなるわけで、政府はこれで尖閣列島の領有権についてさらに有力な裏付けができることになるとしている(223)」。

これらの記事が掲載されたことで、同日ワシントンでは、国務省の報道官に対して、尖閣の射爆訓練区域についての質問が出された。(224) これに先立ち国務省内では、東京のアメリカ大使館や省内の関連部局からの情報にもとづいて、質問への回答用のプレス・ガイダンスが作成されていた。そこではまず、米海軍は黄尾嶼と赤尾嶼に射爆訓練区域を有しており、それらは訓練のためにまれに使用される、と説明することになっていた。加えて、「さらに質問された場合」の応答要領として、「アメリカが返還後もこれらの訓練区域を継続して使用する可能性について、日本政府と協議している」と応える方針も示された。(225) また報道官は、次のような背景説明を行うことも指示されていた。「これらの射爆訓練区域は、〔沖縄〕返還後に、日米地位協定にもとづいて提供される施設および区域のリストに含まれている。このリストは、日米合同委員会で承認するため、アメリカが日本側に提出したものである。〔いずれにしても〕われわれは、訓練区域の問題が尖閣の領有権問題と関係しているとは考えていない(226)」。

沖縄の施政権返還が翌月に迫る中、日本の政府当局者は、米軍による射爆訓練区域の継続使用を、日本の領有権の主張に対するアメリカ側による支持として解釈していたが、このことをアメリカの当局者は懸念していた。結局アメリカ政府は、この点を踏まえて、一九七〇年代末までに、尖閣の射爆訓練区域の使用を停止することを決定した。しかし、これらの射爆訓練区域は、日米地位協定の下で、依然としてアメリカ政府に提供されている。

図5-2　沖縄返還協定調印式

▼五月十五日の抗議に対する懸念

沖縄返還の約二週間前の四月二十九日、台湾では、国府と国民党が、尖閣関連の学生デモの可能性について、高級会合を開いていた。その会合に出席した銭復外交部北美司長によれば、国府の情報部門と張寶樹国民党幹事長は、「混乱の可能性を深刻に懸念」していた(227)。別の出席者は、「昨年のように」尖閣問題に学生が関心を持っているという徴候はないと述べた(228)。

それにもかかわらず、駐台日本大使館は、台湾人グループが五月十五日に尖閣に上陸しようとするかもしれないという報告に強い懸念を示し、五月一日に伊藤博教公使が銭復のもとを訪ね、この件について質したほどだった(229)。伊藤は、日本の極右による上陸の可能性にも触れた(230)。

伊藤の情報は、日本本土と沖縄の右翼グループに関する警察庁からの報告にもとづいていた。同じ情報は、日米琉諮問委員会日本政府代表の高瀬侍郎にも共有されており、高瀬はそのことについて、四月二十八日の昼食会の場で、ランパート高等弁務官とその政治顧問のノールズにも伝えた。高瀬はランパートに対し、この問題に対して「個人的に注目」しているかどうか、そして尖閣に上陸しようとする「一部の動き」を阻止するため、琉球警察に必要な準備をさせるかどうか尋ねた(231)。高瀬が指摘するには、とくに重要なことは、上陸を計画している人物に船舶を雇わせないことであった。高瀬は、日本政府は返還まで尖閣の情勢が静穏であることを望んでいると付言し、高等弁務官の協力を要請した。ランパートは、米国民政府公安局をとおして、アメリカ側は何者かが尖閣諸島に上陸するのを防ぐため、琉球警察と秘密裏に協議を行うだろうと回答した。

その後、米国民政府公安局は琉球警察に対し、右翼的な衝動に触発された事件が返還前に発生するのを予防するため、実行可能なあらゆる措置をとるよう要請した。琉球警察は、すでに沖縄入りしていた先発隊二名の見張りを続け、また全体の状況を監視するために警察庁と協力した。ある電報によれば、琉球警察は、返還前の時期に尖閣に上陸しようとする者を拘留したり、尖閣への上陸計画が発覚していない状況でも、周辺地域を予防的に捜索したりする計画をたてていた。
日本政府が表明した懸念は、駐台アメリカ大使館にも伝えられた。この情報を受け取った駐台大使館は、高等弁務官に対し、国府と情報を共有することを提案した。駐台大使館は、もし沖縄と日本で予防策がとられていることを国府に知らせることができれば、返還前に台湾船が無許可で尖閣へ行く機会が「大幅に減る」かもしれないと、考えたのである。[232] ランパートは翌日、これを了承するとともに、民間の中国人グループによる同様の試みを助長するかもしれないので、日本の右翼が尖閣に上陸しようとしていることを公にしないよう、大使館が国府に要望することを求めた。[233]
大使館員は五月初めに銭復と会い、日本の右翼が返還前に尖閣に上陸しようとするかもしれないので、琉球警察が、五月十四日に尖閣での捜索を行うことを含め、周辺海域のパトロールを強化するだろうと述べた。その上で大使館は、このことが東京と台北の報道機関に取り上げられて公になるのは避けたいと説明した。[234] 銭復は、この情報についてはすでに伊藤からも聞いていると述べながら、謝意を表明した。そして彼は、この問題が公になるのを回避することに同意すると述べたのだった。
沖縄返還は、五月十五日に実現した。ランパートは前日に、東京の佐藤首相を表敬して沖縄を離れていた。この日〔十五日〕の夜、台北のアメリカ大使館は、沖縄返還協定が発効されたことに抗議するデモが、アメリカ大使館と日本大使館のどちらでも起きなかったことを報告した。駐台アメリカ大使館員は、このように状況が落ち着いていた理由として、いくつかの要因を挙げた。すなわち、大使館を警護する警察官が「目に見えて」増員され、デモに対する「断固とした、一致した反対〔の姿勢〕」が示されていたこと、および国府が、琉球や尖閣の返還問題についての公的立場をすでに表明していたこと、である。[235]
結局、アメリカ大使館が国務省に報告したように、国府は「今までのところ、琉球や尖閣の返還に対する反発の感情を、報道の中での穏健な抗議という形に押し止めることに成功している」。[236] 国府は五月九日、自国はこの〔沖縄返還の〕問題を不満に感じており、対応策をとっているという声明を発表していた。その目的は、自国民（とくに学生）や世界に向けて自らの立場を示すことや、これを記録として後世に残すことにあった。[237]
それでもなお、学生たちは失望していた。国立台湾大学では、学生が五月十四日にデモを組織した。横断幕のほとんどは、政府の取り組みを支持するものであり、それはおそらく、政府の努力をもっと理解してほしいとする外交部長や銭復の懇願を考慮に入れたものだった。しかしそれにもかかわらず、横断幕は、国府による「言葉ではなく行動」を要求し、日本とアメリカの「帝国主義」を攻撃していた。[238] 興味深いことに、五月十五日の新聞各紙は、デモについては報道せず、「二義的な扱いで、かつ二面以降で」沖縄返還を報じただけだった。ただし、社説では、アメリカが琉球を日本に引き渡すことはカイロ宣言やポツダム宣言に違反しており、釣魚台列嶼の施政権が引き渡されれば、米華関係は深く傷つくだろうと力説した。[239] 学生たちによる抗議運動は、大学当局と国民党が学生たちを引きとめようとしたことに加え、当日に大雨が降ったこともあり、予想されたよりも小規模となった。しかし、アメリカ大使館の報告によれば、「学生の大集団は、何時間も大雨に打たれるのをものともせず、自分たちの不満を説得力ある形で印象づけ、中国の主権に対する侵害と見なされることに反対を表明すべきだとの信念を示した」(240)。

他方、香港では、抗議デモはより大規模化し、手に負えないものとなっていた。抗議を主導した学生たちは、二つのグループに分かれていた。香港の中心部で五月十三日にデモを開催するための許可申請が当局に却下された後、香港学生連合会は、『セブンティーズ・バイウィークリー』と分かれ、中心部でデモを開催するという計画を実行した。『セブンティーズ・バイウィークリー』は普段、より過激な行動をとっていたが、今回は中心部から離れた大きな公園でデモを行うようにとの当局の勧告を受け入れていた。後述するように、結局は、二つのグループの集会は合流することになる(241)。

アメリカ総領事のオズボーンの報告によれば、中心部での集会の主催者は、沖縄と尖閣の返還に対する今回の抗議を、北京寄りの姿勢がとられてきた以前のデモとは異なる形で実施していた。すなわち主催者たちは、「二つの中国」の問題に関しては中立的な立場をとり、そのかわりに「保釣」の要求とアメリカ帝国主義への非難に集中することを明確にしていた(242)。オズボーンによれば、同時に行われたより過激なグループによる「合法的なデモ」〔『セブンティーズ・バイウィークリー』のデモ〕には、二〇〇人が集まって演説をしたり歌ったりしたが、その後中心部へ行進し、もうひとつのデモに合流した(243)。警察が〔デモに〕干渉しないように指示を受けていたのは明らかで、中心部でのデモは約一〇〇〇人へと膨れ上がり、横断幕を掲げ、歌を歌いながら、日本総領事館とアメリカ総領事館へ向かった。彼らは、日本総領事館で抗議書を渡したが、アメリカ総領事館では、海兵隊の守衛から土曜日は閉館していると言われると、抗議書を破り、とくに問題を起こさずに解散した(244)。

香港のメディアの社説は、左右どちらも沖縄と尖閣の返還に批判的だったが、抗議デモそのものについては、警察が暴力的な衝突を回避したことを評価した以外は、コメントしなかった。

ワシントンでは、主催者側によれば約一〇〇〇人の香港や台湾からの中国人学生が、リンカーン・メモリアルと国務省の間のナショナル・モールで開催された集会に参加し、その後、マサチューセッツ・アベニューにある日本大使館へと行進した(245)。この抗議デモの前日、国務省の情報覚書では、ベトナム反戦デモやその他のデモに対する警報が出されていた。背景には、このデモに関わった中国平和統一委員会という団体（以前は釣魚台委員会と呼ばれていた）が、書簡を提出するために、国務省当局者との面会を要求していたことがあった(246)。国務省当局者は、佐藤首相と国府宛てのこれらの書簡や、この集会に関連する文書の内容と論調を検討し、「これらの文書で強調されている文言は、現在、誰が〔運動を〕主導しているのかを示している(247)」

として、親中勢力がこの運動を支配していると結論付けた。

アメリカ、およびその同盟国である日本と台湾が、抗議デモの場所として、あるいはその標的として、デモとの接点を有していたという事実は、アメリカが尖閣問題と深く結びつけられていることを、象徴的に示していたと言えよう。

結論

駐日大使を務めたマイヤー（Armin H. Meyer）は、後年、当時の尖閣諸島に関する状況について次のように書いている。「アメリカの立場はこれら文書〔沖縄返還協定〕の中に注意深く反映されているが、それはこれまでの管理者として、歴史的な領有権の主張とは無関係に、ひとまず日本に施政権を返すのみだというものだった。このようなずるい態度は、対立する三カ国のいずれからも恨まれたが、おかげでわれわれは、何年も続きそうな論争に巻き込まれないですむことになったのである」[1]。

確かにその後もアメリカは、一九六九年から一九七二年にかけての時期と同様、尖閣問題に巻き込まれることはなかった。だが筆者は、「われわれは、何年も続きそうな論争に巻き込まれないですむことになった」というマイヤーのコメントに、そう簡単に同意することはできない。東アジア地域の平和と安定――より具体的には日本、中国、台湾の間の平和と安定――は、アメリカの国益にとって非常に重要であり、アメリカが無関係のままでいることはできないのである。

実際アメリカは、過去一〇年間にわたって、事実上、日米安保条約が尖閣諸島にも適用されることを日本に確認してきた。この立場が「アーミテージ・ドクトリン」と言われてきたのは、序章で述べたとおりである。加えて、アメリカと日本は、〔米軍と自衛隊の合同演習をつうじて〕尖閣諸島への上陸ないしその奪還のために必要となる、水陸両用作戦能力の相互運用性の向上に向けた第一歩を踏み出した。

このようにアメリカは、日米安保条約第五条が尖閣にも適用されるという立場を再確認してきたわけだが、それは明らかに、一九九〇年代後半に日本がアメリカの防衛コミットメントに対して抱いた深い不安を踏まえた上でのことであった。日本の不安は、九〇年代後半に起こった台湾海峡危機や〔尖閣に関する〕国務省の政策の混乱、そして中国の台頭や中国海軍の活発な動きによって増大したものである。

とはいえ、日米安保条約が尖閣に適用されるというアメリカの立場を細かく検討すると、深刻な懸念が生じてくる。このアメリカの立場については、全体を修正する必要はないが、その内容を明確にしておく必要があろう。

本書で述べたように、尖閣をめぐってアメリカは、一方では中立の立場を示しながら、もう一方では日本に対して安全保障上のコミットメントを提供する立場を示してきた。しかし、それぞれの立場には、二つの避けがたい問題がある。そのうちもっとも大きなものは、尖閣をめぐってアメリカに、日米相互安全保障条約(2)第五条にもとづいて日本を支援し、中国をはじめとする第三国と戦う意思があるのかという問題である。

筆者は、アメリカがそうすると信じたい。というのは、それがアメリカの条約上の義務と道義的責務から見てきわめて重要であるばかりでなく、アメリカのコミットメントの信頼性を維持し、ひいては日本や東アジア地域の他の同盟国・友好国のための抑止力を強化する点でも死活的に重要だからである(ここでは中国による尖閣の占拠が、沖縄全体の掌握ないし中立化に向けた第一歩となるという考えについてはさておく)。

序章で触れたように、二〇一二年十二月にアメリカ上院で、尖閣諸島に関する条項を盛り込んだ二〇一三年度国防授権法が採決された。このことは、アメリカ上院が、日本の尖閣防衛に対する支援を支持することを意味する。だがこれも序章で言及したとおり、ジャーナリストのクリストフ(Nicholas D. Kristof)は、次のような疑問を呈しながら、非常に重要な論点を提起した。すなわちそれは、はたしてアメリカ国民やその国民が選んだ政府当局者が、日本側に領有権があることを認めてすらいない島嶼の防衛のために、米軍を使用するという決定を、最終的に支持するのかという問題である。

加えて日本は、過去五年間(実際には四〇年間)にわたって南西諸島の防衛強化を宣言してきたが、これまで、その適切な努力を十分にしてこなかった。二〇一二年までの一〇年間、日本は全般的な防衛努力や予算を縮小してきており、加えて、自衛隊の効率性と有効性を高めるための統合運用体制を追求してもこなかった。今日必要とされている、島嶼防衛のための水陸両用作戦能力の強化を進めてこなかったとも言える。

このことからすれば、アメリカの国民や議会は、日本が真剣な防衛努力を払ってこなかった領土の防衛を支援するために米軍を使用することを、支持しようとはしないだろう(この点、日本のメディアや政治家が、イデオロギー的、政治的理由などから在沖・在日米軍兵士を批判することも、アメリカの国民や議会が日本の問題を支援する上でのプラスにはならない)。

いまひとつの難問は、実際に何が起こったか明確ではない中で、尖閣で何らかの衝突が勃発するという状況、あるいは日本が本当に攻撃を受けたのかどうか判然としないという状況である。歴史上、とくに日中関係の歴史においては、先にどちらが攻撃したのか分からない、曖昧な事例が豊富にある。またその際、攻撃した側の国は、経済的、政治的、外交的影響力を行使したり、活発な広報活動を展開したりするかもしれない。さらには、サイバー戦をとおして実際の行動を隠ぺいし、自国が犠牲者であるように見せかけたりするかもしれない。あるいは少なくとも、そのような疑念の種を振りまいたりするかもしれない。

尖閣に関して言えば、領有権を主張している中国や台湾（アメリカもこの点には異議を唱えていない）は、日本が尖閣とその周辺海域を強奪した侵略国として認識されるような状況を簡単に作り出すことができる。もし何が起きたのか確信が持てなければ、アメリカが日米安保条約第五条にもとづき日本の防衛を支援する義務を負うことはないだろう。さらに、以下のような場合には、アメリカ政府は尖閣問題に巻き込まれないための口実を探すかもしれない。それは、①そのときのアメリカの政権が経済的かつ政治的に中国からの大きな影響を受け、軍事的に中国を恐れていた場合、あるいは②アメリカ政府当局者が以前の自国政府の立場を把握していない、ないしは単に無能であった場合、そして③アメリカ政府が別の地域で発生した危機で動けなくなってしまった場合、である。実際、中国が過去五〇年間以上にわたって尖閣諸島の領有権を主張してきたのに対し、アメリカ政府は中国の主張を完全には拒絶してこなかった。アメリカまたは中国はこの事実を指摘することができる。したがってこの論理にもとづけば、中国は他国の領土を侵略しているのではなく、自国の領土を解放しているのだということになる。海上で衝突が起きた場合でも、同じことが当てはまるだろう。

中国としては、日中間に領土問題が存在し、対立がいかなるものでも侵略国は日本だという疑惑の種を国際社会にまいておくことで、とくに日本が東シナ海で軍事力を行使した場合に（たとえ日本が自国の領土を守っているだけだと主張しても）、日本は好戦的であるということを、世界や地域の国々に確信させることができるかもしれない。

そうなってしまうと、日本はたとえ陸上ないし海上での戦闘で勝ったとしても、広報宣伝活動を積極的に展開しなかったばかりに、気づいたときには尖閣を失っていたということになるかもしれないのである。国際社会は、日本がこの問題で意見を述べたり尖閣を奪還したりする前に干渉し、停戦を求めるだろう。現在の日中間の緊張に鑑みると、この種の事態は、「もし」の問題ではなく、「いつ」の問題なのかもしれない。

この点、アメリカの東アジア外交の歴史において、しばしば親日派と親中派という二つの派のせめぎ合いが存在したことは看過できない。このせめぎ合いは、およそ一世紀前から第二次世界大戦に至るまでの期間にも存在した。今日においても、尖閣問題をめぐって再び同じように親日派と親中派のせめぎ合いが生じるかもしれない（しかし、二つの派がせめぎ合う理由は、過去とは異なる。今日、中国は世界第二位の経済大国であり、もはや〔日中〕二国のうちの脅かされる側の国ではない。中国は、かつてのように、アメリカの支援を受けて苦しみながら近代化を目指した、弱小国ではないのである）。

同じように中国は、自国を尖閣から追い払うことを困難とするような、いくつかのシナリオを用いるかもしれない。たとえば、しばしば尖閣周辺海域にあらわれる漁民たちは、尖閣に上陸後、そこに留まり続けるだけで、一種の居留地を形成することができる。この場合、大規模な漁民の集団を排除することは困難であろう。もしこれらの「漁民」が、実際には準軍事的な集団であれば、排除することはより難しくなる。

加えて、より目立たない動きで、中国船が機関トラブルまたは悪天候の回避のためといった緊急事態を申し立てて、尖閣に滞在したり、あるいは海上または陸上に実質的なプレゼンスを確立したりするかもしれない。さらには、難破または他の事故によって、中国人などが尖閣諸島のいずれかの島に取り残された際に、彼らを「救助する」ために軍が動くべきだという要求が高まる可能性もある。その他のシナリオとして、地震や津波が発生した後、中国が与那国、石垣、宮古といった尖閣に近い島に救援に来るといったことが考えられる。そしてその間に中国は、理由はどうであれ、尖閣のうちのひとつまたは複数の島を利用したり、そこに上陸したりするであろう。

要するに、日米安保条約の「第五条」を無意味にできるシナリオは無数にあり、それゆえ日米の政策当局者は、「第五条は尖閣に適用される」という立場だけに頼ることはできない。この立場が、すべての状況に適用できるわけではないからである。これらの「尖閣に日米安保第五条が適用される」という立場が無効化されるシナリオは、機密情報でも何でもない。単に、知的誠実さにもとづき、常識を述べただけなのである。

以上の議論は、紛争の背後に中国による何らかの意図的行動があることを前提としている。この点、中国の指導者たちは、日本との間で紛争が発生することまでは望んでいないかもしれない。ただ、中国がこれまでに出してきた声明は、中国が尖閣をめぐる紛争に反対してはいないことを示している。中国の軍事力の増大が、その姿勢を大胆にしている可能性が高い。

たとえそうでなくても、前述したように、誤算から意図せざる結果が生じる可能性がある。元外交官で後に歴史家となったケナン（George F. Kennan）は、日中関係とは別の文脈の話においてではあるが、次のように書いている。「戦争は、［…中略…］常に明白な侵略行動から起こるとは限らない。つまり歴史が示しているように、戦争は、極端な政治的緊張を背景に生じた混乱状況から発生する傾向が、より強いのである」[3]。

実際に尖閣問題をめぐっては、しばしば発生する海上での事件や、政府の報道官および活動家たちの日常的な言い争いによって、ケナンの言うところの混乱状況と政治的緊張が発生していると言える。第5章でも言及した、国際問題専門家でかつて大統領補佐官（国家安全保障担当）であったブレジンスキー（Zbigniew Brzezinski）は、著書『ブレジンスキーの世界はこう動く（*The Grand Chessboard*）』の中で、尖閣諸島について次のように指摘している。「アジアでの覇権をめぐり、歴史的に対立を続けてきた日本と中国の関係を考えれば、この問題は象徴的意味合いも帯びている」[4]。

この状況においては、中立政策に象徴されるようなアメリカの戦略的曖昧性は、混乱状況を助長するだけかもしれない。［アメリカに］求められているのは、まずは抑止を強調した明確な政策をとり、その後中国に尖閣（および沖縄全体）に対する日本の領有権をきっぱりと認めさせ、その上で関係国による海底資源の平和的な共同開発を促すことである。

筆者の考えでは、日本が琉球諸島に対する潜在主権を有し、尖閣は琉球諸島に属するというのがアメリカの長年の政策であった――またこのことは、大部分の国々に共有されていた――ことを踏まえると、アメリカ政府は、沖縄返還の際に尖閣問題について日本側の立場を支持するべきであった。台湾もアメリカの同盟国であったが（ただ、米華関係は当時すでに限界点まで擦り減っており、たとえば蔣介石はニクソンのことを「道化師」と呼んでいた）[5]、本書で論じてきたように、台湾の尖閣に対する主張は日本の主張より後に行われたものであり、またその根拠も極めて弱いものであった。

中国の主張も同様である。実際、中国と台湾が尖閣に対する主張を始めた時期を考慮すれば、中台の主張が、尖閣周辺地域に石油が埋蔵されている可能性を踏まえてなされたことは明らかである。当時のアメリカは、一貫した政策をとらず、重要な同盟国である日本を失望させた。それだけでなくアメリカは、逆説的に言えば、〔中台の〕虚偽の主張や言いがかりが野放しになる環境を生み出したことで、対立を助長してきたのである。尖閣問題から距離を置く姿勢をとったことで、アメリカは地域の平和に貢献しないばかりか、実際には間接的に緊張を高めてしまったとも言えよう。

筆者は、アメリカ政府は、一九七〇年、七一年、または七二年に、尖閣が名実ともに日本の領土であることにきっぱりと同意しておくべきであったと考えている。しかし、アメリカ政府はそうはせず、領土問題に対する中立的立場を表明したのであった。結局のところ、このアメリカの行動が、すでにこじれていた日本と中台との関係を、緊張した対立関係にまで高めてしまったのである。

論者によっては、当初からアメリカの意図は、さらなる緊張の種、または将来的な緊張の種をまき、後々アメリカの軍事プレゼンスが確実に必要とされる状況をつくっておくことにあったと、シニカルに論じるかもしれない。だが管見の限りでは、そのような証拠を見つけることはできない。実際にそうした説は、東アジア地域の米軍のプレゼンスを削減し、当面の防衛責任を同盟国に任せるというニクソン・ドクトリンが発表された時期のアメリカの動向とは一致しない。むしろ、尖閣をめぐる対立に背を向け、ただ「最善の結果を祈る」という当時のアメリカの決定は、単なる希望的観測からなされたものであり、さらに言えば、短期的な考えにもとづく検討不足の政策に過ぎなかったと考えられる。

筆者は、当時、尖閣の問題を処理する別の方法はなかったのか、しばしば疑問に思ってきた。この問題をパント〔アメリカン・フットボールで、ボールを手から落とし、地面につかないうちに蹴ることをいう〕して放り投げ、それが（理想的には「われわれのチーム」すなわち日本によって）キャッチされるのを期待するのではなく、優れた審判のように皆の前で正しい決断をして、物理的に尖閣を日本に渡し、「相手チーム」すなわち中国と台湾に対して、尖閣は実際には日本の領土だとしてあきらめさせるべきではなかったのか？

筆者は、それを行うことは可能であったし、東アジア地域の主要同盟国である日本のためにも、また長期的な平和と安定という利益のためにも、アメリカはそうすべきであったと考える。アメリカが、尖閣に対する日本の領有権を（再び）認め、自国の立場の矛盾点を取り除くような声明を発表していれば、台湾と中国の主張の正当性（これは、アメリカの中立姿勢によって生じたもの、または後押しされたものだと言える）を奪い、抑止力を強めることとなったはずである。またそれらによって、中台の後出しの主張を抑え込むことができたはずなのである。

アメリカがそうしておけば、三カ国すべてがこの地域における協力と開発にエネルギーを集中することができたであろうし、四〇年後の今日も地域の平和と安定を脅かす緊張状態が続くようなことはなかったであろう。皮肉なことにアメリカは、尖閣に対する日本の領有権を認める声明を発表しなかったことで、アメリカの軍事プレゼンスに反対する日本やその他の国の左派の学者たちから、アメリカが自国のプレゼンスの正当化のために尖閣地域の緊張を高めているとの批判を招いているのである。また、同様の見方をする論者の一部は、アメリカには日本を防衛する意思はないと主張するのである。

一方、尖閣をめぐっては、短期的な問題も多くある。尖閣が政治的に敏感な問題であることから、アメリカは三〇年以上にわたり、尖閣の射爆訓練区域の使用をためらってきた。そのことが、アメリカの軍事能力を低下させ、日米同盟の悪化を望む国々の行動を大胆にさせてきたのである。さらに、尖閣問題の政治的敏感性から、日米は、自衛隊単独または二国間での射爆訓練区域の使用について、互いに申し出るのを躊躇してきたものと考えられる。

しかし、自衛隊が尖閣の射爆訓練区域の使用を躊躇すれば、それだけ日本の防衛力は低下し、日本が一定の軍事力を備えた国家だということの信頼性も弱まることになる。同様に、日本が尖閣を使いたいように使わないということを選ぶのであれば、尖閣諸島の領有権を有するという日本の立場の信頼性までも低下することになる。加えて、日米の相互運用性は損なわれ、抑止力も弱まってしまう。

二〇一二年十一月、中国の反応を懸念した日本は、敵対勢力に奪われた島嶼を奪還するための演習の一部を中止した。中国が軍事調達と開発のあらゆる面で軍事力増強に邁進する中、この日本の中止決定は、日本の統合運用能力や水陸両用作戦能力の向上をさらに遅らせてしまうことになろう。この中止決定は、ある学生（中国）を進級させる一方で、能力のある学生（日本）を留年させることに等しいと言える。

筆者のある沖縄の友人――彼は国際的感覚に優れた読書家で、自身を「純粋なリベラルでも、純粋な保守でもない普通の立場」だと位置づける――は、自衛隊の演習中止を、尖閣問題の解決可能性をいっそう難しくするものだと見ていた。演習の中止が決定される前月、彼は筆者に対し、尖閣問題を解決するもっとも簡単な方法は、アメリカが堂々とプレゼンスを示し続け、日米が水陸両用作戦の共同演習を実施することだと述べていた。

他方、尖閣諸島に対する日本政府の実効統治に疑念を抱かせる別の問題として、尖閣への渡島者たちが抱く恐怖心の問題が挙げられる。尖閣を訪れようとする研究者や漁民が、海賊または敵対的なグループの存在を恐れている。同時に、日本政府が実際に尖閣に渡島できる人々を制限しようとしてきたため、尖閣諸島を管轄する石垣市の職員や市議会議員、およびその他の日本人は、拘留、尋問、および刑事責任の可能性と向き合う覚悟をしなければ渡島できないという、奇妙な状況が生じているのである。(6) 実際に日本政府は、一九七〇年代後半以降、尖閣諸島に関する公式調査を行ってこなかったと言われる。さらには、海上保安庁が一九八〇年代前半に建設した臨時のヘリポートを、中国に対する配慮から取り壊すことすら行っている（一八八〇年代に日本が、尖閣を編入するに際して極めて慎重であったのとほとんど同じやり方である）。

瑞慶覧長方《ちょうほう》は、一九五三年に琉球大学が行った尖閣での学術調査に参加した学生の一人である。彼は後に高校教師および科学者となり、一九五〇年に設立された地域政党である沖縄社会大衆党を代表して沖縄県議会議員を三期務め（一九七二―八〇年、および一九八四―八八年）、一時期は委員長として同党を率いた。瑞慶覧は、高良鉄夫琉球大教授や一九五〇年代の学術調査参加者と再会した際に、尖閣諸島を訪問できなくなったことを嘆いている。彼は、返還前の時代は「自由に調査に訪れることができた」とした上で、以下のように述べている。

ところが今はできない、誰も上陸させない、調査もさせない。／国が禁止しているもんだから。中国に対して気兼ねし、余計なトラブルを起こしたくないといってねえ。尖閣へ上陸禁止措置にしている。国は全くだらしないねえ。この措置が間違っている。だから我々は復帰できましたよ。／こういう形で上陸して調査しましたよという実態をちゃんと、国民に知らせるべきだと思うねえ。／その意味からも調査した証拠になる記念碑は、建てておくべきだったと思う。(7)

宮古市議会のある現職の長老議員も、この瑞慶覧の発言と同様のことを述べている。二〇一二年一月十四日、石垣市の古賀辰四郎尖閣列島開拓記念碑の前で、尖閣諸島開拓記念式典が行われた。(8) 式典主催者の仲間均石垣市議会議員とともに、かつて尖閣に渡島した経験のあるこの市議は、短いスピーチの中で次のように問いかけている。「日本政府は、日中間に何の問題もないという。もしそれが本当なら、尖閣諸島になぜ行くことができないのか？」。(9)

二〇一二年九月、日本政府は尖閣諸島を購入して国有化した。尖閣の国有化は、第一義的には中国と台湾に対する配慮から、活動家や国粋主義者が無許可で尖閣に上陸することを制限し、

図結-1　古賀辰四郎尖閣列島開拓記念碑（筆者撮影）

国内的にかつ地域的により安定した環境を作り出すためのものであった。こうした慎重な決定は、尖閣という非常に感情的な問題に対応する上での責任あるアプローチだと見ることができるし、またそう見るべきである。

しかし、同時にこの慎重さは、もし日本が尖閣を実効的に統治できていないと国際社会（とくにアメリカ）が認識し、その結果日本が尖閣を失うことになれば、長期的に見て無責任なものだったと見なされることにもなる。言い換えれば、日本政府が、尖閣を管理する市、県、国から選出された議員による尖閣訪問を認めていないことは、極めて奇妙であり、中国や台湾による領有権の主張に信憑性を与えるだけである。これは、かつて一八八〇年代や一八九〇年代に明治政府が強硬にまたは性急にことを進めるのを恐れた結果、中台の主張に根拠を与えてしまったことの再現となろう。

尖閣問題をつうじて人々が抱く「感情」について言えば、この問題に関係するすべての国のメディアは、通常、助けにならないことをするプレーヤーである。各国のメディアは危険な見出しを使ったり、極端な政治勢力の動きに注目したりして状況をあおってきた。表面上そうは見えない場合でも、論説委員や記者たちが尖閣に関する事実を誤って理解し、伝えていることが頻繁にあったのである。

一例としてあげられるのが、一九七〇年九月に琉球警察が魚釣島から台湾国旗を撤去したときの記事である。事件の九カ月後に発表されたある新聞記事では、以下のような話が書かれている。「アメリカ海軍はそれを廃棄した。沖縄の那覇にあるアメリカの当局は、日本のために尖閣を防衛する義務があり、それらを最終的には日本に引き渡すという姿勢をとっている」[10]。

第3章で見たとおり、この記事の内容は事実として間違っている。また解説の部分においてさえ、解釈自体に一部誤りがある。結果として読者は、実際に起こった内容とまったく異なる形で事件を理解することになる。そのニュースは、時がたつにつれてより扇情的なものとなり、その結果皮肉なことに、誤った情報が流布されることになるのである。ジャーナリストの中には、尖閣に関する事実を公正な記事として伝えようとしていない者がいるのである。

同じような現象は、インターネット上での尖閣問題をめぐる議論においても見られる。インターネットでは、個人やグループによって、さまざまなメッセージ、文書、声明、コメント、動画が投稿されたり、発表されたりしている[11]。その中で尖閣問題をめぐっては、日本の著述家やブロガー、ビデオ撮影者、ウェブサイト管理人は、尖閣問題を中国との二国間の論争として見る傾向がある。これに対して中国側は、世界全体を情報の受け手として見ており、可能な限り英語で発表している。日本からの情報発信が乏しいため、たとえその内容が正確であっても、中国による膨大な量の虚報に負けてしまっているのである。

間違った報道、国家主義的な感情、経済的利益、および現実の安全保障上の懸念といったさまざまな問題がある中、事態をそのままにしておいて、はたして尖閣の領有権をめぐる対立が解決されるのだろうか。この点については、何が起こるか見通しは不明確であり、対立が解決するとは考えられない。アメリカは中国が尖閣問題に関与してくる前から、日本と中華民国がこの問題を解決することを望んできた。アメリカ政府は、もしこれがうまく行かなければ、国際司法裁判所が解決を支援することが望ましいと考えてきた。

沖縄返還協定交渉で尖閣などの問題を担当したシュミッツ(Charles Schmitz)は、沖縄返還二〇周年を記念してまとめられた論集の中で、次のように説明している。

アメリカの交渉担当者は、〔尖閣諸島の領有権の問題で〕行き詰まりを感じており、すべての国からの批判に対して脆弱であった。たくさんの調査、政府内での検討、および外交的議論の後、〔われわれは〕日中の争いの渦中からうまく抜け出し、さらにうまく自分たちを防御できると考えられる法律論を考案した。それは、「権利を放棄する」ということであった。実際にわれわれは、「アメリカは一時的な施政権者であり、今やそれをやめようとしている。アメリカが何を得てきたかにかかわらず、今やそれを放棄するのである」と言った。われわれは中間の道を選んだ。そして将来の国際司法裁判所の裁判が、われわれを助けてくれることを期待したのである[12]。

数年前、筆者はかつて外務省条約局にいたことのある元外交官に、国際司法裁判所による解決がうまく行くか尋ねたことがある。彼は、日本には十分な言い分があると語った。しかしながら日本は、近年、一九五〇年代以来韓国が実効支配している竹島（アメリカ政府はそれを不法占拠だと見ていた）をめぐる対立を国際司法裁判所に提訴しようとしたものの、尖閣問題については、そうするつもりはなさそうである。

何が起ころうとも、尖閣問題が容易に解決しないことは確かである。しかし、もしアメリカ政府が、四〇年前に中立政策を採用していなければ、今日、何の問題もなかった可能性が高い。尖閣の問題において、今や制御できなくなるまで育っているものは、当時のアメリカがまいた「種」ではない。育っているのは、アメリカが見て見ぬふりをしてきた「雑草」であり、それはアメリカの「愚かさ」を露呈している。

アメリカ政府は、かつて行ったことを元に戻すことはできない。しかし、アメリカ政府として、今日考慮することはあるかもしれない。ここに、東アジアの問題に長くかかわってきた、ある予備役の海兵隊大佐——彼は弁護士でかつ外交官でもある——による提言がある。彼の最近の論説のタイトルは、「アメリカは中国との領土紛争で日本を明確に支持しなければならない（"US Must Back Japan in Islands Dispute with China"）」というものである。[13]

中国（と台湾）が尖閣の領有権に対する主張を撤回することは期待できない。また日中台三者間の対話も、国際司法裁判所や地域機構といった外部の第三者機関による仲裁も、期待することはできない。こうした中、皮肉なことではあるが、アメリカが断固とした姿勢を示すことが、東アジア地域の平和と安定を確保する唯一の方法かもしれない。そしてこの場合、中立姿勢や戦略的曖昧性ではなく、抑止とコミットメントこそが、尖閣諸島をめぐる状況を明確にし、安定化させると、筆者は考えるのである。

注

はしがき

（1）ロバート・D・エルドリッヂ『硫黄島と小笠原をめぐる日米関係』（南方新社、二〇〇八年）三頁。

（2）上記以外の二冊は、ロバート・D・エルドリッヂ『沖縄問題の起源——戦後日米関係における沖縄 一九四五—一九五二』（名古屋大学出版会、二〇〇三年）、および、ロバート・D・エルドリッヂ『奄美返還と日米関係——戦後アメリカの奄美・沖縄占領とアジア戦略』（南方新社、二〇〇三年）である。

（3）訓練区域に関する日米両国の公文書（日米合同委員会や在日米軍、海軍省などの文書）では、奇妙なことにこれら二島は、日本語の呼び名（「久場島」と「大正島」）ではなく、中国語風の呼び名（「黄尾嶼」と「赤尾嶼」）で呼称されていた。この慣習は、アメリカの沖縄統治時代に確立し、返還後の時代も続いたと考えられる。いずれにしても、両島の名称は戦前期につけられた。

（4）日米安保条約第五条の全文は次の通りである。

「各締約国は、日本国の施政の下にある領域における、いずれか一方に対する武力攻撃が自国の平和及び安全を危うくするものであることを認め、自国の憲法上の規定及び手続に従って共通の危険に対処するように行動することを宣言する。

前記の武力攻撃及びその結果として執ったすべての措置は、国際連合憲章第五十一条の規定に従って直ちに国際連合安全保障理事会に報告しなければならない。その措置は、安全保障理事国が国際の平和及び安全を回復し及び維持するために必要な措置を執つたときは、終止しなければならない」。

（5）北緯二九度以北の南西諸島は一九五三年に返還された。その返還過程の詳細については、エルドリッヂ『奄美返還と日米関係』を参照。なお、この返還年によって、一部の研究者の間で混乱が生じている。たとえば、それぞれ一九九六年と二〇一二年に公刊された尖閣に関する議会調査局のレポートでは、米国の尖閣統治は一九五三年に開始したとされているが、これは誤りである（Larry A. Niksch, "Senkaku (Diaoyu) Islands Dispute : The U.S. Legal Relationship and Obligations," *CRS Report for Congress,* 96-798F, September 30, 1996, 2, and Mark E. Manyin, "Senkaku (Diaoyu/Diaoyutai) Islands Dispute : U.S. Treaty Obligations," *CRS Report for Congress,* 7-5700, September 25, 2012, 3）。

序章

（1）インタビューは、二〇一〇年二月十七日に東京で行われた。筆者はこのインタビュー記録を、インタビューに間接的にかかわった関係者から入手した。本インタビューは公表されておらず、そのため日本人記者、米軍司令官、そして二人の国務省関係者（一人は東京で勤務、もう一人はハワイで勤務している）の名前は伏せてある。

（2）その後の筆者とのEメールでのやりとりの中で、この記者は次のようにコメントしている。「非常に驚きました。司令官は、日米安保条約第五条が尖閣に適用されるという合意が、日米両政府間に存在するという基本的事実を知りませんでした。アメリカは尖閣を守る条約上の義務を負っているにもかかわらず、司令官はそのことを知らなかったのです。日米同盟においてきわめて重大なこの問題を、司令官が理解していなかったことに、私は大いに失望しており、また深い懸念を抱いています」。

（3）二〇一二年の春から夏にかけて、石原と東京都は尖閣諸島購入のための寄付金を全国で募集した。それへの対応として、野田佳彦首相は七月七日、政府が尖閣を購入する意思を示した（本書第1章で明らかにするように、尖閣諸島の五島のうち四島は個人所有であり、そのうちの三島が売却可能であった。それ以外の一島〈久場島〉は、米海軍の射爆訓練区域として〈実際には一九七〇年代から使われていない〉、栗原一家の一人である栗原和子から日本政府に賃貸されている）。最終的に、政府と三島の所有者は合意に達し、二〇一二年九月十一日に契約を行った。この詳細については、所有者一族の一人であり、スポークスマン役を務めた栗原弘行の回想録、『尖閣諸島売ります』（廣済堂出版、二〇一二年）を参照。四〇年にわたって石原を知る栗原によれば、石原は尖閣の購入を長い間提案し続けており、両者はそれについて議論を交わしてきた。この点については、上記の回想録に加え、栗原弘行「尖閣諸島『売約』の内幕」『新潮』第三一巻第六号（二〇一二年六月）二二一—二五頁、および石原慎太郎「尖閣諸島という国難」『文藝春秋』第九〇巻第一〇号（二〇一二年七月）一四八—一五六頁も参照。野田が尖閣を「購入すると決断した」二〇一二年五月十八日の会談や、石原が尖閣購入をめぐって政府と争わない方針を示した長島昭久内閣総理大臣補佐官（外交および安全保障担当）との九月四日の会談など、日本政府の動きについては、"Senkaku Snafu Laid to Broad Miscalculation," *Japan Times*, November 20, 2012 を参照。日本政府が尖閣を購入したため、東京都が集めた一〇億円以上の寄付金の使途は、本書の執筆時点で、宙に浮いている（この点については、"1.4 Billion in Islet Funds in Limbo," *Japan Times*, November 1, 2012 を参照。なお、Robert D. Eldridge, "Option for Senkakus' Funds," *Japan Times*, November 18, 2012 は、この寄付金の使途に関する提案を行っている）。また、石垣市の中山義隆市長が近年公刊した著書は、尖閣の共同所有などに関する中山と石原のやりとりの詳細や、日本政府からの接触が限られたものだったことを明らかにしている（中山義隆『中国が耳をふさぐ尖閣諸島の不都合な真実——石垣市長が綴る日本外交の在るべき姿』ワニブックス、二〇一二年、三一—九頁）。

（4）「外相『首相の尖閣発言は不適切』領土問題はない」『琉球新報』二〇一〇年五月二十八日〔同タイトルで同じ内容の記事は、47 NEWS <http://www.47news.jp/CN/201005/CN2010052801000845.html>（二〇一四年十一月十日閲覧）に掲載されている〕。石原は、尖閣購入を宣言した直後、このエピソードについて記している（石原「尖閣諸島という国難」）。なお、この中で石原は、民主党政権——二〇〇九年九月に成立し、二〇一二年十一月十六日の野田による衆議院解散後に行われた十二月の総選挙で下野した——を「無能」と評している（鳩山政権に対する石原の論評については、同論文の一五五頁を参照）。

（5）「外相『首相の尖閣発言は不適切』領土問題はない」。

（6）Larry A. Niksch, "Senkaku (Diaoyu) Islands Dispute: The U.S. Legal Relationship and Obligations," *CRS Report for Congress*, 96-798F, September 30, 1996; and Mark E. Manyin, "Senkaku (Diaoyu/Diaoyutai) Islands Dispute: U.S. Treaty Obligations," *CRS Report for Congress*, 7-5700, September 25, 2012. マニンの論文は、細かな事実関係に関する誤りを含め、ニクシュの研究をほとんどそのまま繰り返したものである。ニクシュの論文は一九九六年九月に公刊されたが、その五週間後に、PACNET（ハワイを拠点とするCSIS〈戦略国際問題研究所〉パシフィック・フォーラムのニュースレター）にも掲載された（Larry A. Niksch, "Senkaku (Diaoyu) Islands Dispute: The U.S. Legal Relationship and Obligations," *PACNET*, No. 45, Pacific Forum CSIS, November 8, 1996）。

その約二〇年前、ニクシュは議会調査局でアジア問題の部局の分析官を務めており、そこでも"Competing Claims to the Senkaku Islands"と題した尖閣諸島に関する研究調査をまとめている。このペーパーは一一頁からなり、日本、中国、台湾の間で尖閣諸島をめぐり危機が生じょうとしていた、一九七四年五月二十八日に発表されている。

（7）　Nicholas D. Kristof, "Look Out for the Diaoyu Islands," *New York Times* "On the Ground" blog entry, September 10, 2010（<http://kristof.blogs.nytimes.com/tag/senkaku-islands/>, 二〇一一年七月一日閲覧）. クリストフは、"More on the Senkaku/Diaoyu Islands," on September 20, 2010（<http://kristof.blogs.nytimes.com/2010/09/20/more-on-the-senkakudiaoyu-islands/>, 二〇一一年七月十一日閲覧）でこの論評を補足している。

（8）　Kristof, "Look Out." 上述のように、ブログの大部分は、クリストフと中国系アメリカ人（そして配偶者でもある）のウーダン（Sheryl Wu Dunn）による共著、*Thunder from the East : Portrait of a Rising Asia*, Alfred A. Knopf, 2000（とくに pp. 256–257, 262–263）からの引用である〔ニコラス・クリストフ、シェリル・ウーダン（田口佐紀子訳）『アジアの雷鳴――日本はよみがえるか⁉』集英社、二〇〇一年、四〇一―四〇三、四一二―四一三頁〕。

（9）　Nicholas D. Kristof, "Would You Fight for These Islands?" *New York Times*, October 20, 1996. 尖閣をめぐる日中間の緊張に関するクリストフのこれ以前の記事は、事実の発見に主眼を置いたものであり、論評という性質のものではない。Nicholas D. Kristof, "An Asian Mini-Tempest Over Mini-Island Group," *New York Times*, September 16, 1996 を参照。

（10）　Han-yi Shaw, "The Inconvenient Truth behind the Diaoyu/Senkaku Islands," *New York Times* "On the Ground" blog entry, September 19, 2012（<http://kristof.blogs.nytimes.com/2012/09/19/the-inconvenient-truth-behind-the-diaoyusenkaku-islands/>, 二〇一二年十月十日閲覧）.

（11）　Nicholas D. Kristof, "My Father's Gift to Me," *New York Times*, June 19, 2010. 領土をめぐる問題に関するクリストフの関心は、父親の影響を受けているようである。この点については、クリストフが誕生した年である一九五九年に公刊された論文、Ladis K. D. Kristof, "The Nature of Frontiers and Boundaries," *Annals of the Association of American Geographers*, Vol. 49, No. 3（September 1959）, 269–282 を参照。

（12）　Untitled introductory remarks to Shaw's "The Inconvenient Truth" を参照。クリストフの論評は、ニューヨークの日本総領事館――つまり外務省――を怒らせたようである。この点については、"Consulate Rebuts N.Y. Times Senkakus Op-ed," *Japan Times*, October 5, 2012 を参照。

（13）　Takayuki Nishi, "The Diaoyu/Senkaku Islands : A Japanese Scholar Responds," *New York Times* "On the Ground" blog entry, October 4, 2012（<http://kristof.blogs.nytimes.com/2012/10/04/the-diaoyusenkaku-islands-a-japanese-scholar-responds/>, 二〇一二年十月十日閲覧）. 西がこの記事を執筆したのは、二つの考えがあったからだったという。ひとつは、「日本人専門家は邵漢儀氏の記事を読んでいない上、英語で迅速に返信できないため、わざわざ返信をしないと思われます。そのため、私が応答しなければ、クリストフ氏のブログの最後の部分は邵漢儀氏によるものになっていたでしょう」という懸念である。もうひとつは、「アメリカの研究者たちから、学者は社会に対する責任を持っていると教わったため、私はクリストフ氏の読者に事実を指摘する責任があると感じました」という観点である（筆者による西恭之へのEメールでのインタビュー、二〇一二年十一月一日、静岡市）。

（14）　Kristof and Wu Dunn, *Thunder from the East*, 256–257〔クリストフ、ウーダン『アジアの雷鳴』四〇一―四〇三頁〕. 加えて、クリストフとウーダンには、すでに人道分野と教育分野においても優れた著作がある。

（15）　日本青年社は一九六一年に設立された右翼団体である。日本青年社についてはそのウェブサイト（<http://www.seinensya.org/>, 二〇一二年七月閲覧）を参照。石原は、ナショナリストとしての行動を呼びかけた『「NO《ノー》」といえる日本――新日米関係の方策《カード》』の共著者である（もう一人の共著者はソニーの盛田昭夫だが、公式の英訳版である *The Japan That Can Say No : Why Japan Will Be First Among Equals*, New York : Simon and Schuster, 1991 には、盛田の執筆した章は含まれていない）。

当時運輸大臣だった石原は、一九九九年四月に東京都知事に就任したが、その後二〇一二年十月、新しい全国政党〔日本維新の会〕を結成するために知事を辞職した。石原と日本青年社との関係については、石原「尖閣諸島という国難」一五一頁、およびフジテレビの番組「新報道2001」における石原のインタビュー（二〇一二年九月二日）を参照。

（16） Niksch, "Senkaku (Diaoyu) Islands Dispute," 1.

（17） この木製の日の丸は、幅三メートル、高さ二メートルで、陸からも海からも空からも見えるよう一五度傾けられている（惠忠久『尖閣諸島魚釣島――写真・資料集』尖閣諸島防衛協会、一九九六年、五六頁）。

（18） 惠『尖閣諸島魚釣島』四九―五五頁。

（19） "Japan, Do Not Do Foolish Things," Xinhua News Agency, August 30, 1996,（Erica Strecker Downs and Phillip C. Saunders, "Legitimacy and the Limits of Nationalism : China and the Diaoyu Islands," *International Security*, Vol. 23, No. 3（Winter 1998/99）, 133 からの再引用）.

（20） Downs and Saunders, "Legitimacy and the Limits of Nationalism," 133–134.

（21） Kristof, "An Asian Mini-Tempest Over Mini-Island Group."

（22） Kristof, "Would You Fight for These Islands?"

（23） 船橋洋一『同盟漂流（下巻）』（岩波現代文庫、二〇〇六年）三三〇頁。

（24） Walter F. Mondale, *The Good Fight : A Life in Liberal Politics*（New York : Scribner, 2010）.

（25） 石原慎太郎「オピニオン　アメリカへの踏み絵〝尖閣〟」『産経新聞』（一九九六年十一月五日）。

（26） 石原「尖閣諸島という国難」一五〇頁。

（27） 筆者によるデミングへのEメールでのインタビュー（二〇一二年十月八日、ワシントン）。

（28） Unryu Suganuma, *Sovereign Rights and Territorial Space in Sino-Japanese Relations : Irredentism and the Diaoyu/Senkaku Islands*（Honolulu : University of Hawaii Press, 2000）, 135, and "U.S. backs no nation over Senkaku : Burns," Jiji Press Ticker Service, September 11, 1996.

（29） 船橋『同盟漂流（下巻）』三二一頁。

（30） Vincent A. Pace, "The U.S.-Japan Security Alliance and the PRC : The Abandonment-Entrapment Dynamic, the Balance of Threat and National Identity in the Trilateral Relationship," Enosinian Honors Senior Thesis Program, Elliott School of International Affairs, George Washington University, May 3, 2003.

（31） 船橋『同盟漂流（下巻）』三二二―三二三頁。

（32） Niksch, "Senkaku (Diaoyu) Islands Dispute : The U.S. Legal Relationship and Obligations."

（33） 船橋『同盟漂流（下巻）』三二四頁。

（34） 船橋『同盟漂流（下巻）』三二一、三二五頁。竹内は、尖閣問題が沸き起こった一九七〇年代末に外務省条約局法規課に勤務しており、当事国それぞれの見方や立場に関する報告書をまとめていた。それゆえ竹内は、アメリカ政府の立場に精通していた。

（35） 船橋『同盟漂流（下巻）』三三〇頁。

（36） Yoichi Funabashi, *Alliance Adrift*（New York : Council on Foreign Relations Press, 1999）, 406〔この引用部分は、船橋『同盟漂流（下巻）』には含まれておらず、その英語版にのみ掲載されている〕.

（37） Michael J. Green, "The Forgotten Player," *The National Interest*, No. 60（Summer 2000）, 47.

（38） Akaza Koichi, "U.S. Confirms Security Treaty Covers Senkakus," *Daily Yomiuri*, November 29, 1996.

（39） この団体と中国のナショナリズムの詳細については、笹島雅彦「尖閣上陸事件にみる中国ナショナリズム政治の手法」『中央公論』第一一九巻第六号（二〇〇四年六月）一〇〇―一〇七頁を参照。

（40） Department of State Daily Press Briefing, Adam Ereli, Deputy Spokesman, March 24, 2004. これは、John Tkacik, Jr., "Japan's Islands and China's Illicit Claims," *Web Memo*, No. 723（April 14, 2005）,（<http://www.heritage.org/research/reports/2005/04/japans-islands-and-chinas-illicit-claims>, 二

〇〇九年六月閲覧）からの再引用である。

（41） John Tkacik, Jr., "China's New Challenge to the U.S.-Japan Alliance," *Web Memo*, No. 533 (July 13, 2004),（<http://www.heritage.org/research/reports/2004/07/chinas-new-challenge-to-the-us-japan-alliance>，二〇〇九年二月閲覧）.

（42） 衝突事件から一カ月が経った二〇一〇年十月にワシントンで行われた講演において、船橋は同事件を「ニクソン・ショックよりも重大事だ。これで日本は大きく変わる」と描写した（"The United States and Japan at 50: Remarks by Yoichi Funabashi," Council on Foreign Relations, October 8, 2010, <http://www.cfr.org/japan/united-states-japan-50-remarks-yoichi-funabashi/p23148>, 二〇一二年十月閲覧）。

（43） "Clinton: Senkakus Subject to Security Pact," *Japan Times*, September 25, 2010.

（44） 中国海軍に関する近年の分析として、Toshi Yoshihara and James R. Holmes, *Red Star Over the Pacific : China's Rise and the Challenge to U.S. Maritime Strategy* (Annapolis : Naval Institute Press, 2010) を参照。

（45） Name Withheld, Chatan, Okinawa Prefecture, "Beware a September Surprise," *Japan Times*, July 22, 2012.

（46） "China Condemns Senkaku Amendment to U.S.-Japan Security Treaty," *Japan Times*, December 4, 2012.

（47） "U.S. Reaffirms Senkaku Defense," *Daily Yomiuri*, December 2, 2012.

（48） "Defiant Chinese Plane Intrudes Over Senkakus," *Japan Times*, December 14, 2012.

（49） Jed Babbin and Edward Timperlake, *Showdown : Why China Wants War with the United States* (Washington, D.C. : Regenery Publishing, C., 2006), 76〔ジェド・バビン、エドワード・ティムパーレーク（佐藤耕士訳）『Showdown（対決）——中国が牙をむく日』産経新聞出版、二〇〇七年、一三六頁。なお、邦訳の誤訳部分については、表現を改めている〕.

（50） 一色正春『何かのために——sengoku38の告白』（朝日新聞出版、二〇一一年）。

（51） この講演は、石原が代表委員を務める日本会議の沖縄県本部が主催したものである。

（52） 防衛システム研究所編『尖閣諸島が危ない』（内外出版、二〇一〇年）。田母神俊雄『田母神俊雄の自衛隊vs.中国軍』（宝島社、二〇一二年）。川村純彦『尖閣を獲りに来る中国海軍の実力——自衛隊はいかに立ち向かうか』（小学館、二〇一二年）。中村秀樹『尖閣諸島沖海戦——自衛隊は中国軍とこのように戦う』（潮書房光人社、二〇一二年）。井上和彦『尖閣武力衝突——日中もし戦わば』（飛鳥新社、二〇一二年）。大石英司『尖閣喪失』（中央公論新社、二〇一二年）。

（53） 佐道明広「日本の防衛体制は領土有事に機能するか」『中央公論』第一二七巻第一五号（二〇一二年十一月）一一八―一二六頁。

（54） 中山『中国が耳をふさぐ尖閣諸島の不都合な真実』。

（55） James R. Kendall, "Deterrence by Presence to Effective Response : Japan's Shift Southward," *Orbis*, Vol. 54, No. 4 (Fall 2010), 603-614.

（56） その後ニューシャムは、示唆に富む論評を公刊している（"U.S. Must Clearly Back Japan in Islands Dispute with China," *Christian Science Monitor*, October 25, 2012 <http://www.csmonitor.com/Commentary/Opinion/2012/1025/US-must-clearly-back-Japan-in-islands-dispute-with-China-video> 二〇一二年十月二十六日閲覧）。

（57） Kristof, "Would You Fight for These Islands?" ここで引用されている人物は、当時の日本青年社会長、衛藤豊久である。

（58） 筆者による奥原敏雄へのインタビュー（二〇一一年六月二十一日、流山市）。

（59） 筆者による奥原へのインタビュー。

（60） 奥原敏雄「尖閣列島——歴史と政治のあいだ」『日本及日本人』第一四八一号（一九七〇年一月）五四―六三頁。

（61） 井上清『「尖閣」列島——釣魚諸島の史的解明』（現代評論社、一九七二年）〔新版（第三書館、二〇一二年）〕。

（62） 尖閣に関する奥原の最後の論文として、「尖閣列島と日本の領有権

——領土編入の史的考察」『世界と日本』第二三四号（一九七九年四月十五日）九—五六頁がある。

(63) 筆者による奥原へのインタビュー。

(64) 緑間については、彼自身による「海洋法の歴史と展望——我が国をめぐる今日的問題」『沖縄法學』第三〇号（二〇一一年）一五一—一八一頁を参照。

(65) 緑間栄『尖閣列島』（ひるぎ社、一九八四年）。

(66) 高橋庄五郎『尖閣列島ノート』（青年出版社、一九七九年）。

(67) Suganuma, *Sovereign Rights*, 1.

(68) 筆者による菅沼雲龍へのEメールでのインタビュー（二〇一二年十月二十七日、東京）。

(69) Jean-Marc F. Blanchard, "The U.S. Role in the Sino-Japanese Dispute over the Diaoyu (Senkaku) Islands, 1945–1971," *China Quarterly*, No. 161 (March 2000), 95–123.

(70) 豊下楢彦「『尖閣問題』と安保条約」『世界』第八一二号（二〇一一年一月）三七—四八頁。島田洋一「尖閣と日米関係」『新日本学』第一九号（二〇一一年十二月）一一一—一一五頁。なお、筆者が資料を提供した武漢大学からの交換留学生が、修士論文で一九七一年から一九七二年にかけてのアメリカの中立政策を扱っていることに鑑みれば、少なくともひとつは中国語の研究があるといえる。中国や台湾の多くの学生がこのトピックに関心を有していると考えられよう。

(71) この提案は一九七二年に、在台アメリカ政府当局者の知るところとなった。そのきっかけは、ある台湾人自然保護活動家が、国立公園に関するカナダでの会議で匿名の日本人自然保護活動家と、尖閣を「国際的な野生生物保護区域」と宣言することの実現可能性について話し合ったと、アメリカ側に伝えたことだった（この点については、"8. Senkakus," Folder : PET Senkaku Islands 1972, Box 14, Subject Files of the Office of China Affairs, 1951–1975, RG 59, National Archives, College Park を参照）。この活動家によれば日本人自然保護活動家は「熱心」だったが、こうした熱意が「自然保護活動家の輪を超えたところまで拡大する」とは考えていなかった（Ibid.）。尖閣諸島の自然生態（およびその歴史）の専門家である高良鉄夫琉球大学教授も、かつて同様のアイディアを提案している。

第1章

(1) 南方同胞援護会編『季刊沖縄』第六三号（一九七二年十二月）四頁を参照。

(2) 最新かつ詳細なカラー写真については、仲間均『危機迫る尖閣諸島の現状』（アドバンス企画、二〇〇二年）を参照。地図については、惠忠久『尖閣諸島魚釣島——写真・資料集』（尖閣諸島防衛協会、一九九六年）一一—一二頁を参照。

(3) 尖閣諸島の訓練区域の使用を中止するよう在日米軍に命じた文書は発見されていないが、この訓練区域に詳しい関係筋によれば、外交的理由にもとづき、国務省が使用を許可しないと決断した。考えにくいことではあるが、平和友好条約を締結した後に日中関係が悪化することを回避しようとした日本の外務省が、使用中止を要請した可能性もある。その例証として、外務省は二〇一二年にも、沖縄における島嶼奪還の日米共同訓練の中止を要請している（"Japan, U.S. Abandon Drill to 'Retake' Isle Joint Exercise Called Off Due to Fear of Backlash from China," *Japan Times*, October 21, 2012）。時事通信社の記事はこれ以上の詳細を明らかにしていないが、この問題に関与したアメリカ政府関係者によれば、中止を要請したのは日本の民主党政権だった。

(4) 尖閣周辺で獲れる魚種や漁獲期の詳細については、尖閣諸島文献資料編纂会編『尖閣研究　尖閣諸島の自然・開発利用の歴史と情報に関する調査報告——沖縄県における地域振興・島おこしの一助として』（尖閣諸島文献資料編纂会、二〇一一年）一五一—一五二頁を参照。

(5) 第一海兵航空団に所属していたヘリパイロットは、「一般的に言って、植物が生えているところならば着陸は可能」と筆者に語った。

(6) Unryu Suganuma, *Sovereign Rights and Territorial Space in Sino-Japanese Relations : Irredentism and the Diaoyu/Senkaku Islands* (Honolu-

lu: University of Hawaii Press, 2000), 42.

（7）詳細は、ロバート・D・エルドリッヂ『硫黄島と小笠原をめぐる日米関係』（南方新社、二〇〇八年）第一章を参照。

（8）Suganuma, *Sovereign Rights*, 44.

（9）Suganuma, *Sovereign Rights*, 44.

（10）朝貢関係の開始については、George H. Kerr, *Okinawa : The History of an Island People* (Boston : Tuttle Publishing, 1958), とくに Chapter 2 を参照。中国の朝貢国（琉球王国など）との関係については、S. Y. Teng and John K. Fairbank, "On the Ch'ng Tributary System," *Harvard Journal for Asiatic Studies*, Vol. 1, No. 2 (June 1941), 135–246 を参照。また、赤嶺守『琉球王国——東アジアのコーナーストーン』（講談社、二〇〇四年）、とくに第二章も参照。

（11）奥原敏雄「尖閣列島——歴史と政治のあいだ」『日本及日本人』第一四八一号（一九七〇年一月）五四—五五頁。

（12）奥原「尖閣列島」五五頁。

（13）奥原「尖閣列島」五五頁。

（14）世界中で新規発見された地域や領域には、名称に関する類似の逸話が多い。たとえば、「ボルケーノ・アイランズ（Volcano Islands）」と呼ばれていたことに由来する「火山列島」や、ある作り話の登場人物の名に由来する「小笠原諸島」である。また、後者は「ボニン・アイランズ（Bonin Islands）」としても知られるが、これは無人を意味する「無人《ブニン》」の誤称である。これらの詳細については、エルドリッヂ『硫黄島と小笠原をめぐる日米関係』第一章を参照。

（15）Sir Edward Belcher, *Narrative of the Voyage of H. M. S. Samarang during the Years, 1843–1846, Vol. 1* (London : Reeve, Benham, and Reeve, 1848), 315–320. また、*Vol. 2*, 572–574 も参照。

（16）ベルチャーが「ピナクル」と名づけたのかどうかは、定かではない。

（17）*China Sea Directory*, Vol. 4 によれば、「ラレー・ロック」という名称は、一八三七年七月にそれを発見したイギリス海軍軍艦「ラレイ（*Raleigh*）」に由来している。

（18）*Journal of the British Naval Waterway*, Vol. 4 (1884). また、奥原敏雄「尖閣列島の領有権と『明報』論文」『中国』第九一号（一九七一年）三九頁も参照。

（19）海軍省水路部『寰瀛水路誌』第一巻下（一八八六年三月）。

（20）海軍省水路部『寰瀛水路誌』。

（21）海軍省水路部『寰瀛水路誌』。

（22）Suganuma, *Sovereign Rights*, 91–92〔以上の水路誌の記述について邦語で論じた文献として、井上清『「尖閣」列島——釣魚諸島の史的解明』（第三書館、二〇一二年）七〇—七四頁がある〕。

（23）黒岩恒「尖閣列島探検記事」『地學雑誌』第一二輯第一四〇巻（一九〇〇年八月）四七七頁（英訳が Suganuma, *Sovereign Rights*, 94 にある）。黒岩は土佐藩出身であり、三四歳となる一八九二年、沖縄師範学校で教鞭をとるため沖縄に移住した。一九〇二年、黒岩は沖縄北部の国頭郡組合立農学校の初代校長に就任する。詳細については、新里金福、大城立裕『近代沖縄の人々』（太平出版社、一九七二年）を参照。黒岩は、ここで描写された一〇四の人々の一人である。また、天野鉄夫「黒岩恒——沖縄自然界の学問的開拓者」『新沖縄文学』第三七号（一九七七年十二月）、大城昌隆編『黒岩恒先生顕彰記念誌』（黒岩恒先生功績顕彰会、一九六九年）も参照。

（24）笹森儀助『南嶋探験』（個人出版、一八九四年）〔新版（平凡社、二〇〇八年）〕。

（25）Suganuma, *Sovereign Rights*, 99.

（26）牧野清「尖閣列島小史」『季刊沖縄』第五六号（一九七一年三月）六五頁。

（27）古賀一族と寄留商人については、古賀善次「尖閣諸島のあるじは私」『日本経済新聞』（一九七〇年八月二十六日）、および古賀の妻花子へのインタビュー（新崎盛暉編『沖縄現代史への証言（下巻）』沖縄タイムス社、一九八二年、一二九—一三二頁）を参照。

（28）通常、古賀は沖縄に渡った際に二四歳だったとされる。この違いは、日本の伝統的な年齢の数え方が西洋のそれと異なることに起因している。当時の日本では、新生児を生まれた年に一歳と数えていた。

(29) この支店の住所は、八重山大川村二番地だった（牧野「尖閣列島小史」六五頁）。

(30) 牧野「尖閣列島小史」六五―六六頁。

(31) これまでの研究においては、古賀が尖閣諸島に赴いた日時や上申書を提出した日について、異なった日付が示されている。本書では、時系列的にもっとも確かだと考えられるものを用いる。

(32) 奥原敏雄「尖閣列島と領有権問題（第四五回）」『サンデーおきなわ』（一九七三年六月二日）。

(33) 尾崎重義「尖閣諸島の帰属について（中）」『レファレンス』第二六一号（一九七二年十月）四三―四四頁。なお、西村は旧彦根藩士で、内務省警保局長を務めた後、沖縄県令に着任した。

(34) 奥原「尖閣列島と領有権問題（第四五回）」。

(35) 奥原「尖閣列島と領有権問題（第四五回）」。

(36) 奥原「尖閣列島と領有権問題（第四五回）」。

(37) 奥原敏雄「尖閣列島と領有権問題（第三九回）」『サンデーおきなわ』（一九七三年四月十四日）。

(38) 奥原「尖閣列島と領有権問題（第三九回）」。「久米赤島外二島取調ノ儀ニ付上申」一八八五年九月二十二日（奥原敏雄「尖閣列島と領有権問題（第四〇回）」『サンデーおきなわ』〈一九七三年四月二十一日〉からの再引用）。

(39) 奥原「尖閣列島と領有権問題（第三九回）」。これらの報告書は、外務省記録『帝国版図関係雑件』（外務省外交史料館所蔵）に所収されている。

(40) 「魚釣島外二島実地取調ノ儀ニ付上申」一八八五年十一月五日（奥原「尖閣列島と領有権問題（第四〇回）」からの再引用）。

(41) 外務省編『日本外交文書』第一八巻（日本国際連合協会、一九五〇年）五七三―五七六頁。これらの文書は、高橋庄五郎『尖閣列島ノート』（青年出版社、一九七九年）六二―六八頁に所収されており、Suganuma, *Sovereign Rights*, 9 に英訳がある。

(42) 濱川今日子「尖閣諸島の領有をめぐる論点――日中両国の見解を中心に」『調査と情報』第五六五号（二〇〇七年二月）六頁。

(43) 濱川「尖閣諸島の領有をめぐる論点」六頁。

(44) 「明治一八年一一月二七日内務省廻議案」（奥原敏雄「尖閣列島と領有権問題（第四一回）」『サンデーおきなわ』〈一九七三年四月二十八日〉からの再引用）。

(45) 「無人島へ国標建設ニ関シ沖縄県令へノ指令案協議ノ件」（一八八五年十一月三〇日）（奥原「尖閣列島と領有権問題（第四一回）」からの再引用）。

(46) 「無人島へ国標建設ノ儀ニ就キ沖縄県令ヨリ伺出ニ対スル指令ニ関シ回答ノ件」（一八八五年十二月四日）（奥原「尖閣列島と領有権問題（第四一回）」からの再引用）。

(47) 奥原「尖閣列島と領有権問題（第四一回）」。

(48) 奥原「尖閣列島と領有権問題（第四一回）」。

(49) 奥原「尖閣列島と領有権問題（第四一回）」。

(50) 奥原「尖閣列島と領有権問題（第四一回）」。

(51) 奥原「尖閣列島と領有権問題（第四一回）」。

(52) 牧野「尖閣列島小史」六六頁。

(53) 「久場島魚釣島へ本県所轄標杭建設之義ニ付上申」（一八九三年十一月二日）（奥原敏雄「尖閣列島と領有権問題（第四二回）」『サンデーおきなわ』〈一九七三年五月五日〉からの再引用）。

(54) 奈良原は、薩摩藩出身の有力な官僚で、県知事としての一六年間の任期中、沖縄の近代化に尽力した。奈良原は有力者ではあったが、近代化を実施するに際して沖縄の人々をあからさまに軽視したため、彼らに忌避されていた。にもかかわらず、尖閣諸島との関係の深さゆえ、魚釣島の山は奈良原の名をとり、奈良原岳という名称を与えられている。

(55) 内務省秘別第三四号（一八九四年四月十四日）（奥原「尖閣列島と領有権問題（第四二回）」からの再引用）。

(56) 秘第一二号ノ内復第一五三号（一八九四年五月十二日）（奥原「尖

閣列島と領有権問題（第四二回）」からの再引用）。

（57）親展第二号（一八九五年一月十一日）（奥原「尖閣列島と領有権問題（第四二回）」からの再引用）。

（58）奥原「尖閣列島と領有権問題（第四二回）」。

（59）濱川「尖閣諸島の領有をめぐる論点」六頁。

（60）内務省秘別第一三三号ノ内「久場島魚釣島へ本県所轄標杭建設ノ件」（一八九五年一月二十二日）（奥原敏雄「尖閣列島と領有権問題（第四三回）」『サンデーおきなわ』〈一九七三年五月十九日〉からの再引用）。

（61）ほとんどの研究で、沖縄県知事宛の指令は一月二十一日に行われたと考えられているが、その指令に続く文書を発掘した奥原によれば、これは案文に過ぎなかった。奥原は、『サンデーおきなわ』で連載したシリーズの一九七三年五月十九日号（「尖閣列島と領有権問題（第四三回）」）において、自らのそれまでの研究を修正し、沖縄県知事宛の指令は二月三日もしくはそれ以後に送付されたという見解を示した。

（62）奥原「尖閣列島と領有権問題（第四二回）」。

（63）関連部分は下関条約の第二条で、次のようにある。「第二條　清國ハ左記ノ土地ノ主權竝ニ該地方ニ在ル城壘、兵器製造所及官有物ヲ永遠日本國ニ割與ス〔…中略…〕二　臺灣全島及其ノ附屬諸島嶼」。

（64）詳細については、入江啓四郎「日清講和と尖閣列島の地位」『季刊沖縄』第六三号（一九七二年十二月）三二―三八頁を参照。

（65）Suganuma, *Sovereign Rights*, 98-99 を参照。

（66）こうした行政史については、Toshio Okuhara, "The Territorial Sovereignty over the Senkaku Islands and Problems on the Surrounding Continental Shelf," *The Japanese Annual of International Law*, No. 15 (1971), 97-98 を参照。

（67）尖閣列島研究会「尖閣列島と日本の領有権」『季刊沖縄』第六三号（一九七二年十二月）一一頁。一九二五年当時、一ドルは二円四四銭で取引されていた。

（68）尖閣列島研究会「尖閣列島と日本の領有権」。一九三二年当時、一ドルは三円五六銭で取引されていた。

（69）尖閣列島研究会「尖閣列島と日本の領有権」一一頁。

（70）尖閣列島研究会「尖閣列島と日本の領有権」一一頁。一九三六年時点では、一ドルは三円四五銭で取引されていた。

（71）「須磨丸」は、一八九五年に長崎の三菱造船で建造された。

（72）奥原「尖閣列島と領有権問題（第四五回）」。この航海の詳細については、「須磨丸」船長の報告（大隈眞次「雑報台湾の北東に位する小離島」『地學雑誌』第一一輯第一三〇巻、一八九九年十月、七二二―七二三頁）を参照。

（73）「安平丸」は、一八九六年にイギリス・ニューカッスルのウィグハム・リチャードソンで建造された。

（74）宮嶋幹之助「沖縄県無人嶋探検談」『地學雑誌』第一二輯第一四二巻（一九〇〇年十月）五八五―五九六頁。

（75）奥原敏雄「尖閣列島と領有権問題（第四六回）」『サンデーおきなわ』（一九七三年六月九日）。

（76）奥原「尖閣列島と領有権問題（第四六回）」。

（77）奥原「尖閣列島と領有権問題（第四六回）」。

（78）奥原「尖閣列島と領有権問題（第四六回）」。

（79）奥原「尖閣列島と領有権問題（第四六回）」。

（80）尖閣列島研究会「尖閣列島と日本の領有権」一〇頁。

（81）濱川「尖閣諸島の領有をめぐる論点」八頁。

（82）古賀「尖閣諸島のあるじは私」。

（83）古賀「尖閣諸島のあるじは私」。

（84）古賀善次「毛さん、佐藤さん、尖閣列島は私の〝私有地〟です」『現代』第六巻第六号（一九七二年六月）一四四頁。

（85）尖閣列島研究会「尖閣列島と日本の領有権」一一頁。

（86）尖閣列島研究会「尖閣列島と日本の領有権」一一頁。

（87）尖閣列島研究会「尖閣列島と日本の領有権」九頁。

（88）尖閣列島研究会「尖閣列島と日本の領有権」一一頁。

（89）尖閣列島研究会「尖閣列島と日本の領有権」一一頁。

(90) 尖閣列島研究会「尖閣列島と日本の領有権」一一頁。
(91) 一九二五年、農商務省は農林省と商工省に分割された。
(92) 尖閣列島研究会「尖閣列島と日本の領有権」九—一二頁。結局、日本は気象観測所を設置できなかった。日本は三〇年後、再度設置を試みるが、当時尖閣諸島を統治していたアメリカ政府は日本政府に対し、設置は返還後まで延期するよう通達した。日本政府は一九七〇年代末にも、幾度となく設置を検討したが、計画は頓挫したようである（栗原『尖閣諸島売ります』七七—八五頁）。本書執筆時も、気象観測所は設置されていない。
(93) 尖閣列島研究会「尖閣列島と日本の領有権」一二頁。
(94) 古賀「毛さん、佐藤さん、尖閣列島は私の〝私有地〟です」一四五頁。
(95) 古賀「毛さん、佐藤さん、尖閣列島は私の〝私有地〟です」一四五頁。
(96) 小笠原諸島からの疎開については、エルドリッヂ『硫黄島と小笠原をめぐる日米関係』を参照。
(97) この事件については、多くの本やマンガ、アニメ映画がある。たとえば、金沢嘉市『つしま丸のそうなん——沖縄の子どもたち』（あすなろ書房、一九七二年）や、大城立裕『対馬丸』（理論社、一九八二年）である。また、二〇〇一年六月には、事件を忘れず、事件の記憶を共有して後世に伝えていくことを目的として、那覇に対馬丸記念館が設立された。
(98) 「阿波丸」事件については、Roger Dingman, *Ghost of War: The Sinking of the Awa Maru and Japanese-American Relations, 1945-1995* (Annapolis: Naval Institute Press, 1999) を参照。
(99) 乗船した疎開者の人数については、諸説ある。この点については、「尖閣諸島遭難（一）無人島で餓死地獄」『琉球新報』（二〇一〇年一月十六日）を参照。また、尖閣列島戦時遭難死没者慰霊之碑建立事業期成会編『沈黙の叫び——尖閣列島戦時遭難事件』（南山社、二〇〇六年）も参照。
(100) この事件の生存者と遺族は、一九四六年以降会合を重ねてきたが、一九七八年十二月十八日に尖閣列島戦時遭難者遺族会が正式に設立された。二〇〇二年七月一日、遺族会は石垣島南部の新川に慰霊碑を建立し、二〇〇六年にはこの悲劇の体験談を収録した書籍を出版している。これに先立って、一九六九年五月には、魚釣島で慰霊碑の建立と除幕式が行われた（詳細については、尖閣列島戦時遭難死没者慰霊之碑建立事業期成会編『沈黙の叫び』を参照）。
二〇一二年、「日本の領土を守るため行動する議員連盟」などの超党派のナショナリストのグループが、遺族会会長慶田城用武に対し、魚釣島で慰霊祭を行うための政府への上陸許可申請に遺族会が署名することを求めたが、慶田城は署名を拒否した。慶田城は、魚釣島の死没者の慰霊という遺族会の理念を、領土を守るという議員連盟の目的に利用されたくないと考えたのである（「尖閣上陸　『慰霊祭利用された』遺族会、署名を拒否／沖縄」『毎日新聞』二〇一二年八月二十一日）。この議員連盟は二〇〇四年に設立され、元リポーターで産経新聞とのつながりを有する山谷えり子参議院議員（自民党）が代表を務めている。議員連盟の上陸申請は政府に許可されず（八月十三日）、議員連盟は洋上慰霊祭を実施した。中山義隆石垣市長は、政府に再三上陸申請を行ったが認められなかった。中山は、その際日本政府は、地権者が認めていないというニュアンスで回答したことを明らかにしている（中山義隆『中国が耳をふさぐ尖閣諸島の不都合な真実——石垣市長が綴る日本外交の在るべき姿』ワニブックス、二〇一二年、五四—五七頁）。八月十九日の慰霊祭終了後、一〇名の参加者が船から飛び込み、泳いで魚釣島に上陸した。八月十五日には、香港と台湾の活動家が魚釣島に上陸しており、野田佳彦首相はこれを「誠に遺憾」としていた。

なお、一九四五年の悲劇〔遭難事件〕とは直接は関係ないが、魚釣島における一九四五年九月の事件ないしは事故で、二〇〇〇年から二〇〇二年まで沖縄県議会議長を務めた伊良皆高吉——その後、プロの三味線演奏家となる——の父親が死亡した。戦後に尖閣諸島を何度も訪れた科学者高良鉄夫は、一九五二年に行った二度目の実地調査で四名の遺骨を発見し、その後、このことを伝えるために伊良皆とその家族を訪ねた。伊良皆は、一九七七年七月に父親の遺骨収集のために魚釣島に上陸し、長年の夢をかなえた。この点については、伊良皆高吉「父の遺骨収集は、自分の船と手で」尖閣諸島文献資料編纂会編『尖閣研究　高良学術調査団資料集（上巻）』（尖閣諸島文献資料編纂会、二〇〇七年）三五九―三六五頁を参照。

第2章

（1）一九四五年四月十五日午前、「アベンジャー」に搭乗する米海軍のパイロットと二人の搭乗員が、高射砲に撃たれてパラシュートで脱出後、石垣島の海岸に着地した。彼らはすぐに捕まり、その夜、二人が斬首され、もう一人は刺殺された。この事件には、多くの大日本帝国陸軍関係者が関与していた。後にこの戦争犯罪が明らかになるとともに裁判にかけられたが、その後、数名については減刑が認められた。これは「石垣島事件」として知られる（「石垣島事件」沖縄大百科事典刊行事務局編『沖縄大百科事典（上巻）』沖縄タイムス、一九八三年、一六六―一六七頁を参照）。

（2）平時においても、沖縄の南部の島々と台湾の間の航海では、しばしば悲劇が起こった。たとえば、一九四五年十一月初旬に、台湾への疎開者や移住者を帰還させる船舶が沈没もしくは転覆し、一〇〇名以上が死亡した。在台沖縄人についての書をまとめた著者によれば、正確な犠牲者数は定かではない（松田良孝『台湾疎開――「琉球難民」の一年一一ヶ月』南山舎、二〇一〇年、一六九頁）。

（3）"Instrument of Surrender, 7 September 1945"（沖縄県公文書館所蔵）〔邦訳は、沖縄県公文書館ホームページ<http://www.archives.pref.okinawa.jp/exhibition/2005/08/post-11.html>（二〇一四年五月十六日閲覧）による〕。

（4）Simon Bolivar Buckner, Jr. and Joseph W. Stillwell (edited by Nicholas Evan Sarantakes), *Seven Stars : The Okinawa Battle Diaries of Simon Bolivar Buckner, Jr. and Joseph Stillwell* (College Station : Texas A&M University, 2004), 114.

（5）Buckner and Stilwell, *Seven Stars*, 124.

（6）これらの石垣島民、とくに疎開していた島民の生活については、松田『台湾疎開』を参照。また、Ota Shizuo, "Yaeyama After WWII," in Okinawa : The 50 Years of the Postwar Era Committee, ed., *Okinawa : The 50 Years of the Postwar Era* (Naha : Okinawa Prefecture, 1995), 436-437も参照。沖縄の台湾との関係については、沖縄県文化振興会編『沖縄県史ビジュアル版6――沖縄と台湾』（沖縄県教育委員会、二〇〇〇年）を参照。

（7）"AG 091, Memorandum for Imperial Japanese Government on Governmental and Administrative Separation of Certain Outlying Areas from Japan (January 29, 1946)," 福永文夫編『GHQ民政局資料　占領改革第二巻　選挙法・政治資金規正法』（丸善、一九九七年）一四一―一四二頁。

（8）尖閣列島研究会「尖閣列島と日本の領有権」『季刊沖縄』第六三号（一九七二年十二月）一二―一三頁。

（9）Headquarters, Military Government of the Ryukyu Islands, "MG Ordinance, Number 22, The Law Concerning the Organization of the Gunto Governments, 4 August 1950," in Gekkan Okinawasha, ed., *Laws and Regulations During the U.S. Administration of Okinawa, 1945-1972* (Naha : Ikemiya Shokai, 1983), 489〔邦訳は、『アメリカの沖縄統治関係法規総覧II　第二部法令別・年次別法令　第三編布令（I）』月刊沖縄社、一九八三年、一三〇頁による〕。

（10）約二五年後、アメリカ連邦議会上院における沖縄返還協定の公聴会のために用意した説明資料の中で、国務省は、対日講和条約第三条に尖閣が含まれた理由を次のように論じている。「第二次世界大戦中の日本とアメリカの地図では、尖閣は琉球の一部として日本が施政していることになっていた。日本人は、沖縄での降伏の一環として尖閣も明け渡した」。この点については、"Memorandum from Howard M.

McElroy to Mr. Sheats and others on Okinawa Reversion, July 13, 1971," Folder: Questions/Answers Index Senate Hearings on Okinawa Reversion, Box 26, History of Civil Administration of the Ryukyu Islands, Records of the Office of the Chief Military History (hereafter, History of USCAR), RG 319, Records of the Army Staff, National Archives, College Park を参照。

(11) 第三条の形成過程については、ロバート・D・エルドリッヂ『沖縄問題の起源』（名古屋大学出版会、二〇〇三年）第七章を参照。

(12) 一九五二年に沖縄とその他の島嶼を取り戻そうとする日本の努力については、エルドリッヂ『沖縄問題の起源』二三八―二四七頁を参照。

(13) United States Civil Administration of the Ryukyu Islands, Office of the Deputy Governor, "CA Ordinance Number 68, Provisions of the Government of the Ryukyu Islands, 29 February 1952," in Gekkan Okinawasha, ed., *Laws and Regulations*, Vol. 1, 1003〔邦訳は、米国民政府布令第六八号「琉球政府章典」（一九五二年二月二十九日）『アメリカの沖縄統治関係法規総覧II　第二部法令別・年次別法令』月刊沖縄社、一九八三年、三二五頁による〕.

(14) United States Civil Administration of the Ryukyu Islands, Office of the Deputy Governor, "CA Proclamation Number 27, Geographical Boundaries of the Ryukyu Islands, 25 December 1953," in Gekkan Okinawasha, ed., *Laws and Regulations*, 850〔邦訳は、米国民政府布告第二七号「琉球列島の地理的境界」（一九五三年一二月二五日）『アメリカの沖縄統治関係法規総覧I　第一部現行法令　第二部法令別・年次別法令』月刊沖縄社、一九八三年、二五頁による〕.

(15) United States Civil Administration of the Ryukyu Islands, Office of the Deputy Governor, "CA Ordinance Number 125, Control and Exit of Individuals Into and From the Ryukyu Islands, 11 February 1954," in Gekkan Okinawasha, ed., *Laws and Regulations*, Vol. 2, 200〔邦訳は、琉球列島米国民政府布令第一二五号「琉球列島出入管理令」（一九五四年二月十一日）『アメリカの沖縄統治関係法規総覧III　第二部法令別・年次別法令』月刊沖縄社、一九八三年、七頁による〕.

(16) United States Civil Administration of the Ryukyu Islands, Office of the Deputy Governor, "CA Ordinance Number 144, Code of Penal Law and Procedure, 16 March 1955," in Gekkan Okinawasha, ed., *Laws and Regulations*, Vol. 2, 319-320〔邦訳は、琉球列島米国民政府布令第一四四号「刑法並びに訴訟手続法典」（一九五五年三月十六日）『アメリカの沖縄統治関係法規総覧III　第二部法令別・年次別法令』六九頁による〕.

(17) "CA Ordinance Number 144"〔琉球列島米国民政府布令第一四四号〕.

(18) エンゲンは、第二次世界大戦を戦い、朝鮮戦争にも参加した（"Oral History with Millard Engen," Cactus Hills Arizona Heritage Project, <http://www.azhp.org/index-3.html>, 二〇一二年六月閲覧）。

(19) 宮古民政府「恒久危険区域」『広報「新宮古」』第三号（一九四八年五月六日）（尖閣諸島文献資料編纂会編『尖閣研究　尖閣諸島海域の漁業に関する調査報告――沖縄県における戦前〜日本復帰（一九七二年）の動き』尖閣諸島文献史料編纂会、二〇一〇年、二一五頁からの再引用）。なお、この第一航空師団は、一九四六年六月初旬に米陸軍第八航空軍の後継組織となり、一九四八年十二月初旬から嘉手納に駐留していた。

(20) 臨時北部南西諸島政庁「特別告示第一号（琉球軍作戦要綱第二号）」『臨時北部南西諸島政庁広報』第三五号（一九四八年五月五日）。

(21) 尖閣諸島文献資料編纂会編『尖閣研究　尖閣諸島海域の漁業に関する調査報告』二一五頁。

(22) 「尖閣列島コービ嶼は、永久危険地域」『南西新報』（一九四八年十一月三日）。『南西新報』は、一九四五年九月六日から一九五一年十二月二十八日まで発刊された、発行部数の小さな新聞である。

(23) 「尖閣列島に近寄るな　米航空軍が警告」『宮古民友新聞』（一九四九年一月十四日）。『宮古民友新聞』は、一九四六年七月十日から一九五〇年二月二十四日まで発刊していた。

(24) 尖閣諸島文献資料編纂会編『尖閣研究　尖閣諸島海域の漁業に関する調査報告』二一七―二一八頁。また、『琉球史料一九四五―一九五五年』第八集（琉球政府文教局、一九五八年）五九頁を引用した、尾崎重義「尖閣諸島の帰属について（中）」『レファレンス』第二六一号（一九七二年十月）五八頁も参照。

(25)『季刊沖縄』第五六号（一九七一年三月）の一四一―一五四頁には、こうした通告の一例や賃貸借契約書のコピーが掲載されている。また、尾崎「尖閣諸島の帰属について（中）」五八―五九頁も参照。

Fung Hu-hsiang, "Evidence beyond Dispute : Tiaoyutai (Diaoyutai) is Chinese Territory !" (<http://www.skycitygallery.com/japan/evidence.html>, 二〇一一年一月閲覧）によれば、米軍は毎回、国府に対してこの島嶼を射爆訓練場として用いることの許可を申請しており、このことは「釣魚台は中華民国の領土だということを裏づけている」という。馮滬祥（Fung Hu-hsiang）は台湾の元立法委員で、現在は台北の国立中央大学教授である。しかしながら、この説明の内容は、かなり疑わしい。

(26) 尖閣列島研究会「尖閣列島と日本の領有権」一三―一四頁。

(27)「〝荒らされる黄尾島漁場〟爆撃演習区域変更を訴える」『宮古毎日新聞』（一九五五年十一月十日）。

(28) 尖閣諸島文献資料編纂会編『尖閣研究　尖閣諸島の自然・開発利用の歴史と情報に関する調査報告――沖縄県における地域振興・島おこしの一助として』（尖閣諸島文献資料編纂会、二〇一一年）一四五頁。

(29) この頃、八重山地方庁は、赤尾嶼の管轄権が不明瞭であることを知り、内部調査を要請した。いくつかの法令などにもとづくと、赤尾嶼は宮古地方庁の管轄下にあると見ることもできたが、大正島を一九二一（大正十）年に石垣市の一部として登録したことを示す戦前の沖縄県の記録が発見された（「〝赤尾島〟の石垣市の所管　大正十年に大正島として登録」『琉球新報』一九五六年三月十六日）。その一カ月後、米海軍は赤尾嶼を射爆訓練区域として使用していることを通知した（尖閣諸島文献資料編纂会編『尖閣研究　尖閣諸島海域の漁業に関する調査報告』二三一―二三二頁）。

(30) 古賀善次「毛さん、佐藤さん、尖閣列島は私の〝私有地〟です」『現代』第六巻第六号（一九七二年六月）一四五頁。

(31) 尾崎「尖閣諸島の帰属について（中）」五八―五九頁。

(32) 尖閣列島研究会「尖閣列島と日本の領有権」一四頁。また、「久場島の軍用地基本賃貸借契約書」『季刊沖縄』第五六号、一四二―一四九頁、Toshio Okuhara, "The Territorial Sovereignty over the Senkaku Islands and Problems on the Surrounding Continental Shelf," *The Japanese Annual of International Law*, No. 15 (1971), 101 も参照。九州選出の有力な政治家で、沖縄と長い付き合いのあった山中貞則は、回想録の中で、所有者は年間三四〇ドルの使用料しか支払われていなかったと述べている（山中貞則『顧みて悔いなし――私の履歴書』日本経済新聞社、二〇〇二年、二三三頁）。

(33) 古賀「毛さん、佐藤さん、尖閣列島は私の〝私有地〟です」一四五頁。

(34) 黄尾嶼と赤尾嶼の訓練区域の継続使用が合意、署名された一九七二年五月十五日の日米合同委員会における交換公文では、これら二島の日本語読みの名称――久場島と大正島――ではなく、中国語読みの名称が用いられたが、その理由は明らかではない。

(35) Fung, "Evidence beyond Dispute."

(36) 尖閣諸島文献資料編纂会編『尖閣研究　尖閣諸島海域の漁業に関する調査報告』二二五―二二六〔および二三〇―二三一〕頁。

(37) 尖閣列島研究会「尖閣列島と日本の領有権」一四頁。

(38) "Petition to Chief Executive, GRI, May 1955," Folder: 10, Policy and Precedent Files, Daisan Seitoku Maru Case, Box 92, Record Group 260, Records of the United States Occupation Headquarters, World War II, Records of the U.S. Civil Administration of the Ryukyu Islands (USCAR), Okinawa Prefectural Archives (hereafter, Daisan Seitoku Maru Files).

(39) "Letter from Major Harry Apple, on behalf of Deputy Governor (Major General James E. Moore), to Chief Executive (Higa Shuhei), regarding the Case of the Dai San Seitoku Maru, January 4, 1956," Daisan Seitoku Maru

Files.

(40) 大田は、官僚・法律家であり、戦中は台湾で行政機関の要職を務め、一九五〇年代半ばに沖縄に戻った後、一九五九年十一月に琉球列島高等弁務官ブース (Donald P. Booth) 中将から行政主席に任命された (筆者による大田政作へのインタビュー、一九九七年六月十日、東京)。残念なことに、大田の四冊の著作は、いずれも「第三清徳丸」事件と尖閣問題について触れていない。

(41) "Letter from Major Harry Apple to Chief Executive (Higa Shuhei), January 4, 1956."

(42) "Letter from Major Harry Apple to Chief Executive (Higa Shuhei), January 4, 1956."

(43) 返還後に調査が減少した原因としてしばしば指摘されるのは、日本政府が自然生態の保護と尖閣の政治・外交問題化の防止という観点から上陸許可に消極的なこと、および土地所有者が上陸許可を得るよう要望していること、の二点である。以前尖閣諸島を所有していた古賀善次は、彼の一九六八年七月二日の琉球政府宛て書簡に示されているように、人々が上陸するのを気にしていなかった (「地主に対し、わざわざ上陸調査承諾書を求める　これがヤブ蛇となり、致命的悪弊の一因となる」尖閣諸島文献資料編纂会編『尖閣研究　高良学術調査団資料集 (下巻)』尖閣諸島文献資料編纂会、二〇〇七年、一三四頁)。

(44) 尖閣諸島文献資料編纂会編『尖閣研究　高良学術調査団資料集 (上下巻)』(尖閣諸島文献資料編纂会、二〇〇七年)。

(45) 高良は一〇〇歳で入院するまで、彼の教え子や、彼が行った五回の調査への参加者たちと、定期的に会っていた。『高良学術調査団資料集』の編纂会は、第二回と第三回の調査 (一九五二年と一九五三年) の参加者によるラウンド・テーブルと、第四回と第五回調査 (一九六三年と一九六八年) の参加者によるラウンド・テーブルを、それぞれ二〇〇六年二月十四日と二〇〇五年十一月に開催した。それらの議事録は、尖閣諸島文献資料編纂会編『尖閣研究　高良学術調査団資料集』上巻の二五一―二八六頁、および下巻の三一五―三二八頁に収録されている。

(46) 尖閣諸島文献資料編纂会編『尖閣研究　高良学術調査団資料集 (上巻)』三―五、一一―一四、四六―六四頁。

(47) 尖閣諸島文献資料編纂会編『尖閣研究　高良学術調査団資料集 (上巻)』六五―七四頁。

(48) 尖閣諸島文献資料編纂会編『尖閣研究　高良学術調査団資料集 (上巻)』七五―一〇〇頁。

(49) 尖閣諸島文献資料編纂会編『尖閣研究　高良学術調査団資料集 (上巻)』一〇三―一〇九頁。

(50) 尖閣諸島文献資料編纂会編『尖閣研究　高良学術調査団資料集 (上巻)』一〇三―一〇九頁。

(51) 稲嶺は、一九五〇年九月、沖縄における石油の供給をコントロールしていたアメリカの石油会社カルテックス (現シェヴロン) と提携を結んだ。なお、稲嶺は、後に沖縄県知事となる稲嶺恵一の父であり、恵一も父と同様、琉球石油の社長と会長も務めた。

(52) 両者は『琉球大学農学部学術報告』第一号 (一九五四年四月) に掲載され、尖閣諸島文献資料編纂会編『尖閣研究　高良学術調査団資料集 (上巻)』一一三―一四六頁にも所収されている。参加者の一人である森田忠義 (奄美出身の学生) は、二〇〇七年に、「第三次尖閣列島生物調査に参加して」という、この調査に関する文章を寄せている (尖閣諸島文献資料編纂会編『尖閣研究　高良学術調査団資料集 (上巻)』一四九―一五八頁)。

(53) 多和田真淳「尖閣列島の植物相について」八八頁 (尖閣諸島文献資料編纂会編『尖閣研究　高良学術調査団資料集 (上巻)』では、一四四頁)。この点は『尖閣研究　高良学術調査団資料集』の編者も強調しているところであり、とくに、沖縄の漁師が国籍不明の襲撃者——台湾人と考えられている——によって殺害される事件 (これについては後述する) が念頭に置かれている。

(54) 「幻に終わった尖閣列島共同学術調査　鹿大、『来年早々、再調査』と語っていたが」尖閣諸島文献資料編纂会編『尖閣研究　高良学術調査団資料集（下巻）』一〇九頁。

（55）「開学時から地元大学の重大な使命、科学発展に寄与と全学的バックアップを受ける——三大学長が尖閣調査に尽力」尖閣諸島文献資料編纂会編『尖閣研究　高良学術調査団資料集（下巻）』一一〇頁。

（56）新納は、尖閣諸島に六度上陸することになる（新納義馬「発刊の意義を讃えて」尖閣諸島文献資料編纂会編『尖閣研究　高良学術調査団資料集（下巻）』一頁）。

（57）高良鉄夫「亡びゆくアホウドリ——尖閣列島の現地調査から」『琉球新報』一九六三年五月三—十二日（七回の連載）。

（58）田積友吉郎、森口豁「無人島は生きている」『琉球新報』一九六三年五月十九—二十六日（七回の連載）。また、森口豁「冷や汗百斗の〝幻の大スクープ〟」尖閣諸島文献資料編纂会編『尖閣研究　高良学術調査団資料集（下巻）』三六三—三六四頁も参照。

（59）粟国安夫「アホウドリを求めて」『沖縄タイムス』一九六三年五月二十一—二十四日（五回の連載）。また、粟國安夫「オフレコで調査を続行」尖閣諸島文献資料編纂会編『尖閣研究　高良学術調査団資料集（下巻）』三六一—三六二頁も参照。

（60）伊志嶺安進「尖閣列島海洋調査報告」『琉気時報』第七号（一九六三年五月三十日）二八—三六頁。

（61）高良鉄夫「尖閣のアホウドリを探る」『南と北』第二六号（一九六四年三月）。

（62）新納義馬「尖閣列島の植生」『琉球大学文理学紀要』第七号（一九六四年五月）七一—九三頁。

（63）高岡大輔「尖閣列島周辺海域の学術調査に参加して」『季刊沖縄』第五六号、四二—六四頁。

（64）高良鉄夫「尖閣列島の海鳥について」『琉球大学農学部学術報告』第一六号（一九六九年一〇月）一—一二頁。

（65）兼島清「尖閣列島の水質」『工業用水』第一二八号（一九六九年五月）四二—四五頁。なお、兼島は宮古島出身で、台湾の学校を卒業後、調査員として台湾総督府に勤務した後に、琉球大学の教員に転じた。

（66）高岡大輔「尖閣列島周辺海域の学術調査に参加して」。

（67）尖閣諸島文献資料編纂会編『尖閣研究　高良学術調査団資料集（上巻）』九—一〇、二四一—二五〇頁。

（68）高橋庄五郎『尖閣列島ノート』（青年出版社、一九七九年）一八頁。

（69）"Professor Niino's Report on Submarine Geology near Senkaku Islands," *Japan Petroleum Weekly*, September 29, 1969 (outline); October 6, 1969 (topography); October 13 and October 20, 1969 (geology); October 27, 1969 (magnetic survey); December 1, 1969 (summary).

（70）"Professor Niino's Report on Submarine Geology near Senkaku Islands," *Japan Petroleum Weekly*, September 29, 1969, 2.

（71）星野通平『海底の世界』（東海大学出版会、一九六六年）。その業績を評価され、星野は一九八四年、中国の青島海洋大学〔現、中国海洋大学〕の名誉教授に就任した。

（72）高橋『尖閣列島ノート』一九頁。

（73）九州大学・長崎大学合同尖閣列島学術調査隊『東支那海の谷間　尖閣列島——九州大学・長崎大学合同尖閣列島学術調査隊報告』（九州大学生協、一九七三年）。

（74）"Telegram 020630 from HICOM Okinawa to State Department, June 2, 1971," Folder 4, Box 20, History of USCAR, RG 319.

（75）"Telegram 160200Z on Senkakus-GOJ Survey Request, June 16, 1971," Folder 4, Box 20, History of USCAR, RG 319.

（76）「台風の前哨地点、魚釣島とラサ島に測候所　軍が計画」『琉球新報』（一九五三年三月二十日）および沖縄気象台編『沖縄気象台百年史』（沖縄気象台、一九九〇年）二七二頁（尖閣諸島文献資料編纂会編『尖閣研究　尖閣諸島海域の漁業に関する調査報告』二二八—二二九頁からの再引用）。

（77）尖閣列島研究会「尖閣列島と日本の領有権」一四頁。

（78）保守政党である民主党から出馬した石垣は、大荒れとなった一九六六年三月二十日の選挙に勝利し、同年春から市長職にあった。対立候補だった沖縄大衆党の宮良長義の支持者は、選挙結果が明らかになった翌二十一日、不正があったとして、暴力的な手段で反発した。石垣市の選挙管理委員会は二十二日の午前、選挙は無効だと宣言することを余儀なくされる。しかしながら同じ日の午後、選挙管理委員長はこの宣言を取り下げ、保護を求めて八重山警察署に逃げ込んだ。宮良の支持者は、警察署を取り囲み、委員長の引き渡しを要求した。そして騒動の鎮圧のために、米軍機に搭乗して一三〇名の警官が石垣島に増派されることとなった。この事件については、沖縄大百科事典刊行事務局編『沖縄大百科事典（上巻）』七七頁を参照。

（79）尖閣列島研究会「尖閣列島と日本の領有権」一四頁。石垣市「尖閣群島標柱建立報告書」一九六九年五月十五日（Okuhara, "The Territorial Sovereignty Over the Senkaku Islands," 101 からの再引用）。

（80）奥原敏雄「尖閣列島の領有権問題」『季刊沖縄』第五六号、八六頁。

（81）平良繁治「尖閣列島警護同行記」尖閣諸島文献資料編纂会編『尖閣研究　高良学術調査団資料集（下巻）』三四九―三五四頁。

（82）伊良波幸勇「『海鳥の卵はピータンの原料』に驚愕」尖閣諸島文献資料編纂会編『尖閣研究　高良学術調査団資料集（下巻）』三七一―三七二頁。

（83）"Memo from Miyazawa Kaoru, Superintendent Yaeyama Police Station, to Chief of Police, GRI, on Formosan Activities on Sengaku（sic）Retto, July 13, 1968," Folder 5（Emigration and Immigration Files, 1968 : Entry and Exit Control Files, Illegal Entry and Deportations）, Box 10, Records of the Operation Division, Public Safety Department, RG 260, Records of the U.S. Civil Administration of the Ryukyu Islands（USCAR）, National Archives, College Park.

（84）"Memo from Kochi Chokei, Director, Police Department, to Director, Public Safety Department, on Formosan Activities in Sengaku（sic）Retto, July 26, 1968," Folder 5（Emigration and Immigration Files, 1968 : Entry and Exit Control Files, Illegal Entry and Deportations）, Box 10, Records of the Operation Division, Public Safety Department, RG 260.

（85）"Memo from George E. Suzuki, Chief, Yaeyama Civil Affairs Team, to Public Safety Department, USCAR, on Taiwanese Fishermen, July 15, 1968," Folder 5（Emigration and Immigration Files, 1968 : Entry and Exit Control Files, Illegal Entry and Deportations）, Box 10, Records of the Operation Division, Public Safety Department, RG 260.

（86）"Memo from George E. Suzuki, Chief, Yaeyama Civil Affairs Team, to Public Safety Department, USCAR, on Taiwanese Fishermen, July 15, 1968."

（87）戦後初期に創業した三ツ星タクシーは、現在も営業している。筆者は数年前、調査旅行に際して同社を利用した。

（88）"Memo from George E. Suzuki, Chief, Yaeyama Civil Affairs Team, to Deputy Civil Administrator, USCAR, on Taiwanese Fishermen, August 1, 1968," Folder 5（Emigration and Immigration Files, 1968 : Entry and Exit Control Files, Illegal Entry and Deportations）, Box 10, Records of the Operation Division, Public Safety Department, RG 260.

（89）"Background for Talking Points, Taiwanese Illegal Entrants, HICOM Meeting with CA, August 6, 1968," Folder 5（Emigration and Immigration Files, 1968 : Entry and Exit Control Files, Illegal Entry and Deportations）, Box 10, Records of the Operation Division, Public Safety Department, Record Group 260. 興味深いことに、こうしたトラブルを起こしていたのは台湾人漁師だけではなかった。沖縄の漁船や漁師もしばしばインドネシアの領海で拿捕・逮捕されていたのである。たとえば、八月七日午前にも、「第三広漁丸」（四九トン、金城秀欣所有）が拿捕されている（"Telegram HC-LN 823508 from D. R. Holmes to DA, August 9, 1968," Folder 5（Emigration and Immigration Files, 1968 : Entry and Exit Control Files, Illegal Entry and Deportations）, Box 10, Records of the Operation Division, Public Safety Department, RG 260）。

（90）"Memo from George E. Suzuki, Chief, Yaeyama Civil Affairs Team, to Deputy Civil Administrator, USCAR, on Taiwanese Fishermen, July 11, 1968," Folder 5（Emigration and Immigration Files, 1968 : Entry and Exit Control Files, Illegal Entry and Deportations）, Box 10, Records of the

Operation Division, Public Safety Department, Record Group 260.

（91）"Memo from Suzuki to Deputy Civil Administrator on Taiwanese Fishermen, July 11, 1968."

（92）"Memo from Suzuki to Deputy Civil Administrator on Taiwanese Fishermen, July 11, 1968."

（93）"Telegram HC-LN 822011 from Gaiduk to DA, August 7, 1968," Folder 5 (Emigration and Immigration Files, 1968 : Entry and Exit Control Files, Illegal Entry and Deportations), Box 10, Records of the Operation Division, Public Safety Department, RG 260.

（94）"Telegram HC-LN 822011 from Gaiduk to DA, August 7, 1968."

（95）"Telegram HC-LN 822011 from Gaiduk to DA, August 7, 1968." ゲイダックは一九二一年にソビエト連邦で生まれた後にアメリカの市民権を獲得した。第二次世界大戦中は陸軍に参加し、一九五〇年代に国務省に入省する。その後、〔沖縄の〕領事館で勤務した（著者によるゲイダック夫人へのインタビュー、二〇〇〇年六月八日、ワシントン）。

（96）"Telegram HC-LN 822011 from Gaiduk to DA, August 7, 1968."

（97）なお、一九六四年末に山野が特別地域連絡局長に指名された際、アメリカ政府当局は、彼を「ユーモアのセンスを持った、エネルギッシュな人物」と評していた（"Airgram 758 on Biographic Information : Kokichi Yamano, Director of the Special Areas Liaison Bureau, Prime Minister's Office, December 7, 1964," POL 15-1 Japan, RG 59, National Archives, College Park）。

（98）"Telegram HC-LN 822011 from Gaiduk to DA, August 7, 1968."

（99）"Telegram HC-LN 822011 from Gaiduk to DA, August 7, 1968."

（100）"Telegram HC-LN 823509 from Gaiduk to DA, August 21, 1968," Folder 5 (Emigration and Immigration Files, 1968 : Entry and Exit Control Files, Illegal Entry and Deportations), Box 10, Records of the Operation Division, Public Safety Department, RG 260.

（101）"Telegram HC-LN 823509 from Gaiduk to DA, August 21, 1968." ただし、米国民政府のファイルにある日付のないメモによれば、航行不能となった船舶とその解体作業に関する調査が行われた。そこには次のようにある。「『シルバー・ピーク』は、一九六七年四月十二日に魚釣島で座礁した。同船は福岡県八幡から香港に向かう途中だった。同船が放棄された後、その調査におとずれたオーストラリアのロイズ・エージェントが、同船が全焼したことを知り（これは解体をより容易にした）、全損したと判断した。それゆえ解体は行われなかった。言い換えれば、現在中国人が同船を解体しているのは違法である」（"Silver Peak, undated," *Ibid.*）。

（102）"Memo from Ronald M. Ota, Public Safety Department, USCAR, to Civil Administrator on Report on 'Chitose' Voyage to Senkaku Retto (Uotsuri Island), August 14, 1968," Folder 5 (Emigration and Immigration Files, 1968 : Entry and Exit Control Files, Illegal Entry and Deportations), Box 10, Records of the Operation Division, Public Safety Department, RG 260.

（103）"Disposition Form from Public Safety Department to Civil Administrator on Intrusion into Ryukyuan Waters by Taiwanese, August 16, 1968," Folder 5 (Emigration and Immigration Files, 1968 : Entry and Exit Control Files, Illegal Entry and Deportations), Box 10, Records of the Operation Division, Public Safety Department, RG 260. なお、後に、石垣には行かず、直接尖閣で業務に従事するということを証明できる許可証を持った台湾人には、特別措置が認められた。

（104）一九七二年の沖縄返還まで、「ちとせ」は琉球警察に所属していた。返還後は、海上保安庁に編入され、「のばる」と改称される。

（105）"Telegram HC-LN 823502 from Gaiduk to DA, August 21, 1968," Folder 5 (Emigration and Immigration Files, 1968 : Entry and Exit Control Files, Illegal Entry and Deportations), Box 10, Records of the Operation Division, Public Safety Department, RG 260.

（106）"Telegram HC-LN 823502 from Gaiduk to DA, August 21, 1968."

（107）"Telegram HC-LN 823502 from Gaiduk to DA, August 21, 1968." この電報によれば、手続きは、具体的には次のようになっていた。「申請者はパスポートを大使館の領事部門に持っていき、領事部門が米国民政府に申請を転送する。米国民政府は、琉球政府の入管局や関連部局（解体の場合は労働局）との調整の後、領事部門に承認や決定を打電もしくは電話し、領事部門が許可証の発効もしくは申請の却下を行う。台北から琉球への唯一の入域地点である那覇への渡航は一苦労なため、尖閣の場合には、那覇に行かないで、台湾から尖閣に直接解体作業に行くことが認められる」。

一九六八年八月二十八日、興南工程所の代表者が、台北のアメリカ大使館を訪れ、五〇人の労働者が当該地域で作業することの申請書を、従事する船舶と労働者のリストと合わせて提出した。約五分の三が高雄からの労働者だった。ミラー（Paul M. Miller）領事は同社に対し、米国民政府労働局の就労許可が必要だと勧告し、翌日、申請書とリストを高等弁務官に転送した。米国民政府は、五〇名の労働者が三隻の船に乗って一九六八年八月三十日に再入域し、一九六九年十月三十一日まで就労する許可を出した。この点については、"Letter from Paul M. Miller, American Consul, to High Commissioner, USCAR, August 29, 1968," Folder 5 (Emigration and Immigration Files, 1968 : Entry and Exit Control Files, Illegal Entry and Deportations), Box 10, Records of the Operation Division, Public Safety Department, RG 260 を参照。なお、労働者の数は、一九六九年四月二十一日に七八名に追加修正される（尖閣列島研究会「尖閣列島と日本の領有権」一五頁）。

（108）"Telegram 4265 from Embassy Taipei to State Department, August 27, 1968," Folder 5 (Emigration and Immigration Files, 1968 : Entry and Exit Control Files, Illegal Entry and Deportations), Box 10, Records of the Operation Division, Public Safety Department, RG 260.

（109）"Telegram 4265."

（110）"Telegram 4265."

（111）"Telegram 4265."

（112）"Telegram 4265."

（113）"Telegram 4265."

（114）"Telegram 4265."

（115）"Telegram 4265."

（116）K. Hori, Ministry of Foreign Affairs, "Bei Hoku No. 257, Note Verbale, August 3, 1968," Senkaku Retto (Senkaku Shosho) (Tia Yu Tai) Folder（沖縄県公文書館所蔵）. 口上書（*note verbale*）は、公式性において公文（[official] note）と備忘録（aide-mémoire）の中間に位置する外交文書の一種で、三人称で書かれるが、署名はされない。

（117）U.S. Embassy, "No. 1305, Note Verbale, September 25, 1968," Senkaku Retto (Senkaku Shosho) (Tia Yu Tai) Folder（沖縄県公文書館所蔵）.

（118）"Illegal Invasions of the Waters around Yonaguni-Jima by Fishing Vessels of Taiwan," undated, unsigned report (likely prepared by Fisheries Division, GRI)," Senkaku Retto (Senkaku Shosho) (Tia Yu Tai) Folder（沖縄県公文書館所蔵）.

（119）"Illegal Invasions of the Waters around Yonaguni-Jima by Fishing Vessels of Taiwan."

（120）"Telegram HC-LN 836205 from Gaiduk to Embassy Tokyo, December 26, 1968," Folder 5 (Emigration and Immigration Files, 1968 : Entry and Exit Control Files, Illegal Entry and Deportations), Box 10, Records of the Operation Division, Public Safety Department, RG 260.

（121）"Telegram HC-LN 836205."

（122）"Telegram HC-LN 836205."

（123）"Memo from Ralph C. Anderson to Liaison Department on Alleged Taiwanese Intrusions into Ryukyu Territory, December 26, 1968," Folder 5 (Emigration and Immigration Files, 1968 : Entry and Exit Control Files, Illegal Entry and Deportations), Box 10, Records of the Operation Division, Public Safety Department, Record Group 260. 傍点は引用者による。

（124）"Memo from Ralph C. Anderson to Liaison Department on Alleged Taiwanese Intrusions into Ryukyu Territory, December 26, 1968."

（125）Embassy of the United States of America, Tokyo, Japan, "Talking Paper, January 4, 1969," Senkaku Retto (Senkaku Shosho) (Tia Yu Tai) Folder（沖縄県公文書館所蔵）.

(126) 新城鐵太郎「米海軍艦船は作戦下でしか動かせない」尖閣諸島文献資料編纂会編『尖閣研究　高良学術調査団資料集（下巻）』三六九―三七〇頁。

(127) "Letter from Stanley S. Carpenter to Matsuoka Seiho, September 3, 1968," Folder 5 (Emigration and Immigration Files, 1968 : Entry and Exit Control Files, Illegal Entry and Deportations), Box 10, Records of the Operation Division, Public Safety Department, RG 260. カーペンターは八月末、琉球警察と出入管理庁の関係者から、台湾人労働者たちが「おそらく台湾に向けて」尖閣を離れたことを伝え聞いた（"Telegram from Gaiduk to Department of Army on Senkaku Gunto : Illegal Entry by Taiwanese, August 31, 1968," *Ibid.*）。

(128) 一九六六年十一月からアンガー（Ferdinand T. Unger）中将が高等弁務官を務めていた。一九六九年一月にランパート（James B. Lampert）が就任し、一九七二年五月まで同職を務める。

(129) "Letter from Stanley S. Carpenter to Matsuoka Seiho, September 3, 1968."

(130) "Memorandum for Col Abrignani, CINCPACREPSEC on Senkaku Gunto : Overflight, September 3, 1968," Folder 5 (Emigration and Immigration Files, 1968 : Entry and Exit Control Files, Illegal Entry and Deportations), Box 10, Records of the Operation Division, Public Safety Department, RG 260.

(131) "Memorandum for Col Abrignani, CINCPACREPSEC on Senkaku Gunto : Overflight, September 3, 1968."

(132) "Letter from Carpenter to Matsuoka, September 3, 1968."

(133) "Letter from Carpenter to Matsuoka, September 3, 1968."

(134) 松岡は、一九一〇年代と二〇年代にアメリカに留学し、帰国後、松岡建設と松岡配電（後に沖縄電力に合併）を創設した。その後、行政主席に就任した松岡は、一九六八年秋に行われた初の行政主席の直接選挙に出馬しないことを選択し、十一月に同職を退く。

(135) "Letter from Carpenter to Matsuoka, September 3, 1968."

(136) "Letter from Matsuoka Seiho, Chief Executive, to Stanley S. Carpenter, on Immigration Control at Senkaku Retto, October 21, 1968," Folder 6 (Civic Action Project Files, 1971 : Senkaku Retto), Box 37, Records of the Operation Division, Public Safety Department, RG 260.

(137) "Letter from Matsuoka to Carpenter, October 21, 1968."

(138) "Letter from Superintendent, Immigration Agency, GRI, to Director, Public Safety Department, USCAR, on Erection of Warning Signs on Senkaku Retto, March 28, 1969," Folder 6 (Civic Action Project Files, 1971 : Senkaku Retto), Box 37, Records of the Operation Division, Public Safety Department, RG 260.

(139) "Cost Estimate of Erecting 7 Warning Signs on Sengaku (sic) Islands, May 19, 1969," Folder 6 (Civic Action Project Files, 1971 : Senkaku Retto), Box 37, Records of the Operation Division, Public Safety Department, RG 260.

(140) "Cost Estimate of Erecting 7 Warning Signs."

(141) "Memorandum from Harriman N. Simmons, Director, Public Safety Department, USCAR, to POLAD on Erection of No Trespassing Warning Signs at Vantage Points in Senkaku Retto, September 15, 1969," Folder 6 (Civic Action Project Files, 1971 : Senkaku Retto), Box 37, Records of the Operation Division, Public Safety Department, RG 260.

(142) スナイダーの前任者はモンジョ（John C. Monjo）であり、そのモンジョの前任者は、一九四六年から同職を務めたフライマス（Edward O. Freimuth）である。フライマスの文書は、二〇〇一年の彼の死後、子息によって沖縄県公文書館に寄贈された。フライマス文書には、一九九〇年代まで彼が収集してきた尖閣関係の文書が、大量に含まれている。

(143) "Memorandum from Richard E. Snyder, Liaison Department, to Public Safety Department, USCAR, on Erection of No Trespassing Warning Signs at Vantage Points in Senkaku Retto, September 27, 1969," Folder 6 (Civic Action Project Files, 1971 : Senkaku Retto), Box 37, Records of the Operation Division, Public Safety Department, RG 260.

(144) "Memorandum from Snyder to Public Safety Department, September 27, 1969."

(145) "Memorandum from Snyder to Public Safety Department, September 27, 1969." なお、法務局長のマクニーリー（Richard K. McNealy）中佐は、数日後、警告板の最後の文には、「琉球列島米国高等弁務官の命による」という文言を挿入するべきだとコメントしている。この点については、Memorandum from Richard K. McNealy, to Public Safety Department, USCAR, September 29, 1969," Folder 6 (Civic Action Project Files, 1971 : Senkaku Retto), Box 37, Records of the Operation Division, Public Safety Department, RG 260 を参照。

(146) "Memorandum from Harriman N. Simmons, Director, Public Safety Department, USCAR, to HICOM on Erection of No Trespassing Warning Signs at Vantage Points in Senkaku Retto, October 2, 1969," Folder 6 (Civic Action Project Files, 1971 : Senkaku Retto), Box 37, Records of the Operation Division, Public Safety Department, RG 260.

(147) "Confidential Memorandum from Political Adviser to SA/HICOM, November 28, 1969," Folder 6 (Civic Action Project Files, 1971 : Senkaku Retto), Box 37, Records of the Operation Division, Public Safety Department, RG 260.

(148) "Confidential Memorandum from Political Adviser to SA/HICOM, November 28, 1969."

(149) "Memorandum from Ralph C. Anderson, Acting Director, Public Safety Department, USCAR, to HICOM on Erection of No Trespass Signs at Vantage Points in Senkaku Retto, January 9, 1970," Folder 6 (Civic Action Project Files, 1971 : Senkaku Retto), Box 37, Records of the Operation Division, Public Safety Department, RG 260.

(150) "Memorandum from H. L. Conner, Chief of Administration, to Chief Executive, GRI, on Transmittal of Funds, April 28, 1970," Folder 6 (Civic Action Project Files, 1971 : Senkaku Retto), Box 37, Records of the Operation Division, Public Safety Department, RG 260.

(151) Yoshiro Matsui, "International Law of Territorial Acquisition and the Dispute over the Senkaku (Diaoyu) Islands," *Japanese Annual of International Law*, No. 40 (1997), 30.

(152) 尖閣列島研究会「尖閣列島と日本の領有権」一五頁。Matsui, "International Law," 30 ; Okuhara, "The Territorial Sovereignty Over the Senkaku Islands," 101–102.

(153) 比嘉健次「警告板設置の思い出」尖閣諸島文献資料編纂会編『尖閣研究　高良学術調査団資料集（下巻）』二八五頁。

(154) 比嘉「警告板設置の思い出」二八六―二八七頁。

(155) 比嘉「警告板設置の思い出」二八七頁。

(156) Matsui, "Law of Territorial Acquisition," 30.

(157) 比嘉「警告板設置の思い出」。『八重山毎日新聞』（二〇〇九年八月二十五日）。

(158) "Telegram 2197 from Taipei Embassy to State Department, May 18, 1970," POL 19 Ryu Is, RG 59.

(159) "Telegram 086030 from State Department to HICOMRY on Senkaku Islands, June 4, 1970," POL 19 Ryu Is, RG 59.

(160) 『チャイナ・ポスト』は、国民党寄りの新聞として一九五二年に創刊され、一九四九年に創刊されていた『チャイナ・ニュース〈*China News*〉』（現『タイワン・ニュース〈*Taiwan News*〉』）のライバル紙となった。

(161) "Telegram 1854 from Embassy Taipei to State Department on Senkakus, April 14, 1972," POL 19 32–6 Senkaku Is, RG 59.

(162) "Telegram 1854."

(163) "Telegram from HICOMRY to Embassy Tokyo on Assignment of Two Maritime Safety Agency Officers, August 22, 1970," Folder : Message Traffic Concerning the Senkaku Islands, 1971–1972, Box 11, James B. Lampert Papers, Military History Institute, Carlisle Barracks, Carlisle, Pennsylvania (hereafter, Lampert Papers).

(164) "Telegram from HICOMRY to Embassy Tokyo on Assignment, August

22, 1970."

(165) "Telegram from HICOMRY to Embassy Tokyo on Assignment, August 22, 1970."

(166) "Telegram from HICOMRY to Embassy Tokyo on Assignment, August 22, 1970."

(167) "Telegram 7751 from Embassy Tokyo to HICOMRY on Assignment, September 30, 1970," POL 19 Ryu Is, RG 59.

(168) この外務省草案は、沖縄・北方対策庁長官と琉球政府総務局長による署名と高等弁務官による同意を得ることになっており、これは、別の電報で送付された（"Telegram 8023 from Embassy Tokyo to Secretary of State on Okinawa Reversion: GOJ-GRI Personnel Exchange Memorandum, October 7, 1970," POL 19 Ryu Is, RG 59）。この人事交流の問題が最初に話し合われたのは、一九七〇年の春だった。その後、十月七日、アメリカ大使館は上記の草稿への修正案とコメントを付し、同日、高等弁務官もこれらに同意する（"Telegram 8022 from Embassy Tokyo to State Department on Okinawa Reversion: GOJ-GRI Personnel Exchange Memorandum, October 7, 1970," POL 19 Ryu Is, RG 59）。これらの修正案はアメリカ側草案に反映され、十月十二日に日本側に提示された。その後の協議を経て、十月末に日本政府はいくつかの文言変更を求めた（"Telegram 8470 from Embassy Tokyo to State Department on Okinawa Reversion: GOJ-GRI Personnel Exchange Memorandum, October 20, 1970," POL 19 Ryu Is, RG 59）。アメリカ大使館は、この覚書が「日本政府による琉球政府への建設的な関与を可能にする」とともに、「日本政府の不当な干渉を予防、ないしは抑制する」という観点から、日本側の文言変更を受け入れた（"Telegram 8470"）。

(169) "Telegram 7751."

(170) 一九七二年五月十五日の沖縄返還に伴い、琉球海上保安庁は、第一一管区海上保安庁本部となる。第一一管区の船舶と人員が中国や台湾、香港の船舶による領海侵犯に対処している場面が、よく報道されている。

(171) 「領海侵犯は排除　返還後の尖閣　巡視船を派遣」『日本経済新聞』（一九七二年四月二十五日夕刊）。

(172) "Memorandum from Harriman N. Simmons, Director, Public Safety Department, on Meeting Concerning Control of Illegal Entry into Senkaku Retto, March 19, 1971," Folder 6 (Civic Action Project Files, 1971: Senkaku Retto), Box 37, Records of the Operation Division, Public Safety Department, RG 260.

(173) "Telegram from HICOMRY to Department of Army on Control of Illegal Entry into Senkakus, March 27, 1971," Folder 4, Box 20, History of USCAR, RG 319.

(174) "Telegram from HICOMRY to DA on Control of Illegal Entry into Senkakus, March 27, 1971."

(175) "Telegram from HICOMRY to Department of Army on Control of Illegal Entry into Senkakus, April 9, 1971," Folder 4, Box 20, History of USCAR, RG 319.

(176) "Memorandum from Harriman N. Simmons, Director, Public Safety Department, to Chief of Police, GRI, on Control of Illegal Entry into Senkaku Retto, March 19, 1971," Folder 6 (Civic Action Project Files, 1971: Senkaku Retto), Box 37, Records of the Operation Division, Public Safety Department, RG 260.

(177) "Letter from Arakaki Tokusuke, Chief of Police, GRI, to Director, Public Safety Department, USCAR on Request Instruction on Control of Taiwanese Fishing Vessels, undated (circa July 1971)," Folder 6 (Civic Action Project Files, 1971: Senkaku Retto), Box 37, Records of the Operation Division, Public Safety Department, RG 260.

(178) "Letter from Harriman N. Simmons, Director, Public Safety Department, USCAR, to Arakaki Tokusuke, Chief of Police, GRI, on Control of Taiwanese Fishing Vessels, July 13, 1971," Folder 6 (Civic Action Project Files, 1971: Senkaku Retto), Box 37, Records of the Operation Division, Public Safety Department, RG 260.

（179） "Letter from Arakaki Tokusuke, Chief of Police, GRI, to Director, Public Safety Department, USCAR on Suspected Trespassing and Illegal Landing on Senkaku Islands by Formosan Fishing Vessel, July 31, 1971," Folder 6 (Civic Action Project Files, 1971 : Senkaku Retto), Box 37, Records of the Operation Division, Public Safety Department, RG 260.
（180） "Letter from Arakaki."
（181） "Telegram from HICOMRY to Embassy Tokyo, January 8, 1971," Folder 4, Box 20, History of USCAR, RG 319.
（182） "Telegram from HICOMRY to Embassy Tokyo, January 8, 1971."
（183） "Telegram from HICOMRY to Embassy Tokyo, January 8, 1971."
（184） "Telegram 266 from Embassy Tokyo to State Department on Weather Observatory for the Senkaku Island, January 11, 1971," POL 19 Ryu Is, RG 59.
（185） "Telegram 266."
（186） "Telegram 266."
（187） "Telegram 266."
（188） "Telegram 162 from Embassy Taipei to State Department on Weather Observatory for the Senkaku Island, January 13, 1971," POL 19 Ryu Is, RG 59.
（189） "Telegram 162."
（190） "Telegram 162."
（191） "Telegram 264 from AmConsul Hong Kong to State Department on Weather Observatory for the Senkaku Islands, January 15, 1971," POL 32–6 Senkaku Is, RG 59. オズボーンについては、"Interview with David L. Osborn, January 16, 1989," Association for Diplomatic Studies and Training Foreign Affairs Oral History Project を参照。
（192） "Telegram 264."
（193） "Cover Sheet, Weather Observatory for Senkaku Islands, January 18, 1971," Folder 4, Box 20, History of USCAR, RG 319.
（194） "Telegram 12669 from State Department to Tokyo Embassy on Weather Observatory for Senkaku Islands, January 25, 1971," POL 32–6 Senkaku Is, RG 59（また、"Draft Telegram on Weather Observatory for Senkaku Islands, January 15, 1971," Folder 4, Box 20, History of USCAR, RG 319 も参照）.
（195） "Telegram 86, from Tokyo Embassy to State Department Senkakus Weather Station, January 29, 1971," POL 32–6 Senkaku Is, RG 59.
（196） "Telegram 86."
（197） "Telegram 86."
（198） "Telegram 86."
（199） "Telegram 057191 from State Department to Embassy Taipei on Senkaku Islands Dispute, April 6, 1971," Folder 4, Box 20, History of USCAR, RG 319.
（200） "Telegram 057191."
（201） "Telegram 057191."

第3章

（1） ECAFEは、一九七五年にESCAP（国連アジア太平洋経済社会委員会）と改称され、APEC（アジア太平洋経済協力会議）の先駆けとなった。
（2） 新野は、しばしば東海大学教授として紹介されるが、彼はそこへ移る前、一九六一年の論文を執筆したときには東京水産大学の教授だった。東京水産大学は、二〇〇三年に別の大学と合併し、東京海洋大学となった。
（3） 高橋庄五郎『尖閣列島ノート』（青年出版社、一九七九年）九―一〇頁。Hiroshi Niino and K. O. Emery, "Sediment of Shallow Portions of East China Sea and South China Sea," *The Geological Society of America Bulletin*, Vol. 72 (1971), 731-762. 高橋は、親中的な貿易団体「日本国際貿易促進協会」の常任委員だった。この団体は、一九五四年に、中国との貿易経済関係を促進するために設立された。企業の会長でもあった高橋は、定期的に中国を訪問し、一九六五年には、中国で海底石油への関心が高まっていることを把握したのだった。上記の著書の他、高橋は、尖閣諸島について、少なくとも一本の論文（「いわゆる尖閣列島は日本のものか」『朝日アジアレビュー』第一〇巻、一九七二年夏、二六―三一頁）を書いている。また、中国とどのように貿易するのかを検討した本を、田中脩二郎と著している（『日中貿易教室』青年出版社、一九六八年）。

（4）「K・O」と呼ばれたエメリーは、一九一四年にカナダで生まれたが、その後アメリカでシェパード（Fransis P. Shepard）——海洋地理学の「父」だと多くの人々から考えられている——のもとで研究した。一九六二年、エメリーは、ウッズホール海洋研究所に入所し、一九六三年には上級研究員（senior scientist）となった。エメリーについては、"In Memoriam : Kenneth O. Emery, April 14, 1998," Woods Hole Oceanographic Institution Media Relations Office を参照。本論文を提供してくれたウッズホール海洋研究所に感謝申し上げる。

（5）高橋『尖閣列島ノート』九頁。

（6）"In Memoriam : Kenneth O. Emery, April 14, 1998."

（7）新野弘『海の地学』（天然社、一九四四年）および『海とその資源』（三省堂、一九五一年）。

（8）Selig S. Harrison, *China, Oil, and Asia : Conflict Ahead?* (New York : Columbia University Press, 1977), 45〔抄訳として、セリグ・S・ハリソン（中原伸之訳）『中国の石油戦略——大陸棚資源開発をめぐって』日本経済新聞社、一九七八年、五〇頁〕.

（9）Ch'in Yun-shan, "Initial Study of the Relief and Bottom Sediment of the Continental Shelf of the East China Sea," *Hai-yan Yu Hu-chao* (Ocean and Lakes), No. 5, 1963 (Harrison, *China, Oil, and Asia*, 60, 279.〔ハリソン『中国の石油戦略』六二―六三頁〕からの再引用). 秦蘊珊は、この問題について、数年間にわたって研究し続けた（Qin Yunshan, *Geology of the East China Sea*, Beijing : Science Press, 1997）。

（10）Ch'in Yun-shan and Hsu Shan-min, "Preliminary Study of Submarine Geology of China's East Sea and the Southern Yellow Sea," *Translations on Communist China*, No. 97, Joint Publication Research Service 50252, 7 April 1970, 12-36, translation from the original in *Hai-yang Yu Hu-chao*, No. 2 (1959), 82 (Harrison, *China, Oil, and Asia*, 58, 278〔ハリソン『中国の石油戦略』五三頁、六二―六三頁〕からの再引用). 興味深いことに、この研究は一九七〇年に翻訳され、その指摘によって東シナ海に多くの注目が集まることになった。

（11）ハリソンは、イタリアの国営石油企業であるＥＮＩ（Ente Nazionale Idrocarburi）の総裁が、製油所や関連設備について中国と二〇億ドルの貿易取引を締結した際に、「陸上や海底の石油探査に関するその他の設備が、この最初の段階からＥＮＩの商取引に含まれていたと考えられる」と見ていた（Harrison, *China, Oil, and Asia*, 60）。ハリソンによれば、ルーマニアとフランスも、一九六〇年代初期に石油開発で中国と協力していた。

（12）Harrison, *China, Oil, and Asia*, 90-91〔ハリソン『中国の石油戦略』八九頁〕.

（13）Harrison, *China, Oil, and Asia*, 91〔ハリソン『中国の石油戦略』八九頁〕.

（14）高橋『尖閣列島ノート』一〇頁。

（15）Harrison, *China, Oil, and Asia*, 45-46〔ハリソン『中国の石油戦略』五〇頁〕. 引用されたソ連の研究のひとつは、M. V. Klenova, "Sediment Maps," *Oceanologia et Limnologia Sinica*, Vol. 1, No. 2 (1958), 243-254 である。

（16）K. O. Emery and Hiroshi Niino, "Stratigraphy and Petroleum PXX Prospects of Korea Strait and the East China Sea," *Report of Geophysical Exploration*, Vol. 1, No. 1 (1967). これは、*The Geological Survey of Korea* (June 1971) と *The CCOP Technical Bulletin*, Vol. 1, United Nations ECAFE (Bangkok, June 1968) に転載された。

（17）Emery and Niino, "Stratigraphy and Petroleum PXX Prospects of Korea Strait and the East China Sea." 新野は、論文の日本語版を一九六七年九月に『日本の科学と技術』で発表し、日本国内で大きな注目を集めた。

この点については、桑江朝幸『土がある明日がある』（沖縄タイムス社、一九九一年）一七五頁を参照。

（18）Harrison, *China, Oil, and Asia*, 46〔ハリソン『中国の石油戦略』五二頁〕.

（19）高橋『尖閣列島ノート』一一―一三頁。

（20）K. O. Emery, et al., “Geological Structure and Some Water Characteristics of the East China Sea and the Yellow Sea,” *CCOP Technical Bulletin*, Vol. 2, United Nations ECAFE (Bangkok, May 1969).

（21）Emery, et al., “Geological Structure and Some Water Characteristics of the East China Sea and the Yellow Sea.”

（22）Harrison, *China, Oil, and Asia*, 50.

（23）Harrison, *China, Oil, and Asia*, 50.

（24）Harrison, *China, Oil, and Asia*, 50.

（25）綱淵昭三「〝世界最大の油田〟尖閣列島めぐる先陣争い――本土復帰目前にして台湾、中共、韓国も名乗り」『財界』（一九七一年二月十五日号）八六頁。

（26）“Japanese Oil Find Poses Title Problem : Japan Reports Huge Oil Find in Sea near Taiwan,” *New York Times*, August 28, 1969.

（27）「尖閣列島の海底大油田をねらう日、琉、米、台」『週刊朝日』（一九七〇年十一月二十日）一三五頁。

（28）Chooh-Ho Park, “Oil Under Troubled Waters : The Northeast Asia Sea-Based Oil Controversy,” *Harvard International Law Journal*, Vol. 14, No. 2, Spring, 1993, 220.

（29）綱淵「〝世界最大の油田〟尖閣列島めぐる先陣争い」八七頁。

（30）大見謝の名前は「こうじゅ」とも発音される。大見謝恒寿「沖縄海底大油田は我が手の中にあり」『現代』第九巻第三号（一九七五年三月）三五八―三六三頁。

（31）Park, “Oil under Troubled Waters,” 221.「尖閣資源の試掘権」『季刊沖縄』第五六巻（一九七一年）三九頁。

（32）古賀善治「毛さん、佐藤さん、尖閣列島は私の〝所有地〟です」『現代』第六巻第六号（一九七二年六月）一四六頁。大見謝「沖縄海底大油田は我が手の中にあり」三五九頁。本書執筆時の沖縄県知事で、大阪出身の仲井眞弘多の家族は、一九四六年に沖縄に「帰還」することを選んだ家族のひとつであり、このとき彼を連れて沖縄に帰った。

（33）「尖閣列島の海底大油田をねらう日、琉、米、台」一三六頁。

（34）大見謝恒寿『尖閣油田の開発と真相――その二つの側面』（一九七〇年五月）、および『趣意書　尖閣油田についての真相を明らかにし、識者の皆様のご理解とご協力を訴える』（一九七〇年七月）。

（35）古賀「毛さん、佐藤さん、尖閣列島は私の〝所有地〟です」一四七頁。

（36）高橋『尖閣列島ノート』九頁。「インサイドレポート」『週刊東洋経済』（一九七一年七月二十六日）。日中貿易の専門家である高橋は、日本石油開発公団の設立は少し遅く、他国は海底石油開発において日本の一歩先を行っていると感じていた。通産省については、Chalmers Johnson, *MITI and the Japanese Miracle : The Growth of Industrial Policy, 1925–1975* (Palo Alto : Stanford University Press, 1982)〔チャルマーズ・ジョンソン〈矢野俊比古訳〉『通産省と日本の奇跡』ティービーエスブリタニカ、一九八二年〕を参照。

（37）古賀「毛さん、佐藤さん、尖閣列島は私の〝所有地〟です」一四六―一四七頁。

（38）「尖閣列島の海底大油田」一三六頁。

（39）大見謝『尖閣油田の開発と真相』一二頁。

（40）大城盛俊「尖閣列島鉱物予備調査に参加して」尖閣諸島文献資料編纂会編『尖閣研究　高良学術調査団資料集（下巻）』（尖閣諸島文献資料編纂会、二〇〇七年）三四八頁。

（41）「尖閣列島の海底大油田を狙う日琉米台」一三六頁。

（42）古賀「毛さん、佐藤さん、尖閣列島は私の〝所有地〟です」一四七頁。

（43）古賀「毛さん、佐藤さん、尖閣列島は私の〝所有地〟です」一四七頁。

（44）「尖閣列島の海底大油田を狙う日琉米台」一三六頁。
（45）「尖閣資源の試掘権」。
（46）稲淵「尖閣列島をめぐる資源争い」八九頁。
（47）古賀「毛さん、佐藤さん、尖閣列島は私の〝所有地〟です」一四七頁。
（48）「尖閣列島の海底大油田を狙う日琉米台」一三六頁。
（49）新里景一『尖閣列島の油田開発について』（自費出版、一九七〇年）。
（50）稲淵「尖閣列島をめぐる先陣争い」八九頁。
（51）大見謝『趣意書』三頁。
（52）大見謝『趣意書』三頁。
（53）平良良松と教職員組合のメンバーである福地曠昭のインタビュー（「尖閣列島の海底大油田をねらう日琉米台」一三八頁）を参照。
（54）古賀「毛さん、佐藤さん、尖閣列島は私の〝所有地〟です」一四七頁。
（55）大見謝「沖縄海底大油田は我が手の中にあり」三六二頁。また「うるま鉱業開発沖縄沖合諸島の探査を開始」『日刊工業』（一九七四年七月一日）も参照。この会社は資本金五億円で設立され、会長には丸善石油の脇坂泰彦が就任した。「沖縄の周辺で海底油田開発へ　来年初めから探鉱　宮古島、八重山諸島　東洋石油開発が乗り出す〝尖閣〟開発の足がかりに関係業界は注目」『産経新聞』一九七三年十二月二十三日。うるま資源開発は現在でも存在しており、その資本金は一〇億円である。日商岩井の後継会社である双日株式会社が、株式の七二・三％を保有し、一九八六年に丸善石油株式会社の後継会社であるコスモ石油株式会社が二一・九％を保有している。そのほか、アラビア石油株式会社が五・一％、大阪ガス株式会社が〇・五％の割合となっている。
（56）大見謝「沖縄海底大油田は我が手の中にあり」。
（57）Park, "Oil Under Troubled Waters," 219.
（58）大浜については、Robert D. Eldridge, "'Mr. Okinawa': Ohama Nobumoto, the Reversion of Okinawa, and an Inner History of U.S.-Japan Relations,"『同志社アメリカ研究』第三九巻（二〇〇三年三月）六一―八〇頁を参照。
（59）高橋『尖閣列島ノート』一一頁。日本石油開発公団については、池辺穣・桜井溥・高橋達直・星野通平「開発を待つ尖閣列島の石油」『季刊沖縄』第五六号（一九七一年三月）三〇頁を参照。
（60）吉田嗣延『小さな闘いの日々――沖縄復帰の裏話』（文教商事、一九七六年）二二〇頁。
（61）高岡と吉田の説明の中での日付には違いがある。高岡の報告書のほうが、この会談により近い時期に書かれており、それゆえより信頼できると考えられる。ゆえに本書では、高岡が記した日付を使用した。
（62）このときの彼らの作業については、櫻井溥「国益とは何か――尖閣列島によせた吉田先輩の情熱」吉田嗣延追悼文集刊行委員会編集本部編『回想　吉田嗣延』（吉田嗣延追悼文集刊行委員会、一九九〇年）二四〇―二四二頁を参照。また、櫻井溥『沖縄祖国復帰物語』（大蔵省印刷局、一九九九年）も参照。
（63）高岡大輔「尖閣列島周辺海域の学術調査に参加して」『季刊沖縄』第五六号（一九七一年三月）五五頁。
（64）高岡「尖閣列島周辺海域の学術調査に参加して」五六頁。特別連絡局、通称特連局は、一九五八年五月十五日、総理府内に、沖縄、小笠原、北方領土に関する問題を扱うために設立された。これは、それまで存在したいくつかの部局を統合したものだった。特連局は、一九七〇年五月一日、沖縄・北方対策庁へと拡充・改組された。
（65）高岡「尖閣列島周辺海域の学術調査に参加して」五六頁。櫻井「国益とは何か」二四一頁。
（66）櫻井「国益とは何か」二四一頁。
（67）高岡「尖閣列島周辺海域の学術調査に参加して」五六頁。
（68）"Telegram 7122 from Embassy Tokyo to Embassy Taipei on Press Reports to GRC Claims Senkaku Shoto, August 30, 1969," Folder 4, Box 20, History of Civil Administration of the Ryukyu Islands, Records of the Office of the Chief Military History (hereafter, History of USCAR), RG 319, National

Archives, College Park.

(69) "Telegram 3517 from Embassy Taipei to Embassy Tokyo on GRC Claims Senkaku Shoto, September 10, 1969," Folder 4, Box 20, History of USCAR, RG 319.

(70) Philip Shabecoff, "Japanese Oil Find Poses Title Problem," *New York Times*, August 28, 1969.

(71) "Telegram 3517."

(72) "Telegram 3517."

(73) Park, "Oil Under Troubled Waters," 224-225.

(74) Harrison, *China, Oil, and Asia*, 91.

(75) Harrison, *China, Oil, and Asia*, inside cover description.

(76) Harrison, *China, Oil, and Asia*, 93.

(77) "Telegram 3517."

(78) "Telegram 3517."

(79) "Telegram 6967 from Embassy Tokyo to State Department on Japanese Note, July 21, 1970." "Chronology of Events, October 12, 1970," Folder : Senkaku Retto (Sento Shosho) (Tia Yu Tai), (沖縄県公文書館所蔵) より再引用。

(80) "Chronology of Events, October 12, 1970," Folder : Senkaku Retto (Sento Shosho) (Tia Yu Tai), (沖縄県公文書館所蔵)。

(81) さまざまな日付が、個々の文書や二次文献で使用されている (Park, "Oil under Troubled Waters," 224 (fn 37) や "Telegram 4174 from Embassy Taipei to State Department, September 24, 1970," Lampert Papers を参照)。クリントン・インターナショナルの会長は、財務長官だったこともあるアンダーソン (Robert B. Anderson) で、彼はしばしば佐藤首相と会談しようとした。佐藤は、通産大臣である田中角栄に、彼のことを押しつけた。この点については、佐藤栄作 (伊藤隆監修)『佐藤栄作日記 第五巻』(朝日新聞社、一九九七年) 五四頁、一九七二年二月二八日の項を参照。

(82) Unryu Suganuma, *Sovereign Rights and Territorial Space in Sino-Japanese Relations : Irredentism and the Diaoyu/Senkaku Islands* (Honolulu : University of Hawaii Press, 2000), 131.

(83) 『蔣介石日記』一九七〇年八月十四日の項 (Hoover Institution, Stanford University)。この日記の英訳はワン (Huajia Wang) 氏による。

(84) 『蔣介石日記』一九七〇年八月十六日木曜日の項。

(85) "Chronology of Events, October 12, 1970," Folder : Senkaku Retto (Sento Shosho) (Tia Yu Tai), (沖縄県公文書館所蔵). 十月半ば当時、この声明は発表されなかったが、一〇カ月後、沖縄返還協定調印の直前となる一九七一年六月十一日に公表されている。

(86) Okuhara, "The Territorial Sovereignty," 103-104.

(87) Okuhara, "The Territorial Sovereignty," 104, fn 30. Chung Yan News paper (*Chung Yan Ry Bau*), September 26, 1970 より引用。

(88) "Memorandum from Mary E. McDonnell to Thomas P. Shoesmith on Rival Claims of the GRC and Its Neighbors to the China Shelf, October 12, 1970," Folder 4, Box 20, RG 319.

(89) 高橋『尖閣列島ノート』一二一頁。

(90) 高橋『尖閣列島ノート』一二一頁。

(91) "Telegram 3530 from Embassy Taipei to Secretary of State on Japanese Note, August 22, 1970," Folder : Senkaku Retto (Sento Shosho) (Tia Yu Tai), (沖縄県公文書館所蔵).

(92) "Telegram 5524 from Embassy Tokyo to State Department on Senkaku Oil Development, July 21, 1970," Pol 32-6 Senkaku Is, RG 59, National Archives, College Park.

(93) "Telegram 5524."

(94) Okuhara, "The Territorial Sovereignty," 103. また、参議院沖縄及び北方領土問題に関する特別委員会議事録 (一九七〇年八月十日)、および高橋『尖閣列島ノート』一二二頁も参照。

(95) Okuhara, "The Territorial Sovereignty," 103 より引用。台湾はこの条約を批准しようとしていたが、日本の批准はまだであり、日程にも上がっていなかった。

(96) "Telegram 3913 from Embassy Taipei to State Department on Senkaku Islands, September 9, 1970," Pol 32-6 Senkaku Is, RG 59.

(97) "Telegram 3913."

(98) 高橋『尖閣列島ノート』二四頁。

(99) 高橋『尖閣列島ノート』二四頁。

(100) "Telegram from Embassy Taipei to Secretary of State on Taiwan Provincial Assembly Resolution on Senkakus, October 29, 1970," Folder : Senkaku Retto (Sento Shosho) (Tia Yu Tai), (沖縄県公文書館所蔵). この決議は以下の三つの根拠を挙げている。①釣魚台列嶼は国府の一部であり、日本政府には、これら諸島の領有権を主張する権利はない、②日本の台湾統治時代の文書によれば、釣魚台列嶼は台湾総督府の司法の下にあった、③釣魚台列嶼は、過去数十年間、台湾の漁民にとっての重要な漁業地域であり、これまで、いかなる国も彼らの操業を妨害することはなかった。

(101) "Telegram 3872 from Embassy Taipei to State Department on Senkaku Islands, September 5, 1970," Pol 32-6 Senkaku Is, RG 59.

(102) "Telegram 6988 from Embassy Tokyo to State Department on Senkaku Islands, September 5, 1970," Pol 32-6 Senkaku Is, RG 59.

(103) "Telegram 6988." この後の電報の報告によれば、駐台日本大使館は国府外交部から、尖閣諸島への調査船の航行は『中国時報』によって「手配され」、国府は「それとは無関係」だと伝えられている ("Telegram 3913." この報告は、台北のアメリカ大使館によっても確認された。"Telegram 3477 from Embassy Taipei to State Department, October 8, 1970," Pol 32-6 Senkaku Is, RG 59 を参照)。

(104) "Telegram 6988."

(105) Directorate of Intelligence, *Central Intelligence Bulletin*, No. 0212/70 (September 4, 1970), 3. 一九五一年に『現状情報公報』("Current Intelligence Bulletin") として始まった『中央情報公報』に関するより詳細な歴史については、公開された内部報告書である、C. Fred Albrecht, Office of Current Intelligence "A History of the Central Intelligence Bulletin (SC No. 12416/68, May 12, 1967)," <http: //www. gwu. edu/~nsarchiv/NSAEBB/NSAEBB116/albrecht.pdf> (二〇一一年八月閲覧) を参照。また、Ray S. Cline, *Secrets, Spies, and Scholars : Blueprint of the Essential CIA* (Washington, D.C. : Acropolis Books, 1976) も参照。クラインは、一九五七年から一九六二年までCIAの台湾支局長を務めた。その立場から、クラインは、蔣介石の息子である蔣経国と緊密な関係を有しており、台湾の強力な支援者であった。クラインは、一九八八年に蔣経国が死去した後、彼についての書物を執筆した (Ray S. Cline, *Chiang Ching-Kuo Remembered : The Man and His Political Legacy*, Washington, D.C. : Global Strategic Council, 1989)。

(106) "Memorandum for Executive Assistant from Harriman M. Simmons, Director, Public Safety Department, on PS Staff Topics, September 10, 1970," Folder 6 (Civic Action Project Files, 1971 : Senkaku Retto), Box 37, Records of the Operation Division, Public Safety Department, RG 260.

(107) "Memorandum for Executive Assistant from Harriman M. Simmons, Director, Public Safety Department, on PS Staff Topics, September 10, 1970," Folder 6 (Civic Action Project Files, 1971 : Senkaku Retto), Box 37, Records of the Operation Division, Public Safety Department, RG 260. "Telegram from HICOMRY to State Department, September 6, 1971," Folder : Senkaku Retto (Senkaku Shosho) (Tia Yu Tai), (沖縄県公文書館所蔵).

(108) "Telegram from HICOMRY to State Department, September 6, 1971," Folder : Senkaku Retto (Senkaku Shosho) (Tia Yu Tai), (沖縄県公文書館所蔵).

(109) "Telegram from HICOMRY to State Department, September 6, 1971."

(110) "Telegram from HICOMRY to State Department, September 11, 1971."

(111) "Telegram from HICOMRY to State Department, September 11, 1971," Folder : Senkaku Retto (Senkaku Shosho) (Tia Yu Tai), (沖縄県公文書館所蔵).

(112) "Telegram from HICOMRY to DA, September 15, 1971," Folder :

Senkaku Retto (Senkaku Shosho) (Tia Yu Tai), (沖縄県公文書館所蔵).

(113) "PS Note, Staff Meeting-17 September," Folder 6 (Civic Action Project Files, 1971: Senkaku Retto), Box 37, Records of the Operation Division, Public Safety Department, RG 260.

(114) "PS Note, Staff Meeting-17 September."

(115) "Telegram from HICOMRY to Secretary of State, September 15, 1971." 米国民政府の報告によれば、日本政府の復帰準備委員会参事官（賀陽治憲）が当初、九月十二日に警察に対し、台湾国旗は撤去されるべきでないと考えると話していたが、これによって、問題の処理が複雑化した。彼は九月十四日の朝、国旗は撤去可能だが、それは米国民政府の裁量ではないと述べ、考えを修正した。最終的にその日の正午、彼は、日本政府はその国旗が「慎重に」撤去されるのを望んでいると述べ、歩調を合わせた（Ibid）。

(116) 台湾国旗を撤去するための琉球警察の取り組みの詳細については、一九六九年に二度、魚釣島に行った八重山警察署の警官による次の記事を参照。仲本正和「尖閣諸島は日本の領土――魚釣島と青天白日旗」『琉球新報』二〇一〇年十一月六日。警察の使ったボートのひとつが、「はやかぜ」という、普通の漁船と比べてもそれほど大きくはない比較的小さな船であった。石垣島で、少し大き目の米国の船の隣でドックに入った「はやかぜ」の写真が、『毎日新聞』の写真報道雑誌である『毎日グラフ』に掲載されている（「波高き尖閣列島を行く」『毎日グラフ』第二三巻第四六号、一九七〇年十月二十五日、二〇頁）。尖閣諸島に関する『毎日グラフ』の記事によれば、国旗を撤去するようにとの指示は、米国民政府によってなされたという。

(117) "PS Note, Staff Meeting-17 September."

(118) "Memorandum from John M. Ohira to Director, Public Safety Department, USCAR on Senkaku Island Report, September 16, 1970," Folder 6 (Civic Action Project Files, 1971: Senkaku Retto), Box 37, Records of the Operation Division, Public Safety Department, RG 260.

(119) "Telegram from HICOMRY to DA, September 16, 1971," Folder: Senkaku Retto (Senkaku Shosho) (Tia Yu Tai), (沖縄県公文書館所蔵).

(120) "Memorandum from John M. Ohira to Director, Public Safety Department, USCAR on Senkaku Island Report, September 16, 1970." 報告によれば、琉球警察はフクハラに対し、漁民たちは季節の魚であるマカジキやマグロを捕獲するために、そこにいたと述べた。漁民たちは、魚の群れに遭遇するまで、四、五日間そこにいるのだった。

(121) "Telegram from HICOMRY to DA, September 16, 1971," Folder: Senkaku Retto (Senkaku Shosho) (Tia Yu Tai), (沖縄県公文書館所蔵).

(122) "Telegram from HICOMRY to Embassy Taipei, September 16, 1971," Folder: Senkaku Retto (Senkaku Shosho) (Tia Yu Tai), (沖縄県公文書館所蔵).

(123) "Telegram from HICOMRY to DA, September 16, 1971," Folder: Senkaku Retto (Senkaku Shosho) (Tia Yu Tai), (沖縄県公文書館所蔵).

(124) "Telegram from HICOM Okinawa RYIS to DA, April 19, 1971," Folder 4, Box 20, History of USCAR, RG 319.

(125) "Flag Taken From Senkakus Brought to Naha by Police," *Japan Times*, September 17, 1971.

(126) PS Note, Staff Meeting-17 September (Revised)," Folder 6 (Civic Action Project Files, 1971: Senkaku Retto), Box 37, Records of the Operation Division, Public Safety Department, RG 260.

(127) "Telegram 152136 from State Department to Embassy Taipei on Senkaku Islands, September 16, 1970," Pol 32-6 Senkaku Is, RG 59.

(128) "Telegram from HICOM Okinawa RYIS to DA, April 19, 1971."

(129) "Telegram from HICOM Okinawa RYIS to DA, April 19, 1971."

(130) "Telegram 1868 from Embassy Taipei to Secretary of State, April 22, 1971," Folder 4, Box 20, History of USCAR, RG 319.

(131) "Telegram 1868."

(132) "Telegram from Department of Army to HICOM Okinawa RYIS, April 22, 1971," Folder 4, Box 20, History of USCAR, RG 319. この電報は次の電報に引用されている。"Telegram from HICOM Okinawa RYIS to DA, April

24, 1971," Folder 4, Box 20, History of USCAR, RG 319.

(133) "Telegram 1962 from Embassy Taipei to State Department on Senkakus : Return of GRC Flag, April 27, 1971," POL 32-6 Senkaku Is, RG 59.

(134) "Telegram 1962."

(135) "Telegram 2004 from Embassy Taipei to State Department on Return of GRC Flag, April 30, 1971," POL 32-6 Senkaku Is, RG 59.

(136) "Memorandum of Conversation on Offshore Oil : Taiwan-Ryukyus Boundary and Related Matters, June 6, 1969," Folder 4, Box 20, History of USCAR, RG 319.

(137) "Memorandum of Conversation on Offshore Oil."

(138) "Memorandum of Conversation on Offshore Oil." バーネットの中国とのかかわりの詳細については、Robert W. Barnett, *Wandering Knights : China Legacies, Lived, and Recalled* (New York : M. E. Sharpe, 1990) を参照。

(139) "Memorandum of Conversation on Offshore Oil."

(140) "Memorandum of Conversation on Offshore Oil."

(141) "Memorandum of Conversation on Offshore Oil."

(142) "Memorandum of Conversation on Offshore Oil."

(143) バーネットは、数年後、国務省を退職し、アジア協会のワシントン・センター（米国内のアジア理解を促進するために、ジョン・ロックフェラーⅢ世が一九五六年に設立した）のディレクターを務めていた。そこでバーネットは、アメリカ政府は次のようなやり方で、「[一九七二年二月の] 上海コミュニケで宣言・含意された、ひとつの中国へのコミットメントを尊重し続ける」ことができると論説面の中で示している。「アメリカ政府がアメリカの石油企業に対し、次のように伝えるのも一手である。それは、アメリカ政府は、台湾を含む台湾海峡の大陸棚全体に対する主権は『中国』にあるという、北京の主張を認めようとしているというものである。この宣言から生じる実際の結果として、海洋法交渉の中で、この大陸棚の領有権を主張している東アジアの当事者間の問題は解決されるだろう」。Robert W. Barnett, "Taiwan and the Peking Summit," *Washington Post*, November 21, 1975 を参照。

(144) 筆者によるリチャード・B・フィンへのインタビュー（一九九七年八月、九月、十一月、一九九八年六月、メリーランド州ベセスダ）。

(145) "Memorandum to Robert W. Barnett, April 24, 1969 on Gulf Oil Company Request for Guidance in its Application for Concessions from the Republic of China for Oil Exploration Concessions from the Seabeds Around Taiwan-Possible Talking Points for Your Meeting, April 24, 1969," Folder : PET 10-2 Senkakus 1969, Box 4, Office of the Country Director for Japan, Records Relating to Japanese Political Affairs, 1960-1975, RG 59.

(146) "Memorandum of Conversation on Ryukyu Islands : Offshore Exploration Rights, August 21, 1969," Folder : PET 11-2 RYU IS, RG 59.

(147) "Memorandum of Conversation on Ryukyu Islands : Offshore Exploration Rights."

(148) "Memorandum of Conversation on Ryukyu Islands : Offshore Exploration Rights."

(149) "Memorandum of Conversation on Ryukyu Islands : Offshore Exploration Rights."

(150) "Memorandum of Conversation on Ryukyu Islands : Offshore Exploration Rights."

(151) "Memorandum from H. L. Conner to Deputy Chief of Staff for Military Operations on Senkaku Oil Exploration, November 17, 1969," Folder 4, Box 20, History of USCAR, RG 319.

(152) "Memorandum from Conner to Deputy Chief of Staff, November 17, 1969."

(153) "HICOM Ordinance Number 33, Administration of Mining and Prospecting Rights, June 24, 1960," Folder : Senkaku Islands US, 1969.

(154) "Letter from HCRI-LE to GRI, November 25, 1968," 以下に引用。"Memorandum from H. L. Conner to Deputy Chief of Staff for Military Operations on Senkaku Oil Exploration, November 17, 1969."

(155) “Memorandum from Conner to Deputy Chief of Staff, November 17, 1969.”

(156) “Memorandum from Conner to Deputy Chief of Staff, November 17, 1969.”

(157) “Memorandum from Conner to Deputy Chief of Staff, November 17, 1969.”

(158) “Memorandum from Conner to Deputy Chief of Staff, November 17, 1969.”

(159) “Memorandum from Conner to Deputy Chief of Staff, November 17, 1969.”

(160) “Memorandum from Conner to Deputy Chief of Staff, November 17, 1969.”

(161) “Memorandum for the Record on Briefing at USCAR by GRI Staff Involved with Mining Rights in Senkaku, September 23, 1970,” Folder 4, Box 20, History of USCAR, RG 319.

(162) “Memorandum from LE to LN on Transmittal of a Request-Promotion for Developing Petroleum Resources in and around the Senkaku Islands, October 2, 1970,” Folder 2, Basic Resource Control Files, 1970, Box 161, RG 260.

(163) “Memorandum from LE to LN on Transmittal of a Request-Promotion for Developing Petroleum Resources in and around the Senkaku Islands, October 2, 1970.”

(164) “Memorandum from EC to DCA on Mining Applications in the Senkaku Islands, October 8, 1970,” Folder 2, Basic Resource Control Files, 1970, Box 161, RG 260.

(165) “Note from Deputy Civil Administrator to Mr. Hoppe, EC, October 7, 1970,” Folder 2, Basic Resource Control Files, 1970, Box 161, RG 260.

(166) “Memorandum from EC to DCA on Mining Applications in the Senkaku Islands, October 8, 1970.”

(167) “Memorandum from EC to DCA on Mining Applications, October 8, 1970.”

(168) “MITI Officials to Assist Handling of Applications for Senkaku Mining Rights,” *Okinawa News Highlights*, October 7, 1970 evening edition.

(169) “Memorandum for the Civil Administrator on GRI Processing of Off-shore Mining Applications, February 16, 1971,” Folder 4, Box 20, History of USCAR, RG 319.

(170) Memorandum for the Civil Administrator on GRI Processing of Off-shore Mining Applications, February 16, 1971,” Folder 4, Box 20, History of USCAR, RG 319.

(171) “Letter from Richard K. McNealy to Edward O. Freimuth, April 9, 1971,” Folder 4, Box 20, History of USCAR, RG 319.

(172) “Letter from McNealy to Freimuth, April 9, 1971.”

(173) “Letter from McNealy to Freimuth, April 9, 1971.”

(174) “Letter from McNealy to Freimuth, April 9, 1971.”

(175) “Memorandum from E. O. Freimuth to Edward O’ Flaherty on Mining Rights in Senkaku, April 19, 1971,” Folder 4, Box 20, History of USCAR, RG 319.

(176) “Memorandum from Clark T. Baldwin, Jr., to Deputy Under Secretary of the Army for International Affairs on Mining Rights in the Senkakus, May 5, 1971,” Folder 4, Box 20, History of USCAR, RG 319.

(177) “Memorandum from Baldwin to Deputy Under Secretary, May 5, 1971.”

(178) 桃原用永『戦後の八重山歴史』（桃原用永、一九八六年）五〇二―五〇三頁。桃原は、新聞記者や教育者を経て、一九七〇年に石垣市長となった。彼は、戦後の八重山に関するこの著書の他に、八重山に関する本を二冊著している。そのうちのひとつは、当選するまでの彼の人生とその時代を扱ったものであり、もうひとつは、沖縄返還運動の文脈における、八重山の返還運動に関するものである。高等弁務官室によるその後の分析によれば、このグループは、ある部分では、保守勢力に対する革新勢力による政治的手段として設立された。この点については、高橋『尖閣列島ノート』二二頁も参照。高橋はこのグループについて、「尖閣列島の石油を守る会」という名前を使用している。

前章で論じたように、一九六六年の石垣市長の保守陣営の候補をめぐる選挙は、とくに論争的なものとなった。

(179) 桃原『戦後の八重山歴史』五〇五頁。

(180) 桃原『戦後の八重山歴史』五〇五―五〇六頁。

(181) 桃原『戦後の八重山歴史』五〇六頁。

(182) "Telegram from HICOMRY to DA on Resolution on Senkakus, September 2, 1970," Folder : Message Traffic Concerning the Senkaku Islands 1971-1972, Box 11, Lampert Papers.

(183) 筆者によるノールズへのインタビュー（二〇〇一年五月二六日、ヴァージニア州アレクサンドリア）。

(184) 沖縄自由民主党は、内部に派閥対立を抱えていたが、次の国政選挙やその後の返還の準備のために本土の自民党とのさらなる連携を模索する中で、一九七〇年三月に自由民主党沖縄県支部連合会と改称した。当時、自民党沖縄県連を率いていたのは、一九五九年十一月から一九六四年十月まで行政主席を務めた大田政作だった。

(185) "Telegram from HICOMRY to DA on Resolution on Senkakus, September 2, 1970."

(186) "Telegram from HICOMRY to DA on Resolution on Senkakus, September 2, 1970."

(187) "Telegram from HICOMRY to DA on Resolution on Senkakus, September 2, 1970."

(188) この選挙では、立法院選挙、那覇市長選挙、行政主席選挙の三つの選挙が同時に行われたので、「三大選挙」と呼ばれた。

(189) 桃原『戦後の八重山歴史』五〇七頁。

(190) 桃原『戦後の八重山歴史』五〇七頁。

(191) 桃原用永『八重山の民主化のために』（桃原さんを励ます会・明るい石垣をつくる会、一九七〇年）。

(192) 桃原『戦後の八重山歴史』五〇九頁。

(193) 知念と屋良は、ともに革新勢力であり、長い間一緒に仕事をしてきた間柄であった。さらに一九五〇年から一九五一年にかけての時期には、短命だった沖縄群島政府の平良辰雄知事の下で、（法的側面と教育的側面のそれぞれにおいて）自らの派閥を率いていた。この点については、当山正喜『政治の舞台裏――沖縄戦後史、政党政治編』（沖縄あき書房、一九八七年）を参照。

(194) 『琉球新報』一九七〇年九月十一日。

(195) 高橋『尖閣列島ノート』二二頁。

(196) 奥原敏雄「尖閣列島――その法的地位」『沖縄タイムス』（一九七〇年九月二―九日）。筆者による奥原へのインタビュー（流山市、二〇〇一年六月二十一日）。

(197) 奥原「尖閣列島――歴史と政治の間」五四―六三頁。また、奥原敏雄「尖閣列島の法的地位」『季刊沖縄』第五二号（一九七〇年三月）一一―一二頁。

(198) 吉田『小さな闘いの日々』二二一頁。また、大浜の回顧録『返還秘史――私の沖縄戦後史』（今週の日本、一九七一年）一三二―一三五頁に所収された、「尖閣列島の海底資源と地元の権益」の章も参照。この中では、大見謝の取り組みを含めた、資源開発問題についても論じられている。

(199) 吉田『小さな闘いの日々』二二一頁。

(200) 南方同胞援護会編『季刊沖縄　特集尖閣列島』第五六巻（一九七一年三月）。

(201) 吉田『小さな闘いの日々』二二二頁。

(202) 吉田『小さな闘いの日々』二二二頁。

(203) 吉田『小さな闘いの日々』二二二頁。

(204) 桑江『土がある明日がある』一七六―一七七頁。

(205) 桑江『土がある明日がある』一七七頁。

(206) 桑江『土がある明日がある』一七七頁。

(207) 桑江『土がある明日がある』一七七頁。

(208) 桑江『土がある明日がある』一七八頁。

(209) 「尖閣油田開発KKを設立へ――開発本土の参加で政府・鉱業者・民間が出資」『沖縄タイムス』一九七〇年九月二十七日。

(210) 池辺ほか「開発を待つ尖閣列島の石油」三六頁。
(211) 池辺ほか「開発を待つ尖閣列島の石油」三六頁。
(212) 池辺ほか「開発を待つ尖閣列島の石油」三六頁。
(213) 池辺ほか「開発を待つ尖閣列島の石油」三六―三七頁。
(214) 高橋『尖閣列島ノート』二四頁。
(215)「沖縄に尖閣列島開発促進協が発足」『季刊沖縄』第五六号、七八頁。
(216)「沖縄に尖閣列島開発促進協が発足」。
(217) 平良良松『平良良松回顧録――革新市政一六年』沖縄タイムス社、一九八七年。
(218)「県益第一主義で開発　沖縄石油資源開発ＫＫ法案来月一日に立法勧告」『琉球新報』(一九七一年二月六日)。
(219)「尖閣資源の試掘権」『季刊沖縄』第五六号、三九頁。
(220) この時期の動きを簡潔にまとめたものとして、櫻澤誠「戦後沖縄における『一九六八年体制』の成立――復帰運動における沖縄教職員会の動向を中心に」『立命館大学人文科学研究所紀要』第八二巻(二〇〇三年一二月)一七五頁を参照。
(221) 桑江『土がある明日がある』一七八頁。
(222)「宙に浮く法案　尖閣開発ＫＫ本土措置見通し立たず」『沖縄タイムス』一九七一年七月四日。
(223) 尖閣諸島文献資料編纂会編『尖閣研究　尖閣諸島海域の漁業に関する調査報告――沖縄県における戦前～日本復帰(一九七二年)の動き』(尖閣諸島文献史料編纂会、二〇一〇年)三三一―三三三頁。
(224)「尖閣資源開発構想は挫折　大見謝氏が不参加」『沖縄タイムス』(一九七一年八月七日)。
(225) 桑江『土がある明日がある』一七九頁。
(226) 桑江『土がある明日がある』一七八―一七九頁。
(227) 桑江『土がある明日がある』一八〇頁。
(228) 桑江『土がある明日がある』一八〇頁。
(229) 桑江『土がある明日がある』一八〇頁。

第4章

(1) John M. Allison, *Ambassador from the Prairie or Allison Wonderland* (Boston, MA: Houghton Mifflin Co., 1973), 157. 対日講和条約第三条では、南西諸島と南方諸島の処分について取り上げられており、その内容は以下の通りである。「日本国は、北緯二九度以南の南西諸島(琉球諸島及び大東諸島を含む。)孀婦岩《そうふがん》の南の南方諸島(小笠原群島、西之島及び火山列島を含む。)並びに沖の鳥島及び南鳥島を合衆国を唯一の施政権者とする信託統治制度の下におくこととする国際連合に対する合衆国のいかなる提案にも同意する。このような提案が行われ且つ可決されるまで、合衆国は、領水を含むこれらの諸島の領域及び住民に対して、行政、立法及び司法上の権力の全部及び一部を行使する権利を有するものとする」。

ちなみに同条約第二条は、以下のとおりである。「日本国は、台湾及び澎湖諸島に対するすべての権利、権原及び請求権を放棄する」。中華民国政府はこの条項にもとづき、対日講和条約によって尖閣諸島は台湾に返還されたことを意味すると主張した。

(2) ロバート・D・エルドリッヂ『沖縄問題の起源――戦後日米関係における沖縄 一九四五―一九五二』(名古屋大学出版会、二〇〇三年)二一四―二一五頁を参照。
(3) ロバート・D・エルドリッヂ『奄美返還と日米関係――戦後アメリカの奄美・沖縄占領とアジア戦略』(南方新社、二〇〇三年)、ロバート・D・エルドリッヂ『硫黄島と小笠原をめぐる日米関係』(南方新社、二〇〇八年)を参照。
(4) "Joint Statement of Japanese Prime Minister Sato and U.S. President Johnson," November 15, 1967, *Public Papers of the President: Lyndon B. Johnson*, 1967, 1033-37.
(5) 後の話になるが、佐藤首相は、一九七〇年に国連総会への出席のため訪米した際、十月二十四日にワシントンを訪れて、ニクソン大統領とホワイトハウスで会談し、夕食をともにしている。このときの会談では、繊維紛争を含め八つほどの問題が話し合われたが(このことについては後で言及する）、尖閣問題は議題にあがらなかったようである。ニクソンは佐藤に対して、一九七二年に沖縄返還を成し遂げることが目標であるが、それは重要な取り決めがすべて成立し、両国の立法府の事前承認が得られるかどうかにかかっていると伝えた。この点については、『佐藤榮作日記』第四巻、一九二頁、一九七〇年十月二十四日の項、"Memorandum from U. Alexis Johnson for the President on Meeting with Prime Minister Sato of Japan, 4:00 p. m., Saturday, October 24, October 21, 1970," and "Memorandum from Henry A. Kissinger for the President on Meeting with Japanese Prime Minister Sato, Saturday, October 23, 1970," *Ibid.*

（6）"Joint Statement of Japanese Prime Minister Eisaku Sato and U.S. President Richard Nixon, November 21, 1969," *Public Papers of the Presidents : Richard Nixon, 1969*, 953-957.

（7）マイヤーに関しては、Armin H. Meyer, *Assignment Tokyo : An Ambassador's Journal* (Indianapolice : Bobbs-Merril Company, Inc, 1975)〔アーミン・H・マイヤー（浅尾道子訳）『東京回想』朝日新聞社、一九七六年〕を参照。

（8）愛知は、沖縄返還から間もなくして、この世を去っている。愛知に関しては、著作集が少なくとも二冊刊行されているが、彼は回想録を著わすことはできなかった。愛知揆一遺稿集刊行会編『天神町放談』（愛知揆一遺稿集刊行会、一九七四年）、日本経済研究会編『ステーツマン——愛知揆一随想録』（日本経済研究会、一九七九年）を参照。ちなみにマイヤーは自身の回想録の冒頭で、「この回想録を愛知との思い出に捧げる」と書き記しており、二人の親しい関係をあらわしている。

（9）Meyer, *Assignment Tokyo*, 31-32〔マイヤー『東京回想』三七頁〕.

（10）Meyer, *Assignment Tokyo*, 382.

（11）Meyer, *Assignment Tokyo*, 31〔マイヤー『東京回想』三七頁〕. また東郷文彦『日米外交三十年——安保・沖縄とその後』（中公文庫、一九八九年）、大河原良雄『オーラルヒストリー　日米外交』（ジャパン・タイムズ、二〇〇五年）、Chiba Kazuo, "The Reversion of Okinawa," *Insight Japan*, April 2000, 11-13 も参照。

（12）Toshijiro Nakajima, "Ending the Post-war Period," *Foreign Service Journal*, Vol. 69, No. 2 (May 1992), 27-29.

（13）筆者による吉野文六へのインタビュー（二〇一二年八月二十九日、横浜市）。

（14）栗山尚一『外交証言録　沖縄返還・日中国交正常化・日米「密約」』（岩波書店、二〇一〇年）九四—九五頁。

（15）"Interview with Charles A. Schmitz, July 29, 1993," Association for Diplomatic Studies and Training Foreign Affairs Oral History Project.

（16）"Interview with Charles A. Schmitz."

（17）筆者によるダニエル・スナイダー（Daniel Sneider）への電話によるインタビュー（二〇一二年十二月十二日、スタンフォード、カリフォルニア州）。

（18）"Interview with Charles A. Schmitz."

（19）筆者によるシュミッツ（Charles A. Schmitz）へのインタビュー（二〇〇九年三月二十四日、ワシントン）、また Charles A. Schmitz, "Working Out the Details," *Foreign Service Journal*, Vol. 69, No. 2 (May 1992), 24-26 を参照。

（20）"Interview with Charles A. Schmitz."

（21）"Interview with Charles A. Schmitz."

（22）"Interview with Charles A. Schmitz."

（23）筆者によるフィン（Richard B. Finn）へのインタビュー（一九九七年八月、九月、十一月、および一九九八年六月、ベセズダ、メリーランド州）。

（24）Patricia Sullivan, "Diplomat Richard A. Ericson, Jr. Dies ; Korea, Japan Expert," *Washington Post*, December 11, 2005. また、Don Oberdorfer, *The Two Koreas* (New York : Basic Books, 1997), 54〔ドン・オーバードファー（菱木一美訳）『二つのコリア——国際政治の中の朝鮮半島（特別最新版）』共同通信社、二〇〇二年、七四頁〕も参照。

(25) "Interview with Richard A. Ericson, Jr., March 27, 1995," Association for Diplomatic Studies and Training Foreign Affairs Oral History Project.

(26) "Interview with Richard A. Ericson, Jr."

(27) "Interview with Richard A. Ericson, Jr."

(28) "Interview with Richard A. Ericson, Jr."

(29) 筆者によるマクエルロイ（Howard M. McElroy）へのＥメールでのインタビュー（二〇一二年七月十日、ウォーミンスター、ペンシルバニア州）。

(30) "Interview with Richard A. Ericson, Jr."

(31) "Interview with Richard A. Ericson, Jr."

(32) "Interview with Richard A. Ericson, Jr."

(33) "Interview with Richard A. Ericson, Jr."

(34) "Interview with Richard A. Ericson, Jr."

(35) 栗山『外交証言録　沖縄返還・日中国交正常化・日米「密約」』九二頁。

(36) 筆者による吉野文六へのインタビュー（二〇一二年八月二十九日、横浜市）。

(37) "Letter from Howard M. McElroy to Charles A. Schmitz, February 27, 1970," Folder : Japan 1970, Box 6, Subject Files of the Office of China Affairs, 1951–75, RG 59, National Archives, College Park.

(38) "Telegram 129846 from State Department to Embassy Taipei on Continental Shelf, August 11, 1970," POL 32-36 Senkaku Is, RG 59.

(39) "Telegram 135439 from State Department to Embassy Taipei on Senkaku Islands, August 19, 1970," POL 32-36 Senkaku Is, RG 59.

(40) "Telegram 6502 from Embassy Tokyo to State Department on Senkaku Islands, August 22, 1970," POL 32-36 Senkaku Is, RG 59. 本電報にはいくつかの事実関係の誤りがあり、とくに日付と国会での議論に関しては間違いがある。

(41) "Telegram 6502."

(42) "Telegram 6502."

(43) 筆者による千葉一夫へのインタビュー（二〇〇〇年十二月一日、東京）、Chiba, "Reversion of Okinawa."

(44) "Telegram 6502."

(45) "Telegram 6502."

(46) "Telegram 6502."

(47) "Telegram 6502."

(48) 後に首相となる中曽根は、一九七〇年一月十四日に成立した第三次佐藤内閣で、防衛庁長官を務めていた。北岡伸一『自民党――政権党の三八年』（読売新聞社、一九九五年）二九一頁を参照。

(49) 山野に関しては、山野幸吉『沖縄返還ひとりごと』（ぎょうせい、一九八二年）も参照。

(50) "Telegram 6502."

(51) "Telegram 6502."

(52) "Telegram 6816 from Embassy Tokyo to State Department on Senkaku Islands, September 2, 1970," POL 32-36 Senkaku Is, RG 59.

(53) "Telegram 6816."

(54) "Telegram 6816."

(55) "Telegram 6967 from Embassy Tokyo to State Department on Senkaku Islands, September 4, 1970," POL 32-36 Senkaku Is, RG 59.

(56) 興味深いことに、同日、駐日アメリカ大使館が作成した沖縄返還交渉の現状をまとめた覚書では、尖閣は将来的な問題としては認識されていなかった。"Airgram 902 from Embassy Tokyo to State Department on Okinawa Reversion Negotiations : Status Report after Nine Months, September 2, 1970," DEF 4 Japan-U.S., RG 59 を参照。

(57) "Telegram 147079 from State Department to Embassy Tokyo on Senkaku Islands, September 8, 1970," POL 32-36 Senkaku Is, RG 59.

(58) "Telegram 147079."

(59) "Telegram 3913."

(60) "Telegram 3913."

(61) "Telegram 7093 from Embassy Tokyo to State Department, September 9,

1970," POL 32–36 Senkaku Is, RG 59.

(62)　"Telegram 7093."

(63)　"Telegram 148490 from State Department to Embassy Tokyo on Senkaku Islands, September 10, 1970," POL 32–36 Senkaku Is, RG 59.

(64)　"Telegram 148490."

(65)　この問題については尋ねられなかったが、国務省は質問があった場合には、次のような回答を準備していた。すなわち、「尖閣諸島付近の大陸棚に関するアメリカの立場はどのようなものか？」と尋ねられた際には、「大陸棚をめぐる争いが生じた場合、それは当事国によって解決される問題となるであろう」と述べることになっていた。この点については、"Telegram 148490"を参照。

(66)　"Telegram 7213 from Embassy Tokyo to State Department on Senkaku Islands, September 11, 1970," POL 32–36 Senkaku Is, RG 59.

(67)　"Telegram 7213."

(68)　"Telegram 7213."

(69)　"Telegram 7213."

(70)　"Telegram 7213."

(71)　"Telegram 7213."

(72)　"Telegram 7213."

(73)　"Telegram 7213."

(74)　"Telegram 7213."

(75)　James C. H. Shen, *The U.S. and Free China : How the U.S. Sold Out Its Ally* (Camarillo, CA : Acropolis Books, 1983).

(76)　"Telegram 4000 from Embassy Taipei to State Department on Senkaku Islands, September 15, 1970," POL 32–36 Senkaku Is, RG 59.

(77)　"Telegram 4000." 口頭声明（oral statement）については、以下のとおりである。

「釣魚台列嶼（尖閣諸島としても知られている）の法的地位に関して、中華民国政府は、以下の見解を述べたい。

一八七九年の日本による琉球の編入を、中華民国はこれまで受け入れたことも容認したこともないが、それ以前、琉球は独立した王朝であり、中国と長きにわたり朝貢関係にあった。第二次世界大戦以来、琉球諸島はアメリカの軍事占領下に置かれた。一九五一年九月八日にサンフランシスコで調印された対日講和条約第三条にもとづき、アメリカは北緯二八度以南、東経一二四度四十分と一二二度との間を結ぶ線の以東《〔ママ〕》の諸島の領域および住民に対するすべての権力を行使している。釣魚台列嶼は、丁度この区域の境界上に位置している。従来、中華民国政府は、この取り決め〔講和条約〕に対して異議を唱えることはしなかった。なぜなら中華民国は、琉球における米軍の存在（presence）が、西太平洋の地域安全保障の維持にとって重要な要素であると考えているからである。

一九六九年十一月二十一日にニクソン大統領と佐藤栄作首相によって署名され《〔マ マ〕》た共同声明の中で、アメリカと日本は、一九七二年中に琉球諸島の「復帰」を達成するための具体的な取り決めに関し、直ちに協議に入ることを言明した。中華民国政府は、提案された、琉球諸島に関する処分については留保してきた。中華民国政府は、琉球の法的地位については、主要連合国がカイロ宣言およびポツダム宣言にもとづく交渉をとおして決定することと、琉球の住民に自らの政治的将来に関する意見を表明する機会を与えることを、当初から支持してきたからである。しかし、中華民国政府は日本やアメリカとの友好関係を考慮し、当時、この決定の前にアメリカが適切な手続きに従わなかったことに遺憾を表明はしたが、異議を唱えることは差し控えた。

しかしながら、最近、日本政府が釣魚台列嶼の問題を持ち出した。釣魚台列嶼は、台湾の北東わずか一〇〇マイルほどのところにある、人の住んでいない小島の集まりからなる。毎年、台湾からは大勢の漁師たちがこれらの島々を訪れており、漁業を行ったり、海鳥の卵を採集したり、また嵐の際には避難場所として使用したりしている。したがって歴史的にまた地理的に見て、釣魚台列嶼は中国とりわけ台湾省と非常に近い関係にある。

日本政府の主張は、以下の二つの議論にもとづいている。すなわち、

(1)一八九六年の帝国〔日本政府〕の勅令により、釣魚台列嶼は沖縄県の一部となっていること、および(2)日本人古賀辰四郎が、一八九六年に日本政府から釣魚台列嶼を三〇年間貸与され、その後一九三〇年、古賀が日本政府から同列嶼を買い取ったこと、そして彼の息子である古賀善次が現在の地権者であること、である。

中華民国政府は、これらの主張は受け入れられないと考えている。第一に、日本が一八七九年に琉球諸島を編入した際、釣魚台列嶼は含まれていなかった。日本が前述の帝国の勅令を発して釣魚台列嶼の貸与を認めたのは、一八九六年になってからのことであり、これは日本が下関条約の結果、台湾「およびそれに付属する島嶼」を中国から獲得した翌年のことである。したがって、一八九六年の帝国の勅令は、台湾と琉球が日本の占領下にあったときの、日本政府側の行政措置に過ぎない。

第二に、一九五二年四月二十八日に調印された日華平和条約において、日本は台湾および澎湖諸島並びにその他、一八九五年以前に台湾に所属していた近接する島々に対するすべての権利、権原および請求権を放棄した。「その他の島」には釣魚台列嶼が含まれるというのが、中華民国政府の立場である。

さらにカイロ宣言〔実質はポツダム宣言〕では、「日本国の主権は本州、北海道、九州及び四国」並びに主要連合国の三国であるアメリカ、中国、およびイギリスが決定する諸小島に「局限せらるべし」と言明されている。

一八九六年の釣魚台列嶼の古賀家への貸与と、その後一九三〇年の古賀家による購入は、日本政府によりなされた国内的な取り決めに過ぎず、これらの島々の法的地位を変更することは決してできない。

上記に述べた理由から、中華民国政府は、釣魚台列嶼の領有権に対する日本の主張を受け入れることはできない。アメリカ政府が、この問題に対する中華民国政府の見解と立場を十分に留意することを望む。また中華民国政府は、将来、釣魚台列嶼の問題で何か新しい展開があった際には、アメリカ政府に通知する」。

(78) "Telegram 3956 from Embassy Taipei to State Department on Senkaku Islands, September 12, 1970," POL 32-36 Senkaku Is, RG 59.
(79) "Telegram 150567 from State Department to Embassy Taipei on Senkaku Islands, September 14, 1970," POL 32-36 Senkaku Is, RG 59.
(80) "Telegram 152599 from State Department to Embassy Taipei on Senkaku Islands, September 17, 1970," POL 32-36 Senkaku Is, RG 59.
(81) "Telegram 152599."
(82) "Telegram 4208 from Embassy Taipei to State Department on Senkakus, September 26, 1970," POL 32-36 Senkaku Is, RG 59.
(83) "Telegram 7522 from Embassy Tokyo to State Department on Senkakus, September 22, 1970," POL 32-36 Senkaku Is, RG 59.
(84) "Telegram 7522." 台湾省警備総司令部は、一九四五年九月一日に設置され、のちに台湾全省警備総司令部へと引き継がれた。彭は、一九四七年から四九年にかけて、国民党が抑圧的、独裁主義的支配を行った悪名高い時代に、同司令部を率いていた。
(85) "Telegram 4208."
(86) "Telegram 7522."
(87) "Telegram 4208."
(88) "Telegram 4208." この報告は、おそらく事実ではない。少なくとも、琉球警察の魚釣島での行動を誤って認識したものだったと見られる。このとき、台湾に所属する艦船はいなかった。
(89) "Telegram 4208."
(90) "Telegram 4208."
(91) "Telegram 4208."
(92) "Telegram 4208."
(93) 国務省はモーザーの進言を受け入れ、台湾が日本の主張を受け入れたかどうかを確認するため、一九五四年の中華民国政府との相互防衛条約の交渉記録を調べた。当時の記録からは、この点に関する台湾の見解は見つからなかった。だが、それはひとつには、当時は尖閣をめぐる争いがなかったためでもあった。さらに、国務省が言及したとおり、米華相互防衛条約は尖閣地域を適用範囲としてはいなかった。したがって中華民国政府は、尖閣が日本であることを認めたと解釈することができよう。

(94) "Telegram 7767 from Embassy Tokyo to State Department, September 30, 1970," POL 32-36 Senkaku Is, RG 59.

(95) "Telegram 7767."

(96) "Telegram 7767."

(97) "Telegram 3995 from AmConsul Hong Kong to State Department on Senkaku Islands, October 2, 1970," Folder 4, Box 20, History of Civil Administration of the Ryukyu Islands, Records of the Office of the Chief Military History (hereafter, History of USCAR), RG 319, National Archives, College Park.

(98) "Telegram 7767."

(99) "Telegram 7767."

(100) "Telegram 7767."

(101) "Telegram 7767."

(102) "Telegram 7767."

(103) "Telegram 7767."

(104) "Telegram 7767."

(105) "Telegram 161340 from State Department to Embassy Taipei on Senkakus, September 30, 1970," POL 32-36 Senkaku Is, RG 59.

(106) "Telegram 161340."

(107) "Telegram 4377 from Embassy Taipei to State Department on Senkakus, October 8, 1970," POL 32-36 Senkaku Is, RG 59.

(108) "Telegram 4377."

(109) "Telegram 4377."

(110) "Telegram 4377."

(111) "Telegram 4377."

(112) "Airgram A-341 from Embassy Taipei to State Department on Taiwan Provincial Assembly Resolution on Senkakus, October 29, 1970," POL 32-36 Senkaku Is, RG 59.

(113) 板垣は、一九六九年六月二十日に在中華民国日本大使に就任した。一九七二年三月十一日、板垣の後任として宇山厚が大使となっている。以前、宇山がイラン大使を務めていたとき、マイヤーも大使としてテヘランに駐在していた。宇山はマイヤーの「良き友人」であり、ときには「ブリッジ・パートナー〔トランプ・ゲームのブリッジで、仲間のプレーヤーを指す〕」にもなった。宇山は、東京でマイヤーを待つ重要な任務とりわけ沖縄返還について、マイヤーに助言を行っていた（Meyer, *Assignment Tokyo*, 7-8〔マイヤー『東京回想』一六―一七頁〕）。

(114) "Telegram 4318 from Embassy Taipei to State Department on Senkaku Islands, October 5, 1970," POL 32-36 Senkaku Is, RG 59.

(115) "Telegram 4318."

(116) "Telegram 7989 from Embassy Tokyo to State Department on Senkaku Islands, October 6, 1970," POL 32-36 Senkaku Is, RG 59.

(117) "Telegram 4377."

(118) "Telegram 4377."

(119) "Telegram 4377."

(120) "Telegram 4377."

(121) "Telegram 4377."

(122) "Telegram 4377."

(123) "Telegram 4377."

(124) "Telegram 4377."

(125) "Telegram 4377."

(126) "Telegram 4377."

(127) "Telegram 4377."

(128) "Draft cable from Ericson to Tokyo, Taipei, and High Commissioner, Ryukyu Islands, undated," Folder 4, Box 20, History of USCAR, RG 319.

(129) "Draft cable from Ericson, undated."

(130) "Draft cable from Ericson, undated."

(131) "Draft cable from Ericson, undated."

(132) “Draft cable from Ericson, undated.”

(133) “Draft cable from Ericson, undated.”

(134) 筆者によるクラーク（William Clark）へのインタビュー（一九九七年九月十二日、ニューヨーク市）。

(135) “Confidential message from High Commissioner, Okinawa, Ryukyu Islands, to Department of Army, undated,” Senkaku Retto (Sento Shosho) (Tia Yu Tai) Files（沖縄県公文書館所蔵）.

(136) “Confidential message from High Commissioner, Okinawa, Ryukyu Islands, to Department of Army, undated.”

(137) “Confidential message from High Commissioner, Okinawa, Ryukyu Islands, to Department of Army, undated.”

(138) “Confidential message from High Commissioner, Okinawa, Ryukyu Islands, to Department of Army, undated.”

(139) “Confidential message from High Commissioner, Okinawa, Ryukyu Islands, to Department of Army, undated.”

(140) “Confidential message from High Commissioner, Okinawa, Ryukyu Islands, to Department of Army, undated.”

(141) “Telegram 168794 from State Department to Embassy Tokyo on Senkakus, October 13, 1970,” Folder 4, Box 20, History of USCAR, RG 319.

(142) “Telegram 168794.”

(143) 中島琢磨「解題　栗山尚一と日米・日中関係」（栗山『外交証言録　沖縄返還・日中国交正常化・日米「密約」』）二頁。

(144) “Telegram 8347 from Embassy Tokyo to State Department on Senkakus, October 15, 1970,” Folder 4, Box 20, History of USCAR, RG 319.

(145) “Telegram 8347.”

(146) “Telegram 8347.”

(147) “Telegram 8347,”

(148) “Telegram 8347.”

(149) “Telegram 8347.”

(150) “Telegram 4696 from Embassy Taipei to State Department on Continental Shelf and Senkakus, October 30, 1970,” POL 19 Ryu Is, RG 59.

(151) “Telegram 4696.”

(152) “Telegram 4696.”

(153) “Telegram 4696.”

(154) “Telegram 4696.”

(155) “Telegram 8684 from Embassy Tokyo to State Department on Senkakus and Continental Shelf, October 26, 1970,” POL 32-36 Senkaku Is, RG 59. 日本政府は、ガルフによる探査・採掘が、尖閣諸島の地上部分と尖閣の領海内の区域を含んでいることを把握していた。

(156) Nancy Bernkopf Tucker, *Strait Talk: United States-Taiwan Relations and the Crisis with China* (Cambridge, MA: Harvard University Press, 2009), 123.

(157) “Telegram 8684.”

(158) “Telegram 8684.”

(159) “Telegram 8684.”

(160) “Telegram 4696.” 後でまとめられた会談記録によれば、渡辺首席事務官の台湾訪問後、板垣駐台大使が尖閣に関する覚書をまとめ、国府側に渡している。一九七〇年十二月に行われた吉田重信と駐台アメリカ大使館のアンダーソン（L. Desaix Anderson）との会議では、以下のように、覚書のことが言及されている。

「覚書は、〔この件に関する〕「休戦」を提起し、さらに大陸棚の境界線画定に関してかなり強い提案を行ったものであった。覚書では、日本政府は尖閣をめぐる領土問題については協議しないことが、はっきりと述べられていた。この点について吉田は、いささか嬉しそうな面持ちで、覚書から見て、日本政府が〔この件で〕回答したくないことは明らかであり、すみやかに回答したくないことだけは確かだと述べている。〔吉田は、〕覚書の手交から一カ月が過ぎても、国府がこの問題について何も発言しなかったため、日本側は国府が日本側の意図を理解したのだろうと考えている。そして大陸棚の問題に対する最近の中国〔北京政府〕の見解について尋ねられた際、吉田は、まさしくそのことがあるから、日本は決して〔交渉〕しないのだと述べ、繰り返して、日本が国府と真面目に交渉することは決してない、その理由は中国〔との関係〕だ、と述べた。加えて吉田は、日本政府としての見解ではないがと断った上で、現在の政府内の意見として、国府は大陸棚や尖閣のもたらす経済的利益よりも、日本政府との交渉がうまく行くことの方に関心があるのではないか、つまり、この地域の問題に日本を巻き込んで国府とともに関与させ、中国〔北京政府〕がこの地域〔の問題〕で関与してくるのを防ごうとしているのではないか、と述べた」。この点については、"Memorandum of Conversation between Shigenobu Yoshida and L. Desaix Anderson on Senkakus, etc., December 11, 1970," Folder : Japan 1969, Box 6, Subject Files of the Office of China Affairs, 1951–75, RG 59, を参照。

(161) "Memorandum of Conversation between Shuroku Kuroiwa and Charles T. Sylvester, April 16, 1969, on New Ambassador, etc.," Folder : Japan 1970, Box 6, Subject Files of the Office of China Affairs, 1951–75, RG 59.

(162) "Memorandum of Conversation between Kuroiwa and Sylvester."

(163) "Telegram 9219 from Embassy Tokyo to State Department on Senkakus, November 14, 1970," POL 32–36 Senkaku Is, RG 59.

(164) "Telegram 9219."

(165) 錢復『錢復回憶錄』（天下遠見出版股份有限公司、二〇〇五年）一三八頁。

(166) 錢復『錢復回憶錄』一三八頁。

(167) "Telegram 8128 from Embassy Tokyo to State Department on Okinawa Reversion : General Reversion Agreement-GOJ Counter-Proposal October 8, 1970, October 9, 1970," POL 19 Ryu Is, RG 59.

(168) "Telegram 8128."

(169) "Telegram 8304 from Embassy Tokyo to State Department on Okinawa Reversion : General Reversion Agreement, October 14, 1970," POL 19 Ryu Is, RG 59.

(170) "Telegram 8304."

(171) "Telegram 8304."

(172) "Telegram 8304."

(173) "Telegram 8304."

(174) しかし、中島は一九九二年、沖縄返還交渉に関与したことについて、「忘れることのできない、やりがいのある仕事であったと同時に、交渉に携わることができたのは、私にとって幸運なことであった」と書いている（Nakajima, "Ending the Post-war Period," 29)。

(175) 中島敏次郎『外交証言録　日米安保・沖縄返還・天安門事件』（岩波書店、二〇一二年）二四三—二四五頁。

(176) "Telegram 174738 from State Department to Embassy Tokyo on Okinawa Reversion : General Agreement, October 23, 1970," Folder : Basic Documents, Including Communique, Box 9, History of USCAR, RG 319.

(177) "Telegram 8891 from Embassy Tokyo to State Department on Okinawa Reversion : General Agreement, November 2, 1970," POL 19 Ryu Is, RG 59.

(178) Selig S. Harrison, "Red China, Japan Clain Oil Islands," *Washington Post*, December 5, 1970 ; "Red China Claims Senkaku Island Area," *Japan Times*, December 5, 1970. このあとすぐ、国民党寄りの新聞『天天日報』は十二月七日付の社説で、日本は中国の領土主権に異議を唱えてこなかったし、「〔領土主権の問題が〕中国を一つに結びつけてきた」と述べた。この点について、中国語を話せるオズボーン（David L. Osborn）香港総領事は、「〔同紙は〕高級な新聞というわけではないが、こうした国民党寄りの新聞が民族の統一性を求めることは珍しく、興味深い」と報告している。この点については、"Telegram 5169 from AmConsul Hong Kong to State Department, December 16, 1970," POL 32–36 Senkaku Is, RG 59, を参照。

一九七〇年の秋口頃オズボーンは、中華人民共和国は〔この問題に対して〕公的にどう対応するか「かなりのジレンマ」を抱えており、それはしばらくの間続くと見ていた。というのも、中華民国政府の大陸棚に関する主張は、国府を唯一の正統な中国政府とする立場の延長上にあり、そのことは、北京政府の神経に触る敏感な問題だったからである。［北京政府にとって］国府が大陸棚に関する権利を主張することは、明らかに容認できなかった。またオズボーンは、これまでのところ、北京は沈黙で応じているが、そう遠くない時期に、国府と日本がこの地域から離れるよう、宣伝活動を通じて警告することを決定するかもしれないと分析していた。このことについては、“Telegram 3995”を参照。

　またこの前日、香港総領事館も同様の分析を行っており、九月二十一日付の『晶報』紙の社説の翻訳とともに、本国に送っている。この点については“Airgram 272 from AmConsul Hong Kong to State Department on Chinese Communist Commentary on Senkaku Islands Issue, October 1, 1970,” POL 32-36 Senkaku Is, RG 59, を参照のこと。

(179) 十二月四日の新華通信社の報道後、午後に日本の外務省報道官は、「いつか中国がこうした声明を出すことは予想しており、全く驚くことではない」とのコメントを出した。この点に関しては、“Telegram 9802 from Embassy Tokyo to State Department on Senkakus-PRC Claim,” December 4, 1970,” POL 32-36 Senkaku Is, RG 59, を参照。

(180) “Telegram 10171 from Embassy Tokyo to State Department on Okinawa Reversion : General Reversion Agreement, December 16, 1970,” POL 19 Ryu Is, RG 59. 国務省が暫定的にまとめた報告によれば、国務省は、「中国の大陸棚の権利をめぐる主張の対立から生じる、政治的、経済的、法的、および商業的に複雑な問題に関する、包括的な検討」を行っていた。この暫定報告は、「二〇〇マイルの領海に対するラテン・アメリカの権利、その大陸棚、および尖閣諸島に関する北京の最新の声明に関する予備的検討」というタイトルでまとめられ、一九七〇年十二月半ばにキッシンジャーに提出されている。報告については、“Memorandum for Mr. Henry A. Kissinger on Territorial Seas and Seabeds, December 14, 1970,” POL 32-36 Senkaku Is, RG 59, を参照。四頁からなる報告書では、「対外政策の観点から言えば、アメリカは、中華人民共和国と中華民国政府との間の相反する要求の問題に直面している。すでにアメリカは、沖縄返還合意の一部として尖閣諸島を日本に返還することを表明しているが、現在、中国が尖閣諸島の権利を主張しており、アメリカはこの問題にも直面している」とまとめられている。

(181) “Telegram 10171.”

(182) “Telegram 10171.”

(183) “Telegram 10171.”

(184) “Telegram 10171.”

(185) “Telegram 10171.”

(186) “Telegram 10171.” なおここで駐日大使館が用いている、国務省の立場に関する表現には、一貫していない点がある。たとえば「琉球と一緒に（along with Ryukyus）」の部分は、「琉球の一部として（as part of Ryukyus）」とすべきところだと思われる。

(187) “Memorandum of Conversation on Review Status of Okinawa Negotiations, February 1, 1971,” Folder : Meyer-Aichi Meeting, Box 19, History of USCAR, RG 319.

(188) “Memorandum of Conversation on Review Status of Okinawa Negotiations, February 1, 1971.”

(189) “Memorandum of Conversation, February 1, 1971.” 奄美返還協定の付属文書については、ロバート・D・エルドリッヂ『奄美返還と日米関係』（南方新社、二〇〇三年）二六〇頁を参照。また小笠原返還協定の付属文書に関しては、エルドリッヂ『硫黄島と小笠原をめぐる日米関係』四五二頁を参照。

(190) “Telegram 2280 from Embassy Tokyo to State Department on Okinawa Reversion Negotiations : Inventory of Outstanding Issues, March 15, 1971,” Pol 19 Ryu Is, RG 59.

(191) “Telegram from EA/J to Embassy Tokyo on Okinawa Reversion : General Agreement, undated.” Folder 4, Box 20, History of USCAR, RG 319.

(192) “Telegram from EA/J to Embassy Tokyo on Okinawa Reversion : General Agreement, undated.”

(193) “Telegram 61219 from State Department to Embassy Taipei on Senkakus, April 16, 1971, POL 32-36 Senkaku Is, RG 59.

(194) “Telegram 3959 from Embassy Tokyo to State Department on Okinawa Reversion : General Agreement——Article 1, April 29, 1971,” Folder : Basic Documents Including Communique, Box 9, History of USCAR, RG 319.

(195) “Telegram 3959.”

(196) “Telegram 079692 from State Department to Embassy Tokyo, May 7, 1971,” Folder 4, Box 20, History of USCAR, RG 319.

(197) アメリカ局北米第一課「沖縄返還問題（吉野・スナイダー会談）」昭和四十六年五月六日、地位協定の適用　ＳＴＧ・施設区域、B’.5.1.0.J/U24, H22-011（外務省外交史料館所蔵）。

(198) 前掲「沖縄返還問題（吉野・スナイダー会談）」昭和四十六年五月六日。

(199) “Telegram 4401 from Embassy Tokyo to State Department on Okinawa Reversion : Draft Agreement—Article 1, May 13, 1971,” Folder 4, Box 20, History of USCAR, RG 319.

(200) アメリカ局北米第一課「沖縄返還問題（愛知大臣・マイヤー大使会談）」昭和四十六年五月十一日「沖縄関係一七」0600-2010-00029, H22-012（外務省外交史料館所蔵）。

(201) “Telegram 4401.”

(202) “Telegram 61219.”

(203) “Telegram 085466 from State Department to Embassy Tokyo on Okinawa Reversion : Article 1, May 17, 1971,” Folder : Basic Documents Including Communique, Box 9, History of USCAR, RG 319.

(204) “Telegram 085466.”

(205) “Telegram 4575 from Embassy Tokyo to State Department, May 18, 1971,” Folder 4, Box 20, History of USCAR, RG 319.

(206) “Telegram 4575.”

(207) “Memorandum from Winthrop G. Brown to Ambassador Johnson on Chronology of Events Relating to Status of the Senkaku Islands, June 7, 1971,” POL 32-36 Senkaku Is, RG 59.

(208) “Taipei Plots Move on Senkaku Issue,” *Japan Times*, February 4, 1971.

(209) “Telegram 883 from Embassy Taipei to State Department on ROC Claims Senkakus, February 26, 1971,” POL 32-36 Senkaku Is, RG 59.

(210) “Telegram 883.”

(211) “Telegram 883.”

(212) “Telegram 883.”

(213) “Telegram 883.”

(214) “Telegram 883.”

(215) “Telegram 45384 from State Department to Embassy Taipei, March 17, 1971,” POL 32-36 Senkaku Is, RG 59.

(216) “Telegram 45609 from State Department to Embassy Taipei on GRC Claim to Sovereignty over Senkakus, March 18, 1971,” POL 32-36 Senkaku Is, RG 59.

(217) “Telegram 45609.”

(218) “Telegram 45609.”

(219) “Telegram 45609.”

(220) “Telegram 45609.”

(221) “Telegram 45609.”

(222) “Telegram 45609.”

(223) “Telegram 45609.”

(224) “Telegram 45609.”

(225) “Telegram 1268 from Embassy Taipei to State Department Senkaku Islands : GRC Foreign Vice Minister Shen’s Conversation with Ambassador, March 22, 1971,” POL 32-36 Senkaku Is, RG 59.

(226) “Telegram 1268.”

(227) “Telegram 1268.”

(228) “Telegram 1268.”

(229) “Telegram 1268.”

(230) “Telegram 1268.”

(231) “Telegram 1268.”

(232) “Telegram 1268.”

(233) "Telegram 1268."

(234) "Memorandum for Mr. Henry A. Kissinger on Farewell Call on the President by Ambassador Chow Shu-kai of the Republic of China, April 10, 1971," POL 32-36 Senkaku Is, RG 59.

(235) "Memorandum from Brown to Johnson."

(236) "Telegram 2666 from Embassy Taipei to State Department on Senkakus and Okinawa Reversion, June 2, 1971," POL 32-36 Senkaku Is, RG 59.

(237) Unryu Suganuma, *Sovereign Rights and Territorial Space in Sino-Japanese Relations : Irredentism and the Diaoyu / Senkaku Islands* (Honolulu : University of Hawaii Press, 2000), 226.

(238) "Chinese Protest Senkaku Is. Claim at Japanese U.N. Mission," *Japan Times*, February 1, 1971. 抗議活動の中で、当時、国立台湾大学の学生だった馬英九が逮捕されている。後に彼はハーバード大学で海洋法や国際経済法を専攻し、一九八一年に尖閣問題をテーマとした学位論文（"Disputes over Oily Waters : A Case Study of Continental Shelf Problems and Foreign Oil Investments in the East China Sea and Taiwan Strait"）を完成させている。彼は二〇〇八年に台湾の総統に就任した。馬は一九五〇年に香港で生まれ、翌年台湾に移住している。一九九六年、馬は蔣介石の息子の蔣経国に関する本のインタビューの中で、あるとき、外省人や本省人たちの学生グループの活動に参加し、〔そのグループは〕空港へ行き日本の大使に卵を投げつけたと回想している。このことについては、Jay Taylor, *The Generalissimo's Son : Chang Ching-kuo and the Revolutions in China and Taiwan* (Cambridge, MA : Harvard University Press, 2000), 306 を参照。ただし、ハーバード時代についての馬の回想の内容は、正確ではないようである。この点については以下を参照。和仁康夫「不毛な尖閣ナショナリズム――栗原家が抱える二五億円の〝負債〟台湾・香港『保釣運動』と尖閣地主の領土ビジネス」『週刊金曜日』第八九六号（二〇一二年五月二十五日）、英訳版は John Junkerman, "Barren Senkaku Nationalism and China-Japan Conflict," *The Asia-Pacific Journal*, Vol. 10, Issue 28, No. 4 (July 9, 2012).

(239) "Telegram 1090 from AmConsul Hong Kong to State Department, February 23, 1971," POL 23-28 HK, RG 59.

(240) "Telegram 1090."

(241) Mok Chiu Yu, "Theater, Migrant Workers and Globalization : The Hong Kong Experience," in Don Adams and Arlene Goldbard, eds., *Community, Culture, and Globalization* (New York : Rockefeller Foundation, 2002), 353-367 <http://arlenegoldbard.com/wp-content/uploads/2007/11/ccg_chapter_20.pdf>, 二〇一一年八月閲覧).

(242) "Telegram 1090."

(243) "Telegram 1090."

(244) "Telegram 783 from Embassy Taipei to State Department, February 22, 1971," POL 32-36 Senkaku Is, RG 59.

(245) "Telegram 783."

(246) "Telegram 783."

(247) "Telegram 1337 from Embassy Taipei to State Department on Overseas Scholars on Senkakus : Chang Chun's Reply, March 25, 1971," POL 32-36 Senkaku Is, RG 59.

(248) "Telegram 1337."

(249) "Telegram 1337."

(250) "Telegram 1337."

(251) 『蔣介石日記』一九七〇年十二月七日の項（Hoover Institution, Stanford University）。

(252) 『蔣介石日記』一九七一年一月三十一日の項。

(253) "Telegram 1507 from Embassy Taipei to State Department, April 2, 1971," POL 32-36 Senkaku Is, RG 59.

(254) "Telegram 1507."

(255) "Telegram 1507."

(256) "Telegram 1507." 十二月四日の記事の分析については前述のとおりである。また十二月二十九日付の『人民日報』の解説記事は、中国本土に沿った地域、および台湾と「その付属島嶼」周辺の海底での石油調査活動に反対する警告を掲載した。この点に関して国務省情報調査局は、「中国海軍の艦艇と石油会社の船舶が遭遇し、警告や嫌がらせを行うといった事態が起こり得る。その際には、誤算、国府による介入の圧力、〔認識、判断の〕誤り、およびより深刻な事態へのエスカレートをともなうものと思われる。しかしながら、中国はなおも慎重な態度を維持しており、大規模な対立の危険性を高めないようにしつつ、主張はできるようにしておくという、現実的対応をとっている」と分析し、注意を喚起している。この点については、"Intelligence Brief (INBR) 226 from George C. Denney, Jr., to Secretary of State on Communist China : Peking Warns Against Seabed Encroachment, December 29, 1970," POL 32-36 Senkaku Is, RG 59, を参照。

(257) "Telegram 1507."

(258) "Telegram 1507."

(259) 東京からは、マイヤー駐日大使が、この問題に関して以下のような賛同的な意見を書き送っている。「アメリカの施政権下の期間であっても、日本が尖閣に気象観測所を建設したいとする立場を譲ることはないと考えられる。だがしかし、国府がこの情報を公の場で利用することは、認めるべきではない。仮に国府がこの情報を公にして、とくにそれが推論によって国府の尖閣に対する主張を支えることにでもなれば、結果的にそれはすぐに、日本による気象観測所の早期建設に対する圧力となってしまうからである。すでに日本政府は、国府の尖閣に対する主張に対して非常に敏感になっている。新聞各紙は頻繁に記事を掲載し、尖閣に対する日本政府の立場を支持している。こうした中、国府がこの情報を強硬に主張して公表すれば、尖閣問題に対する日本政府の抵抗は際限のないものとなり、中国の国連代表権問題などより広い問題での日本政府の立場に影響をおよぼしかねない」。上記のマイヤーの見解については、"Telegram 3054 from Embassy Tokyo to State Department on Senkakus, April 5, 1971," POL 32-36 Senkaku Is, RG 59 を参照。

(260) "Airgram A-29 from AmConsul Montreal to Department of State on Japan's Claims to Tiao Yu Tai Islands Protested, April 5, 1971," POL 32-36 Senkaku Is, RG59. カナダ中国人学生連盟の佐藤首相宛の書簡は、以下の通りである。

「佐藤首相

私たちは、日本政府が釣魚台列嶼に関する他国への配慮に欠けた要求を行っていることに対して、強く抗議する。釣魚台列嶼が中国の主権の領域の一部であることは、歴史的、地理的根拠から見ても、また国際法上も、争う余地のない事実である。昨年の夏以来、日本政府は、釣魚台列嶼は一九七二年に日本へ返還される琉球諸島に関連する島だと不当に主張しているが、われわれはそれとは硬く意見を異にする。一九七〇年九月、日本政府は軍人《（ママ）》たちを扇動して、長年この地域で操業してきた中国の漁民を妨害し、同島に掲げられていた国民党中国の旗を侮辱する行動に出た。こうした正義に反する行為は、最も耐えられないことであり、中国人を怒らせている。日本政府は否定しているが、近年、四〇年前の日本軍国主義の復活の傾向が、次第に明らかになっている。四〇年前の日本軍国主義と似たような状況が生じ始めている。過去における両国国民の殺戮と犠牲の経験から、現在または将来において、同様の惨劇が起こらないようにすることが、私たちの心からの願いである。このことは、カナダ東部の中国人学生の大多数を代表する、カナダ中国人学生連盟を代表して述べたものであり、この点にも配慮をいただければ幸いである。私たちは、国際正義を推し進め、平和を愛する世界のすべての人々を失望させることがないよう、日本政府が上記の諸点を慎重に再考することを強く求める」。

(261) Mark Wilson, "Chinese Protest Island Chain," *Montreal Star*, April 5, 1971.

(262) "Chinese Students Demonstrate," *Montreal Gazette*, April 5, 1971.

(263) "U.S. Cautions Oil Seekers Near China," *Washington Post*, April 10, 1971 ; "Senkakus Sovereignty Issue Should be Solved in Talks : State Dept. Firms Advised Not to Explore Oil Resources," *Japan Times*, April 11, 1971 ; Terrence Smith, "Oil Hunt Off China Stirs U.S. Warning : Companies Told

They Risk Ships in Dispute Involving Peking, Taiwan, Tokyo," *New York Times*, April 10, 1971.

(264) "Draft Guidance to U.S. Oil Companies," Folder : Petroleum March 1971, Box 9, Subject Files of the Office of Republic of China Affairs, 1951–75, RG 59. 興味深いことに、その後の記者会見で国務省のブレイ報道官は、石油会社に対するこの通達文書を「警告」とみなしているのか尋ねられたのに対し、直接答えるのをためらい、次のように応じている。「警告だったのかどうか、ちょっと思い出すことができない」。

(265) "Draft Guidance to U.S. Oil Companies."

(266) "Telegram 1627 from Embassy Taipei to State Department, April 10, 1971," Folder : Senkaku Retto (Sento Shosho) (Tiao Yu Tai)(沖縄県公文書館所蔵).

(267) "Telegram 1625 from Embassy Taipei to State Department on Senkakus, April 10, 1971," POL 32–36 Senkaku Is, RG 59.

(268) "Telegram 1625."

(269) "Telegram 1625."

(270) "Telegram 61219."

(271) "Telegram 61219."

(272) "1,000 Chinese Protest Japan's Islands Claims," *Washington Post*, April 11, 1971.

(273) John Sherwood, "Chinese Here Protest Islands Decision," *Sunday Star*, April 11, 1971.

(274) "U.S. Chinese Ask Backing on Island," *New York Times*, April 12, 1971.

(275) "Telegram 1751 from Embassy Taipei to State Department on Demonstrations over Senkakus, April 16, 1971," POL 32–36 Senkaku Is, RG 59.

(276) "Telegram 1752 from Embassy Taipei to State Department on Demonstrations over Senkakus, April 16, 1971," POL 32–36 Senkaku Is, RG 59.

(277) "Telegram 1751."

(278) "Telegram 1755 from Embassy Taipei to State Department on Demonstrations over Senkakus, April 16, 1971," POL 32–36 Senkaku Is, RG 59.

(279) "Telegram 1790 from Embassy Taipei to State Department on Senkakus Demonstrations, April 19, 1971," POL 32–36 Senkaku Is, RG 59.

(280) "Telegram 1754 from Embassy Taipei to State Department on Demonstrations over Senkakus, April 16, 1971," POL 32–36 Senkaku Is, RG 59.

(281) "Telegram 1754."

(282) "Telegram 1754."

(283) "Telegram 63601 from State Department to Embassy Taipei on Demonstrations over Senkakus, April 15, 1971," POL 32–36 Senkaku Is, RG 59.

(284) "Telegram 63601."

(285) "Telegram 63601."

(286) "Telegram 1790 from Embassy Taipei to State Department, April 19, 1971," POL 32–36 Senkaku Is, RG 59.

(287) "Telegram 1790."

(288) "Telegram 1839 from Embassy Taipei to State Department, April 22, 1971," Folder : Senkaku Retto (Sento Shosho) (Tia Yu Tai)(沖縄県公文書館所蔵).

(289) "Telegram 1839."

(290) "Telegram 1839."

(291) "Telegram 1790."

(292) "Telegram 1790."

(293) "Telegram 1790."

(294) "Telegram 1840 from Embassy Taipei to State Department on Senkakus Demonstrations, April 21, 1971," POL 32–36 Senkaku Is, RG 59.

(295) "Telegram 1868 from Embassy Taipei to State Department on GRC Flag Removed from Senkakus, April 22, 1971," POL 32–36 Senkaku Is, RG 59.

(296) "Taiwan Students Continue Protest," *Japan Times*, April 18, 1971, and "Taipei Won't Let Japan Use Senkakus for Weather Station," *Japan Times*, April 22, 1971.

(297) 一九五七年五月二十四日の騒動については、たとえば、Karl Lott

Rankin, *China Assignment* (Seattle, WA : University of Washington Press, 1964), 299-307, および Nancy Bernkopf Tucker, ed., *China Confidential : American Diplomats and Sino-American Relations, 1945-1996* (New York : Columbia University Press, 2001), 139-141, を参照。

(298) "Telegram 1814 from Embassy Taipei to USIA, April 20, 1971," Folder 4, Box 20, History of USCAR, RG 319.

(299) "Telegram 1814."

(300) "Telegram 1814."

(301) "Telegram 2593 from AmConsul Hong Kong to State Department on Peking Reports Senkakus Demonstration in U. S., April 26, 1971," POL 23-26 Senkaku IS, RG 59.

(302) "Telegram 2593."

(303) "Telegram 2593."

(304) "Peking Warns Japan Over Senkaku Claims," *Japan Times*, May 3, 1971.

(305) Frederik L. Shiels, "Report on the Senkakus Question (Addendum), 22 November 1971, ODCSOPS-IA," Folder 4, Box 20, History of USCAR, RG 319.

(306) "Telegram 1869 from Embassy Taipei to State Department, April 22, 1971," Folder 4, Box 20, History of USCAR, RG 319.

(307) "Telegram 1869."

(308) "Telegram 1869."

(309) "Telegram 1869."

(310) "Telegram 1869."

(311) "Telegram 1869."

(312) "Telegram 1869."

(313) 二カ月前、香港総領事館は『セブンティーズ・バイウィークリー』について、「[スタッフたちは]常に大衆からの支持を得ることに関心を払っている」と報告していた。その後、総領事館の見解の変化を示す目立った報告はない。この点については、"Telegram 2284 from AmConsul Hong Kong to State Department on Latest HK Student Demonstration on Senkaku Islands, April 13, 1971," POL 23-28 HK, RG 59 を参照。

(314) "Telegram 2284 from AmConsul Hong Kong to State Department, April 13, 1971," POL 23-28 HK, RG 59.

(315) "Telegram 2284."

(316) "Telegram 2284."

(317) "Telegram 2284."

(318) "Telegram 2284." しかしながら、アメリカ総領事館は、日本総領事館当局者たちの態度は平静で、デモは「想定された範囲内で終わった」と感じていたと報告している (Ibid.)。

(319) "Telegram 2284."

(320) "Telegram 2284."

(321) "Telegram 2426 from AmConsul Hong Kong to State Department, April 19, 1971," POL 23-28 HK, RG 59.

(322) "Telegram 2816 from AmConsul Hong Kong to State Department on Student Demonstration Outside Consulate General, May 4, 1971," POL 23-28 HK, RG 59.

(323) "Telegram 3160 from AmConsul Hong Kong to State Department on Senkaku Demonstration, May 17, 1971," POL 23-28 HK, RG 59.

(324) "An Open Letter to President Nixon and Members of the Congress," *New York Times*, May 23, 1971 (Sunday, p. 7).

(325) "An Open Letter to President Nixon and Members of the Congress."

(326) "An Open Letter to President Nixon and Members of the Congress."

(327) "Telegram 2803 from Embassy Taipei to State Department on Senkakus Dispute, June 9, 1971," POL 32-36 Senkaku, Is, RG 59.

(328) "Telegram 2803."

(329) "Telegram 2803."

(330) "Telegram 2200 from Embassy Taipei to HICOMRY, May 10, 1971," Folder 4, Box 20, History of USCAR, RG 319.

(331) "Telegram from HICOM Okinawa RYIS to State Department on Senkakus,

May 11, 1971,” Folder 4, Box 20, History of USCAR, RG 319. 高等弁務官室は、第2章で述べた琉球大学の調査については把握しており、三月二十九日に琉大調査団が那覇港から出発したことを報告している。この点に関しては、“Telegram from HICOM Okinawa RYIS to Department of Army on Ryukyu University Survey Team, March 29, 1971,” Folder 4, Box 20, History of USCAR, RG 319 を参照。琉大の調査団は、当初九月下旬に出発する予定であったが、悪天候と高波のため十月三日まで旅程を延期していた。調査団は、出航から数時間後、荒波のため引き返して石垣島に向かわざるを得ず、その後、三月下旬に旅程を変更したのであった。この点については、“Telegram from HICOMRY to DA, October 7, 1970,” Folder : Message Traffic Concerning the Senkaku Islands, 1971-72, Lampert Papers, Military History Institute, Carlisle Barracks, Carlisle, Pennsylvania.

(332) “Telegram from HICOM Okinawa RYIS to State Department on Senkakus, May 11, 1971.”

(333) “Telegram 3099 from Embassy Taipei to State Department, June 25, 1971,” Folder 4, Box 20, History of USCAR, RG 319.

(334) “Telegram 3047 from Embassy Taipei to State Department on Senkakus : Aerial Photography, June 23, 1971,” POL 32-36 Senkaku Is, RG 59. 珍しいことだが、このとき国務省は台湾のアメリカ大使館にコメントを求めたが、大使館からの反応がなく、二度目のコメントの要請を行わなければならなかった。この点については、“Telegram 109963 from State Department to Embassy Taipei on Senkakus : Aerial Photography, June 18, 1971,” Ibid., および “Telegram 111408 from State Department to Embassy Taipei on Senkakus : Aerial Photography, June 22, 1971,” Ibid. を参照。

(335) “Telegram 3047.”

(336) “Telegram from HICON OKINAWA RYIS to Department of Army on Senkakus : Areial Photography,” Senkaku Retto (Sento Shosho) (Tia Yu Tai) Files（沖縄県公文書館所蔵）. 本電報によれば、撮影された写真はすべて、在琉球米国陸軍が確認し、その後、琉球政府に送られていた。

(337) “Telegram 112340 from State Department to Embassy Taipei on Okinawa Survey, June 23, 1971,” POL 32-36 Senkaku Is, RG 59.

(338) “Telegram 100858 from State Department to Embassy Taipei on GRC Representations on Reversion of Senkakus to Japan, June 8, 1971,” POL 32-36 Senkaku Is, RG 59.

(339) “Telegram 61219 from State Department to Embassy Taipei, April 10, 1971,” POL 32-36 Senkaku Is, RG 59.

(340) “Telegram 61219.”

(341) “Telegram 61219.”

(342) “Telegram 92888 from State Department to Embassy Taipei, May 26, 1971,” POL 32-36 Senkaku Is, RG 59.

(343) ＮＳＣでは、周の名前のアルファベットの最後を“w”として“Chow”と表記していたのに対し、駐台アメリカ大使館当局者は、最後を“u”として“Chou”と表記していたようである。

(344) “Telegram 2666.”

(345) “Telegram 2666.”

(346) “Telegram 2666.”

(347) “Telegram 2666.”

(348) “Telegram 2666.”

(349) “Telegram 2692 from Embassy Taipei to State Department, June 3, 1971,” Folder 4, Box 20, History of USCAR, RG 319.

(350) “Telegram 2692.”

(351) “Telegram 2692.”

(352) “Telegram 2692.”

(353) “Telegram 99740 from State Department to Embassy Tokyo on GRC Representations on Reversion of Senkakus to Japan, June 5, 1971,” POL 32-36 Senkaku Is, RG 59.

(354) “Memorandum from Brown to Johnson.”

(355) “Telegram 99737 from State Department to Embassy Taipei on GRC

Representations on Reversion of Senkakus to Japan, June 5, 1971," POL 32-36 Senkaku Is, RG 59. その後、国務省は高等弁務官に送った電報の中で、日本政府が東海大学による六月と七月の尖閣での調査を求めてきたことに触れ、その際に尖閣問題についても言及している。電報の中で国務省は、尖閣問題をめぐって将来抗議活動が起こり、台湾や海外の中国人学者たちの間で、国府には尖閣に対する中国の権利を主張する力がないとの不満が高まる可能性があり、そのことを「国府内では本当に懸念」しているようだと指摘した。この点については、"Telegram 100858" を参照。

（356） "Telegram 99737."

（357） "Telegram 99737."

（358） "Telegram 99737."

（359） "Telegram 99737."

（360） "Telegram 99737."

（361） "Telegram 99737."

（362） "Telegram 99737."

（363） "Telegram 5348 from Embassy Tokyo to State Department on GRC Representations on Reversion of Senkakus to Japan, June 7, 1971," POL 32-36 Senkaku Is, RG 59.

（364） "Telegram 2803 from Embassy Taipei to State Department on Senkakus Dispute, June 9, 1971," POL 32-36 Senkaku Is, RG 59.

（365） "Telegram 2803."

（366） "Telegram 2803."

（367） "Telegram 2803."

（368） 対日講和条約第二二条（紛争の解決）は、次のとおりである。「この条約のいずれかの当事国が特別請求権裁判所への付託又は他の合意された方法で解決されない条約の解釈又は実施に関する紛争が生じたと認めるときは、紛争は、いずれかの紛争当事国の要請により、国際司法裁判所に決定のため付託しなければならない。日本国及びまだ国際司法裁判所規程の当事国でない連合国は、それぞれがこの条約を批准する時に、且つ、一九四六年十月十五日の国際連合安全保障理事会の決議に従つて、この条に掲げた性質をもつすべての紛争に関して一般的に同裁判所の管轄権を特別の合意なしに受諾する一般的宣言書を同裁判所書記に寄託するものとする」。

（369） "Memorandum from Robert I. Starr to Thomas P. Shoesmith on the Senkakus Dispute and Article 22 of the 1951 Treaty of Peace with Japan, June 11, 1971," POL 32-36 Senkaku Is, RG 59.

（370） "Memorandum from Starr to Shoesmith."

（371） "Memorandum from Starr to Shoesmith."

（372） "Memorandum from Starr to Shoesmith."

（373） このことに関しては、Tucker, ed., *China Confidential*, chapter 3, 4 をとくに参照。

（374） "Memorandum from Starr to Shoesmith."

（375） Richard M. Nixon, *The Memoirs of Richard M. Nixon* (New York : Grosset and Dunlap, 1978), 305.

（376） Nixon, *The Memoirs of Richard M. Nixon*, 305.

（377） この点に関しては、Maurice H. Stans, *One of the President's Men : Twenty Years with Eisenhower and Nixon* (Dulles, VA : Brassey's Inc., 1995).

（378） Martin Berkeley Hickman, *David M. Kennedy : Banker, Statesman, Churchman* (Provo, UT : Brigham Young University, 1987), 289.

（379） Hickman, *David M. Kennedy*, 290-291.

（380） "Memorandum from Peter G. Peterson to David M. Kennedy, April 13, 1971," Folder : Negotiations (Far East) 1, Textiles Negotiations (Far East) April-July 1971, White House Staff Files, Staff and Office Files Peter Peterson, Nixon Presidential Materials, National Archives, College Park 〔Nixon Presidential Library, Yorba Linda〕.

（381） "Memorandum from H. R. Haldeman to Peter Peterson, April 23, 1971," Folder : Negotiations (Far East) 1, Textiles Negotiations (Far East) April-July 1971, White House Staff Files, Staff and Office Files Peter

Peterson, Nixon Presidential Materials.

(382) Hickman, *David M. Kennedy*, 291.

(383) Peter G. Peterson, *The Education of An American Dreamer : How a Son of Greek Immigrants Learned His Way From a Nebraska Diner to Washington, Wall Street, and Beyond* (New York : Twelve, 2009), 136.

(384) Hickman, *David M. Kennedy*, 292. 孫運璿は一九七八年まで経済部長を務めた後、一九七八年から八四年まで行政院長を務めた。彼は、台湾を農業国から新興経済国に転換させた人物として称賛されている。

(385) "TelCon-Wednesday, May 26, 1971-1:00 p. m.," Folder : Chrono-Official-May 1971, Box 72, Records of U. Alexis Johnson, Records of the Department of State, RG 59.

(386) I. M. Destler, Haruhiro Fukui, Hideo Sato, *The Textile Wrangle : Conflict in Japanese-American Relations, 1969–1971* (Ithaca, NY : Cornell University Press, 1979), 283–284.

(387) "U.S. Ties with Taiwan Lose Warmth," *New York Times*, April 29, 1971. 数カ月後のことになるが、ニクソン訪中声明の前日にも、こうした内容の報道が別の新聞記事の中で繰り返されている。この点については、April Klimley, "Taiwan Mistrust Grows as U.S. Courts Peking," *Christian Science Monitor*, July 14, 1971 を参照。もちろん、それまで本当に米台の間に温かい友好関係が存在していたのか、疑問視する分析者もいる。このことについては、Tucker, *Strait Talk*, を参照。対照的に、CIA分析官で台北支局長だったクライン（Ray S. Cline）は、当局者同士の間には親しい関係があったと論じている。この点については、Cline, *Chiang Ching-kuo Remembered*, を参照のこと。

(388) Jay Taylor, *The Generalissimo : Chiang Kai-shek and the Struggle for Modern China* (Cambridge, MA : Belknap Press, 2011), 561.

(389) Taylor, *The Generalissimo*, 561.

(390) Taylor, *The Generalissimo*, 561. また『蔣介石日記』一九七一年五月二十三日の項も参照。

(391) "Memorandum to Kissinger from Ernest Johnston and John Holdridge on Okinawa Reversion/Textiles Your Meeting at 6pm today with Mr. Yamanaka," Folder : Textiles-Negotiations (Far East) April–July 1971, Peter Peterson Papers, Nixon Presidential Materials.

(392) "Memorandum to Kissinger from Ernest Johnston and John Holdridge on Okinawa Reversion/Textiles Your Meeting at 6pm today with Mr. Yamanaka."

(393) "Memorandum to Kissinger from Ernest Johnson and John Holdridge on Okinawa Reversion/Textiles Your Meeting at 6pm today with Mr. Yamanaka."

(394) 『佐藤榮作日記』第四巻、三五一頁、一九七一年六月八日の項。山中はワシントン滞在中、楠田實総理秘書官をつうじて首相官邸と連絡を取り合っていた。楠田は日記の中で、山中に代わって連絡してきた在米日本大使館の岡崎久彦とのやりとりについて書いている。このとき、楠田は、ワシントンでの山中とニクソン大統領の会談の可能性をなおも探るべきか、指示を求められている。この点については、楠田實／和田純・五百旗頭真編『楠田實日記――佐藤栄作総理首席秘書官の二〇〇〇日』（中央公論新社、二〇〇一年）五九六頁、一九七一年六月二日の項を参照。

(395) "Telcon Alexis Johnson/Mr. Kissinger, 8:20 a.m., June 7, 1971."

(396) "Telcon Johnson/Kissinger, 10:30 a.m., 6/7/71," Kissinger Office Files, Nixon Presidential Materials. キッシンジャーとジョンソンとの関係は、普段から良好であった。ちなみにキッシンジャーは牛場信彦――一九七〇年夏、下田の後を継いで駐米大使に就いていた――との間で、次のようなジョークを交わしている。「ワシントンには二人の〔日本の〕大使がいますね。あなたとアレクシス・ジョンソンです。われわれの外交官が親日的になりすぎて困っています」。キッシンジャーの普段のジョークと同様、ここでの彼の言葉にも、少なくとも本心の一部が出ていると言える。

(397) "Telcon Johnson/Kissinger, 10:30 a.m., 6/7/71."

(398) "Telcon Johnson/Kissinger, 10:30 a.m., 6/7/71."

(399) "Telcon Johnson/Kissinger, 10:30 a.m., 6/7/71."

(400) "Telcon Johnson/Kissinger, 10:30 a.m., 6/7/71." ここでキッシンジャーの言った「彼（he）」が、ニクソン大統領のことを指すのか、それともケネディ大使のことを指すのか、判然としない。ただ、このあとキッシンジャーはニクソンのことに言及しているので、おそらくこの「彼」はニクソンのことだと思われる。

(401) "Telcon Johnson/Kissinger, 10:30 a.m., 6/7/71."

(402) "Chronology of Events Relating to Status of the Senkaku Islands."

(403) "Telcon Alexis Johnson/Mr. Kissinger, 3:05 p.m., June 7, 1971," Kissinger Office Files, Nixon Presidential Materials.

(404) "Telcon Alexis Johnson/Mr. Kissinger, 3:05 p.m., June 7, 1971."

(405) "Telcon Alexis Johnson/Mr. Kissinger, 3:05 p.m., June 7, 1971."

(406) "Telcon Alexis Johnson/Mr. Kissinger, 3:05 p.m., June 7, 1971."

(407) "Telcon Alexis Johnson/Mr. Kissinger, 3:05 p.m., June 7, 1971."

(408) "Telcon Alexis Johnson/Mr. Kissinger, 3:05 p.m., June 7, 1971."

(409) "Telcon Alexis Johnson/Mr. Kissinger, 3:05 p.m., June 7, 1971."

(410) "Telcon Alexis Johnson/Mr. Kissinger, 3:05 p.m., June 7, 1971."

(411) "Telcon Alexis Johnson/Mr. Kissinger, 3:05 p.m., June 7, 1971." 一九七一年末、以前から尖閣問題を調査してきた陸軍省の担当者は、その報告を次のように結論づけている。「この泥沼から抜け出す唯一の方法は、おそらく国際機関による外部の裁定をとおすことだと思われる」。

(412) "Memorandum from Al Haig to Henry Kissinger, June 7, 1971," Kissinger Office Files, Nixon Presidential Materials.

(413) "Telcon President/Kissinger, afternoon, 6/7/71," Kissinger Office Files, Nixon Presidential Materials.

(414) "Telcon President/Kissinger, afternoon, 6/7/71." ここでの「彼ら（"They"）」は、おそらく中華人民共和国のことだと思われる。

(415) "Telcon President/Kissinger, afternoon, 6/7/71."

(416) "Telcon Alexis Johnson/Mr. Kissinger, 9:43 a.m., June 5, 1971," Kissinger Office Files, Nixon Presidential Materials.

(417) "Telcon Alexis Johnson/Mr. Kissinger, 9:43 a.m., June 5, 1971."

(418) "Telcon Alexis Johnson/Mr. Kissinger, 9:43 a.m., June 5, 1971." マイヤー駐日大使によれば、このように他人との協議を行わずに話を進めるのは、ケネディがよくやることであった。マイヤーは回想録の中で次のように述べている。「［ケネディの］外交テクニックは、可能な限り秘密裏に、主な指導者とだけ交渉するというものであった。表面に出ることは一切きらった。彼の外交は本質的にはセオドア・ルーズベルト型、つまり『言葉は柔らかく、しかし棍棒を忘れるな』という式のやり方だった。ホテルの部屋に閉じこもって、彼がそこにいるということそのもので圧力をかけることもしばしばだった。その間に必要が生じれば、彼の補佐官［アンソニー・J・ジューリック］が日本側との連絡に当たった。もちろんこんなタイプの交渉は、古手の外交官からは異端視された。大使館のとくに経済関係の部下たちにしても、彼らが知り得た情報は日本側筋から骨折って集めたものしかなかっただけに、決して喜んではいなかった。しかしケネディは私には時折り、交渉の進展状況の概略を聞かせてくれた」。上記については、マイヤー『東京回想』二四四頁を参照。

(419) "Telcon Alexis Johnson/Mr. Kissinger, 9:43 a.m., June 5, 1971."

(420) "Telcon President/Kissinger, afternoon, 6/7/71." 後にキッシンジャーは、ピーターソンのことについて、「効果的な政策調整を進め、以上のような経済政策上の決定［ここでは対ソ貿易制限の緩和のことを指す］を下すに当たっても、終始、わが外交戦略に従うよう配慮した」と褒め、ピーターソンとの関係について以下のように書いている。「行政管理・予算局長ジョージ・シュルツのすすめで、新しく国際経済問題担当大統領補佐官の職がホワイトハウスにおかれた時——理屈の上では私の権限が削られることになるのだが——私はこれに大賛成だった。初代補佐官のピーター・ピーターソンと私は、仕事の上の密接な関係をつくり上げ、個人的な友情によってさらにこの関係は強まった。ピーターソンは、きめの細かい、幅広い考え方の持ち主で、国際経済について、いろいろのことを教えてくれた。私は彼をおおいに尊敬した。またもやこのために、私は国際経済にはほとんど首を突っこまず、大事な外交政策上の利害がかかわり合うと思われる時だけにかぎることとしたのである」。上記については、Henry Kissinger, *White House Years* (Boston, MA : Little, Brown, and Co., 1979), 840, 951〔ヘンリー・キッシンジャー（桃井眞監修・斎藤彌三郎・小林正文・大朏人一・鈴木康雄訳）『キッシンジャー秘録　第三巻　北京へ飛ぶ』（小学館、一九八〇年）三一四頁、ヘンリー・A・キッシンジャー（桃井監修・斎藤ほか訳）『キッシンジャー秘録　第四巻　モスクワへの道』（小学館、一九八〇年）四七頁〕.

(421) “Memorandum from the President’s Assistant for International Economic Affairs (Peterson) to President Nixon, June 7, 1971,” President’s Handwriting Files, Box 12, President’s Office Files, White House Special Files, Nixon Presidential Materials.

(422) “Memorandum from the President’s Assistant to President Nixon, June 7, 1971.”

(423) “Memorandum from the President’s Assistant to President Nixon, June 7, 1971.”

(424) “Tape Subject Log, June 7, 1971, Conversation No. 513–1,” Nixon Presidential Materials.

(425) “Tape Subject Log, June 7, 1971, Conversation No. 513–1.”

(426) “Memorandum for the President from Henry A. Kissinger on the Senkaku Island (sic) and Okinawa Reversion, June 7, 1971,” Kissinger Office Files, Nixon Presidential Files.

(427) “Backchannel Message from the President’s Assistant for International Economic Affairs (Peterson) to Ambassador Kennedy, in Taipei, June 8, 1971,” Memoranda for the President, Box 87, President’s Office Files, White House Special Files, Nixon Presidential Materials. 十月になっても、ニクソン大統領が上記の軍事代表団を派遣することはなかった。その後、ニクソンは韓国にいたケネディ大使にメッセージを送っている。このメッセージは、ケネディの取り組みへの感謝を述べると同時に、おそらく、ケネディが台湾との交渉において希望したことがすべて可能になるわけではないことを陳謝するためであった。ニクソンのメッセージは以下のとおりである。「ピート・ピーターソンが、あなた〔ケネディ〕とあなたの交渉チームが、非常に困難な状況の中で素晴らしい取り組みを行っていることを私に伝えてきました。あなたの努力に深く感謝しています。障害が非常に大きいことは把握していますが、あなたやあなたの部下の皆さんには、全幅の信頼をおいています。われわれは、こちら側からあなたの取り組みを支援するため、可能なことは全部行うつもりです」。上記については、“Telegram from the President to Ambassador David M. Kennedy, undated” を参照。

(428) “Entry for June 9, 1971,” Note pad of notes on the trip, Folder 12, David M. Kennedy Collection, L. Tom Perry Special Collections, Brigham University Library, Provo, Utah.

(429) 『蔣介石日記』一九七一年六月十日木曜日の項。

(430) “Transfer of Ryukyus, Tiaoyutais to Japan Protested,” Central News Agency International Service in English, June 11, 1971. “Editorial The United States Should Not Sadden Those Near and Dear to Us and Gladden the Enemy,” United Daily News, June 12, 1971.

(431) 『蔣介石日記』一九七一年六月十一日の項。

(432) “Editorial The United States Should Not Sadden.”

(433) “Telegram from U. Alexis Johnson to Rogers, June 8, 1971,” U. Alexis Johnson Files : Lot 96 D 695, RG 59.

(434) “Telegram from Alexis Johnson to Secretary of State on Okinawa Reversion, June 8, 1971,” U. Alexis Johnson Files : Lot 96 D 695, RG 59.

(435) “Telegram from Alexis Johnson to Secretary of State on Okinawa Reversion, June 8, 1971.”

(436) “Interview with Richard A. Ericson, Jr.,” 168.

(437) “Interview with Richard A. Ericson, Jr.,” 168 ;『佐藤榮作日記』第四巻、三四八頁。

(438) “Memorandum of Conversation, Okinawa Reversion, Part I of II, June 9,

1971" Folder : Negotiation Status Reports, Box 18, History of USCAR, RG 319.

(439) "Memorandum of Conversation, Okinawa Reversion, Part I of II, June 9, 1971."

(440) "Telegram from Secretary for Ambassador, June 10, 1971," Folder : Textiles-Negotiations (Far East) April-July 1971, Peter Peterson Papers, Nixon Presidential Materials. 本電報は、北東アジアの専門家であるシュースミスが起案した。彼は一九六七年以降、中華民国部長を務めていた。この点については、"Interview with Thomas P. Shoesmith, December 9, 1991," Association for Diplomatic studies and Training Foreign Affairs Oral History Project を参照。

(441) "Memorandum for Mr. Henry A. Kissinger on the Senkaku Islands, June 10, 1971," Folder : Textiles-Negotiations (Far East) April-July 1971, Peter Peterson Papers, Nixon Presidential Materials.

(442) "Telegram 104962 from State Department to Embassy Tokyo on Senkaku Problem, June 14, 1971," POL 32-36 Senkaku Is, RG 59.

(443) "Telegram 5981."

(444) "Telegram 104962."

(445) "Telegram 104962." スナイダーは、国務省報道官の声明について、台北と東京に六月十六日に伝えることを進言した。駐台アメリカ大使館の代理公使だったモレル（William N. Morell, Jr.）は、スナイダーの進言に同意し、同様に、「国府と日本政府に対し、アメリカの声明が発表される前のリークを避けることが大事であることを強調するよう」促した。この点については、"Telegram 2921 from Embassy Taipei to State Department on Senkakus, June 15, 1971," POL 32-36 Senkaku Is, RG 59 を参照。

(446) "Telegram 5721 from Embassy Tokyo to State Department on Senkakus Problem, June 15, 1971," POL 32-36 Senkaku Is, RG 59.

(447) "Telegram 5721."

(448) "Telegram 5721."

(449) "Telegram 106745 from State Department to Embassy Tokyo and Embassy Taipei on Senkaku Islands Issue, June 15, 1971," POL 32-36 Senkaku Is, RG 59.

(450) 『佐藤榮作日記』第四巻、三五五頁、一九七一年六月十五日の項。

(451) 山中貞則『顧みて悔いなし 私の履歴書』（日本経済新聞社、二〇〇二年）二三四頁。

(452) "Telegram 5791 from Embassy Tokyo to State Department on Senkaku Islands Issue, June 16, 1971," POL 32-36 Senkaku Is, RG 59.

(453) "Telegram 5791."

(454) "Telegram 5791."

(455) "Telegram 2941 from Embassy Taipei to State Department on Demonstra tions over Senkakus Reversion, June 16, 1971," POL 32-6 Senkaku Is, RG 59.

(456) "National Assemblymen Denounce Agreement on Tiaoyutais, June 17, 1971," Folder : Senkaku Retto (Sento Shosho) (Tia Yu Tai) Files（沖縄県公文書館所蔵）.

第5章

(1) "Telegram 108253 from State Department to Embassy Taipei, June 17, 1971," POL 32-6 Senkaku Is, RG 59, National Archives, College Park. 駐台アメリカ大使館は、国府や台湾メディアとのやりとりのため、この声明の本文、質問、回答をできるだけ早く伝達するよう要請していた（"Telegram 2946 from Embassy Taipei to State Department," Pol 32-6 Senkaku Is, RG 59）。

(2) "Telegram 5953 from Embassy Tokyo to State Department on Japanese Reaction to Department Statement on Senkakus, June 19, 1971," POL 32-6 Senkaku Is, RG 59.

(3) "Telegram 5953."

(4) "Telegram 5953."

(5) "Telegram 3012 from Embassy Taipei to USIA, June 21, 1971," POL 32-6

Senkaku Is, RG 59.

（6） "Telegram 3255 from Embassy Taipei to State Department on ROC Naval Patrol of Senkakus, July 5, 1971," POL 32–6 Senkaku Is, RG 59.

（7） "Telegram 3255."

（8） "Telegram 3280 from Embassy Taipei to State Department on ROC Naval Patrol of Senkakus, July 7, 1971," POL 32–6 Senkaku Is, RG 59.

（9） Office of National Estimates, Central Intelligence Agency, "Political Implications of the Senkaku Islands Dispute, May 19, 1971." この覚書は、一九七一年五月に情報局長が作成した報告書（CIA/BGI GR–71–9, "The Senkaku Islands Dispute : Oil Under Troubled Waters?"）と同様、尖閣問題の歴史的、法的、地理的側面に着目して書かれており、これらの文書は一九七一年五月十九日にヘルムズ（Richard M. Helms）CIA長官に提出された。

（10） "Telegram 2941 from Embassy Taipei to State Department on Demonstrations over Senkakus Reversion, June 16, 1971," POL 32–6 Senkaku Is, RG 59.

（11） "Telegram 2922 from Embassy Taipei to State Department on Senkakus Reversion, June 15, 1971," POL 32–6 Senkaku Is, RG 59.

（12） "Telegram 2941."

（13） *Japan Times*, June 19, 1971 の写真説明を参照のこと。当時の日本での〔記事の〕見出しについては、"Taipei Opposes Senkaku Return," *Japan Times*, June 18, 1971 と "Taiwan Repeats Claim," *Japan Times*, June 19, 1971 を参照。

（14） "Telegram 4033 from AmConsul Hong Kong to State Department on Senkaku Island Demonstration, June 18, 1971," POL 32–8 HK, RG 59.

（15） "Telegram 4562 from AmConsul Hong Kong to State Department on Senkaku Demonstration Erupts in Violence, June 8, 1971," POL 32–8 HK, RG 59. 九月六日、大部分が学生からなる二一人の抗議者が、「すし詰め」の法廷に現れた。傍聴者の何人かは、「保釣」と書かれた黄色と黒色のバンドを身に着けていた（"Anti-Japan Rioters Appear in Court," *Japan Times*, September 8, 1971）。

（16） "Japan Flag Ripped at H. K. Protest," *Japan Times*, August 24, 1971.

（17） "Airgram 257 from AmConsul Hong Kong to State Department on Hong Kong Student Demonstrations on Senkaku Islands, September 9, 1971," POL 32–6 Senkaku Is, RG 59.

（18） "Aigram 257."

（19） "Okinawa Reversion Congressional Preparation," attachment to "Memorandum from Howard M. McElroy to DOD/ISA, et al., on Okinawa Reversion, July 13, 1971," Folder : DA Messages, Memos, State Cables, Box 3, History of the Civil Administration of the Ryukyu Islands, Records of the Office of the Chief Military History (hereafter, History of USCAR), RG 319, National Archives, College Park.

（20） "Senate Hearings Okinawa Reversion, undated," Folder : Questions/Answers Index : Senate Hearings on Okinawa Reversion, Box 26, History of USCAR, RG 319.

（21） "Memorandum from Under Secretary for Political Affairs Johnson to Secretary of State on Principal Witness Statements at Senate Hearings on Okinawa Reversion, September 22, 1971," Folder : Chrono-Official-Sept. 71, Box 72, Records of U. Alexis Johnson, RG 59.

（22） ジョンソンの経歴の詳細については、U. Alexis Johnson, *The Right Hand of Power : The Memoirs of an American Diplomat* (Englewood Cliffs : Prentice-Hall, 1984 を参照。

（23） 「尖閣列島関係証言」南方同胞援護会編『沖縄復帰の記録』（南方同胞援護会、一九七二年）六五〇頁。

（24） "Telegram 198739 from State Department to Embassy Tokyo, October 30, 1971," Folder : Reversion-Congressional Relations, Box 10, History of USCAR, RG 319.

（25） "Telegram 198739."

（26） ほとんどの人々は、スーの主張に対してどうすべきか、分からなかった。スー曰く、一八九四年に西太后が、スーの祖父の盛宣懐に尖閣を下賜したというのである。沖縄返還協定に関する審議の五カ月後、駐台大使館のトーマス参事官（政治問題担当）は、彼の前任者のモーザー（Leo J. Moser）――ワシントンに戻り、国務省の中華民国部を率いていた――に、次のように伝えた。それによれば、スーは、「とくにチャン（Chiang Yan-shih）を通して、自分の主張の信憑性を」国府に納得させようとしているというのだった。以上については、"Letter from William W. Thomas, Jr., to Leo Moser, March 27, 1972," Folder : PET Senkaku Islands 1972, Box 14, Subject Files of the Office of China Affairs, 1951–1975, RG 59を参照。

　しかし、トーマスは、「清朝後期の歴史資料の専門家」であるチェン（Chen）は、「それについて怪しいと思っている」が、それを具体的には言わなかったと指摘した。トーマスによれば、スーの目的は、主権や領有権の問題が解決されるまで、尖閣が日本に返還されるのを遅らせることにあった。彼女は、国府の支援を得た後、ハワイ選出のフォン（Hiram L. Fong）、コロラド選出のドミニク（Peter H. Dominick）、アリゾナ選出のゴールドウォーター（Barry M. Goldwater）と連絡を取っていたが、彼女の取り組みがどうなったかについては不明である。

（27）"Telegram 198739."

（28）筆者によるマンスフィールドへのインタビュー（二〇〇一年三月二十七日、ワシントン）。マンスフィールドと沖縄返還協定の批准の詳細については、Don Oberdorfer, *Senator Mansfield: The Extraordinary Life of a Great American Statesman and Diplomat* (Washington, D.C.: Smithsonian Books, 2003〔ドン・オーバードファー（菱木一美訳）『マイク・マンスフィールド――米国の良心を守った政治家の生涯　上・下巻』共同通信社、二〇〇五年〕参照。

（29）Armin H. Meyer, *Assinment Tokyo: An Ambassador's Journal* (Indianapolis: Bobbs-Merril Company, Inc. 1974), 57〔アーミン・H・マイヤー（浅尾道子訳）『東京回想』朝日新聞社、一九七六年、五七頁〕。また"Weekly Okinawa Summary for Week Ended 5 Nov 1971, November 8, 1971," Togo-Sneider Consultations (Reversion), Box 18, History of USCAR, RG 319を参照。

（30）Meyer, *Assignment Tokyo*, 57. また"Weekly Okinawa Summary for Week Ended 12 Nov 1971, November 12, 1971," Togo-Sneider Consultations (Reversion), Box 18, History of the Civil Administration of the Ryukyu Islands, RG 319を参照〔注(29)と同じ〕。

（31）"Weekly Okinawa Summary for Week Ended 22 October 1971, October 22, 1971," Togo-Sneider Consultations (Reversion), Box 18, RG 319.

（32）"Weekly Okinawa Summary for Week Ended 5 Nov 1971." 同日、琉球立法院も、国会での沖縄返還協定の承認を求める決議を可決した。野党はこの審議をボイコットしたが、決議は、沖縄自民党の全員の賛成によって単独採決された。

（33）保利茂『戦後政治の覚書』（毎日新聞社、一九七五年）。

（34）国会での質問〔衆議院沖縄返還協定特別委員会（一九七一年十一月十一日）国会会議録検索システム〕。西銘の詳細については、琉球新報社編『戦後政治を生きて――西銘順治日記』（琉球新報社、一九九八年）。

（35）筆者による福田康夫へのインタビュー（二〇一一年十一月十日、東京）。福田康夫によれば、父赳夫が昭和天皇と緊密な関係にあったことも、彼が外務大臣に選ばれた理由だった。昭和天皇は、福田の外相時代の一九七一年十月、アラスカのアンカレッジ経由でヨーロッパを訪問している。

（36）"Weekly Okinawa Summary for Week Ended 27 November 1971, November 26, 1971," Togo-Sneider Consultations (Reversion), Box 18, History of USCAR, RG 319.

（37）自民党政務調査会外交調査会「尖閣諸島の領有権について」（三月二八日）外務省情報文化局国内広報課「尖閣諸島問題に関する各党の見解と新聞論調について」一九七二年四月二十日『南西諸島帰属問題第六巻』（A'.6.1.1.3, 外務省外交史料館所蔵）。

（38）「自民党見解」。

(39) "JCP Believes Senkaku Islands Belong to Japan," *Japan Times*, March 31, 1972も参照。

(40) "Senkakus Belong to Japan : JSP," *Japan Times*, April 14, 1972. 三月末、石橋正嗣書記長は、尖閣諸島が日本の領土だという自身の考えについて述べている（"JSP Leader Says Senkakus Japanese," *Japan Times*, March 26, 1972）。また一九七二年六月初旬、一九六五年から一九六七年にかけて委員長を務めた佐々木更三は、早くもその月の中旬に訪中を計画し、尖閣問題に関する日中の共同調査を提案しようとしていた。しかし、尖閣諸島が日本の領土だという「公式見解と食い違うおそれがあると、同党執行部内では困惑する空気が強」かった（「近く訪中の佐々木更三氏（社会）「尖閣」共同調査提唱か　党見解否定で内輪もめも」『読売新聞』一九七二年六月九日）。

(41) 「社会、共産が見解　野党も『尖閣諸島は日本の領土』　公明、民社も同様の考え」『日本経済新聞』（一九七二年三月三十一日）。

(42) 外務省情報文化局国内広報課「尖閣諸島に関する各党の見解と新聞論調について」。

(43) 「社説　尖閣列島は日本の領土」『東京新聞』（一九七二年二月二十日）。

(44) 「社説　尖閣諸島の日本領有権は当然」『日本経済新聞』（一九七二年三月五日）。

(45) 楠田實は、自分の経験を、公刊された日記と二冊の回想録に残している。政治記者が日本の首相の側近や秘書になることは、当時、めずらしいことではなかった。この点については、筆者による楠田實へのインタビュー（一九九九年十月一日、二〇〇〇年七月三十一日、東京）を参照。

(46) 「主張　尖閣列島　わが国の領有権は明白」『産経新聞』（一九七二年三月七日）。

(47) 「主張　尖閣列島　わが国の領有権は明白」。

(48) 「社説　尖閣列島の領有権は明確」『毎日新聞』（一九七二年三月九日）。

(49) 「社説　わが国の〝尖閣〟領有権は明確」『読売新聞』（一九七二年三月十日）。

(50) 「社説　我が国の〝尖閣〟領有権は明確」。

(51) 「社説　我が国の〝尖閣〟領有権は明確」。

(52) 筆者による奥原敏雄へのインタビュー（二〇一一年六月二十一日、千葉県流山市）。

(53) 「社説　尖閣列島とわが国の領有権」『朝日新聞』（一九七二年三月二十日）。

(54) 「社説　尖閣列島と我が国の領有権」。

(55) 「社説　対立を越えた尖閣諸島問題」『毎日新聞』（一九七一年四月十四日）、および「社説　尖閣諸島は沖縄の一部」『毎日新聞』（一九七〇年十二月六日）。

(56) 「コラム　尖閣諸島は返還後沖縄経済に大きな影響」『読売新聞』（一九七〇年九月八日）。

(57) 尾崎重義「尖閣諸島の帰属について（上）」『レファレンス』第二五九号（一九七二年八月）四七頁。

(58) "Telegram 3077 from Embassy Tokyo to Secretary of State on Senkakus Dispute, March 27, 1972," Folder : Message Traffic Concerning the Senkaku Islands, 1971-1972, Box 11, Lampert Papers.

(59) 「中国の尖閣列島領有権　国貿促が支持打ち出す」『毎日新聞』（一九七二年三月七日）。

(60) 「尖閣列島は中国のもの　文化人らが声明」『毎日新聞』（一九七二年四月十八日）。

(61) 「尖閣列島は中国のもの」。

(62) 例えば、以下を参照。奥原敏雄「尖閣列島問題と井上清論文」『アジア・レビュー』第一三巻（一九七三年春）八八―九二頁、奥原敏雄「動かぬ尖閣列島の領有権――井上清論文の『歴史的虚構』を暴く」『日本及び日本人』一九七三年春号、六五―七三頁。興味深いことに、日本国際貿易促進協会の理事会のメンバーでもある高橋庄五郎でさえ、中国との良好な関係の重要性を信じつつも、尖閣に関する井上の歴史分析のいくつかには同意していなかった（高橋庄五郎『尖閣列島ノート』青年出版社、一九七九年、第九章、二〇八―二一一頁）。しかし、井上も高橋も、尖閣が日本領ではないという点では、同じ考えであった。

(63) Kiyoshi Inoue, "The Tiaoyu Islands (Senkaku Islands) and Other Islands Are China's Territory," *Peking Review*, No. 19 (May 12, 1972), 18–22.『ペキン・レビュー』の編集者は、この論文は、日本中国文化交流協会（一九五六年設立）による日本語の月刊誌『日中文化交流』に井上が発表したものを、翻訳したものだと紹介している。その上で、「この論文の中で、筆者は、釣魚およびその他の島が中華人民共和国の神聖な領土であることを証明する数多くの歴史的事実を引用している」と記した（Ibid., 18）。なお、日本語版については、井上清「釣魚台列島（尖閣列島）は中国領である」『日中文化交流』第一七七巻（一九七二年）一―八頁を参照。

この論文は、『ペキン・レビュー』に掲載されたのに加え、五月四日には新華通信社によって公刊された。香港のアメリカ総領事館は、翻訳のためのスタッフを多数抱え、中国の出版物の観察・記録を仕事の一部としており、この論文にも注目していた。中国語を使うオズボーンは、中国にとって「日本国内の勢力が、尖閣に対する中国の主張を支持しているのを見つけることは、大変だったことは疑いがない。これまで、このテーマに関する新華社の記事は、日本の大衆の姿勢を説明する際、曖昧ではっきりしなかった。今回の論文によって新華社は、日本人による明確な支持の表明について、初めて特集したのである（ただし、香港の共産党の出版物〈たとえば『明報』〉は以前にもそのことに言及していた）。中国は疑いなく、この論文を最大限に利用しようと考えるだろう」（"Telegram 3073 from American Consul Hong Kong to Secretary of State on PRC-Japan : Senkaku Islands, May 5, 1972," POL 32-6 Senkaku Is, RG 59）。

(64) 同じ頃、経団連副会長の堀越禎三――一九六八年から一九七四年まで同職を務める――は、蔣介石の五期目の総統就任式と、一九五七年に設立された日華協力委員会の第二回常任委員会に出席するために、台湾を訪問する予定であった。彼は台湾に出発する前の記者会見で、「個人的な考え」として、「台湾に尖閣列島の領有権を認めるべきだ」と述べ、その理由をいくつか挙げた。しかし同時に、「政府部内や財界にもいまのところ同調者はいない」と認めた（「尖閣は台湾領に　石油買えば出超解消」堀越経団連副会長語る」『毎日新聞』一九七二年五月二十日）。ちなみに、佐藤首相の実兄である岸信介元首相も、台湾での会議に出席する予定だった（「尖閣列島を共同開発　日華協力委　日本が申し入れへ」『毎日新聞』一九七二年五月十七日）。

(65) Telegram 3192 from Embassy Taipei to State Department on Japanese Position on Senkakus, June 30, 1971," POL 32-6 Senkaku Is, RG 59.

(66) "Telegram 3192."

(67) "Telegram 3192."

(68) "Telegram 3192."

(69) 実際の会談は、七月十三日に行われた。中国課の課長補佐の渡辺幸治が〔米国側に〕提供した情報によれば、尖閣問題はこの会談では取り上げられなかった（"Telegram 6880 from Embassy Tokyo to State Department on Senkakus, July 15, 1971," POL 32-6 Senkaku Is, RG 59）。

(70) "Telegram 3069 from Embassy Taipei to State Department on Chang Chun Visit to Tokyo, June 23, 1971," POL 32-6 Senkaku Is, RG 59.

(71) "Memorandum from Robert I. Starr to Thomas P. Shoesmith on the Senkakus Dispute, July 19, 1971," POL 32-6 Senkaku Is, RG 59.

(72) "Telegram 3388"（"Memorandum from Starr to Shoesmith" に所収）。

(73) "Telegram 3388"（"Memorandum from Starr to Shoesmith" に所収）。

(74) "Telegram 132116 from State Department to Embassy Taipei on U.S. Approach to GOJ re Senkakus, July 21, 1971," POL 32-6 Senkaku Is, RG 59.

(75) "Telegram 0629 from Embassy Taipei to State Department on Renewal GRC Request that U.S. Retain Administration of Senkakus, February 8, 1972," POL 32-6 Senkaku Is, RG 59.

(76) "Telegram 0629."

（77）"Telegram 0629."
（78）"Telegram 0629."
（79）"Telegram 0629."
（80）"Telegram 0629."
（81）"Telegram 0629."
（82）Telegram from HICOMRY to Embassy Taipei on Senkaku Islands, February 16, 1972," Folder 4, Box 20, History of USCAR, RG 319; "Telegram 0826 from Embassy Taipei to American Consular Unit Naha, February 19, 1972," Folder 4, Box 20, History of USCAR, RG 319.
（83）"Telegram from HICOMRY to Embassy Taipei on Senkaku Islands, February 16, 1972."
（84）"Telegram from HICOMRY to Embassy Taipei on Senkaku Islands, February 16, 1972."
（85）"Telegram 1716 from Embassy Tokyo to State Department, February 18, 1972," Folder 4, Box 20, History of USCAR, RG 319.
（86）"Japan Protests Taiwan's Decision to Incorporate Senkakus," *Kyodo*, February 18, 1972.
（87）"Telegram from HICOM Okinawa RYIS to State Department on Senkakus, February 19, 1972," Folder 4, Box 20, RG 319.
（88）"Telegram from HICOM Okinawa RYIS to State Department, February 19, 1972."
（89）"Telegram 0826."
（90）"Telegram 0826."
（91）"Telegram 0826."
（92）"Telegram 0826."
（93）"Telegram 0826."
（94）"Telegram 1716 from Embassy Tokyo to Secretary of State, April 18, 1972," Folder 4, Box 20, History of USCAR, RG 319.
（95）"Telegram 1716."
（96）"Telegram 1716."
（97）"Telegram 1716."
（98）野呂恭一『赤坂九丁目七番地――防衛政務次官のメモ』（永田書房、一九七二年）一三七頁。
（99）野呂『赤坂九丁目七番地』一三七頁。
（100）"Telegram from HICOM Okinawa RYIS/HCRI to DA//DUSA (IA), DAMO-IAR, DAIO// on JDA Vice Minister Requests Senkaku Overflight, March 15, 1972," Folder : Message Traffic Concerning the Senkaku Islands, 1971-1972, Box 11, Lampert Papers. これは、会談に同席していたノールズによって起草された（筆者によるノールズへのインタビュー、二〇〇一年三月二十六日、ヴァージニア州アレクサンドリア）。
（101）"Telegram from HICOM Okinawa RYIS/HCRI to DA//DUSA (IA), DAMO-IAR, DAIO// on JDA Vice Minister Requests Senkaku Overflight, March 15, 1972."
（102）Telegram from HICOM Okinawa RYIS/HCRI to DA//DUSA (IA), DAMO-IAR, DAIO// on JDA Vice Minister Requests Senkaku Overflight, March 15, 1972."
（103）"Telegram from HICOM Okinawa RYIS/HCRI to DA//DUSA (IA), DAMO-IAR, DAIO// on JDA Vice Minister Requests Senkaku Overflight, March 15, 1972." Also see "Telegram from HICOM Okinawa RYIS/HCRI to DA//DUSA (IA), DAMO-IAR, DAIO// on Senkaku Overflight by Japanese Parliamentary Vice Minister Noro, March 245, 1972," Folder 4, Box 20, History of USCAR, RG 319.
（104）野呂『赤坂九丁目七番地』一三六―一三七頁。
（105）"Telegram 1506 from Embassy Taipei to State Department on Tension over Senkakus Question : Conversation of FonMin with Ambassador, March 24, 1972," POL 32-6 Senkaku Is, RG 59.
（106）"Telegram 1506."
（107）"Telegram 1506."
（108）"Telegram 1506."
（109）"Taipei Plots Move on Senkaku Issue," *Japan Times*, February 4, 1971.

(110) "Telegram 1506."

(111) "Telegram from HICOMRY to Embassy Taipei on Senkakus, April 18, 1972," Folder 4, Box 20, History of USCAR, RG 319.

(112) "Taiwan Boats Told to Leave Senkakus," *Japan Times*, April 15, 1972.

(113) "Telegram 1921 from Embassy Taipei to HICOMRY on Japanese SC Letter on Senkakus, April 19, 1972," POL 19 Ryu Is, RG 59.

(114) "Peking Raps Japan on Senkaku Issue," *Japan Times*, June 11, 1971.

(115) "Peking Raps Japan on Senkaku Issue."

(116) "Telegram 4741 from Hong Kong Consulate to State Department on State Department on PRC Asserts Claim to Separately and Paracel Islands, July 17, 1971," POL 32-6 Senkaku Is, RG 59.

(117) "Telegram 7965 from Hong Kong Consulate to State Department on Senkaku Islands in PRC-Japan Relations, November 29, 1971," Folder 4, Box 20, History of USCAR, RG 319.

(118) "Statements by Sato, Fukuda Hit by China ; 'Bid' to Occupy Taiwan," *Japan Times*, November 7, 1971.

(119) "Telegram 7965," and "Yokohama Mayor Says Senkakus 'Vital Issue'," *Japan Times*, November 25, 1971.

(120) 「尖閣諸島問題は回避できない　外交関係回復の条件　中国から帰国した飛鳥田の発言」『読売新聞』（一九七一年十一月二十四日）。

(121) "Telegram 7965." またアメリカ大使館は、次のように報告している。飛鳥田の発言は、尖閣についての中国の立場に柔軟さがあるかどうかを知るには、「あまりにも分かりづらい」が、日本の外務省は、中国は「ここ数週間［…中略…］、尖閣の領有権に関する明確な発表を控えてきた」と考えている（"Telegram 11734 from Embassy Tokyo to State Department on Senkaku Islands Question in PRC-Japan Relations, November 24, 1971," Folder ; POL 32-6 Senkaku Is, RG 59）。

(122) "Foreign Ministry Statement on Tiaoyu, Other Islands," New China News Agency, December 30, 1971.

(123) "Telegram 031754Z from US Mission US UN NY to State Department on PRC Attack on US at Seabeds Committee, March 3, 1972," Folder : Senkaku Retto (Senkaku Shosho) (Tia Yu Tai), （沖縄県公文書館所蔵）。

(124) "Telegram 031754Z."

(125) "Japan Repeats Claim Over Senkaku Islands," *Japan Times*, March 5, 1972.

(126) Richard M. Nixon, *The Memoirs of Richard M. Nixon* (New York : Grosset and Dunlap, 1978).

(127) Henry Kissinger, *White House Years* (Boston : Little, Brown, and Company. 1979), 321, 324〔ヘンリー・キッシンジャー（桃井眞監修・斎藤彌三郎・小林正文・大朏人一・鈴木康雄訳）『キッシンジャー秘録 第三巻 激動のインドシナ』小学館、一九八〇年、二二頁、二四頁〕.

(128) Kissinger, *White House Years*, 324〔キッシンジャー『キッシンジャー秘録 第三巻』二四頁〕.

(129) "Minutes of the Secretary of State's Staff Meeting, Washington, January 31, 1974, 3:08 p. m.," Transcripts of Secretary of State Kissinger's Staff Meetings, 1973-1977, E5177, Box 2, RG 59, National Archives, College Park (*Foreign Relations of the United States, 1969-1976, Volume E-12, Documents on East and Southeast Asia, 1973-1976*, Document 327 に所収). この段落での引用はすべて、この文書からのものである。なお、ハメルは、中国で生まれた後北京で就学・就労し、真珠湾攻撃の後には日本によって抑留されたが脱出し、終戦まで中国国民党軍に参加した。その後、ハメルは一九五〇年代から国務省で勤務しており、一九八一年から一九八五年までは駐中大使を務め、その間、台湾との武器協定について交渉した。

(130) 尖閣問題についてハメルがキッシンジャーに異議を唱えたのは、このエピソードが最初ではなかった。ハメルは、オーラルヒストリーの中で、キッシンジャーとの仕事について次のように語っている。「私は、たとえ彼からひどい扱いを受けたときでも、彼を好きでいるということを学びました。［…中略…］ヘンリーは、時々、何かの問題で怒り狂うことがありました。［…中略…］だから、いつも予断を許さない状況にありました。私は、ヘンリーが今では、私が彼に口答えした唯一の人間だということを隠そうとしていることに気づいています。キッシンジャーが、北京にいた［駐中大使の］私のところを訪問したとき、彼がこのこと［ハメルが口答えしたこと］を私や大使館のスタッフに話していてもおかしくはなかった。彼はそうしませんでした。彼は、私が意地悪であったと言うでしょうが、もちろんそんなことはありません。しかし、［…中略…］彼のオフィスでわれわれ二人が一緒にいたときのことは、真実です。私は、彼がしようとしたことに反対したし、彼に怒鳴り返しました。私はこう言ったと思います。ヘンリー、もしあなたが私にそうしてほしければ、私はそうする。しかし、聞いてほしい。頼むから聞いてくれ。そしてその上で、最終的な決定をすればいい。確かに私はこのように言いました。しかし、第三者がいる場合はそうしませんでした」（"Oral History Interview with Ambassador Arthur W. Hummel, Jr., April 13, 1994," Foreign Affairs Oral History Project, Association for Diplomatic Studies and Training）。

　興味深いことに、キッシンジャーは、二〇一二年十月初旬の戦略国際問題研究所のラウンドテーブル・ディスカッションで、尖閣返還におけるアメリカの役割についてきわめて曖昧な態度を示した（"Kissinger Cites Deng Deal," *Japan Times*, October 5, 2012）。彼はその前年、自分の文書を寄贈する際の演説では、「すべての主要な決定は、五一対四九だ。［その選択肢を選ぶには、］精神力と知力が必要だ」と語っていた（Zoe Gorman, "Kissinger Visits Yale to Donate Papers," *Yale Daily News*, August 31, 2011）。残念ながら、キッシンジャーは、尖閣問題が「五一対四九」の問題ではなく、「九九対一」の状況だったときにも、上記の考え方にもとづいて尖閣問題に取り組んでいたようである。

　レーガン（Ronald W. Reagan）大統領の息子は、父についての伝記の中で、一九七〇年代およびベルリンの壁崩壊の直前の時期における、ソ連問題についてのキッシンジャーの事実誤認や道徳的指針の欠如をとくに批判している。ベルリンの壁崩壊の直前、キッシンジャーは、ブッシュ（George H. W. Bush）大統領とベーカー（James A. Baker, III）国務長官に、東ヨーロッパに関してソ連と暫定協定を結ぶことを提案した。「賞賛に値することに、レーガンとブッシュは、キッシンジャーの申し出を断った。もし彼らがキッシンジャーの計画を採用していれば、ベルリンの壁は今日も残っていたかもしれない」（Michael Reagan, *The New Reagan Revolution : How Ronald Reagan's Principles Can Restore America's Greatness*, New York : St. Martin's Press, 2010, 42）。同じことは、尖閣についてもあてはまる。彼が日本を明確に支持しようとしなかった結果、日本、台湾、中国の間の領土問題は、今日まで継続し、東アジア地域での緊張を高めているのである。

(131) William Burr, *The Kissinger Transcripts : The Top-Secret Talks with Beijing and Moscow* (New York : The New Press, 1998), 265.

(132) キッシンジャーは、中国や、中国の指導者たちとの関係に関心を抱いていた。そして米中和解という外交的「偉業」のイメージを残し続けたいと考えていた。このことは、台湾と日本という二つの代償を伴っただけではなく、東アジア地域のバランス・オブ・パワーに関するキッシンジャーのその後の見方にも影響を与えた。一九九六年三月に中台間および米中間で緊張が高まった後の彼の論説は、疑いなく日本政府関係者たちの関心を引いた。その論説の中で、キッシンジャーは、「たとえ日本との同盟がアメリカの外交政策の主要な要素であり続けるとしても、アメリカの日本との関係は、中国の懸念の源であり続ける」と書いている（Henry Kissinger, "Let's Cooperate with China," *Washington Post*, July 6, 1997）。

(133) "Peking, in Attack on Sato, Says Japan Covets Taiwan," *New York Times*, March 4, 1972.

(134) 海洋法というより広い文脈から見た、この委員会の活動については、John R. Stevenson and Bernard H. Oxman, "The Preparations for the Law of the Sea Conference," *The American Journal of International Law*, Vol. 68, No. 1 (January 1974), 1-32 を参照。ちなみに、ハーツは一九五七年から一九五九年まで、一等書記官として東京のアメリカ大使館で勤務し

たことがある。

(135) "Telegram 833 from US Mission US UN New York to State Department on LOS, Japanese Concern regarding US Reply to PRC Intervention in Seabed Committee on 3 March, March 8, 1972," Folder 4, Box 20, History of USCAR, RG 319.

(136) "Telegram 833." なお、井口は、一九五四年から一九五六年に駐米大使を務めた、井口貞夫の息子である。

(137) Telegram 907 from US Mission US UN New York to State Department on LOS, Senkaku Islands," POL 32-6 Senkaku Is, RG 59. なお、フィリップスは、かつて陸軍大尉、新聞記者、銀行の副頭取、商工会議所の幹部を務めた経験があり、その後外交官になった。

(138) "Telegram 907."

(139) Telegram 907." 井口はその後、この国務省の「緊急のプレス・ガイダンス（"contingency guidance"）」の残り部分の提示を求めた。これに対し、フィリップスは、国務省と相談した後に、「プレス・ガイダンス——海底委員会での中国の主張（質問された場合）」を井口に提示した。ここには次のようにある。

「質問：国連海底委員会で中国代表が行った非難に対するアメリカ政府の対応は？　回答：アメリカ代表のジョン・スティーブンソンがそのときに回答し、侵略と帝国主義に関する非難を拒絶するとともに、委員会の業務の重要性を理由に、アメリカは論争を回避するつもりであると強調した。スティーブンソン氏が指摘したように、アメリカの発言記録（the U.S. record）は、他国の利益を知ろうとする際にも、われわれの利益と他国の利益を調和させる際にも、有益である。アメリカは一貫して、唯一の解決策は国際的に合意された行動であり、単独行動はもっての他である、と強調してきた。この地域の資源開発の問題については、われわれは、黄海、東シナ海、台湾海峡の大陸棚の大部分を占める資源の領有権は、中華民国、大韓民国、そして日本の間で複雑な論争になっている、と言明してきた。中華人民共和国も、この大陸棚の大部分（詳細に規定されているわけではない）に対する領有権を主張しており、北朝鮮も、領有権を有していると考えている可能性がある。アメリカ政府は、直接的にかかわっていないため、これらの主張についていかなる立場もとることはできない。われわれは、〔各政府の〕主張が重なって複雑な状況になっていることを認識してはいるが、それらの妥当性についてはいかなる立場もとらない。主張が対立していることに鑑み、国務省は関係する企業に対し、当該地域での操業の危険性を勧告するとともに、アメリカ人の生命や財産が危険にさらされたり、この地域に緊張を生み出したりするかもしれない、いかなる事件も回避することをアメリカ政府は望んでいると伝えてきた。また、われわれはこれらの企業に対し、現状では、これらの紛争地域（disputed areas）で操業することは得策ではないと勧告してきた」。

(140) 「尖閣列島は日本領土　一両日中に国連へ書簡」『読売新聞』（一九七二年五月二十九日）。

(141) "Telegram 2187 from Hong Kong Consulate to State Department on PRC-Japan: Senkaku Dispute, March 31, 1972," Folder 4, Box 20, History of USCAR, RG 319. "Sato Government Fabricates Basis to Annex Tiaoyu Islands," *NCNA International Service*, March 30, 1972.

(142) "Telegram 2187."

(143) "Telegram 2453 from Embassy Tokyo to State Department on Senkaku Islands, March 9, 1972," Folder 4, Box 20, History of USCAR, RG 319.

(144) "Telegram 2453."

(145) 国場と彼の考えについては、国場幸昌『世替りの歳時記——国政参加から十二年』（ダイヤモンド社、一九八三年）を参照。

(146) 国会での福田の答弁は、国会会議録検索システム<http://kokkai.ndl.go.jp/>（二〇一二年九月閲覧）で見ることができる。

(147) 第二条のb項は、「日本国は、台湾及び澎湖諸島に対するすべての権利、権原及び請求権を放棄する」と記されている。

(148) "Telegram 3001 from Embassy Tokyo to State Department on Senkakus," POL 32-6 Senkaku Is, RG 59.

(149) 奥原敏雄「尖閣列島の領有権」柏谷進編『現代の法律問題――時の法を探る』（法学書院、一九七九年）二三八―二三九頁。

(150) 奥原「尖閣列島の領有権」二三八頁。

(151) "Expert Sent to U.S. for Senkakus Data," *Japan Times*, April 22, 1972 を参照。

(152) 奥原「尖閣列島の領有権」二三八頁。

(153) 奥原「尖閣列島の領有権」二三八頁。

(154) "China 1950 Paper Says Senkakus are Japan's," *Japan Times*, December 29, 2012.

(155) 奥原「尖閣列島の領有権」二三九頁。

(156) 外務省情報文化局国内広報課編『尖閣諸島について』（外務省、一九七二年）。

(157) 数十年後、日本政府は、外務省のウェブサイトに英語やフランス語の情報をより多く掲載することで（<http://www.mofa.go.jp/region/asia-paci/senkaku/senkaku.html>二〇一二年九月閲覧）、このような状況を前進させた。しかし、日本は、中国の購買力や影響力が高まり、このことが事実とは無関係に、尖閣問題に対する一般的な見方に影響することをかなり懸念しているようである（"Senkaku Islands Dispute With China Playing Out as a PR Battle," *Japan Times*, October 9, 2012 ; "China Outdoing Japan in Swaying Global Opinion," *Daily Yomiuri*, October 9, 2012）。また、Joshua Kurlantzick, *Charm Offensive : How China's Soft Power is Transforming the World* (New Haven : Yale University Press, 2008) も参照。

(158) 佐藤栄作『佐藤栄作日記 第五巻』六三―六四頁、一九七二年三月十五日の項。この式典は、約三〇分の短いものだった。沖縄の泡盛で祝いながら、佐藤は、日記に「沖縄返還もあと二カ月」とだけ記している。

(159) "Foreign Minister Fukuda on Claims to Islands," *Kyodo News*, March 21, 1972. また、「アメリカ政府の証言を求める　尖閣諸島について外相」『朝日新聞』（一九七二年三月二十一日夕刊）も参照。福田は、そのような発言は、アメリカが、核兵器の撤去についての保証を与えたのと同じときになされたことを示唆した。これが核兵器撤去の問題のために、すでに準備されていた公式の発言として言及されたのか、あるいはこれが、一九六九年十一月に作成された密約にもとづいて核兵器を再び持ち込むためには、尖閣について日本と連携するべきだとアメリカに示唆したものだったのかは、明らかではない。

(160) "Telegram 051240 from State Department to Tokyo Embassy on Senkakus Dispute, March 25, 1972," POL 32-6 Senkaku Is, RG 59.

(161) "The Senkaku Islands, June 1972," and "Issues and Talking Points, August 1972."

(162) マイヤーは、三月二十七日に東京を離れた。彼の次の赴任地は決まっていなかったが、この年の秋に、テロ対策内閣委員会――国際テロリズムに対処するために九月二十五日に新設された省庁間機構――の議長を補佐するよう、マイヤーは、ロジャーズ国務長官から命じられた。中東専門家として、マイヤーは、国務長官特別補佐官およびテロ対策調整官となった。このことについては、Armin H. Meyer, *Quiet Diplomacy : from Cairo to Tokyo in the Twilight of Imperialism*, (New York : iUniverse, 2003) を参照。

(163) "Telegram 2882 from Embassy Tokyo to State Department on Sato and Senkakus, March 22, 1972," Folder 4, Box 20, History of USCAR, RG 319.

(164) "Telegram 2882."

(165) "Telegram 2882." 佐藤の日記には、マイヤーとの会談のことが記述されてはいるが、詳細には書かれていない。この点については、佐藤栄作『佐藤栄作日記 第五巻』六八頁、一九七二年三月二十一日の項を参照。

(166) 「米の〝逃げ腰〟に不満　尖閣列島問題で外相答弁」『東京新聞』（一九七二年三月二十三日）。これらのコメントは、二十二日午前に開催された衆議院予算委員会第二分科会における福田の発言――これは、アメリカ政府が日本政府の立場を支持するようにしたいという外務省の願望と矛盾している――を説明するのに有益である。同委員会において、社会党の楢崎弥之助が尖閣問題についてのアメリカの見方に関する質問を提示したのに対し、福田は、アメリカの「中立」の立場に苛立っているようだったが、尖閣は明らかに日本の領土であるので、アメリカ政府にその考えを尋ねる必要はないと述べていた（「『尖閣』あくまで日本領　米の意見求める必要なし」『毎日新聞』一九七二年三月二十二日）。

(167) 「米の態度あいまい　尖閣問題で外相が非難」『日本経済新聞』（一九七一年三月二十三日）。"U.S. View on Islets Attacked by Japan," *New York Times*, March 23, 1972 ; "Senkaku Islands," *Washington Post*, March 23, 1972. また、"This Week's News," *Far Eastern Economic Review*, April 1, 1972 も参照。これらの『ニューヨーク・タイムズ』や『ワシントン・ポスト』の記事を踏まえて、アメリカ政府当局者は、おそらく広報用の説明資料として使用するために、アメリカの立場に関する一段落からなる声明を準備した。「琉球列島米国民政府は、現在、尖閣諸島の島嶼群を、アメリカの施政下の〔地域の〕一部として統治している。沖縄返還協定は、尖閣の施政権が、その他の琉球の施政権とともに、日本に返還されることを明確にしている。アメリカ合衆国は、尖閣の領有権について日本と中国人との間に対立が存在することを認識している。しかしアメリカ合衆国は、これら諸島の施政権を日本に返還することは、いかなる場合でも、中華民国の領有権の主張を損なわないと考えている。アメリカ合衆国は、これら諸島の施政権が合衆国に移行されるより前に日本が保有していた法的権利に、何かを付け加えることはできないし、受け取っていたものを返すことで、中華民国や中華人民共和国の権利を消去することもできない。アメリカ合衆国は、尖閣への領有権についての対立する主張に関して、いかなる立場もとってこなかった」（"USG Position, undated," in Folder : Senkaku Islands Dispute Press Coverage, 1972-1981〈沖縄県公文書館所蔵〉）。

(168) "Telegram 3000 from Embassy Tokyo to State Department on Senkakus, March 23, 1972," POL 32-6 Senkaku Is, RG 59.

(169) "Telegram 3000." なお、筆者は、福田の息子であり、首相を務めたこともある福田康夫に、彼の父の尖閣問題への姿勢についてインタビューを行った。驚くべきことに福田康夫は、当時、父が強い声明を行っていたことを知らなかった（筆者による福田康夫へのインタビュー、二〇一一年十一月十日、東京）。

(170) キッシンジャーの副官で、少将に昇進したヘイグ（Alexander M. Haig, Jr.）は、三月二十八日、ニクソン大統領の報道官のゼイグラー（Ron Zeigler）とともに、キッシンジャーの非公式の訪日が四月十五日から十八日にかけて予定されていることを、三月二十九日水曜日の午後のプレス・ブリーフィングで公式に発表するため、国務省に知らせた。しかし、結局、キッシンジャーの訪日は、六月中旬に延期された（"Memorandum from Alexander M. Haig, Jr., to Theodore L. Eliot, Jr., on Dr. Kissinger's Unofficial Visit to Japan, March 28, 1972," Kissinger Office Files, Nixon Presidential Files）。

(171) Zbigniew Brzezinski, *The Fragile Blossom : Crisis and Change in Japan* (New York : Harper and Row, 1972)〔ズビグネフ・ブレジンスキー（大朏人一訳）『ひよわな花・日本——日本大国論批判』（サイマル出版会、一九七二年）〕。筆者が行ったインタビューの中で、ブレジンスキーは、当時、彼がニクソン政権による尖閣問題や沖縄返還の処理をどのように評価していたか、思い出せなかった。しかし、尖閣についての議論をキッシンジャーへの書簡に含めたことについて、彼は次のように説明した。「彼への書簡の中で私が表明した考えの情報源は、基本的に、一九七一年から一九七二年の長期滞在の中で出会った多くの人々からのものです。この滞在中、私は多くの日本政府関係者と会い、その書簡が示すように、彼らの不安感に印象を受けました。さらに、彼らのうちの何人か（たとえば中曽根）は、非常に率直だった。そのため、私は当時、彼らの不安をいくらか和らげてもらいたいとの希望を持って、キッシンジャーに自分の印象を共有してもらおうとしたのです」（筆者によるブレジンスキーへのEメールでのインタビュー、二〇一二年四月五日、ワシントン。インタビューの手配をしてくれた、ブレジンスキー博士のアシスタントであるリード〈Diane Reed〉に感謝する)。

尖閣について、ブレジンスキーは未来を予見する形で、『ひよわな花』に次のように書いている。「こうして、日本は近い将来にきわめて難しい選択に直面せざるをえまい。ことに台湾問題はやっかいなことになりそうである。多数の日本のリーダーたちは、経済関係や台北指導部との個人的結びつきを通じ、あるいは台湾への民族的同情から、台湾と密接な関係をもっている。事実、台湾の民族主義運動は、ひそかに日本の支持をうけてきた。台湾人の台湾がつくり上げられて、これが徐々に日本の保護領化し、日本経済圏に組み入れられるのをひそかに望んでいる日本人は少なくないのではあるまいか。ことに、国府が領有権を主張する尖閣列島付近で石油が発見されたことは、台湾独立の重要性をいっそう高めることになった。なぜなら、中国が統一を実現した暁には、同列島に対する領有権をいっそう強力に主張できるようになるからだ。このように、台湾問題にはつよい感情的要素と高度の利害関係がからんでおり、そういった事情は北京との関係改善を望む日本の態度に今後とも複雑な影響を与え続けるだろう」(*The Fragile Blossom*, 87〔『ひよわな花』一一九―一二〇頁〕参照)。

佐藤首相は、一九七二年一月にサイマルから『ひよわな花』として出版されたブレジンスキーの本の翻訳を読んだ。彼は、その日、国会に行く必要がなかったので、読み始めた三月四日には、約七〇頁を読み進めている。佐藤は、「この中に衝撃的予言があると云ふ」と、日記に書いている(『佐藤栄作日記　第五巻』五七頁、一九七二年三月四日の項)。

(172) "Letter from Zbigniew Brzezinski to Dr. Henry Kissinger, April 11, 1972," Kissinger Office Files, Nixon Presidential Files. ブレジンスキーがこの書簡をまとめる前日、たまたま、彼の名前がキッシンジャーのスタッフの間で取り上げられていた。二五歳の若さでキッシンジャーのスタッフに抜擢されたロッドマン(Peter W. Rodman)は、訪日延期の決定を批判したメモを、キッシンジャーに宛てた。そこには次のようにある。「明確な緊急の理由なしにキャンセルすることは、日本人を侮辱し、[我々がベトナムに気を取られていることを]証明するだけである」。さらに彼は、「われわれは、この理由のために国内で攻撃されるだろう」と指摘した上で、以下のように書いている。「ジョージ・ボールも、ズグニュー・ブレジンスキーも、ウィリアム・バンディも、モートン・ハルペリンも、七月十五日以来、ニクソン政権が日本という同盟国を誤った方法で扱っていると批判することで、この世界で身を立てているようだ。外交官たちは、このわれわれの外交政策上の苦境を利用しようとしている。私がこの点を指摘するのは、リベラルのくだらない議論を鵜呑みにしたからではなく、あなたから同盟国を大事に扱うことの重要性を学んだからである」。この点については、"Memorandum from Peter W. Rodman to Henry A. Kissinger on Canceling the Japan Trip, April 10, 1972," Kissinger Office Files, Nixon Presidential Files を参照。ＮＳＣの企画委員会のスタッフを務めていたロード(Winston Lord)は、このメモの角に「同意――ＷＬ」と記している。

(173) "Memorandum from Mike Armacost to Winston Lord, May 3, 1972, with attachment, 'Japan Adjusts to an Era of Multipolarity in Asia, April 21, 1972,'" Kissinger Office Files, Nixon Presidential Files. このメモがキッシンジャーと共有されたかどうかは、明らかではない(筆者によるアマコスト博士へのＥメールでのインタビュー、二〇一二年三月十九日、スタンフォード、カリフォルニア州)。しかし、ロードはキッシンジャーのために、発言要領のバインダーを準備していた。ロードが日本専門家ではなく、アマコストの方が幾分か日本に詳しかったことに鑑みると、このバインダーの中に、アマコストの考えが含まれていたかもしれない。これに先立ち、北東アジアを担当していたＮＳＣスタッフのホルドリッジ(John H. Holdridge)――外交官出身の中国専門家で、一九六九年七月初めにスナイダーの後を引き継いだ――は、ＣＩＡにバックグラウンドペーパーを準備させることもできるが、「あなたのスタッフには日本についての専門知識がないという批判を避けるため、国務省にいくつかのペーパーの作成に協力させる」ことの許可を求めた。ただし次のように補足している。「もちろん、あなたの発言要領に、国務省からの助言がすべて含まれるわけではない」（"Memorandum from John H. Holdridge for Mr. Kissinger, March 29, 1972," Kissinger Office Files, Nixon Presidential Files）。ホルドリッジについては、John H. Holdridge, *Crossing the Divide: An Insider's Account of the Normalization of U.S.-China Relations* (New York: Rowman and Littlefield, 1997) および、"Interview with John H. Holdridge, December 14, 1989," Association for Diplomatic Studies and Training Foreign Affairs Oral History Projectを参照。ホルドリッジがリストアップした話題のひとつが、尖閣諸島だった。結局、国務省は、「日ソ関係」と「日本の対中国政策」という二つの文書だけしか依頼されなかったようである（"Memorandum from Department of State Secretariat Staff to NSC Secretariat on Briefing Papers for Mr. Kissinger's Trip to Japan, April 6, 1972," Kissinger Office Files, Nixon Presidential Files）。いずれにしても、六月のキッシンジャー訪日のために、「尖閣諸島」と題する背景説明と発言要領が、NSCによって準備されたのであった。

（174）"Japan Adjusts to an Era of Multipolarity in Asia, April 21, 1972."

（175）"Japan Adjusts to an Era of Multipolarity in Asia, April 21, 1972."

（176）"Japan Adjusts to an Era of Multipolarity in Asia, April 21, 1972."

（177）"Japan Adjusts to an Era of Multipolarity in Asia, April 21, 1972."

（178）"Telegram 3000."

（179）"Telegram 3000."

（180）Telegram 3001 from Embassy Tokyo to Secretary of State on Senkakus, March 23, 1972," Folder: Senkaku Islands Dispute Press Coverage, 1972-1981（沖縄県公文書館所蔵）.

（181）"Telegram 3000."

（182）"Sato, Fukuda on U.S. Attitude to Senkakus," *Kyodo News*, March 23, 1972.「米に不満表明　尖閣諸島帰属で　佐藤首相」『毎日新聞』（一九七二年三月二十四日）。

（183）"Telegram 051240."

（184）"Telegram 051240." 日本がこの立場を維持していることは批判されており、日本が尖閣問題を国際司法裁判所に持ち込めなくなっているという主張の論拠のひとつになってきた。元外交官で、第4章に登場した東郷文彦の息子であり、領土問題に関する著作のある東郷和彦は、この立場を変更するよう日本政府に求めている（山田孝男「風知草　戦略的譲歩を探る」『毎日新聞』二〇一二年十月一日）。その後、日本政府がまさにそれを検討していることが報道されている（"Japan May 'Acknowledge' China's Claim to Islets to Calm Tension," *Japan Times*, October 10, 2012）。

（185）"Telegram 051240."

（186）"Telegram 051240."

（187）"Telegram 051240."

（188）"Telegram 051240."

（189）"Envoy Visits Green for Senkaku Talks," *Japan Times*, March 26, 1972.

（190）"Telegram 272106Z from Secretary of State to Embassy Tokyo on Senkakus Dispute, March 27, 1972," Folder 4, Box 20, History of USCAR, RG 319.

（191）"Telegram 272106Z."「一九七二年三月二十五日現在の」プレス・ガイダンスには、次のようにある。「質問：尖閣諸島の地位についてのアメリカの立場は、どのようになっていますか？　尖閣は、日本領か、琉球の一部か、中国に属しているか、それともこれら以外でしょうか？　回答：アメリカは一貫して、この地域をめぐる領有権の主張が対立する状況が生じた場合、それぞれの主張は、アメリカの琉球統治以前にさかのぼった上で、当事国によって解決されるべきだという立場を維持しています。現在、この背景となっているのは、対日講和条約第三条の下で、アメリカが、北緯二九度以南の琉球を含む南西諸島——発音に関してはご海容ください——の施政権を獲得したということです。『南西諸島』という文言には、第二次世界大戦の終了時に日本の施政権下にあった尖閣諸島が含まれると理解されていますが、講和条約の中では、とくにそれ以上尖閣に言及していません。沖縄返還協定にもとづき、アメリカは一九七二年五月十五日に、対日講和条約にもとづいて獲得した南西諸島の施政権を日本に返還することになっています。アメリカは、この島嶼を完全に統治しており、返還までそうし続けます。質問：アメリカは、尖閣諸島を日本に返還した後も、アメリカ海軍の射爆訓練区域を維持するつもりですか？　回答：これらの射爆訓練区域は、沖縄返還協定の中で計画されているように、アメリカが返還後も保持する区域の表の中に含まれています。われわれは、これらの射爆場についての計画は、前述したような尖閣問題についてのわれわれの基本的な立場にまったく影響を与えないと感じています」（"Press Guidance as of 3/25/72," Folder : Senkaku Islands Dispute Press Coverage, 1972-1981〈沖縄県公文書館所蔵〉）。

(192)「米は介入せず　尖閣問題で報道官が再言明」『毎日新聞』（一九七二年三月二十五日夕刊）。報道にもとづけば、これは、上述した外務省と国務省の間の二回の協議（三月十七日と二十三日）の内容に言及していたのかもしれない。ＮＳＣのホルドリッジが準備した説明資料は、次のように論じている。すなわち、外務省当局者は国務省に対し、アメリカ政府によって「とられている中立という公式的立場に、不満であること」を伝えた。そして、黄尾嶼と赤尾嶼の射爆場を保持したいというアメリカの要望と、「この公式的立場は、少なくとも日本人の目には、一貫していないと映っている」と指摘した。ホルドリッジの説明資料には、日本は「なぜアメリカがこの問題にかかわらないようにしなければならないと感じているかを理解している」が、「将来のいかなる声明においても、日本の立場を損ねたり、アメリカに対する日本の世論に影響を与えたりするような文言や言い回しを使用しないよう要請した」と記されている（"The Senkaku Islands, undated 〈Spring 1972〉," Kissinger Office Files, Nixon Presidential Files）。

(193)「米は介入せず　尖閣問題で報道官が再言明」。

(194)参議院外務委員会（一九七二年三月二三日）、国会会議録検索システム<http://kokkai.ndl.go.jp/>。

(195)"Telegram 3077."

(196)"Telegram 3124 from Embassy Tokyo to State Department on Senkakus Dispute, March 27, 1972," POL 32-6 Senkaku Is, RG 59.

(197)"Telegram 3124."

(198)"Telegram 3124."

(199)"Telegram 3124."

(200)"Telegram 3077."

(201)"Telegram 053707 from State Department to Embassy Taipei on Senkakus Dispute, March 29, 1972," POL 32-6 Senkaku Is, RG 59.

(202)久保卓也防衛庁防衛局長とカーティス・アメリカ駐日大使館主席軍事代表（海軍中将）によって調印された、この協定の詳細については、山口昭和「ブリーフィング・メモ――沖縄返還に伴う局地防衛責務について」『防衛研究所ニュース』第一五一号（二〇一一年二月）一―六頁を参照。

(203)一九七二年四月中旬の記事によれば、一八機のＦ１０４Ｊが、スクランブルに使用されることになっていた（「尖閣列島含める『防空識別圏』で防衛庁表明」『毎日新聞』一九七二年四月十二日夕刊）。

(204)たとえば、『朝日新聞』（一九七一年六月二十一日夕刊）は、防空識別圏の「拡大」について報道している。しかし、その方位や範囲については、とくに言及されなかった。『朝日新聞』によれば、尖閣を防空識別圏に加えるのが当然だという意見が、航空幕僚監部を中心に防衛庁には強かった。しかし、防空識別圏についての議論が「紛争の火に油を注ぐ」ことを恐れて、慎重な声も存在した。

(205)台湾との協議の要請が成功しなかった後の二〇一〇年六月二十五日、日本は一方的に、与那国を含める形で防空識別圏を西へ二マイル（約三・二二キロメートル）拡大し、台湾はこの動きに抗議した。報道によれば、この決定は、日本政府による南西諸島防衛への注目が高まっていたことや、与那国島に陸上自衛隊を将来的に常駐させる準備と関係していた部分もあった。防衛省（二〇〇七年一月に防衛庁から昇格した）は、この変更が実施される前日に声明を発表し、「この決定は、沖縄や与那国島の住民の感情を和らげるために、行われた」と述べた（防衛省「与那国島上空の防空識別圏の見直しについて」<http://ww

w.mod.go.jp/j/press/news/2010/06/24a.html>，二〇一二年八月閲覧）。この問題の詳細については，L. C. Russell Hsiao, "In a Fortnight : Taiwan-Japan Rift over ADIZ," *China Brief : A Journal of Analysis and Information* (Jamestown Foundation), Vol. X, Issue 12 (June 11, 2010), 1-2，および Shih Hsiu-chuan, "Japan Extends ADIZ into Taiwan Space," *Taipei Times*, June 26, 2010 を参照。

(206) "Telegram 2202 from Embassy Tokyo to CINCPAC on Okinawa/Taiwan ADIZ Boundary Line, March 11, 1971," Folder 4, Box 20, History of USCAR, RG 319.

(207) "Telegram 2202."

(208) "Telegram 151846Z from CINCPAC to COMUSTDC on Okinawa/Taiwan ADIZ Boundary Line, March 15, 1971," Folder 4, Box 20, History of USCAR, RG 319.

(209) "Telegram 1285."

(210) "Telegram 042104Z from CINCPAC to JCS on Okinawa/Taiwan ADIZ Boundary Line, April 4, 1971," Folder 4, Box 20, History of USCAR, RG 319.

(211) "Telegram 042104Z."

(212) "Telegram 100300Z from JCS to CINCPAC on Okinawa/Taiwan ADIZ Boundary Line, April 10, 1971," Folder 4, Box 20, History of USCAR, RG 319.

(213) 上記注(205)を参照。

(214) アメリカ軍が設定した，もともとの沖縄の防空識別圏は，八五万七〇〇〇平方キロメートルで，日本が設定した新しい防空識別圏は，八三万四〇〇〇平方キロメートルだった。アメリカの設定の下では，中国大陸にもっとも近い地点は八四キロメートルで，中国の船山島までわずか三六キロメートルだった。二万三〇〇〇平方キロメートルが除外された日本の設定では，大陸にもっとも近い地点は一三五キロメートルで，船山島まで九九キロメートルだった。奇妙なことに，新しい防空識別圏は，日本領である与那国島の中間部までしかカバーしておらず，これは四〇年近く変更されなかった。以上については，"Defense Agency Maps Okinawa ADIZ Limits," *Japan Times*, May 4, 1972 を参照。また，「沖縄防空識別圏決まる　尖閣列島も含む　中国を刺激か米軍圏よりは縮小」『東京新聞』（一九七二年五月四日）も参照。

(215) 「尖閣列島含める『防空識別圏』で防衛庁表明」。

(216) "Senkakus Included in Air Defense Zone, But Area near China Excluded," *Asahi Evening News*, May 4, 1972.

(217) 「尖閣列島含める『防空識別圏』で防衛庁表明」。

(218) "Telegram 030402Z from CINCPAC to COMUSJAPAN on Okinawa Defense Planning, September 3, 1971," Folder 4, Box 20, History of USCAR, RG 319.

(219) "Telegram P030402Z."

(220) "JSP Opposes ADIZ Formula", *Daily Yomiuri*, May 5, 1972.

(221) 「尖閣列島に米射爆場　日本の領有権を裏付けか」『産経新聞』一九七一年五月十二日。

(222) "Telegram 4345 from Embassy Tokyo to State Department on Senkakus-Japanese Press Reports Re U.S. Gunnery Ranges, May 12, 1971", POL 32-6 Senkaku Is, RG 59.

(223) 「尖閣列島に米射爆場　日本の領有権を裏付けか」。

(224) "Telegram 2247 from Embassy Taipei to State Department on Artillery Testing Site on the Senkakus, May 12, 1971," POL 32-6 Senkaku Is, RG 59.

(225) "Telegram 87994 from State Department to Embassy Taipei on Artillery Testing Site on the Senkakus, May 19, 1971," POL 32-6 Senkaku Is, RG 59.

(226) "Telegram 87994."

(227) "Telegram 2203 from Embassy Taipei to HICOMRY, May 4, 1972," Folder 4, Box 20, History of USCAR, RG 319.

(228) "Telegram 2203."

(229) この年の夏の日付なしの覚書によれば，台湾の蘇澳の漁師が一九七二年五月後半に尖閣に上陸し，数百羽のミズナギドリのひなやアホウドリを持ち帰り，台北の市場で売ったとされる（"8. Senkakus," Fol-

der : PET Senkaku Islands 1972, Box 14, Subject Files of the Office of China Affairs, 1951–1975, RG 59)。

(230) 東京を拠点とする愛国青年連盟の会長である小林建が、五月十五日に魚釣島に上陸し、日本国旗を掲げた（"Japan Rightist Claims Island," *Washington Post*, May 18, 1972）。沖縄の海上保安庁当局が彼を発見し、発表した。彼が逮捕されたのかどうかは明らかではない。

　現在、日本国民は、政府によって尖閣に上陸することを禁じられている。このことについて、中山義隆石垣市長は、石垣市の管轄下にある尖閣諸島を訪問できないことを嘆いている（中山義隆『中国が耳をふさぐ尖閣諸島の不都合な真実——石垣市長が綴る日本外交の在るべき姿』（ワニブックス、二〇一二年、六二—六三頁）。

(231) "Telegram from HICOMRY to DUSA, April 30, 1972," Folder 4, Box 20, History of USCAR, RG 319.

(232) "Telegram 2125 from Embassy Taipei to HICOMRY on Senkakus, May 1, 1972," Folder 4, Box 20, History of USCAR, RG 319.

(233) "Telegram HICOMRY to Embassy Taipei on Senkakus, May 2, 1972," Folder 4, Box 20, History of USCAR, RG 319.

(234) "Telegram 2203."

(235) "Telegram 2394 from Embassy Taipei to State Department on Ryukyu Reversion, May 15, 1972," POL 19 Ryu Is, RG 59.

(236) "Telegram 2394."

(237) "'Reversion is Regrettable': Taiwan Unhappy with Terms," *Morning Star*, May 10, 1972.

(238) "Telegram 2394."

(239) "Telegram 2396 from Embassy Taipei to State Department on IOR/Media Reaction, May 16, 1972," POL 19 Ryu Is, RG 59.

(240) "Telegram 2394."

(241) "Reversion Protest in Hong Kong," *Pacific Stars and Stripes*, May 15, 1972.

(242) "Telegram 3241 from Hong Kong Consulate to State Department on Senkaku Islands Protest Marks Okinawa Reversion, May 16, 1972," POL 19 Ryu Is, RG 59.

(243) "Telegram 3241."

(244) 五月十六日日曜日も総領事館は閉館していたが、「普段はおとなしくて規律正しい中国人の十代の若者六四人」——記者や、香港警察、傍観者の方が多かった——が、総領事館の敷地で尖閣についてのデモを行った（"Telegram 3160 from Hong Kong Consulate to State Department, May 16, 1972," POL 33 Senkaku Is, RG 59）。少なくともひとつの横断幕には、「釣魚台と香港は中国領だ」という主張が掲げられ、アメリカおよび日本の帝国主義が非難されていた。デモ参加者は、日本の国旗を燃やす許可を当局に申請したが、却下されていたため、日の丸を描いた小さな手作りの国旗を踏みつけ、引き裂いた。これらは、初めて行われた抗議ではなかった。これ以前に「保衛釣魚台行動委員会」のメンバーが、一月二十八日と二十九日に二回の「わずかな人数の参加による」デモを開催していた（"Airgram 34 from Hong Kong Consulate to State Department on Senkaku Islands Demonstration at Congen, February 3, 1972," POL 33 Senkaku Is, RG 59）。この日程が選ばれた理由は、二つあった。すなわち、一九七一年のアメリカでの尖閣運動の開始をたたえるとともに、一九三二年の上海事変を追悼することである（"Telegram 663 from Hong Kong Consulate to State Department on Senkaku Demonstration at Congen Called for January 28, January 28, 1972," POL 32-6 Senkaku Is, RG 59）。オズボーンは、「現地の尖閣運動を分裂させてきたイデオロギー上の相違は、今回のデモへの参加者からも明瞭に見て取れる［…中略…］。英字紙や右翼的な中国紙は、これらのデモを否定的に報道し、左派的な新聞はこれに短く言及しただけだった」（Airgram 34）。奇妙なことに、オズボーンは同じ電報の中で、「しかし、（尖閣のデモ参加者の）どちらのグループも、尖閣はほとんどもう終わった問題なので、一般大衆の支持を引き出すことができていない」と論じた（Airgram 34）。返還後の歴史が示すとおり、オズボーンの観察は間違っていたと言える。

（245）"Chinese Protest Return of Islands to Japan," *Pacific Stars and Stripes*, May 15, 1972.

（246）"Memorandum from Chief, Protective Intelligence Branch to Acting Chief, Division of Investigations on Special Protective Intelligence Project : Anti-War and Protest Activity at Washington, D. C.-May 13, 1972," Folder : PET Senkaku Islands 1972, Box 14, Subject Files of the Office of China Affairs, 1951-1975, RG 59.

（247）"Routing and Record Sheet by F. Babcock to Dennis Harder on Tiao Yu Tai 13 May 1972 Demonstration in Washington, D. C., May 11, 1972," Folder : PET Senkaku Islands 1972, Box 14, Subject Files of the Office of China Affairs, 1951-1975, RG 59.

結　論

（1）Armin H. Meyer, *Assignment Tokyo : An Ambassador's Journal* (Indianapolis : Bobbs-Merrill Company, Inc., 1974), 49-50〔アーミン・H・マイヤー（浅尾道子訳）『東京回想』朝日新聞社、一九七六年、五一頁〕.

（2）日米安保条約は、伝統的な意味では「相互的」ではない。ここで日本がアメリカを防衛すると誓約すらしていないことは、尖閣という辺境にある小さな無人の島のために戦うというアメリカの意思を揺るがす一因にもなっている。

（3）George F. Kennan, *The Nuclear Delusion : Soviet-American Relations in the Atomic Age* (New York : Pantheon Books, 1983), xxvi.

（4）Zbigniew Brzezinski, *The Grand Chessboard : American Primacy and Its Geostrategic Imperatives* (New York : Basic Books, 1997), 154〔ズビグニュー・ブレジンスキー（山岡洋一訳）『ブレジンスキーの世界はこう動く——二一世紀の地政戦略ゲーム』日本経済新聞社、一九九七年、二一三頁〕.

（5）『蔣介石日記』の一九七一年七月の項を参照。

（6）中山義隆「日本人が上陸できない日本の領土とは」『中央公論』第一二二巻第六号（二〇〇七年六月）一〇八—一一九頁。

（7）尖閣諸島文献資料編纂会編『尖閣研究　高良学術調査団資料集（上巻）』（尖閣諸島文献資料編纂会、二〇〇七年）二七三頁。皮肉なことに、瑞慶覧長方の息子瑞慶覧長敏——二〇〇九年八月の衆院選で民主党から当選したが、二〇一二年の選挙で落選した——は、南西諸島への自衛隊の配備に強く反対する一方で、尖閣防衛を要求している。

（8）この記念碑は石垣市の八島町緑地公園内にあり、一九九六年一月十九日に公開された。記念碑は、財団法人古賀協会によって設置された。同協会は、一九八八年九月に、古賀花子から譲渡された遺産によって、沖縄県におけるスポーツや観光、娯楽の促進を目的として、栗原国起によって設立された。国起の母である佐代子が、二〇〇六年に亡くなるまで、初代会長を務めていた。現在は、国起の姉八木橋尚子が母を引き継ぎ、会長を務めている。

（9）筆者は、午前中の非公式の式典で、これらの発言を聞いた。そしてその後、午後に石垣市民会館の大ホールで行われた公式の式典に参加した。それは、一月十四日を「尖閣諸島開拓記念の日」と名付けた二周年記念を祝うものであった。式典には中山義隆石垣市長が出席していたが、一方で、中国からの投資を誘致してきた仲井眞弘多沖縄県知事は出席しておらず、同じ保守派の議員たちから批判されることになった。

（10）Henry S. Bradsher, "Two Chinas Share a View : Any Oil is Ours," *Evening Star*, May 17, 1971.『イヴニング・スター』紙は、ワシントンを拠点とし、一八五二年から一九八一年にかけて発刊されていた。この記者は、ここでは大きな勘違いをしているが、一九七一年のバングラデシュの内戦や中国についての報道で、全国的に知られるようになっている。

（11）Eriko Arita, "Symposium Looks at the Disturbing Rise of Online Nationalism," *Japan Times*, November 4, 2012.

（12）Charles A. Schmitz, "Working out the Details," *Foreign Service Journal*, Vol. 69, No. 2 (May 1992), 24.

（13）Grant F. Newsham, "U.S. Must Clearly Back Japan in Islands Dispute with China," *Christian Science Monitor*, October 25, 2012 <http://www.csmo

nitor. com/Commentary/Opinion/2012/1025/US-must-clearly-back-Japa n-in-islands-dispute-with-China-video>，二〇一二年十月二十六日閲覧）.

附録

資料1　琉球諸島及び大東諸島に関する日本国とアメリカ合衆国との間の協定

日本国及びアメリカ合衆国は、

日本国総理大臣及びアメリカ合衆国大統領が一九六九年十一月十九日、二十日及び二十一日に琉球諸島及び大東諸島（同年十一月二十一日に発表された総理大臣と大統領との間の共同声明にいう「沖縄」）の地位について検討し、これらの諸島の日本国への早期復帰を達成するための具体的な取極に関して日本国政府及びアメリカ合衆国政府が直ちに協議に入ることに合意したことに留意し、

両政府がこの協議を行ない、これらの諸島の日本国への復帰が前記の共同声明の基礎の上に行なわれることを再確認したことに留意し、

アメリカ合衆国が、琉球諸島及び大東諸島に関し一九五一年九月八日にサン・フランシスコ市で署名された日本国との平和条約第三条の規定に基づくすべての権利及び利益を日本国のために放棄し、これによつて同条に規定するすべての領域におけるアメリカ合衆国のすべての権利及び利益の放棄を完了することを希望することを考慮し、また、

日本国が琉球諸島及び大東諸島の領域及び住民に対する行政、立法及び司法上のすべての権利を行使するための完全な機能及び責任を引き受けることを望むことを考慮し、

よつて、次のとおり協定した。

第一条

1．アメリカ合衆国は、2に定義する琉球諸島及び大東諸島に関し、一九五一年九月八日にサン・フランシスコ市で署名された日本国との平和条約第三条の規定に基づくすべての権利及び利益を、この協定の効力発生の日から日本国のために放棄する。日本国は、同日に、これらの諸島の領域及び住民に対する行政、立法及び司法上のすべての権利を行使するための完全な権能及び責任を引き受ける。

2．この協定の適用上、「琉球諸島及び大東諸島」とは、行政、立法及び司法上のすべての権力を行使する権利が日本国との平和条約第三条の規定に基づいてアメリカ合衆国に与えられたすべての領土及び領水のうち、そのような権利が一九五三年十二月二十四日及び一九六八年四月五日に日本国とアメリカ合衆国との間に署名された奄美群島に関する協定並びに南

方諸島及びその他の諸島に関する協定に従つてすでに日本国に返還された部分を除いた部分をいう。

第二条

日本国とアメリカ合衆国との間に締結された条約及びその他の協定（一九六〇年一月十九日にワシントンで署名された日本国とアメリカ合衆国との間の相互協力及び安全保障条約及びこれに関連する取極並びに一九五三年四月二日に東京で署名された日本国とアメリカ合衆国との間の友好通商航海条約を含むが、これらに限られない。）は、この協定の効力発生の日から琉球諸島及び大東諸島に適用されることが確認される。

第三条

1．日本国は、一九六〇年一月十九日にワシントンで署名された日本国とアメリカ合衆国との間の相互協力及び安全保障条約及びこれに関連する取極に従い、この協定の効力発生の日に、アメリカ合衆国に対し琉球諸島及び大東諸島における施設及び区域の使用を許す。

2．アメリカ合衆国が1の規定に従つてこの協定の効力発生の日に使用を許される施設及び区域につき、一九六〇年一月十九日に署名された日本国とアメリカ合衆国との間の相互協力及び安全保障条約第六条に基づく施設及び区域並びに日本国における合衆国軍隊の地位に関する協定第四条の規定を適用するにあたり、同条1の「それらが合衆国軍隊に提供された時の状態」とは、当該施設及び区域が合衆国軍隊によつて最初に使用されることとなつた時の状態をいい、また、同条2の「改良」には、この協定の効力発生の日前に加えられた改良を含むことが了解される。

第四条

1．日本国は、この協定の効力発生の日前に琉球諸島及び大東諸島におけるアメリカ合衆国の軍隊若しくは当局の存在、職務遂行若しくは行動又はこれらの諸島に影響を及ぼしたアメリカ合衆国の軍隊若しくは当局の存在、職務遂行若しくは行動から生じたアメリカ合衆国及びその国民並びにこれらの諸島の現地当局に対する日本国及びその国民のすべての請求権を放棄する。

2．もつとも、1の放棄には、琉球諸島及び大東諸島の合衆国による施政の期間中に適用されたアメリカ合衆国の法令又はこれらの諸島の現地法令により特に認められる日本国民の請求権の放棄を含まない。アメリカ合衆国政府は、日本国政府との協議のうえ定められる手続に従いこの協定の効力発生の日以後そのような請求権を取り扱いかつ解決するため、正当に権限を与えた職員を琉球諸島及び大東諸島に置くことを許される。

3．アメリカ合衆国政府は、琉球諸島及び大東諸島内の土地であつて合衆国の当局による使用中一九五〇年七月一日前に損害を受け、かつ、一九六一年六月三十日後この協定の効力発生の日前にその使用を解除されたものの所有者である日本国民に対し、土地の原状回復のための自発的支払を行なう。この支払は、一九六一年七月一日前に使用を解除された土地に対する損害で一九五〇年七月一日前に加えられたものに関する請求につき一九六七年の高等弁務官布令第六〇号に基づいて行なつた支払に比し均衡を失しないように行なう。

4. 日本国は、琉球諸島及び大東諸島の合衆国による施政の期間中に合衆国の当局若しくは現地当局の指令に基づいて若しくはその結果として行なわれ、又は当時の法令によつて許可されたすべての作為又は不作為の効力を承認し、合衆国国民又はこれらの諸島の居住者をこれらの作為又は不作為から生ずる民事又は刑事の責任に問ういかなる行動もとらないものとする。

第五条

1. 日本国は、公の秩序又は善良の風俗に反しない限り、琉球諸島及び大東諸島におけるいずれかの裁判所がこの協定の効力発生の日前にした民事の最終的裁判が有効であることを承認し、かつ、その効力を完全に存続させる。

2. 日本国は、訴訟当事者の実質的な権利及び地位をいかなる意味においても害することなく、この協定の効力発生の日に琉球諸島及び大東諸島におけるいずれかの裁判所に係属している民事事件について裁判権を引き継ぎ、かつ、引き続き裁判及び執行をする。

3. 日本国は、被告人又は被疑者の実質的な権利をいかなる意味においても害することなく、この協定の効力発生の日に琉球諸島及び大東諸島におけるいずれかの裁判所に係属しており又は同日前に手続が開始されていたとしたならば係属していたであろう刑事事件につき、裁判権を引き継ぐものとし、引き続き手続を行ない又は開始することができる。

4. 日本国は、琉球諸島及び大東諸島におけるいずれかの裁判所がした刑事の最終的裁判を引き続き執行することができる。

第六条

1. 琉球電力公社、琉球水道公社及び琉球開発金融公社の財産は、この協定の効力発生の日に日本国政府に移転し、また、これらの公社の権利及び義務は、同政府が同日に日本国の法令に即して引き継ぐ。

2. その他のすべてのアメリカ合衆国政府の財産で、この協定の効力発生の日に琉球諸島及び大東諸島に存在し、かつ、第三条の規定に従つて同日に提供される施設及び区域の外にあるものは、同日に日本国政府に移転する。ただし、この協定の効力発生の日前に関係土地所有者に返還される土地の上にある財産及びアメリカ合衆国政府が日本国政府の同意を得て同日以後においても引き続き所有する財産は、この限りでない。

3. アメリカ合衆国政府が琉球諸島及び大東諸島において埋め立てた土地並びに同政府がこれらの諸島において取得したそ

の他の埋立地であつて、同政府がこの協定の効力発生の日に保有しているものは、同日に日本国政府の財産となる。

4．アメリカ合衆国は、1及び2の規定に従つて日本国政府に移転する財産のある土地に対してこの協定の効力発生の日前に加えられたいかなる変更についても、日本国又は日本国民に補償する義務を負わない。

第七条

日本国政府は、合衆国の資産が前条の規定に従つて日本国政府に移転されること、アメリカ合衆国政府が琉球諸島及び大東諸島の日本国への返還を一九六九年十一月二十一日の共同声明第八項にいう日本国政府の政策に背馳しないよう実施すること、アメリカ合衆国政府が復帰後に雇用の分野等において余分の費用を負担することとなること等を考慮し、この協定の効力発生の日から五年の期間にわたり、合衆国ドルでアメリカ合衆国政府に対し総額三億二千万合衆国ドル（三二〇、〇〇〇、〇〇〇合衆国ドル）を支払う。日本国政府は、この額のうち、一億合衆国ドル（一〇〇、〇〇〇、〇〇〇合衆国ドル）をこの協定の効力発生の日の後一週間以内に支払い、また、残額を四回の均等年賦でこの協定が効力を生ずる年の後の各年の六月に支払う。

第八条

日本国政府は、アメリカ合衆国が、両政府の間に締結される取極に従い、この協定の効力発生の日から五年の期間にわたり、沖縄島におけるヴォイス・オヴ・アメリカ中継局の運営を継続することに同意する。両政府は、この協定の効力発生の日から二年後に沖縄島におけるヴォイス・オヴ・アメリカの将来の運営について協議に入る。

第九条

この協定は、批准されなければならず、批准書は、東京で交換されるものとする。この協定は、批准書の交換の日の後二ヵ月で効力を生ずる。

以上の証拠として、下名は、各自の政府から正当に委任を受けて、この協定に署名した。

一九七一年六月十七日に東京及びワシントンで、ひとしく正文である日本語及び英語により本書二通を作成した。

日本国のために
愛知揆一

アメリカ合衆国のために
ウィリアム・P・ロジャーズ

資料2　合意された議事録〔抜粋〕

日本国政府の代表者及びアメリカ合衆国政府の代表者は、本日署名された琉球諸島及び大東諸島に関する日本国とアメリカ合衆国との間の協定の交渉において到達した次の了解を記録する。

第一条に関し、

同条2に定義する領土は、日本国との平和条約第三条の規定に基づくアメリカ合衆国の施政の下にある領土であり、一九五三年十二月二十五日付けの民政府布告第二七号に指定されているとおり、次の座標の各点を順次に結ぶ直線によって囲まれる区域内にあるすべての島、小島、環礁及び岩礁である。

北緯二八度東経一二四度四〇分
北緯二四度東経一二二度
北緯二四度東経一三三度
北緯二七度東経一三一度五〇分
北緯二七度東経一二八度一八分
北緯二八度東経一二八度一八分
北緯二八度東経一二四度四〇分

〔中略〕

一九七一年六月十七日に東京で

愛知揆一
アーミン・H・マイヤー

資料3　アメリカ系石油会社への勧告

一九七一年四月

黄海、東シナ海、および台湾海峡の特定海域における天然資源の領有権が複数国間で争われていることに鑑み、本省〔国務省〕は、当該海域において調査活動を行っているアメリカ企業に対し、次の勧告を行いたい。

1. 最近、中華人民共和国は複数の声明を発表しており、そのうち、北京の十二月二十九日付『人民日報』に掲載されたものがもっとも強硬である。これは、

— 中華民国、日本、そして大韓民国の主張に対抗する形で、中華人民共和国沿岸の広範囲にわたる浅海域の領有権を主張し、

— アメリカ企業が参加している、上記三カ国による同海域の海底や底土での資源調査に反対するとともに、

— 中華民国、および／もしくは日本国が領有権を主張している尖閣とその他の島嶼の領有権を主張し、

— 中華人民共和国はその領土および主権に対する外国政府の侵略を許さないと警告しており、具体的にアメリカに言及している。

2. アメリカ政府は、東アジアの大陸棚における国境線を決定する権限を持たない。

3. アメリカ政府は、中華人民共和国、中華民国、日本国、大韓民国、そして朝鮮民主主義人民共和国の領有権の主張をめぐる争い、あるいは主張の実体的事項をめぐる当事国との論争に巻き込まれないようにする、という決意を固めている。

4. アメリカ政府は、大陸中国が領有権を主張している海域で活動している外国の調査船や掘削装置に対し、中華人民共和国が軍事行動を含めた行動をとるかどうか、算定できない。

5. アメリカ政府は、アメリカ企業に対し、係争地域において、採掘権や事業、船舶、装置、あるいは従業員（アメリカ市民を含む）を保護するというコミットメントを与えることはで

きない。

6．アメリカ政府は、アメリカ企業が、二カ国以上が領有権を主張している黄海、東シナ海、台湾海峡の海域におけるすべての探査・採掘活動を、当事国がこれらの海域における境界線あるいは権利に関する合意に至るまで、一時停止することを強く推奨する。

資料4　中華民国政府外交部声明

一九七一年六月十一日

中華民国政府は近年来、琉球群島の地位問題に対し、深い関心を寄せつづけ、一再ならずこの問題についての意見およびそのアジア太平洋地域の安全確保問題に対する憂慮を表明し、関係各国政府の注意を促してきた。

この度、米国政府と日本政府が間もなく琉球群島移管の正式文書に署名し、甚だしきに至っては、中華民国が領土主権を有する釣魚台列嶼をも包括していることを知り、中華民国政府は再びこれに対する立場を全世界に宣明しなければならない。

㈠　琉球群島に関して　中、米、英など主要同盟国は一九四三年に共同でカイロ宣言を発表しており、さらに一九四五年発表のポツダム宣言にはカイロ宣言条項を実施すべきことが規定され日本の主権は本州、北海道、九州、四国および主要同盟国が決定したその他の小島だけに限られるべきと定めている。したがって琉球群島の未来の地位は、明らかに主要同盟国によって決定されるべきである。

一九五一年九月八日に締結されたサンフランシスコ対日平和条約は、すなわち上述両宣言の内容要旨に基づいたものであり、同条約第三条の内容によって、琉球の法律地位およびその将来の処理についてはすでに明確に規定されている。中華民国の琉球の最終的処置に対する一貫した立場は、関係同盟国がカイロ宣言およびポツダム宣言に基づいて協議決定すべしとするものである。この立場はもともと米国政府が熟知している。中華民国は対日交戦の主要同盟国の一国であり、当然この協議に参加すべきである。しかるに米国はいまだにこの問題について協議せず、性急に琉球を日本に返還すると決定し、中華民国はきわめて不満である。

㈡　釣魚台列嶼に関して　中華民国政府は米国の釣魚台列嶼を琉球群島と一括して移管する意向の声明に対し、とくにおどろいている。

同列嶼は台湾省に付属して、中華民国領土の一部分を構成しているものであり、地理位置、地質構造、歴史連携ならびに台湾省住民の長期にわたる継続的使用の理由に基づき、すでに中華民国と密接につながっており、中華民国政府は領土保全の神聖な義務に基づき、いかなる情況下にあっても、絶対に微小領土の主権を放棄することはできない。

これが故に、中華民国政府はこれまで絶え間なく米国政府および日本政府に通告し、同列嶼は歴史上、地理上、使用上および法理上の理由に基づき、中華民国の領土であることは疑う余地がないため、米国が管理を終結したときは、中華民国に返還すべきであると述べてきた。

いま、米国は直接同列嶼の行政権を琉球群島と一括して日本に引渡そうとしており、中華民国政府は絶対に受け入れないものと認め、かつまたこの米日間の移管は、絶対に中華民国の同列嶼に対する主権主張に影響するものではないとも認めるため、強硬に反対する。

中華民国政府は従来通り、関係各国が同列嶼に対するわが国の主権を尊重し、直ちに合理、合法の措置をとり、アジア太平洋地域に重大結果を導くのを避けるべきである、と切望する。

（出典）外務省情報文化局『尖閣諸島について』（一九七二年）三二一―三三頁。

資料5　釣魚島の所有権問題に関する中国外交部声明

一九七一年十二月三十日

日本佐藤政府は近年らい、歴史の事実と中国人民の激しい反対を無視して、中国の領土釣魚島などの島嶼にたいして「主権をもっている」と一再ならず主張するとともに、アメリカ帝国主義と結託してこれらの島嶼を侵略・併呑するさまざまな活動をおこなってきた。このほど、米日両国の国会は沖縄「返還」協定を採決した。この協定のなかで、米日両国政府は公然と釣魚島などの島嶼をその「返還区域」に組み入れている。これは、中国の領土と主権にたいするおおっぴらな侵犯である。これは中国人民の絶対に容認できないものである。

米日両国政府がぐるになってデッチあげた、日本への沖縄「返還」というペテンは、米日の軍事結託を強め、日本軍国主義復活に拍車をかけるための新しい重大な段取りである。中国政府と中国人民は一貫して、沖縄「返還」のペテンを粉砕し、沖縄の無条件かつ全面的な復帰を要求する日本人民の勇敢な闘争を支持するとともに、米日反動派が中国の領土釣魚島などの島嶼を使って取引をし、中日両国人民の友好関係に水をさそうとしていることにはげしく反対してきた。

釣魚島などの島嶼は昔から中国の領土である。はやくも明代に、これらの島嶼はすでに中国の海上防衛区域のなかに含まれており、それは琉球、つまりいまの沖縄に属するものではなくて、中国の台湾の付属島嶼であった。中国と琉球とのこの地区における境界線は、赤尾嶼と久米島とのあいだにある。中国の台湾の漁民は従来から釣魚島などの島嶼で生産活動にたずさわってきた。日本政府は中日甲午戦争を通じて、これらの島嶼をかすめとり、さらに当時の清朝政府に圧力をかけて一八九五年四月、「台湾とそのすべての付属島嶼」および澎湖列島の割譲という不平等条約――「馬関条約」に調印させた。こんにち、佐藤政府はなんと、かつて中国の領土を略奪した日本侵略者の侵略行動を、釣魚島などの島嶼にたいして「主権をもっている」ことの根拠にしているが、これは、まったくむきだしの強盗の論理である。

第二次世界大戦ののち、日本政府は不法にも、台湾の付属島嶼である釣魚島などの島嶼をアメリカに渡し、アメリカ政府はこれらの島嶼にたいしていわゆる「施政権」をもっていると一方的に宣言した。これは、もともと不法なものである。中華人民共和国の成立後まもなく、一九五〇年六月二十八日、周恩来外交部長は中国政府を代表して、アメリカ帝国主義が第七艦隊を派遣して台湾と台湾海峡を侵略したことをはげしく糾弾し、「台湾と中国に属するすべての領土の回復」をめざす中国人民の決意についておごそかな声明をおこなった。いま、米日両国政府はなんと不法にも、ふたたびわが国の釣魚島など島嶼の授受をおこなっている。中国の領土と主権にたいするこのような侵犯行為は、中国人民のこのうえない憤激をひきおこさずにはおかないであろう。

中華人民共和国外交部は、おごそかにつぎのように声明するものである――釣魚島、黄尾嶼、赤尾嶼、南小島、北小島などの島嶼は台湾の付属島嶼である。これらの島嶼は台湾と同様、昔から中国領土の不可分の一部である。米日両国政府が沖縄「返還」協定のなかで、わが国の釣魚島などの島嶼を「返還区域」に組み入れることは、まったく不法なものであり、それは、釣魚島などの島嶼にたいする中華人民共和国の領土の主権をいささかも変えうるものではないのである、と。中国人民はかならず台湾を解放する！　中国人民はかならず釣魚島など台湾に付属する島嶼をも回復する！

（出典）鹿島平和研究所編『日本外交主要文書・年表』第三巻（原書房、一九八五年）五二一―五二二頁。

資料6　尖閣諸島の領有権問題について〔日本外務省〕

昭和四七年三月八日

尖閣諸島は、明治一八年以降政府が沖縄県当局を通ずる等の方法により再三にわたり現地調査を行ない、単にこれが無人島であるのみならず、清国の支配が及んでいる痕跡がないことを慎重確認の上、明治二八年一月十四日に現地に標杭を建設する旨の閣議決定を行なつて正式にわが国の領土に編入することとしたものである。

同諸島は爾来歴史的に一貫してわが国の領土たる南西諸島の一部を構成しており、明治二八年五月発効の下関条約第二条に基づきわが国が清国より割譲を受けた台湾及び澎湖諸島には含まれていない。

従つて、サン・フランシスコ平和条約においても、尖閣諸島は、同条約第二条に基づきわが国が放棄した領土のうちには含まれず、第三条に基づき南西諸島の一部としてアメリカ合衆国の施政下に置かれ、昨年六月十七日署名の琉球諸島及び大東諸島に関する日本国とアメリカ合衆国との間の協定（沖縄返還協定）によりわが国に施政権が返還されることとなつている地域の中に含まれている。以上の事実は、わが国の領土としての尖閣諸島の地位を何よりも明瞭に示すものである。

なお、中国が尖閣諸島を台湾の一部と考えていなかつたことは、サン・フランシスコ平和条約第三条に基づき米国の施政下に置かれた地域に同諸島が含まれている事実に対し従来何等異議を唱えなかつたことからも明らかであり、中華民国政府の場合も中華人民共和国政府の場合も一九七〇年後半東シナ海大陸棚の石油開発の動きが表面化するに及びはじめて尖閣諸島の領有権を問題とするに至つたものである。

また、従来中華民国政府及び中華人民共和国政府がいわゆる歴史的、地理的ないし地質的根拠等として挙げている諸点はいずれも尖閣諸島に対する中国の領有権の主張を裏付けるに足る国際法上有効な論拠とはいえない。

（出典）『外交青書』第一六号（一九七二年）五〇七―五〇八頁。

資料7　釣魚台列嶼の主権に関する台湾当局外交部声明

一九七二年五月九日

中華民国は、琉球諸島の将来的な地位について以前から一貫して深い関心を寄せており、いく度にもわたりこの問題についての立場を宣明してきた。

アメリカ合衆国政府が、本年五月十五日に琉球諸島を日本に移管し、そして敢えて中華民国の領有権のもとにある釣魚台列嶼も含める決定を行ったことについて、中華民国政府はとくにこのことを重視し、ここに再びこの問題に対する厳然たる立場を全世界に表明する。

琉球諸島について中華民国政府は、この問題は、中華民国を含めた第二次世界大戦の主要連合国によって、共同の協議およびカイロ宣言とポツダム宣言で述べられた原則にもとづいて処理されるべきだという見解を一貫して抱いてきた。中華民国政府は、アメリカが合意された協議の手続きに従うことなく、琉球諸島を一方的に日本に移管することを甚だ遺憾に思う。

釣魚台列嶼に関して、これらの列嶼は中華民国の領土の一部に属している。この領土主権は、地理的位置、地質的構造、歴史的淵源、長期間にわたる継続的な使用という観点から見ても、また法的見地に鑑みても、すべて否定できない事実である。現在、アメリカが釣魚台列嶼の行政権を琉球と一緒に日本に「返還」することに対して、中華民国は断固反対する。中華民国政府は、領土保全の維持という不可侵の義務により、いかなる状況にあっても、釣魚台列嶼の領土主権を放棄することはできない。

（出典）浦野起央『尖閣諸島・琉球・中国――日中国際関係史 分析・資料・文献』増補版（三和書籍、二〇〇五年）二四五―二四六頁。なお、引用にあたり、主述の一致など、修正を施した。

訳者解説

本書の英語版（Robert D. Eldridge, *The Origins of U. S. Policy in the East China Sea Islands Dispute : Okinawa's Reversion and the Senkaku Islands*, Routledge）が刊行された二〇一四年までの数年間は、尖閣問題をめぐって国際情勢が非常に緊迫した時期であった。

日本政府による二〇一〇年九月の中国漁船船長（尖閣諸島周辺で海上保安庁の巡視船に衝突した）の逮捕や、二〇一二年九月の尖閣諸島の国有化を経て、中国による日本の実効支配の切り崩しに向けた行動がエスカレートした。中国公船などによる尖閣周辺の日本領海への侵入が繰り返されるとともに、中国の軍用機が尖閣周辺に飛来し始め、二〇一三年十一月には、尖閣を含む形で、東シナ海上空における中国の防空識別圏の設定が宣言されたのである。

これに対し、日本政府も「領土問題は存在しない」という姿勢を維持するとともに、平時と有事の間に位置する「グレーゾーン」事態への対処能力の向上を含め、南西方面における自衛隊の強化を進めた。本書の序章や結論でも紹介されているとおり、二〇一三年から一四年にかけて、日中の軍事衝突の危険性が高まっていたことが種々の情報から指摘されている。

日中間の緊張が高まる中、アメリカは、尖閣の領有権については立場を定めないという、一九七〇年代から継続する「中立政策」――その歴史的起源が本書の主たる分析対象である――を維持しつつも、日本を支援する形で抑止態勢を強化していった。一九九〇年代以降アメリカ政府は、日米安保条約にもとづくアメリカの対日防衛コミットメントは尖閣にも適用されるという旨の声明を発表してきたが、二〇〇九年に発足したオバマ（Barack H. Obama）政権は、当初、これを明言することを控えていた。しかし、二〇一〇年十月以降、同政権は対日防衛コミットメントの尖閣への適用を再確認するとともに、初めてこれを閣僚レベルの声明へと引き上げる。二〇一三年に入ると、同政権の国務長官や国防長官が、尖閣は日本の施政下にあり、アメリカはこの現状の変更を目的とした一方的・強制的行動に反対するとの立場を明示するようになった。そして二〇一四年四月には、大統領の口から初めてこうした立場が公言されることとなる。アメリカは二〇一二年以降、こうした外交面だけではなく、水陸両用作戦の共同訓練の拡大や尖閣防衛の共同作戦計画の策定など、米軍と自衛隊の協力関係の深化をつうじて、軍事面でも抑止態勢を強化してきた。

こうしたアメリカによる拡大抑止態勢の強化がどれほどの効果を持ったのかは、将来的な検証にゆだねるほかないが、二〇一四年十一月に行われた安倍晋三首相と習近平国家主席による首脳会談を転機として、事態が収束の方向に向かっているのは確かである。それまでの時期と比べると、状況は相対的に安定した。しかしながら、戦後七〇年目となる今年、予断を許さない状況であることに変わりはない。

尖閣諸島をめぐって、なぜこのような国際的な緊張状況が存在するのか。尖閣問題をめぐる過去の歴史の解明は、現在の状況を理解するために不可欠であるとともに、誰もが関心を持つテーマであろう。外交史・国際関係史研究において、尖閣問題の起源を正確な歴史的事実として確定しておくことは、大事な作業である。

本書は、尖閣問題の歴史的起源を、戦後の長い時期を対象にして、アメリカの行動を軸に描き出した、重要な一冊である。本書をつうじてわれわれは、尖閣諸島の施政権がアメリカから日本に移される経緯や、尖閣が東アジア国際政治で問題化する過程を知ることができる。

とはいえ、尖閣問題には、複数の国や政府が関与しており、争点がいくつも存在する。それゆえ、この問題をめぐる歴史の流れを理解するのには、やや時間を要する。そこで以下において、訳者の視点から、尖閣問題をめぐる簡単な経緯と論点について整理を行っておきたい。本書を読み進める上での、内容理解の一助となれば幸いである。

◆

尖閣問題の起源は、尖閣諸島を含む沖縄の施政権がアメリカから日本に返還された、佐藤栄作政権時代（一九六四年十一月－一九七二年七月）にさかのぼる。終戦後のおよそ二〇年間、沖縄住民と台湾人との間で対立が起こり、琉球政府や米国民政府が対応に乗り出したことはあった。だが、政府間の外交上の問題として対立が表面化したのは、佐藤政権時代である。

戦後、尖閣諸島は、アメリカの施政権下に置かれていた。太平洋戦争での日本の敗北の結果、アメリカは沖縄を統治下に置き、それにともない、尖閣諸島も沖縄の一部としてアメリカの施政権下に置かれたのである。その後一九六〇年代に入り、佐藤政権は沖縄の施政権返還を外交課題として、対米交渉を進めた。そして一九六九年十一月、日米両首脳は、一九七二年の沖縄返還という線で合意に至った。その後、一九七〇年から一九七一年にかけて日米両政府は、沖縄返還を法的に定める沖縄返還協定の交渉を進めた。この中で、尖閣の施政権の問題が取り上げられたのである。

というのも、一九六九年五月に、国連アジア極東経済委員会（ＥＣＡＦＥ）の調査報告で東シナ海での石油埋蔵の可能性が指摘された後、台湾の国民党政府が、続けて北京の中国政府が、尖閣の領有権に対する関心を強め始めたからである。今日の状況からすると意外だが、もともと、尖閣諸島をめぐる問題は、日本政府と国府との間で発生したのだった。

日本政府が国府に示した立場は、尖閣諸島をめぐって解決しなければならない領有権の問題は、そもそも存在しないというものであった。これに対して国府は、日本政府との協議の道筋がなかなかうまく整わず、不満を募らせた。結局、沖縄返還協定の調印式を一週間後に控えた一九七一年六月十一日、国府は、尖閣の領有権を公式に主張するに至る。続けて同年十二月には、中国が尖閣の領有権を主張し始めたのであった。

こうした中で、アメリカが一貫してとったのが、「中立政策」であった。本書で述べられているとおり、尖閣諸島問題が発生するとニクソン（Richard M. Nixon）政権は、尖閣諸島の領有権の問題は当事国間で解決すべきだとの立場を示し、国際的な対立に巻き込まれるのを避けようとした。アメリカは終始、日本に返還するのは「施政権」のみで、「領有権」の問題については、中立の立場を取り続けたのである。しかし、実際には、日本政府や国府がアメリカに圧力をかけ、アメリカは対話促進に向けた取り組みを行わざるを得ず、香港やアメリカでは学生デモが立て続けに発生し、アメリカ政府はその対応に追われた。

著者は、こうしたアメリカの政策を、「中立だが巻き込まれている」政策として特徴づけている（一六頁）。本書の本論部分は、種々の史資料を用いた政治外交史的アプローチにもとづく歴史叙述によって構成されている。そこでは、従来の政治外交史で中心的に扱われてきた政府当局者だけでなく、民間アクターにも目配りがなされている。これらにより、本書の歴史叙述はバランスのとれた信頼性の高いものとなっている。

以上、尖閣問題をめぐる当時の日本・国府・アメリカ・中国の立場について整理してきたが、では実際の歴史は、どのように動いていたのだろうか。以下では、各章の内容を辿りながら、本書の示す重要論点について取り上げたい。

◆

もともと、尖閣は、付近に豊かな漁場があったことから、沖縄や台湾の住民が航行・漁業中の目印や避難場所として使ったり、海鳥の卵を採集したりしていた場所であった。中世から近代にかけての尖閣諸島の歴史を描いているのが、第1章である。この章では、中世から近代にかけての尖閣諸島の歴史がまとめられ、日本が尖閣諸島を編入した二〇世紀後半の時代状況が説明されている。以下で述べる個別テーマの詳細については、著者が幅広くあたった文献を注から辿ることができるので、より深く知ることが可能である。

まず、現在、日中間で見解の分かれる、尖閣諸島の日本への編入過程についてだが、著者は日本側見解を支持する形で、日本が尖閣諸島を編入した当時、尖閣は「かすめとられる」状態にはなかったと指摘する（三一頁）。また本章では、日本は一八九五年の下関講和条約締結時点で、尖閣は台湾の一部ではないと考えていたと論じられる。

本章では、二〇世紀前半、魚釣島で事業を行っていた古賀家をはじめ、尖閣諸島を訪れた多種多様な人物たちのことも描かれており、興味深い。古賀家は一九四四年の那覇市空襲後、本土に疎開した。沖縄戦は翌年に終わったが、尖閣諸島には、誰も住まない状況が続くことになる。

その後、日本が戦争で敗れた結果、アメリカは沖縄を統治下に置いた。その法的根拠となったのが、一九五一年九月に調印されたサンフランシスコ講和条約の第三条である。一方、日本にとって沖縄返還を主張する論拠となったのが、アメリカ側特使のダレス（John F. Dulles）がサンフランシスコ講和会議で言及した、日本が沖縄の「潜在主権」を有しているとする発言である。この点から著者は、「日本が尖閣諸島を含む南西諸島の何らかの形の主権を認められたという事実は、日本が尖閣に対する主権を有すると、アメリカ政府が一九五一年九月に認めていたことを示している」との見解を述べている（四二頁）。

そしてサンフランシスコ講和条約にもとづいて、アメリカが尖閣諸島に対する施政権を行使していた時期の出来事を扱ったのが、第2章である。本章では、一九五〇年代から六〇年代にかけて、米軍による尖閣の軍事利用の詳細や、琉球大学などによる現地調査の様子、台湾人による尖閣での違法操業に対する琉球政府と米国民政府の対応、および両者による尖閣での警告板（不法入域に注意勧告するもの）の設置といった、重要な出来事が取り上げられている。

その中でも著者が重視しているのが、日常化していた、台湾人の不法入域に対する問題への対応である。この問題は、一九七二年五月に沖縄が日本に返還される直前まで続いた。本章では、台湾人の渡島や、海鳥の卵の採集に対する、琉球政府出入管理庁や琉球警察の対応の経緯が叙述されている。こうした不法入域の問題は、おもに台湾の漁業関係者や沈船解体の労働者との間で発生したものである。しかし、一九六八年頃まで、米国民政府は尖閣に関する具体的な行動の必要性は認識していなかったとされる。その一方で、尖閣に対する日本の潜在的な領有権を認めるように、米国民政府が琉球政府による警告板の設置に協力していたことは、まさに著者のいうアメリカの政策の曖昧さを示している。

第2章の最終項では、米国民政府が一九五〇年代に、気象観測所の設置を琉球政府に推奨していたことが記述されている。著者はこのことを、日本の潜在的な領有権を認める形でアメリカが尖閣問題に関与した過去の事例として指摘している。しかし、最終的に国務省は一九七一年、国防総省の同意を得た上で、気象観測所の建設に反対した。ここで重要なのが、外務省の主張である。外務省は、気象観測所の建設を取りやめる代わりに、沖縄返還協定に尖閣諸島に関する言及を含めるよう、取引交渉を行ったと見られる（七五、一四九頁）。

さて、もともとは民間人たちの漁業・海鳥の卵採集・航行時の避難場所などとして、住民の生活圏の中で利用されて来た尖閣諸島であったが、尖閣付近の資源の可能性が知られるようになると、対立の構図が次第に変わってくる。一九六〇年代、石油など資源の埋蔵に関心が寄せられるようになると、新たな争点が発生した。すなわち、尖閣の石油資源の開発に関心を寄せた沖縄住民と、日本本土の関係機関との間で、緊張関係が生じるようになったのである。

これは、沖縄と本土の対立が沖縄住民同士の対立にも波及するような、政治経済上の争点であった。この問題を描いたのが第3章である。尖閣諸島をめぐっては、国同士ではなく、先に沖縄住民同士の対立、および沖縄住民と本土の関係機関・会社との対立という構図があった。第3章で登場する大見謝恒寿など沖縄の事業家たちは、貧困に苦しむ沖縄を、石油によって豊かにしたいという思いから、尖閣の開発に意力を注いだ。

また、第3章では、尖閣周辺地域に石油が埋蔵されている可能性を踏まえ、台湾の国府が尖閣の領有権を主張し始めた経緯についても論じられている。国府がアメリカの石油会社パシフィック・ガルフに尖閣周辺地域の採掘権を付与した時点で、尖閣問題は「国際的」なものとなってしまった（八九頁）。本書は、『蔣介石日記』も用いつつ、尖閣に対する国府の見方を明らかにしている。また一九七〇年九月二日、国府の水産試験所所属の船に『中国時報』の記者が同乗し、魚釣島に上陸して台湾国旗を立てる事件が発生した。この事件に対してアメリカ政府は、琉球警察と協力しながら対応せざるを得なくなる。その後この事件は、日本の国会でも取り上げられた。

本章では、これらを含め、尖閣をめぐって生じたさまざまな問題に対し、アメリカ政府が苦しい立場に置かれたことを明らかにしている。アメリカ政府は、まだこの時点で施政権下にある沖縄の動向と、同盟国である日本や国府との関係、さらにアメリカの石油会社の動向にも目配りをしながら、尖閣問題に対応する必要に迫られたのであった。しかし、著者は、この間のアメリカ政府の方針は、「時間稼ぎの手段しか提示できなかったように思われる」と指摘している（一〇四頁）。

最後に本章では、沖縄の利益が国によって奪われることへの警戒感がありながらも、沖縄住民同士での対立の中、事態がうまく運ばなかった様子が描かれる。結局、屋良朝苗主席時代、琉球政府が主導して尖閣問題を解決することはできなかった。しかし、前史として重視すべき歴史の場面である。

◆

一九六〇年代末、尖閣をめぐっては国や政府がアクターとして登場し、沖縄返還交渉と絡みながら、尖閣が国際政治上の対立の焦点となっていくことになる。第4章と第5章では、アメリカの公文書や関係者の口述記録などにもとづき、尖閣諸島の施政権が、日米台のそれぞれの思惑とせめぎ合いの中で、日本に返還されるプロセスが描かれている。

沖縄返還交渉に関する外務省文書の全面公開が始まったのは、二〇一〇年のことである。交渉の最大の争点となったのは、返還後の沖縄の米軍基地のあり方であった。したがって従来、沖縄返還に関する研究では、沖縄の基地問題がまずは重要なテーマになってきた。そうした中、尖閣については、基地問題と比べて解明が遅れてきた。また本書の刊行時点で、尖閣問題に関する日本の外務省文書の公開は限定的である。

一方、アメリカ側ではこの時期の尖閣諸島問題に関する公文書がかなり公開されている。国立公文書館に所蔵されている国務省のセントラル・ファイルの中に、尖閣（SENKAKU）のフォルダが三つある（Record Group 59, Subject Numeric Files, 1970-1973, Box 2589, 2590）。そこには、駐日アメリカ大使館、駐台アメリカ大使館、在香港アメリカ総領事館と、ワシントンの国務省との間の電報や協議の議事録が所収されている。それらの文書から、日米協議の内容を知ることも可能である。

また陸軍省のオフラハーティ（Edward O'Flaherty）が集めた沖縄返還に関する文書のコレクションである、オフラハーティ文書（沖縄県公文書館で全二七箱分を閲覧できる）にも、尖閣諸島に関するフォルダがあり（Box 20, Folder 4, Senkakus〈Reversion〉など）、多くの文書が収められている。このコレクションには、日米間と米台間のやりとりに関するかなりの情報が含まれる。本書では、これらのコレクションのほか、国務省のロット・ファイル（中華民国部や日本部の文書など）、そしてニクソン大統領図書館に所蔵されているホワイトハウスのファイルを用いている。

またアメリカでは、外交政策担当者たちの体系的なオーラルヒストリーの蓄積が進んでいる（The Foreign Affairs Oral History Collection of the Association for Diplomatic Studies and Training など）。著者はこれらのオーラルヒストリーや、自ら積み重ねてきたインタビューを活用しながら、日米台間の協議過程を詳細に辿っている。また著者による人物評価の部分の叙述も興味深い。

第4章では、沖縄返還協定の妥結に至る交渉過程を、尖閣問題に焦点を当てて描いている。上述のように、尖閣問題が日米協議の具体的な議題にあがったのは、一九六九年十一月の沖縄返還合意後のことであった。六九年の返還合意の交渉における争点は、核兵器の撤去、基地の使用保証、返還費用などの問題であった。そして返還が合意された後、これらとともに外務省アメリカ局や条約局が重視するようになった論点の一つが、尖閣諸島の問題であった。

外務省は、沖縄返還後は日本が尖閣諸島の施政権を保有することを、アメリカ政府が公的に明らかにして保証するよう求めた。ゆえに外務省は当初、調印する沖縄返還協定の中に、尖閣諸島の施政権の日本への返還について明記することを主張した。この点、かつて訳者は、日本側の交渉を主導した中島敏次郎元条約局条約課長にインタビューを行ったことがある。その際、中島は尖閣に対する強い主張を行ったものの、当時のアメリカ側の主張として、「国際的な反響に鑑みて、あまりギラギラしない形で処理をしたいという反応でした」と回想した（一四七頁）。中島の証言からも分かるとおり、日本側にとっては、沖縄返還協定においてどれだけ直截に尖閣に関する表現を盛り込めるかが、日米交渉の焦点であった。

一方で日本政府は、国府に対しては、尖閣の領有権問題は講和条約第二条の範囲には含まれていないとして、終始、取り上げない姿勢であった。ただし外務省は、台湾人による尖閣周辺での不法操業の問題については、漁業取極を結んで解決する案を検討した。外務省の案は、国府との間で非公式に暫定協定（"modus vivendi"）を結んで、台湾漁民の尖閣周辺での漁を許可し、その代わりに尖閣周辺に関する公式な決定をペンディングにするというものだったようである（一三六、一四二頁など）。

また本章では、外務省が、尖閣の日本への返還を沖縄返還協定で明記すべく、アメリカと協議を重ねる過程が明らかにされている。最終的に日米は、同協定第一条に関する「合意された議事録」を結んで妥結するに至った。上記の過程は、尖閣問題をめぐる外務省の対米交渉の山場として位置づけられよう。

これに対して国府は、アメリカの介入を期待し続けたが、思うようにいかず、最後は強硬な態度を取るにいたった。本書が明らかにした興味深い点は、台湾では、漁業利益や石油などの資源の確保といった現実的利害だけでなく、尖閣問題が国内政治で関心を呼び、それが学生運動と結びついて、国府への政治的圧力が形成されていたことである。いったん火がついた尖閣問題によって、学生たちが政府を批判し、それが国府の強硬な態度に結びついていた。こうした蔣介石・蔣経国父子や外交部の置かれた国内的状況が、尖閣問題の拡大の背景にあったことが重要である。

そうした中、最終的に蔣介石・蔣経国父子が求めたのが、沖縄返還交渉の停止であった。さらに本書では、アメリカが、この台湾が置かれた状況を、繊維問題と結びつけて解決しようとした事実が示されている。キーパーソンの一人が、ケネディ（David M. Kennedy）元財務長官である。財務長官として日本との繊維交渉も経験していたケネディは、当時は無任所大使として、台湾や韓国との間で繊維問題の解決に奔走していた。日本、韓国、台湾による繊維の対米輸出が、ニクソンの悩みの種だったことはよく知られている。こうした中、台湾との間でも繊維問題に取り組んでいたケネディは、繊維と尖閣とを取引材料にして、繊維輸出の自主規制を台湾に認めさせる代わりに、尖閣問題で日台が妥結するまで、沖縄返還交渉を止めることをホワイトハウスに進言したのであった。

これに対して、ホワイトハウスはどう対応したのか。一九七一年六月七日、ケネディの提案は、ニクソンとキッシンジャー（Henry A. Kissinger）大統領補佐官との間でも議題になった。しかし、ニクソンはケネディの提案に反対し、沖縄返還交渉の停止案はここで潰えたようである（一八五頁以下）。結果を聞いた蔣介石は、アメリカに対する苛立ちを日記に書き込んでいる。そして六月十一日、国府は尖閣の領有権を公に主張することになるのである。一方で、日米は予定通り、一九七一年六月十七日に沖縄返還協定の調印式を開催することになる。

最後に第5章では、一九七一年の沖縄返還協定調印から一九七二年五月の沖縄返還までの時期が取り上げられている。台北や香港、さらにはワシントンで膨れ上がった学生運動の圧力は、日米だけでなく国府にも向けられ、日米の行政府による沖縄返還協定の調印から立法府による承認の時期にかけて、各地で学生運動が活発化した。

沖縄返還実現までの時期、国府は、尖閣をめぐって盛んに日米両政府に働きかけを行った。その背景には、台湾国内の批判を回避することに加え、どちらが「中国の人々」を正統に代表しているかをめぐる、中華人民共和国との争いがあったと著者は指摘する（一九七頁）。

また本章では、日本のメディアの論調が丁寧に整理されており、当時の日本国内の議論状況がよく分かる。尖閣問題は、常に諸国の国内政治と絡んで展開したが、佐藤政権時代の日本においても同様であったことが分かる。たとえば駐日アメリカ大使館は、福田赳夫が尖閣問題での強硬な意見で、国内の支持を取り付けようとしていたと分析している（二二四―二二五頁）。

他方でニクソン政権は、尖閣の領有権の問題だけでなく、軍事問題にかかわる部分でも慎重な立場をとっている。当時のアメリカは、防空識別圏の中に尖閣を含めることに慎重な姿勢を崩さず、共同作戦行動の中に尖閣を含めることも躊躇していた。日本は、黄尾嶼、赤尾嶼がアメリカ海軍の射爆訓練区域として維持されることになったにもかかわらず、アメリカ政府が日本を明確に支持しないことに対し、不満を抱くことになる（二二九頁以下）。

ところで戦後日本外交においては、ある日アメリカが事前の協議なしに突然中国に接近するのではないかという、「朝海の悪夢」と言われる有名なエピソードがある。この点について著者は、日本が尖閣問題をめぐってもアメリカの方針に懸念と不信感を抱いていたことを指摘しており、興味深い（二一八頁）。

もっとも日本は、尖閣の領有権をめぐる対立に巻き込まれることを回避するという、アメリカ政府の立場を変えることはできなかった。木内昭胤外務省アジア局地域政策課長によれば、沖縄返還前の外務省は、尖閣をめぐって日米が「合意できないことに合意しなければならない」と考えるに至っており、その上で、この問題を鎮静化させる必要性が認識されていた（二二八―二二九頁）。

かくして、本書で描き出された複雑な外交を経て、一九七二年五月十五日、尖閣諸島の施政権は、沖縄の一部として日本に返還されることになる。

◆

以上から実感するのは、デタント期のアメリカ外交の多面性である。当時、ニクソンとキッシンジャーは、沖縄返還や繊維交渉といった二国間問題に対応するかたわら、米中ソの大国間関係の中で、対中政策を変更するというアジア政策の大転換を検討していた。すなわち彼らは、中ソ対立を利用して、それまでアメリカと対立関係にあったソ連、そして中国との関係改善をそれぞれ図ることとした。

おそらくこのニクソン・キッシンジャー外交の基本政策の枠組みの中で、アメリカが和解を模索する中国への配慮が働き、尖閣諸島の領有権問題については中立の立場をとるという考えが、定着したものと見られる。日本にとっての最大の戦後処理問題であった沖縄返還、そしてその一部である尖閣問題は、このように、アメリカ、国府、中国のさまざまな思惑と絡みながら展開していた。とりわけアメリカは、対ソ・デタント、対中政策など多くの外交案件に取り組みながら、尖閣の問題に対処していたわけである。

さて最後に、こうしたニクソン政権の対外政策の文脈から見た時に抱く、本書の内容に関するさらなる関心部分について、若干述べておきたい。まず、沖縄返還交渉中の、ホワイトハウスの台湾に対する認識である。たとえば、ホワイトハウスはどこまで実際に国府の声を重視していたのか、尖閣問題については、ケネディ大使の個人的な動きの要素が強かったのか、それとも他の政策担当者たちのサポートがあったのか。ニクソンやキッシンジャーなど政権中枢部の人物たちの認識を、さらに掘り下げて知ることで、アメリカにとっての尖閣問題の位置がより見えてくると思われる。

そして、尖閣諸島の領有権問題に対する、アメリカの中立政策の起源についてである。一九七一年六月、キッシンジャーはジョンソン（U. Alexis Johnson）国務次官との電話の中で、尖閣をめぐる過去の経緯を尋ねている（一八六頁）。したがってキッシンジャーは、尖閣問題の経緯の詳細を明確には把握していなかったようである。それでは、尖閣問題をめぐるアメリカの中立政策は、政府内でどのようにして形成され、維持、確認がなされていたのだろうかという疑問が浮かぶ。

より広い視点で考えると、これは、尖閣問題と、アメリカの対中政策との関係の問題につながってくる。上述のように、一九七〇年から一九七一年にかけて、ホワイトハウスでは、秘密裏に中国との接近を検討中であった。一九七一年には、ニクソン訪中発表、国連での中国代表権問題などと、米中関係に関する重要案件が続くことになる。そうした中、どこまで尖閣がアメリカのアジア政策全体の中で明確に位置づけられていたのだろうか。この点、アジア政策全体に関して、ホワイトハウスの構想や行動を中心とした分析が、さらなる関心対象として思い浮かぶ。尖閣の返還を法的に明確に保証させせようとした、日本側の外交文書や口述記録と比べたとき、冷戦戦略をより意識していたアメリカ側当局者の認識とは、違いがあるように見える。尖閣問題をめぐる日米の当局の見ていたそれぞれの風景は、いかなるものだったのであろうか。

沖縄返還後、尖閣諸島問題は、むしろ中国との間での潜在的な外交案件となる。デタント期に、中ソ関係、日米関係、日中関係を軸とした、東アジア国際政治の大枠が定まる中、尖閣問題はある意味で封じ込められていた。冷戦時代、尖閣は地域対立の「火種」として残りながらも、問題の解決は先送りされていくことになる。その後、中国が尖閣を含む島嶼の領有権を主張した領海法を制定したのは、冷戦終結後の一九九二年二月のことである。

先に記したが、現在の政治外交状況を正確に理解するためには、これまで知られていなかった、尖閣諸島とさまざまな人物や機関との関係の歴史を理解する必要がある。本書は、尖閣問題がいかにして発生したのか、またどのように展開したのか、その外交の歴史を知る重要な手がかりとなる。

最後になったが、本書の訳出にあたっては、野添文彬先生（沖縄国際大学）より多大なるご協力をいただいたのをはじめ、四方井上正也先生（成蹊大学）、黒柳保則先生（沖縄国際大学）、俊佑先生（神戸大学）、篠原新先生（岐阜大学）、仲本和彦氏（沖縄県公文書館）、服部龍二先生（中央大学）、福田円先生（法政大学）、山岸健太郎先生（中京大学）、兪敏浩先生（名古屋商科大学）のご助力を得た。また名古屋大学出版会の三木信吾氏には、常に的確な判断にもとづく作業と助言で、本書を刊行へと導いていただいた。この場を借りて、記して感謝申し上げる。なお言うまでもなく、訳出にまつわる誤記は訳者の責任である。

二〇一五年三月十一日

吉田真吾・中島琢磨

《著者紹介》

ロバート・D・エルドリッヂ

1968年，アメリカ・ニュージャージー州に生まれる。1990年バージニア州リンチバーグ大学国際関係学部卒業。1999年，神戸大学大学院法学研究科博士課程修了（政治学博士）。サントリー文化財団フェロー，平和・安全保障研究所研究員，大阪大学大学院国際公共政策研究科准教授，在沖縄米軍海兵隊政務外交部次長などを経て，現在，法政大学沖縄文化研究所国内研究員。著書に『沖縄問題の起源——戦後日米関係における沖縄1945-1952』（名古屋大学出版会，2003年，サントリー学芸賞，アジア太平洋賞特別賞），『奄美返還と日米関係——戦後アメリカの奄美・沖縄占領とアジア戦略』（南方新社，2003年），『硫黄島と小笠原をめぐる日米関係』（南方新社，2008年）他。

尖閣問題の起源

2015年4月25日　初版第1刷発行

定価はカバーに
表示しています

著　者　R・D・エルドリッヂ

訳　者　吉　田　真　吾
　　　　中　島　琢　磨

発行者　石　井　三　記

発行所　一般財団法人　名古屋大学出版会

〒464-0814　名古屋市千種区不老町1 名古屋大学構内
電話(052)781-5027/FAX(052)781-0697

印刷・製本 ㈱太洋社　ISBN978-4-8158-0793-1

乱丁・落丁はお取替えいたします。

《訳者紹介》

吉田真吾（よしだ・しんご）

1981年生。2010年慶應義塾大学大学院法学研究科博士課程修了，博士（法学）。現在，名古屋商科大学コミュニケーション学部専任講師。著書に『日米同盟の制度化——発展と深化の歴史過程』（名古屋大学出版会，2012年）。

中島琢磨（なかしま・たくま）

1976年生。2006年九州大学大学院法学府博士後期課程修了，博士（法学）。現在，龍谷大学法学部准教授。著書に『沖縄返還と日米安保体制』（有斐閣，2012年，毎日出版文化賞，サントリー学芸賞）他。

人名索引

ア 行

カ 行

サ　行

タ　行

ナ　行

ハ　行

マ　行

ヤ　行

ラ　行

ワ　行

事項索引

ア　行

カ　行

サ　行

タ　行

ナ　行

ハ　行

マ・ヤ行

ラ・ワ行

図表一覧

※本書で用いた画像の出典は，石垣市の出版物と米国国立公文書館の所蔵資料（両者からの使用許可を得た），および個人による寄贈資料と筆者の資料である。

略語一覧

ADIZ	Air Defense Identification Zone	防空識別圏
APEC	Asia-Pacific Economic Cooperation	アジア太平洋経済協力会議
ARIA (fund)	Administration Ryukyu Islands, Army (fund)	陸軍省琉球諸島（援助資金）
CA	Civil Administrator	民政官
CCOP	Committee for Coordinating Joint Prospecting for Mineral Resources in Asian Offshore Areas	(ECAFE) アジア沿海地域鉱物資源共同探査調整委員会
CHICOM	Chinese Communists, Communist China, People's Republic of China	中国共産党員，共産中国，中華人民共和国
CIA	Central Intelligence Agency	中央情報局
CINCPAC	Commander-in-Chief, Pacific	太平洋軍司令官／司令部
CJOEP	Coordinated Joint Outline Emergency Plan	共同統合作戦計画
CNA	Central News Agency	中央通信社
COMUSJAPAN	Commander, United States Forces, Japan	在日米軍司令官／司令部
COMUSTDC	Commander, United States Taiwan Defense Command	アメリカ台湾防衛軍司令官／司令部
CRS	Congressional Research Service	議会調査局
DA	Department of Army	陸軍省
ECAFE	Economic Commission for Asia and the Far East	（国連）アジア極東経済委員会
ESCAP	Economic and Social Commission for Asia and the Pacific	（国連）アジア太平洋経済社会委員会
GOJ	Government of Japan	日本政府
GRC	Government of the Republic of China	中華民国政府，国民党政府（国府）
GRI	Government of the Ryukyu Islands	琉球政府
HCRI	High Commissioner, Ryukyu Islands	琉球列島高等弁務官
HICOMRY	High Commissioner, Ryukyu Islands	琉球列島高等弁務官
IA	International Affairs (U.S. Department of Army)	（陸軍省）国際問題局
ICJ	International Court of Justice	国際司法裁判所
ISA	International Security Affairs (Department of Defense)	（国防総省）国際安全保障問題局
JAPEX	Japan Petroleum Exploration Company	石油資源開発株式会社
JCP	Japan Communist Party	日本共産党
JCS	Joint Chiefs of Staff	統合参謀本部
JDA	Japan Defense Agency	防衛庁
JSP	Japan Socialist Party	日本社会党
LN	Liaison Department, USCAR	（琉球列島米国民政府）渉外局

NCNA	New China News Agency	新華通信社
NSC	National Security Council	国家安全保障会議
POLAD	Political Advisor	政治顧問
PRC	People's Republic of China	中華人民共和国
PS	Public Safety Department, USCAR	(琉球列島米国民政府)公安局
ROC	Republic of China	中華民国
SCAPIN	Supreme Command for Allied Powers Instruction Note	連合軍最高司令部訓令
UN	United Nations	国際連合
USA	United States Army	米陸軍
USCAR	United States Civil Administration, Ryukyus	琉球列島米国民政府
USG	United States Government	アメリカ政府
USGS	United States Geological Survey	米国地質調査所

参考文献

一次資料

1. 政府の公開資料，個人文書など

† 沖縄県公文書館，沖縄県南風原町
屋良朝苗日誌
Edward Freimuth Papers
Senkaku Collection
† L. Tom Perry Special Collections, Brigham University Library, Provo, Utah
David M. Kennedy Collection
† Military History Institute, U.S. Army War College, Carlisle, Pennsylvania
James B. Lampert Papers
† United States National Archives II, College Park, Maryland
Record Groups 59, 260, 319
Nixon Presidential Materials

2. オーラルヒストリー

† COE オーラル・政策研究プロジェクト，政策研究大学院大学（東京）
『大河原良雄オーラルヒストリー』
『吉野文六（元駐ドイツ大使）オーラルヒストリー』
† Foreign Affairs Oral History Project, Association for Diplomatic Studies and Training (Arlington, Virginia)
† Heritage Project (Cactus Hills, Arizona)
Oral History with Millard Engen

3. 著者の行ったインタビューおよび文通

奥原敏雄，2011 年 6 月 21 日，流山市
木内昭胤，2012 年 9 月 19 日，東京（電話）
楠田實，1999 年 10 月 1 日，2000 年 7 月 31 日，東京
菅沼雲龍，2012 年 10 月 27 日，東京（E メール）
西恭一，2012 年 11 月 1 日，静岡市（E メール）
福田康夫，2011 年 11 月 10 日，東京都千代田区永田町
吉野文六，2012 年 8 月 29 日，横浜市
Armacost, Michael H. March 19, 2012, Stanford, California (by e-mail).
Brzezinski, Zbigniew. April 5, 2012, Washington, DC (by e-mail).

Clark, William, Jr. September 12, 1997, New York City, New York.
Deming, Rust M. October 8, 2012, Washington, DC (by e-mail).
Finn, Richard B. August, September, November 1997 ; June 1998, Bethesda, Maryland.
Green, Marshall. September 1997 ; February 1998, Bethesda, Maryland.
Knowles, John F. March 26, 2001, Alexandria, Virginia.
Mansfield, Michael J. March 27, 2001, Washington, DC.
McElroy, Howard M. July-August 2012, Warminister, Pennsylvania (by e-mail).
Oxnam, Bernard H. August 6, 2012, Miami, Florida (by e-mail).
Schmitz, Charles A. March 24, 2009, Washington, DC.
Sneider, Daniel. December 12, 2012, Stanford, California (by telephone).

4. 刊行資料と組織・団体史

石井修，我部政明，宮里政玄監修『アメリカ合衆国対日政策文書集成 第 XVIII 期 日米外交防衛問題／1972 年・日本編』柏書房，2006 年
――『アメリカ合衆国対日政策文書集成 第 XIX 期 日米外交防衛問題／1972 年・日本防衛問題および沖縄編』柏書房，2006 年
石垣市総務部市史編集室編『石垣市史 民俗 上』石垣市役所，1994 年
沖縄県文化振興会公文書管理部史料編集室編『沖縄県史ビジュアル版 6 近代 1 沖縄と台湾』沖縄県教育委員会，2000 年
海軍省水路局編『寰瀛水路誌』第一巻，1884 年
外務省情報文化局『尖閣列島について』外務省，1972 年
照屋榮一『沖縄行政機構変遷史 明治 12 年～昭和 59 年』照屋榮一，1984 年
那覇市企画部市史編集室編『那覇市史』那覇市企画部市史編集室，1966 年
南方同胞援護会編『沖縄復帰の記録』南方同胞援護会，1972 年
防衛省防衛研究所編『中国安全保障レポート 2012』防衛省防衛研究所，2012 年
琉球銀行調査部編『戦後沖縄経済史』琉球銀行，1984 年
Belcher, Sir Edward. *Narrative of the Voyage of H.M.S. Samarang during the Years, 1843-1846,* Vols 1 & 2 (London : Reeve, Benham, and Reeve, 1848), 315-320.
High Commissioner of the Ryukyu Islands. *Civil Administration of the Ryukyu Islands, Report for Period 1 July 1969 to June 1970,* Vol. XVIII.
High Commissioner of the Ryukyu Islands. *Civil Administration of the Ryukyu Islands, Report for Period 1 July 1970 to June 1971,* Vol. XIX.
"Joint Statement of Japanese Prime Minister Eisaku Sato and U.S. President Richard Nixon, November 21, 1967," *Public Papers of the Presidents : Richard Nixon,* 1969, pp. 953-957.
Niksch, Larry A. "Senkaku (Diaoyu) Islands Dispute : The U.S. Legal Relationship and Obligations," *CRS Report for Congress*, 96-798F, September 30, 1996.
Manyin, Mark E. "Senkaku (Senkaku Diaoyu/Diaoyutai) Islands Dispute : U.S. Treaty Obligations," *CRS Report for Congress*, 7-5700, September 25, 2012.

5. 回想録

粟国安夫「アホウドリを求めて　同行記者レポート(2)」尖閣諸島文献資料編纂会編『尖閣研究

高良学術調査団資料集　下』データム・レキオス社，2007 年
新崎盛暉「寄留商人の妻として（古賀花子さんに聞く）」『沖縄現代史への証言　下』沖縄タイムス社，1982 年，113-142 頁
石原慎太郎「尖閣諸島という国難」『文藝春秋』第 90 巻第 10 号（2012 年 7 月号）148-156 頁
一色正春『何かのために sengoku38 の告白』朝日新聞出版，2011 年
稲嶺一郎『世界を舞台に——稲嶺一郎回顧録』沖縄タイムス社，1988 年
大河原良雄『オーラルヒストリー日米外交』ジャパンタイムズ，2005 年
大田政作『悲運の島沖縄——復帰への渦を追って』日本工業新聞社，1987 年
大浜信泉『私の沖縄戦後史——返還秘史』今週の日本，1971 年
大見謝恒寿「沖縄海底大油田は我が手の中にあり」『現代』第 9 巻第 3 号（1975 年 3 月），358-363 頁
奥原敏雄「周到な人材活用と鋭い先見性」吉田嗣延追悼文集刊行委員会編集本部編『回想　吉田嗣延』文唱堂印刷，1990 年，242-244 頁
賀屋興宣『戦前・戦後八十年』経済往来社，1976 年
楠田實（和田純，五百旗頭真編）『楠田實日記——佐藤栄作総理首席秘書官の二〇〇〇日』中央公論新社，2001 年
栗原弘行「【独占手記】尖閣諸島「売却」の内幕」『新潮 45』第 31 巻第 6 号（2012 年 6 月号）22-25 頁
——『尖閣諸島売ります』廣済堂出版，2012 年
栗山尚一（中島琢磨，服部龍二，江藤名保子編）『外交証言録　沖縄返還・日中国交正常化・日米「密約」』岩波書店，2010 年
——「戦後日本外交の軌跡 35　沖縄返還——戦後の終わり（七）」『アジア時報』第 42 巻第 463 号（2011 年 1・2 月合併号）
——「戦後日本外交の軌跡 36　日中国交正常化——安保体制と台湾（一）」『アジア時報』第 42 巻第 464 号（2011 年 3 月号）
——「戦後日本外交の軌跡 37　日中国交正常化——安保体制と台湾（二）」『アジア時報』第 42 巻第 465 号（2011 年 4 月号）
——「戦後日本外交の軌跡 38　日中国交正常化——安保体制と台湾（三）」『アジア時報』第 42 巻第 466 号（2011 年 5 月号）
——「戦後日本外交の軌跡 39　日中国交正常化——安保体制と台湾（四）」『アジア時報』第 42 巻第 467 号（2011 年 6 月号）
桑江朝幸『土がある明日がある——桑江朝幸回顧録』沖縄タイムス社，1991 年
古賀善次「尖閣諸島の主は私」『日本経済新聞』1970 年 8 月 26 日
——「毛さん，佐藤さん，尖閣諸島は私の所有地です——『れっきとした証拠』持ち出し名乗りあげた“地主”の言い分」『現代』第 6 巻第 6 号（1972 年 6 月号）142-147 頁
国場幸昌『世替わりの歳時記——国政参加から十二年』ダイヤモンド社，1983 年
櫻井溥「国益とは何か——尖閣列島によせた吉田先輩の情熱」吉田嗣延追悼文集刊行委員会編集本部編『回想　吉田嗣延』文唱堂印刷，1990 年，240-242 頁
——『沖縄祖国復帰物語』大蔵省印刷局，1999 年
佐藤栄作『佐藤栄作日記　第 5 巻』朝日新聞社，1997 年
下田武三（永野信利編）『戦後日本外交の証言——日本はこうして再生した　上・下』行政問題

研究所，1984・1985 年
末次一郎『「戦後」への挑戦』歴史図書社，1981 年
——『温故創新——戦後に挑戦 心に残る人びと』文藝春秋，2002 年
尖閣列島戦時遭難死没者慰霊之碑建立事業期成会編『沈黙の叫び——尖閣列島戦時遭難事件』南山舎，2006 年
平良良松『平良良松回顧録——革新市政 16 年』沖縄タイムス社，1987 年
高岡大輔「尖閣列島一帯の視察報告要旨」復帰問題研究会編『復帰問題研究』第 1 号（1968 年 8 月）222-223 頁
——「尖閣列島周辺海域の学術調査に参加して」南方同胞援護会編『季刊・沖縄』第 56 号（1971 年 3 月）42-64 頁
高瀬保『誰も書かなかった首脳外交の内幕』東洋経済新報社，1991 年
田積友吉郎，森口豁「無人島は生きている」『琉球新報』1963 年 5 月 19-26 日（7 回連載）
東郷文彦『日米外交三十年——安保・沖縄とその後』世界の動き社，1982 年
桃原用永『八重山の復帰運動史』桃原用永，1978 年
中島敏次郎／井上正也，中島琢磨，服部龍二編『外交証言録 日米安保・沖縄返還・天安門事件』岩波書店，2012 年
仲本正和「尖閣諸島は日本の領土 魚釣島と青天白日旗」『琉球新報』2010 年 11 月 6 日
野呂恭一『赤坂九丁目七番地——防衛政務次官のメモ』永田書房，1972 年
比嘉健次「特別寄稿 警告板設置の思い出」尖閣諸島文献資料編纂会編『尖閣研究 高良学術調査団資料集 下』データム・レキオス社，2007 年
福田赳夫『回顧九十年』岩波書店，1995 年
保利茂『戦後政治の覚書』毎日新聞社，1975 年
牧野清「尖閣列島研究回想」吉田嗣延追悼文集刊行委員会編集本部編『回想 吉田嗣延』文唱堂印刷，1990 年，244-246 頁
緑間榮「尖閣列島の学術調査」沖縄国際大学南島文化研究所『所報』第 40 号（1996 年 2 月 8 日）1 頁
宮里松正『復帰二十五年の回想』沖縄タイムス社，1998 年
陸奥宗光『蹇蹇録——日清戦争外交秘録』（新訂版）岩波書店，1983 年
メア，ケビン『決断できない日本』文春新書，2011 年
安川壮『忘れ得ぬ思い出とこれからの日米外交——パールハーバーから半世紀』世界の動き社，1991 年
山中貞則『顧みて悔いなし——私の履歴書』日本経済新聞社，2002 年
山野幸吉『沖縄返還ひとりごと』ぎょうせい，1982 年
屋良朝苗『屋良朝苗回顧録』朝日新聞社，1977 年
吉田嗣延『小さな闘いの日々——沖縄復帰のうらばなし』文教商事，1976 年
琉球新報社編『戦後政治を生きて——西銘順治日記』琉球新報社，1998 年
Allison, John M. *Ambassador from the Prairie or Allison Wonderland*, Boston : Houghton Mifflin, Co., 1973.
Barnett, Robert W. *Wandering Knights : China Legacies, Lived and Recalled*, Armonk : M. E. Sharpe, 1990.
Brzezinski, Zbigniew. *Power and Principle : Memoirs of the National Security Advisor 1977-1981*, New

York; Farrar, Straus, and Giroux, 1985.

Buckner, Simon Bolivar, Jr., and Joseph W. Stilwell (edited by Nicholas Evan Sarantakes). *Seven Stars : The Okinawa Battle Diaries of Simon Bolivar Buckner, Jr. and Joseph Stillwell*, College Station : Texas A & M University, 2004.

Chiba, Kazuo. "The Reversion of Okinawa," *Insight Japan*, April 2000, 11–13.

Chien, Frederick. *Qian Fu Huiyi Lu* (Memoirs of Frederick Chien), Taipei : Tianxiayuanjianchuban Gufenyouxiangongsi (Commonwealth Publishing, Co.), 2005.

Cline, Ray S. *Chiang Ching-kuo Remembered : The Man and His Political Legacy*, New York : University Press of America, 1989.

Ehrlichman, John. *Witness to Power : The Nixon Years*, New York : Pocket Books, 1982.

Emery, Kenneth O. "Autobiography : Some Early Stages of Marine Geology," *Marine Geology*, Vol. 188, Issues 3–4 (August 2002), 251–291.

Haig, Alexander M., Jr. *Inner Circles : How America Changed the World, A Memoir*, New York : Warner Books, 1992.

Haldeman, H. R. *The Haldeman Diaries : Inside the Nixon White House*, New York : Berkley Books, 1994.

Holdridge, John H. *Crossing the Divide : An Insider's Account of the Normalization of U.S.-China Relations*, New York : Rowman and Littlefield, 1997.

Johnson, U. Alexis. *The Right Hand of Power : The Memoirs of an American Diplomat*, Englewood Cliffs : Prentice-Hall, 1984.（U・アレクシス・ジョンソン〈増田弘訳〉『ジョンソン米大使の日本回想――二・二六事件から沖縄返還・ニクソンショックまで』草思社，1989 年）

Kissinger, Henry. *White House Years*, Boston : Little, Brown, and Company, 1979.（ヘンリー・キンシンジャー〈斎藤弥三郎ほか訳〉『キッシンジャー秘録 第 2 巻 激動のインドシナ』小学館，1980 年）

Meyer, Armin H. *Assignment Tokyo : An Ambassador's Journal*, Indianapolis : Bobbs-Merrill Company, Inc., 1974.（アーミン・マイヤー〈浅尾道子訳〉『東京回想』朝日新聞社，1976 年）

——. *Quiet Diplomacy : From Cairo to Tokyo in the Twilight of Imperialism*, New York : iUniverse, Inc., 2003.

Mondale, Walter F. *The Good Fight : A Life in Liberal Politics*, New York : Scribner, 2010.

Nakajima, Toshijiro. "Ending the Post-war Period," *Foreign Service Journal*, Vol. 69, No. 2 (May 1992), 27–29.

Nakasone, Yasuhiro. *The Making of the New Japan : Reclaiming the Political Mainstream*, Richmond : Curzon, 1999.

Nixon, Richard M. *The Memoirs of Richard M. Nixon*, New York : Grosset and Dunlap, 1978.（リチャード・ニクソン〈松尾文夫ほか訳〉『ニクソン回顧録 第 1 部 栄光の日々』小学館，1978 年）

Ota Shizuo, "Yaeyama after WWII in Okinawa," The 50 Years of the Postwar Era Committee, ed., *Okinawa : The 50 Years of the Postwar Era*, Naha : Okinawa Prefecture, 1995, 436–437.

Peterson, Peter G. *The Education of An American Dreamer : How a Son of Greek Immigrants Learned His Way From a Nebraska Diner to Washington, Wall Street, and Beyond*, New York : Twelve, 2009.

Rankin, Karl Lott. *China Assignment*, Seattle : University of Washington Press, 1964.

Schmitz, Charles A. "Working Out the Details," *Foreign Service Journal*, Vol. 69, No. 2 (May 1992), 24–26.

Shen, James C. H. *The U.S. and Free China : How the U.S. Sold Out Its Ally*, Camarillo : Acropolis Books, 1983.
Stans, Maurice H. *One of the President's Men : Twenty Years with Eisenhower and Nixon*, Dulles : Brassey's Inc., 1995.
Valeriani, Richard. *Travels with Henry*, New York : Berkley Books, 1979.
Walters, Vernon A. *Silent Missions*, Garden City : Doubleday and Co., 1978.

二次資料

赤嶺守「第一次尖閣列島保全運動について」琉球大学法文学部編『日本東洋文化論集』第 5 号（1999 年 3 月）1-26 頁
——『琉球王国——東アジアのコーナーストーン』講談社選書メチエ，2004 年
天野徹夫「黒岩恒 沖縄自然界の学問的開拓者」沖縄タイムス社編『新沖縄文学』第 37 号（1977 年 12 月）83-94 頁
新里金福，大城立裕（琉球新報社編）『近代沖縄の人びと』太平出版社，1972 年
石原慎太郎「オピニオン アメリカへの踏み絵 ‘尖閣’」『産経新聞』1996 年 11 月 5 日
——「『私の好きな日本人』第 11 回 賀屋興宣 前篇」『プレジデント』第 673 号（2008 年 6 月 30 日）136-139 頁
伊志嶺安進「尖閣列島海洋調査報告」琉球気象台編『琉気時報』第 7 号（1963 年 5 月）28-36 頁
井上和彦『尖閣武力衝突——日中もし戦わば』飛鳥新社，2012 年
井上清「釣魚列島（尖閣列島など）は中国領である」日本中国文化交流協会編『日中文化交流』第 177 号（1972 年 2 月）1-8 頁
——「釣魚列島（尖閣列島等）の歴史と帰属問題」歴史学研究会編『歴史学研究』第 381 号（1972 年 2 月），1-8 頁
——「釣魚諸島（「尖閣列島」など）の歴史とその領有権（再論）」中国研究所編『中国研究月報』第 292 号（1972 年 6 月）1-46 頁
——『「尖閣」列島——釣魚諸島の史的解明』現代評論社，1972 年
井上正也『日中国交正常化の政治史』名古屋大学出版会，2010 年
上地龍典『尖閣列島と竹島——中国，韓国との領土問題』教育社，1978 年
浦野起央『尖閣諸島・琉球・中国——日中国際関係史【分析・資料・文献】』三和書籍，2002 年
エルドリッヂ，ロバート・D『沖縄問題の起源——戦後日米関係における沖縄 1945-1952』名古屋大学出版会，2003 年
——『奄美返還と日米関係——戦後アメリカの奄美・沖縄占領とアジア戦略』南方新社，2003 年
——『硫黄島と小笠原をめぐる日米関係』南方新社，2008 年
大石英司『尖閣喪失』中央公論新社，2012 年
大隈眞次「雑報 台湾の北東に位する小離島」東京地學協會編『地學雑誌』第 11 輯第 130 巻（1900 年／明治 32 年 10 月）722-723 頁
大城昌隆編『黒岩恒先生顕彰記念誌』黒岩恒先生功績顕彰会，1969 年

太田昌克『日米「核密約」の全貌』筑摩選書，2011 年

大見謝恒寿『尖閣油田の開発と真相――その二つの側面』大見謝恒寿，1970 年 5 月

――『趣意書 尖閣油田についての真相を明らかにし，識者の皆様のご理解とご協力を訴える』大見謝恒寿，1970 年 7 月

沖縄大百科事典刊行事務局編『沖縄大百科事典 上』沖縄タイムス社，1983 年

奥原敏雄「尖閣列島――歴史と政治のあいだ」J & J コーポレーション『日本及日本人』1970 年 1 月，54–63 頁

――「尖閣列島の法的地位」南方同胞援護会編『季刊・沖縄』第 52 号（1970 年 3 月）1–12 頁

――「尖閣列島――その法的地位」『沖縄タイムス』1970 年 9 月 2–9 日

――「尖閣列島の領有権と『明報』論文」『中国』第 91 号（1971 年 6 月）38–48 頁

――「尖閣列島領有権の法理――日・中・台の主張の根拠と対立点」J & J コーポレーション『日本及日本人』1972 年 3 月，98–105 頁

――「尖閣列島と領土権帰属問題」『朝日アジアレビュー』第 3 巻第 2 号（1972 年 6 月）18–25 頁

――「尖閣列島と領有権問題」『サンデーおきなわ』1972 年 7 月–1973 年 8 月（連載）

――「動かぬ尖閣列島の領有権――井上清論文の『歴史的虚構』をあばく」J & J コーポレーション『日本及日本人』1973 年 1 月，65–75 頁

――「尖閣列島問題と井上清論文」『朝日アジアレビュー』第 4 巻第 1 号（1973 年 3 月）88–92 頁

――「尖閣列島の領土編入経緯」国士舘大学政経学会編『政経学会誌』第 4 巻（1975 年 2 月）7–47 頁

――「尖閣列島領有権の根拠」『中央公論』第 93 巻第 7 号（1978 年 7 月）66–76 頁

――「尖閣列島と日本の領有権」内外ニュース編『世界と日本』第 234 号（1979 年 3 月）9–56 頁

――「尖閣列島の領有権」粕谷進『現代の法律問題――時の法を探る』法学書院，1979 年

尾崎重義「尖閣諸島の帰属について（上）」『レファレンス』第 259 号（1972 年 8 月）30–48 頁

――「尖閣諸島の帰属について（中）」『レファレンス』第 261 号（1972 年 10 月）28–60 頁

――「尖閣諸島の帰属について（下の 1）」『レファレンス』第 262 号（1972 年 11 月）58–67 頁

――「尖閣諸島の帰属について（下の 2）」『レファレンス』第 263 号（1972 年 12 月）152–173 頁

金子秀敏「台湾海峡と尖閣沖の日中衝突事件［含　質疑応答］」アジア調査会編『アジア時報』第 42 巻第 1・2 号／通号 463 号（2011 年），23–42 頁

兼島清「尖閣列島の水質」日本工業用水協会編『工業用水』第 128 号（1969 年）42–45 頁

北岡伸一『自民党――政権党の 38 年』読売新聞社，1995 年

黒岩恒「尖閣列島探検記事」東京地學協會編『地學雜誌』第 12 巻第 9 号（1900 年／明治 33 年 8 月）528–543 頁

黄自進『蔣介石と日本――友と敵のはざまで』武田ランダムハウスジャパン，2011 年

「古賀辰四郎氏の英語」『沖縄毎日新聞』1909 年 12 月 25 日

小島朋之「尖閣諸島問題と日中関係」『世界』第 628 号（1996 年 11 月）257–261 頁

堺屋太一『知価革命――工業社会が終わる　知価社会が始まる』PHP 研究所，1985 年

笹島雅彦「尖閣上陸事件にみる中国ナショナリズム政治の手法」『中央公論』第 119 巻第 6 号

（2004年6月）100-107頁
笹森儀助『南島探検』笹森儀助，1894年
佐道明広「日本の防衛体制は領土有事に機能するのか」『中央公論』第127巻第15号（2012年11月）118-126頁
島田洋一「尖閣と日米関係」拓殖大学日本文化研究所編『新日本学』第19号（2011年）41-52頁
朱建榮「尖閣問題が映す中国の論理と本音」『外交』第4巻（2010年12月）53-61頁
新里景一「尖閣列島の油田開発について」新里景一，1970年9月（パンフレット）
瑞慶山茂『沖縄返還協定の研究——幻想の「核ぬき本土なみ」返還論』汐文社，1982年
芹田健太郎『日本の領土』中央公論新社，2002年
「尖閣諸島問題資料集」『朝日アジアレビュー』第3巻第2号（1972年6月）40-63頁
尖閣諸島文献資料編纂会編『尖閣研究——高良学術調査団資料集 上・下』データム・レキオス社，2007年
「尖閣列島 "尖閣大油田" めぐる日・韓・台・中・米」『週刊東洋経済』1970年9月5日
「尖閣列島の海底大油田をねらう日，琉，米，台」『週刊朝日』1970年11月20日，135-138頁
高橋庄五郎「いわゆる尖閣列島は日本のものか—— "歴史は回答する"」『朝日アジアレビュー』第3巻第2号（1972年6月）10-16頁
——『尖閣列島ノート』青年出版社，1979年
高良鉄夫「尖閣列島の動物相について」『琉球大学農学部学術報告』第1号（1954年4月）1-12頁
——「尖閣のアホウドリを探る」南方同胞援護会編『季刊・南と北』第26号（1964年3月）
田母神俊雄『CGでリアルシミュレーション！ 田母神俊雄の自衛隊vs中国軍（別冊宝島）』宝島社，2012年
多和田真淳「尖閣列島の植物相について」『琉球大学農学部学術報告』第1号（1954年4月）75-89頁
千々和泰明『大使たちの戦後日米関係——その役割をめぐる比較外交論1952-2008年』ミネルヴァ書房，2012年
綱淵昭三「"世界最大の油田" 尖閣列島めぐる先陣争い　本土復帰目前にして台湾，中共，韓国も名乗り」『財界』（1971年2月15日号）86-90頁
照屋健吉「尖閣諸島の歴史的経過と現状」下條正男ほか編『知っていますか 日本の島』自由國民社，2002年，43-70頁
桃原用永『戦後の八重山歴史』宮里師伴，1986年
当山正喜『政治の舞台裏 沖縄戦後史 政党編・政治編』沖縄あき書房，1987年
「特集 尖閣列島」南方同胞援護会編『季刊・沖縄』第56号（1971年3月）113-114頁
「特集 尖閣列島第2集」南方同胞援護会編『季刊・沖縄』第63号（1972年12月）114-115頁
豊下楢彦「『尖閣問題』と安保条約」『世界』第812号（2011年1月）37-48頁
中名生正昭『尖閣，竹島，北方四島——激動する日本周辺の海』雲南堂，2011年
仲間均（日高宗敏監修）『危機迫る尖閣諸島の現状』アドバンス企画，2002年
中村秀樹『尖閣諸島沖海戦——自衛隊は中国軍とこのように戦う』光人社，2011年
中山秀隆『中国が耳をふさぐ尖閣諸島の不都合な真実——石垣市長が綴る日本外交の在るべき姿』ワニブックスPLUS新書，2012年

「波高い尖閣列島を行く」『毎日グラフ』第 23 巻第 46 号（1970 年 10 月 25 日）3-22 頁
新納義馬「尖閣列島の植生」『琉球大学文理学部紀要 理学篇』第 7 号（1964 年 5 月）71-88 頁
西尾幹二，青木直人『尖閣戦争——米中はさみ撃ちにあった日本』祥伝社新書，2010 年
西牟田靖「ルポ・禁断の島々，尖閣諸島へ　日本人が上陸できない日本の領土とは？」『中央公論』第 122 巻第 6 号（2007 年 6 月）108-119 頁
「日中間に新たな難問 尖閣列島の全容」『週刊東洋経済』1971 年 7 月 26 日，42-45 頁
英修道「沖縄帰属の沿革」国際法学会編『国際法外交雑誌』第 54 巻第 1-3 号（1955 年 4 月）3-40 頁
濱川今日子「尖閣諸島の領有をめぐる論点——日中両国の見解を中心に」国会図書館 ISSUE BRIEF『調査と情報』第 565 号（2007 年 2 月 28 日）<http://www.ndl.go.jp/jp/diet/publication/issue/0565.pdf>
原貴美恵『サンフランシスコ平和条約の盲点——アジア太平洋地域の冷戦と「戦後未解決の諸問題」』溪水社，2005 年
原田禹雄『尖閣諸島——冊封琉球使録を読む』榕樹書林，2006 年
比屋定泰治「東シナ海大陸棚の境界画定——『日中中間線』付近の海底資源開発に関連して」沖縄国際大学法学会編『沖縄法學』第 35 巻（2006 年 3 月）199-237 頁
平尾光司（竹中一雄編）『海洋開発産業』東洋経済新報社，1970 年
船橋洋一『同盟漂流』岩波書店，1997 年
防衛システム研究所編著『尖閣諸島が危ない』内外出版，2010 年
星野通平「資源」『朝日新聞』1971 年 2 月 14 日
牧瀬恒二『沖縄三大選挙——1970 年問題と沖縄』労働旬報社，1969 年
牧野清「尖閣列島小史」南方同胞援護会編『季刊・沖縄』第 56 号（1971 年 3 月）65-78 頁
——『新八重山歴史』牧野清，1972 年
——『登野城村の歴史と民俗（石垣島）』牧野清，1975 年
孫崎享『日本の国境問題——尖閣・竹島・北方領土』ちくま新書，2011 年
松田良孝『台湾疎開——「琉球難民」の 1 年 11ヵ月』南山舎，2010 年
松本健一「中国に何が起こっているのか——尖閣問題が露呈したもの」『外交』第 4 巻（2010 年 12 月）25-33 頁
緑間榮「尖閣列島の歴史と法的地位 上」沖縄国際大学法学会編『沖縄法學』第 5 号（1977 年 1 月）17-60 頁
——「尖閣列島の歴史と法的地位 下」沖縄国際大学法学会編『沖縄法學』第 6 号（1978 年 1 月）27-67 頁
——「尖閣列島周辺海域の開発と法理」沖縄国際大学法学会編『沖縄法學』第 8 号（1980 年 1 月）23-83 頁
——「200 海里漁業水域」沖縄国際大学法学会編『沖縄法學』第 10 号（1982 年 1 月）97-137 頁
——「沖縄返還交渉史」沖縄国際大学南島文化研究所編『南島文化』第 5 号（1983 年 3 月）1-27 頁
——「排他的経済水域概念」沖縄国際大学法学会編『沖縄法學』第 12 号（1984 年 1 月）71-113 頁
——『尖閣列島』ひるぎ社，1984 年
——『海洋海域開発と国際法』近代文芸社，1995 年

――「海洋法の歴史と展望――我が国をめぐる今日的問題」沖縄国際大学法学会編『沖縄法學』第30号（2001年3月）151-181頁
宮崎正弘『中国がたくらむ台湾・沖縄侵攻と日本支配』ベストセラーズ，2008年
宮嶋幹之助「沖縄縣下無人嶋探検談」東京地學協會編『地學雜誌』第12巻第10号（1900年／明治33年10月）585-596頁
――「黄尾嶼（久場島）」東京地學協會編『地學雜誌』第12巻第12号（1900年／明治33年12月）689-700頁
――「黄尾嶼（久場島）」東京地學協會編『地學雜誌』第13巻第1号（1901年／明治34年1月）12-18頁
――「黄尾嶼（久場島）」東京地學協會編『地學雜誌』第13巻第2号（1901年／明治34年2月）79-93頁
村田忠禧『尖閣列島・釣魚島問題をどう見るか――試される二十一世紀に生きるわれわれの英知』日本僑報社，2004年
惠忠久『尖閣諸島　魚釣島　写真・資料集』尖閣諸島防衛協会，1996年
惠隆之介『誰も語れなかった沖縄の真実――新・沖縄ノート』ワック，2011年
百瀬孝（伊藤隆監修）『史料検証　日本の領土』河出書房新社，2010年
山崎實「温故知新　人間賀屋興宣　中国問題について」『月刊カレント』第45巻第12号／通号772号（2008年12月）68-72頁
山田吉彦『日本の国境』新潮新書，2005年
山本皓一『日本人が行けない「日本領土」 北方領土・竹島・尖閣諸島・南鳥島・沖ノ鳥島上陸』小学館，2007年
山本剛士「尖閣の日中近代史」『世界』第629号（1996年12月）257-262頁
横山又次郎「雜録　南島通信」東京地學協會編『地學雜誌』第12巻第4号（1900年／明治33年4月）221-224頁
吉原重康「琉球無人島の地理」東京地質學會編『地質學雜誌』第7巻第80号（1900年／明治33年5月）177-182頁
渡辺利夫「講演・討論会（公益財団法人樫山奨学財団懇話会での講演） 中国とどう向き合うか」アジア調査会編『アジア時報』第43巻第5号／通号476号（2012年5月）74-86頁
和仁廉夫「栗原家が抱える25億円の“負債”台湾・香港『保釣運動』と尖閣地主の領土ビジネス」『週刊金曜日』第20巻第19号／通号911号（2012年5月）12-15頁
Allen, Donald R. “The Legal Status of the Continental Shelf of the East China Sea,” *Oregon Law Review*, Vol. 51 (1972), 586-605.
Austin, Greg. *China's Ocean Frontier : International Law, Military Force, and National Development*, Canberra : Allen and Unwin, 1998.
Babbin, Jed and Edward Timperlake. *Showdown : Why China Wants War with the United States*, Washington, DC : Regenery Publishing, C., 2006.（ジェド・バビン，エドワード・ティムパーレーク〈佐藤耕士訳〉『SHOWDOWN 対決――中国が牙をむく日』産経新聞出版，2007年）
Blanchard, Jean-Marc F. “The U.S. Role in the Sino-Japanese Dispute over the Diaoyu (Senkaku) Islands, 1945-1971,” *China Quarterly*, No. 161 (March 2000), 95-123.
Bradley, James. *The Imperial Cruise : A Secret History of Empire and War*, New York : Little, Brown, and Co., 2009.

Brzezinski, Zbigniew. *The Fragile Blossom : Crisis and Change in Japan*, New York : Harper and Row, 1972.（ズビグネフ・ブレジンスキー〈大朏人一訳〉『ひよわな花・日本――日本大国論批判』サイマル出版会，1972 年）

――. *The Grand Chessboard : American Primacy and Its Geostrategic Imperatives*, New York : Basic Books, 1997.

Burr, William. *The Kissinger Transcripts : The Top-Secret Talks with Beijing and Moscow*, New York : The New Press, 1998.（ウィリアム・バー〈鈴木主税ほか訳〉『キッシンジャー「最高機密」会話録』毎日新聞社，1999 年）

Bush, Richard C. *The Perils of Proximity : China-Japan Security Relations*, Washington, DC : The Brookings Institution, 2010.（リチャード・C・ブッシュ〈森山尚美ほか訳〉『日中危機はなぜ起こるのか――アメリカが恐れるシナリオ』柏書房，2012 年）

Calder, Kent E. *Pacific Defense : Arms, Energy, and America's Future in Asia*, New York : William Morrow and Co., Inc., 1996.（ケント・E・カルダー〈日本経済新聞社国際部訳〉『アジア危機の構図――エネルギー・安全保障問題の死角』日本経済新聞社，1996 年）

Carpenter, Ted Galen. *America's Coming War with China : A Collision Course Over Taiwan*, New York : Palgrave MacMillan, 2005.（テッド・G・カーペンター〈中谷和男訳〉『2013 年，米中戦争勃発す！』河出書房新社，2007 年）

Cheung, Tai Ming, and Charles Smith, "Rocks of Contention," *Far Eastern Economic Review*, November 1, 1990, 19.

Copper, John F. *Taiwan : Nation-State or Province, 4th Edition*, Cambridge : Westview Press, 2003.

――. "The Fishing Islands Controversy," *Asia Quarterly*, 1972-1973, 217-227.

Deans, Phil. "Contending Nationalisms and the Diaoyutai/Senkaku Dispute," *Security Dialogue*, Vol. 31, No. 1（March 2000）, 119-131.

Destler, I. M., Haruhiro Fukui, Hideo Sato. *The Textile Wrangle : Conflict in Japanese-American Relations, 1969-1971*, Ithaca : Cornell University Press, 1979.（I・M・デスラー〈福井治弘訳〉『日米繊維紛争――"密約" はあったのか』日本経済新聞社，1980 年）

Downs, Erica Strecker, and Phillip C. Saunders. "Legitimacy and the Limits of Nationalism : China and the Diaoyu Islands," *International Security*, Vol. 23, No. 3（Winter 1998-/99）, 114-146.

Dutton, Peter. "Carving Up the East China Sea," *Naval War College Review*, Vol. 60, No. 2（Spring 2007）, 49-72.

――. "Far Eastern Round-Up : A Summary of Events in Asia, March 22 to 27," *Far Eastern Economic Review*, April 1, 1972, 4.

Eldridge, Robert D. "'Mr. Okinawa' : Ohama Nobumoto, the Reversion of Okinawa, and an Inner History of U.S.-Japan Relations,"『同志社アメリカ研究』第 39 巻（2003 年 3 月）61-80 頁.

――. "Option for Senkakus' Funds," *Japan Times*, November 18, 2012.

Fenby, Jonathan. *Chiang Kai-Shek : China's Generalissimo and the Nation He Lost*, New York : Carroll and Graf Publishers, 2004.

Fravel, M. Taylor. *Strong Borders, Secure Nation : Cooperation and Conflict in China's Territorial Disputes*, Princeton : Princeton University Press, 2008.

――. "Explaining Stability in the Senkaku（Diaoyu）Islands Dispute," in Gerald Curtis, Ryosei Kokubun, and Wang Jisi, eds., *Getting the Triangle Straight : Managing China-Japan-US Relations*（Tokyo :

Japan Center for International Exchange, 2010), 144–164.

Fung, Hu-hsiang. "Evidence Beyond Dispute : Tiayutai (Diaoyutai) is Chinese Territory!" (statement published on Internet)

Furukawa, Koji. "Bordering Japan : Towards a Comprehensive Perspective," *Journal of Borderlands Studies*, Vol. 26, No. 3 (2011), 297–314

Gibney, Frank. "The View from Japan," *Foreign Affairs*, Vol. 50, No. 10 (October 1971), 97–111.

Glosserman, Brad. "Fade to Gray," in McKinsey and Company, ed. *Reimagining Japan : The Quest for a Future that Works*, San Francisco : Viz Media, 2011, 88–93.

Goddard, W. G. *Formosa : A Study in Chinese History*, London : Macmillan and Co., 1966.

Gorman, Zoe. "Kissinger Visits Yale to Donate Papers," *Yale Daily News*, August 31, 2011.

Gorsline, Donn S., and Kelvin S. Rodolfo. "Rock Stars : Kenneth Orris Emery (1914–1998) : Pioneer Marine Geologist," *Geological Society of America* (*GSA*) *Today*, Volume 13, No. 11 (November 2003), 18–19.

Green, Michael J. "The Forgotten Player," *The National Interest*, No. 60 (Summer 2000), 42–49.

——. *Japan's Reluctant Realism : Foreign Policy Challenges in an Era of Uncertain Power*, New York : Palgrave Macmillan, 2001.

Gries, Peter Hays. *China's New Nationalism : Pride, Politics, and Diplomacy*, Berkeley : University of California Press, 2004.

Guntharp, Walter A. "United States Foreign Policy and the Reversion of Okinawa to Japan," Unpublished Ph.D. dissertation, George Washington University, 1972.

Hackett, Roger F. *Yamagata Aritomo in the Rise of Modern Japan, 1838–1922*, Cambridge : Harvard University Press, 1971.

Hara, Kimie. "Rethinking the 'Cold War' in the Asia-Pacific," *The Pacific Review*, Vol. 12, No. 4 (1999), 515–536.

——. "50 years from San Francisco : Re-examining the Peace Treaty and Japan's Territorial Problems," *Pacific Affairs*, Vol. 73, No. 4 (Fall 2001), 361–382.

——. "The Post-war Japanese Peace Treaties and China's Ocean Frontier Problems," *American Journal of Chinese Studies*, Vol. 11, No. 1 (April 2004), 1–24.

——. "Cold War Frontiers in the Asia-Pacific : The Troubling Legacy of the San Francisco Treaty," *The Asia-Pacific Journal : Japan Focus*, 2006.

——. "The San Francisco Peace Treaty and Frontier Problems in the Regional Order in East Asia : A Sixty Year Perspective," *The Asia-Pacific Journal*, Vol. 10, Issue 17, No. 1.

——. *Cold War Frontiers in the Asia-Pacific : Divided Territories in the San Francisco System*, New York : Routledge, 2007.

Harrison, Selig S. *China, Oil, and Asia : Conflict Ahead ?* New York : Columbia University Press, 1977. (セリグ・S・ハリソン〈中原伸之訳〉『中国の石油戦略——大陸棚資源開発をめぐって』日本経済新聞社, 1978 年)

Harrison, Selig S., ed. *Seabed Petroleum in Northeast Asia : Conflict or Cooperation ?* Washington, DC : Woodrow Wilson International Center for Scholars, 2005.

Hartzell, Richard W. "Understanding the San Francisco Peace Treaty's Disposition of Formosa and the Pescadores," *Harvard Asia Quarterly*, Fall 2004, 1–12.

Hickey, Dennis Van Vranken. *The Armies of East Asia : China, Taiwan, Japan, and the Koreas*, Boulder : Lynne Rienner Publishers, 2001.

Hickman, Martin Berkeley. *David M. Kennedy : Banker, Statesman, Churchman*, Provo, Utah : Brigham Young University, 1987.

Hsiao, L. C. Russell. "In a Fortnight : Taiwan-Japan Rift over ADIZ," *China Brief : A Journal of Analysis and Information* (Jamestown Foundation), Vol. X, Issue 12 (June 11, 2010), 1–2.

Hsiung, James. *China and Japan At Odds : Deciphering the Perpetual Conflict*, Tokyo : Palgrave Macmillan, 2007.

Huth, Paul K. *Standing Your Ground : Territorial Disputes and International Conflict*, Ann Arbor : University of Michigan, 1996.

Inoue, Kiyoshi. "The Tiaoyu Islands (Senkaku Islands) and Other Islands Are China's Territory," *Peking Review*, No. 19 (May 12, 1972), 18–22.

Ji, Guoxing. "The Diaoyudao (Senkaku) Disputes and Prospects for Settlement," *The Korean Journal of Defense Analysis*, Vol. 6, No. 2 (Winter 1994), 285–311.

Johnson, Chalmers. "How China and Japan See Each Other," *Foreign Affairs*, Vol. 50, No. 3 (July 1972), 711–721.

Kendall, James R. "Deterrence by Presence to Effective Response : Japan's Shift Southward," *Orbis*, Vol. 54, No. 4 (Fall 2010), 603–614.

Kerr, George H. *Okinawa : The History of an Island People*, Boston : Tuttle Publishing, 1958.（ジョージ・H・カー〈山口栄鉄訳〉『沖縄　島人の歴史』勉誠出版，2014 年）

——. *Formosa Betrayed*, New York ; Houghton Mifflin, 1965.（ジョージ・H・カー〈川平朝清監修，蕭成美訳〉『裏切られた台湾』同時代社，2006 年）

——. *Formosa : Licensed Revolution and the Home Rule Movement, 1895–1945*, Honolulu : University of Hawaii Press, 1974.

Kim, Young Il. "Prospective Oil Fields on the Continental Shelf in Eastern Asia and Some Associated Political Problems," *Proceedings of the Association of American Geographers*, Vol. 3 (1971), 93–96.

Kissinger, Henry. *On China*, New York : The Penguin Press, 2011.（ヘンリー・キッシンジャー〈塚越敏彦ほか訳〉『キッシンジャー回想録 中国 上・下』岩波書店，2012 年）

Kristof, Ladis K. D. "The Nature of Frontiers and Boundaries," *Annals of the Association of American Geographers*, Vol. 49, No. 3 (September 1959), 269–282.

Kristof, Nicholas D. "Look Out for the Diaoyu Islands," *Wall Street Journal* "On the Ground" blog entry, September 10, 2010, ＜http://kristof.blogs.nytimes.com/tag/senkaku-islands/＞.

——. "My Father's Gift to Me," *New York Times*, June 19, 2010.

Kristof, Nicholas D. and Sheryl WuDunn. *Thunder from the East : Portrait of a Rising Asia*, New York : Alfred A. Knopf, 2000.（ニコラス・クリストフ，シェリル・ウーダン〈田口佐紀子訳〉『アジアの雷鳴——日本はよみがえるか !?』集英社，2001 年）

Kurlantzick, Joshua. *Charm Offensive : How China's Soft Power is Transforming the World*, New Haven : Yale University Press, 2008.

LaLonde, Suzanne. *Determining Boundaries in a Conflicted World : The Role of Uti Possidetis*, Montreal : McGill-Queen's University Press, 2002.

Lee, Peter. "High Stakes Gamble as Japan, China and the U.S. Spar in the East and South China Seas," *The*

Asia-Pacific Journal, Vol. 1, No. 43 (October 25, 2010).

Lee, Seokwoo. "Territorial Disputes Among Japan, China and Taiwan concerning the Senkaku Islands," Study in series edited by Shelagh Furness and Clive Schofield, International Boundaries Research Unit, Department of Geography, University of Durham, United Kingdom, 2002.

Li, Victor H. "China and Off-Shore Oil : The Taio-yu Tai Dispute," *Stanford Journal of International Studies*, Vol. 10 (Spring 1975), 142–162.

Lohmeyer, Martin. "The Diaoyu / Senkaku Islands Dispute Questions of Sovereignty and Suggestions for Resolving the Dispute," Unpublished master's thesis, Faculty of Law, University of Canterbury, New Zealand, 2008).

Ma, Ying-jeou. "Disputes over Oily Waters : A Case Study of Continental Shelf Problems and Problems and Foreign Oil Investments in the East China Sea and Taiwan Strait," Unpublished doctoral dissertation, Harvard University, 1981.

MacMillan, Margaret. *Nixon and Mao : The Week that Changed the World*, New York : Random House, 2007.

Manthorpe, Jonathan. *Forbidden Nation : A History of Taiwan*, New York : Palgrave MacMillan, 2005.

Marcot, Neal Abel. "The Japanese Foreign Policymaking Process : A Case Study——Okinawa Reversion," Unpublished Ph.D. dissertation, Georgetown University, 1981.

Martin, Richard Gordon. "The Okinawa Factor in U.S.-Japan Post World War II Relations," Unpublished Ph.D. dissertation, University of George, 1982.

Matsui, Yoshiro. "International Law of Territorial Acquisition and the Dispute over the Senkaku (Diaoyu) Islands," *Japanese Annual of International Law*, No. 40 (1997), 3–31.

McCormack, Gavan. "Small Islands, Big Problem : Senkaku/Diaoyu and the Weight of History and Geography in China-Japan Relations," *The Asia-Pacific Journal*, Vol. 9, No. 1 (January 3, 2011).

McCune, Shannon. "The Senkaku Islands," *Ryukyu Islands Project : Research and Information Papers*, No. 11 (January 30, 1972).

——. *The Ryukyu Islands*, Harriburg, PA : Stockpole Books, 1975.

Mochidome, Soichiro. "Maritime Delimitation : The Historical Development of States' Territorial Jurisdictions and Its Legal Effect in the Asian Seas," *The Transactions of the Asiatic Society of Japan*, Fifth Series, Vol. 3 (2011), 133–141.

Muller, Christian. "Senkaku or Tiao Yu Tai ?" *Swiss Review of World Affairs*, Vol. 24, No. 11 (February 1975), 7–10.

Newsham, Grant F. "U.S. Must Clearly Back Japan in Islands Dispute with China," *Christian Science Monitor*, October 25, 2012.

Niksch, Larry A. "Senkaku (Diaouyu) Island Dispute : The U.S. Legal Relationship and Obligations," *PACNET*, No. 45, Pacific Forum CSIS, November 8, 1996.

Nishi, Takayuki. "The Diaoyu/Senkaku Islands : A Japanese Scholar Responds," *Wall Street Journal* "On the Ground" blog entry, October 4, 2012, <http: //kristof. blogs. nytimes. com/2012/10/04/the-diaoyusenkaku-islands-a-japanese-scholar-responds/>

Paal, Douglas H. "China and the East Asian Security Environment : Complementarity and Competition," in Ezra F. Vogel, ed. *Living with China : U.S.-China Relations in the Twenty-first Century*, New York : W. W. Norton and Company, 1997.

Pace, Vincent A. "The U.S.-Japan Security Alliance and the PRC : The Abandonment-Entrapment Dynamic, the Balance of Threat and National Identity in the Trilateral Relationship," Enosinian Honors Senior Thesis Program, Elliott School of International Affairs, George Washington University, May 3, 2003.

Paine, S. C. M. *The Sino-Japanese War of 1894–1895: Perceptions, Power, and Primacy*, Cambridge : Cambridge University Press, 2003.

Park, Choon-Ho. "Continental Shelf Issues in the Yellow Sea and East China Sea," *Law of the Sea Institute, University of Rhode Island Occasional Paper No. 15* (1972).

——. "Oil Under Troubled Waters : The Northeast Asia Sea-Bed Oil Controversy," *Harvard International Law Journal*, Vol. 14, No. 2 (Spring 1993), 212–260.

"Professor Niino's Report on Submarine Geology near Senkaku Islands," *Japan Petroleum Weekly*, September 29, 1969, 2.

Ramos-Mrosovsky, Carlos. "International Law's Unhelpful Role in the Senkaku Islands," *University of Pennsylvania Journal of International Law*, Vol. 29, No. 4 (2008), 903–946.

Reagan, Michael. *The New Reagan Revolution : How Ronald Reagan's Principles Can Restore America's Greatness*, New York : St. Martin's Press, 2010.

Richardson, Michael. "Will Intimidation Win China the Yellow Sea ?" *Japan Times*, August 26, 2010.

Sanger, David E. "What Went Wrong——and How Japan Can Get it Right," in McKinsey and Company, ed. *Reimagining Japan : The Quest for a Future that Works*, San Francisco : Viz Media, 2011, 74–81.

Sarantakes, Nicholas Evan. *Keystone : The American Occupation of Okinawa and U.S.-Japan Relations*, College Station : Texas A & M University, 2001.

Seigal, Albert. "United States Policy toward Okinawa, 1945–1952 : A Study in Organizational Interaction in Policy-making," Unpublishied Ph. D. dissertation, West Virginia University, 1978.

Shapiro, Robert J. *Futurecast : How Superpowers, Populations, and Globalization Will Change the Way You Live and Work*, New York : St. Martin's Press, 2008.（ロバート・J・シャピロ〈伊藤真訳〉『2020　10年後の世界新秩序を予測する』光文社，2010年）

Shaw, Han-yi. "The Diaoyutai/Senkaku Islands Dispute : Its History and Analysis of the Ownership Claims of the P. R. C., R. O. C., and Japan," *Occasional Papers/Reprint Series in Contemporary Asian Studies*, University of Maryland School of Law, March 1999.

——. "The Inconvenient Truth behind the Diaoyu/Senkaku Islands," on Nicholas D. Kristof blog, *On the Ground*, available at : <http://kristof.blogs.nytimes.com/2012/09/19/the-inconvenient-truth-behind-the-diaoyusenkaku-islands/>

Stevenson, John R., and Bernard H. Oxman. "The Preparations for the Law of the Sea Conference," *The American Journal of International Law*, Vol. 68, No. 1 (January 1974), 1–32.

Su, Steven Wei. "The Tiaoyu Islands and Their Possible Effect on the Maritime Boundary Delimitation between China and Japan," *Chinese Journal of International Law*, 1997

Suganuma, Unryu. *Sovereign Rights and Territorial Space in Sino-Japanese Relations : Irredentism and the Diaoyu/Senkaku Islands*, Honolulu : University of Hawaii Press, 2000.

Taira, Koji. "The China-Japan Clash Over the Diaoyu/Senkaku Islands," *The Ryukyuanist*, Spring 2004.

Taiwan Law Society and Taiwan Institute of International Law, *Proceedings of the International Law Conference on the Dispute over Diaoyu/Senkaku Islands*, April 1997.

Tanaka, Sakai. "Rekindling China-Japan Conflict : The Senkaku/Diaoyutai Islands Clash," *The Asia-Pacific Journal*, Vol. 39, No. 3 (September 27, 2010).

Taylor, Jay. *The Generalissimo's Son : Chiang Ching-kuo and the Revolutions in China and Taiwan*, Cambridge : Harvard University Press, 2000.

——. *The Generalissimo : Chiang Kai-shek and the Struggle for Modern China*, Cambridge : Belknap Press, 2011.

Teng, S. Y., and John K. Fairbank, "On the Ch'ng Tributary System," *Harvard Journal for Asiatic Studies*, Vol. 6, No. 2 (June 1941), 506–510.

Tokyo Foundation, "Japan's Security Strategy toward China : Integration, Balancing, and Deterrence in the Era of Power Shift," *The Tokyo Foundation Policy Proposal*, October 2011.

Tucker, Nancy Bernkopf, ed. *China Confidential : American Diplomats and Sino-American Relations, 1945–1996*, New York : Columbia University Press, 2001.

Tucker, Nancy Bernkopf. *Strait Talk : United States-Taiwan Relations and the Crisis with China*, Cambridge : Harvard University Press, 2009.

Valencia, Mark J. "Foreign Military Activities in Asian EEZs : Conflict Ahead ?" *NBR Special Report #27* (May 2011).

——. "The East China Sea Dispute : Context, Claims, Issues, and Possible Solutions," *Asian Perspective*, Vol. 31, No. 1 (2007), 127–167.

Vogel, Ezra F., ed. *Living with China : U.S.-China Relations in the Twenty-first Century*, New York : W. W. Norton and Company, 1997.

Wada, Haruki. "Resolving the China-Japan Conflict Over the Senkaku/Diaoyu Islands," *The Asia-Pacific Journal*, Vol 43, No. 3 (October 25, 2010).

Welfield, John. *An Empire in Eclipse : Japan in the Postwar American Alliance System*, London : The Athlone Press, 1988.

Winchester, Simon. *Pacific Rising : The Emergence of a New World Culture*, New York : Prentice Hall Press, 1991.

Yamaguchi, Akikazu. "Briefing Memorandum : Local Defense Obligations after the Reversion of Okinawa," *The National Institute for Defense Studies News*, No. 151 (February 2011), 1–6.

Yoshihara, Toshi, and James R. Holmes. *Red Star over the Pacific : China's Rise and the Challenge to U.S. Maritime Strategy*, Annapolis : Naval Institute Press, 2010.

Yu, Peter Kien-hong. "Solving and Resolving the East China Sea Dispute : Beijing's Options," *The Korean Journal of Defense Analysis*, Vol. 17, No. 3 (Winter 2005), 105–127.